법경제학원론

Thomas J. Miceli 지음

이인재 옮김

도서출판 해남

법경제학원론

초판1쇄 인쇄 2022년 9월 1일
초판1쇄 발행 2022년 9월 8일

지은이 Thomas J. Miceli
옮긴이 이인재
발행인 노현철
발행처 도서출판 해남

출판등록 1995. 5. 10 제1-1885호
주　　소 서울특별시 마포구 마포대로8길 9 영명빌딩 405호
전　　화 739-4822 **팩스** 720-4823
이 메 일 haenamin30@naver.com
홈페이지 www.hpub.co.kr

ISBN 978-89-6238-169-6 93320

역자 서문

이 책은 토마스 미셀리(Thomas Miceli) 교수의 법경제학 교재인 *The Economic Approach to Law* 3판을 번역한 것이다. 미셀리 교수는 미국 코네티컷 대학의 교수로 재직 중이며, 법경제학에 관한 다수의 논문을 발표해 온 학자이다. 미셀리 교수의 역작인 이 책은 미국의 여러 대학에서 법경제학 교재로 사용되고 있다.

역자는 지난 수년간 경제학과 학생들을 대상으로 이 책을 이용하여 법경제학을 강의하였다. 이미 국내에 여러 법경제학 교재 및 번역서가 출간되어 있음에도 불구하고, 역자가 이 책을 선택하였고, 이제 번역하여 출간하는 이유는 두 가지이다. 첫째, 이 교재가 경제학에 친숙한 독자에게 가장 적합한 법경제학 교재이기 때문이다. 법경제학은 법학과 경제학의 학제 간(interdisciplinary) 학문이며, 법학 또는 경제학이라는 다른 배경을 가진 독자층을 가지고 있다. 이 책은 주로 후자를 대상으로 한다. 경제학 전공자가 법경제학의 핵심을 가장 쉽고 빠르게 이해할 수 있도록 체계와 서술 방식이 선택되어 있다. 둘째, 이 책이 독자들에게 경제학 방법론의 본질과 장점을 선명하게 보여주기 때문이다. 저자는 간단한 경제 모형을 구축하고, 분석하고, 확장하여 새로운 관점과 법 해석을 제시한다. 또한 경제학 분석방법론을 일관적으로 적용하여 여러 법 영역을 관통하는 경제적 논리를 도출한다. 따라서 이 책은 경제학적 논리를 비경제적 문제에 적용하는 사고 훈련의 좋은 기회를 제공하며, 독자의 경제학에 대한 이해를 한 단계 높여줄 수 있다.

이 책은 경제학과 학부의 법경제학 과목의 교재로 적합하다. 경제학과 대학원 과정의 법경제학 입문 과목과 법학전문대학원 법경제학 과목의 교재나 부교재로 사용될 수도 있을 것이다. 중요한 법적 이슈에 대한 경제적 분석과 독창적 법 해석은 법경제학에 관심이 있는 전문가에게도 일독의 가치가 있다.

이 책은 도서출판 해남 노현철 대표의 인내심 없이는 출간되지 못하였을 것이다. 저자는 그동안 지지부진하였던 작업을 묵묵히 지켜보아 주고 격려해 준 넓은 마음을 결코 잊을 수 없다. 교재를 멋있게 편집해 준 편집부의 노고에도 감사드린다. 마지막으로 그동안 저자의 법경제학 강의를 수강하면서 유익한 자극을 준 학생들에게 이 기회를 빌려 고마운 마음을 전하고 싶다.

2022년 8월

역자

저자 서문

법경제학은 아직도 상대적으로 낯설지만, 법학과 경제학 모두에서 빠르게 성장한 전공 분야이다. 법경제학 과목은 현재 대부분의 로스쿨과 경제학과에 개설되어 있다. 하지만 로스쿨 학생을 대상으로 하는 과목과 경제학 전공의 학부생을 대상으로 하는 과목은 매우 다른 방식으로 가르쳐지고 있다. 이 책은 주로 후자를 주요 독자로 삼는다. 따라서 독자가 미시경제학의 기본 원리를 잘 알고 있다고 가정한다. 반면, 이 책은 법에 관한 사전 지식을 요구하지 않으며, 법 지식을 가르쳐 독자의 로스쿨 진학 결정을 돕는 것을 목적으로 하지도 않는다(결과적으로 그럴 수는 있다). 법의 기본 구조와 기능의 이해를 위해 경제학의 분석 도구를 어떻게 적용할 수 있는가? 이 방법을 독자에게 제시하는 것이 이 책의 목표이다. 이 목표는 교재의 제목을 흔히 사용하는 『법경제학』(*Law and Economics*)으로 짓지 않고 『법에 대한 경제적 접근』(*The Economic Approach to Law*)으로 지은 저자의 결정에 반영되어 있다.

이 책은 법학 교재가 아니므로, 모든 법적 주제를 다루려고 하지 않는다. 대신 법에 관한 일관된 '이야기'(story)를 하려고 한다. 이 목적을 위해, 이 책은 불법행위법(사고법), 계약법, 재산법 및 형법의 핵심 영역과 소송법 및 독점금지법에 초점을 맞춘다. 저자의 선택은 이 분야가 (1) 법을 이해하는 통일된 틀을 제공할 수 있는 경제학 이론의 능력을 가장 잘 보여 줄 수 있고, (2) 경제학자들의 가장 많은 관심을 받아 왔고 따라서 현재 법경제학에서 최고 수준의 학문적 진전을 이루고 있기 때문이다. 이 책이 다루지 않는 법 분야(일부는 다룬다)는 입법부에 의해 만들어진 법(성문법)과 헌법이다. 경제학자들은 주로 공공선택 이론이라는 이름으로 입법의 분석에 많은 관심을 기울여 왔으며, 헌법의 경제 분석도 최근 들어 활발하게 진행되고 있다. 이 두 분야는 넓게 보면 모두 법경제학의 우산 아래에 들어오지만, 별도의 과목에서 적절하게 다루어질 수 있는 일련의 다른 개념적 문제들을 상정하고 있다.

이 책의 중심 주제는 보통법(common law)이다. 보통법은 사법적 결정과 그 결과인 법적 선례로 인해 생성된 법이다. 과거 수십 년 동안 법경제학의 많은 연구는, 부분적으로는 리차드 포스너(Richard Posner) 판사의 연구에서 제기된, 보통법은 경제적 논리에 기초하고 있다(성문법에 대해서는 이 같은 주장이 제기되지 않는다)는 주장에 의해 촉진되었다. 이 책의 중요한 목표는 이 주장을 설명하고 평가하는 것이다.

이 책의 방법론은 주로 신고전주의적이며, 소위 시카고 법경제학 학파(Chicago School of law and economics)의 관점을 반영하고 있다. 현재 학계의 상황으로 판단할 때, 이 관점이 법경제학 분야의 지배적 접근법이라는 것이 저자의 견해이다. 하지만 이 관점이 유일한 접근법은 아니다. 공공선택 이론(public choice theory)과 신제도주의(neoinstitutionalism)와 같은 다른 관점들도 법경제학에 대해 비판적인 여러 학파와 마찬가지로 중요한 통찰력을 제시해 주고 있다. 이 책의 목적은 법경제학의 전 분야를 소개하는 것이 아니라, '주류' 법경제학을 깊게 다루는 것이다. 따라서 이 책은 이러한 경쟁적 관점을 다루지 않을 것이다(이에 관해서는 시카고학파를 '주류 법경제학'이라고 언급한 Mercuro and Medema[1997, 51]의 연구를 참조하라).

법학자와 경제학자에게 점증하는 영향을 미치고 있는 새로운 분야는 행동 법경제학(behavioral law and economics)이다. 행동 법경제학의 목표는, 첫째 사람들의 실제 행동이 때로는 전통적인 합리성의 가정에서 벗어난다는 것을 인식하고, 둘째 이로부터 도출되는 결론을 법에 적용하는 것이다. 행동 경제학의 통찰력은 다양한 법 분야에 적용될 수 있으므로, 책의 여러 곳에서 행동 법경제학의 연구 성과들이 언급될 것이다. 더 자세한 내용에 관심이 있는 학생과 강의자는 Sunstein(2000)을 참조하기 바란다.

교재의 구성

이전 판과 조금 달라진 교재의 구성은 다음과 같다. 제1장에서는 법경제학을 소개하고 이 책에서 사용될 효율성의 개념을 특정한다. 또한 법경제학의 가장 중요한 연구 결과이자 법경제학을 통합해 주는 개념인 코즈 정리(Coase theorem)를 소개한다. 제1장은 미국의 법원 시스템을 간략히 살펴보는 것으로 마무리한다.

제2장부터 제8장까지는 이 책의 핵심을 구성하며, 사회 제도로서의 법에 관한 일관된 경제 이론을 제시한다. 불법행위법, 계약법, 재산법에 관한 각 두 개의 장과 형법에 관한 하나의 장이 있다. 많은 독자는 특히 범죄를 설명할 수 있는 경제학의 능력에 대해 회의적일 것이다. 하지만 이 분야는 법경제학의 초기 연구가 이루어진 분야이며, 최적의 처벌 전략에 관한 연구 결과를 끊임없이 생산해 내고 있는 활발한 연구 분야이다. 제9장은 소송 절차와 법적 분쟁 해결의 경제 분석을 다룬다. 이 장은 민사 및 형사 사건에서 소송법이 분쟁 해결에 미치는 영향을 설명하는 경제 이론을 제시한다. 마지막으로, 제10장에서는 독점금지법의 경제학을 살펴본다. 학자들은 독점금지법을 경제학자들이 크게 기여한 가장 오래된 분야이기 때문에 '구' 법경제학('old' law and economics)이라 부르기도 한다. 그러나 최근 산업조직론은 이 분야의 지속적인 생명력을 보여 주는 새로운 연구 결과를 산출하고 있다.

뒤에서 밝히겠지만, 각 장의 순서(특히 제2~7장)는 의도적으로 배열된 것이다. 물론 강의자는 자신의 취향에 맞게 순서를 바꿀 수 있다. 또한 각 장에 포함된 주제는 각 영역에서 핵심 문제가 무엇인지에 관한 저자의 견해를 반영하여 선택되고 구성되었다. 따라서 어려운 문제나 세부 문제를 다루는 부분은 강의의 원활한 진행을 위해 생략될 수 있다.

마지막으로 경제 모형에 관해 짧게 언급하고자 한다. 경제학자들은 세계를 단순화하고, 다른 모든 요소를 일정하게 유지하면서 특정한 관계를 강조하기 위해 수학적 모형을 사용한다. 이런 의미에서, 경제 모형은 실험실에서의 통제된 실험과 같은 기능을 수행한다. 그러나 학생들은 가정에 의존하는 간단한 모형으로부터 무엇을 얻을 수 있는지에 대해 자주 의문을 제기한다. 이 회의론은 학생들이 경제학의 유용성을 의심할 수 있는 법 등을 분석할 때 특히 두드러지게 나타난다. 그러나 모형은 가정의 합리성(검토 중인 문제의 비본질적인 측면만을 무시하고 있는가?)과 자료나 경험으로 검증될 수 있는 검증 가능한 예측을 만들어 낼 수 능력에 따라 평가되어야 한다. 학생들은 이 책의 모형들을 이 기준에 따라 평가해 보기 바란다.

교재의 특징

이 책은 다른 법경제학 교재와 구별되는 여러 특징을 가지고 있다. 가장 중요한 특징은 이 책이 일관된 법이론을 제시할 수 있는 경제적 분석 능력을 강조한다는 것이다. 이 목적을 달성하기 위해, 저자는 각 주제의 깊이 있는 분석이 가능할 정도로 주제의 수를 제한하였으며, 또한 특정한 방식으로 주제들을 구성하였다. 특히, 저자는 불법행위를 가장 먼저 다루고, 다음에 계약법을 다루며, 마지막에 재산법을 다룬다. 이는 저자가 사용하는 핵심 모형인 '예방 모형'(precaution model)이 문자 그대로 사고 모형이며, 불법행위 맥락에서 가장 잘 구축될 수 있기 때문이다. 또한 재산법을 마지막에 검토함으로써, 몇 가지 반복된 주제들이 분석을 요약하는 방식으로 종합될 수 있기 때문이기도 하다.

이 책의 두 번째 독특한 특징은 주로 학부의 경제학 전공 학생들을 대상으로 한다는 것이다. 다른 교재들은 법학 전공과 경제학 전공 학생 모두를 만족시키려고 하지만, 사실 어느 쪽도 만족시키지 못하고 있다(법학 전공 학생은 더 많은 법을 원하고, 경제학 전공 학생은 더 많은 경제학을 원한다). 이 교재는 이 어려운 줄타기를 시도하지 않는다. 이 책은 경제학 교과서이다. 경제학을 강조함으로써 보다 집중적인 논쟁이 가능해지고, 경제학의 일반 추세에 따라 최근 수십 년 동안 수학화된 법경제학의 최신 성과(참고문헌이 책에 자세하게 제시되어 있다)도 자유롭게 제시될 수 있다. 하지만, 이 책은 최소한의 경제학 교육을 받은 수학적 관심이 있는 법학 전공 학생들도 이해할 수 있게 서술되었다(미적분학이 선수 요건은 아니며, 엄격한 추론이 몇 부분에서 진행되지만 어려운 수학을 사용하지는 않는다).

이 책의 마지막 특징은 주요 요점을 설명하고 학생들이 법경제학을 직접 '하도록' 장려하기 위해 설계된 연습 문제가 각 장 안에 포함되어 있다는 것이다. 각 장 안에 포함된 연습 문제의 정답은 교재 뒷부분에 제시되어 있으며, 학생들은 자신의 이해 정도를 스스로 확인할 수 있다. 또한 각 장의 끝에는 토론 문제와 단원 문제가 따로 마련되어 있다.

3판에서 바뀐 것

이 판의 주요 변경 사항은 책의 구성과 관련된 것이다. 이 판에서는 형법에 관한 장이 재산법에 관한 장 바로 뒤에 이어지는데, 이는 민법에서 형법으로 자연스럽게 넘어가려는 노력을 반영한 것이다. 그러나 형법의 절차적 측면에 대한 논의(유죄협상 등)는 소송법에 관한 장으로 옮겨져, 분쟁 해결의 분석이 통합되었다. 이를 통해 민사 및 형사 절차의 유사점과 차이점의 비교가 가능하게 되었다. 마지막으로, 저자는 재산권의 합의적(제6장) 그리고 비합의적(제7장) 이전(또는 규제)을 명확하게 구분하기 위해 재산에 관한 두 장의 내용을 재구성하였다. 이 중요한 구분은 이 책의 핵심적 구성 틀, 즉 일반적 거래 구조의 논의에서 정점에 이른다. 이 판에서 일반적 거래 구조는 이전 장에서 진행된 다양한 주제를 요약하는 방식으로 제7장의 마지막 부분에 제시된다. 이 같은 구성 변화 이외에도, 저자는 최근의 학문적 성과를 반영하고, 필요한 자료 및 그래프를 업데이트하였으며, 기존의 주장을 명확히 하고 오류를 수정하기 위해 이 책의 모든 부분을 수정하였다.

학생과 강의자는 이 교재의 웹사이트(http://www.sup.org/economiclaw/)를 방문하여, 교재의 내용을 보충할 수 있다. 이 웹사이트는 미시경제학 정리(제1장에 대한 부록으로 1판에 포함되었다), 교재에서 인용된 일부 주요 사건의 기록, 책과 함께 사용할 수 있는 추가 사건에 대한 링크, 책의 분석을 심화시키거나 보완하는 토론 요점, 고급(대학원 수준의) 법경제학 과정에서 사용할 수 있는 강의노트, 학생들이 각 장의 핵심 내용을 복습할 수 있도록 도와주는 요점 정리 등을 제공하고 있다. 이 사이트는 또한 수업에서의 토론을 촉진하고 짧은 논문 또는 과제물의 주제를 제시해 주기 위해 만든 추가 토론 문제도 제공하고 있다. 강의자는 각 장의 끝에 제시된 모든 토론 문제와 연습 문제에 대한 답이 포함된 강의자 매뉴얼에 접근할 수 있다.

감사의 말

이 교재는 저자가 25년 이상 코네티컷 대학교(University of Connecticut)에서 가르친 법경제학 학부 과목의 산물이다. 이 자료는 이 분야에 대한 저자의 이해에 기초하고 있으며, 학생들과 검토자의 귀중한 피드백을 반영하여 진화해 왔다.

먼저 저자에게 법경제학을 처음 가르쳐 주었고, 이후 친구이자 공동 저자가 된 Richie Adelstein에게 감사의 말을 전한다. 그가 저자의 학자로서의 경력에 미친 영향은 말로 표현할 수는 없다. 동료인 Kathy Segerson, Metin Cosgel, C. F. Sirmans도 이 책에서 다루어진 많은 문제에 대한 저자의 생각에 깊은 영향을 미쳤다.

Roger Blair, Daniel Berkowitz, Daniel Graham, Troy Helming, James Roumasset, Geoffrey Turnbull, Don Vandegrift, Mark White는 고맙게도 이 책의 이전 판에 대해 의견을 제시해 주었다. 저자는 또한 Jonathan Hamilton과 Fred Foldvary에게서 두 번째 판에 대한 긴 코멘트를 받았다. 저자는 책의 구조와 내용을 크게 향상시킨 그들의 많은 제안을 반영하였다(물론 그들은 이 책의 오류에 대한 어떤 책임도 없다). Blair는 또한 그의 축적된 과거 시험 문제와 과제 문제를 저자와 공유하였다. 이 중 많은 부분은 현재 개정판에 각 장 끝의 연습 문제로 포함되어 있다. 그 어느 때 보다, 형언할 수 없는 Roger의 지속적 지원에 감사한다. 스탠퍼드 대학 출판사의 Margo Beth Fleming과 그녀의 동료들에게도 감사의 말을 전한다. 그들은 처음에는 책을 쓰도록 그리고 지난 몇 년 동안은 두 번에 걸쳐 책을 수정하도록 격려해 주었다. 이 수정을 통해 책이 신선하고 최첨단인 상태를 유지하고 있기를 바란다. 마지막으로, 처음에 이 책을 쓰겠다는 저자의 생각을 강력하게 지지해 주었던 작고한 Ken MacLeod에게도 감사드린다.

언제나 그렇듯이, 이 프로젝트에 말로 다 할 수 없는 도움을 준 저자의 아내 Anna Maria와 두 아들 Tommy와 Nick에게 가장 큰 감사의 마음을 전한다.

차례

03 불법행위법의 경제학 II: 경제 모형의 응용

04 계약법의 경제학 I: 유효한 계약의 요건

05 계약법 경제학 II: 계약 파기의 구제수단

09 소송법의 경제학

10 독점금지법의 경제학

chapter 01

기본 개념

1. 법경제학이란 무엇인가?
2. 효율성 개념
3. 코즈 정리
4. "법경제학"에서의 법
5. 결론

1. 법경제학이란 무엇인가?

경제학자에게 법은 이상적인 연구 주제이다. 법은 경제학자에게 합리적 행동(rational behavior) 이론을 평가할 수 있는 풍부한 자료를 제공해 준다. 법적 분쟁의 간단한 검토로부터 드러나는 문제의 다양성은 가장 창조적인 경제학자도 상상하기 힘들 정도이다.

경제학자가 법을 연구하는 또 다른 이유는 두 학문이 정도는 다르지만 경제적 유인(incentive)에 관심을 갖기 때문이다. 경제학의 합리적 의사결정자는 자신이 직면한 제약조건 하에서 자기 이익을 추구한다. 보통 우리는 시장에서 가격과 소득의 제약조건 하에서 경제적 결정을 하는 개인을 상정하지만, 비시장적 결정 또한 경제적 관점에서 분석될 수 있다. 사실, 경제학의 설명력은 학제 간 맥락에서 가장 선명하게 드러난다.

법경제학은 합리적 개인이 법적 제재(금전적 손해, 벌금, 수감)의 위협을 자신의 행동에 대한 암묵적 가격(implicit price)으로 인식하며, 이 가격의 설정을 통해 개인의 행동을 사회적으로 바람직한 방향으로 유도할 수 있다고 가정한다. 120여년 전 가장 유명한 미국 판사이자 법학자였던 올리버 웬델 홈즈(Oliver Wendell Holmes)는 이 책에 설명된 법에 대한 경제적 접근을 잘 반영한(어떤 의미에서는 예견한) 법 이론을 제시하였다.[1] 홈즈의 이론은 법의 예측 이론(prediction theory of law)이라고 불리기도 한다.

홈즈 이론의 핵심 인물은 '나쁜 사람'(bad man)이며, 우리가 마주칠 경제 이론의 합리적 의사결정자와 공통점이 많다. 나쁜 사람은 의식적으로 법을 어긴다는 의미에서 나쁜 것이 아니다. 오히려, 나쁜 사람은 법의 한계를 시험하고 인식된 이익이 비용을 초과하면 가차 없이 법을 어기는 합리적 계산자(rational calculator)이다. 따라서 나쁜 사람은 법이 무엇인지 그리고 그 법을 어기면 어떤 결과가 초래되는지를 파악하는 데 깊은

1 Holmes(1897). 우리는 이 책에서 홈즈를 자주 만나게 될 것이다.

관심을 보인다. “만약 당신이 법을 알고 싶다면, 당신은 나쁜 사람으로서 법을 보아야 한다. 나쁜 사람은 오로지 법 지식으로부터 예측되는 물질적 결과에만 관심이 있다” (Holmes 1897, 459). 경제학자는 사람들이 기본적으로 탈도덕적(amoral)이라고 생각한다. 따라서 법의 경제 모형이 ‘나쁜 사람’에 초점을 맞추지는 않는다. 대부분 사람은 올바름(rightness)의 의미에서 법을 준수하고, 따라서 한계적으로도(at the margin) 법 원칙의 영향을 받지 않을 것이다(이러한 사람은 체포 확률이나 수감 기간의 길고 짧음에 관계없이 범죄를 저지르지 않을 것이다). 따라서 법의 경제적 유인효과를 분석하기 위해서는, 즉 법이 한계적으로 행동에 어떤 영향을 미치는지를 조사하기 위해서는, 법이 구속적 제약으로 작용하는 사람들에게 초점을 맞추어야 한다. 하지만 적어도 어떤 상황에서는 대다수의 사람이 한계적으로 법에 반응한다. 예를 들어, 처벌 위협과는 무관하게 의식적으로 범죄를 저지르지 않는 사람들도 불법행위 책임(또는 과속에 대한 벌금)이 따를 수 있는 위험한 행동(자동차 운전)을 할 때는 한계적 의사결정을 한다.

1.1. 실증적 분석과 규범적 분석

법의 경제 분석은 실증적 분석(positive analysis)과 규범적 분석(normative analysis)의 두 가지로 나뉜다. 실증적 분석은 다음과 같은 질문을 제기하여 사람들이 법적 제재의 위협에 어떻게 반응하는지 설명하려고 한다. 높은 형량은 범죄를 억지하는가? 불법행위 책임 원칙의 변화는 사고율에 어떤 영향을 미치는가? 또는 보다 논쟁적으로, 사형이 살인율을 줄이는가? 총기 소유 제한은 범죄율을 증가시키는가? 실증적 분석은 질문이 상정하는 방식으로 사람들이 법에 반응한다는 가정에 기초하고 있다.

그러나 실증적 분석은 더 나아가 법 원칙이 경제적 논리를 반영하고 있다고 주장한다. 즉, 효율성은 법에 실제로 반영되어 있는 사회적 목표라는 것이다.[2] 이는 판사와

2 이 견해의 대표자는 Posner(2003)다.

배심원이 개별 사건에서 최선의 결정을 내리기 위해 의식적으로 경제적 계산을 수행한다는 주장이 아니다. 이 주장은 경제적 효율성을 중요한 사회적 가치로 반영하고 있는 보통법(common law)이라 부르는 판례법(judge-made law)의 전체적 경향성에 대한 하나의 가설이다. 이 가설은 특히 법은 (어떻게 정의되든) 정의(justice)에 관심이 있다고 생각하는 전통적인 법학자에게는 다소 충격적이다. 그러나 독자들은 효율성 가설(efficiency hypothesis)이 어느 정도 타당성을 가지고 있음을 이 책의 분석을 통해 납득하게 될 것이다.

실증적 분석과 달리 규범적 분석은 효율성 목표를 달성하기 위해 법을 어떻게 개선해야 하는지를 묻는다. 규범적 분석은 의료 제도 또는 교육 제도를 어떻게 효율적으로 만들 수 있는가를 묻는다. 규범적 분석은 효율성은 법이 반영해야만 하는 목표이며, 효율성을 달성하지 못하는 법 원칙은 바뀌어야 한다는 가정에 입각하고 있다. 규범적 주장은 소송 절차의 효율성을 향상시키는 제안과 같이 논쟁의 여지가 없을 때도 있다. 그러나 효율성이 법이 추구해야만 하는 사회적 가치라는 일반적 주장은 보편적으로 수용되지 않고 있다.

이 책은 실증적 분석과 규범적 분석을 결합한다. 실증적 분석은 법경제학의 학문적 발전에 중추적 역할을 담당하여 왔다. 따라서 우리는 실증적 분석에 초점을 맞춘다. 그러나 법이 효율적이지 않다면, 우리는 더 좋은 대안을 탐색할 것이다.

1.2. 효율성은 법을 평가하는 유효한 규범인가?

법경제학의 비판자들은 경제적 효율성에 근거하여 법을 판단하는 것이 부적절하다고 주장한다. 대신 그들은 법이 공정(fairness)과 정의와 같은 목표를 추구해야 한다고 강조한다. 이 용어들의 정의는 모호하다. 그러나 부의 분배(distribution of wealth) 또는 분배적 정의(distributive justice)를 지칭한다는 공통점이 있다. 경제학은 정의로운 분배가 자원의 최소 희생으로 어떻게 달성될 수 있는지에 관해 많은 것을 제시할 수 있다. 한편,

정의의 의미가 단순히 효율성일 수도 있다. 희소성(scarcity)의 세계에서 자원을 낭비하는 것은 '비도덕적'이다. 따라서 법은 그러한 낭비를 최소화하여 적어도 다른 목표들과 상충하지 않도록 구성되어야 한다(Posner 1998a, 30).

Kaplow and Shavell(2002)은 사회의 모든 개인의 행복(well-being)의 합으로 정의된 사회적 후생(social welfare)이 법 정책을 평가하는 유일한 기준이 되어야 한다고 주장하였다. 이 주장에 따르면, 공정의 개념은 사람들의 행복을 증진시키는 경우(사람들이 공정에 대한 '선호'[taste]를 가지고 있는 경우)를 제외하고는 정책에 영향을 미치지 않아야 한다. 동시에 그들은 부의 극대화(wealth maximization)와 같은 좁은 의미의 효율성 개념도 행복에 영향을 미칠 수 있는 요소들(부의 분배)을 배제하므로 부적절하다고 주장한다.

한편, Kaplow and Shavell(2002)은 효율성이 실제로 법 원칙을 평가하는 사회적 후생의 가장 좋은 대리변수일 때가 많다고 주장한다. 이는 특히 경제적 성격이 뚜렷한 법적 문제에서 그러하다. 예를 들어, 계약 파기의 구제 방식은 교환의 이익을 극대화해야 하며, 재산권 분쟁에 관한 법은 교섭을 촉진하고 외부효과를 내부화해야 한다. 그러나 독자들은 틀림없이 다른 상황에서 효율성만을 평가 기준으로 사용하는(또는 전혀 사용하지 않는) 것에 반대하거나(예, 형법), 너무 좁은 시각이라고 비판할 것이다(예, 의료 사고 또는 환경 사고). 법경제학의 가장 확고한 지지자조차도 이 점을 인정한다. 그러나 한계의 인정이 경합하는 다른 목표들을 염두에 두면서 새로운 통찰력을 얻기 위해 이들 문제에 경제적 논리를 적용하는 것을 방해해서는 안된다.

2. 효율성 개념

법경제학은 효율성의 개념에 기초하고 있다. 따라서 효율성이 정확히 무엇을 의미하는지 구체적으로 확정하는 것이 중요하다. 경제학은 효율성의 기본 정의로 파레토 효율성(Pareto efficiency)을 사용하고 있지만, 다른 효율성 개념도 있다.

2.1. 파레토 효율성

두 명의 사람과 그들이 나누어 가질 일정한 양의 재화와 서비스로 구성된 사회를 생각해 보자.[3] 재화나 서비스가 나누어진 상태를 배분(allocation)이라고 정의하자. 우리가 파레토 효율적(또는 파레토 최적)이라고 부르는 배분은 다음 두 가지 정의를 만족시킨다는 의미에서 가능한 모든 배분 중에서 '최선'(best)이다. 첫째, 두 사람 모두 배분 A에서 배분 B에서만큼 좋고 적어도 한 명은 확실하게 더 좋다면 배분 A는 배분 B보다 파레토 우월적(Pareto superior)이라고 한다. 이 기준은 서로 다른 배분 상태를 비교하기 위한 기준이다. 이 기준은 두 사람이 두 배분 상태에서의 자신의 후생(효용)을 평가할 수 있으며, 자신이 A에서 더 좋은지 B에서 더 좋은지 아니면 A와 B에 무차별한지를 판단할 수 있다면 적용이 가능하다. 둘째, 만약 배분 A보다 파레토 우월적인 다른 배분이 존재하지 않는다면 배분 A는 파레토 효율적(Pareto efficient) 또는 파레토 최적(Pareto optimal)이다.

주목할 점은 파레토 효율성의 정의가 어느 쪽도 나타지지 않을 때만 재배분이 허용된다는 의미에서 만장일치를 요구한다는 매력적 특징을 가지고 있다는 것이다. 다시 말해서 파레토 우월성에 부합하는 모든 변화는 모든 개인이 동의한다(또는 적어도 변화를 막으려고 하지 않는다)는 의미에서 합의적(consensual)이다.[4]

그러나 파레토 효율성에는 두 가지 매력적이지 않은 특징이 있다. 첫째, 파레토 효율성은 하나의 고유한 배분을 특정해 주지 않는다. 실제로, 우리의 두 사람뿐인 세계에서도 무한한 수의 배분이 이 정의를 만족시킬 수 있다. 이 특징은 경제에 존재하는 두 사람의 효용가능곡선(utility possibility frontier)을 보여 주는 [그림 1.1]을 보면 쉽게 알 수

3 이 재화와 서비스가 이용 가능한 자원으로부터 어떻게 생산되는지를 결정하는 것은 생산의 효율성(productive efficiency)이다. 여기에서 우리는 재화와 서비스의 수준을 주어진 것으로 놓고 교환의 효율성(exchange efficiency)에 초점을 맞춘다.

4 이는 사람들이 비록 자신이 손해를 보지 않지만 다른 사람이 이익을 얻는 변화를 반대하는 부러움(envy)에 영향 받지 않는다는 것을 가정한 것이다.

그림 1.1 효용가능곡선

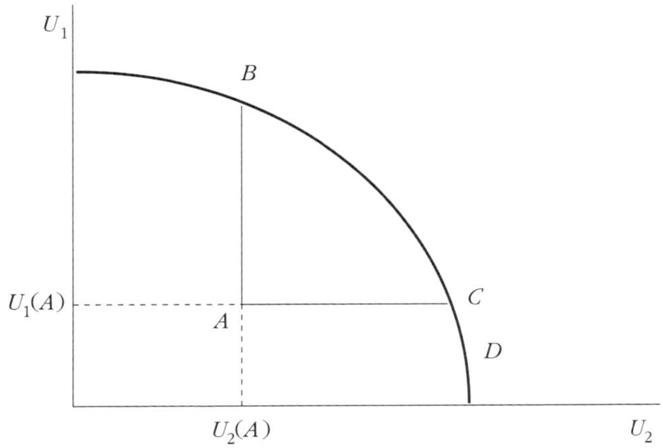

있다. 효용(utility)이란 사람들이 어떤 재화와 서비스의 배분에서 얻는 만족의 척도이다. 사람들은 이 척도를 이용하여 여러 배분 상태를 비교하며, 파레토 우월성 기준을 적용한다.

음(–)의 기울기를 가진 효용가능곡선은 일정량의 재화와 서비스로 두 사람이 달성할 수 있는 모든 효용 수준을 정의한다. 효용가능곡선 위의 점들과 안쪽의 점들은 달성 가능한 배분이다. 효용가능곡선 내부에 있는 어떤 최초의 배분 *A*를 생각해 보자. 이 배분에서 시작하여 *A*보다 파레토 우월한 모든 배분이 포함된 영역 *ABC*를 정의하기 위해 파레토 우월성 기준이 사용될 수 있다. 예를 들어, 만일 개인 2의 효용을 $U_2(A)$에 고정시키면, *A*보다 파레토 우월한 배분은 직선 *AB* 상의 배분이다. 이 배분들은 개인 1에게 배분 *A*와 같거나 큰 효용을 준다. 만약 개인 1의 효용을 $U_1(A)$에 고정시키면, 직선 *AC* 상의 배분들은 개인 2에게 배분 *A*와 같거나 큰 효용을 준다. *ABC* 영역 내부의 점들은 분명히 *A*보다 두 사람을 더 좋게 만든다. 따라서 *A*는 파레토 효율적일 수 없다.

이 예에서 파레토 효율적인 배분은 *BC* 선상에 있는 점들이다. 이 점들에서는 두 사람을 모두 더 좋게 만들 수 있는 재배분이 존재하지 않는다. 유일하게 가능한 움직임은 선을 따라 움직이는 것인데, 그러면 한 사람은 좋아지고 다른 사람은 나빠진다. 이 움직임은 파레토 우월성 기준으로는 평가가 불가능하다. 따라서 파레토 효율적인 점들은 서로 비교할 수 없다. 즉, 파레토 효율성 기준으로 이 점들의 순위를 매길 방법이 없다.

파레토 효율성의 두 번째 매력적이지 않은 특징은 *A*와 *D*를 비교할 때 나타난다. *D*는 파레토 효율적이고 *A*는 파레토 효율적이지 않지만, 이 두 점은 비교할 수 없다. *A*에서 *D*로 움직이면 개인 2는 좋아지고 개인 1은 나빠진다. *D*에서 *A*로 움직이면 반대가 된다. 이 문제의 원인은 파레토 효율성의 정의가 초기 버분 상태(initial allocation) 또는 시작점에 의존하기 때문이다.

비교 불가능성(non-comparability)이라는 파레토 효율성의 약점이 의미 있는 이유는, 법 정책에 관한 대부분(전부는 아니지만)의 흥미로운 질문이 일정 집단의 개인에게 이득을 주고 다른 집단의 개인에게 손해를 주는 변화에 관한 것이기 때문이다. 예를 들어, 제한적 총기법은 총기 소지자에게 손해를 주지만, 총기 사고 또는 총기 폭력의 피해자에게는 이득을 줄 수 있다. 제조물 관련 사고에 대한 진보적 책임 원칙은 제품의 소비자에게 이득을 주지만 제조업체와 제조업체의 근로자에게는 손해를 준다. 이는 파레토 효율성이 실제 법 원칙의 변화를 평가할 수 있는 적용 가능한 기준이 아님을 의미한다(그리고 파레토 최적은 매우 불균등한 소득 분배를 허용한다).

2.2. 잠재적 파레토 효율성 또는 칼도-힉스 효율성

경제학자들은 자주 잠재적 파레토 효율성 또는 칼도-힉스 효율성(Kaldor-Hicks efficiency)이라고 불리는 완화된 파레토 기준의 개념을 사용하여 비교 불가능성의 문제를 해결한다. 이 개념의 이해를 위해, [그림 1.1]의 *B*에서 *C*(또는 *A*에서 *D*)로의 변화를 생각해 보자. 만약 개인 2(이득을 본 사람)가 이 변화로 충분히 좋아져서 개인 1(손해를 본 사람)에게 완전한 보상을 한 후에도 순이득을 얻는다면 파레토 기준이 충족될 수 있다. 예를 들어, *A*에서 *D*로의 움직임으로 인해 개인 2의 부가 500달러 증가하고, 개인 1은 400달러의 비용을 부담한다고 하자. 개인 2는 개인 1에게 보상한 후에도 여전히 100달러의 순이득을 누릴 수 있다. 결과적으로 *D*는 *A*보다 파레토 우월하다.

물론, 현실의 변화에서는 보상이 불가능하다. 예를 들어, 엄격한 자동차 안전 기준의 도입 또는 의료 서비스 개혁이 이루어질 때 어떻게 보상이 이루어질 수 있을지 상상해 보라. 그러나 이론상 보상이 가능하다는 것은 *D*가 *A*보다 효율적이라는 것을 의미한다. 승자의 이득이 패자의 손해보다 크다는 의미에서 완전 보상이 가능하지만 실제로 보상이 지급되지 않는 움직임을 칼도-힉스 효율적이라고 한다(보상이 실제로 지급되면, 그 움직임은 파레토 효율적이다).[5]

따라서 칼도-힉스 효율성은 비용-편익 분석(cost-benefit analysis)에 기초하고 있다. 이득이 손실보다 크면 정책 또는 법의 변화는 효율적이다.[6] 또한 칼도-힉스 기준을 만족시키는 변화는 이득과 비용의 차이만큼 전체 부(wealth)를 증가시키므로 부의 극대화(wealth maximization) 목표와 일치한다. 따라서 칼도-힉스 기준을 충족시키는 모든 가능한 변화가 이루어지면 사회 전체의 부는 극대화된다. 이 책에서 현실의 법 원칙의 영향에 관한 대부분의 분석은 부의 극대화와 관련이 있다. 부의 극대화는 불법행위 책임 원칙의 분석에서는 비용(특히 위험한 행위의 비용)의 최소화를 의미하고, 계약법 원칙의 분석에서는 거래이익의 극대화를 의미한다.

마지막으로, 비용 최소화 또는 이익 극대화에 상관없이 칼도-힉스 효율성이 기초하고 있는 일반원리는 한계 분석(marginal analysis)이다. 이 원칙에 따르면, 어떤 행위로 인한 한계편익이 한계비용과 같아질 때 최적의 결과가 달성된다. 예를 들어, 위험한 행위의 참여자가 안전조치에 지출한 추가비용이 기대사고비용의 추가 감소와 같아지

5 파레토 효율성 개념과 칼도-힉스 효율성 개념의 비교에 관해서는 Coleman(1982)을 보라.
6 사회 정책을 평가하는 수단으로서의 비용-편익 분석의 검토는 Posner(2001)의 제3장에 제시되어 있다.

는 점까지 예방 행동에 투자할 때 사고의 기대비용이 최소화된다. 불법행위법의 경제 분석은 과실책임 등의 책임 원칙이 당사자의 효율적인 한계적 행동을 유도하는지를 검토한다.

2.3. 합의에 의한 교환과 합의에 의하지 않은 교환

칼도-힉스 효율성은 파레토 효율성의 비교 불가능성 문제를 우회할 수 있는 방법을 제시한다. 그러나 패자가 실제로 존재하기 때문에 변화가 합의적(consensual)이라고 주장할 수 없다는 단점이 있다. 이 문제는 이 책 전반에 나타날 중요한 상충관계(trade-off)를 보여 준다. 한편으로, 합의(consent)는 상호 이익(mutual gains)을 보장한다. 상호 이익은 경쟁시장의 효율성의 기초이며, 파레토 효율성을 충족시킨다. 다른 한편으로, 공해와 같은 외부효과로 인해 시장실패가 발생하면 교환으로부터의 이익이 모두 실현되지 못한다. 정부의 (법적 의무 부과를 포함한) 시장 개입의 중요한 경제적 근거는 시장실패를 교정하는 것이다.

정부의 개입은 항상 승자와 패자를 만들어 낸다. 그러나 어떤 정책으로 손해를 본 사람이 다른 정책으로 이득을 볼 수도 있으며, 전체 부가 증가함에 따라 모든 사람이 순이득을 볼 수 있다. 즉, 전체 파이의 크기가 커질수록 나누어 갖는 몫도 커질 것이다. 이렇게 칼도-힉스 기준의 사용에 대한 암묵적 합의(implied consent)가 파레토 기준의 실제 합의(actual consent)를 대체할 수 있다.

이 책에서 검토되는 법에 대한 경제적 접근은 성문법 또는 헌법(여러 헌법 문제를 다룬다)이 아닌 판례법에 초점을 맞춘다. 앞 문단의 주장이 보통법에서 큰 설득력을 발휘하는 이유 중의 하나는 판사들이 정치 과정으로부터 격리되어 특수이익(special interests)의 영향을 받을 가능성이 작기 때문이다. 이는 사법 절차에서 체계적인 패자가 발생할 위험을 최소화한다.

3. 코즈 정리

시장실패가 존재할 때 효율성을 복원하는 법 원칙의 역할은 로널드 코즈(Ronald Coase)의 선구적 논문에서 비판적으로 검토되었다.[7] 코즈 이전, 경제학자들 사이에 널리 퍼져 있던 견해는 공해와 같은 외부효과는 정부의 개입을 통해서만, 예를 들어 공해 유발자에게 재정적 책임(조세 또는 벌금)을 부과함으로써만 내부화될 수 있다는 것이었다. 그러나 코즈의 분석은 법 원칙 하에서의 협상(bargaining) 및 거래비용(transaction costs)이 자원의 최종 배분에 미치는 영향을 강조함으로써 기존의 견해를 바꾸어 놓았다.

코즈의 핵심 아이디어는 그가 제시한 간단한 사례에서 가장 잘 드러난다. 농부가 소유한 토지와 목장 주인이 소유한 토지가 있다. 두 토지는 인접해 있다. 문제는 목장의 소가 가끔 농부의 땅에 들어와 농작물에 피해를 준다는 것이다. [표 1.1]은 목장의 가축 수에 따른 농부의 총손해와 한계손해(달러)를 보여 준다.

목장 주인이 소를 한 마리 추가할 때마다 얻는 한계편익(한계수입 – 한계비용)이 3.5달러라고 가정하자. 따라서 목장과 농장의 공동 가치(joint value)는 소가 세 마리일 때 극대화된다. 이는 소 세 마리까지는 목장 주인의 추가 이익이 농작물의 추가 손해보다

표 1.1 목장이 기르는 소와 농부의 농작물 피해

소의 수	총손해	한계손해
1	1	1
2	3	2
3	6	3
4	10	4

출처: Coase(1960).

7 Coase(1960). 많은 학자가 현대 법경제학의 기원을 이 논문에서 찾고 있다. 이 논문은 법경제학 문헌 중 가장 많이 인용되는 논문이다.

많기 때문이다. 그러나 네 번째 소는 추가 이익이 추가 손해보다 적다. 목장과 농장을 한 사람이 소유한다면 소를 추가하여 얻는 이익과 농작물 추가적 피해를 모두 내부화하기 때문에 소의 수를 세 마리로 결정한다. 그러나 소유자가 다르면 목장 주인은 농작물 손해를 무시하고 소의 수를 네 마리(가능한 최대)까지 늘릴 것이다. 이러한 예측은 목장 주인에게 조세를 부과하거나 농부에게 생활방해(nuisance) 소송을 허용하는 등 목장 주인이 농부의 손해를 내부화하도록 강제하는 정부 개입의 근거를 제공한다.

그러나 목장 주인이 농부의 손해에 대해 법적 책임을 지지 않은 경우를 주의 깊게 생각해 보자. 책임을 지지 않으면, 목장 주인은 3.5달러의 이익을 더 얻기 위해 네 번째 소를 추가하며, 농부가 입게 되는 4달러의 추가적 피해를 무시한다. 그러나 농부와 목장 주인이 협상할 수 있으며, 농부가 목장 주인에게 네 번째 소를 추가하지 않는 대가로 3.75달러를 지급한다고 가정해 보자. 목장주는 네 번째 소로부터 얻는 3.5달러보다 큰 추가 이윤을 얻게 되므로 제안을 수락한다. 농부는 3.75달러를 지불하여 4달러의 피해를 보지 않으므로 이익을 본다. 소를 세 마리 미만으로 줄이는 거래는 첫 세 마리로부터의 한계손해가 목장 주인의 한계편익보다 작으므로 불가능하다. 따라서 목장주가 농부의 손해를 배상할 필요가 없는 경우에도, 소의 수는 효율적인 수준인 세 마리로 결정된다(사실, 목장주는 네 번째 소를 추가하지 않는 대가로 돈을 받은 것이다).

연습 문제 1.1[8]

앞의 예에서, 소로 인한 농작물 피해가 농부의 땅에 9달러의 비용으로 울타리를 설치하여 완전히 제거될 수 있다고 가정하자. 이제 최적의 소의 수는 네 마리이며, 이 결과는 (당사자들이 협상할 수 있다고 가정할 때) 목장 주인과 농부의 농작물 피해에 대한 법적 책임에 관계없이 달성된다는 것을 증명하라.

---

8 각 장의 본문에 포함되어 있는 연습 문제 해답은 책 뒷부분에 제시되어 있다.

위의 분석은 협상이 가능하면 법이 누구에게 책임을 부여하는가와 관계없이 외부효과 당사자들의 합의에 의해 효율적인 결과가 항상 달성될 수 있음을 보여 준다. 즉, 목장 주인이 농작물 피해에 대한 책임을 지는지에 관계없이 키우는 소의 숫자는 같다. 이 놀라운 결론은 매우 보편적인 것으로 입증되었으며, 따라서 코즈 정리(Coase theorem)로 불려지게 되었다. 뒤에서 보듯이, 코즈 정리는 법경제학에 폭넓은 함의를 제시한다. 여기서는 일단 두 가지 함의를 제시하고자 한다(우리는 제7장 1.2에서 코즈 정리를 더 자세히 살펴본다).

우선 코즈 정리는 일반적 가정과는 달리 효율성과 분배적 정의라는 사회적 목표가 양립할 수 있는 목표라는 점을 함축하고 있다. 앞의 예에서 누가 책임을 지는가에 따라, 소의 숫자는 변하지 않지만 소득 분배는 달라진다. 목장 주인이 농작물 피해에 대한 책임을 질 때는 목장 주인이 농부에게 피해를 배상하지만, 목장 주인이 책임을 지지 않을 때는 소의 숫자가 효율적 수준을 넘지 않도록 농부가 목장주에게 금전을 지급해야 한다. 따라서, 책임 부여 방식을 바꾸면 자원 배분은 변하지 않지만 부의 분배는 변한다.[9] 이는 코즈 정리의 조건이 충족될 경우 판사가 효율성의 희생을 걱정하지 않고 분배적 정의를 추구할 수 있음을 시사한다.

그렇다면 코즈 정리의 조건이 충족될 가능성은 얼마나 될까? 이는 외부효과 당사자들의 협상비용에 달려 있다. 협상비용이 크면 – (특히 많은 수의 당사자가 관련된 때) 자주 발생한다 – 사적 합의는 이루어질 수 없으며 책임을 누가 지는가에 따라 자원의 최종 배분이 달라진다. 이는 코즈 정리의 두 번째 중요한 함의로 이어진다. 협상비용이 클 때, 책임 부여 원칙은 효율성에 영향을 미친다(Demsetz 1972). 이 결론이 당연해 보일 수도 있지만, 법의 본질과 관련하여 중요한 의미를 지닌다. 특히, 여기에는 상황과 관계없이 특정 행동이나 결과를 지시하는 유연하지 않은 원칙(rules)의 형태로 법을 구성할 것인지, 또는 판사들이 개별 사건에 따라 결과를 조정할 수 있도록 일정한 재량

9 이 결론은 후생경제학의 두 번째 기본 정리(the second fundamental theorem of welfare economics)와 밀접하게 관련되어 있다.

(discretion)을 남겨 둘 것인지에 대한 근본적인 질문이 내포되어 있다. 법의 개념에 대한 고전적 저작에서 Hart(1961, 127)는 다음과 같이 이 선택을 규정하였다.

> 실제로 모든 제도는 두 가지 사회적 요구의 서로 다른 방식으로의 타협이다. 하나는 사적 개인들이 행위의 광범위한 영역에서 새로운 공식적 지침이나 사회적 문제의 형량 없이도 자신들에게 안심하고 적용할 수 있는 확실한 원칙에 대한 요구이다. 다른 하나는 구체적인 사례가 발생할 때만 제대로 인식되고 해결될 수 있는 문제들을 정보에 근거한 공식적 결정에 의한 사후 해결을 위해 미해결인 채로 남겨 두어야 한다는 요구이다.

하나의 예로, 불법행위법에서 가해자가 자신이 발생시킨 모든 손해에 대한 책임을 지는 엄격책임(strict liability)과 가해자가 '합리적 주의'(reasonable care)를 기울이지 못할 때만 책임을 지고 합리성은 개별 사건에 따라 판단되는 과실책임(negligence) 사이의 선택이 원칙과 재량 사이의 선택이다.

원칙의 장점은 예측 가능하므로 개인이 행위의 결과에 대해 계획할 수 있다는 것이다. 원칙은 시장이 잘 기능하고 사적 교섭에 장애가 거의 없을 때 매우 바람직하다. 거래비용(transaction costs)이 낮은 세계에서 법의 역할은 최소한에 그친다. 즉, 권리의 확정과 계약의 집행으로 제한된다. 우리가 보았듯이, 자원 배분은 코즈 식의 교섭으로 인해 법 원칙에 따라 변하지 않으므로, 상황에 대한 경직성이 비효율성으로 이어지지 않는다. 그러나 법이 직면하는 많은 문제는 이 같은 세상에서 발생하지 않는다. 문제의 대부분은 거래비용이 큰 상황에서 발생한다. 당사자는 비효율적인 원칙을 협상을 통해 우회하지도 못하고, 법적 개입 없이 분쟁을 해결하지도 못한다. 이러한 현실적 환경에서는 법이 효율성에 영향을 미치며, 따라서 원칙은 개별 사건에서 비용과 편익을 형량하는 판사의 재량을 허용하는 기준(standards)에게 자리를 양보해야 한다. 이 책이 가장 주목하는 부문이 이 영역이다.

4. '법경제학'에서의 법

미국의 법체계는 대부분 영국으로부터 물려받은 것이다. 소위 보통법(common law) 체계에는 세 가지 주요 법원(sources)이 있다. 첫째는 헌법(Constitution)으로 정부의 기본 구조 및 의무와 함께 시민의 기본권을 규정한다. 둘째는 입법부로, '국민의 의지'(will of the people)를 반영한 법을 제정하는 선출된 대표들로 구성된다[10](행정부는 주로 입법부에 의해 제정된 법률을 집행할 책임이 있지만, 제한적인 법률 제정 능력도 일부 가지고 있다).

마지막으로, 사법부는 법적 분쟁 해결의 부산물로 법을 만든다. 사법부가 만든 법은 법적 '선례'(precedents)의 형태를 취하며, 선례의 축적을 통해 보통법이 구축된다. 경제학자들은 보통 '법경제학'이라는 제목으로 이 판례법을 연구한다.[11]

4.1. 보통법의 본질

보통법의 원칙(선례)은 항소 법원의 결정으로부터 나오며 향후 비슷한 사건에서 하급(사실심) 법원을 구속한다(이어지는 법원 시스템에 대한 논의를 참조하라). 선례는 사람들에게 행동의 결과에 대한 정보를 제공하므로 사회적 가치가 있다. 이 정보 덕분에 사람들은 위험한 행위 참여, 계약 체결, 재산 개발 계획수립 등의 법적 분쟁에 빠질 수 있는 상황에서 합리적 결정을 내릴 수 있다.

동시에, 법은 변화하는 환경에 적응할 수 있어야만 한다. 보통법의 절차는 판사가 새로운 정보가 있을 때 선례를 변경하거나 뒤집을 수 있게 함으로써 이를 허용한다. 법경제학(실증적 분석 부분)과 이 책을 관통하는 중심 주제는 보통법이 경제적 논리를

10 국민의 직접 투표로 결정되는 법은 거의 없다. 따라서 미국은 직접 민주주의라기보다는 대의제 민주주의 또는 공화제(republic)이다.

11 경제학자들은 공공선택(public choice) 이론(이 분야의 고전은 Buchanan and Tullock[1962]이다)의 한 분야로서 입법부의 입법 과정을 연구해 왔으며, 또한 헌법의 경제 이론을 발전시키기 시작하였다(Cooter 2000). 헌법과 관련된 몇 가지 주제는 제7장과 제9장에서 다루어진다.

추구하는 경향이 있다는 것이다. 이 가설은 판사들이 효율성을 높이기 위해 의식적으로 행동한다는 주장에 근거한 것이 아니다(물론 판사들이 가끔은 의식적으로 효율성을 추구하기도 한다. 제2장에서 논의되는 *United States v. Carroll Towing Co.* 사건[12]의 과실 기준에 관한 핸드 판사[Judge Learned Hand]의 공식이 가장 유명한 예이다). 또한 모든 보통법 원칙이 모든 시점에서 효율적이라는 주장도 아니다. 이 가설은 보통법 절차에 효율성의 방향으로 보통법을 추진시키는 내재된 힘이 있다는 것이다.[13] 이 발상은 애덤 스미스(Adam Smith)가 처음 제안하고 나중에 후생 경제학의 첫 번째 기본 정리로서 형식적으로 증명된 시장 효율성에 관한 '보이지 않는 손' 정리(invisible hand theorem)와 유사하다.

4.2. 미국의 법원 시스템

보통법의 특정 영역에 대한 분석에 앞서, 미국의 법원 시스템의 구조를 개관해 보자.[14] 미국의 주 및 연방 차원의 법원 구조는 위계적이다. 가장 낮은 수준에는 일반 관할권이 있는 사실심 법원(trial court)이 있다. 사실심 법원은 민사 및 형사 문제에 관한 광범위한 사건을 다룬다. 주 차원에서 이 법원(보통 지방[district] 또는 순회[circuit] 법원이라고 불리는)은 카운티별로 조직되어 있다. 연방 차원에서 이 법원은 99개의 사법 지역에 조직되어 있는데(지방 법원[district court]), 각 주에는 경제 규모에 따라 최소 하나 이상의 사법 지역이 존재하며, 컬럼비아 특별구에도 하나가 존재한다.[15]

다음 단계에는 사실심 법원으로부터의 항소를 받고 그 결정을 지지, 반대 또는 수정해야 할 책임이 있는 중간 단계의 항소 법원(intermediate appellate courts)이 있다. 모든 주

---

12 159 F.2d 169(2d Cir. 1947). 이 인용은 법률가들이 판결집의 사건를 언급하는 방식을 보여 준다. 첫 번째 숫자인 159는 판결집의 권호를 나타낸다. F.2d는 판결집의 시리즈를 나타낸다. 이 경우는 연방재판소 판례집(Federal Reporter)의 두 번째 시리즈이다. 두 번째 숫자 169는 작성된 판결의 첫 페이지이며, 괄호 안의 정보는 법원(여기서는 제2 연방순회법원)과 사건이 결정된 연도이다.

13 이 가설은 제9장에서 자세하게 제시되고 평가된다.

14 이 부분의 논의는 Mermin(1982, 58-60 및 166-69)에 기초하고 있다.

15 푸에르토리코, 버진 제도, 북마리아나 제도 및 괌에도 사법 구역이 각각 하나씩 있다.

에 중급 법원이 있는 것은 아니다(이 경우 단일한 항소 법원이 주의 최상위 또는 최고 법원이 된다). 그러나 모든 연방 사법 구역에는 항소 법원이 있다. 연방 차원의 항소 법원은 12개의 지역 순회 법원으로 구성되어 있으며, 각 순회 법원은 각각 몇 개의 주를 담당한다. 이 법원은 순회 구역 내에 있는 지방 법원의 항소와 연방 행정기관의 항소를 받는다. 워싱턴 D.C.에도 연방 순회 항소 법원이 있는데, 특허법 관련 사건 및 국제 무역 법원(Court of International Trade)과 연방 청구 법원(Court of Federal Claims)이 결정한 사건의 항소를 받는다. 1심에서 패소한 소송 당사자는 비용을 지불할 용의가 있으면 항상 중급 법원에 항소할 권리를 가지고 있다.

연방 법원 시스템의 최고 법원은 미국 대법원이다. 대법원은 대통령에 의해 지명된 9명의 판사로 구성되어 있다. 중급 항소 법원과 달리, 대법원과 주 최고 법원은 어떤 사건을 심리할지를 결정할 재량권을 가지고 있다. 만일 최고 법원이 사건의 심리를 거부하면 이전 수준의 판결이 유지된다. 실무적인 이유로 대법원은 검토를 요구받은 사건 중 일부 사건만을 심리한다. 따라서 대법원은 새로운 문제나 긴급한 문제가 관련된 사건만을 선택한다. 미국 대법원은 연방 항소 법원 판결에 대한 항소 이외에도 때때로 주 대법원 판결에 대한 항소도 받는다.

법원의 관할권을 규정하는 규칙이 존재한다. 주 법원의 관할권은 일반적으로 해당 주의 거주자 간의 분쟁으로 제한되는 반면, 연방 법원의 관할권은 헌법에 의해 부여된 권한에 근거하여 의회에 의해 결정된다. 연방 지방 법원 사건은 대개 세 가지 범주 중 하나이다. '연방 문제'(federal question) 관련 사건(헌법, 연방법 또는 조약에 관해 발생한 사건), 다른 주의 시민이 관련된 사건('복수 주간 관할'[diversity of citizenship] 사건) 또는 정부가 소송 당사자인 사건(일반적으로 형사 사건)이다. 연방 법원은 보통 자신이 소재한 주의 법을 적용한다.

대법원 판사는 대통령이 (상원의 동의를 얻어) 임명하는데, 임기는 종신이다. 연방 항소 법원의 판사도 마찬가지이다. 주 법원 판사의 선정 방법은 주마다 다르지만, 대부분 임기가 한정되어 있다.

5. 결론

이 장은 법경제학의 소개로 시작하여, 뒷장에서 중점적으로 다루어질 몇 가지 핵심 문제를 논의하였다. 이 중 가장 중요한 것은 효율성이 법 원칙과 제도를 평가하는 유효한 기준인지에 대한 문제였다. 법에 관한 규범적 경제 이론은 효율성이 유효한(또는 다른 규범과 함께 유효한) 기준이라고 말한다. 실증적 이론은 여기에서 더 나아가 보통법이 경제적 논리를 구현하고 있다고 주장한다. 이 책은 규범적 이론과 실증적 이론을 모두 살펴볼 것이다.

이 장은 다양한 효율성 개념을 제시하였으며(그리고 칼도-힉스 또는 부의 극대화를 적용 가능한 개념으로 설정하였다), 법경제학의 가장 중요한 구성 요소라고 할 수 있는 코즈 정리를 소개하였다. 코즈 정리에 포함된 통찰력은 이 책 전체에서 사용될 것이다. 마지막으로 이 장은 보통법의 본질과 미국 사법 제도의 특징을 개관하였다.

토론 문제

1. 홈즈의 '나쁜 사람'(bad man)이 경제 이론의 합리적인 의사결정자에 상응한다는 의미를 설명하라.

2. 과실책임 원칙에서, 다른 사람에게 해를 끼칠지도 모르는 행위(외부적 피해)를 하는 개인은 '합리적 개인'(reasonable person)이 같은 상황에 있었다면 실행하였을 예방조치를 취해야 한다. 과실책임 원칙에서의 합리적 개인은 경제학의 합리적 의사결정자와 어떤 관련이 있는가?

3. 효율성과 공정성은 경제 제도에서 양립할 수 없는 목표라는 주장이 있다. 코즈 정리의 조건이 충족되면, 이 주장은 맞지 않다. 그 이유를 설명하라.

단원 문제

1. 농부들이 사용하는 특정 화학 비료가 지하수를 오염시키기는 것을 방지하기 위해 이 비료의 사용을 금지하는 법이 통과되었다고 하자. 물 사용자가 겪는 질병 피해의 기대 감소액은 1,000만 달러이며, 농민의 손실은 800만 달러이다.
   (a) 새로운 법은 현재 상태와 비교하여 파레토 우월적인가? 이 법은 칼도-힉스 개선인가? 설명하라.
   (b) 이제 정부가 물 사용자에게 세금을 부과하고 이 수입을 사용하여 농민들의 피해를 완전히 보상한다고 가정하자. 이 법은 이제 파레토 개선인가? 이 법은 칼도-힉스 개선인가? 설명하라.

2. 어떤 지역에 상호 배타적인 세 집단, 즉 벌목 기업의 주주, 환경론자 및 중립적 사람이 있다고 가정하자. 각 집단의 숫자는 다음과 같다.

   주주 100명
   환경론자 500명
   중립적 사람 1,500명

벌목으로 인한 기업의 총이익은 8,000달러이며, 이익은 주주들에게 고르게 배분된다. 환경론자들은 벌목이 금지되기를 바라고 있으며 이를 위해 각자 25달러를 지불할 의사가 있다. 중립적 사람들은 이 논쟁에 관심이 없다.

(a) 벌목을 금지하는 것은 파레토 최적인가? 칼도-힉스 효율적인가?

(b) 벌목이 금지된 경우 벌목 기업의 소유자들에게 전액 보상이 이루어지고, 이를 위해 8,000달러의 세금이 부과되어 이 금액이 주주에게 지급된다고 가정하자. 다음 각 시나리오에 제시된 보상과 결합된 벌목 금지법이 파레토 최적인지, 그리고 칼도-힉스 효율적인지를 서술하라.

(i) 환경론자와 중립적 사람들 모두에게 세금이 똑같이 부과된다.

(ii) 환경론자에게만 세금이 부과된다.

3. *Sturges v. Bridgman*(11 Ch.D. 852, 1879) 사건은 사탕 제조를 위해 몇 년 동안 특정 장소에서 중장비를 운영해 온 제과점과 관련된 사건이다. 의사가 제과점 시설에 붙은 진료실을 설치하였고, 제과점의 소음과 진동이 의사의 진료를 방해하였다. 의사는 제과점의 기계 사용을 중지시키는 금지 명령(injunction)을 청구하였다. 제과점이 기계를 의사에게 방해를 주지 않는 장소로 옮기는 데 150달러가 들고, 의사가 진료실을 재배치하려면 200달러가 든다고 가정하자.

(a) 의사와 제과점이 비용 없이 교섭할 수 있다고 가정하자. 법원이 금지명령을 내리면 어떤 결과가 발생하는가? 금지명령을 내리지 않으면 어떤 결과가 발생하는가?

(b) 당사자가 교섭할 수 없다면 (a)의 답은 어떻게 변하는가?

4. 집주인은 앞 창문을 통해 바다를 훤히 내다볼 수 있다. 그러나 집 앞 빈터의 소유자가 그 땅에 집을 짓겠다는 계획을 발표하였다. 단층집이 건축되면 부분적으로 전망이 방해받고, 이층집이 건축되면 전망이 완전히 차단된다고 가정하자. 집 짓는 사람의 이윤과 집주인의 전망 가치가 다음 표에 제시되어 있다.

층수	이윤	전망 가치
0	0	70,000달러
1	100,000달러	60,000달러
2	150,000달러	0

(a) 집을 짓는 것이 효율적인가? 만약 그렇다면 몇 층이어야 하는가?

(b) 집주인이 건축을 중단하라는 금지명령을 법원에 청구한다고 하자. 법원이 금지명령을 내리지 않는 경우, 집을 짓는 사람과 집주인 간에는 어떤 협상이 이루어지는가?

(c) 법원이 금지명령을 내린다고 가정하자. 집을 짓는 사람은 어떤 협상을 통해 집주인이 금지명령을 집행하지 않게 할 수 있는가?

---

chapter 02

불법행위법의 경제학 I: 경제 모형

1. 불법행위란 무엇인가?
2. 사고의 경제 모형: 예방 모형
3. 사고의 경제 모형의 확장
4. 결론

제2장과 제3장은 사고법 또는 불법행위법의 경제 모형을 구축하고 적용한다. 이 모형은 다음과 같은 명제에 근거하고 있다. 즉, 불법행위법의 원칙들은 위험한 행위에 관여하는 당사자들에게 위험한 행위의 총비용을 최소화하는 모든 합리적 조치를 실행할 경제적 유인(incentive)을 제공하기 위해 설계되었다. 이런 의미에서 사고법의 경제 모형은 예방 모형(precaution model)으로 불리기도 한다. 제2장의 목적은 다양한 사고법 분야에 널리 적용되는 일련의 기본 원칙을 도출할 수 있는 경제 모형을 보편적 방식으로 구축하는 것이다. 제3장은 이 모형을 특정 영역에 적용한다.

총사고비용(total costs of accidents)은 세 가지 요소로 구성된다. 피해자의 손해, 가해자와 피해자의 예방비용, 불법행위 제도의 행정비용이 그것이다. 이 장은 이들 비용 중 예방 모형에 반영되는 처음 두 비용에 초점을 맞추며, 행정비용은 정성적으로만 다룬다. 행정비용에 관한 상세한 분석은 제9장에서 수행될 것이다.

예방 모형은 외형상 사고 모형이지만, 그 유용성은 불법행위법을 넘어 계약법 및 재산법 영역까지 확장될 수 있다. 따라서 예방 모형은 전통적인 법 영역 사이의 관계 분석에도 활용될 수 있다.

1. 불법행위란 무엇인가?

불법행위는 사고로 인한 피해를 규율하는 보통법 영역이다. 신체적 상해, 제조물 책임, 산업재해, 의료 사고, 환경 사고 등을 규율한다. 이 목록에서 알 수 있듯이, 위험은 운전, 백신 사용, 의료 시술 등 사회적으로 유익한 행위의 필수적 부산물이다. 행위를 중단하지 않고서는 위험이 완전히 제거될 수 없지만, 사고에 수반되는 비용을 최소화하기 위해 비용이 정당화되는(cost-justified) 모든 조치가 실행되어야 한다. 이는 예방비용을 1달러 지출하여 사고로 인한 추가 손실을 1달러 절감할 수 있는 수준까지 위험 감소 투자가 이루어져야 함을 의미한다.

현대 사회는 안전 규제, 조세, 위험한 행위에 대한 형사처벌(과속에 대한 벌금)을 포함한 위험을 통제하는 여러 방법을 개발해 왔다. 이 방법들은 정부가 실행하는 '공적'(public) 통제이다. 그러나 이 장은 사고의 피해자가 불법행위법에 따라 가해자에게 손해배상을 청구하는 권리, 즉 사적 구제 수단을 분석한다(공적 구제 수단의 사용은 뒷장에서 논의된다).

불법행위법의 주된 사회적 기능은 두 가지이다. 피해자 손해의 보상과 '비합리적으로'(unreasonably) 위험한 행동의 억지이다. 불법행위법에 대한 경제적 접근은 보상(compensation)에도 관심을 두지만, 주된 관심은 최적 억지(optimal deterrence)이다. 따라서 경제적 접근은 불법행위법을 위험한 행위를 하는 사람에게 합리적(비용이 정당화되는) 조치를 실행할 경제적 유인을 제공하여 전체 사고비용을 최소화하는 제도로 묘사한다.

불법행위법은 사고 피해에 대한 사적 구제 수단이며, 집행은 피해자에게 달려 있다. 손해를 보상받기 위해 피해자(원고)는 가해자(피고)를 상대로 소송을 제기해야 한다(소송비용이 많이 든다는 사실의 함의는 곧 논의될 것이다). 소송에서 이기려면 원고는 피고에게 법적 책임이 있으며 따라서 피고가 손해를 배상해야 한다는 것을 입증할 책임이 있다. 즉, 원고는 (1) 자신이 일정한 손해를 보았고, (2) 피고가 그 손해의 원인이었음을 입증해야 한다. 어떤 법 원칙에서는, 이 두 가지를 입증하면 원고가 손해를 배상받을 수 있다. 그러나 다른 법 원칙에서는 원고가 가해자의 잘못(fault)도 입증해야 한다. 우리는 원고가 자신의 손해를 입증할 수 있다고 가정하고, 두 번째 요소인 인과관계(causation)를 논의한다. 잘못의 문제는 추후 검토할 것이다.

법적 의미에서 인과관계를 확립하려면 원고는 다음 두 가지를 입증해야 한다. 첫째, 피고의 행동이 손해의 사실상의 원인(cause-in-fact)임을 입증해야 한다. 둘째, 피고의 행동이 손해의 주된 원인(proximate cause)임을 입증해야 한다.

사실상의 원인은 '그것이 없었더라면 테스트'(but-for test)를 사용하여 확립된다. 구체적으로, 원고는 '피고의 행동이 없었다면 원고가 아무런 손해를 입지 않았을 것'임을 입증해야 한다. 많은 사건에서 이 문제는 단순하다. 예를 들어, 탄산음료 병이 폭발하지 않았다면 원고는 손을 다치지 않았을 것이다. 일부 사건에서는 문제가 단순하지 않다. 어려운 사건 중 하나는 동시에 손해를 발생시켰으나 독자적으로도 손해를 발생시켰을 두 가지 이상의 원인이 관련된 사건이다. 예를 들어, 기차의 불꽃으로 화재가 시작되고 이 화재가 자신의 토지를 청소하기 위해 농부가 놓은 불과 합쳐져 다른 농부의 농작물을 태웠다고 가정하자.[1] 이 사건에서 두 가해자의 행동은 모두 '그것이 없었더라면 테스트'를 통과하지 못한다. 철도회사와 농부는 자신의 화재를 통제하였더라도 피해가 발생하였을 것이라고 (맞는) 주장을 할 수 있기 때문이다.

두 번째 문제 상황은 두 명 이상의 가해자가 독자적으로 행동하였다면 일어나지 않았을 손해를 발생시킨 때 나타난다. 예를 들어, 다른 사람이 의자를 빼고 있을 때 내가 당신을 밀쳤고 당신이 뒤로 넘어져 다쳤다고 하자. 이 사건에서 두 가해자의 행동은 모두 '그것이 없었더라면 테스트'를 통과한다. 이 경우 문제는 두 가해자 사이에 책임을 어떻게 배분할 것인가이다. 이처럼 인과관계 문제는 매우 복잡해질 수 있다. 따라서 우리는 가해자가 한 명인 사고에 초점을 맞추고, 이런 복잡한 문제들은 논의하지 않기로 한다(그러나 제2장의 3.2.4와 제3장의 환경 사고에 관한 논의를 참조하라).

가해자가 한 명인 경우에서조차, '그것이 없었더라면 테스트'와 관련된 마지막 문제가 있다. 그것은 이 테스트가 매우 먼 원인(remote cause)을 자주 끌어들인다는 것이다. 유명한 예가 *Palsgraf v. Long Island R.R.*(248 N.Y. 339, 162 N.E. 99, 1928) 사건이다. 이 사건의 사실관계는 다음과 같다.

> 원고는 Rockaway Beach에 가기 위해 표를 구매한 후 피고의 철도 플랫폼에 서 있었다. 다른 목적지로 떠나는 기차가 역에 정차하였다. 두 남자가 기차를 타려고 뛰어갔다. 기차가 이미 움직이고 있었지만, 한 남자는 사고 없이 기차에 올라탔다. 짐을 든 다른 남자도 기차에 올

1 *Anderson v. MInneapolis, St. Paul & Sault Ste. Marie Railway Co.*, 146 Minn. 430, 179 NW. 45(1920)을 참조하라.

라탔지만 막 넘어지려는 듯이 휘청거렸다. 기차 문을 연 경비원이 그를 도와 끌어 태우기 위해 손을 내밀었고, 플랫폼에 있는 다른 경비원은 그를 뒤에서 밀어 올렸다. 이로 인해 짐이 손에서 벗어나 철로에 떨어졌다. 그것은 약 15인치 길이의 작은 짐이었으며 신문에 싸여 있었다. 실제로, 짐에는 폭죽이 들어 있었지만, 외관상 그 내용물을 알아볼 수는 없었다. 폭죽은 떨어지자 폭발하였다. 폭발의 충격으로 파편이 몇 피트 떨어진 플랫폼의 건너편으로 날아갔다. 원고는 그 파편에 맞아 상처를 입었고 소송을 제기하였다.

철도 직원의 행동은 '그것이 없었더라면 테스트'를 분명 통과하지만(즉, 철도 직원들의 행동이 없었더라면 사고는 발생하지 않았을 것이지만), 법은 철도회사에 책임을 지우지 않았다. 이런 식으로 인과관계를 제한하는 것이 바로 이어 살펴볼 주된 원인의 목적이다.

사실상의 원인을 입증하는 것 이외에도, 원고는 주된 원인(또는 법적 원인이라고도 한다)을 입증해야 한다. 가해자의 행동과 손해 사이의 연결이 '너무 멀어서는'(too remote) 안된다. 주된 원인에 대한 일반적 테스트는 '합리적 예측 테스트'(reasonable foresight test)이다. 예를 들어, *Palsgraf* 사건에서 카도조(Cardozo) 판사는 합리적인 사람은 철도회사 직원의 행동이 피해자에게 손해를 준다고 예측하지 않았을 것이라는 주장에 근거하여 책임을 부정하였다.[2]

전술한 내용은 인과관계 문제의 복잡성을 보여 준다. 다행스럽게도, 불법행위 책임에 대한 경제적 접근은 인과관계를 고려하지 않아도 될 정도로 사고(accident) 분석을 단순화한다. 그러나 인과관계가 실제 불법행위 사건에서 중요한 역할을 담당하고 있으므로 불법행위법의 실증적 경제 이론이 인과관계를 무시할 수는 없다. 따라서 우리는 인과관계 문제를 다시 논의할 것이다(3.2 참조).

일단 손해와 인과관계가 확립되면, 책임의 부여는 책임 원칙(liability rule)에 따라 결정된다. 책임 원칙은 간단히 말하면 가해자와 피해자의 손해 부담을 결정하는 원칙이

2 앤드루스(Andrews) 판사는 그의 반대 의견에서 이 주장에 동의하지 않았다. 그는 철도회사가 합리적으로 피해가 예측되는 피해자뿐만이 아니라 모든 피해자에게 주의 의무가 있다고 주장하였다.

다. 예를 들어, 피해자가 10,000달러의 손해를 입었다고 가정하자. 무책임 원칙(no liability)에 따르면 피해자는 이 모든 비용을 자신이 부담해야 한다. 제조물 책임 영역에서 과거의 매수자 부담 원칙(caveat emptor) 또는 '구매자 주의'(buyer beware) 원칙은 무책임 원칙의 한 형태이다. 이와 반대로 엄격책임 원칙(strict liability)은 가해자에게 모든 책임을 부담시킨다. 즉, 가해자는 피해자에게 10,000달러를 배상해야 한다. 따라서 엄격책임 원칙은 인과관계가 확립되면 피해자로부터 가해자로 책임을 이전시킨다.

과실책임 원칙(negligence rule)이라 불리는 세 번째 유형의 책임 원칙은 가해자가 잘못이 있다고 또는 과실이 있다고 밝혀진 경우에만 책임을 피해자로부터 가해자로 전부 또는 일부 이전시킨다. 과실책임 원칙은 가해자가 사고를 예방하기 위해 합리적 노력을 기울일 법적 의무가 있다는 생각에 근거하고 있다. 법원이 가해자가 이 의무를 이행하였다고 판단하면, 가해자가 사고의 주된 원인(법적 원인)이더라도 가해자는 책임을 지지 않는다. 그러나 가해자가 자신의 의무를 위반하면, 가해자는 과실이 있으며 피해자의 손해에 대한 책임을 진다. 어떤 의미에서 우리는 과실책임 원칙을 무책임 원칙과 엄격책임 원칙의 조합으로 생각할 수 있다. 과실책임 원칙은 두 원칙을 가해자 예방 수준의 임계치(threshold)를 기준으로 구분하여 적용한다. 과실책임 원칙이 혼합원칙(hybrid rule)이라는 발상은 이어지는 다른 형태의 책임 원칙 논의에 도움이 된다.

2. 사고의 경제 모형: 예방 모형

불법행위법의 경제 분석은 책임 원칙이 위험한 행위의 총비용을 최소화하도록 설계되었다는 생각에 기초하고 있다. 이를 구체화한 모형이 예방 모형(model of precaution)이다.[3] 가장 간단한 모형(일방주의 모형: unilateral care model)에서는 가해자만이 비용이 수

3 기본적 사고 모형은 Brown(1973)이 처음 제시하였으며, Cooter(1985), Landes and Posner(1987) 및 Shavell(1987)이 정교하게 다듬었다.

반되는 예방조치나 주의를 기울여 피해자가 입을 손해의 확률과 심각성을 줄일 수 있다. 더 일반적인 모형(쌍방주의 모형: bilateral care model)에서는 가해자와 피해자가 모두 예방조치에 투자할 수 있다. 예방조치의 비용과 손해 이외에도, 소송 제기비용과 사법절차의 진행비용 등 불법행위 분쟁의 해결을 위해 법률 시스템을 사용하는 비용인 행정비용(administrative costs)이 고려되어야 한다. 그러나 우리는 처음에는 행정비용을 무시하고 예방조치와 손해에 초점을 맞추어 논의를 진행한다.

우리는 가해자는 손해를 보지 않는다고 가정하여 분석을 더 단순화한다. 이 가정은 완화될 수 있지만, 이를 통해 추가되는 새로운 발견은 거의 없다. 우리는 당분간 가해자와 피해자가 위험한 행위를 얼마나 하는 것이 효율적인지에 관한 질문도 하지 않는다. 우리는 행위 수준의 결정 문제를 뒤에서 자세히 논의한다(3.2 참조). 마지막으로, 우리는 가해자와 피해자가 위험 중립적이라고 가정한다. 즉, 그들은 기대비용(expected costs)과 기대편익(expected benefits)에 기초하여 의사결정을 내린다. 우리는 이 가정을 3.5에서 완화한다.

모형의 분석에서, 우리는 먼저 사회 계획자(social planner)가 선택하는 사회적으로 효율적인 예방 수준을 도출한다. 이 수준은 실제의 법 원칙이 만들어 내는 경제적 유인을 평가하는 기준이 된다.

2.1. 일방주의 모형

일방주의 모형은 다음의 개념을 사용한다.

x = 가해자가 지출한 예방조치에 대한 투자

$p(x)$ = 사고 확률

$D(x)$ = 피해자가 입은 손해

우리는 예방조치가 증가할수록 사고의 확률과 심각성이 줄어든다는 사실을 반영하여, $p(x)$와 $D(x)$가 x의 감소함수라고 가정한다. 따라서 $p(x)D(x)$로 정의되는 기대손해(expected damages)도 x의 감소함수이다. 우리는 더 나아가 $p(x)$와 $D(x)$가 체감적으로 감소한다고 가정한다. 즉, 사고 위험의 감소라는 예방조치의 한계편익은 체감한다. 직관적으로 가해자는 가장 효과적인 예방조치를 먼저 선택하고, 덜 효과적인 예방조치는 나중에 선택한다.

2.1.1. 사회적 최적

앞서 언급한 것처럼, 사회적 문제는 예방비용과 기대손해의 합을 최소화하는 x를 선택하는 것이다. 수식으로 표현하면

$$\min_{x} \; x + p(x)D(x). \tag{2.1}$$

이다. 이 문제의 해는 [그림 2.1]에서 쉽게 확인할 수 있다. [그림 2.1]은 예방비용(양의 기울기를 가진 직선), 기대손해(음의 기울기를 가진 곡선) 및 이 둘을 합한 총비용(U자 모양의 곡선)을 보여 준다. (2.1)의 해는 x^*로 표시되며, 이 주의 수준에서 총비용곡선은 최저점에 이른다. x^* 미만의 주의 수준에서 1달러의 추가적 주의는 피해자의 기대손해를 1달러 이상 감소시키므로 총비용은 줄어든다. x^*를 초과하면 1달러의 추가적 주의가 피해자의 기대손해를 1달러 미만으로 감소시키므로 총비용이 늘어난다.

수학적으로, x^*에서 x선의 기울기가 $p(x)D(x)$곡선의 기울기의 음수와 같다. x선의 기울기는 주의의 한계비용(marginal cost of care)(=1달러)이다. $p(x)D(x)$곡선의 기울기는 주의의 한계편익(marginal benefit of care)(기대손해의 감소)이다. 두 한계값이 같아지는 점에서 최적이 이루어진다(따라서 사회적 최적 수준은 [그림 2.1]에 표시된 x선과 $p(x)D(x)$곡선의 교차점이 아니다).

사회적으로 최적인 주의 수준은 책임 원칙과 관계없이 독립적으로 결정된다. 최

그림 2.1 기본 사고 모형에서의 사회적 비용

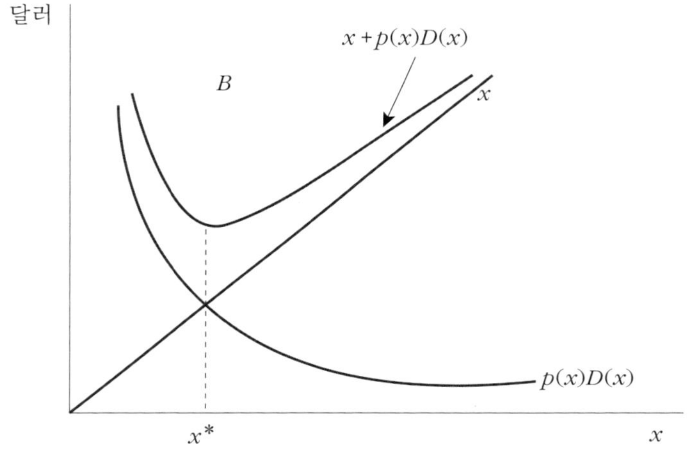

적 주의 수준의 실제 달성 여부는 적용되는 책임 원칙에 달려 있다.

2.1.2. 가해자의 주의 선택

가해자가 x를 어떻게 선택하는지 분석해 보자. x의 선택은 책임 원칙에 따라 달라진다. 먼저 가해자가 책임을 지지 않는다고 가정하자. 이 경우 피해자의 손해는 가해자의 의사결정 외부(external)에 있으므로 가해자는 예방조치에 대한 지출을 최소화한다. 따라서 가해자는 $x=0$를 선택하고, 총비용은 최소화되지 않는다[4]([그림 2.1]에서 가해자의 사적 비용[private costs]은 x선이 되며, 이 비용은 원점에서 최소화된다).

이제 책임 원칙이 엄격책임이어서, 가해자가 피해자의 모든 손해에 책임을 져야 한다고 가정하자(신체적 피해에 금전적 가치를 어떻게 부여할지의 문제는 당분간 무시한다. 이 문제는 3.9를 참조하라). 이 경우, 가해자는 책임을 지기 때문에 피해자의 기대손해를 완

4 가해자 역시 손해를 본다고 가정하는 경우, 가해자는 주의를 기울이지만 효율적 수준에 미치지 못하는 주의를 기울인다.

전히 내부화(internalize)한다. 따라서 사회적으로 최적인 주의 수준 x^*를 선택할 것이다. 가해자 비용은 사회적 비용과 일치한다. 책임 원칙은 가해자의 경제적 유인에 미치는 영향 측면에서 정확하게 조세(tax)와 같은 기능을 한다. 물론 정부가 아닌 피해자가 수입을 얻는다는 점은 다르다(이는 불법행위법의 보상 기능을 반영하는 것이다).

마지막으로 과실책임 원칙을 생각해 보자. 과실책임 원칙에서 가해자는 잠재적 피해자에게 합리적 주의를 기울일 의무를 지고 있다. $\hat{x}$를 '적정 주의 기준'(due care standard)이라고 정의하자. 사고가 발생하고, 법원이 가해자가 이 의무를 이행하였다고 판단하면, 즉 $x \geq \hat{x}$이면 가해자는 책임을 지지 않는다(여전히 예방비용은 지출해야 한다). 반대로, 법원이 가해자가 이 의무를 이행하지 않았다고 판단하면, 즉 $x < \hat{x}$이면 가해자가 책임을 진다. 앞서 지적한 것처럼, 과실책임 원칙은 '적정 주의 기준'이라는 전환점을 가진 무책임 원칙과 엄격책임 원칙의 조합이다.

적정 주의 기준은 어떻게 정의되는가? 법은 합리성(reasonableness)의 관점에서 이를 정의한다. 즉, 합리적인 사람이라면 가해자가 직면한 상황에서 어떤 수준의 주의를 기울였을까를 묻는다. 불법행위법의 경제 이론은 합리성 기준이 효율적 주의와 같다고 본다. 즉, $\hat{x} = x^*$로 설정한다. 잠시 뒤 우리는 이러한 설정의 타당성에 대해 논의할 것이다. 여기에서는 이 설정이 가해자의 유인에 미치는 영향에 초점을 맞춘다.

만일 x^*가 엄격책임과 무책임 사이의 전환점인 경우, 과실책임에서의 가해자의 문제는 다음과 같다.

$$\min_{x} \begin{cases} x & \text{if } x \geq x^* \\ x + p(x)D(x) & \text{if } x < x^*. \end{cases} \tag{2.2}$$

(2.2)의 첫 번째 줄에 따르면, 가해자는 적정 주의 기준 x^*를 정확히 충족시키면 피해자의 손해에 대한 책임을 회피할 수 있다(그리고 주의비용만 지출한다). 반대로 두 번째 줄에 따르면, 적정 주의 기준을 충족시키지 못하면 자신의 주의비용 외에도 피해자의 손

그림 2.2 과실책임 원칙에서의 가해자의 주의 선택

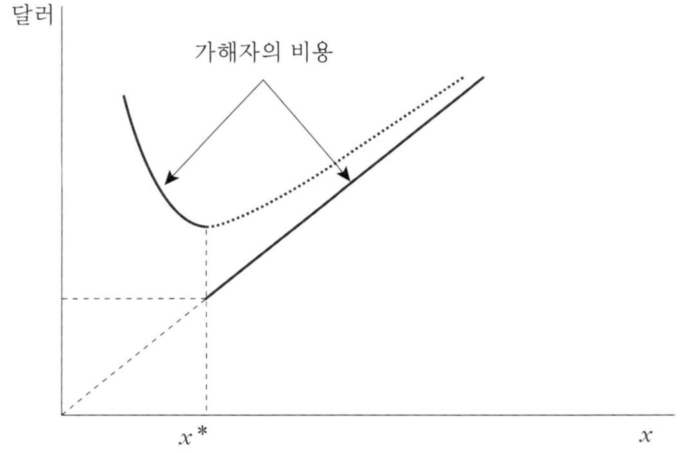

해를 책임져야 한다. x^*를 선택하는 것이 가해자의 비용을 최소화하는 전략이다. 이는 [그림 2.2]에서 확인할 수 있다. [그림 2.2]는 [그림 2.1]과 같은 그림이지만, 가해자의 비용이 실선으로 표시되어 있다.

가해자가 적절한 주의를 기울이지 않으면($x < x^*$) 가해자의 비용은 사회적 비용과 일치한다. 그러나 가해자가 적절한 주의를 기울이거나 초과하는 주의를 기울이면($x \geq x^*$) 가해자의 비용은 예방비용뿐이다. 따라서 가해자의 비용곡선(불연속적인 실선)의 최저점은 x^*이다.

직관적으로, 가해자가 적정 주의에 미치지 못하는 주의를 기울이고 있다면, 가해자는 주의를 x^*까지 증가시킴으로써 이득을 본다. 주의를 이 수준까지 증가시키면 책임을 지지 않기 때문이다. 그래프를 보면, 가해자의 비용은 적정 주의 기준에서 불연속적으로 낮아진다. 더욱이 가해자가 x를 x^* 이상으로 올리면, 이득은 없고 예방비용만 추가로 지출된다. 따라서 가해자는 정확히 x^*를 선택할 것이다.

2.1.3. 엄격책임과 과실책임의 비교

일방주의 모형에서 엄격책임과 과실책임은 모두 가해자의 효율적 주의를 끌어낸다. 그러나 이 분석에는 가해자의 예방비용과 피해자의 손해만이 포함되어 있다. 앞서 우리는 행정비용도 중요하다고 언급하였다. 우리가 행정비용을 기준으로 두 원칙 중 하나를 선택할 수 있을까? 먼저 사건당 비용을 생각해 보자. 엄격책임 소송에서 원고는 과실을 입증할 필요 없이 인과관계만 입증하면 되므로 비용이 적게 든다. 반면, 과실책임 소송에서 원고는 인과관계 그리고 과실을 입증해야 한다. 따라서 엄격책임이 사실 발견(fact-finding)을 덜 요구하며, 재판비용이 낮다.

소송당 비용은 엄격책임이 낮지만, 소송 건수는 엄격책임에서 더 많을 수 있다. 불법행위 소송은 소송의 기대이익이 소송비용을 초과하는 경우에만 소송을 제기하는 피해자의 청구로 시작된다. 피해자는 자신이 패소한다고 예상하면 소송을 제기하지 않는다. 따라서 엄격책임에서 피해자는 (1) 가해자가 자신에게 손해를 입혔다는 것을 입증할 수 있고, (2) 가해자로 인한 손해가 소송비용을 초과하면 소송을 제기할 것이다.

과실책임 원칙에서 소송이 제기되려면 이 두 가지 조건이 충족되어야 한다. 그리고 여기에 더해 피해자는 가해자에게 잘못이 있음을(즉, 적정 주의 기준을 충족시키지 못하였음을) 입증해야 한다. 그리고 앞에서 분석한 것처럼 가해자는 적정 주의 기준을 충족시킬 강력한 유인이 있다. 따라서 피해자가 패소를 예상하고 소송을 제기하지 않는 경우도 많이 발생한다(뒤에서 가해자들이 적정 주의 기준을 충족시키지 못하는 이유를 다룬다). 따라서 엄격책임보다 과실책임에서 소송 건수가 적을 것이다. 이상을 고려하면, 어느 원칙의 행정비용이 더 큰지에 대해 단정적인 결론을 내릴 수 없다. 엄격책임은 건당 소송비용이 적지만, 과실책임은 소송 건수가 적다. 따라서 이 비교는 이론적으로 확정할 수 없는 경험적 문제(empirical question)이다.

지금까지의 분석에 근거하여, 엄격책임과 과실책임 사이의 선택에 영향을 줄 수 있는 세 가지 요인을 검토해 보자. 먼저, 법원이 적정 주의 기준을 잘못 설정한다고 가정해 보자(이 문제는 뒤에서 더 자세히 설명한다). 법원이 적정 주의 기준의 설정에 체계적인 오류를 범하는 경우, 가해자가 비효율적인 주의 수준을 선택할 수 있다. 법원이 $\hat{x} > x^*$로 설정하면 가해자는 너무 많은 주의를 기울일 것이다($\hat{x}$가 x^*보다 아주 높게 설정되면 가해자는 과실을 선택하게 될 것이다. 이 경우 과실책임은 사실상 엄격책임과 같다). 반대로 법원이 $\hat{x} < x^*$로 설정하면, 가해자는 너무 적은 주의를 기울일 것이다. 엄격책임에서는 법원이 적정 주의 기준을 설정할 필요가 없으므로, 주의 기준 설정의 오류 문제가 발생하지 않는다.

둘째, 법원이($\hat{x} = x^*$로 올바르게 설정하지만) 피해자의 손해를 잘못 계산한다고 가정해 보자. 이는 엄격책임에서는 비효율적 주의 선택으로 이어지지만, (적정 주의 기준이 올바르게 설정된다는 것을 전제로) 과실책임에서는 그 오차가 크지 않은 한, 가해자의 주의 선택을 왜곡하지 않는다. 이는 [그림 2.2]에서 보듯이 과실책임에서의 가해자 비용이 불연속적이기 때문이다. 특히 [그림 2.3]에서 보듯이, 손해가 너무 크게 또는 너무 적게 설정되면 x^*의 왼쪽에 있는 가해자의 비용 부분이 위 또는 아래로 이동하지만, 너무 크게 아래로 이동하지 않는 한(즉, 피해자의 손해가 너무 과소평가되지 않는 한) 불연속성

그림 2.3 피해자의 손해가 잘못 측정될 때의 가해자의 주의 선택

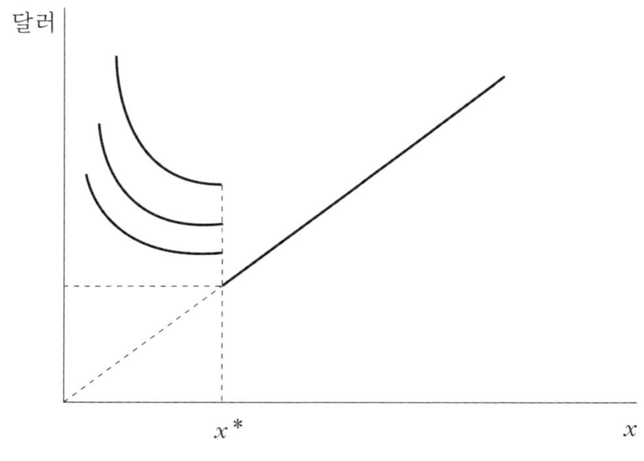

은 그대로 남아 있으며 가해자의 비용을 최소화하는 주의 선택은 x^*로 변화가 없다.

엄격책임과 과실책임 사이의 선택에 영향을 미치는 마지막 요인은 엄격책임이 달성하지만, 과실책임은 달성하지 못하는 피해자 보상(compensation)이라는 목표이다. 사실, 엄격책임을 선호하는 강력한 논거는 엄격책임이 억지(deterrence)와 보상이라는 두 가지 목표를 동시에 달성한다는 것이다. 그러나 이 장점이 가해자뿐만 아니라 피해자도 주의를 기울일 수 있는 모형에서도 나타나는지에 관해서는 검토가 필요하다.

2.2. 쌍방주의 모형

앞의 모형을 보다 현실적으로 만들어 보자. 이제는 가해자뿐만 아니라 피해자도 사고의 확률과 심각성을 줄이기 위해 주의를 기울일 수 있다. 예를 들어, 보행자는 신호등을 지킬 것인지를 결정하며, 위험한 제품 소비자는 제조업자의 안전 지침에 따라 제품을 사용할 것인지를 결정한다.

이 가정을 반영하여 일방주의 모형을 일부 수정한다. 우리는 다음의 정의를 사용한다.

y = 피해자가 지출한 예방조치에 대한 투자

$p(x, y)$ = 사고 확률

$D(x, y)$ = 피해자가 입은 손해

기대손해 $p(x, y)D(x, y)$는 이제 x와 y의 감소함수이다.

사회적 문제는 예방비용과 기대손해의 합을 최소화하는 x와 y를 선택하는 것이다. 수식으로 표현하면

$$\min_{x,\, y} \; x + y + p(x, y)D(x, y). \qquad (2.3)$$

이다. x^*와 y^*를 (2.3)을 만족시키는 주의 수준이라고 정의하자. x^*와 y^*는 모두 0보다 크다고 가정한다(이 최적 수준을 그래프로 표현하려면 [그림 2.1]에 상응하는 3차원 그래프가 필요하다). 이제 책임 원칙에 따라 x와 y가 실제로 어떻게 선택되는지 생각해 보자.

2.2.1. 무책임과 엄격책임

무책임 원칙과 엄격책임 원칙은 쌍방주의 모형에서 서로 대칭되는 원칙으로 판명된다. 따라서 우리는 이 둘을 함께 분석한다. 첫째, 무책임 원칙에서 가해자는 피해자의 손해를 전혀 부담하지 않으므로 일방주의 모형에서와 같이 주의를 전혀 기울이지 않을 것이다. 즉, $x = 0$이다. 반면 피해자는 자신의 손해를 전부 부담하므로 자신의 비용을 최소화하는 주의 수준을 선택한다. 피해자는 $x = 0$이라는 것을 알기 때문에 가해자가 주의를 전혀 기울이지 않는 것을 '보충'하기 위해 아마 y^* 이상을 선택할 것이다(피해자의 행동은 주어진 가해자의 행동에 대해서는 효율적이라고 할 수 있다).[5] 둘째, 엄격책임 원칙에서 피해자는 자신의 손해에 대해 완전히 보상을 받으므로 예방조치를 전혀 취하지 않는다. 즉, $y = 0$이다. 반면 가해자는 모든 책임을 부담하며, 따라서 주의를 기울인다. 그리고 무책임 원칙에서처럼 피해자가 주의를 전혀 기울이지 않는 것을 보충하기 위해 가해자는 x^*를 초과하는 주의를 기울일 것이다.

이상의 분석은 쌍방주의 모형에서 무책임 원칙과 엄격책임 원칙이 효율적인 결과를 달성하지 못한다는 것을 보여 준다. 이 결과는 모형이 제시하는 문제의 본질을 드러낸다. 즉, 적절한 경제적 유인을 제공하려면, 두 당사자 모두가 한계적으로 손해에 대한 모든 책임을 부담해야 한다. 그렇지 않으면, 책임을 지지 않는 당사자(또는 손해가 분담된다면 두 당사자 모두)가 너무 낮은 수준의 주의를 기울이는 도덕적 해이 문제(moral

5 수학적으로 피해자는 $y + p(0, y)D(0, y)$를 최소화하는 y를 선택하고 그 결과 $y^*(0)$가 도출된다. 즉, 피해자가 주의를 전혀 기울이지 않는다는 예상을 전제로 피해자는 최적의 주의를 선택한다. 이 주의가 가해자가 최적의 주의를 기울인다는 것을 전제로 도출되는 피해자의 최적 주의 $y^*(x^*)$와 얼마나 다른지는 사고 예방 기술에 의해 결정된다. x와 y가 대체재(substitutes)인 가장 일반적인 경우, $y^*(0) > y^*(x^*)$이다. 즉, 보충적 주의(compensatory precaution)가 나타난다. 같은 논리가 엄격책임 원칙에서의 가해자 주의에도 적용된다.

hazard problem)가 발생한다.

양측 모두가 책임을 지게 만드는 한 가지 방법은 가해자가 피해자의 손해 전체를 책임지고, 가해자가 배상한 금액을 피해자에게 지급하지 않는 것이다. 이 원칙은 가해자를 엄격책임일 때처럼 행동하게 하고, 피해자를 무책임 원칙일 때처럼 행동하게 하므로 효율적인 결과를 가져올 것이다. 조세 수입이 피해자의 보상에 사용되지 않는 공해세(및 형사 벌금)가 이런 경우이다. 문제는 실제 책임 원칙이 공해세와 같은 방식으로 구성될 수 없다는 것이다. 가해자가 배상하는 금액은 전부 피해자에게 지급되어야 한다.[6] 물론 이 제약은 불법행위법의 보상 기능을 반영한 것이다. 그러나 쌍방주의 모형의 분석은 이 제약(즉, 피해자가 가해자가 배상한 금액을 받아야 한다)이 억지 또는 유인 기능과 불가피하게 충돌함을 시사한다. 보상과 억지의 상충 문제는 과실책임 원칙에서는 발생하지 않는다.

2.2.2. 과실책임

앞에서와 같이 $\hat{x}$가 가해자의 최적 주의 수준 x^*와 같게 설정된다고 하자. 과실책임 원칙에서 가해자는 적정 주의 기준 $\hat{x}$를 충족시킴으로써 책임을 모면할 수 있다. 따라서 일방주의 모형에서와 같은 논리가 피해자가 주의를 기울일 기회가 있는 쌍방주의 모형에도 적용된다. $x \geq x^*$를 선택하면 가해자는 피해자의 주의 선택과 관계없이 책임을 지지 않는다. 따라서 일방주의 모형에서처럼, 가해자의 비용 최소화 전략은 적정 기준을 충족시키는 것이다.

이제 피해자의 주의 선택을 살펴보자. 피해자는 가해자가 적정 주의 기준을 준수한다고 합리적으로 예상하기 때문에 자신이 손해를 감수해야 한다고 생각한다. 따라서 피해자는 자신의 주의 수준 y를 다음과 같이 선택한다.

6 일부 경제학자들은 가해자가 배상하는 금액과 피해자가 받는 금액의 차이를 허용하는 '분리된'(decoupled) 책임 원칙을 제안하였다(Polinsky and Che 1991).

$$\min_{y} \; x^* + y + p(x^*, y)D(x^*, y). \tag{2.4}$$

피해자는 손해 전체를 내부화하기 때문에 효율적 주의 y^*를 선택한다.

이렇게 적정 주의 기준이 x^*로 설정된 과실책임 원칙에서 가해자와 피해자는 상대방이 효율적 주의를 기울인다고 예상하면 사회적으로 효율적인 주의를 선택하여 사적 비용을 최소화한다. 이런 의미에서 사회적으로 최적인 결과는 내쉬 균형(Nash equilibrium)이다. 과실책임 원칙이 최적 결과를 달성할 수 있는 이유는 한계적으로 효율적인 행동을 유도하는 두 가지 방법을 사용하기 때문이다. 첫째, 과실책임 원칙은 가해자가 충족시킬 경우 책임을 회피할 수 있는 임계치를 설정한다. 둘째, 과실책임 원칙은 동시에 실제 책임을 피해자에게 부과한다. 다른 법 영역에서도 쌍방의 책임을 달성하기 위해 임계치 원칙(threshold rule)이 사용되지만, 적정 주의 수준을 x^*로 설정한 과실책임 원칙이 가장 대표적인 예라고 할 수 있다.

과실책임 원칙 균형의 특징은 다음과 같다. 첫째, 피해자는 자신의 손해를 보상받지 못한다. 이는 일방주의 모형의 엄격책임 원칙과 달리 불법행위법의 보상 기능과 억지 기능이 양립할 수 없음을 의미한다(단, 곧 논의될 다른 형태의 과실책임 원칙은 쌍방의 효율성을 달성하면서도 피해자에 대한 보상을 허용한다). 둘째, 이 균형에서 가해자는 과실을 범하지 않는다. 이는 분명 현실과 부합하지 않는다. 뒤에서 우리는 적정 주의 기준에 관한 불확실성, 개인 사이의 예방비용의 차이, 가해자의 한정적 재산 등 균형 상태에서 당사자가 과실을 범하게 되는 이유를 검토할 것이다.

2.3. 핸드 원칙

사고 모형을 여러 방향으로 확장하기에 앞서, 실제의 과실책임 원칙이 방금 논의한 경제적 이상과 얼마나 잘 부합하는지 검토해 보자. 특히 우리는 적정 주의 기준 $\hat{x}$의 법적 정의와 효율적 기준 x^*를 비교한다. 논의는 간단한 일방주의 모형을 이용하여 진행된다.

불법행위법이 경제적 논리를 구현하고 있다는 불법행위법에 대한 실증적 경제 이론의 중심에는 *United States v. Carroll Towing Co.*(159 F.2d 169, 2d Cir. 1947) 사건이 있다. 이 사건에서 바지선 소유자는 바지선의 계류용 밧줄이 풀어져 다른 선박과 선박의 화물에 피해가 발생하는 것을 막을 수 있는 선원을 선박에 배치하지 않았다는 이유로 과실이 있다는 소송을 당하였다. 법원의 판결문은 러니드 핸드(Learned Hand) 판사가 작성하였으며, 일부를 인용하면 다음과 같다.

> 모든 선박이 계류에서 벗어날 수 있다. 그리고 만일 그렇게 되면 선박이 주위에 있는 선박에 위협이 된다. 따라서 피해를 방지하기 위한 소유자의 의무는 다른 상황에서와 같이 세 가지 변수의 함수이다; (1) 선박이 표류할 확률, (2) 표류할 경우 피해의 심각성, (3) 적절한 예방조치의 비용. 수식으로 표현하면 그 의미가 명확해질 수 있다. 확률을 P, 피해를 L, 비용을 B라고 정의하면 책임은 B가 L과 P를 곱한 것보다 작은지 여부, 즉 $B < PL$에 달려 있다.

이 사건에서 법원은 선원을 배치하는 비용이 기대편익보다 작기 때문에, 즉 $B < PL$이기 때문에 바지선 소유자가 선원을 배치하지 않은 것에 대해 과실이 있다고 판결하였다. 이 단순한 부등식은 사고 모형과 어떤 관련이 있는가?

경제 모형에서 적정 주의 기준 x^*는 예방비용과 기대손해의 합을 최소화하는 가해자의 주의 수준으로 해석되었다. 따라서 x^*에서 예방조치를 한 단위 추가할 때의 한계비용과 손해 감소라는 한계편익이 같다. B를 한계비용으로 해석하고 PL을 마지막 한 단위 주의를 추가할 때의 사고비용의 한계 감소라고 해석하면, 가해자는 핸드 원칙(Hand rule)에서 $B < PL$인 경우 과실이 있다고 판정된다. 이는 경제 모형에서 $x < x^*$ 범위와 일치한다.[7] 이러한 한계 핸드 원칙(marginal Hand rule)이 [그림 2.4]에 제시되어

7 B는 [그림 2.1]의 x곡선의 기울기로 정의되고, PL은 $p(x)D(x)$곡선의 기울기의 (−) 값으로 정의된다.

그림 2.4 한계 핸드 원칙

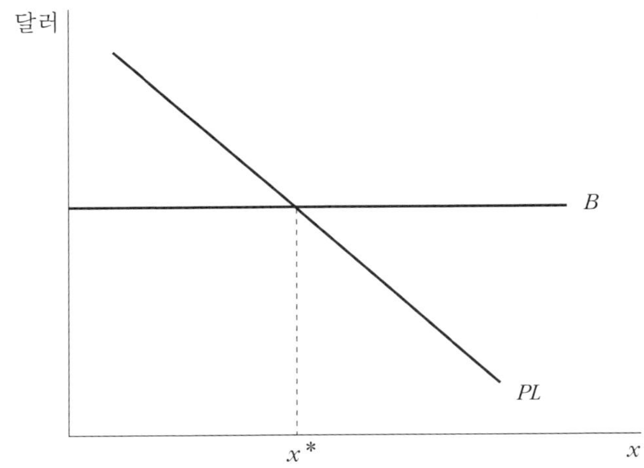

있다.

실제 사고 사건에서 한계 분석을 적용할 때 직면하는 복잡한 문제는 일반적으로 주의가 연속적이 아닌 이산적(discrete) 형태로 나타난다는 것이다. *Carroll Towing* 사건에 기초한 연습 문제 2.1은 이산적 주의(discrete care) 상황에서 핸드 원칙을 적용할 때 한계 분석을 올바르게 적용하는 방법을 제시한다.

연습 문제 2.1

바지선 소유자가 바지선이 부두에 잘 묶여 있는지를 확인할 선원의 배치 여부를 결정하려고 한다. 다음의 표는 선원의 고용비용, 사고 확률 및 사고비용을 제시하고 있다.

	주의비용	확률	손해
선원 배치 안함	0달러	0.25	400달러
24시간 선원 배치	94달러	0	400달러

(a) 선원 배치의 한계비용 B와 한계편익 PL을 계산하라. 한계 핸드 원칙에 따르면, 바지선 소유자는 선원을 배치하지 않으면 과실이 있다고 판단되는가?

이제 바지선 소유자에게 세 번째 방법이 있다고 가정하자. 이 방법은 낮에만 선원을 배치하는 것이다. 이 방법의 주의비용은 50달러, 사고 확률은 0.1 그리고 손해는 400달러이다.

(b) 바지선 소유자의 유일한 두 가지 방법이 '선원 배치 안함'과 '낮 동안 선원 배치'라고 가정하자. 이 경우 소유자가 선원을 배치하지 않으면 한계 핸드 원칙에 따라 과실이 있다고 판단되는가?

(c) 사고 전에 주인이 낮 동안 선원을 배치하였다고 가정하자. 피해자는 소유자가 24시간 선원을 배치하지 않았으므로 과실이 있다고 주장한다. 한계 핸드 원칙을 사용하여 이 주장의 타당성을 평가하라.

(d) 세 가지 방법, '선원 배치 안함', '낮에만 선원 배치' 및 '24시간 선원 배치' 각각에 대해 총기대비용(주의비용+기대손해)을 계산하라. 이 총비용을 최소화하는 방법은 무엇인가? 이 문제의 답을 (a)–(c)의 답과 비교하여 해석하라.

2.4. 합리적 개인 기준

지금까지 우리는 모든 가해자의 주의비용(단위당 1달러)이 같다고 간주하였다. 실제로, 가해자(또는 때에 따라서는 피해자)의 주의비용은 능력 수준, 반사신경, 힘의 차이 등을 반영하므로 사람마다 다르다. 주의비용이 다르면, 비용을 최소화하는 주의 수준도 당연히 달라진다. 그 이유를 확인해 보자. c_j를 개인 j의 단위당 주의비용이라고 하자(지금까지는 모든 사람에 대해 $c_j = 1$이라고 가정하였다). 따라서 개인의 최적 주의 수준은 다음과 같이 결정된다.

$$\min_{x} \; c_j x + p(x)D(x). \tag{2.5}$$

여기에서 한계 주의비용이 c_j이므로, c가 큰 개인은 최적 주의 수준이 낮을 것이다(가해자들의 한계편익은 같다고 하자). 예를 들어, 세 유형의 가해자가 있고 $c_1 < c_2 < c_3$라면, 이 세 사람의 비용을 최소화하는 주의 수준은 $x_1^* > x_2^* > x_3^*$가 될 것이다. 직관적으로, 한계 주의비용이 낮은 사람에게는 높은 적정 주의 기준이 부과되어야 한다.

그러나 법은 이런 식으로 기준을 개별화하지 않는다. 법은 모든 사람에게 적용되는 단일 기준을 설정한다. 이 기준은 '합리적 개인'(reasonable person)이라고 불리는 가상적 개인을 상정한다. 합리적 개인은 "배심원의 사회적 판단에 의해 결정되는, 합리적 행동의 공동체적 이상이 인격화된 존재"로 정의된다. "… 과실은 합리적 개인이 같은 또는 비슷한 상황에서 실행하였을 것을 하지 않은 것이다."[8]

경제 모형에 따르면, 가해자마다 한계 주의비용이 다를 때 합리적 개인을 상정한 단일 기준은 전체 사고비용을 최소화하지 못한다. 그렇다면 불법행위법의 경제 모형 관점에서 합리적 개인 기준(The Reasonable-Person Standard)이 어떻게 정당화될 수 있는가? 답은 우리가 간과한 행정비용(administrative costs)에 있다. 주어진 사건에 적합한 개별화된 기준을 설정하려면, 법원이 매우 큰 정보비용을 부담해야 한다. 이 비용은 기준을 개별화에서 얻을 수 있는 사고비용의 절감보다 훨씬 크다(그러나 법원은 시각 장애 등과 같은 개별화의 비용이 낮은 사건에서는 기준을 개별화할 것이다).

가해자들의 한계 주의비용이 다를 때, 단일 기준 x^*를 설정함으로써 발생하는 비용은 무엇인가? 두 가지 유형의 비효율성이 발생한다.[9]

1. 평균 이하의 한계 주의비용을 가진 사람의 경우, 적정 주의 기준이 개별화된 기준보다 낮다. 즉, $x^* < x_j^*$이다. 이들 개인은 x^*를 초과하는 주의를 기울여 사회적 비용을 낮출 수 있지만, 그럴 경제적 유인이 없다(과실책임 원칙에서 가해자는 적정 주의 기준을 충족시키면 모든 책임에서 벗어난다. 가해자가 기준을 초과하

8 Keeton 외(1984, 175). Restatement(Second) of Tort를 부분적으로 인용하고 있다.
9 이 논의는 Landes and Posner(1987, 제5장)에 기초한다.

는 주의를 기울여 얻을 사적 편익은 없다). 따라서 평균적 주의비용보다 주의비용이 낮은 사람은 너무 적은 주의를 기울일 것이다.

2. 주의비용이 평균보다 약간 높은 개인, 따라서 개별화된 기준이 평균보다 낮은 개인($x^* > x_j^*$)은 실제로 적정 주의 기준까지 자신의 주의 수준을 증가시킨다. 이는 과실책임 원칙의 비용이 불연속적이기 때문에 발생하며, 이 불연속성이 가해자에게 책임을 모면하기 위해 기준을 준수할 강력한 경제적 유인을 제공한다. 그러나 가해자는 주의 수준의 준수로 사적 편익을 얻지만, 가해자가 너무 많은 주의를 기울이므로 사회적 비용은 증가한다(즉, 가해자가 지출한 마지막 1달러가 감소시키는 기대사고가 1달러 미만이다).

마지막으로 단일 기준에서도 효율적 수준의 주의를 선택하는 가해자가 있다. 이들은 주의비용이 매우 높아 개별화된 주의 기준 x_j^*가 x^*에 비해 크게 낮은 가해자로서 주의 수준을 x^*까지 증가시키려면 너무 큰 비용이 드는 사람이다. 이런 사람은 x_j^*를 선택하고, 과실이 있다고 판정된다. 따라서 개별화된 주의 기준이 매우 낮은 가해자에게 과실책임 원칙은 엄격책임과 같다.[10]

[그림 2.5]는 가해자가 실제로 선택하는 주의 수준(굵은 선)을 사고비용을 최소화하는 주의 수준(우하향하는 곡선)과 비교하여 보여 준다. 한계 주의비용은 그림의 왼쪽에서 오른쪽으로 갈수록 증가하므로 개별화된 효율적 주의 수준은 우하향한다. 너무 적은 주의를 기울이는 가해자($c < c_1$), 너무 많은 주의를 기울이는 가해자($c_1 < c < c_2$)와 효율적인 주의를 기울이고 과실이 있다고 판정되는 가해자($c > c_2$)의 세 유형이 나타난다. 어떤 가해자는 주의에 과소투자하고 어떤 가해자는 주의에 과대투자하므로 단일 기준이 개별화된 기준(또는 엄격책임)보다 많은 또는 적은 사고를 발생시킨다고 단정할 수 없다. 그러나 처음 두 유형의 가해자가 비효율적 주의 수준을 선택하므로, 총

---

10 가해자가 이런 식으로 적정 주의 기준을 위반하고 낮은 주의를 선택할 조건은 $c_j x_j^* + p(x_j^*)D(x_j^*) < c_j x^*$이다.

그림 2.5 단일한 적정 주의 기준에서 실제 선택하는 주의와 효율적 주의의 비교

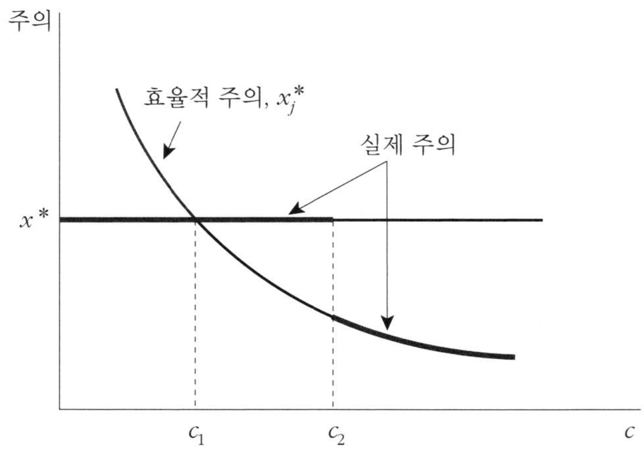

사고비용은 언제나 단일 기준에서 크다.

2.5. 기여과실

지금까지의 과실책임 원칙에 관한 논의는 주의 기준을 충족시켜야 하는 가해자의 법적 의무에 초점을 맞추었다. 쌍방주의 모형에서는 피해자가 사고를 방지하는 주의를 기울일 수 있으나, 우리는 피해자의 주의 의무에 관해서는 아직 언급하지 않았다. 사실 피해자에게 적용되는 과실도 있으며, 이를 기여과실(contributory negligence)이라고 부른다. 기여과실 원칙에서 피해자가 손해를 배상받기 위해서는 자신에게 부과된 적정 주의 기준을 충족시켜야 한다. 따라서 기여과실은 가해자의 항변(defense)이다. 즉, 가해자는 비록 자신에게 과실이 있음을 인정하더라도 피해자가 적정 주의 기준을 충족시키지 못하였음(즉, 피해자에게 기여과실이 있음)을 입증함으로써 책임을 피할 수 있다.

기여과실은 오래된 영국 사건 *Butterfield v. Forrester*(11 East 60, K.B. 1809)에서 처음 도입되었다. 이 사건에서 원고는 말을 몰고 거리를 달리다 피고가 부주의하게 놓아둔 장애물과 충돌하여 다쳤다. 법원은 피고의 과실에도 불구하고, 피해자(원고)가 적정 주의를 기울이지 않고 행동하였기 때문에 손해를 배상받을 수 없다고 판결하였다. 법원은 구체적으로 다음과 같이 판시하였다.

> 만약 도리에 맞는 보편적이고 일상적인 주의를 기울이지 않는다면 그 사람은 다른 사람의 잘못으로 만들어진 장애물에 몸을 던져 그 상황을 이용해서는 안 된다. … 다른 사람에게 잘못이 있다고 해서 어떤 사람이 자신을 위한 일상적인 주의를 기울이지 않아도 되는 것은 아니다.

기여과실은 '단순' 과실책임 원칙 또는 엄격책임 원칙과 결합될 수 있다. 이 두 가지 혼합(hybrid) 원칙을 차례로 살펴보자.

2.5.1. 기여과실이 있는 과실책임 원칙

기여과실의 항변이 있는 과실책임 원칙은 가해자와 피해자 모두에 대한 적정 주의 기준을 설정한다. 단순 과실책임 원칙의 분석에서와 같이, 이 적정 기준은 두 당사자의 효율적 주의 수준으로 설정된다. 즉, 가해자의 적정 주의 기준은 x^*, 피해자의 적정 주의 기준은 y^*이다.

기여과실이 있는 과실책임 원칙에서 피해자는 적정 주의 기준 y^*를 충족시키지 못하면 가해자의 주의 선택과 관계없이 배상을 받지 못한다. 그러나 가해자는 피해자가 $y \geq y^*$를 선택하더라도 자신의 적정 주의 기준을 충족함으로써 책임을 피할 수 있다. [그림 2.6] (a)는 기여과실이 있는 과실책임 원칙에서 가해자와 피해자의 주의 선택에 따른 책임 배분을 보여 준다. 이 원칙은 왼쪽 아래 사분면에서만, 즉 가해자와 피해자 모두에게 과실이 있는 경우에만 단순 과실책임 원칙과 다르다. (피해자의 주의 선택이

그림 2.6 기여과실이 있는 과실책임 원칙(a)과 기여과실이 있는 엄격책임 원칙(b)에서의 책임 배분

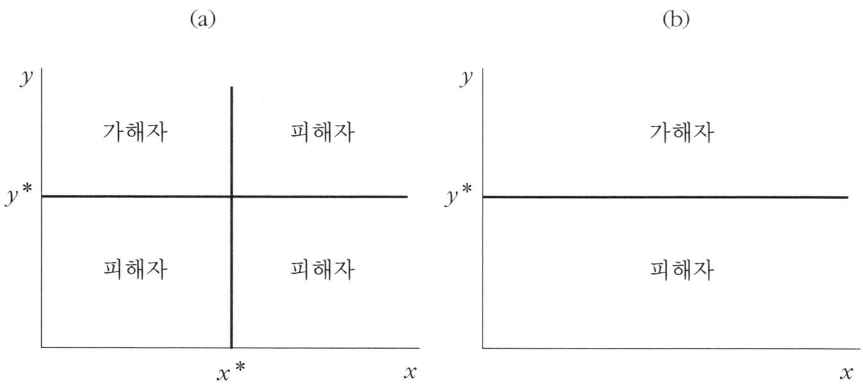

문제되지 않는) 단순 과실책임 원칙에서는 가해자가 이 영역에서 책임을 지지만, 기여과실 있는 과실책임 원칙에서는 피해자가 이 영역에서 책임을 진다. 다른 세 개의 사분면에서는 두 원칙이 같다.

기여과실의 추가는 과실책임 원칙의 효율성에 영향을 미치는가? 두 당사자의 적정 주의 기준이 모두 올바르게 설정되어 있다면 대답은 '아니오'이다. 먼저 가해자의 주의 선택을 살펴보자. 가해자가 피해자가 적정 주의 기준을 충족시킬 것(즉, [그림 2.6] (a)의 상반부에 있을 것)으로 예상한다고 가정해 보자. 이 경우 분석은 단순 과실책임 원칙에서의 분석과 같다. 가해자는 책임을 지지 않으려고 적정 주의를 선택한다(만일 가해자가 피해자가 적정 주의 기준을 지키지 않는다고 예상하면 답이 달라진다. 왜냐하면 이때 가해자는 책임을 지지 않으므로 0의 주의를 선택할 것이다. 우리는 2.6에서 이런 경우를 살펴볼 것이다).

이제 피해자의 유인을 생각해 보자. 피해자가 가해자가 적정 주의 기준을 지킨다고 예상하면 결과는 단순 과실책임 원칙에서와 같다. 즉, 피해자는 자신이 손해를 부담하고 효율적 주의 수준 y^*를 선택한다. 따라서 내쉬 균형에서 두 당사자는 효율적 주의 수준을 선택한다. 이것은 단순 과실책임 원칙에 기여과실의 항변을 추가하는 것

이 경제적 유인을 왜곡하지 않음을 입증한다. 또한 기여과실의 추가가 균형 상태에서의 책임 배분에 영향을 미치지 않음도 보여 준다. 두 과실책임 원칙 모두 효율적 균형 상태에서 피해자가 책임을 부담한다.

앞의 분석에 따르면, 기여과실이 있는 과실책임은 효율성이나 책임 배분 측면에서 단순 과실책임 원칙과 같다. 또한 법원이 하나가 아닌 두 가지 주의 기준의 준수를 평가해야 하므로 단순 과실책임 원칙보다 행정비용이 많이 드는 원칙이다. 그렇다면 왜 최근까지 기여과실이 있는 과실책임 원칙이 미국의 지배적인 불법행위 책임 원칙이었을까? 하나의 이유가 가해자와 피해자가 동시(simultaneously)에 주의 수준을 선택하는 것이 아니라, 순차적(sequentially)으로 선택하는 불법행위를 검토할 때 제시될 것이다. 그러나 이에 앞서 엄격책임과 결합된 기여과실을 분석해 보자.

2.5.2. 기여과실이 있는 엄격책임 원칙

[그림 2.6] (b)는 기여과실이 있는 엄격책임 원칙에서의 책임 배분을 보여 준다. 이 원칙에서는 피해자의 주의 기준만이 문제가 된다. 이런 측면에서 기여과실이 있는 엄격책임 원칙은 본질적으로 '피해자에 대한 과실책임 원칙'이다. 따라서 내쉬 균형은 가해자와 피해자의 역할이 바뀐 단순 과실책임 원칙에서와 똑같은 방식으로 도출된다. 특히 피해자는 책임을 지지 않기 위해 적정 주의 기준을 선택할 것이고, 엄격책임을 지는 가해자는 자신의 비용을 최소화하는 효율적 주의를 선택한다.

앞의 과실책임 원칙들과 마찬가지로 기여과실이 있는 엄격책임 원칙은 균형 상태에서 쌍방 효율성을 달성하지만, 책임 배분에 관해서는 과실책임 원칙과 다르다. 특히 효율적 균형 상태에서 가해자가 손해를 부담한다. 이 같은 차이는 분배적 목적에 입각한 기여과실이 있는 엄격책임 원칙과 과실책임 원칙 사이의 선택에 근거를 제공한다. 예를 들어, 정책상의 이유로 우리가 가해자 집단보다는 피해자 집단을 도와주고 싶지만, 효율적 주의의 경제적 유인을 왜곡하고 싶지 않다고 하자. 우리는 과실책임 원칙 대신 기여과실이 있는 엄격책임 원칙을 사용할 수 있다. 실제로 기여과실이 있는 엄격책임 원칙은 제3장에서 논의될 제조물 책임(product liability)에 적용되고 있다. 거기에서 우리는 이 원칙이 선택된 다른 이유도 제시할 것이다.

2.6. 순차적 주의 사고

지금까지의 쌍방주의 모형은 가해자와 피해자가 주의 수준을 동시에 선택한다고 또는 상대방이 선택한 주의 수준을 관찰하지 않고 주의 수준을 선택한다고 가정하였다. 결과적으로 당사자들은 자신의 행동을 결정할 때 상대방이 무엇을 하고 있는지 예상해야 한다. 이런 상황은 각 당사자가 상대방이 효율적 주의를 기울인다고 가정하고 행동하게 만들어 효율성을 증진시킨다. 그러나 가해자와 피해자가 순차적으로 움직이고, 따라서 두 번째 행위자가 주의 수준을 선택하기 전에 첫 번째 행위자의 주의 수준을 관찰할 수 있는 사고도 적지 않다. 이를 순차적 주의 사고(sequential care accidents)라고 한다.

이 설정에서는 먼저 움직이는 당사자가 부주의, 오류, 전략적 행동 등으로 인해 과실을 범한다고 가정한다. 따라서 두 당사자가 모두 효율적 주의를 기울이는 효율적 결과가 달성될 수 없다. 그러나 두 번째 움직이는 당사자가 사고를 회피하기 위해 효율적 주의를 기울이는 것은 여전히 바람직하다. 문제는 우리가 검토한 책임 원칙이 두 번째 행위자가 첫 번째 행위자의 과실을 관찰한 후 효율적으로 행동할 경제적 유인을 창출하는지 여부이다.[11] 답은 어떤 책임 원칙이 적용되는지와 어느 당사자가 먼저 행동하는지에 달려 있다.

2.6.1. 가해자가 먼저 움직인다

가해자가 먼저 움직이는 경우를 먼저 생각해 보자. *Butterfield v. Forrester* 사건이 좋

11 Wittman(1981), Shavell(1983), Grady(1988)가 이 문제를 검토하였다. 수학적 분석은 Miceli(1997, 58-69)를 참조하라.

은 예이다. 가해자가 과실로 거리에 장애물을 놓아두었고, 말을 몰던 사람이 장애물과 충돌하여 다쳤다. 말을 몰던 사람이 장애물을 보고 충분히 대응할 시간이 있었다고 가정하자. 이제 문제는 과실책임 원칙이 말을 몰던 사람에게 사고를 방지할 효율적 행동의 경제적 유인을 제공하는지 여부이다. 먼저 단순 과실책임 원칙을 생각해 보자. 과실책임 원칙에 대한 앞의 분석에 따르면, 피해자가 적정 주의 기준을 위반하였다는 사실을 알면, 피해자는 가해자가 모든 손해에 대한 책임을 진다는 것을 알기 때문에 예방조치를 할 경제적 유인이 없다. 따라서 단순 과실책임 원칙은 관찰된 가해자의 과실이 존재할 때 피해자가 예방조치를 취할 경제적 유인을 만들어 내지 못한다.[12]

여기에 기여과실의 항변을 추가해 보자. 기여과실이 있는 과실책임 원칙에서 과실이 있는 피해자는 가해자의 행동과 무관하게 책임을 질 수 있다. 따라서 피해자는 가해자가 과실임을 알고 있어도 책임을 부담하지 않으려던 주의를 기울여야 한다. *Butterfield* 사건의 법원 판결은 이 논리에 기초하고 있다. 이 결론은 일단 피해자가 적정 주의를 기울이면 가해자는 무조건 책임을 지는 기여과실이 있는 엄격책임 원칙에서도 도출된다. 순차적 사고에서 피해자의 주의 유인 제공은 단순 과실책임 원칙에 기여과실의 항변을 추가하는 이유 중의 하나이다(Landes and Posner 1987, 76).

2.6.2. 피해자가 먼저 움직인다

다음으로 *Davies v. Mann*(10 M&W 546, 152 Eng. Rep. 588, 1842) 사건을 살펴보자. 이 사건은 피해자가 먼저 움직였다는 점을 제외하고 *Butterfield v. Forrester* 사건과 상황이 비슷하다. 이 사건의 피해자는 당나귀의 소유자로, 큰길 옆에 당나귀를 묶어 놓았다. 이후 가해자가 큰길로 마차를 몰고 오다 당나귀와 충돌하였고 당나귀는 죽고 말았다. 법원은 피해자인 당나귀 주인이 길가에 당나귀를 묶어 놓은 것은 과실이지만, 마차의 운전

12 동시 주의 모형에서는 피해자가 가해자가 효율적 주의를 기울인다고 가정하기 때문에 이런 문제가 발생하지 않는다. 따라서 가해자가 실제로 효율적 주의를 기울이지 않더라도 피해자는 자신의 예측에 근거하여 효율적 주의를 기울일 것이다.

자도 과속으로 마차를 몰고 있었기 때문에 과실이 있다고 판결하였다.

기여과실이 있는 과실책임 원칙에서 이 사건의 피해자는 가해자의 과실에도 불구하고 배상받지 못한다. 그러므로 피해자의 사전 과실을 관찰할 시간이 있었던 가해자는 당나귀가 다치지 않도록 합리적 주의를 기울일 경제적 유인이 없다. 따라서 가해자가 먼저 움직일 때 존재하는 기여과실의 이점이 피해자가 먼저 움직일 때는 존재하지 않는다. 오히려 피해자의 사전 과실과는 관계없이 가해자가 책임을 지지 않기 위해 적정 주의를 기울이는 단순 과실책임 원칙이 이 사건에서 더 좋은 결과를 가져올 것이다 (단순 과실책임 원칙에서 피해자의 주의는 책임 배분과 관련이 없다).

2.6.3. 명백한 최후 기회

앞의 사건들은 단순 과실책임 원칙과 기여과실이 있는 과실책임 원칙이 먼저 움직인 당사자의 과실이 관찰되는 순차적 사고에서 두 번째 움직이는 당사자가 주의를 기울일 경제적 유인을 모든 경우에 만들어 낼 수 없음을 보여 준다. 어느 원칙이 효율적인지는 어느 당사자가 먼저 이동하는지에 달려 있다. 이런 단점에 대한 대응으로, *Davies v. Mann* 사건의 법원은 명백한 최후 기회(last clear chance)로 알려진 보다 일반적 원칙을 표명하였다. 간단히 말해서, 이 원칙은 순차적 주의 사고에서 가해자 또는 피해자를 불문하고 두 번째로 행동하는 당사자는 상대방의 사전 과실이 있건 없건 사고에 대한 예방조치를 실행할 궁극적인 의무가 있다는 것이다.

Butterfield v. Forrester 사건과 같이 가해자가 먼저 움직인 경우, 명백한 최후 기회 원칙은 기여과실이 있는 과실책임 원칙과 같다. 두 원칙 모두에서, 가해자가 부주의하게 행동한 경우 피해자가 책임을 지지 않으려면 적정 주의를 기울여야 한다. 그러나 *Davies v. Mann* 사건과 같이 피해자가 먼저 움직인 경우, 명백한 최후 기회 원칙은 피해자의 사전 과실에도 불구하고 가해자가 주의를 기울일 것을 요구하기 때문에 기여과실이 있는 과실책임 원칙에 필요한 보완책이다. 그러므로 명백한 최후 기회 원칙에서는 가해자가 자신의 과실에 대한 항변으로 피해자의 기여과실을 사용하지 못한다.

Davies v. Mann 사건의 법원도 인정하듯이, 명백한 최후 기회 원칙이 가해자에게 요구되지 않는다면, "가해자는 공공 대로에 놓인 물건, 심지어는 잠들어 있는 사람을 치거나, 역주행하고 있는 마차와 의도적으로 충돌하는 것을 정당화할 수도 있다."

2.7. 비교과실

지금까지 살펴본 모든 책임 원칙은 '전부 아니면 전무'(all-or-nothing) 성격의 원칙이었다. 즉, 가해자 또는 피해자 중 한 당사자가 사고로 인한 모든 손해를 부담한다. 이와 대조적으로, 비교과실 원칙(comparative negligence)은 손해를 상대적 과실에 따라 가해자와 피해자에게 나누어 부담시킨다. 미국의 대다수 주는 기여과실의 항변이 포함된 과실책임 원칙을 대신하여 일정 형태의 비교과실 원칙을 채택하여 왔다. 이 같은 변화의 주된 이유는, 약간의 과실이 있는 피해자가 중대한 과실이 있는 가해자로부터 배상받지 못하는 경우 느끼는 전부 아니면 전무 원칙의 불공정성에 대한 불만일 것이다.

비교과실 원칙이 어떻게 적용되는지 살펴보자. 과속 운전자가 차로를 무단 횡단하고 있는 보행자를 친 사건이 발생하였다. 보행자는 5만 달러의 의료비 청구서를 받았다. 법원이 손해의 75%가 과속 때문이라고 판단한다고 하자. 기여과실이 있는 과실책임 원칙에서 피해자는 운전자로부터 전혀 배상을 받지 못한다. 이와 대조적으로, 비교과실 원칙에서 가해자는 (0.75) × (50,000달러) = 37,500달러를 배상할 책임이 있다.

비록 비교과실 원칙이 사고에 대한 책임을 부여하는 더 공정한 방법이지만, 공정성 확보를 위해 전부 아니면 전무 성격의 과실책임 원칙이 지닌 바람직한 효율성을 희생해야 하는 것은 아닐까? 이 질문에 답하기 위해, 우리는 '순수'(pure) 비교과실 원칙이라고 불리는 가장 일반적인 형태의 비교과실 원칙을 상정하고 가해자와 피해자의 주의 유인을 검토한다.[13]

---

13 비교과실 원칙의 여러 형태에 관해서는 Keeton 외(1984, sec. 67)를 참조하라. 순수 비교과실 원칙의 효율성에 관해서는 Landes and Posner(1987, 제3장)와 Shavell(1987, 제2장)을 참조하라.

이전과 같이, x^*와 y^*를 각각 가해자와 피해자의 적정 주의 기준이라고 하자. 우리는 순수 비교과실 원칙을 다음과 같이 정의할 수 있다. (1) 만일 $x \geq x^*$이면, 가해자는 피해자의 주의 선택과 관계없이 책임을 지지 않는다. (2) 만일 $x < x^*$이고 $y \geq y^*$이면, 가해자는 과실이 있고 피해자는 과실이 없으므로, 가해자가 모든 책임을 진다. (3) 만일 $x < x^*$이고 $y < y^*$이면, 두 당사자 모두 과실이 있고, 그들은 자신의 과실에 비례하여 책임을 나누어 부담한다. 이때 가해자가 부담하는 손해의 비율을 s, 피해자가 부담하는 손해의 비율을 $1-s$라고 하자. s는 가해자의 과실 정도가 크면 증가하고, 피해자의 과실 정도가 크면 감소한다.

이 원칙과 두 과실책임 원칙(단순 과실책임 원칙과 기여과실이 있는 과실책임 원칙)은 두 당사자에게 모두 과실이 있는 경우(즉, [그림 2.6] (a)의 왼쪽 아래 사분면)에만 책임의 배분이 서로 다르다. 단순 과실책임 원칙에서는 가해자가 책임을 진다. 기여과실이 있는 과실책임 원칙에서는 피해자가 책임을 진다. 비교과실 원칙에서는 당사자들이 책임을 나누어 진다. 따라서 단순 과실책임 원칙과 기여과실이 있는 과실책임 원칙은 일반적인 비교과실 원칙의 특별한 형태로 생각할 수 있다. 비교과실 원칙에서 $s=1$이면, 두 당사자에게 과실이 있을 때 가해자가 모든 책임을 지므로 단순 과실책임 원칙과 같다. 반면 $s=0$이면, 두 당사자에게 과실이 있을 때 피해자가 모든 책임을 지므로 기여과실이 있는 과실책임 원칙과 같다. 이 두 가지 특수한 형태가 모두 가해자와 피해자에게 효율적 주의 유인을 제공하므로, 일반적 원칙인 비교과실 역시 효율적 주의 유인을 제공할 것이다. 이에 대한 증명은 두 과실책임 원칙에 대한 증명과 같으며, 연습 문제로 남긴다.

연습 문제 2.2

앞에서 정의한 비교과실 원칙에서 가해자와 피해자 모두가 효율적 주의를 기울이는 균형이 성립함을 증명하라. 먼저 피해자가 적정 주의 기준 y^*를 선택하면, 가해자가 x^*를 선택하는 것이 최선임을 증명하고, 다음으로 가해자가 x^*를 선택하면 피해자가 y^*를 선택하는 것이 최선임을 증명하라.

비교과실 원칙이 효율적 균형을 달성하고 더 '공정하다'는 사실은 그것이 전부 아니면 전무 성격의 과실책임 원칙보다 우월함을 시사한다. 그러나 이 결론은 두 가지 이유 때문에 항상 타당하지는 않다. 첫째, 효율적인 균형 상태에서 두 당사자가 모두 적정 주의를 선택할 때, (이 원칙을 정의한 방식에 따르면) 피해자가 다른 과실책임 원칙들에서처럼 손해를 부담한다. 따라서 비교과실 원칙의 바람직한 공정성이 상실된다. 이는 과실책임 원칙들의 임계치 특성 때문이다. 임계치 특성은 과실책임 원칙의 특징이자 과실책임 원칙이 두 당사자에게 효율적 주의 유인을 제공할 수 있는 이유이다.

둘째, 비교과실 원칙은 법원에게 상대적 과실에 따른 손해 배분을 요구한다. 따라서 다른 과실 원칙들보다 행정비용이 많이 든다는 단점이 있다. 많은 사건에서 손해의 배분은 어려운 작업이다. 예를 들어, 드라이브 스루 식당의 고객이 다리 사이에 컵을 놓고 있다가 뜨거운 커피를 쏟은 사건에서 상대적 과실을 결정하려 한다고 상상해 보라. 피해자의 피해 중 얼마가 커피가 너무 뜨거웠기 때문에 발생한 것이고, 얼마가 피해자가 컵을 잘못 다루었기 때문에 발생한 것인가? (이것이 TV쇼 Seinfeld에서 풍자된, 이제는 유명해진 맥도널드 커피 사건을 담당한 법원에게 주어진 임무였다)[14]

여러 경제학자가 단순 사고 모형을 변형하여, 다른 형태의 과실책임 원칙보다 비교과실 원칙이 우월하다는 점을 입증하려 하였다. 그들은 가해자와 피해자가 모두 위험 기피적(risk-averse)일 때(Landes and Posner 1987, 82), 적정 주의 기준에 대한 불확실성이 있을 때(Cooter and Ulen 1986), 가해자의 주의비용이 가해자마다 다를 때(Rubinfeld 1987), 순차적 주의 사고일 때(Rea 1987) 비교과실 원칙이 우월하다는 것을 입증하였다.

물론 경험적 증거만이 비교과실 원칙이 다른 과실책임 원칙보다 효율적인가에 대한 답을 제시해 줄 수 있다. White(1989)는 1974년부터 1976년까지 캘리포니아의 자동차 사고 사건을 이용하여 이 문제에 관한 증거를 수집하였다. 캘리포니아는 1975년 기여과실

14 *Liebeck v. McDonald's*, Bernalillo County, N.M., August 18, 1994를 참조하라.

이 있는 과실책임 원칙에서 비교과실 원칙으로 전환하였다). 연구 결과는 기여과실이 있는 과실책임 원칙이 더 강한 사고 예방의 유인을 만들어 내며, 비교과실 원칙에서 운전자가 효율적 수준에 미치지 못하는 주의를 기울인다는 것을 보여 준다. 이는 적어도 자동차 사고에서는 비교과실 원칙의 주요 장점이 공정성에 있음을 시사한다.

3. 사고의 경제 모형의 확장

3.1. 행위 수준

우리는 지금까지 사고의 확률과 심각성을 결정하는 주요 요인으로 가해자와 피해자의 주의 수준에 초점을 맞추었다. 그러나 당사자의 위험한 행위에의 참여 정도인 행위 수준(activity levels)이 사고의 중요한 요인일 때도 많다. 운전자는 얼마나 빠른 속도로 차를 몰고 얼마나 자주 차를 점검할지(모두 주의 수준)를 결정할 뿐만 아니라 몇 킬로미터를 운행할지(행위 수준)도 결정한다. 위험한 제품의 제조업자는 어떤 안전 장치를 설치할 것인가를 결정할 뿐만 아니라, 몇 개를 판매할지도 결정한다. 우리는 먼저 일방주의 모형에서 행위 수준의 역할을 설명하고, 그 결과를 쌍방주의 모형으로 확장할 것이다.[15]

가해자의 행위 수준을 a로 표시하고, 이로부터 얻는 총편익(gross bnenefits)을 $B(a)$라고 하자. [그림 2.7] (a)에서 볼 수 있듯이 $B(a)$는 특정 행위 수준 a_0에서 극대화되는 하나의 봉우리가 있는 곡선이라고 가정한다. 이는 [그림 2.7] (b)에 표시된 것처럼 한계편익이 0일 때, 즉 $MB(a) = 0$일 때 $B(a)$가 극대화됨을 의미한다. 따라서 사고 위험이 없다면, 가해자는 a_0의 행위 수준을 선택한다.

15 행위 수준의 분석은 Shavell(1980c)에 기초하고 있다.

그림 2.7 **책임 원칙에 따른 가해자의 최적 행위 수준**

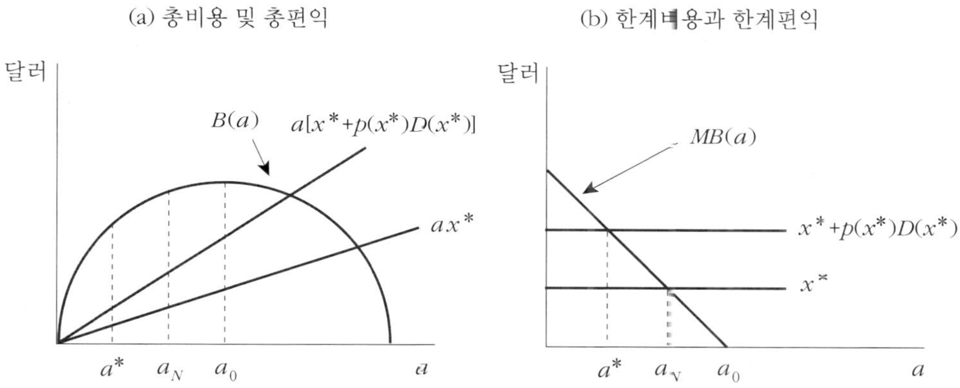

가해자의 행위가 사고비용에 미치는 영향은 다음과 같다. 기대손해와 주의비용은 가해자의 행위 수준에 비례한다고 가정한다. 예를 들어, 운전자가 두 배의 먼 거리를 운전하면 예방비용과 피해자의 기대손해는 모두 두 배가 된다.[16] 사고의 성격을 이렇게 규정하면, 우리는 총기대사고비용(total expected accident costs)을 $a[x+p(x)D(x)]$로 쓸 수 있다. 여기에서 x, $p(x)$와 $D(x)$의 정의는 이전과 같다. 사회적 문제는 이제 다음과 같이 정의된 순편익을 극대화하는 가해자의 행위 수준과 주의 수준을 선택하는 것이다.

$$B(a) - a[x+p(x)D(x)]. \tag{2.6}$$

이 문제는 두 부분으로 나누어진다. 첫 번째는 총기대사고비용을 최소화하는 주의 수준을 선택하는 것이다. 사고비용이 행위 수준에 비례하므로, 최적 주의 수준은 이전과 같이 예방비용과 기대손해의 합을 최소화하도록 선택되어야 한다. 결과적으

16 즉, 사고는 규모에 대한 수익 불변(constant returns to scale)의 성격을 갖는다.

로 주의 수준 x^*는 a와 무관하게 결정된다. 직관적으로, 가해자는 행위에 참여할 때마다 최적의 주의 선택을 단순히 반복한다. 예를 들어, 운전자는 매번 신중하게 운전하며, 제조업체는 각 생산물 단위를 똑같은 안전 수준으로 생산한다.

문제의 두 번째 부분은 최적 주의를 전제로 최적의 행위 수준 a^*를 선택하는 것이다. 이 선택은 [그림 2.7]의 그래프에 표시되어 있다. (a)에서 a^*는 $B(a)$곡선과 총기대사고비용 $a[x^*+p(x^*)D(x^*)]$를 나타내는 선 사이의 수직 거리가 가장 큰 지점에서 결정된다. (b)에서 a^*는 행위 참여의 한계편익 $MB(a)$가 수평선으로 표시된 한계사고비용 $x^*+p(x^*)D(x^*)$와 같아지는 점에서 결정된다. 사회적으로 최적의 행위 수준은 사고비용을 고려하지 않는 총편익 $B(a)$를 극대화하는 수준보다 낮다(즉, $a^* < a_0$).

이제 여러 책임 원칙에서 가해자가 주의 수준 및 행위 수준을 어떻게 선택하는지 살펴보자. 우선 무책임 원칙에서 가해자는 피해자의 손해를 무시하기 때문에 과도한 행위 수준 a_0(그리고 0의 주의)를 선택할 것이다. 다음으로 엄격책임 원칙과 과실책임 원칙을 생각해 보자. 일방주의 모형에서 두 원칙은 가해자가 효율적 주의 x^*를 기울이도록 유도한다. 엄격책임 원칙에서 가해자는 피해자의 손해를 완전히 내부화하기 때문에 효율적인 행위 수준 a^*를 선택할 것이다. 즉, 가해자의 사적 편익 및 비용이 사회적 편익 및 비용과 일치한다.

그러나 과실책임 원칙에서 가해자는 효율적 행위 수준을 선택하지 않을 것이다. 가해자는 일단 적정 주의 기준을 충족하면, 비록 주의비용은 부담하지만, 피해자의 손해에 대해 전혀 책임을 지지 않기 때문이다. 따라서 가해자는 $B(a) - ax^*$를 극대화하는 행위 수준을 선택할 것이다. [그림 2.7] (a)와 (b)에서 볼 수 있듯이, 행위 수준은 a_N에서 결정된다. 이 수준은 (무책임 원칙에서만큼 높지는 않지만) 사회적 관점에서 볼 때 너무 높다. 행위 수준이 문제가 되는 경우, 일방주의 모형에서는 과실책임 원칙보다 엄격책임 원칙이 우월하다.

가해자뿐만 아니라 피해자가 주의 수준 및 행위 수준을 선택할 수 있는 쌍방주의 모형에서는 이 결론이 어떻게 바뀌는가? 이 질문에 답하기 위해 우리는 먼저 과실책임 원칙이 왜 가해자의 효율적 주의를 유도하지만, 너무 많은 행위를 유도하는지 정확하게 이해해야 한다. 과실책임 원칙은 가해자가 그 기준을 충족함으로써 책임을 지지 않게 되는 적정 주의 기준을 설정한다. 이는 가해자에게 주의 기준을 준수할 강력한 유인을 제공하지만, 가해자가 행위의 총비용을 내부화하도록 유도하지는 못하므로 과도한 행위를 초래한다. 반대로, 엄격책임 원칙에서는 가해자가 피해자의 모든 손해에 대한 책임을 지므로 효율적 행위 수준을 선택한다. 가해자와 피해자는 사고로 인한 잔여 손해(residual damages)를 책임지는 경우에만 효율적 행위 수준을 선택한다.[17] 우리가 살펴본 책임 원칙들은 손해를 당사자 중 어느 한쪽에게만 부담시키므로 두 당사자의 효율적 행위 수준을 동시에 끌어내지는 못한다.

단순 과실책임 원칙, 기여과실이 있는 과실책임 원칙, 기여과실이 있는 엄격책임 원칙을 생각해 보자. 세 가지 원칙이 전부 가해자와 피해자 모두에게 효율적 주의를 유도한다. 처음 두 원칙에서 피해자가 잔여 책임을 부담하므로 피해자는 효율적 행위 수준을 선택하지만, 가해자는 과도한 행위 수준을 선택한다. 기여과실이 있는 엄격책임 원칙에서는 가해자가 잔여 책임을 부담하므로 정반대의 결과가 도출된다. 우리가 살펴본 원칙 중 네 가지 측면(가해자와 피해자의 주의 및 행위 선택) 모두에서 효율적인 결과를 끌어내는 원칙은 없다. 최선의 원칙이 무엇인지는 사건에 따라 달라지는 각 원칙에서의 총사고비용에 달려 있다. 따라서 하나의 원칙이 가장 좋다고 주장하는 것은 일반적으로 불가능하다.

마지막으로, 가해자의 행위 수준의 중요한 예는 제조업체가 판매한 위험한 제품의 생산량(제품의 안전성과 구별되는)이다. 사고의 피해자가 소비자일 경우, 행위 수준에 관한 여기에서의 결론은 제3장에서 일부 변경될 것이다.

17 과실책임 원칙이 두 당사자의 효율적 주의를 유도할 수 있지만, 효율적 행위를 유도할 수 없는 이유는 법원이 주의 수준에 대한 적정 기준은 설정하지만, 행위 수준에 대한 적정 기준은 설정하지 않기 때문이다. 그 이유는 행위 수준에 대한 '핸드 원칙'을 적용하는 데 드는 정보비용이 너무 크기 때문이다. 법원은 운전자의 효율적 운행 거리 또는 위험한 제품의 효율적 산출량을 결정해야 한다. 이에 관한 논의는 Gilles(1992)를 참조하라.

3.2. 인과관계의 재검토

인과관계가 책임 배분에 미치는 영향을 논의해 보자. 인과관계 문제는 불법행위법에서 책임 배분을 좌우하는 핵심적 문제이다. 그러나 사고의 경제 모형에는 인과관계 문제가 명시적으로 포함되어 있지 않다. Cooter(1987a)는 그 이유가 경제 모형이 예방조치와 기대손해 간의 함수관계를 통해 수학적 인과관계의 개념을 암묵적으로 설정하고 있기 때문이라고 주장하였다. 그 결과 효율적 주의 결정의 도출이나 최적 책임의 부여에 인과관계의 개념을 사용할 필요가 없어졌다고 한다. 그러나 불법행위법에 대한 실증적 경제 이론은 책임 범위(scope of liability)를 결정할 때 법원이 사용하는 인과관계의 원칙을 반드시 분석해야 한다.

분석을 단순하게 유지하기 위해, 우리는 일방주의 모형에서의 단순 과실책임 원칙을 가정한다. 과실책임 원칙에서 가해자에게 책임을 지우려면 가해자가 적정 주의기준을 기울이지 않은 것이 피해자의 손해의 사실상의 원인인 동시에 주된 원인이어야 한다. 우리는 이 개념들을 차례로 검토한다.

3.2.1. 사실상의 원인

사실상의 원인이 과실책임 원칙에 미치는 영향을 다음 사례를 통해 살펴보자.[18] 9피트 그물로 둘러싸인 링크에서 아이스하키 경기가 진행되는 동안, 퍽이 가끔 그물 위로 날아가서 관람객을 다치게 한다. 그물의 효율적 높이, 즉 그물을 높이는 비용과 사고비용의 절감이 균형을 이루는 높이는 10피트라고 가정한다. 과실책임 원칙의 전술한 특성에 기초하여, 10피트 그물을 세우지 않으면 링크 소유자는 관람객이 입은 일체의 부상에 대해 책임을 져야 한다.

그러나 실제 과실책임 원칙은 이런 식으로 작동하지 않는다. 인과관계에 관한 '그

18 이 사례는 Kahan(1989)을 수정한 것이다. 과실책임 원칙의 운영에서 사실상의 원인의 영향은 Grady(1983)에서 처음으로 논의되었다.

것이 없었더라면 테스트(but-for test)'에 따르면, 소유자는 자신의 과실로 인한 사고, 즉 9피트 그물 위로 날아가지만 10피트 이상으로는 날아가지 않았을 퍽으로 인한 사고에 대해서만 책임을 질 것이다. 다시 말해, 가상의 10피트 네트를 넘어갈 퍽에 대해서는 링크 소유자가 책임지지 않는다.

이는 과실이 있을 때에도 가해자의 책임 범위를 제한하는 것이다. 중요한 질문은 이 같은 제한이 과실책임 원칙에서 적정 주의를 기울일 가해자의 유인을 왜곡하는가이다. 이 제한은 적정 주의 기준에서 가해자 비용의 불연속성을 제거한다([그림 2.2] 참조). 그러나 가해자의 유인을 왜곡하지는 않는다. 아이스하키 사례를 참조하여 만든 다음 예는 그 이유를 제시해 준다. [표 2.1]은 링크 소유자의 비용을 제시하고 있고, [표 2.2]는 적정 기준이 10피트의 그물이라고 가정할 때, 인과관계 요건이 있고 없고에 따른 과실책임 원칙에서의 소유자의 책임을 제시하고 있다.

먼저 표준적인 과실책임 원칙에서 가해자의 행동을 생각해 보자([표 2.2]의 두 번째

표 2.1 하키 링크 사례

그물의 높이(피트)	네트 설치비용(달러)	사고비용(달러)	총비용(달러)
9	90	120	210
10	100	100	200
11	110	95	205

출처: Kahan(1989)을 수정.

표 2.2 하키 링크 사례: 과실책임 원칙에서의 가해자의 비용

그물의 높이(피트)	표준적 과실책임 원칙에서의 비용(달러)	사실상의 원인 요건이 있는 과실책임 원칙에서의 비용(달러)
9	210=90+120	110=90+20
10	100	100
11	110	110

출처: Kahan(1989)을 수정.

열). 링크 소유자가 10피트 미만의 그물을 설치하면 과실이 있고, 따라서 120달러의 기대책임을 지며, 총기대비용은 210달러가 된다. 그러나 링크 소유자가 10피트 이상의 그물을 설치하면 과실이 없고, 그물을 설치하는 비용만 부담하게 된다. 따라서 링크 소유자의 비용을 최소화하는 선택은 10피트짜리 그물을 100달러의 비용으로 설치하여 적정 주의 기준을 충족시키는 것이다. 이렇게 하면 링크 소유자는 120달러의 책임 비용을 절약한다.

이제 사실상의 원인 요건이 있는 과실책임 원칙([표 2.2]의 3열)을 생각해 보자. 표준적 과실책임 원칙과의 유일한 차이점은 첫 번째 행에서 링크 소유자가 9피트 그물을 세워 과실이 있는 경우에 있다. 이 경우 링크 소유자가 손해에 대한 책임을 지지만, 10피트를 넘지 않는 9피트 그물을 넘어 날아간 퍽에 의한 손해만 책임진다. 소유자의 기대책임은 10피트 네트와 9피트 네트의 기대사고비용의 차이, 즉 120달러 - 100달러=20달러이다. 따라서 9피트 네트를 설치할 때 소유자의 총사고비용은 110달러이다. 그러나 이 비용은 10피트 네트를 세우는 비용보다 더 크므로, 효율적 주의의 유인은 여전히 남아 있다. 유일한 차이는 이제 적정 주의 수준에서 가해자 비용의 급격한 감소가 더는 존재하지 않는다는 것이다.[19]

위의 예는 사실상의 원인 요건이 과실책임 원칙에서 가해자의 책임을 제한하지만, 효율적으로 행동할 유인을 왜곡하지는 않음을 보여 준다. 그러나 이 분석은 사실상의 원인이라는 제한의 존재 이유에 관한 경제 이론을 제시하지는 않는다. 단지 사실상의 원인 요건이 효율성과 모순되지는 않음을 보여 줄 뿐이다. 동시에, 이 제한은 과실책임 원칙에서의 가해자 비용의 불연속성과 관련된 이점을 제거할 수도 있다.

---

19 수학적으로, 사실상의 원인 요건이 있는 과실책임 원칙에서의 가해자의 문제는 다음과 같이 x를 선택하는 것이다.

$$\min_{x} \begin{cases} x & \text{if } x \geq x^* \\ x + p(x)D(x) - p(x^*)D(x^*) & \text{if } x < x^*. \end{cases}$$

여기서 $p(x^*)D(x^*)$는 효율적 주의 수준에서의 기대손해이다. $p(x^*)D(x^*)$는 상수이므로 문제의 해에 영향을 미치지 않는다. 따라서 가해자는 효율적 주의를 선택한다.

3.2.2. 주된 원인

가해자의 과실이 사고의 사실상의 원인임을 증명하는 것 외에도, 피해자는 그것이 주된 원인임을 증명해야 한다. 주된 원인에 대한 테스트는 가해자의 과실행위와 발생한 사고의 관계가 아주 가까워 합리적인 사람이 사고가 발생하기 전의 가해자의 입장이었다면 사고를 예상할 수 있었을지를 묻는다. 따라서 주된 원인은 가해자가 주의를 선택한 시점을 기준으로 한 사고에 대한 '전망적'(forward-looking) 견해에 기초하고 있다. 이는 사후적으로 사고의 원인을 조사하는 사실상의 원인의 회고적(backward-looking) 성격과 대조된다.

주된 원인의 전망적 특성은 사고의 경제 모형의 관점과 같다. 따라서 경제 모형을 이용하여 합리적 예측 테스트(reasonable foresight test)의 분석 모형을 만들 수 있다. 실제 주의 수준이 적정 주의 기준 x^*보다 낮은 x' 수준인 가해자를 생각해 보자. $x^* - x'$를 '실행하지 않은 예방조치'(untaken precuation)[20]라고 정의한다. 가해자의 과실, 즉 실행하지 않은 예방조치가 사고의 사실상의 원인이라는 것이 이미 판명되었다고 가정하자. 그것이 주된 원인인지를 결정하기 위해, 합리적 예측 테스트는 합리적인 사람이 자신이 적정 기준을 지키지 못하면 피해자의 부상이 발생한다는 것을 예측하였을지를 묻는다. 사고가 발생하기 전의 가해자의 관점에서 보면, 이는 적정 주의를 기울이지 않으면 피해자의 기대손해가 얼마나 증가하는가를 묻는 것과 같다.

경제 모형의 관점에서, 가해자가 x^*가 아닌 x'를 선택하면 기대손해는 $p(x')D(x') - p(x^*)D(x^*)$만큼 증가한다. 이는 앞에서 우리가 한계 핸드 원칙에서 PL로 표시한 주의를 높일 때의 한계편익의 정의와 일치한다. 합리적 예측 테스트에서 주된 원인으로 판단되려면 실행하지 않은 예방조치로 인한 기대손해의 증가가 특정 임계치 T를 초과해야 한다. 즉, 가해자의 과실은 $PL > T$이면 사고의 주된 원인으로 판단되고, $PL < T$이면 주된 원인이 아니라고 판단된다. 이제 임계치를 주의의 한계비용과 같게 설정

20 실행하지 않은 예방조치의 개념은 Grady(1989)에서 논의되었다. 또한 Miceli(1996a)도 참조하라.

표 2.3 인명구조원 사례

행위	주의비용	확률	손해	총비용
표지판과 구조원 모두 없음	0	0.10	1,000달러	100달러
표지판	5달러	0.075	1,000달러	80달러
구조원	70달러	0.005	1,000달러	75달러

하면, 즉 $T = B$라고 하면, 주된 원인에 대한 테스트는 한계 핸드 원칙과 같아진다.

$T = B$로 설정한 이유는 주된 원인 테스트와 과실 테스트가 본질적으로 중복되는 테스트임을 보이기 위해서이다. 즉, 두 테스트 모두 가해자의 책임을 제한하기 위한 전망적 임계치 테스트이다. 한편으로, 이 중복성은 왜 과실에 관한 경제 이론에 (주의와 기대손해 사이의 함수관계에 암묵적으로 내재된 인과관계의 개념 이외의) 인과관계 원칙이 필요하지 않은지를 설명해 준다. 다른 한편으로, 이 중복성은 법이 책임을 부여하기에 앞서 왜 두 가지 테스트를 요구하는지에 대한 의문도 제기한다. 여기에는 몇 가지 이유가 있을 수 있다.

첫째, 주된 원인은 핸드 원칙에 내재된 편의(bias)를 상쇄하는 역할을 할 수 있다. 이 편의는 실제 불법행위 소송에서 원고가 가해자의 과실을 구성하는 특정의 실행하지 않은 예방조치가 무엇인지를 제시할 입증책임을 부담하기 때문에 발생한다. 편의의 본질을 파악하기 위해 *Haft v. Lone Palm Hotel*(3 Cal. 3d 756, 478 P.2d 465, 1970) 사건에 기초하여 구성된 사례를 살펴보자. 이 사건에서 원고는 수영 경험이 없는 남편과 아들이 호텔 수영장에서 익사하자 호텔에게 손해배상을 청구하였다. 익사 당시 근무 중인 인명구조원은 없었으며, 인명구조원이 없다는 사실을 투숙객에게 경고하는 표지도 없었다. [표 2.3]은 이 사례의 자료를 제시하고 있다.

표에 잘 나타나듯이, 표지판 설치는 비용이 적게 들지만, 일부 경험 없는 수영자들이 수영하는 것만을 방지하여 사고 확률을 조금(0.10에서 0.075로) 감소시킨다. 한편, 인명구조원의 배치는 비용이 많이 들지만, 사고 확률을 크게(0.10에서 0.005로) 감소시킨다. 이 예에서는 인명구조원을 배치하면 총비용이 최소화되므로, 인명구조원 배치가 효율적인 예방조치이다. 원고는 한계 핸드 원칙에 따라 표지판을 설치하지 않은 것이 과실임을 쉽게 증명할 수 있다. 구체적으로, 호텔이 표지판을 설치하지 못한 경우 한계 핸드 원칙을 적용하면 B는 5달러이고 $PL = (0.10 - 0.075) \times (1{,}000) = 25$달러이다. 따라서 사고비용의 한계 절감액이 한계 주의비용을 5배나 초과하므로, 원고는 테스트를 쉽게 통과할 수 있다. 따라서 표지판의 설치는 비용 관점에서 정당화된다.

이제 원고가 실행하지 않은 예방조치로 인명구조원을 배치하지 않았다는 것을 제시한다고 가정하자. 이 경우, 인명구조원 배치의 한계비용과 한계편익은 아무것도 하지 않는 경우를 기준으로 계산된다. 따라서 B는 70달러이고 $PL = (0.10 - 0.005) \times (1{,}000) = 95$달러이다. 핸드 테스트는 이때도 충족되지만(인명구조원을 배치하는 것이 효율적이라고 가정하였으므로 당연한 결과이다), 표지판 설치 때보다 결정의 난이도가 증가한다. 감소하는 주의의 한계편익과 일정한 또는 증가하는 주의의 한계비용이 결합된 결과이다. 따라서 최적에 가까워짐에 따라 PL은 B에 접근한다([그림 2.4] 참조).

이 예에 따르면, 원고는 핸드 테스트를 쉽게 통과하기 위해, '너무 작은'(즉, 효율적 예방조치에 미치지 못하는) 실행하지 않은 예방조치를 제시할 유인을 가질 수 있다. 그 결과 이런 편의가 있는 불법행위 사건의 결정을 관찰한 잠재적 가해자들이 사회적 관점에서 볼 때 너무 낮은 기준을 적정 주의 기준으로 오해할 수 있다. 주된 원인의 한 가지 기능은 합리적 예측 테스트를 통과하는 실행하지 않은 예방조치의 하한을 설정함으로써 핸드 테스트의 하향 편의(downward bias)를 제한하는 것이다. 이 사건에서, (아무것도 하지 않는 것과 비교하여) 표지판을 설치하면 기대손해가 25달러 감소하고, 인명구조원을 배치하면 기대손해가 95달러 감소한다. 법원은 이 두 값 사이에 합리적 예측 테스트의 임계치를 설정함으로써, 원고가 더 큰(더 효율적인) 실행하지 않은 예방조치를 제시하도록 유도한다.

핸드 테스트와 인과관계 모두를 요구하는 두 번째 이유는 법적 책임 범위를 제한함으로써 행정비용을 절약할 수 있기 때문이다. 즉, 원고가 사실상의 원인과 주된 원인을 모두 입증하도록 요구함으로써 법은 피해자가 과실이 있는 가해자로부터 배상을 받는다고 기대할 수 있는 경우를 제한한다(Shavell 1980a). 이로 인해 일부 피해자는 소송을 제기하지 않을 것이며, 소송비용이 절약된다. 세 번째 이유 역시 행정비용에 근거를 둔 것이다. 판사나 배심원은 특정 사건의 사실관계에 따라 두 가지 테스트 중 직관적으로 적용하기 쉬운 테스트를 선택할 수 있다. 즉, 어떤 사건은 비용-편익 원칙의 측면에서 개념화하기가 더 쉽고, 다른 사건은 원인 측면에서 바라보는 것이 더 쉬울 수 있다. 마지막으로, 사실상의 원인과 주된 원인이라는 인과관계 요건은 공정성 또는 분배적 정의와 같은 효율성 이외의 목표를 달성하기 위해 설계된 것이라고 해석할 수도 있다(Cooter 1987a).

3.2.3. 과실 추정 원칙

사고 중에는 피고의 과실이 원고의 손해의 원인일 가능성이 대단히 크지만, 원고가 인과관계를 입증하기가 불가능한 사고도 있다. 이때 법원은 과실 추정 원칙(res ipsa loquitur 또는 'the thing speaks for itself')을 적용하여 원고가 인과관계를 정식으로 입증하지 않아도 배상을 받게 할 수 있다. 예를 들어, *Richenbacher v. California Packing Corporation* (250 Mass. 198, 145 N.E. 281, 1924) 사건에서, 원고는 시금치 캔에서 발견된 유리로 인해 입에 상처를 입었고, 식품 포장 기업으로부터 손해를 배상받았다. 원고가 피고의 포장 작업에 과실이 있었다는 증거를 확보하지 못하였으나, 법원은 유리가 캔에 들어갈 수 있는 유일한 길은 포장 중 부적절한 주의에 의한 것뿐이라고 판결하였다.

경제적 관점에서, 법원은 언제 과실 추정 원칙을 적용해야 하는가? 사고의 특성상 피고가 적정 주의를 기울이면 사고 확률이 거의 0(즉, $p(x^*) \approx 0$)이 된다고 가정하자. 이 경우 사고 발생은 반드시 과실의 증거이며 또한 사실상의 원인의 증거이다. 그러나 실제로는 효율적 주의를 기울여도 사고가 확실히 방지되지 못하는 경우가 대부분이므로 이런 상황은 드물다. 만일 $p(x^*)>0$인 사건에서 이 원칙이 적용되면, 적정 주의 기준을 지키더라도 책임이 부과되므로 책임 원칙은 사실상 엄격책임 원칙이 된다. 우리는 과실 추정 원칙이 제조물 책임 사건에서 엄격책임 원칙으로 이행하는 하나의 경로였음을 다음 장에서 살펴볼 것이다.

3.2.4. 인과관계의 불확실성

원고가 인과관계 입증에 어려움을 겪을 수 있는 다른 상황은 사고의 원인이 여럿일 때이다(Shavell 1985). 독성 물질에의 노출이 암 발병의 '배경'(background) 위험을 증가시키는 경우가 그 예이다. 피해자가 암에 걸린 것이 독성 물질에 노출되었기 때문인지 아니면 '자연적' 원인 때문인지 불확실할 수 있다. 인과관계의 불확실성이 발생하는 다른 이유는 다수의 가해자이다. 예를 들어, 두 명의 사냥꾼이 함께 제3자가 있는 방향으로 총을 쏘았는데 하나의 총알이 피해자를 맞추었다고 가정하자.[21] 이 경우 가해자(들)에게 책임을 어떻게 배분해야 효율적 예방조치가 유도될 수 있는가?

이 질문에 답하기 위해, 우리는 한 명의 가해자와 하나의 배경 위험이 있는 경우를 검토한다(우리는 제3장의 환경 사고에서 가해자가 다수인 경우를 분석한다. 3.1.1 참조). 구체적으로, 사고 확률이 $p(x) + q$라고 하자. 여기서 q는 배경 위험이다. 모형의 단순화를 위해 사고 발생 시 피해자의 손해는 D로 일정하다고 가정한다. 배경 위험이 일정하므로 사회적 문제는 다음의 기대비용을 최소화하는 x를 선택하는 것이다.

$$\min_{x} x + [p(x) + q]D. \tag{2.7}$$

여기에서 도출되는 효율적 예방 수준을 x^*라고 하자. 엄격책임 원칙 또는 적정 주의 기준이 x^*로 설정된 단순 과실책임 원칙은 가해자에게 올바른 경제적 유인을 제공한다. 이를 확인해 보자. (2.7)의 기대비용은 $x + p(x)D + qD$로 다시 쓸 수 있다. qD 항은 상수항이므로 최소화에 영향을 미치지 않는다. 따라서 배경 위험은 경제적 유인에 영향을 미치지 않으며, 문제는 일방주의 모형과 같다. 이런 의미에서, 인과관계의 불확

21 *Summers v. Tice*, 33 Cal. 2d 80, 199 P.2d 1(1948)을 보라.

실성은 효율적 주의와 관련하여 아무런 문제를 일으키지 않는다. 그러나 인과관계의 불확실성으로 인해 가해자는 자신이 초래하지 않은 손해에 대한 책임을 질 수 있다. 이는 불공평할 뿐만 아니라, 책임의 범위를 넓혀 행정비용을 증가시키며, 가해자들의 행위 수준을 비효율적으로 낮출 수 있다.

인과관계의 불확실성이 존재할 때 책임의 범위를 제한하는 두 가지 방법이 있다. 첫 번째는 가해자가 사고를 발생시킬 조건부 확률(conditional probability)이 일정 임계치를 초과하는 경우에만 가해자가 책임을 지도록 하는 주된 원인의 제한을 이용하는 것이다. 배경 위험 모형에서 이 조건부 확률은 $p(x) / [p(x) + q]$이다. 책임 원칙이 엄격책임이고, 특정 임계치 T가 주어졌을 때 주된 원인의 제한이 있는 가해자의 문제는

$$\min_{x} \begin{cases} x & \text{if } p(x) / [p(x)+q] \leq T \\ x + [p(x)+q]\, D, & \text{if } p(x) / [p(x)+q] > T. \end{cases} \tag{2.8}$$

이제 $T = p(x^*) / [p(x^*)+q]$로 설정한다고 가정하자. $p(x) / [p(x)+q]$는 x의 감소함수이기 때문에(즉, 인과관계에 관한 가해자의 조건부 확률은 주의 수준이 증가하면 감소하기 때문에) 가해자가 책임을 지지 않는 조건(식 [2.8]의 첫째 줄)은 $x \geq x^*$이다. 따라서 (2.8)의 가해자의 문제는 단순 과실책임 원칙에서 가해자의 문제와 같아지며, 가해자는 효율적 주의를 선택한다.[22]

가해자의 책임을 제한할 수 있는 두 번째 방법은 가해자가 모든 경우에 책임을 지지만, 피해자의 전체 손해보다 적은 금액을 책임지는 것이다. 구체적으로, 피해자가 손해를 입었을 때 가해자가 배상해야 하는 손해의 비율은 가해자가 손해를 발생시킬 조건부 확률과 같다고 가정하자. 이 경우 가해자의 문제는 다음과 같다.

22 이는 주된 원인과 과실이 중복 테스트라는 앞에서의 주장의 또 다른 예이다.

$$\min_x x + [p(x) + q] \times [\frac{p(x)}{p(x)+q}]D. \tag{2.9}$$

이 문제는 $x + p(x)D$를 최소화하는 것과 같으며, 해는 x^*이다. 따라서 이런 형태의 비례 책임도 가해자가 효율적 주의를 기울이도록 유도한다.

법원은 나중에 암의 원인으로 밝혀진 약품을 만든 다수의 제약기업이 관련된 사건에서 비례 책임 원칙을 실제로 사용하였다.[23] 약품 구매 시점과 약품의 발암성 발견 시점 사이의 시간이 상당히 길어, 원고는 여러 제약기업 중 어떤 기업의 약품을 구매하였는지를 기억하지 못하였다. 이에 법원은 시장 점유율을 각 제약기업이 피해자에게 손해를 발생시킬 확률의 대리변수로 사용하여, 판매 시점의 시장 점유율을 기준으로 책임을 제약기업들 사이에 배분하였다.

3.3. 자산 부족 문제

책임이 있는 피고가 피해자의 손해를 배상하기에 충분한 자산을 가지고 있지 않은 경우가 있다. 가해자가 한정된 자산을 가지고 있을 때, 가해자는 '자산 부족'(judgment proof) 상태에 있다고 한다(Shavell 1986). 예를 들어, 위험한 제품을 생산한 기업이 사고가 발생하기 전에 파산할 수 있다. 문제는 잠재적 가해자가 미래에 자산 부족 상태가 된다고 예상하면 현재 사고를 방지하기 위해 너무 낮은 수준의 예방조치를 취한다는 것이다. 가해자가 주의 수준을 선택할 때, 자신이 미래에 α의 확률로 지급 능력이 있고, $1-\alpha$의 확률로 지급 능력이 없다(즉, 자산 부족 상태이다)고 예상한다 가정하자. 또는 가해자가 피해자의 기대손해의 α 비율만큼의 자산만 가지고 있다고 가정하자. 엄격책임 원칙에서 가해자의 문제는 다음의 기대비용을 최소화하는 것이다.

23 *Sindell v. Abbott Laboratories*, 163 Cal. Rptr. 132, 607 P.2d 924(1980).

$$x + p(x)\alpha D(x). \quad (2.10)$$

따라서 $\alpha < 1$이면 가해자는 너무 적은 주의를 기울인다.

과실책임 원칙에서는 결과가 다를 수 있다. 특히 자산 부족의 확률이 너무 높지 않으면(즉, α가 너무 작지 않으면), 적정 주의 기준을 지키고 책임을 지지 않는 것이 여전히 가해자의 최적 선택일 수 있다.[24] 따라서 과실책임 원칙에서의 가해자 비용의 불연속성은 자산 부족 문제의 완화에 도움을 준다.

자산 부족으로 인해 책임을 회피할 수 있다는 사실은 기업이 전략적으로 행동할 경제적 유인을 만들어 낸다. 예를 들어, 자산이 한정되어 있을 때, 기업은 위험한 행위에서 손을 떼고 이를 소규모 자회사 등에 넘길 수 있다(Ringleb and Wiggins 1990). 이 같은 행위는 기업에 이익이 될 수 있지만, 주의 유인을 왜곡하고 기업의 조직 구조를 비효율적으로 만든다. 자회사의 과실에 대해 모기업이 '대위 책임'(vicarious liable)을 지는 반대의 가능성은 하도급(subcontracting)을 불리한 전략으로 만드는 반대 방향의 힘으로 작용할 수 있다. 예를 들어, Brooks(2002)는 *Exxon Valdez* 석유 유출 사건 이후 법원이 대위 책임의 가능성을 크게 높이자 석유 기업의 독립 운송업체 사용이 실제로 감소하였다는 사실을 발견하였다.

자산 부족 문제에 관한 위의 분석은 가해자의 자산 수준이 책임질 수 있는 금액을 제한하지만, 주의 지출을 제한할 정도로 작지는 않다고 가정하였다. 만약 주의(안전장치에 대한 투자 등) 또한 이런 제약에 직면한다면, 자산이 제한된 가해자는 너무 많은 주의를 기울일 경제적 유인을 가질 수 있다(Beard 1990). 이 역설적인 결과는 사고 전에 주의 지출이 증가하면 가해자의 자산 수준이 감소하고, 사고 발생 시 파산(즉, 책임 회피) 가능성이 증가하기 때문이다. 가해자의 관점에서, 주의에 사전 투자한 추가적 1달러

24 α의 임계치는 다음과 같이 도출된다. x^{α}를 (2.10)에서 비용을 최소화하는 주의 수준이라고 하자. 여기서 $\alpha < 1$이면 $x^{\alpha} < x^*$이다. 가해자는 $x^* < x^{\alpha} + p(x^{\alpha})\alpha D(x^{\alpha})$이면, 즉 $\alpha > (x^* - x^{\alpha})/\ p(x^{\alpha})D(x^{\alpha})$이면 적정 주의 x^*를 선택할 것이다.

는 실제로는 1달러보다 작다. 따라서 가해자는 한계적으로 과도한 주의 투자를 할 유인이 있다.

3.4. 징벌적 손해배상

지금까지 우리의 논의는 보상적 손해배상(compensatory damages)에 초점을 맞추었다. 이는 피해자의 손해를 보상하는 것에 목적을 두고 있다. 그러나 가해자의 행동이 고의적이거나 무모한 것으로 판단되는 경우, 법원은 징벌적 손해배상(punitive damages)을 결정할 수 있다. 명칭에서 알 수 있듯이, 징벌적 손해배상은 특정한 잘못된 행위를 한 가해자를 처벌하고, 미래 가해자들의 유사한 행동을 억지하기 위한 것이다.[25] 이런 의미에서, 징벌적 손해배상은 형법의 벌금과 유사하다(제8장 참조).

그러나 징벌적 손해배상의 경제 이론은 전적으로 억지 유인, 즉 가해자들에게 올바른 주의 유인을 제공한다는 목표에 기초하고 있다.[26] 지금까지의 사고 모형 분석에 따르면, 보상적 손해배상만으로도 이 목표는 충분히 달성된다. 징벌적 손해배상을 추가하면 실제로 과도한 억지(가해자의 과도한 주의)가 발생할 것이다. 이 결론이 간과하고 있는 것은 가해자가 자신이 발생시킨 손해에 대한 책임을 지지 않을 때도 있다는 것이다. 여기에는 몇 가지 이유가 있다. 첫째, 앞서 논의한 인과관계의 불확실성 문제이다. 즉, 피해자가 부상의 특정 원인을 식별하거나 입증하기가 어려울 수 있다. 둘째, 일부 피해자가 소송비용 때문에 손해배상 소송을 제기하지 않기 때문이다(이 문제에 관한 3.6의 추가 논의를 참조하라). 셋째, 고의로 손해를 발생시킨 가해자가 자신의 정체를 감추기 위한 의도적 조치를 취하는 경우가 있기 때문이다.

이런 이유로, 가해자는 자신이 발생시킨 손해를 항상 배상한다고 예상하지 않으

25 예를 들어, *City of Newport v. Fact Concerts, Inc.*, 454 U.S. 247(1981) 사건에서 법원은 "징벌적 손해배상은 고의적이거나 악의적으로 잘못된 행동을 한 불법행위자를 처벌하고, 그 사람과 다른 사람들이 비슷한 행동을 하는 것을 억지하기 위한 것이다"라고 판시하였다.

26 이 부분의 설명은 Polinsky and Shavell(1998)에 기초하고 있다. Cooter(1989)도 참조하라.

며 너무 낮은 수준의 주의를 기울일 수 있다. 징벌적 손해배상은 피해자가 손해배상을 받을 때 가해자가 지급해야 하는 손해배상 금액을 증가시켜 이 문제를 바로잡는다. 손해배상 금액을 적절하게 설정함으로써 법원은 가해자의 효율적 주의 유인을 복구할 수 있다.

일방주의 모형에서의 엄격책임 원칙을 가지고 이 문제를 설명해 보자. 가해자가 자신이 발생시킨 손해의 α $(\alpha<1)$ 부분에 대해서만 책임을 진다고 가정하자. 가해자는 (2.10)을 최소화하는 주의 수준을 선택할 것이다. 가해자의 기대책임은 자신이 초래한 전체 손해, $p(x)D(x)$보다 작으므로, 가해자는 효율적 주의 수준보다 낮은 수준의 주의를 기울인다. 또한 α가 작을수록 가해자가 선택한 주의 수준도 낮아진다. 이제 법원이 $D(x)$의 보상적 보상과 R의 징벌적 보상을 더한 금액을 피해자에게 배상하도록 결정한다고 하자. 가해자의 전체 기대책임은 $p(x)\alpha[D(x)+R]$가 된다. 효율적 주의 유인은 가해자의 기대책임이 피해자의 전체 기대손해와 같을 때, 즉 $p(x)\alpha[D(x)+R] = p(x)D(x)$일 때 달성된다. 이 방정식을 R에 관해서 풀면 다음과 같다.

$$R = \left(\frac{1-\alpha}{\alpha}\right)D(x). \tag{2.11}$$

따라서 징벌적 보상의 효율적 수준은 실제 손해에 비례하며, 징벌적 배상 승수는 $(1-\alpha)/\alpha$로 표시된다. (2.11)에서 징벌적 보상의 수준은 α의 감소함수이며, 가해자의 책임 회피 가능성이 없을 때(즉, $\alpha=1$일 때) 징벌적 보상은 0이다. [그림 2.8]은 R을 α의 함수로 그린 그래프이다.

법원은 실제로 경제 이론에 따라 징벌적 손해배상액을 계산하고 있을까? 징벌적 손해배상 사건에 대한 조사에 근거하여, Polinsky and Shavell(1998, 898-99)은 법원이 경제 이론을 정확히 따르지 않는다는 결론을 내렸다. "법원은 … 최적 억지를 달성하기 위한 적절한 배상 승수를 결정하는 핵심적 요소인 책임을 회피할 확률에 대해 체계적 관심을 기울이지 않는다." 사실, Sunstein 외(2000, 255)는 징벌적 손해배상액은 "변덕스럽

그림 2.8 효율적 억지를 달성하는 징벌적 배상 수준

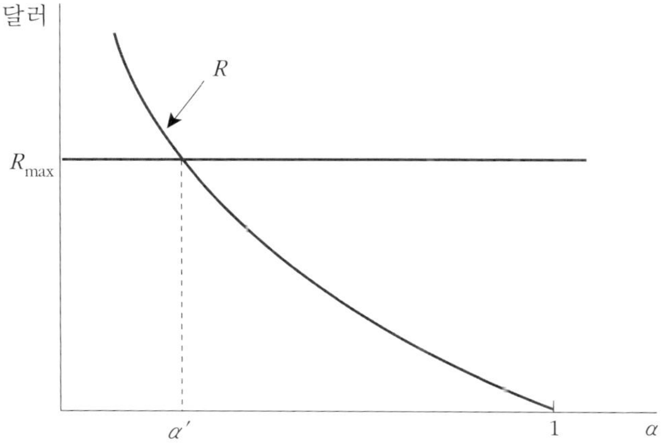

연습 문제 2.3

가해자가 피해자에게 50만 달러의 손해를 입히지만, 1/3의 확률로만 책임을 진다.

(a) 징벌적 배상 승수를 계산하라.

(b) 피해자가 소송을 제기할 경우 법원이 결정해 주어야 할 보상적 손해배상액과 징벌적 손해배상액을 계산하라. 가해자의 총손해배상액은 얼마인가?

고 자의적"인 경향이 있다고 지적한다. 그들은 원인을 배심원이 피고의 행동에 대한 도덕적 분노의 정도를 금액으로 일관적으로 환산하지 못하기 때문으로 돌린다.

징벌적 손해배상에 상한을 두어야 하는가? 대중의 관심이 높았던 불법행위 사건에서 과도한 징벌적 손해배상이 결정되자 징벌적 손해배상의 상한을 설정하자는 정책이 제안되었다. 실제로, 많은 주가 상한을 설정하였다. 상한 설정을 지지하는 일반적 논지는 이것이 근거 없는 소송을 제기할 경제적 유인을 제한하며, 따라서 행정비용을 절감한다는 것이다. 이 논지는 약간의 장점이 있지만, 이론적 반론과 경험적 반론에 직면한다. 이론적 반론은 징벌적 손해에 대한 임의의 상한을 설정하면 징벌적 손해의 억지 기능이 감소할 수 있다는 것이다. 예를 들어, 상한이 [그림 2.8]에서 R_{max}로 설정되었다고 가정하자. $R < R_{max}$이면 법원은 여전히 효율적 억지를 달성할 수 있지만, $R > R_{max}$([그림 2.8]에서 $\alpha < \alpha'$인 경우) 범위에서는 상한 설정이 과소 억지로 이어진다. 따라서 소송비용 절감 측면에서 상한 설정의 이점은 과소 억지의 단점과 비교되어야 한다(Miceli and Stone 2013).

상한 설정에 반대하는 경험적 주장은 징벌적 배상이 빈번하게 부여되는 것은 아니며, 부여되어도 항소심에서 자주 뒤집히거나 감액된다는 것이다.[27] 따라서 몇 개의 관심을 끈 사건에 기초하여 형성된 과도한 배상액에 대한 대중의 인식이 전체 사건을 반영하는 것은 아니라고 한다.

3.5. 책임보험

위험한 행위를 하는 사람들은 대부분 자신 또는 타인에게 발생할 수 있는 손해를 인수하는 책임보험을 구매한다. 실제로, 미국의 거의 모든 주에서 자동차를 등록하려면 운전자가 책임보험에 가입해야만 한다. 그러나 대다수 운전자는 위험기피적이기 때문에 이런 강제가 없어도 보험을 자발적으로 구매하고자 할 것이다. 즉, 운전자는 자신의 부의 임의적 변동(random fluctuation)을 회피하기 위해 일정 금액을 기꺼이 지불하려고 한다(지금까지 우리의 분석은 위험 중립성을 가정하였다). 보험의 문제는 보험이 불법행위 책임의 주의 유인 창출 능력을 감소시킬 수 있다는 것이다.[28]

경제적 유인의 측면에서, 보험은 피보험자를 자신이 발생시킨 손해의 일부 또는 전부로부터 보호함으로써 자산 부족 문제와 유사한 문제를 일으킨다. 가해자는 보험을 구매하기 위해 먼저 보험료를 지출하는데, 이 보험료는 주의 수준의 선택 시점에서

27 Landes and Posner(1987, 302-7), Shanley(1991), Eisenberg 외(1997)를 참조하라.
28 예를 들어, Shavell(1987, 제8장) 참조.

는 매몰비용(sunk cost)이다. 따라서 사회적 관점에서 보면 보험은 가해자가 너무 적은 주의를 기울이게 만든다. 그러나 보험회사는 이 문제를 인식하고 있으며 실제 위험을 반영하여 보험료를 책정하므로, 도덕적 해이(moral hazard)의 문제는 궁극적으로 가해자에게 불리하게 작용한다.

보험회사는 도덕적 해이를 완화하는 방법을 가지고 있다. 첫째는 보험 가입자의 위험 감소 행동에 맞추어 보험료를 조정하는 것이다. 예를 들어, 보험회사는 좋은 운전 기록을 유지하는 사람들에게 할인을 제공하고 스포츠카를 사는 사람들에게 높은 보험료를 청구한다. 둘째는 부분적 보장을 제공하는 것이다. 대부분의 보험은 보험 적용에 앞서 보험 가입자가 일정 금액을 부담하도록 하는 공제 제도(deducible)를 포함하고 있다. 공제액이 높을수록 가해자의 주의 유인이 증가하고, 보험료가 낮아진다(따라서 공제 금액의 인상은 (2.10)에서 α의 증가와 같다). 그러나 보험의 보장 범위가 불완전해지므로 위험 감소라는 보험의 가치는 감소한다. 따라서 최적의 보험 보장 범위는 위험 감소와 주의 유인 사이의 효율적인 균형을 유지하는 것이다(Shavell 1979). 물론, 공제 제도는 가해자가 공제액을 부담하기에 충분한 재산을 가지고 있는 경우에만 효과적이며, 그 범위를 넘어서면 가해자는 자산 부족 상태가 된다

3.6. 소송비용

우리는 행정비용을 전체 사고비용의 구성 요소로서 자주 언급하였다. 그러나 법원을 통해 사고 분쟁을 해결하는 비용이 불법행위 제도의 운용에 미치는 영향에 관해서는 명시적으로 검토하지 않았다. 우리는 제9장에서 법적 비용이 당사자들이 법적 분쟁을 해결하는 방식(예를 들면, 합의할 것인가 아니면 재판을 할 것인가)에 미치는 영향을 검토할 것이다. 여기에서는 그 이전 단계로 소송비용이 분쟁의 발생 확률을 결정짓는 가해자 주의 유인에 미치는 영향을 검토한다.

소송비용은 가해자 주의 유인을 감소시키는 경향이 있다(Hylton 1990; Ordover 1978).

엄격책임 원칙이 적용되는 일방주의 모형을 통해 그 이유를 살펴보자. 우리는 먼저 소송비용이 있는 모형이 소송비용이 없는 모형에 비해 효율적 주의 수준이 높다는 점을 주목해야 한다. 이제 사고비용에는 피해자의 손해와 함께 만일 사건이 재판에서 다투어질 때 가해자와 피해자가 부담하는 소송비용이 포함된다. 따라서 주의의 한계비용은 변하지 않지만, 주의의 한계편익이 증가한다.

소송비용이 존재하는 모형에서 엄격책임 원칙은 두 가지 이유로 가해자 주의에 대한 부적절한 유인을 제공한다. 첫째, 일부 피해자는 소송비용 때문에 소송을 제기하지 않는다. 따라서 가해자는 자신이 발생시킨 손해의 일부에 대해서만 책임을 진다(자산 부족에서와 같은 문제가 발생한다). 둘째, 가해자는 소송을 제기한 피해자가 부담하는 소송비용을 의사결정에 반영하지 않는다.

과실책임 원칙에서는 더 나은 결과가 도출된다. 가해자가 적정 주의 기준을 준수하면 피해자는 재판에서 손해를 보상받지 못하므로 소송을 제기하지 않을 것이다. 따라서 소송비용이 실제로 발생하지 않기 때문에 소송비용이 0인 모형에서와 같은 결과가 도출될 수 있다. 그러나 가해자에게 과실이 있을 수 있고 바로 다음에서 보는 것처럼 법원이 실수를 저지를 수도 있으므로 현실의 과실책임 원칙에서는 일부 피해자가 소송을 제기한다. 만약 적정 주의 기준이 소송비용을 고려하지 않고 계속 핸드 원칙에 의해 설정되면, 가해자는 책임을 회피하는 데 필요한 수준 이상의 주의를 기울일 유인이 없으므로 과소 억지가 발생할 것이다.

3.7. 과실책임 원칙 적용에서의 법적 오류

우리는 지금까지 법원이 과실책임 원칙을 실수 없이 적용한다고 가정하였다. 이 가정이 성립하기 위해서는 법원이 가해자의 실제 주의 수준을 정확하게 측정하고 적정 기준을 정확하게 계산해야 한다. 그러나 증거의 불확실성으로 인해 법원은 과실책임 원칙을 적용할 때 두 가지 유형의 실수를 범하게 된다. 법원은 가해자가 실제로 적정 주의 기준을 준수하였으나, 과실이 있다고 결정할 수 있다(잘못된 유책[false conviction], 또는 1종 오류[type I error]). 법원은 가해자가 실제로 적정 주의 기준을 위반하였으나, 과실이 없다고 결정하기도 한다(잘못된 면책[false acquittal], 또는 2종 오류[type II error]). 두 가지 유형의 오류는 과실책임 원칙에서의 주의 유인을 감소시킨다(Png 1986). (우리는 제8장 2.5에서 잘못된 유죄판결 및 잘못된 무죄판결과 관련하여 비슷한 결과를 증명할 것이다.)

법적 오류가 경제적 유인에 어떤 영향을 미치는지 살펴보자. q_I를 1종 오류의 확률, q_{II}를 2종 오류의 확률이라고 정의하자. 먼저 적정 주의를 기울이는 가해자를 생각해 보자. 완벽하게 작동하는 과실책임 원칙에서 가해자는 책임을 지지 않지만, 오류가 있으면 $q_I D$의 기대책임에 직면한다(D는 피해자의 손해). 마찬가지로, 적정 기준을 충족하지 않는 가해자는 완벽하게 작동하는 과실책임 원칙에서는 D의 책임에 직면하게 되지만, 오류가 있으면 $(1-q_{II})D$의 기대책임에 직면한다. 따라서 가해자가 주의를 기울임으로써 얻는 이익(즉, 손해배상액의 감소)은 다음과 같다.

$$(1-q_{II})D - q_I D = (1-q_{II}-q_I)D. \tag{2.12}$$

(2.12)는 오류가 없는 상태에서 주의를 기울임으로써 얻는 이익인 D보다 작다. 또한 (2.12)로부터 두 유형의 오류가 증가하면 주의를 기울임으로써 얻는 이익이 줄어든다는 것도 쉽게 확인된다($1-q_{II}-q_I>0$을 가정한다. 이는 법원이 오류를 범하기는 하지만, 잘못 판단하기보다는 정확하게 판단하는 경우가 많다는 것을 의미한다. 즉, 올바른 과실판단 비율 $1-q_{II}$은 잘못된 과실판단 비율 q_I보다 크다).

3.8. 불법행위 소송의 제소 기간

제소 기간(statute of limitation)은 피해자가 사고 이후 손해를 보상받기 위한 법적 조치를 취할 수 있는 기간에 상한을 설정한다. 기간에 의한 소송 제한은 두 가지 이익을 준

그림 2.9 불법행위 소송의 최적 제소 기간

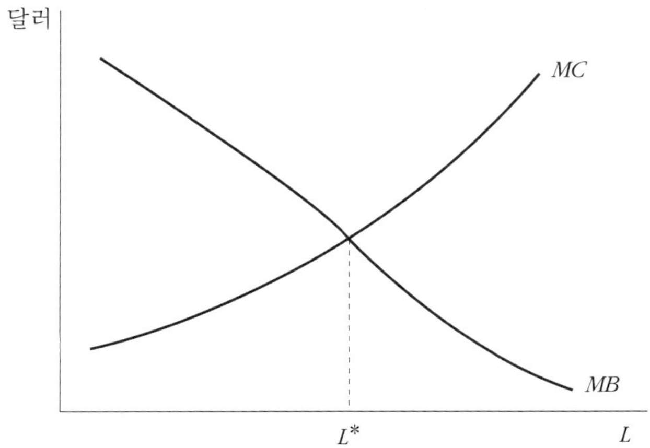

다. 첫째, 법적 오류를 줄인다. 사고와 재판 사이의 기간이 길어질수록 기억이 희미해지고 증거가 사라지므로 법적 오류는 증가할 것이다. 둘째, 소송이 감소하여 소송비용이 절감된다(Baker and Miceli 2000; Miceli 2000).

제소 기간의 비용은 소송제기 기간의 제한에서 발생하는 비용이며, 가해자 주의 유인의 감소이다. 특히 기간이 짧아짐에 따라, 가해자는 적은 수의 소송에 직면할 것이므로 주의를 기울일 유인이 작아진다(따라서 기간이 짧아지는 것은 (2.10)에서 α 값이 작아지는 것과 같다). 최적의 제소 기간 L^*은 L을 증가시켜 얻는 한계편익과 한계비용이 같아지는 점에서 결정된다. [그림 2.9]는 최적 제소 기간을 보여 주고 있다.

3.9. 생명 및 안전의 가치 추정

손해의 측정과 관련된 몇 가지 문제를 언급하면서, 우리는 불법행위법의 서론에 해당하는 이 장을 마무리한다. 불법행위법의 기능 중 하나는 피해자의 손해를 보상하는 것이다. 시장에서 가치가 결정되는 재산에 대한 손해의 측정은 비교적 간단하나, 신체적 상해 또는 사망에 대한 손해의 측정은 매우 어렵다. 그러나 보상은 금전적 형태로 이루어지므로 법원은 피해자의 부상 또는 인명 손실에 화폐 가치를 부여해야만 한다. 일반적으로 법원은 고통(pain and sufferings)과 같은 비금전적 요인에 대한 배상과 재정적 손실에 대한 배상을 명령한다.[29]

재정적 손실은 보통 피해자의 상실된 소득의 현재 가치와 의료비용(있는 경우)을 기준으로 산정한다. 상실된 소득은 피해자의 교육 수준, 기대수명, 부가급여 등과 소비 지출액과 납부해야 할 세금(손해배상액 자체에 세금이 부과되지 않는 경우) 등이 참작되어 계산된다. 이 금액의 계산은 원고 측 전문가 증인 역할을 하는 경제학자가 담당하는 경우가 많다.

법원은 고통에 대해서도 금전적 손해배상을 명령한다. 그러나 이 계산은 매우 주관적이며 논란의 여지가 많다. 고통의 양을 결정하는 핵심 요소는 사고가 피해자를 사랑하는 사람들에게 미친 영향이다. 그들의 상실이 클수록 배상액이 커진다. 고통에 대한 배상은 피해자가 사망하거나 피해자의 손실이 시장에 의해 높게 평가되지 않는 경우와 같은 상실된 소득에 대한 보상이 부적절할 때 추가적 억지 기능을 수행할 수 있다. 마지막으로, 고통에 대한 배상은 가해자의 행동이 의도적일 때 적절할 수 있다. 이런 의미에서 고통에 대한 배상과 징벌적 손해배상은 비슷한 경제적 기능을 가지고 있다.

신체적 상해를 평가하기 위한 상실된 소득 접근법은 실용적이지만 총비용을 과소추정할 가능성이 크다. 이 방법은 여가의 가치를 무시한다. 대안적 방법은 설문조사를 통해 사람들이 특정 위험을 회피하기 위해 얼마를 지불할 의사가 있는지 알아내는 것이다. 이러한 조건부 평가(contingent valuation)는 시장 정보가 부족할 때 유용하다. 따라서 이 방법은 멸종 위기에 처한 종의 손실과 같은 환경피해 평가에 자주 사용된다. 설문

29 이 부분의 논의는 Viscusi(1998)에 기초하고 있다.

조사에서 발생하는 흥미로운 문제는 지불 의사(WP)와 수락 의사(WA)의 차이에서 발생한다. 대다수 사람이 위험의 감소를 위해 지불하려는 금액(WP)보다 같은 크기의 위험의 증가를 감수하는 대가(WA)로 더 많은 보상을 요구한다(Kahneman et al. 2000).

그러나 사람들이 위험을 어떻게 평가하는가에 관한 정보를 얻을 수 있는 설문조사보다 신뢰도가 높은 방법이 있다. 그것은 위험한 직업에 대한 임금 프리미엄을 추정하는 것이다. 구체적으로, 광부로 일하려면 근로자는 안전한 직업에서보다 얼마를 더 받아야 하는가? '헤도닉 손해'(hedonic damages)라고 불리는 추정 결과는 위험 감수 의사의 척도이다. 이 방법은 유용한 추정치를 제공하지만, 여기에도 편의가 존재한다. 첫째, 위험 프리미엄은 작은 위험에 대한 사람들의 평가를 반영할 뿐이다. 이 결과를 확장하여 생명의 가치를 측정하는 것은 신뢰성이 다소 떨어진다(예를 들어, 근로자가 1/10,000의 사망 위험에 대한 대가로 100달러의 임금 프리미엄을 받는다고 할 때, 이것이 근로자가 생명의 가치를 100만 달러로 평가한다는 의미인가?). 둘째, 위험한 일자리를 선택한 사람은 위험의 비용이 가장 낮거나 위험으로부터 실제로 편익을 얻는 사람(소방관, 경찰관 등)이다. 이 문제는 위험 프리미엄의 하향 편의를 발생시킨다. 셋째, 사람들이 위험을 잘못 인식할 때가 많으며 이 때문에 시장이 근로자의 위험을 보상하는 능력이 왜곡될 수 있다. 이런 이유로 법원은 헤도닉 손해 측정 방식에 대해 회의적이다.

4. 결론

이 장은 기초적인 불법행위법의 경제 이론을 제시하였다. 이론의 중심에는 주의에 투자한 마지막 비용이 사고비용의 한계적 절감과 같아질 때까지 가해자와 피해자가 사고 감소 행위에 투자해야 한다는 예방 모형이 자리잡고 있었다. 법의 역할은 책임 원칙을 통해 당사자들이 효율적으로 행동할 유인을 제공하는 것이다. 우리는 핸드 원칙으로 구현된 과실책임 원칙이 이 이상과 잘 부합한다고 주장하였다.

우리는 또한 간단한 모형을 복잡하게 만드는 몇 가지 요소를 검토하였다. 우리는 행위 수준이 사고 위험에 큰 영향을 미치지만, 과실책임 원칙에 의해 잘 규율되지 않음을 보였다. 우리는 법에서 중요한 역할을 담당하지만 경제 모형과는 잘 맞지 않는 인과관계 문제도 검토하였다. 그리고 인과관계의 실무적 중요성에 대한 몇 가지 경제적 설명을 제시하였다. 마지막으로, 우리는 가해자의 파산, 책임보험의 이용 가능성, 소송비용, 법적 오류 등 불법행위 제도의 효율성을 떨어뜨리는, 단순 모형에서 벗어나는 현실적 사고 요인들을 살펴보았다. 우리는 경제 모형을 불법행위법의 특정 영역에 적용하는 다음 장에서 이 중 몇 가지 문제를 다시 분석한다

토론 문제

1. 우리는 이 장에서 불법행위법의 주된 경제적 기능이 불합리하게 위험한 행동을 억지하는 것이지만, 두 번째 기능은 우발적 손해에 대비한 사회적 보험을 제공하는 것이라고 주장하였다. 이 목표들은 어떻게 양립 가능하며, 어떻게 양립 불가능한가?

2. 사고가 발생하였다. 불법행위법에 따라 손해를 배상받기 위해 피해자가 입증할 필요가 없는 것은 무엇인가? (1) 손해를 보았다. (2) 가해자의 행동은 손해의 사실상의 원인이었다. (3) 가해자의 행동은 손해의 주된 원인이었다. (4) 가해자가 의도적으로 손해를 발생시켰다.

3. 의도적으로 손해를 발생시킨 가해자는 불법행위 책임과 형사책임을 진다. 체인톱과 같이 정상적으로 사용하더라도 일정한 확률로 사고가 발생한다고 알려진 위험한 제품의 생산자를 생각해 보자. 이 사실은 형사적 의미의 '고의적'(intentional) 가해로 해석되어야 하는가? 그 이유는 무엇인가?

4. 다음의 각 상황에서 엄격책임 원칙 또는 과실책임 원칙 중 어느 원칙이 선호되는지 서술하라.
   (a) 법원이 사고로 인한 손해를 측정하는 데 실수를 한다.
   (b) 법원이 가해자의 주의 수준을 측정하는 데 실수를 한다.
   (c) 피해자의 주의 수준은 사고 위험의 중요한 결정 요인이다.
   (d) 가해자의 행위 수준은 사고 위험의 중요한 결정 요인이다.

5. 다음에 답하라.
   (a) 법원이 사실상의 원인을 판단하기 위해 사용하는 테스트를 설명하라.
   (b) 시간당 35마일로 이동하는 기차가 건널목에 멈춰 있는 자동차와 충돌하여 운전자가 다쳤다고 가정하자. 법원은 시간당 25마일보다 빠른 속도로 운행하는 기차는 과실이 있지만, 문제의 기차가 이보다 느린 속도로 운행하였더라도 자동차와의 충돌을 피할 수 없었을 것이라고 결정한다. 기차의 과실이 사고의 사실상의 원인이 될 수 있는가? 그 이유는 무엇인가?

6. 불법행위 소송에 대한 제소 기간의 경제적 근거는 무엇인가? 이 이론적 근거에 기초하여, 살인과 같은 심각한 범죄의 공소시효가 없는 것이 왜 합리적인지 설명하라.

단원 문제

1. 가해자가 50달러의 비용으로 주의를 기울이거나 전혀 주의를 기울이지 않는 일방주의 사고 모형을 가정하자. 그리고 가해자가 주의를 기울이면 사고 발생 확률이 0이고, 주의를 기울이지 않으면 사고 발생 확률이 0.1이 된다. 사고 발생 시 피해자의 손해는 750달러이다.
   (a) 핸드 원칙을 사용하여 주의를 기울이는 것이 효율적인지 판단하라.
   (b) 피해자가 가해자의 주의 선택을 관찰할 수 없어 사고 발생 시 과실을 입증할 수 없다고 가정하자. 이 경우 법원이 과실 추정 원칙(res ipsa loquitur)을 적용하는 것은 적절한가? 답과 이유를 설명하라.

2. 매년 일정 수의 소비자가 잔디 깎는 기계를 사용하다 부상을 당한다. 안전 레버를 설치하면 사고 위험이 0.002에서 0.001로 줄어들지만, 기계당 50달러의 비용이 발생한다. 사고로 인한 손해는 평균 45,000달러이다.
   (a) 제조업체는 핸드 원칙에 따라 레버를 설치하지 않은 것에 대한 책임을 져야 하는가?
   (b) 엄격책임 원칙에서 제조업체는 레버를 설치할 것인가?

3. 자동차-보행자 사고를 생각해 보자. 다음 표는 운전속도에 관한 운전자의 선택, 편익과 기대사고비용을 제시하고 있다.

속도	운전자의 편익	기대사고비용
느린 속도	50달러	20달러
보통 속도	80달러	40달러
빠른 속도	120달러	100달러

   (a) 사회적으로 최적인 속도는 얼마인가?
   (b) 엄격책임 원칙에서 운전자의 선택은 무엇인가?
   (c) 적정 주의 기준이 보통 속도로 설정된 과실책임 원칙에서 운전자의 선택은 무엇인가? 적정 주의 기준이 느린 속도로 설정된 과실책임 원칙에서 운전자의 선택은 무엇인가?

4. 농부의 땅을 통과하는 기차에서 불꽃이 발생하여 가끔 농작물에 불이 붙는다. 그러나 철도회사가 기차에 불꽃 방지 장치를 설치하거나, 농부가 농작물을 옮겨 심거나, 두

조치 모두가 실행되면 농작물 피해가 감소한다. 다음 표는 가능한 조치의 비용과 농작물 패해를 제시하고 있다.

행동	농작물 피해	농부의 비용	철도기업의 비용
아무런 행동도 하지 않는다.	150달러	0달러	0달러
농부가 농작물을 옮겨 심는다.	90달러	15달러	0달러
철도회사가 불꽃 방지 장치를 설치한다.	40달러	0달러	50달러
농부가 농작물을 옮겨 심고 철도회사가 불꽃 방지 장치를 설치한다.	0달러	15달러	50달러

(a) 어떤 행동이 사회적으로 최적의 결과를 가져오는가?

(b) 무책임 원칙에서는 어떤 행동이 선택되는가? (이 질문과 이후의 질문은 철도회사와 농부 사이의 교섭비용이 매우 크다고 가정한다.)

(c) 엄격책임 원칙에서는 어떤 행동이 선택되는가?

(d) 과실책임 원칙에서 철도회사에 대한 적정 주의 기준이 불꽃 방지 장치를 설치하는 것이라고 하자. 이 경우 어떤 행동이 선택되는가?

5. 야영, 자전거 타기, 등산 등의 레저용으로 적합한 개발되지 않은 대지의 소유자가 있다. 만약 이 대지가 개방된 상태라면 이용자들은 3,000달러의 혜택을 누리지만, 사고가 발생할 수 있다. 구체적으로, 대지에 들어와서 주의를 기울이지 않으면 이용자는 2,000달러의 기대손해를 입을 것이다. 반면 들어와서 200달러의 주의를 기울이면 이용자는 500달러의 기대손해를 입을 것이다. 토지 소유자는 사고의 위험을 줄이기 위한 조치를 취할 수 없지만, 1,000달러의 비용으로 토지에 울타리를 쳐서 출입을 완전히 막을 수 있다.

(a) 다음 각 선택의 순편익을 계산한다. (1) 소유자가 토지에 울타리를 친다. (2) 소유자는 토지에 울타리를 치지 않으며, 이용자는 들어와서 주의를 기울이지 않는다. (3) 소유자는 토지에 울타리를 치지 않으며, 이용자는 들어와서 주의를 기울인다. 어느 것이 가장 효율적인가?

(b) 미국의 많은 주에서는 소유자가 개발되지 않은 토지를 여가용으로 개방할 경우 책임을 면제하는 법률을 통과시켰다. 이 법률에서는 (a)의 세 가지 결과 중 어떤 결과가 나타나는가?

6. *New York Cent. R. Co. v. Thompson*(21 N.E.2d 625, 1939) 사건은 우연히 철도 선로에 발이 낀 여성에 관한 사건이다. 기차는 제시간에 멈추지 못하였고, 그녀는 기차에 받

혀서 다쳤다. 책임 원칙은 기여과실의 항변이 있는 과실책임 원칙이라고 가정한다.

(a) 법원이 그녀가 철도 선로로 걸은 것이 과실이라고 판단하면, 그녀는 손해를 배상 받을 수 있는가?

(b) 그녀의 과실에도 불구하고, 기차가 그녀가 처한 상황을 보았고 멈출 시간이 있었지만 멈추지 않았다고 판단한다면, 그녀는 어떤 원칙에서 배상을 받을 수 있는가?

7. 가해자가 4건 중 3건의 사건에서 책임을 지지 않는다고 가정하자. 사고당 평균 손해는 100,000달러이며, 책임 원칙은 엄격책임 원칙이라고 가정한다.

(a) 가해자가 주의를 기울일 올바른 유인을 제공하려면, 가해자가 책임이 있다고 판단된 각 사건에서 총배상액이 얼마가 되어야 하는가?

(b) 총배상액 중 몇 %가 보상적이며, 몇 %가 징벌적인가?

---

chapter 03

불법행위법의 경제학 II: 경제 모형의 응용

1. 제조물 책임
2. 산업재해
3. 환경 사고
4. 의료 사고
5. 결론

제2장은 여러 유형의 사고에 적용할 수 있는 사고법의 일반 원칙에 초점을 맞추었다. 제3장은 일반 원칙을 불법행위법의 구체적 영역에 응용한다. 우리는 제조물 책임(product liability), 즉 위험한 제조물 때문에 발생한 사고에서 시작한다. 제조물 책임은 불법행위법의 중요한 영역으로 자리 잡았으며, 불법행위 제도의 운용에 대한 불만의 원인을 제공하고 있다. 또한 사고법의 경제 이론에 새로운 개념적 문제, 즉 '낯선 사람들'(strangers) 사이의 사고와 '계약 당사자'(parties to a contract) 사이의 사고의 구별이라는 중요한 문제를 제기한다. 따라서 우리는 이 주제에 많은 부분을 할애할 것이다. 제조물 책임을 논의한 후에는 산업재해, 환경 사고 및 의료 사고를 간략하게 검토한다.

1. 제조물 책임

제조물 책임 소송 건수는 1980년대와 1990년대에 현저히 증가한 후, 다소 주춤하다가 2000년대에 다시 상승하는 추세를 보이고 있다.[1] [표 3.1]은 1980년부터 2015년까지 미국 연방지방법원에 제기된 제조물 책임 소송 건수를 보여 준다. 일반적 소송 추세를 통제하기 위해, [그림 3.1]은 같은 기간 제기된 전체 민사 소송 건수 중 제조물 책임 소송 건수가 차지하는 비중을 제시하고 있다. 비록 변동이 있지만, 제조물 책임 사건 비중의 상향 추세가 나타난다. 이는 제조물 책임이 증가하고 있는 민사 소송 분야임을 보여 준다. 소송 증가는 특정 소비재 가격의 상승과 일부 제조업체의 시장 철수로 이어졌다. 이에 대응하여 다수의 불법행위법 개혁안이 제시되었으며, 그중 일부는 제2장에서 언급하였다(징벌적 손해 배상금의 상한 설정 등).

이 절은 먼저 미국의 제조물 책임법의 역사를 간단히 검토한다. 그리고 제2장의 모형을 확장하여 가해자와 피해자 사이의 시장관계(market relation)가 사고에 미치는 영

1 Viscusi(1991)를 참조하라. 1980년대의 소송 증가는 상당 부분이 석면 사건에 기인한 것이지만, 비석면 제품과 관련한 소송도 증가하였다. 3.3은 석면 소송에 관해 논의한다.

표 3.1 미국 연방지방법원에 제기된 제조물 책임 사건: 1980-2015

연도	총 소송 건수	민사 소송에서 차지하는 비중(%)
1980	6,876	4.1
1981	8,028	4.5
1982	7,908	3.8
1983	8,026	3.3
1984	7,677	2.9
1985	12,507	4.6
1986	12,459	4.9
1987	14,145	5.9
1988	16,166	6.8
1989	13,408	5.7
1990	18,679	8.6
1991	12,399	6.0
1992	10,769	4.8
1993	18,959	8.2
1994	22,288	9.4
1995	27,547	11.1
1996	27,584	10.2
1997	32,856	12.1
1998	26,886	10.5
1999	18,781	7.2
2000	14,428	5.6
2001	12,307	4.9
2002	41,135	15.0
2003	21,611	8.5
2004	34,100	21.1
2005	29,537	11.7
2006	48,739	18.8
2007	36,469	14.2
2008	52,110	19.5
2009	58,335	21.1
2010	63,203	22.3
2011	59,761	20.7
2012	43,083	15.5
2013	49,526	17.4
2014	60,078	20.3
2015	41,764	15.0

출처: Viscusi(1991), 표 2.1 및 표 2.2; Statistical Abstract of the United States; Administration Office of U.S. Courts(www.uscourts.gov).

그림 3.1 미국 연방지방법원에 제기된 제조물 책임 사건의 비중(%): 1980-2015

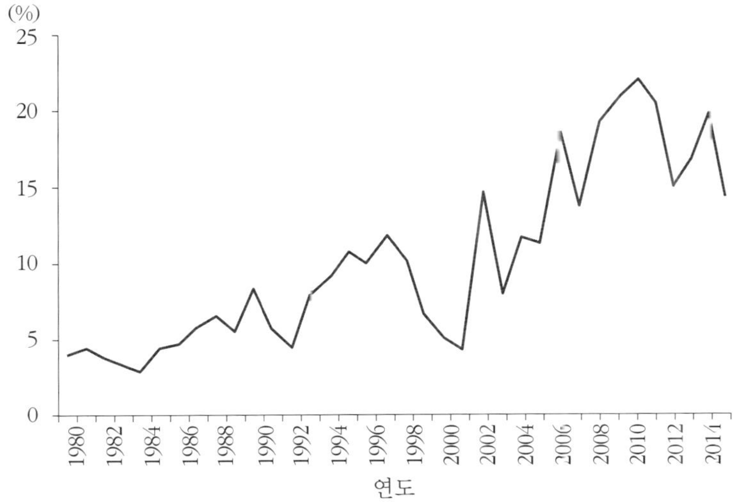

향을 살펴본다. 우리의 목표는 경제 모형의 관점에 입각하여 법의 역사적 추세를 설명하고 법의 현재 상태를 평가하는 것이다.

1.1. 제조물 책임의 역사

위험한 제조물을 만든 제조업체로부터 힘없는 소비자를 보호하는 제조물 책임법의 현대적 이미지와는 달리, 19세기의 법은 과도한 생산자 책임이 사회에 높은 행정비용을 부담시키고 사업의 경제적 지속 가능성을 위협한다는 믿음에 기초하고 있었다.[2] 그러나 지난 150년 동안 법은 생산자 책임을 강화하는 방향으로 점진적으로 진화하여 왔다. 이 진화는 다음과 같이 뚜렷이 구별되는 몇 단계를 거쳐 이루어졌다.

2 이 부분은 Epstein(1980)에 기초하고 있다. Landes and Posner(1987, 제10장)도 참조하라.

첫 번째 단계는 19세기 중반 직접 계약관계(privity)의 원칙이 탄생하면서 시작되었다. 이 원칙에 따르면 제조물 관련 사고를 당한 구매자는 제조물의 직접 판매자, 즉 자신과 직접적 계약관계를 맺고 있는 당사자에 대해서만 소송을 제기할 수 있다.[3] 예를 들어, 자동차 제조업체의 과실로 인해 자동차 사고가 발생한 경우 피해자는 자동차 판매업자에게만 손해배상을 청구할 수 있다.

직접 계약관계의 원칙에서, 제조물 사고와 관련된 위험은 불법행위법 원칙보다는 계약법 원칙에 의해 배분되었다. 이론적으로 제조업체에서 최종 소비자로 이어지는 계약관계의 사슬을 따라 책임이 직접 판매자에게서 제조업자로 다시 이전될 수 있지만, 실제로 책임의 이전은 불완전하게 이루어졌다. 따라서 직접 계약관계의 원칙은 대다수의 제조업자를 책임으로부터 효과적으로 보호하였다.

직접 계약관계의 원칙에 의한 제한은 19세기 말까지 지속되었으나, 1916년 유명한 *MacPherson v. Buick*(217 N.Y. 382, 111 N.E. 1050, 1916) 사건에서 결국 뒤집힌다. 사건은 원고의 자동차 바퀴 중 하나가 고장이 나서 원고가 차 밖으로 튕겨 나간 사고에 관한 것이다. 원고가 딜러로부터 자동차를 구매하였기 때문에, 직접 계약관계의 원칙을 적용하면 원고는 자동차 제조업체로부터 배상을 받을 수 없다. 그러나 벤자민 카도조(Benjamin Cardozo) 판사는 자동차 제조업체가 자동차를 직접 구매한 사람(이 경우 딜러) 이외의 다른 사람이 다칠 수 있다는 것을 분명히 예측할 수 있다는 주장에 기초하여 직접 계약관계 원칙의 적용을 거부하였다. 이것이 자동차 제조업체가 무조건 책임진다는 것을 의미하지는 않았다. 피해자는 (이 사건에서 성공한 것처럼) 자동차 제조업체의 과실을 증명해야 하였다. 그러나 무책임 원칙에서 과실책임 원칙으로의 전환이 이루어졌으며, 그 결과 제조물 책임의 범위가 크게 확장되었다.

과실책임 원칙에서 엄격책임 원칙으로 전환되는 제조물 책임법 진화의 다음 단계는 두 가지 별도의 경로를 통해 일어났다. 하나의 경로는 제조물의 생산자와 판매자가

3 *Winterbottom v. Wright*, 10 M&W 109, 152 Eng.Rep. 402(Exch. 1842)를 참조하라.

충족시켜야 할 주의 기준의 점진적 증가를 통해서였다. 이 변화의 핵심적 사례는 코카콜라 병의 폭발로 발생한 부상 사건인 *Escola v. Coca-Cola Bottling Co.*(24 Cal.2d 453, 150 P.2d 436, 1944) 사건이다. 식당의 종업원이었던 원고는 제조업체의 과실에 관한 증거를 제시할 수 없었지만, 법원은 과실추정 원칙(res ipsa loquitur)에 기초하여 제조업체에 책임을 부여하였다. 이 원칙에 따르면, 사고의 사실 자체가 과실의 증거이다. 즉, 결함이 있어야만 코카콜라 병이 폭발한다는 것이다. 제2장에서 언급된 것처럼, 적정 주의를 기울여도 사고 위험이 완전히 제거되지 않는 사건에서 과실추정 원칙을 적용하는 것은 엄격책임 원칙을 적용하는 것과 마찬가지이다.

엄격책임 원칙으로의 다른 경로는 보증 위반(breach of warranty)에 대한 생산자 책임의 영역에서 발생하였다. 계약법의 한 분야인 보증의 이론에 따르면 판매자는 표시한 대로 기능하지 않는 제조물로 인한 손해에 대해 엄격책임을 진다. 여기서 과실은 전혀 고려되지 않는다. 그러나 보증(묵시적 또는 명시적)은 계약의 한 형태이기 때문에, 보증 위반 사건에서는 아직 직접 계약관계의 요건이 남아 있었다.

상황은 1960년 *Henningsen v. Bloomfield Motors, Inc.*(32 N.J. 358, 161 A.2d 69, 1960) 사건에서 다시 바뀐다. 이 사건 또한 자동차 사고와 관련된 것인데, 이번에는 운전 장치의 고장으로 인해 발생한 것이다. 이 사건의 새로운 요소는 원고의 남편과 자동차 제조업체 사이의 판매 계약이 후자의 책임을 최초의 구매자에게만 그리고 특정 유형의 손해에 대해서만 명시적으로 제한하는 조항을 포함하고 있었다는 것이다. 그러나 법원은 이 계약상 제한을 거부하면서, 당사자들의 반대되는 명시적 의사와 관계없이 적합성(fitness)의 묵시적 보증이 우선한다고 결정하였다. 더욱이 법원은 피해자가 구매자는 아니지만 "보증 당사자들이 합리적으로 숙고하면 자동차의 사용자가 될 것으로 기대할 수 있는 사람"이라며 직접 계약관계 요건을 폐기하였다. "따라서 피해자가 직접 계약관계의 요건을 갖추지 못해도 피고 크라이슬러 자동차에 대한 손해배상 소송을 제기할 수 있다."

Henningsen 사건의 결정으로 제조물 책임의 불법행위 및 계약 이론은 엄격책임 원

칙으로 수렴하였다. 이는 1965년 출간된 *Restatement(Second) of Torts*에서 공식적으로 확인된다. 이 책의 Section 402A는 다음과 같이 규정하고 있다.

1. 사용자나 소비자 또는 그들의 재산에 불합리하게 위험한 결함이 있는 상태로 제조물을 판매한 사람은 이로 인해 최종 사용자나 소비자 또는 그들의 재산에 발생한 물리적 피해에 대하여 다음과 같은 경우에 책임을 진다.
   (a) 판매자가 그 제조물을 판매하는 사업에 종사하고 있으며, 그리고
   (b) 제조물이 큰 변화 없이 판매된 상태로 사용자나 소비자에게 도달할 것이 예상되며, 실제로 그런 상태로 도달한 경우
2. 1에 서술된 원칙은 다음과 같은 경우에도 적용된다.
   (a) 판매자가 제조물의 준비 및 판매에 가능한 모든 주의를 기울인 경우
   (b) 사용자나 소비자가 판매자로부터 제조물을 구매하지 않았거나 어떤 계약적 관계도 맺지 않은 경우

여기서 2(a)는 제조업자의 주의를 따지지 않는다는 것이며(따라서 엄격책임을 진다), 2(b)는 직접 계약관계의 요건을 제거한 것이다.

그러나 제조물 책임을 단순히 엄격책임이라고 규정하는 것은 오해를 불러일으킬 소지가 있다. 왜냐하면 원고는 인과관계 입증 이외에 제조물의 설계에 결함(defective design)이 있음을 입증하거나, 본래 위험한(inherently dangerous) 제조물(담배 또는 다이너마이트 등)에 대해서는 제조업자가 소비자에게 위험을 경고하지 않았음을 입증해야 하기 때문이다. 따라서 제조업자가 설계 기준 또는 경고 의무를 충족시켜 책임을 지지 않을 수 있으므로, 엄격 제조물 책임에는 과실의 요소가 존재한다. 그러나 최근에는 이런 기준의 충족도 점점 까다로워지고 있다.

이어지는 1.2에서는 전술한 역사를 배경으로 엄격 생산자 책임으로의 법의 전반적 변화 추세를 설명할 수 있는 제조물 책임의 수학적 모형을 개발한다. 제2장의 사고

모형과 구별되는 점은 가해자(제조업자)와 피해자(구매자) 사이의 계약관계가 중요하게 고려된다는 점이다.[4]

1.2. 제조물 책임의 경제 모형

우리는 완전경쟁시장을 가정하고 제조물 사고에 대한 분석을 진행한다.[5] 먼저 기준점으로 사고의 위험이 없는 제조물을 살펴보자. '안전한' 제조물에 대한 수요곡선은 $b(q)$이다. 수요곡선은 소비자가 재화 한 단위에 지불하고자 하는 가격을 구매량 q의 함수로 나타낸 것이다. (감소하는 한계편익을 반영하는) 우하향하는 수요곡선은 [그림 3.2]와 같이 $b(q)$가 q의 감소함수임을 의미한다.

공급 측면에서 우리는 한계비용과 평균비용이 c로 일정하다고 단순화한다.[6] 따

그림 3.2 안전한 제조물의 균형 산출량과 균형 가격

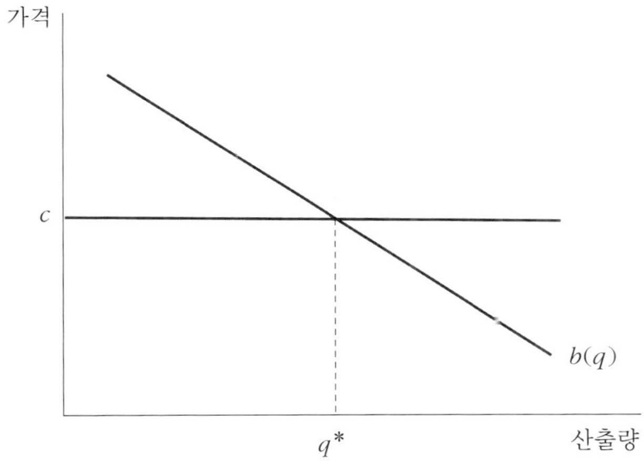

4 단순화를 위해 도매업자 등의 중간 당사자가 있는 경우는 다루지 않는다. 물론 분석은 중간 담당자가 있는 경우까지 확장될 수 있다.

5 이 부분은 Landes and Posner(1985)에 기초하고 있다.

6 한계비용이 일정하다는 가정은 개별 기업의 규모가 불확정적(indeterminate)임을 의미한다.

라서 공급곡선은 c에서 수평이다. 안전한 제조물에 대한 균형 산출량은 수요가 공급과 일치하는 [그림 3.2]의 q^*에서 이루어지며, 균형 가격은 한계비용 c와 같다. 수학적으로 균형 산출량은 방정식 $b(q^*) = c$로 정의된다.

1.2.1. 위험한 제조물에 대한 균형 가격 및 산출량

이제 소비자를 다치게 할 위험이 있지만, 다른 모든 측면에서는 안전한 제조물과 동일한 제조물을 생각해 보자. 제조물 한 단위가 사고를 발생시킬 확률은 p, 사고로 인한 손해는 D로 모두 일정하다고 가정한다. 따라서 총기대손해는 pqD이다(당분간 주의 또는 제조물의 안전성은 생각하지 말자). 이 설정은 기대손해가 가해자(또는 피해자)의 행위 수준에 비례한다고 가정한 제2장의 행위 수준에 관한 논의와 아주 비슷하다.

사고 위험은 법이 제조업자와 소비자 사이에 책임을 부여하는 방식에 따라 시장의 수요 또는 공급 측면(또는 두 측면 모두)에 영향을 줄 수 있다. 현재 논의의 목적상, 우리는 책임 원칙을 다음과 같이 표현한다. s를 제조업자가 부담하는 사고비용의 비율, $1 - s$는 소비자가 부담하는 사고비용의 비율이라고 정의하자. 여기서 s는 0과 1 사이의 숫자이다. 제2장의 모든 책임 원칙은 이 일반적 공식의 특별한 경우로 표현된다. 예를 들어, $s = 1$은 엄격책임 원칙이고, $s = 0$은 ('구매자가 주의하라'[caveat emptor] 원칙으로도 알려진) 무책임 원칙이며, s를 가해자 및(또는) 피해자의 주의 수준에 따라 설정하는 것은 과실책임 원칙이다.

먼저 사고 위험이 시장의 수요에 미치는 영향을 살펴보자. 소비자는 안전한 제조물에 비해 위험한 제조물 한 단위에 대한 지불의사를 기대손해만큼 낮출 것이다. 따라서 소비자가 안전한 제조물 한 단위에 대해 $b(q)$를 지불하면, 위험한 제조물 한 단위에 대해서는 $b(q) - (1 - s)pD$를 지불할 것이다. 여기서 $(1 - s)pD$는 기대손해 중 보상되지 않은 부분이다. 이는 [그림 3.2]의 수요곡선을 아래로 이동시킨다. [그림 3.3]은 엄격책임 원칙($s = 1$)과 무책임 원칙($s = 0$)에서의 이 효과를 제시하고 있다. 엄격책임 원칙에서는 사고 발생 시 소비자가 완전한 보상을 받기 때문에 위험이 있는 제조물의 수요곡선이

그림 3.3 위험한 제조물에 대한 무책임 원칙(s=0)과 엄격책임 원칙(s=1)에서의 균형 산출량과 균형 가격

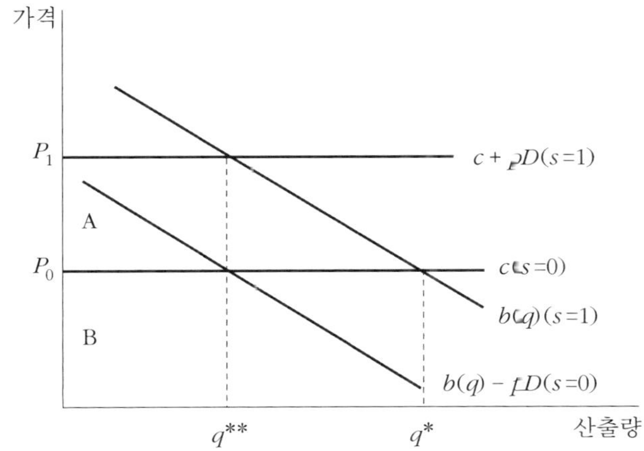

안전한 제조물의 수요곡선과 같지만, 무책임 원칙에서는 소비자가 보상을 받지 못하기 때문에 수요곡선이 아래로 이동한다. s값이 0과 1 사이의 값이므로 수요곡선은 s에 비례하여 아래로 이동한다.

이제 사고 위험이 공급에 미치는 영향을 살펴보자. 한계비용(이 경우 공급곡선)은 한계비용과 생산물 1단위당 기대책임의 합, 즉 $c + spD$와 같다. 따라서 무책임 원칙($s = 0$)에서 공급곡선은 안전한 제조물에 대한 공급곡선과 일치하지만, 엄격책임 원칙($s = 1$)에서 공급곡선은 전체 기대손해만큼 증가한다. [그림 3.3]은 이 두 개의 공급곡선을 보여 준다. 여기에서도 s값이 0과 1 사이의 값이므로, 공급곡선은 s에 비례하여 위로 이동한다.

균형 산출량과 균형 가격은 수요곡선과 공급곡선이 만나는 점에서 결정된다. [그림 3.3]은 엄격책임 원칙과 무책임 원칙에서의 균형을 보여 준다. 이 두 균형과 관련하여 가장 먼저 주목할 점은 산출량이 q^{**}로 같다는 것이다(안전한 제조물의 균형 산출량인 q^*보다는 작다). 이 결과는 우연의 일치가 아니며, 일반화될 수 있다. 즉, 사고 위험이 있

는 모형에서 균형 산출량은 책임 원칙과 무관하다. 이를 증명해 보자. 수요와 공급이 같다고 놓으면

$$b(q) - (1 - s)pD = c + spD \tag{3.1}$$

가 된다. 그러나 양변에 s가 곱해진 표현을 제거하면 균형 산출량의 조건은

$$b(q^{**}) = c + pD \tag{3.2}$$

이며, s와는 무관하다. 따라서 법이 사고에 대한 책임을 어떻게 배분하는지에 관계없이, 균형 산출량은 소비의 한계편익 $b(q)$과 한계비용과 사고비용의 합인 전체 한계비용 $c + pD$가 일치하는 점에서 결정된다.

이 결과의 직관적 이해를 위해, 균형 가격이 어떻게 결정되는지 살펴보자. [그림 3.3]에서 알 수 있듯이, 산출량과는 달리 가격은 책임 원칙에서 독립적이지 않다. 특히, 엄격책임 원칙($s = 1$)에서 가격은 $P_1 = c + pD$로 (기대사고비용을 포함한) 전체 한계비용이지만, 무책임 원칙($s = 0$)에서 가격은 $P_0 = c$로 단순 한계비용이다. 이러한 차이는 엄격책임 원칙에서 제조업자가 사실상 사고 위험에 대한 보험이 포함된 제조물을 소비자에게 판매한다는 사실을 반영하는 것이다. 따라서 가격은 한계비용(c)과 기대손해(pD)의 합이며, pD는 회계적으로 공정한(actuarially fair) 보험료이다. [그림 3.3]에서 가격 중 보험적 구성 부분은 P_1과 P_0의 차이이며, A는 제조업자가 배상하는 총기대손해이다. 수학적으로, A의 면적은 보험료 pD에 총산출량 q^{**}를 곱한 값이다.

반대로, 무책임 원칙에서는 사고가 발생해도 제조업체가 책임을 지지 않기 때문에 가격에는 한계비용만 반영된다. 따라서 B의 면적은 총생산비용과 같다. 소비자는 기대손해를 부담하는데, 이제는 사고가 발생하였을 때 자신이 비용을 지출해야 한다. 이것이 $s = 0$일 때 수요곡선이 아래로 이동하여 균형 산출량이 q^{**}로 유지되는 이유이

다. 이 경우 소비자는 제조업자에게 제조물의 위험에 대한 보험을 제공하라고 요구할 수 없지만, 제조물 관련 사고로 발생한 피해를 보장하는 상해보험에 가입할 수 있다. 낮은 제조물 가격이 보험 가입에 필요한 자금을 소비자에게 제공한다.

소비자는 또한 한 단위의 위험한 제조물을 구매할 때마다 pD를 따로 적립하는 '자기보험'(self-insure)에 들 수도 있다. 장기적으로 자기보험은 손실을 보상하기에 충분한 자금을 제공할 것이다([그림 3.3]의 A). 이 방법의 문제점은 첫 번째의 구매가 사고로 이어지면 소비자가 충분한 자금을 축적할 시간이 없다는 것이다. 따라서 소비자는 자기보험보다 시장보험을 구매하는 것이 좋다. 기업 특히 소규모 기업은 같은 문제에 취약하므로 엄격책임 원칙에서 소규모 기업 역시 예상되는 불법행위 책임에 대한 시장보험을 구매하는 것이 보통이다.

제조물 관련 사고에 대한 엄격책임 원칙은 마치 계약법에서 제조업자가 내구재(durable goods)의 수리 또는 유지·보수비용을 부담하는 서비스 계약과 비슷하다. 주요 차이점은 엄격 제조물 책임에서는 소비자가 이 보장을 거부하고 낮은 가격을 선택할 수 없다는 것이다.

연습 문제 3.1

위험한 제조물에 대한 수요곡선이 $b(q) = 20 - q$이다. 또한 한계비용, 사고발생 확률, 사고로 인한 손해가 다음과 같다고 가정하자.

$c = 5$달러, $p = 0.01$, $D = 1{,}000$달러.

무책임 원칙($s = 0$)과 엄격책임 원칙($s = 1$)에서의 제조물의 균형 산출량과 균형 가격을 도출하라.

지금까지의 제조물 책임에 대한 논의, 특히 균형 산출량이 책임 원칙에 따라 달라지지 않는다는 사실은 제1장에서 논의된 코즈 정리의 또 다른 예이다. 코즈 정리는 분

쟁의 당사자들이 낮은 비용으로 협상할 수 있다면, 당사자들이 책임 원칙과 관계없이 효율적으로 자원을 배분한다는 것이다. [그림 3.3]과 (3.2)에서 볼 수 있듯이, 책임 원칙과 관계없이 균형 산출량은 소비의 한계편익이 전체 한계비용과 같아지는 점에서 결정된다. 따라서 산출량은 책임의 배분에 따라 변하지 않는다. 이유는 가격 메커니즘을 통해 책임이 이전되기 때문이다.

그러나 뒤에서 보겠지만, 가격 메커니즘이 완벽히 작동하지 않으면 코즈 정리의 요건이 더는 충족되지 않으며, 책임 원칙이 효율성에 영향을 미친다. 이는 제2장의 '낯선 사람들'(strangers) 사이의 사고 모형에서 잘 드러난다. '낯선 사람들'이란 사고 이전에 계약 또는 시장관계가 없는 당사자를 의미한다. 따라서 그들은 책임 배분에 대해 협상할 기회가 없었거나, 적어도 협상하는데 엄청난 비용을 들여야 한다(아침에 차에 타면서 오늘 사고를 낼지도 모르는 운전자 또는 보행자를 모두 식별해서 협상해야 한다고 상상해 보라). 이때는 책임 원칙이 자원 배분에 영향을 미친다.

1.2.2. 제조업자와 소비자의 주의 선택

균형 산출량에 초점을 맞추기 위해, 우리는 지금까지 제조업자와 소비자의 주의 선택 문제를 다루지 않았다. 이제 질문은 책임 원칙이 효율성에 영향을 미치지 못한다는 주장이 주의 수준의 선택에까지 확장되는지 여부이다. 답은 이론적으로 코즈 정리에 따라 "그렇다"이다. 왜 그런가? 책임 원칙이 무책임 원칙이라고 가정하자. 낯선 사람 사이의 사고 모형에서, 피해자는 효율적 주의를 기울이지만 가해자는 주의를 기울이지 않는다. 그러나 제조물 책임 모형에서 제조업자와 소비자가 추가비용을 반영한 높은 가격으로 안전한 제조물을 생산하기로 합의할 수 있다고 가정하자.[7] 이 협상이 교환의 이익을 완벽하게 실현한다면, 제조업자는 사고 위험의 한계 감소가 한계비용과 같아질 때까지 투자할 것이다. 즉, 효율적 수준의 안전 투자를 한다.

7 논의의 목적상, 제조업자와 판매자가 같은 사람이라고 가정하자.

엄격책임 원칙에서도 비슷한 이야기가 성립된다. 낯선 사람 사이의 사고 모형에서 엄격책임 원칙의 문제는 너무 낮은 피해자의 주의 수준이었다. 이 비효율성의 해결에 필요한 거래는 제조업자가 가격을 낮추는 대가로 소비자가 제조물을 조심해서 사용하겠다는 약속이다. 이 협상이 교환의 이익을 완벽하게 실현한다면, 피해자는 효율적 수준의 주의를 기울일 것이다.

앞의 내용은 시장 메커니즘이 완벽하게 기능한다고 가정할 때 코즈 정리가 산출량은 물론 주의 수준에도 적용된다는 것을 보여 준다. 그러나 과연 이런 협상이 실제로 이루어질 수 있을지를 평가하면서 우리는 두 원칙의 비대칭성을 인식하게 된다. 무책임 원칙에서 소비자는 제조물이 안전하다고 생각하면 높은 가격을 지불한다. 대다수의 경우 소비자는 구매 전에 제조물을 주의 깊게 검사하여 이를 확인할 수 있다(곧 논의하듯이, 안전하다는 생각이 신념으로 형성된 것이거나 잘못 인식된 것일 수도 있다).

반대로, 엄격책임 원칙에서의 협상은 소비자가 낮은 가격을 지불하고 제조물을 구매한 후 조심해서 사용하겠다는 약속을 지켜야 성립한다. 소비자는 생산자가 감시할 가능성이 거의 없는, 주의비용이 지출되는 자신의 약속을 어길 것이다. 결과적으로 생산자는 애초에 합의하지 않을 것이다. 이 같은 '시장실패'(market failure)는 코즈 정리를 약화시킨다.

앞의 논의에 따르면, 순수한 엄격책임 원칙은 소비자 주의의 효율성을 달성하지 못할 것이다. 그러나 무책임 원칙, 다양한 과실책임 원칙, 기여과실이 있는 엄격책임 원칙을 포함하여 완벽하게 효율적인 책임 원칙의 후보군이 아직 남아 있다. 그러나 소비자의 잘못된 위험 인식(misperception of risk)이라는 또 다른 시장실패의 원인을 고려하면, 이 후보군은 크게 줄어든다.

1.2.3. 소비자의 위험 인식

낯선 사람인지 또는 시장 참여자인지와 관계없이 사고의 경제 모형은 당사자들이 사고의 위험을 정확하게 추정한다고 가정한다. 그러나 실제로 개인은 체계적으로 위험을 잘못 인식하는 경향이 있다. 예를 들어, 사람들은 제조물 관련 사고와 같은 나쁜 사건이 자신에게 발생할 가능성을 과소평가하는 경향이 있다. 이 '비현실적 낙관주의'(unrealistic optimism)에 대한 그럴듯한 설명은 그것이 적응적이라는 것이다. 즉, 유리한 결과를 기대하면 그러한 결과가 발생할 가능성이 커질 수 있다(Jolls 2000, 292).

동시에 사람들은 위험을 과대평가하기도 한다. 특히 Jolls(2000)는 '매우 가시적인'(highly visible) 위험(독성 폐기물 유출과 같이 미디어의 큰 관심을 받는 위험 등)을 과대평가한다고 지적한 반면, Viscusi(1991, 64)는 사람들이 확률이 낮은 사건(벼락 맞는 것 등)을 과대평가한다고 주장한다. 편의의 방향이 무엇이든, 위험에 대한 잘못된 인식은 책임 원칙의 효율성에 관한 결론에 큰 영향을 미친다(Spence 1977; Polinsky and Rogerson 1983).

일단 주의 수준을 무시하고, 균형 산출량의 결정에 초점을 맞추어 분석을 시작해 보자. 소비자가 사고 확률을 잘못 인식하여, p가 아닌 αp로 생각한다고 가정하자. $\alpha>1$은 소비자가 위험을 과대평가하는 경우이며, $\alpha<1$은 위험을 과소평가하는 경우이다. 제조업자는 자신이 생산하는 제조물의 위험에 관하여 많은 정보를 가지고 있으므로 p를 정확하게 인식한다고 가정한다. 그리고 소비자와 제조업자는 모두 사고로 인한 손해 D를 정확하게 추정한다고 가정한다.

이 설정에서 임의의 책임 원칙에서의 위험한 제조물의 수요곡선은 $b(q)-(1-s)\alpha ps$가 되고, 공급곡선은 이전과 같이 $c+spD$이다. 수요와 공급이 같다고 놓으면, 균형 산출량은 다음 식으로부터 도출된다.

$$b(q)=c+[(1-s)\alpha+s]pD. \tag{3.3}$$

먼저 $\alpha=1$일 때는 (3.3)은 (3.2)와 같아진다는 점에 주목하자. 위험에 대한 잘못된 인식이 없다면, 산출량은 책임 원칙의 영향을 받지 않는다. 그러나 $\alpha\neq1$이면 엄격책임 원칙(즉, $s=1$)의 경우에만 (3.3)과 (3.2)가 일치한다. 따라서 다른 책임 원칙(즉, $s<1$)에서 균형 산출량은 효율적 산출량 수준 q^{**}에서 벗어난다. 벗어나는 정도는 책임 원칙(s의

값)과 소비자의 잘못된 인식의 정도(α의 크기)에 달려 있다.

책임 원칙이 무책임 원칙($s=0$)이라고 가정하자. 이 원칙에서의 수요곡선과 공급곡선은 [그림 3.3]의 낮은 위치의 수요곡선과 낮은 위치의 공급곡선이다. $s=0$이면 (3.3)은 다음과 같아진다.

$$b(q) - \alpha pD = c. \tag{3.4}$$

$\alpha>1$이면, 즉 소비자가 위험을 과대평가하면 수요곡선은 [그림 3.3]의 수요곡선보다 낮아진다. 그 결과, 소비자의 수요가 너무 작아 산출량이 너무 적다. 반대로 $\alpha<1$이면, 즉 소비자가 위험을 과소평가하면 수요곡선은 [그림 3.3]의 수요곡선보다 높아진다. 이 경우는 산출량이 너무 많다. 이 결론은 $s<1$인 모든 경우로 일반화된다. 소비자가 자신의 손해 일부를 부담하는 한, 위험의 잘못된 인식은 위에서 서술한 방향으로 산출량에 영향을 미칠 것이다. 물론 s가 1에 접근할수록 비효율성은 감소한다.

연습 문제 3.2

연습 문제 3.1의 예를 다시 생각해 보자. 이제 소비자가 우 험을 잘못 인식한다고 가정한다. 책임 원칙은 무책임 원칙이다($s=0$).

(a) 소비자가 위험을 실제 값인 0.01이 아니라 0.012로 과대평가할 때 균형 산출량을 구하라.

(b) 소비자가 위험을 0.008로 과소평가할 때 균형 산출량을 구하라.

제조업자가 엄격책임을 질 때는 결론이 달라진다. 이 경우 (3.3)이 (3.2)가 되고, 산출량은 모든 α에 대해 효율적이다. 소비자가 시장 가격을 통해 기대손해를 내부화하기 때문에 소비자의 잘못된 인식은 산출량에 영향을 미치지 않는다. 제조업자는 위험을 정확히 인식하므로, 시장 가격은 위험을 정확히 반영한다.

이상의 논의로부터, 소비자가 위험을 잘못 인식할 때에는 책임 원칙이 산출량의 효율성에 영향을 미친다는 것을 알 수 있다. 일반적 결론은 균형 상태에서 위험을 정확하게 인식하는 당사자에게 책임이 부여되어야 한다는 것이다. 이 주장은 소비자가 사용하는 제조물의 복잡성이 증가함에 따라 엄격책임 원칙으로 진화해 온 제조물 책임 원칙의 역사적 추세를 정당화한다.

이제 우리의 분석에 주의 문제를 도입해 보자. 이미 설명하였듯이, 엄격책임 원칙은 효율적 생산자 주의를 유도하지만, 소비자의 제조물 사용에 주의 조건을 부과하는 계약의 집행비용이 크기 때문에 소비자에게 주의를 기울일 경제적 유인을 제공하지 못한다. 그러나 제2장에서 본 것처럼, 기여과실의 항변을 추가함으로써 소비자의 주의 유인은 복원될 수 있다. 소비자가 위험을 잘못 인식하는 제조물 책임 사건에서의 효율적 원칙은 기여과실이 있는 엄격책임 원칙이다.

1.2.4. 항변으로서의 관습

한 산업에서 특정한 안전장치가 널리 보급되면, 그것이 '관습'(custom)의 지위를 얻을 수 있다. 산업에 존재하는 관습은 제조물 책임 사건에 과실책임 원칙을 적용할 때 잠재적 기준을 제공한다.[8] 예를 들어, 제조업체가 업계의 관습을 준수하지 않았음을 보여 주는 것은 소비자가 과실을 입증하는 쉬운 방법이며, 법원은 역사적으로 이 주장을 받아들여왔다. 그러나 문제는 그 반대도 성립하는지의 여부이다. 즉, 관습의 준수는 제조업체가 과실이 없다는 증거로 받아들여져야 하는가?

이 문제를 다룬 가장 유명한 사건은 *The T.J. Hooper*(60 F.2d 737, 2d Cir. 1932)이다(흥미롭게도, *Carroll Towing* 사건의 핸드 판사가 판결문을 작성하였다). 사건은 선장에게 임박한 위험을 경고할 라디오가 없었기 때문에 해안에서 발생한 폭풍에 바지선과 화물을 잃어버린 예인선에 관한 것이다. 바지선의 소유자는 과실을 주장하며 소송을 제기하였고,

8 Landes and Posner(1987, 131-39)와 Epstein(1992)을 참조하라.

예인선 소유자는 라디오를 갖추는 것이 관습이 아니므로 라디오가 없다는 것이 과실은 아니라고 주장하였다. 핸드 판사는 이 주장을 거부하면서 다음과 같이 판결하였다.

> 대다수 사건에서 합리적 신중함은 사실 통상적 신중함이다. 그러나 엄밀히 보면 통상적 신중함은 결코 합리적 신중함의 척도가 아니다. 산업 전체가 새롭고 이용 가능한 장치를 채택하는 것에 크게 뒤처져 있을 수 있다. 아무리 설득력이 있어도 산업 스스로가 기준을 설정할 수는 없다. 결국은 법원이 무엇이 요구되는지 말해 주어야 한다. 보편적으로 무시되고 있다 하더라도 매우 필수적이어서 면제해 줄 수 없는 예방조치들이 있다.

핸드 판사는 과실 결정에서 비용-편익 원칙이 관습에 우선한다고 주장하였다. 그러나 시장의 힘이 결국 한 산업에서 비용이 정당화되는 모든 안전조치가 채택되도록 만드는 것은 아닐까? (즉, 핸드 테스트와 관습이 같은 결론에 도달하지 못하는 이유는 무엇인가?) 이 의문에 대한 답은 다시 위험에 대한 잘못된 인식일 수 있다. 잘못된 인식은 효율적 안전 기준을 강제하는 시장의 능력을 제한한다. 따라서 항변으로서의 관습은 제조물 책임 사건에서 법원에 의해 적절히 거부되고 있다(이 문제는 4. 의 의료 사고에서 더 논의될 것이다).

1.2.5. 최근 동향

우리의 결론은 기여과실이 있는 엄격책임 원칙이 제조물 사고에 대한 가장 효율적인 책임 원칙이라는 것이다. 엄격책임 원칙은 제조업자가 안전한 제조물을 생산하고 시장 가격이 소비자에게 남아 있는 위험을 정확하게 반영하도록 하며, 기여과실의 항변은 소비자에게 적절한 주의를 기울여 제조물을 사용할 유인을 제공한다.

20세기 전반 엄격책임 원칙으로의 법의 진화는 이 결론과 일치한다. 그러나 최근 들어 법은 제조물의 생산 시점에서 예측할 수 없었거나 알 수 없었던 위험에 대한 책임을 제조업자에게 지우고 일부 항변을 인정하지 않는 방향으로 전개되고 있다(하나의 예가 석면에 관한 위험이다. 3.3 참조). 일부 논평자는 이 새로운 기준을 절대(absolute) 책임 또는 기업(enterprise) 책임이라고 부른다. 이 추세는 제조물 책임의 주된 역할이 제조물 사고 피해자의 보상이라는 견해와 부합하는 것이다. 그러나 경제 모형에 따르면, 이 같은 변화는 소비자의 잘못된 사용이 위험 발생에 큰 영향을 미치는 제조물 사고에서 효율성을 저해할 수 있다(Priest 1988).

1.2.6. 제조물 위험의 통제: 불법행위 대 규제

지금까지 우리는 책임 원칙을 제조물 위험을 통제하는 유일한 수단으로 보고, 책임 원칙을 집중적으로 분석하였다. 그러나 20세기 후반에는 정부 규제가 소비재의 안전성을 보장하는 대안적 수단으로 등장하였다(Viscusi et al. 2005, 제22장). 정부 규제는 현재 폭넓게 사용되고 있다. 규제의 확산은 소비자를 제조물 위험으로부터 보호하기 위해 불법행위 책임과 안전 규제가 모두 필요한지에 대한 의문을 제기한다(이 문제는 제7장에서 외부효과의 통제와 관련하여 더 논의될 것이다).

규제의 한 가지 장점은 소송을 제기해야 하는 피해자에 의존하지 않고 제조물을 안전하게 만들 경제적 유인을 제공한다는 것이다. 따라서 제2장(Shavell 1984)에서 논의된 자산 부족 문제가 발생하지 않는다. 그러나 규제의 중요한 단점은 발생한 손해를 소비자가 부담한다는 것이다. 따라서 규제는 소비자의 잘못된 인식 문제에 취약하다. 앞서 살펴본 것처럼 위험을 잘못 인식하는 소비자는, 제조업자가 안전 기준을 충족시켜도 제조물을 너무 많이 또는 너무 적게 구매할 것이다. 반대로, 엄격 생산자 책임은 책임을 지는 제조업체가 가격을 통해 위험에 관한 정확한 신호를 보내 잘못된 인식 문제를 해결한다.

이상의 요인들이 규제보다는 책임 원칙을 선호하게 만들지만, 아직 검토하지 않은 다른 요인은 책임 원칙보다는 규제를 선호하게 만든다. 잠재적 위험성을 지닌 제조물은 소비자에게 다양한 위험을 발생시킨다. 예를 들어, 일부 소비자는 특정 식품에

알레르기가 있거나, 특정 약물에 이상 반응하거나, 특정 전동 공구(체인톱 등)를 사용할 힘이나 기술이 모자랄 수 있다. 이런 특유한 위험에 대한 지식은 소비자의 사적 정보이므로, 특히 피해를 입기 쉬운 사람들은 제조물을 구매하지 않아야 한다. 그러나 이 같은 자기 선택(self-selection)이 이루어지기 위해서는 사고로 인한 피해를 소비자가 부담해야 한다. 따라서 규제는 소비자 위험에 따른 선별을 책임 원칙보다 잘 수행할 수 있다.

앞의 주장은 소비자가 위험을 잘못 인식할 때에는 책임 원칙이 제조물의 위험을 통제하는 바람직한 수단이고, 소비자마다 위험 정도가 다를 때에는 규제가 선호되는 수단이라고 제안한다. 두 문제가 모두 존재하면, 어느 접근법도 효율적이지 않다. 따라서 두 방식을 함께 사용하는 것이 하나의 차선책일 수 있다.

1.2.7. 제조물 책임법의 영향에 대한 실증 증거

제조물 책임에 대한 대부분의 경제 분석은 이론적이다. 하지만 두 연구가 제조물 책임법이 가격에 미치는 영향을 조사하였다. 어린이용 백신 시장 연구에서 Manning (1994)은 제조물 책임의 증가로 인해 지난 수십 년 동안 백신의 도매 가격이 급격히 상승한 것을 발견하였다. 이 증가의 상당 부분은 소송비용으로 인한 것이다. Manning (1997)도 유사하게 캐나다와 비교한 미국의 처방약 가격에 미국의 현저하게 높은 책임비용을 반영하는 높은 가격, 즉 책임 프리미엄(liability premium)이 존재함을 발견하였다. 이들 연구는 제조물 책임이 증가하면 제조물 가격이 높아진다는 예측을 확인해 주지만, 소비자가 안전한 제조물 및(또는) 위험에 대한 효율적 노험의 측면에서 높은 가격을 낸 만큼의 가치를 얻었는지에 관해서는 알려주지 않는다

1.3. 소결

우리는 계약법이 제조물 사고에 대한 적절한 구제책이 아닌 이유를 강조함으로써 제조물 책임에 대한 분석을 마치고자 한다. 우리는 가해자와 피해자가 사고 위험을 완

전히 내부화할 수 있는 계약관계를 맺고 있지만, 시장실패로 인해 이 메커니즘이 완벽하게 작동하지 못할 수 있음을 보았다. 시장실패의 원인은 제조물 위험에 대한 소비자의 잘못된 인식과 제조물 사용에 대한 제조업자의 소비자 감시 불가능성이다. 여기에 두 가지 원인이 추가된다. 첫째, 확률이 매우 낮은 위험에 관해 계약하는 비용이다. Landes and Posner(1987, 281)가 지적하듯이, 이 비용은 "(법에 의해 부과된 안전 수준과는 구별되는) 협상된 안전 수준의 편익"보다 클 수 있다. 둘째, 보험 시장의 불완전성이다. 이는 소비자가 제조물 위험에 대한 적절한 보호 수단을 마련하는 것을 방해한다.

이 결론은 비용을 내부화하는 법의 역할에 관한 제1장의 일반적 원칙을 확인하는 것이다. 당사자 간의 협상이 원활하게 이루어질 수 있을 때, 법 원칙은 효율성에 영향을 미치지 않는다. 법의 주요 역할은 당사자가 작성한 계약대로 집행하는 것이다. 이것이 코즈 정리의 통찰력이다. 그러나 협상이 이루어질 수 없을 때는 법이 책임 배분에 개입할 필요가 있다. 경제 이론에 따르면 바로 여기가 계약법이 불법행위법에게 자리를 양보해야 할 지점이다. 비록 최근의 변화가 너무 지나치다는 평가를 받기도 하지만, 20세기의 제조물 책임법의 역사는 계약법에서 불법행위법으로의 이행의 한 예를 보여 준다.

2. 산업재해

이 절은 근로자가 직장에서 안전하지 않은 근로 환경이나 동료 근로자의 과실로 인해 피해를 보는 사고와 근로자가 업무와 관련하여 제3자(낯선 사람)에게 피해를 주는 사고를 다룬다. 첫째 유형의 사고, 즉 피해자가 근로자이고 가해자가 사용자 또는 다른 근로자인 사고와 관련된 많은 문제는 이미 제조물 책임의 분석에서 논의되었다. 예를 들어, 완벽하게 작동하는 노동시장에서 임금은 당사자 간의 법적 책임의 배분을 반영하여 조정된다. 따라서 이론적으로 불법행위법보다는 계약을 통해 사고를 규율할 수 있지만, 이때도 앞서 지적한 것과 같은 시장실패가 효율적 결과의 달성을 방해할 수 있다. 근로자와 제3자가 관련된 둘째 유형의 사고 또한 제2장 낯선 사람 사이의 사고와 비슷한 문제를 제기한다. 따라서 이 절은 산업재해를 규율하는 법의 고유한 측면에 초점을 맞춘다.

2.1. 사용자 책임

사용자 책임(respondeat superior)의 원칙에 따르면, 사용자는 업무와 관련하여 발생한 근로자의 과실로 인한 사고에 대해 엄격책임을 진다.[9] 이 원칙의 근거 중 하나는 근로자들이 피해자의 손해를 보상하는 데 필요한 재원이 부족한 경우(즉, 자산 부족)가 많다는 것이다. 따라서 법은 피해자가 사용자의 '넉넉한 지갑'(deep pocket)에 접근하는 것을 허용한다. 이러한 사용자의 '대위책임'(vicarious liability)은 불법행위법의 보상 기능과 관련되어 있지만, 가해자를 손해에 대한 책임으로부터 보호하기 때문에 효율적 사고 억지를 저해할 수 있다.

그러나 사용자는 근로자와의 계약관계를 이용하여 근로자에게 주의 유인을 제공할 수 있다. 예를 들어, 사용자는 근로자를 감독하여 부주의하게 직무를 수행하는 근로자를 해고하겠다고 경고할 수 있다. Landes and Posner(1987, 121)가 지적한 것처럼, "근로자의 불법행위에 대해 사용자가 책임지도록 한 것은 불법행위의 직접 수행자에 대한 소송이라는 주요 집행 메커니즘이 작동하지 않을 때 사용자를 불법행위법의 대체적 집행자로 활용한 것이다."

2.2. 피해자가 근로자인 사고

근로자의 과실에 대한 사용자 책임의 중요한 예외는 피해자가 근로자인 사고이

9 이 원칙에 대한 한 가지 예외가 2.2에서 논의된다.

다. 역사적으로 피해자가 근로자인 사고에 대한 사용자의 책임은 매우 제한적이었다. 보통법은 안전한 작업장 유지 및 위험한 상황의 경고 의무를 사용자에게 부과하였지만, 의무 이행에 과실이 있는 사용자라도 다친 근로자의 기여과실이나 위험인수(assumption of risk)를 입증하여 자신을 방어할 수 있었다. 제2장에서 분석한 것처럼, 기여과실이 있는 과실책임 원칙은 두 당사자에게 효율적 주의 유인을 제공한다. 그리고 제조물 책임에서 살펴본 것처럼, 노동시장에서 임금이 조정되어 불법행위법을 통해 보상받지 못하는 손해에 대한 보상이 이루어지고, 효율적 수준의 고용이 달성된다.[10]

다른 근로자의 과실로 인해 근로자가 피해를 보았을 때 사용자는 추가적 항변을 사용할 수 있었다. 이 경우 사용자 책임 원칙이 적용되어 사용자가 엄격책임을 질 것 같지만, 소위 동료 근로자 원칙(fellow servant rule)에 따라 사용자가 과실이 있는 근로자를 고용하거나 감독하는 데 과실이 없다면 사용자의 책임이 면제된다. 이 원칙의 경제적 근거는 근로자들이 서로를 감독하고 부주의한 행동을 사용자에게 보고하게 하는 경제적 유인의 제공이다.

동료 근로자 원칙은 근로자들이 서로 밀접한 관계를 맺고 있는 소규모 기업과 작업장에서는 적절할 수 있지만, 전혀 관계가 없는 근로자의 과실로 인해 근로자가 피해를 입을 수 있는 대기업에서는 유효성이 떨어진다(Keeton et al. 1984, 571). 냉소적인 관찰자들은 이 원칙을 단순히 제조물 책임에서의 직접 계약관계(privity)에 의한 제한과 마찬가지로 기업을 책임으로부터 보호하는 또 다른 친기업적 원칙으로 간주하였다. 어떤 이유에서건, 산업재해를 규율하는 법은 20세기 초에 극적으로 변화되었다.

2.3. 근로자보상법

20세기 초, 산업재해를 규율하는 보통법 원칙에 대한 불만은 모든 주에서 엄격책

10 Viscusi(1989)는 위험에 따른 임금 조정의 증거를 제시한다.

임 형태의 사용자 책임을 규정한 근로자보상법(workers' compensation laws)의 제정을 촉발시켰다. 근로자보상법은 보상 요건으로 사용자의 과실을 더 이상 요구하지 않았으며, 사용자의 기여과실 또는 동료 근로자 항변 사용을 인정하지 않았다. 그러나 이 법은 보상액을 각 부상 등급에 따라 일정 액수로 고정하였다(일반적으로 일정 기간 동안 임금의 2/3를 대체하였다)는 점에서 엄격책임 원칙과 달랐다. 더욱이 법원이 아닌 행정기구가 보상을 관리하였다.

우리는 제조물 책임의 분석을 유추하여 이 법의 효율성을 평가할 수 있다. 즉, 원칙적으로 가격 메커니즘이 (코즈 정리에 따라) 책임 원칙과 무관하게 위험을 이전시킬 수 있지만 위험에 대한 잘못된 인식 등의 시장의 불완전성은 가격 메커니즘의 작동을 방해한다. 이 설정에서 우리는 엄격책임 원칙이 위험을 가장 잘 평가할 수 있는 당사자(기업)에게 위험을 부담시키며, 임금 또는 가격이 적절하게 조정된다고 주장하였다. 사용자의 엄격책임도 비슷한 논리에 의해 정당화될 수 있을 것이다.

그러나 근로자보상법의 비효율성은 항변으로서의 기여과실을 제거하여 근로자가 낮은 수준의 주의를 기울이게 한다는 점에 있다. 그러나 이 문제는 두 가지 이유로 심각하지 않을 수 있다(Landes and Posner 1987, 310-11). 첫째, 사용자는 근로자와의 계약을 통해 높은 수준의 주의를 조건으로 높은 임금을 지급함으로서 효율적 안전 수준을 달성할 수 있다. 둘째, 보상 금액의 제한이 표준적인 엄격책임 원칙과 관련된 도덕적 해이 문제를 완화시킨다.

도덕적 해이의 문제가 완화되는 이유는 무엇인가? x를 사용자의 주의, y를 근로자의 주의라고 하자. 사고가 발생하면 근로자는 $D(x, y)$의 피해를 입지만, $\bar{D}$로 고정된 보상을 받는다고 가정한다. 따라서 근로자는 y를 다음과 같이 선택한다.

$$\min_{y} y + p(x, y)\,[D(x, y) - \bar{D}]. \qquad (3.5)$$

이 경우, 피해자는 최적의 주의 수준에 미치지 못하지만 순수한 엄격책임 원칙(피해자의 주의는 0이다)에서보다 높은 수준의 주의를 선택한다. 직관적으로 피해자는 과소 보상되는 액수를 줄이기 위해 어느 정도의 주의를 기울여야 할 경제적 유인이 있다.

근로자보상법의 제한성은 피해자가 부상이 업무와 관련되어 있음을 입증해야 한다는 점에 있다. 입증은 부상이 업무 관련 사고일 때는 간단하지만, 여러 원인이 존재하는 암과 같은 질병일 때는 어렵다. 이 문제는 제2장에서 다룬 인과관계의 불확실성 문제이다. 인과관계의 불확실성은 안전한 작업장을 제공할 사용자의 유인을 감소시킨다. 그러나 두 가지 방법을 통해 효율적 유인이 유지될 수 있다(제2장 3.2.4 참조). 첫째는 질병이 업무에 기인할 조건부 확률이 임계치를 초과하는 경우 사용자에게 모든 책임을 부과하는 것이다. 둘째는 질병이 업무에 기인할 조건부 확률에 비례하여 사용자에게 책임을 부여하는 것이다.

작업장 안전에 대한 추가적 규제는 1970년에 설립된 OSHA(Occupational Safety and Health Administration: 직업안전보건국)에 의한 직접 규제이다. 이 기관의 목표는 모든 근로자에게 '안전하고 건강한 근로 조건'을 보장하는 것이다. 그러나 작업장 안전 규제는 가장 우호적인 증거에 따르더라도 제한적 성공만을 거두었다. 특히 비스쿠시(Viscusi)는 1973-1983년 기간 동안 OSHA 규제가 업무 관련 부상과 질병을 크게 줄이지 못하였으며 근로손실일수를 단지 1.5-3.6% 줄이는 데 그쳤다는 것을 발견하였다(Viscusi 1986). 이 결과에 대한 하나의 해석은 규제 준수의 감독비용이 크다는 것이다. 다른 해석은 근로자보상법에 따른 책임이 이미 사용자들에게 비용이 정당화되는 안전조치를 도입할 경제적 유인을 주고 있어, 안전에 대한 추가 개선이 어렵다는 것이다.

3. 환경 사고

이 절은 환경 피해를 내부화하기 위해 불법행위법을 사용할 때 발생하는 문제들을 논의한다. 일반적으로 환경 피해와 관련된 불법행위법의 역할은 환경 사고

(environmental accidents)라고 불리는 기름 유출 또는 유독성 폐기물 누출과 같은 유해 물질의 예상치 못한 누출로 제한된다. 반면, 기업 생산 공정의 예견된 부산물인 오염 물질의 지속적 배출은 대개 조세나 직접 규제를 통해 처리된다(우리는 제7장에서 외부효과의 통제에 관한 논의의 하나로서 환경 정책에 대한 규제적 접근 방식을 검토할 것이다).

3.1. 환경 사고의 특성

환경 사고는 여러 측면에서 다른 사고와 비슷하지만, 몇 가지 독특한 문제를 내포하고 있다. 3.1은 환경 사고의 특징을 검토한다.

3.1.1. 다수의 피해자

환경 사고의 피해자는 다수인 경우가 많다. 원자력 발전소의 방사능 누출, 유독성 폐기물 누출, 기름 유출 등이 그 예라고 할 수 있다. 다수 피해자가 야기하는 첫 번째 문제는 총손해는 크지만 개별 피해자가 겪는 손해가 너무 작아서, 아무도 소송을 제기하지 않는다는 것이다. 이를 분산된 비용 문제(dispersed cost problem)라고 한다. 예를 들어, n명의 피해자가 각각 D달러의 개별적 손해를 보아서 총손해가 nD라고 가정하자. 그리고 어느 한 명의 피해자가 소송을 제기하는 비용이 c라고 하자. $nD>c$가 성립하면 소송은 사회적으로 바람직하다. 그러나 $D<c$라면 어느 피해자도 개별적으로 소송을 제기하지 않는다.

이 문제에 대한 해결책은 각 개인의 청구들을 하나의 소송으로 묶는 집단 소송(class action)이다. 집단 소송은 개별 피해자가 소송을 제기하지 않는 문제를 극복할 뿐만 아니라, 같은 사실 및 법적 문제에 대한 중복 재판을 배제함으로써 사법 자원을 절약한다. 이러한 이점은 모든 피해자를 식별하고 통지하는 비용(과소 포함)과 피해자가 아닌 사람이 피해자라고 주장하는 것을 방지하는 비용(과대 포함)을 상쇄하고도 남는다. 불법행위법 변호사의 중요한 역할은 집단 소송을 조직하기 위한 집단적 행동의 비용을 부담하는 것이다.

다수의 피해자가 야기하는 두 번째 문제는 가해자의 파산 가능성이 증가한다는 것이다. 가해자가 배상할 수 있는 총자산이 A라고 가정하자. 앞의 예에서, 만일 $A < nD$이면 가해자는 전체 손해를 보상할 수 없으며, 이러한 상황은 n이 증가함에 따라 심각해진다. 이는 피해자에 대한 과소 보상으로 이어질 뿐만 아니라, 제2장에서 서술한 것처럼 책임 원칙에 따라서는 가해자의 주의 유인을 감소시킬 수 있다. 엄격책임 원칙에서는 자산 부족의 가능성으로 인해 가해자의 기대배상이 발생한 총손해보다 작아지고 가해자가 주의를 기울일 유인이 감소한다(구체적으로 $nD > A$일 경우, 가해자의 기대배상액은 A이다). 반면, 과실책임 원칙에서는 가해자는 주의를 기울이면 책임을 지지 않기 때문에 효율적 주의의 유인을 가질 수도 있다. 적정 주의 기준의 선택으로 인한 책임의 감소가 추가적 주의비용보다 크면, 가해자는 적정 주의를 기울일 것이다.

한편, 엄격책임 원칙으로의 전환은 위험한 활동을 영위하는 기업이 파산을 책임회피 수단으로 사용하기 위해 조직 구조를 변경하는 의도하지 않은 결과를 가져올 수 있다. 기업이 위험한 사업 영역을 소규모 기업에 외주하는 방식으로 이 같은 전략을 사용한다는 증거가 존재한다(Ringleb and Wiggins 1990).

3.1.2. 인과관계의 불확실성

환경 사고의 특징은 사고의 특정 원인이 쉽게 식별되지 않는다는 것이다. 인과관계의 불확실성은 가해자가 다수일 때 발생할 수 있다. 여러 명의 오염 유발자가 매립한 유해 폐기물의 침출수가 지하수로 스며든 경우가 그 예이다. 환경 사고는 아니지만 다른 예를 들면, 두 사냥꾼이 사슴이라고 생각하는 물체에 총을 쏘았고, 총알 중 하나가 세 번째 사냥꾼을 맞힌 경우이다.[11] 다수 가해자의 행동이 하나의 피해를 일으키는 이러한 상황은 공동 불법행위(joint tort)라고 불리기도 한다.[12]

11 *Summers v. Tice*, 33 Cal.2d 80, 199 P.2d 1(1948).

12 Landes and Posner(1987, 제7장)와 Shavell(1987, 제7장)을 참조하라.

공동 불법행위에서 발생하는 문제를 설명하기 위해 두 명의 가해자가 한 명의 피해자에게 손해를 발생시킨 경우를 생각해 보자. $p(x_1, x_2)$는 두 가해자가 주의 수준의 함수로 표현된 사고 확률이며, D는 사고 발생으로 인한 손해이다. 이 모형은 가해자와 피해자가 아니라 주의를 기울이는 두 명의 가해자가 있다는 점을 제외하고는 쌍방주의 모형과 비슷하다. 이전과 마찬가지로 사회적 문제는 사고비용을 최소화하는 주의 수준을 선택하는 것이다.

$$\min_{x_1, x_2} x_1 + x_2 + p(x_1, x_2)D. \tag{3.6}$$

쌍방주의 모형에 유추해서 보면, 이 경우 두 가해자의 최적 주의는 각각의 가해자가 한계적으로 피해자의 손해 전부를 부담할 때 달성된다. 일반적으로, 이 조건은 가해자의 배상 총액이 피해자의 손해를 초과할 수 없다는 제약을 감안할 때 충족될 수 없다. 예를 들어, 책임 원칙이 엄격책임이고 각 가해자가 전체 손해의 일부에 대한 책임을 진다고 가정하자. 구체적으로, 가해자 1은 s_1, 가해자 2는 s_2의 비율로 책임을 지며, $s_1 + s_2 = 1$이다. 따라서 각 가해자가 직면한 문제는 다음과 같다.

$$\min_{x_j} x_j + p(x_1, x_2)s_j D, \quad j = 1, 2. \tag{3.7}$$

자산 부족 문제와 마찬가지로 두 가해자는 전체 손해보다 작은 책임(즉, $s_j < 1$)을 지며, 따라서 너무 적은 주의를 기울인다((3.7)과 제2장의 (2.10)을 비교하라).

법은 실제로 책임 비율을 어떻게 결정하는가? 각자가 연대책임(joint and several liability)을 진다는 전통적 보통법 원칙에 따르면 피해자는 한 가해자 또는 두 가해자 모두로부터 자신의 손해 전부를 보상받을 수 있다. 후자의 경우, 피해자는 보통 각 가해자의 지불 능력을 고려하여 자신이 선택한 비율로 판결을 받을 수 있다. 연대책임 원칙에서 각 가해자는 자신이 손해의 일정 비율을 부담한다고 예상한다. 그러나 부담 비율의 합이 1이어야 한다는 제약이 있으므로 일반적으로 어느 가해자도 자신이 전체 손해를 부담한다고 예상하지는 않는다. 재산이 많은 가해자가 더 큰 책임에 직면할 것으로 예상되지만, 그 사람이 더 나은 위험 회피자(better risk-avoider)라고 믿을 근거는 없다.

과실책임 원칙에서는 다른 결론이 나온다. 이 경우, 적정 주의 기준이 각 가해자에 대해 효율적 수준으로 설정되면 균형 상태에서 두 가해자가 기준을 충족시킨다. 직관적 이유는 과실책임 원칙에 관한 논의에서 서술한 것과 같다. 각 가해자는 피해자의 손해의 어떤 부분도 부담하지 않기 위해 적정 기준을 충족시킬 유인이 있다. 이 원칙의 단점은 피해자가 손해에 대한 보상을 받을 수 없다는 것이다.

인과관계의 불확실성의 둘째 원인은 독성 물질에의 노출과 질병의 출현 사이의 긴 잠복 기간(long latency period)이다. 여기서 문제는 질병이 발현될 때 그것이 노출 사고 때문인지 또는 통상의 배경적 또는 자연적(background or natural) 위험에 의한 것인지를 알 수 없다는 것이다.[13] 이 문제는 인과관계의 불확실성이라는 제목으로 제2장에서 분석하였다. 거기에서 가해자의 효율적 주의 유인은 책임에 제한이 없는 엄격책임 원칙 또는 과실책임 원칙을 사용함으로써 달성될 수 있었다.

또한 책임이 다음과 같은 방법으로 제한되어도 효율성이 유지될 수 있었다. 첫째는 가해자가 사고를 유발할 조건부 확률이 적절하게 선택된 임계치를 초과할 때에만 책임을 지는 임계치 원칙이다. 둘째는 질병이 실제로 발생하였다는 사실을 조건으로 질병으로 인한 손해 중 가해자가 확률적 의미에서 발생시킨 부분만큼 가해자에게 책임을 지우는 원칙이다.

이상의 모든 방식은 노출 사고 피해자의 질병이 발현된 후에 책임을 부여한다. 인과관계의 불확실성에 대한 다른 접근 방식은 모든 노출 사고 피해자가 노출 발생 시점(at the time of exposure)에서 피해에 대한 소송을 제기할 수 있도록 하는 것이다. 이 경우,

13 긴 잠복 기간과 관련된 또 다른 문제는 파산의 위험이 증가한다는 것이다.

위험 발생 자체가 불법행위(a 'tort for risk')를 구성하며, 손해 배상액은 기대수명 감소, 미래의 고통, 노출로 인한 미래의 의료비용 등을 반영하여 산출된다.[14]

비례책임 원칙과 위험 발생 자체가 불법행위라는 원칙을 비교해 보자. 질병이 발병하면 150,000달러의 손해가 발생하고, 노출 사고로 인해 질병에 걸릴 확률은 0.10이며, 배경 확률은 0.05라고 하자. 따라서 노출 사고 후 질병이 발생할 전체 확률은 0.15이다. 비례책임 원칙에서 가해자가 부담해야 할 손해의 비율은 질병이 발생하였을 때 그것이 노출 사고에 기인할 조건부 확률과 같다. 이 확률은 (0.10)/(0.15) = 2/3이다. 따라서 질병이 발생하였을 때, 가해자는 (2/3)×(150,000) = 100,000달러를 배상한다. 반면, 위험 발생 자체가 불법행위라는 원칙에서 가해자는 노출 사고가 발생한 시점에서 노출이 질병의 기대손해에 기여하는 부분, 즉 (0.15−0.05)×(150,000) = 15,000달러를 배상한다.

위험 발생 자체가 불법행위라는 원칙이 가해자에게 적은 비용을 부과하여 불충분한 주의 유인을 제공하는 것처럼 보일 수 있지만, 비례책임 원칙이 모든 피해자를 보상하는 것이 아니라 질병이 발현된 사람들만 보상한다는 점을 생각해야 한다. 따라서 비례책임 원칙에서 가해자의 노출 시점에서의 기대비용은 (0.15)×(100,000) = 15,000달러이다. 따라서 이 두 원칙은 똑같은(그리고 효율적인) 유인을 제공한다. 그러나 두 원칙이 모든 측면에서 똑같은 것은 아니다. 비례책임 원칙의 주요 장점은 모든 노출 피해자가 소송을 제기하지 않기 때문에 소송비용이 절감된다는 것이다. 위험 발생 자체가 불법행위라는 원칙의 장점은 미래에 질병이 발생하였을 때 가해자가 자산 부족 상태에 놓일 위험을 제거한다는 것이다.

14 '위험 발생 자체가 불법행위'(a tort for risk)에 관한 엄밀한 분석은 Miceli and Segerson(2005)을 참조하라. 이 원칙은 가해자 주의 유인을 증가시킬 수 있지만 소송비용을 증가시키고 가해자를 파산시킬 수 있다.

3.2. 슈퍼펀드

유해물 폐기 장소의 정화 문제는 환경법의 주요 영역이다.[15] 유해물 폐기 장소가 공중 보건과 환경에 미치는 명백한 위험에도 불구하고 1970년대 이전에는 폐기에 대한 규제 감독이 거의 없었다. 중요한 변화가 1980년 포괄적 환경 대응, 보상 및 책임법(Comprehensive Environmental Response, Compensation, and Liability Act: CERCLA)의 제정으로 일어났다. 이 법의 주요 목표는 유해 폐기 장소를 신속하고 효과적으로 정화하고 (가능한 경우) 책임 있는 당사자에게 비용을 부과하는 것이다. CERCLA는 유해물 폐기 장소 정화에 필요한 자금을 확보하기 위해 세금뿐만 아니라, 책임 있는 자를 대상으로 환경보호국(Environmental Protection Agency: EPA)이 제기한 손해배상 소송에 의해 재원이 조달되는 슈퍼펀드(superfund)를 수립하였다. 여기서 우리의 관심은 CERCLA의 책임 측면이다.

CERCLA가 규정하는 책임의 범위는 광범위하다. 우선 책임은 엄격책임이며, 다수의 오염 유발자는 각자 연대책임을 진다. 앞에서 서술하였듯이 이는 각 오염 유발자가 전체 정화비용에 대한 책임을 질 수 있음을 의미한다. 그러므로 "대규모 처분장에 극소량의 유해 폐기물을 처분한 자도 막대한 잠재적 책임에 노출된다"(Menell 1991, 109). 이러한 책임의 불확실성은 환경 사고 배상 책임에 대한 보험비용을 극적으로 증가시켰다.

CERCLA는 오염 유발자에게 엄격책임을 지우는 것 외에도, 오염된 장소의 선의의 구매자에게까지 책임을 확대한다. 이 규정은 오염된 산업 부지(이른바 브라운 필드)의 유익한 재개발로 이어질 수 있는 거래를 막는다는 비판을 많이 받았다. 이 부정적 결론이 반드시 타당하지는 않다. 위험에 대한 잘못된 인식이 없다면 위험한 제조물의 균형 산출량은 구매자와 판매자 사이의 책임 배분과 무관하다는 제조물 책임에 관한 우리의 논의를 떠올려 보자. 토지 가격이 예상되는 정화비용을 정확하게 반영한다면 토지

15 이 부분의 논의는 Menell(1991)에 기초하고 있다.

거래의 왜곡은 발생하지 않는다. 그러나 판매자가 구매자보다 오염에 대한 우월한 정보를 가지고 있다면, 역선택(adverse selection) 또는 '레몬'(lemons) 문제 때문에 거래가 잘 이루어지지 않을 수 있다(Segerson 1997; Akerlof 1970).

오염된 장소가 구매자(개발자)에게 V달러, 판매자에게 R달러의 가치가 있다고 하자. 정화비용은 C이다. 거래 성립 여부와 관계없이 누군가는 정화비용을 부담해야 하므로, $V>R$이면 구매자가 오염된 장소를 구매하는 것이 효율적이다. s를 구매자의 정화비용 부담 비율이라고 하자. 가격이 P라면 구매자는 다음과 같은 조건이 충족되면 오염된 장소를 구매한다.

$$V-sC \geq P. \tag{3.8}$$

판매자는 거래가 이루어지지 않으면 전체 정화비용을 자신이 부담해야 하므로(부담할 수 있다고 가정한다) $R-C$의 가치를 얻고, 거래가 이루어지면 가격에서 자신이 부담하는 정화비용을 뺀 가치, 즉 $P-(1-s)C$를 얻는다. 따라서 판매자는 $P-(1-s)C \geq R-C$, 즉

$$P \geq R-sC \tag{3.9}$$

인 경우 오염된 장소를 매각할 것이다. (3.8)과 (3.9)를 모두 만족하는 가격이 존재하면, 즉 $V-sC \geq R-sC$이면 효율적 판매 조건인 $V>R$이 성립하고 거래가 이루어진다. 따라서 s와 관계없이 효율적 결과가 발생한다.

그러나 당사자가 C의 크기를 다르게 판단하면, 이 결론은 성립하지 않는다. 특히, 사적 정보를 가진 판매자가 C를 더 잘 평가한다고 가정하자. 이 경우 효율적인 거래는 판매자가 모든 책임을 부담하는 경우($s=0$)에만 발생한다. 왜냐하면 $s=0$이면 (3.8)의 구매자 조건이 (가격에 반영된 경우를 제외하고는) C와 무관해지기 때문이다. 이 결론은 소비자의 잘못된 인식이 존재하는 경우 엄격 제조물 책임이 위험에 관한 우월한 정보

를 가진 당사자(판매자)에게 책임을 부여하기 때문에 효율적이라는 주장과 똑같은 것이다. 이는 '선의'의 구매자에게 환경 오염에 대한 책임을 부과한 것($s=1$)과는 반대되는 결론이다.

CERCLA 제정 당시의 조항에 따르면, 소유자가 지급 불능에 빠지면 대출자가 정화 비용에 대한 책임을 질 수 있다(Segerson 1993). 신용 시장이 완벽하게 작동하면 이 조항은 왜곡을 발생시키지 않으며 가해자의 파산으로 발생하는 경제적 유인 문제를 완화시킬 수 있다. 그러나 채무자(가해자)와 대출자 사이에 비대칭 정보가 있다면 전술한 역선택 문제가 다시 발생한다. 또한 가해자가 정화(주의) 결정의 일부(또는 전부)를 대출이 이루어진 이후에 내리고, (위험한 제조물 판매자가 구매자의 구매 후의 주의 수준을 조건으로 가격을 설정할 수 없는 것과 같은 이유로) 대출 조건이 주의 수준에 따라 결정될 수 없는 경우 가해자는 정화에 과소투자할 유인을 가진다.

이 절은 환경 피해를 내부화하기 위해 불법행위 책임과 법률적 책임을 이용할 때 발생하는 문제들을 지적하였다. 어떤 경우에는 문제가 책임 원칙의 재설계를 통해 극복될 수 있지만, 다른 경우에는 책임 원칙에 의한 접근 방식이 근본적 문제점을 드러낸다. 결과적으로 환경과 관련된 외부효과의 통제에 대한 효율적 접근 방식은 책임 원칙과 규제의 조합일 수도 있다. 이 문제는 제7장에서 다시 논의한다.

3.3. 사례 연구: 석면

석면은 미국의 학교와 가정뿐만 아니라 다양한 산업 환경에서 널리 사용되는 제조물이었다. 그러나 석면 노출과 폐암, 석면 침착증, 중피종 등의 중증 질병 사이의 연관성은 1930년대까지 알려지지 않았다. 석면 제조업체에 대한 불법행위 소송은 1970년대에 시작되었다. 석면 소송은 점차 증가하여 1990년대에는 미국에서 제기된 제조물 책임 소송 사건의 상당 부분을 차지하는 수준까지 증가하였다.

석면 소송은 환경 위험의 내부화를 위해 불법행위 제도를 사용할 때 확인되었던 몇 가지 문제들을 그대로 보여 준다(Dewees 1998; White 2006). 문제는 주로 10년에서 30년에 이르는 석면 관련 질환의 긴 잠복 기간과 관련되어 있다. 첫째, 석면 노출과 관련이 없는 여러 가지 배경 위험이 존재하기 때문에 원고가 인과관계를 입증하기가 어렵다. 둘째, 원고는 다수의 제조업자 또는 공급자 중 누가 자신의 석면 노출에 책임이 있는 당사자인지를 입증할 수 없다. 셋째, 입증할 수 있다 하더라도 책임 있는 당사자가 질병이 발생한 시점에 파산하였을 수 있다. 우리가 살펴본 것처럼, 이 요인들은 불법행위법의 억지 기능을 약화시킨다.

석면 문제는 제조물 책임, 작업장 안전, 환경 위험 등의 문제가 결합되어 있는 흥미로운 사례 연구의 대상이다. 처음에는 근로자보상법이 업무와 관련된 석면 노출에 대한 유일한 구제책이었다. 그러나 근로자보상법에서는 보상이 제한되어 있었기 때문에 일찍부터 원고측 변호사들은 근로자보상법을 우회하려고 하였다. 그들은 제조물 책임을 이용하여 (사용자가 아닌) 제조업자를 제소함으로써 1973년 마침내 우회에 성공하였다.[16] 이 성공으로 1970년대에 불법행위 소송이 급증하였다. 이후 소송은 간헐적으로 이어지다 2010년에 다시 급증하였다(1980년부터 2015년까지 미국 연방지방법원에 제기된 석면 소송 사건의 추세를 보여 주는 [그림 3.4]를 참조하라). 제조업자가 석면의 위험을 알았고 근로자에게 경고하지 않았다는 증거는 많은 사건에서 피고에 대한 징벌적 손해배상을 끌어냈다. 그 결과 재정적 압박으로 파산한 석면 제조업체들이 생겨났는데, 1982년에 가장 큰 제조업체인 Manville Corporation의 파산이 가장 유명하다.

오늘날 새로운 석면 노출 위험은 대폭 감소하였다. 석면 소송이 여기에 부분적으로 기여하였음은 분명하다. 이를 근거로 일부 사람들은 법의 억지 기능을 성공적으로 수행하였다고 주장한다. 그러나 석면 소송이 피해자 보상에는 성공적이지 못하였으며, 동시에 법 제도에 큰 부담을 주었다는 점에 대해서도 많은 사람이 동의하고 있다.

앞서 서술하였듯이, 대규모 노출 사건에서 불법행위법의 보상 기능을 강화하는

16 *Borel v. Fibreboard*, et al. 493 F.2d 1076(5th Cir. 1973).

그림 3.4 미국 연방지방법원에 제기된 석면 사건의 수: 1980-2015

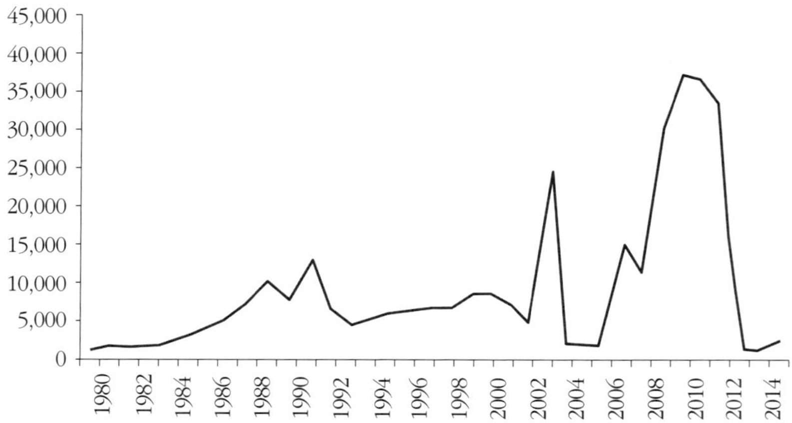

출처: Viscusi(1991); Statistical Abstract of the United States; Administrative Office of U.S.(www.uscourts.gov).

개혁안은 피해자가 실제 증상이 발현될 때까지 기다릴 필요 없이 노출된 시점에서 기대 피해에 대한 소송을 제기할 수 있게 하는 것이다. 위험 발생 자체가 불법행위라는 원칙의 장점은 모든 피해자가 건강보험 또는 예방적 의료 치료 서비스의 구매에 사용할 수 있는 보상금을 받는다는 것이다. 단점은 소송의 '홍수'가 발생할 가능성이 크다(Robinson 1985)는 것이다. 현재까지 일부 주가 석면 노출 피해자의 의료 진단비용 청구를 허용하는 제한적 조치를 도입하고 있으나, 완전한 형태의 '위험 발생 자체가 불법행위'라는 원칙을 받아들인 미국의 주는 아직 없다.[17]

17 *Metro-North Commuter Railroad v Buckley*, 521 U.S. 424(1997)를 참조하라.

4. 의료 사고

다른 형태의 불법행위 소송의 증가 추세에 발맞추어, 의사를 상대로 한 환자의 의료 사고 소송은 1960년대부터 시작되어 1980년대까지 현저히 증가하였다. 이 기간 의료 사고 소송 건수는 매년 약 10% 증가하였으며, 손해배상액과 이에 상응하는 손해배상 보험비용도 증가하였다(Danzon 1991). 소송 건수는 1990년 이후 다소 안정화되었고 2000년대 후반에는 약간 감소하기까지 하였으나, 손해배상액은 계속 증가하였다. 의사의 책임 증가는 고위험 의료 수술의 활용 가능성 증가 및 사용에 일부 기인한 것일 수 있지만, 일반적 추세는 같은 기간 동안 일어난 제조물 책임 및 기타 불법행위 소송의 전반적인 증가를 반영하고 있다. 심각해진 의료 사고 위기에 대응하여, 미국의 많은 주가 건강보험 비용과 불법행위 책임 비용을 통제하기 위해 손해배상액의 상한 설정과 같은 개혁안을 입법화하였다(Kessler 2011).

의료 사고의 경제 분석은 가해자와 피해자가 이미 시장 관계를 맺고 있다는 점에서 제조물 책임 및 산업재해와 유사하다. 따라서 이론적으로 계약 원칙이 책임 배분을 규율할 수 있다. 그러나 의료 소비자, 특히 수술과 같은 고위험 의료 서비스의 소비자는 반복적인 구매자가 아닌 것이 대부분이다. 또한 의료 소비자는 의사가 기울인 주의의 질 및(또는) 안전을 평가할 수 있는 전문 지식이 없다. 따라서 위험의 잘못된 인식이 효율적인 계약법적 해결을 방해할 수 있다.

의료 영역에서 계약법적 해결을 배제하는 다른 비효율성의 원천은 보험이다. 대다수 소비자는 의료비용의 대부분을 지급해 주는 사적 또는 공적 건강보험에 가입되어 있다. 따라서 소비자가 직면한 의료 서비스의 가격이 '너무 낮기' 때문에(그리고 의료 서비스를 달리 배분할 방법이 없기 때문에), 위험의 잘못된 인식이 없더라도 의료 서비스의 소비는 왜곡된다.

4.1. 관행 및 설명에 기초한 동의

의료 사고에 적용되는 책임 원칙은 과실책임 원칙이며, 적정 주의 기준은 관행(customary practice)에 의해 결정된다. 구체적으로, "의사는 평판 좋은 직업 구성원이 통상적으로 보유하고 사용하는 지식, 기술 및 주의를 보유하고 사용해야 한다"(Keeton et al. 1984, 187). 과실을 성공적으로 입증하려면 보통 다른 의사의 전문가 증언이 필요하다. 일부는 (특히 의사들이 서로 증언하는 것을 꺼린다는 점을 생각하면) 이 기준이 의사(및 의료직에 속한 다른 전문직)에게 자신의 행동 기준을 수립할 권한을 부여한 것이라고 비난한다. 또한 앞서 지적한 것처럼 소비자들이 사용 가능한 기술에 대한 부족한 정보를 가지고 있는 경우에는 항변으로서의 관행이 효율적 기준을 확립하지 못한다. 차이점은 의사는 환자에게 최상의 주의를 제공해야 할 직업윤리 규범을 가지고 있으며, 의사들에게는 이 규범이 이윤 동기보다 중요할 수 있다는 점이다.

의사에게 부과된 최근의 의무 역시 의사와 환자 사이의 비대칭 정보 문제를 완화해 준다. 의사는 환자에게 특정한 치료와 관련된 위험을 알릴 의무가 있다. 이를 '설명에 기초한 동의 원칙'(doctrine of informed consent)이라고 한다. 그러나 정보 공개에는 큰 비용이 수반되기 때문에, 법은 의사가 합리적인 사람이 중요하게 생각하는 위험으로 정의되는 중요한 위험(material risk)을 환자에게 알리도록 강제하고 있다. 이는 정보의 비용과 편익 사이의 균형을 효과적으로 유지하려는 법원의 노력을 반영한다. 그러나 법원에 의해 중요한 위험으로 판단되는 위험이 무엇인가는 선험적으로 규정할 수 없다. 이 결정은 사후적 판단을 내리는 배심원에게 맡겨져 있다.

4.2. 의사는 방어 진료를 하는가?

의료 사고 사건의 소송비용이 증가하자, 의사의 방어 진료(defensive medicine) 문제가 제기되었다. Danzon(1991, 54)에 따르면, "방어 진료는 편익을 초과하는 비용을 수반하는 그리고 불법행위 책임이 없었다면 발생하지 않았을 책임 원칙에 의해 촉발된 의료 관행의 변화로 정의되어야 한다." 일반적으로, 방어 진료는 의사의 과도한 주의($x>x^*$)로 해석될 수 있으며, 실제 손해를 초과하는 책임 부담에 대한 반응이라고 볼 수 있다. 방어 진료의 판단이 어려운 이유는 건강보험과 관련된 도덕적 해이 문제 또한 수요 측면에서 너무 많은 주의(진료)를 유도하기 때문이다.

불법행위 책임 부담 위협에 직면한 의사의 반응에 관한 경험적 증거는 과실 기준이 억지 기능을 잘 수행하지 못함을 보여 준다. 연구 결과에 따르면, 의료 사고로 피해를 본 환자의 대부분이 보상을 받지 못하며, 보상을 받은 사람 중에는 실제로 의료 사고의 희생자가 아닌 사람도 많다. 제2장(3.7)에서 서술한 것처럼, 이 두 가지 유형의 오류는 과실책임 원칙의 경제적 유인 제공 기능을 저해한다.

또한 실증적 증거는 의사가 주로 비용이 많이 들고 비효과적인 절차와 검사 등 이른바 너무 많은 진료(positive defensive medicine)의 형태로 방어 진료를 한다는 주장을 지지한다(Fenn et al. 2007; Kessler 2011). 더욱이 연구 결과에 따르면, 의료 사고의 위협으로 인해 의사들이 산부인과 같은 고위험의 전문 분야를 기피하고, 의료 사고를 관대하게 인정하는 주를 떠났으며, 근무 시간을 줄였다. 예를 들어, Helland and Showalter(2009)는 10%의 책임 비용 증가가 의사 근로 시간의 2.85% 감소와 관련이 있다고 추정하였다.

의료 사고 제도에 대한 불만이 계속되면서 다양한 형태의 개혁안이 제시되고 있다. 가장 공통적인 제안은 증가하는 책임 보험료를 통제하는 방법으로서 손해배상, 주로 징벌적 손해배상 및(또는) 고통(pain and suffering)에 대한 손해배상에 상한을 설정하는 것이다. 미국의 일부 주가 이러한 상한을 입법화하였다. 그러나 이 입법이 의사의 행동에 어떤 영향을 미쳤는지에 관한 증거는 일관적이지 않다. 일부 연구에 따르면 상한 설정이 사망률을 높이지 않으면서도 의료 보험 지출을 줄인 것으로 나타난다. 이는 환자에 대한 치료를 저해하지 않으면서도 방어 진료를 성공적으로 억지하고 있다는 것을 시사한다(Kessler 2011). 그러나 다른 연구에 따르면 상한 설정이 의사의 실수 확률을 증가시키는 것으로 나타난다(Iizuka 2013).

손해배상의 상한 설정에 대한 흥미로운 대안은 의료 사고에 근로자보상법과 같은 엄격책임 제도를 도입하는 것이다. 이 제안에 따르면, 엄격책임이 과실책임을 대체하며, 보상 결정은 불법행위 제도가 아니라 행정기관이 담당한다. 장점은 소송 절차의 지연 감소, 피해자 보상 개선, 의사책임의 예측 가능성 제고이다. 더욱이 이 방안은 소비자가 위험을 잘못 인식할 때 과실책임보다 엄격책임이 좋다는 결론과도 일치한다.

5. 결론

이 장에서는 사고의 경제 모형을 제조물 책임, 산업재해, 환경 사고 및 의료 사고에 적용하였다. 이들 불법행위법 분야는 여러 측면에서 다르지만, 경제 이론은 문제의 기본적 특징을 매우 잘 설명할 수 있었다.

제조물 책임의 논의에서 제기된 (그리고 다른 영역에도 적용되는) 중요한 방법론적 문제는 사고 위험을 내부화하는 가해자와 피해자 사이의 계약관계의 역할이었다. 특히 우리는 당사자가 위험을 올바르게 인식하고 서로 협상할 수 있다면 책임 원칙과 관계없이 제조물의 산출량이 효율적이라는 것을 증명하였다. 단지 균형 가격만이 책임 배분을 반영하여 조정될 것이다. 이 결론은 책임 원칙이 효율성에 영향을 미치는 '낯선 사람들'(사전 협상을 할 수 없는 당사자들) 사이의 사고 또는 시장이 효율적으로 작동하지 않을 때의 사고와 대조된다. 당사자들이 효과적으로 협상할 수 있는 분쟁과 그렇지 않은 분쟁 사이의 차이는 이어지는 장에서도 반복되는 주제이다.

토론 문제

1. 낯선 사람들 사이의 사고와 가해자와 피해자가 이미 경제적(계약) 관계를 맺고 있는 사고의 차이를 논의하라.

2. 다음의 질문에 답하라. "제조물 책임법의 경제적 수수께끼: 가해자와 피해자는 계약 관계를 맺고 있다. 그들이 계약을 통해 안전한 주의 조치의 최적 조합 문제를 해결하도록 놓아두면 안 될까?" (Landes and Posner 1987, 280).

3. 제조물 책임에서의 직접 계약관계 원칙(privity doctrine)과 산업재해에서의 동료 근로자의 원칙(fellow servant rule)의 경제적 기능을 (있다면) 설명하라. 이 원칙들을 없앤 근거는 무엇인가?

4. 기업이 고용한 근로자가 발생시킨 사고에 대한 책임을 배분하는 사용자 책임(repondeat superior) 원칙의 편익과 비용은 무엇인가?

5. 불법행위 책임을 환경 위험을 통제하는 유일한 수단으로 사용할 때의 단점을 논하라.

6. 의료 사고에 관한 다음 주장에 관해 논평하라. "이타주의와 전문적 또는 윤리적 사명감으로 인해 의사는 순전히 자기 이익을 극대화한다고 가정하는 모형이 상정하는 것보다는 좋은 환자의 대리인으로 행동할 수 있다" (Danzon 1998, 624).

단원 문제

1. 공급곡선이 우상향하는 위험한 제조물 시장이 있다.
   (a) 수요와 공급 그래프를 사용하여 책임 원칙이 균형 산출량과 관계없음을 보여라.
   (b) 무책임 원칙에서 소비자의 위험 인식이 산출량과 가격 모두에 영향을 미친다는 것을 보여라.

2. 자동차 제조업체는 뒤쪽에 연료탱크가 있는 자동차를 설계하였다. 이 설계에서는 후방 충돌로 인한 화재 위험이 1/4로 나타난다. 대체 설계는 화재 위험을 1/20로 줄일 수 있지만, 1대당 10달러의 비용이 든다. 5,000대의 자동차 중 1대가 평생 한 번 이상 후방 충돌을 당하고, 화재로 인한 평균 피해는 100,000달러이다. 핸드 원칙을 사용하여 제조업체가 대체 설계를 사용하지 않으면 과실인지 결정하라.

3. 한 단위의 위험한 제조물을 소비하여 편익을 얻는 두 명의 소비자가 있다. 소비자 A는 총 200달러의 편익을 얻는다. 소비자 B는 총 100달러의 편익을 얻는다. 제조물 소비에 따르는 사고의 위험은 0.01이며, 사고로 인한 손해는 5,000달러이다. 기업의 제조물 생산비용은 단위당 75달러로 일정하다.
   (a) 기업이 소비자 A에게 제조물을 생산하고 판매하는 것은 효율적인가? 기업이 소비자 B에게 판매하는 것은 효율적인가?
   (b) 두 소비자와 기업 모두 사고의 위험을 정확하게 인식한다고 가정하자. 무책임 원칙에서 제조물 가격은 얼마이며 어떤 소비자(들)가 제조물을 구매하는가? 엄격책임 원칙에서는? 어떤 원칙(원칙들)이 효율적인 결과를 만들어 내는가? (시장은 경쟁적이며 기업은 가격을 단위당 총기대비용과 같게 설정한다고 가정한다.)
   (c) 이제 두 소비자 모두 사고의 위험을 0.001로 잘못 인식한다고 가정하자. 이 경우 (b)의 질문에 대한 답이 어떻게 달라지는가? (기업은 계속 위험을 정확하게 인식한다고 가정하라.)

4. *Helling v. Carey* (84 Wash.2d 519, 519 P.2d 981, 1974) 사건을 생각해 보자. 이 사건은 안과 의사인 Thomas Carey 박사와 그의 파트너를 상대로 Barbara Helling이 제기한 의료 과실 소송이다. 32세인 원고는 의사가 녹내장 검사를 하지 않아 눈에 영구적이고 심한 손상이 발생하였다고 주장하였다. 피고들은 40세 미만의 환자에게 일상적인 녹내장 검사를 요구하지 않는 것이 의료계의 기준이라고 반박하였다. 사실심 결과에 따르면 40세 미만 환자의 녹내장 발생률은 25,000명 중 1명이었다.

(a) 40세 미만 환자의 실명으로 인한 평균 손해는 1,000,000달러이고 녹내장 검사비용은 35달러라고 가정한다. 핸드 원칙을 사용하여 40세 미만 환자를 검사하지 않는 의료계 기준이 효율적인지 판단하라.

(b) 비효율적 전문가 기준의 지속성을 설명할 수 있는 요인은 무엇인가?

5. 잠재적 구매자에게 1,000달러의 가치가 있는 두 개의 같은 특성을 가진 토지가 있다. 각 토지의 소유자는 토지의 가치를 800달러로 평가한다. 하지만, 토지 중 하나는 오염되어 있으며 500달러의 정화비용이 든다. 소유자는 자신의 토지가 오염되었는지를 알고 있지만, 구매자는 이를 모른다(즉, 구매자에게 두 토지는 모두 같아 보인다). 오염된 토지의 소유자는 토지를 못 팔더라도 500달러의 정화비용을 지출해야 한다.

(a) 구매자가 두 토지 중 하나를 구입하는 것은 효율적인가? 설명하라.

(b) 판매자가 정화비용을 전부 부담한다면 구매자의 최대 제안은 얼마인가? 구매자가 정화비용을 전부 부담한다면 구매자의 최대 제안은 얼마인가?

(c) 다음을 증명하라. 오염되지 않은 토지의 판매자는 판매자가 책임을 질 때만 구매자의 최대 제안을 수락하지만, 오염된 토지의 판매자는 정화비용의 부담 원칙이 무엇이든 구매자의 최대 제안을 수락한다.

chapter 04

계약법의 경제학 I: 유효한 계약의 요건

1. 계약과 효율적 교환
2. 유효한 계약
3. 계약 무효
4. 결론

계약법은 사람들이 서로에게 한 약속을 집행하는 법적 수단을 제공한다. 약속은 돈을 대가로 재화나 용역을 제공하는 약속, 결혼 약속, 금주 또는 금연 약속, 정치후보자의 선거 공약 등 매우 다양하다. 약속을 한 사람은 때때로 약속을 어기고 싶어 한다. 그러므로 계약법의 기본 질문은 법이 어떤 약속을 집행해야 하는가이다. 다음의 두 장은 이 질문에 대한 답을 모색한다.

경제 이론은 이 질문에 대해 많은 시사점을 제시할 수 있다. 약속은 대부분 교환을 포함하며, 교환은 근본적으로 경제행위이다. 사실 미시경제 이론의 주된 관심사가 시장을 평가하고, 효율적 교환을 촉진하는 방법을 찾아내는 것이다. 계약법의 경제 이론은 법이 효율적 교환의 촉진에 어떤 역할을 담당하는지 검토한다.

제4장은 유효한 계약의 요건을 설명하는 것으로 분석을 시작한다. 사실상, 이 분석은 어떤 약속이 법적으로 집행 가능한 약속인가라는 질문에 답하는 것이다. 제5장은 계약을 맺은 사람이 법적으로 계약을 파기할 수 있는(즉, 계약 파기) 조건과 계약을 파기하였을 때의 불이익이 무엇인지(또는 무엇이어야 하는지)에 관해 살펴본다.

1. 계약과 효율적 교환

계약법의 경제학은 효율적 교환의 촉진에 관심을 둔다. 효율적 교환이란 재화와 서비스가 가치를 낮게 평가하는 사람으로부터 높게 평가하는 사람으로 이동하는 것을 의미한다. 예를 들어, 내가 당신의 자동차에 2,000달러의 가치를 부여하고 당신이 그 자동차에 1,500달러의 가치를 부여한다면, 내가 자동차를 소유하면 자동차의 가치가 500달러 증가한다. 이런 가치 증가의 가능성은 당신과 나 모두에게 '거래의 이익'(gains from trade)을 제공하는 시장 교환을 통해 실현될 수 있다. 예를 들어, 나는 당신에게 1,750달러를 주고, 당신은 나에게 자동차에 대한 소유권을 이전하기로 합의하는 것이다. (내가 자동차를 훔쳐도 가치 증가가 실현된다. 우리는 제8장에서 '교환'의 한 유형으로서의 절도 문제를 다룰 것이다.)

계약은 한 당사자가 다른 당사자의 약속을 강제하기 위해 법원이라는 국가 권력을 이용할 수 있다는 두 거래 당사자 사이의 명시적 또는 묵시적 법적 합의이다. 앞에서 묘사한 효율적 교환을 성사시키기 위해 계약이 필요한 때는 언제인가? 아마도 교환이 즉각적으로 이루어지고 정보가 완벽한 세계에서는 계약이 필요하지 않을 것이다. 만약 내가 당신에게 현금을 주고 당신이 자동차에 대한 권리를 나에게 준다면 그리고 내가 자동차에 숨겨진 결함이 없다는 것을 확신한다면, 당신과 나는 정확히 기대한 것을 얻고, 놀랄 일도 없다. 대부분의 일상적 거래는 이런 유형의 거래이므로 계약법은 아무런 역할도 하지 않는다.

그러나 내가 부도가 날지도 모르는 수표로 자동차 대금을 치르거나 자동차가 도난된 차 또는 숨겨진 결함이 있는 차로 밝혀진다고 가정해 보자. 또는 당신과 내가 자동차를 양도하기로 합의하고 교환을 완료하기 전에, 내가 자동차가 필요없다고 판단하거나 당신이 자동차가 필요하다는 것을 깨달았다고 가정해 보자. 이제 한 당사자는 최초 조건에 따라 계약이 이행되기를 바라고, 다른 당사자는 조건을 변경하거나 완전히 철회하고 싶어 하는 상황이 발생한다. 즉, 계약법을 적용하여 해결해야 할지도 모르는 분쟁이 발생한다.

분쟁의 발생 원인은 무엇인가? 이 예들은 모두 당사자 중 한 명이 최초 합의한 교환 조건에 불만을 품게 되는 예기치 않은 상황 변화와 관련되어 있다(두 당사자 모두가 불만을 품고 교환을 원하지 않는다면, 분쟁은 발생하지 않는다). 변화가 예상되지 않았다는 사실이 중요하다. 상황 변화가 예상되었다면 계약 조건이 이 변화로 인해 발생하는 문제를 해결하도록 구조화되었을 것이다. 예를 들어, 판매 후 한 달 안에 발생한 결함에 대해서는 판매자가 비용을 부담한다는 조항이 계약에 명시될 수 있다. 이 경우 법적 개입은 필요하지 않다.

그러나 예상치 못한 우발적 상황(unforeseen contingencies)은 계약으로 해결되지 않는다. 또한 당사자들이 예측 가능한 우발적 상황(foreseeable contingencies)에 대한 해결 방안을 일부러 마련하지 않는 경우도 있다. 우발적 상황의 발생 가능성이 너무 작다면 그 문제에 대비한 규정을 만들기 위해 비용을 들일 필요가 없기 때문이다. 예를 들어, 당신과 나는 내가 당신의 자동차를 산 다음 날 정부가 모든 내연 기관을 불법화하면 어떻게 할지에 대해 논의하지 않는다.

어떤 이유로든 계약이 모든 우발적 상황에 관해 규정하지 않는 경우, 우리는 계약이 불완전(incomplete)하다고 말한다. 계약법의 경제 이론에 따르면, 법원은 불완전 계약이 관련된 거래에서 빠진 조항을 제공하여 교환의 이익을 극대화한다. 이를 위해 법원은 다음과 같은 가상적 질문에 대한 답을 찾는다. 즉, 당사자들이 계약 당시 비용 없이 그리고 완전 경쟁적 계약 환경에서 협상할 수 있었다면 계약 당사자는 우발적 상황에 관해 어떻게 규정하였을까?

이 기준은 계약법 경제 이론의 기본 패러다임이 경쟁 시장임을 보여 준다. 이 패러다임은 경쟁 시장이 교환의 이익을 극대화한다는 보이지 않는 손 정리(invisible hand theorem)라고도 불리는 미시경제 이론의 잘 알려진 결과에 기초하고 있다. 사실, 계약법의 원칙은 실제의 계약 환경에서 경쟁 시장의 결과를 복제하려는 노력으로 해석될 수 있다. 따라서 여기서 우리는 경쟁 시장을 특징 짓는 조건을 복습할 필요가 있다.

가장 기본적인 가정은 계약 당사자가 합리적(rational)이라는 것이다. 즉, 계약 당사자는 제약 조건 하에서 자기 이익을 추구한다. 일반적으로 그들은 예산제약 하에서 효용(또는 부)을 극대화한다. 경쟁적 계약 환경의 다음 요건은 외부효과(externalities) 또는 제3자 효과(third-party effects)가 없다는 것이다. 거래 당사자가 (대기 오염과 같이) 제3자가 부담하는 비용을 고려하지 않으면 비효율적 거래가 발생할 수 있다(부정적 외부효과)는 점에서 외부효과는 시장실패(market failure)를 발생시킬 수 있다. 계약법은 외부효과가 존재하지 않는다고 가정한다(제2장과 제3장에서 살펴본 것처럼, 피해를 입은 제3자는 불법행위로 인한 손해배상을 제기하여 손해를 보상받을 수 있다).

시장실패는 독점(monopoly)으로 인해 발생할 수도 있다. 따라서 계약법은 한 당사자가 가격을 설정할 능력이 있거나 과도한 시장지배력을 가지고 있는 거래를 우호적으로 보지 않는다. 우리가 다루게 될 시장지배력 문제 중 하나는 강제(coercion) 또는 협박(duress)의 결과로 한 당사자가 비자발적으로 계약을 체결하는 경우이다.

경쟁 시장의 다른 특징은 완전 정보(perfect information)이다. 즉, 거래 당사자 모두가 편익을 얻기 위해서는 그들이 거래의 본질에 대한 모든 정보를 가지고 있어야 한다. 예를 들어, 당신이 나에게 브레이크 교체가 필요하다고 말하였다면 나는 당신의 자동차를 사지 않았을 것이다(적어도 낮은 가격을 제안하였을 것이다). 이는 교환 전의 정보의 완전한 공개가 효율성을 높이며, 따라서 계약법이 이를 장려해야 함을 시사한다. 그러나 거래 전 정보 공개 원칙의 효율성은 이 예가 제시하는 것보다는 훨씬 미묘하다. 예를 들어, 내가 골동품 전문가이고 골동품을 싸게 사기 위해 정기적으로 창고 세일을 하는 집들을 찾아다닌다고 가정하자. 나는 내가 본 어떤 물건이 저평가되었다는 것을 판매자에게 알려 주어야 하는가? 뒤에서 밝혀질 이유로, 일반적으로 법은 이 정보를 알려 주라고 요구하지 않는다.

마지막 문제는 거래비용(transaction costs)이다. 거래비용은 계약 작성 및 집행과 관련된 모든 비용을 포함한다. 경쟁 시장에서 거래비용은 0이라고 가정되지만, 현실에서는 거래비용이 큰 경우가 많다. 거래비용은 거래로부터의 편익을 감소시키기 때문에 거래비용의 최소화는 당사자의 상호 이익에 부합한다. 실제로 거래비용 때문에 당사자들은 불확실성이 없는 경우에도 불완전 계약을 체결한다.

거래비용은 또한 계약법이 사후적으로 계약 분쟁에 대한 구제 방식을 제공해야 하는 이유를 제공한다. 어떤 우발적 상황에 대한 해결 방법에 대해 계약이 규정하고 있지 않다고 하자. 만일 우발적 상황이 발생하면, 당사자들이 재협상을 통해 문제를 해결할 수 있지 않을까? 코즈 정리에 따르면, 이런 재협상은 항상 분쟁의 효율적 해결로 이어지며, 계약법의 역할은 당사자들이 합의한 것을 집행하는 것이다. 계약법이 중요한 이유는 재협상의 비용이 법원이 제공하는 구제 방식을 이용하는 비용보다 크기 때문이다. 재협상이 가능한 경우에도, 재협상의 가능성 자체가 계약 당사자들의 계약 조건 구성 방식을 변경시키거나 계약의 체결 자체를 방해할 수도 있다. 그러므로 법은 때로는 재협상된 조항의 비집행 등을 통해 계약 체결 후 재협상은 하지 않는다는 신뢰할 수 있는 공약(credible commitment)을 가능하게 함으로써 계약의 체결을 촉진할 수 있다.

2. 유효한 계약

이상적 계약 환경을 제시하였으므로, 이제 어떤 계약이 집행 가능한가(what contracts are enforceable?)의 문제를 검토해 보자. 법에 따르면, 집행 가능한 계약은 거래(bargain)이어야 한다. 즉, 계약은 두 당사자 간의 상호 합의로부터 발생해야 한다. 당사자의 합의는 각 당사자가 거래로부터 편익을 얻는다는 것을 의미하므로, 이 요건은 경제적 의미를 지닌다.

그러면 법은 어느 경우에 상호 이익이 있다고 판단하는가? 청약(offer), 승낙(acceptance) 및 약인(consideration)의 세 가지 요소가 존재해야 한다. 청약과 승낙은 간단하다. 한 당사자(청약자[promisor])가 다른 당사자(승낙자[promisee])에게 재화와 서비스를 제공하기로 제안하고, 다른 당사자가 이 제안을 승낙한다. 이런 상황이 발생하면, 의사의 합치(meeting of the minds)가 이루어진 것이다. 그러나 승낙자가 대가로 무엇인가를 주지 않는 한 – 일반적으로 청약자에게 일정 금액을 지급하겠다는 약속을 하지 않는 한 –, 계약은 완성되지 않는다. 약인은 승낙자의 대가 약속(return promise)을 지칭하는 법률 용어이다. 약인은 거래를 상호적이고 따라서 집행할 수 있게 만드는 요소이다.

약인은 보통 제공된 재화나 서비스에 대한 대가를 지급하겠다는 승낙자의 약속 형태를 취하지만 반드시 그럴 필요는 없다. 다음 두 가지 약속을 살펴보자.

1. 삼촌이 조카가 21세가 되는 날에 조카에게 5,000달러를 주겠다고 약속한다.
2. 삼촌이 조카가 21살이 되는 날까지 술과 담배를 하지 않으면 조카가 21살이 되

는 날에 조카에게 5,000달러를 주겠다고 약속한다.

이 약속 중 어느 것이 법적 집행이 가능한 계약인가? 답은 두 번째 약속이다. 두 약속에는 청약과 승낙이 모두 있지만, 두 번째 약속에만 약인이 있다. 그 약인은 어떤 형태인가? 21세가 될 때까지 술과 담배를 하지 않겠다는 조카의 약속이다. 삼촌의 청약을 승낙하였다는 것은 조카가 술과 담배를 좋아하지만, 음주와 흡연의 가치를 5,000달러 미만으로 평가하였음을 의미한다. 동시에 삼촌은 적어도 21세가 될 때까지 조카가 금주와 금연하는 것에 5,000달러 이상의 가치를 두었음이 분명하다. 이런 의미에서, 둘은 모두 약속으로부터 편익을 얻는다고 생각하였다. 이것이 약속을 상호적이고 집행할 수 있게 만드는 것이다.

그러나 논점이 더 있다. 5,000달러는 (특히 1891년에) 음주와 흡연을 포기(그리고 일시적으로만 포기)하는 대가로는 너무 많은 돈이며, 이를 근거로 법원이 약속을 집행해서는 안된다고 주장할 수도 있다. 그러나 법원은 청약자(삼촌)가 자발적이며 온전한 정신으로 약속하였다면 이 같은 사후적 추측을 하지 않는다.[1] 다음은 앞의 예의 기초가 된 *Hamer v. Sidway*(124 N.Y. 538, 27 N.E. 256, Court of Appeals of New York 1981) 사건의 법원 판결을 발췌한 것이다.

> 승낙자(조카)는 담배를 피우고 때로 술을 마셨으며 그럴 법적 권리를 가지고 있었다. 그는 금주와 금연을 하면 5,000달러를 주겠다는 삼촌의 약속의 영향을 받아 몇 년 동안 이것들을 포기하였다. 우리는 술과 담배를 끊기 위해 필요한 노력에 관해 추측할 필요가 없다. 조카가 삼촌과의 합의를 믿고 특정하게 규정된 한계 내에서 자신의 합법적 행동의 자유를 제한한 것으로 충분하다. 그리고 요구된 조건이 완전하게 이행된 지금, 그 이행이 실제로 청약자에게 이익이 되는지는 중요하지 않으며, 법원은 이에 관해 묻지 않을 것이다.

1 그러나 법원은 '비양심성'(unconscionability) 원칙에 따라 계약 조건의 외견상의 불공정성에 근거하여 계약의 효력을 인정하지 않을 수도 있다. 3.4를 참조하라.

법원이 약인의 존재(presence)에 관해서만 묻고, 그 적절성(adequacy)에 관해서는 묻지 않는다는 일반 원칙은 중요한 경제 원리를 반영한다. 거래로부터 얻는 이익을 가장 잘 판단할 수 있는 사람은 거래 당사자이다. 따라서 비합리성, 강요 또는 계약 조건 설정 과정에서의 다른 시장실패의 구체적 증거가 없는 한, 거래 당사자 중 한 쪽이 사후에 거래 조건을 변경하려는 시도는 계약의 자유를 강화하기보다는 약화시킬 것이다(이 사건에서 조카가 5,000달러를 청구하였을 때 삼촌은 사망한 상태였으며, 삼촌의 유산 상속인이 5,000달러의 지급을 거절하였다).

3. 계약 무효

지금까지 우리는 이상적 계약 환경의 조건들을 식별하였다. 법원은 이 조건들이 충족된 이상적 계약을 집행한다. 이 절에서는 계약법이 이상적 조건을 충족시키지 못하는 계약을 어떻게 처리하는지 논의한다. 우리는 이상적 계약 환경 조건이 충족되지 않는 상황을 식별하고, 계약 집행에 관한 효율적 원칙을 제시할 것이다. 계약을 무효화하는 조건(계약 성립에 대한 항변[formation defence]이라고 한다)은 시장실패의 원인을 제거하기 위한 직접적 시도로 해석될 수 있다. 그러나 원칙의 효율성이 분명히 드러나지 않는 경우도 일부 존재한다.

3.1. 정신적 무능력 또는 무능력

법원은 정신적 능력이 결여되어 있거나 합리적 결정을 할 수 없는 당사자가 맺은 계약을 집행하지 않는다. 여기에는 정신적 (일시적 또는 영구적) 장애가 있거나 자신의 이익을 위해 행동하기에는 너무 나이가 어린 당사자가 포함된다. 이 원칙은 합리성을 보장하는 수단으로서의 경제적 의미가 있다. 합리성은 당사자들이 상호 이익이 되는 거래에 참여하기 위해 요구되는 기본적 전제 조건이다.

일반적으로 무능력(incompetence)의 입증책임은 그것이 계약 무효의 이유라고 주장하는 당사자에게 있다. 즉, 법은 달리 입증되지 않는 한 당사자가 능력이 있다고 가정한다. 이러한 입증책임은 단순히 계약 조건이 더는 자신에게 유리하지 않기 때문에 계약의 이행을 회피하고자 하는 당사자가 일시적 무능력을 주장하는 사례와 같은 무능력 원칙의 기회주의적 이용을 감소시킨다(계약 체결 후 예상치 못한 상황이 발생할 경우 계약 이행을 회피하는 다른 방법에 대해서는 뒤에서 논의한다).

3.2. 강제 또는 협박

법원은 또한 당사자가 강제(coercion) 또는 협박(duress)의 결과로 서명한 계약을 무효화한다. 강제 또는 협박의 존재는 합리성과 마찬가지로 상호 유리한 거래의 전제 조건인 자발성에 위배된다. 그러면 법적 관점에서 강제란 무엇인가? 누군가가 상점 주인에게 다가가 다음과 같은 거래를 제안한다고 하자. "당신이 나에게 매주 100달러를 지급하면, 내가 누구도 당신의 상점에 불을 지르지 못하게 할 것이다." 상점 주인은 경찰이 방화 위협에 대한 적절한 보호를 제공할 수 없다는 두려움에 이 거래를 수락할 수도 있다. 그러나 법원은 해당 계약에 대한 상점 주인의 승낙이 협박으로 이루어졌기 때문에, 이 계약을 집행하지 않을 것이다. 즉, 이 계약은 엄밀하게 보면 자발적이지 않다.

위의 예는 쉬운 경우였다. 다음 상황은 어떠한가? 나는 1,000달러에 내 자동차를 팔려고 내놓았다. 잠재적 구매자가 나타나서 "만약 가격을 800달러로 낮추면 구매하겠지만, 그렇지 않으면 다른 자동차를 알아보겠다"라고 말한다. 나는 800달러의 제안을 수락하지만, 나중에 후회하고 협박에 의해 제안을 수락하였다고 주장하며 매매를 무효화하려고 한다. 나의 주장은 형식적으로는 옳을지 모르지만, 법적으로는 근거가 없다. 법원은 틀림없이 800달러의 매매 계약을 집행할 것이다.

이 두 경우의 차이점은 무엇인가? 두 번째 예에서의 구매자의 '위협'은 구매자가 가장 낮은 가격으로 물건을 살 수 있는 자유를 주어 독점의 형성을 막기 때문에 경쟁을 촉진한다는 점에 있다. 이와는 대조적으로, 보호료 사례는 소유자가 이미 합법적으로 소유하고 있는 것, 즉 상점이 손해를 입지 않을 권리를 구매하도록 강요한 거래이다. 따라서 이 계약의 집행은 손해를 가하겠다는 위협을 장려할 뿐이다.

위의 두 사례가 법원에서 다투어질 가능성은 희박하다. 협박의 문제는 계약 수정과 관련된 사례에서 미묘하게 일어난다(Aivazian et al. 1984; Posner 1977). 계약 수정은 계약 체결 후 이행 전에 이루어지는 계약의 변경이다. 문제는 계약 수정이 집행될 수 있는가이다. 기존의무 원칙(preexisting duty rule)이라는 전통적 법 원칙에 따르면, 변경된 계약은 새로운 약인이 수반될 때에만 집행될 수 있다. 일반적으로 이 원칙은 자기 집행적이다. 예를 들어, 철물점이 예상치 못한 혹독한 겨울을 맞이하여 눈삽을 더 배송해달라고 요청한다면, 공급업체는 철물점이 추가 품목에 대한 대가를 지급하기로 약속한 경우에만 요청에 따를 것이다. 이 경우 두 당사자는 모두 계약을 수정하여 이익을 얻는다. 사실상, 이것은 새로운 계약이다.

그러나 당사자가 나중에 후회할 계약 수정에 동의하고 협박의 문제를 제기할 때도 있다. 예를 들어, *Alaska Packers' Assn v. Domenico*(117 F.99, 9th Cir. 1902) 사건을 보자. 피고는 알래스카 해안에서 연어 낚시 원정에 나갈 선원들을 고용하였다. 항해 전 선원들은 특정 수준의 임금을 받는 것에 동의하였지만, 바다에 나가자 임금을 올려 주지 않으면 일을 하지 않겠다고 하였다. 피고(선박의 선장)는 선원들을 해고하고 다른 사람들을 고용할 수 없었기 때문에 (협박에 의해) 그들의 요구에 동의하였으나, 후에 이를 취소하였다. 선원들은 높은 임금을 달라는 소송을 제기하였으나, 약속된 임금 인상이 추가적 약인에 의해 뒷받침되지 않았다는 이유로 소송에서 패배하였다. 즉, 선원들이 임금 인상에 대한 대가로 제공한 것은 단지 그들이 처음 고용되었을 때의 업무를 완료하는 것이었다. 따라서 기존의무 원칙에 따르면 수정된 임금은 집행할 수 없다. 피고는 처음에 정해진 임금만 지급하면 된다.

협박에 의한 계약 수정의 다른 사례인 *Goebel v. Linn*(47 Mich. 489, 11 N.W. 284, 1882)는 얼음 공장과 양조장 사이의 여름철 얼음 공급 계약에 관한 사건이다. 겨울철 이상 난동으로 얼음 공급이 부족해지자, 얼음 공장은 가격 인상을 요구하였고, 상하기 쉬운 맥주를 생산하고 있는 양조장은 이에 동의하였다(계약은 공급 부족시의 적당한 가격 인상에 관해 규정하고 있었지만, 얼음 공장은 이보다 높은 가격 인상을 요구하였다). 그러나 양조장은 얼음 공장이 새로운 약인을 제공하지 않고 단순히 얼음을 공급하겠다는 최초의 계약만을 이행하였다고 주장하면서 인상된 가격을 지급하지 않았다.

표면적으로, 이 사건 또한 기존의무 원칙이 바로 적용되는 사건처럼 보인다. 문제는 법원이 이 사건에서 수정된 계약을 집행하였다는 것이다. 법원은 경제 상황의 진정한 변화로 인한 얼음 공장의 파산을 막기 위해서는 가격 인상이 불가피하였으며, 만약 얼음 공장이 파산하였다면 양조장(및 다른 고객)이 얼음을 공급받지 못하였을 것이라고 판시하였다. 이는 낚시 사건과 대조된다. 낚시 사건에서는 배가 항구를 떠난 후 대체 근로자가 없는 상황에서 선원들이 상당한 교섭력을 갖게 되었다는 것이 유일하게 바뀐 점이었다. 따라서 그들의 임금 인상 요구는 진정한 비용 증가에 대한 반응이 아니라 순전히 기회주의적이었다(즉, 최초 임금 수준에서도 이행이 계속 가능하였다). 달리 표현하면, 얼음 사건에서는 공급곡선이 왼쪽으로 이동하였지만, 낚시 사건에서는 그렇지 않다는 것이다.

이 사건들은 '경제적 협박'(economic duress)이 실제로 독점의 방지와 관련된 것임을 보여 준다. 따라서 *Alaska Packers'* 사건과 같은 수정된 계약의 비집행은 기회주의적인 불이행을 억지함으로써 계약의 가치를 높인다. 동시에 *Goebel* 사건과 같이 실제 비용 증가를 반영하는 수정된 계약의 집행은 사라질 수 있는 유익한 교환을 촉진함으로써 계약의 가치를 높인다. 이 원칙을 적용하려면 법원이 비용이 변화되지 않은 사례와 비용이 실제로 변화된 사례를 구별할 수 있어야 한다. 비용의 변화에 대한 입증책임은 계약이 수정된 조항대로 집행되어야 한다고 주장하는 당사자에게 있다.

Alaska Packers' 사건의 기회주의적 수정과 *Goebel* 사건의 합법적 수정 사이의 중

간 사례는 판매자가 구매자 B가 같은 상품에 대해 더 높은 가격을 제시하기 때문에 구매자 A와의 계약을 종료하겠다고 위협할 때 발생한다. 한편으로 구매자 B의 높은 제안은 진정한 경제적 변화(판매자의 기회비용의 증가)이지만, 다른 한편으로 구매자 A가 구매자 B의 제안과 일치하는 가격 인상을 제시하지 못한다고 해서 판매자가 계약을 파기할 필요가 있다고는 할 수 없다. 따라서 여기에서의 문제는 판매자와 최초 구매자(구매자 A) 중 누가 구매자 B의 높은 제안으로부터 발생하는 이득을 얻어야 하는가이다. 이는 생산적(productive)이 아니라 순수하게 분배적(distributive)인 문제이다. 이 구분에 관해서는 뒤에서 검토한다.

3.3. 착오 및 사적 정보의 공개 의무

착오(mistake)의 원칙은 당사자들이 잘못된 믿음에 근거하여 계약을 체결하는 경우에 적용된다. 예를 들어, 내가 소유하고 있는 자동차 중 한 대를 이웃에게 판매하는 계약을 체결하였다고 하자. 하지만 거래가 마무리되려 할 때, 나는 10년 된 포드를 팔려고 하고 내 이웃은 나의 새 벤츠를 사려고 한다는 사실이 드러난다. 계약의 중요한 측면에 대해 근본적인 불일치가 있으므로(즉, 의사의 합치가 없으므로), 법원은 이 같은 쌍방착오(mutual mistake)가 있으면 계약의 집행을 거부한다.

더 어려운 문제가 소위 일방적 착오(unilateral mistake), 즉 둘 중 한 당사자만이 계약의 일부 측면을 잘못 인식하고 있을 때 발생한다. 값싼 골동품을 찾으려고 개인의 창고 세일을 자주 찾아다니는 골동품 전문가의 예를 다시 생각해 보자. 그 전문가가 TV 골동품 쇼에 나올 정도의 숨겨진 보물을 찾았다면, 판매자는 그 물건을 다시 찾아올 수 있는가? 실제 사건에 기초한 다른 예로 야구카드 수집가인 어린 소년이 가게에서 나중에 매우 저평가된 것으로 밝혀진 어떤 카드를 샀다고 가정하자. 소년은 구매 후 카드를 팔아 큰 이윤을 남긴다. 가게 주인이 이를 알고 처음 판매가 착오의 원칙에 따라 무효라는 소송을 제기한다(Kuli 1992). 가게 주인은 야구카드를 되돌려 받을 수 있어야 하는가? 법원은 쌍방 착오일 때에는 계약의 효력을 인정하지 않지만, 착오가 일방적일 때에는 계약을 집행한다. 그러나 이 법 원칙이 주어졌을 때, 골동품의 원소유자와 가게 주인은 두 당사자 모두에게 착오가 있었다고 주장할 것이며, 반면 구매자들은 두 당사자 모두가 물건의 가치를 알고 있었다고 주장할 것이다. 그리고 당사자의 믿음은 관찰할 수 없으므로 법원은 어느 것이 진실인지 밝힐 수 없다. 따라서 쌍방 착오와 일방 착오의 구별은 사건의 해결에 도움이 되지 않는다. 따라서 우리는 개선된 접근방법을 찾아야 한다.

여기에서 경제적 논점은 불완전 정보(imperfect information)이며, 당사자가 계약 체결 전에 사적 정보(private information)를 공개할 의무가 있는가이다. 우리는 앞서 경쟁 시장이 효율적으로 기능하기 위해서는 완전 정보가 필요하다고 하였다. 따라서 경제 이론에 따르면 착오와 관련된 법적 원칙은 정보의 최대 생산과 최대 공개를 촉진해야 한다고 결론 내릴 수도 있다. 그러나 이는 너무 안이한 결론이다. 불완전 정보로 인해 발생하는 문제는 훨씬 복잡하다.[2] 이하에서는 이 문제들을 풀어 보고자 한다.

유명한 *Sherwood v. Walker*(66 Mich. 568, 33 N.W.919, Mich.1887) 사건을 통해 분석의 맥락을 이해해 보자. 이 사건은 가축 육종가인 Walker가 은행가이자 농부인 Sherwood에게 암소를 판매한 계약에 관한 것이었다. 양측은 암소가 불임이어서 식용으로서의 가치만 있다는 확실한 믿음에 근거하여 80달러의 가격에 암소를 팔기로 합의하였다. 그러나 암소의 인도 전에 Walker는 암소가 임신하였으며, 재생산 능력이 있는 암소로서 750달러에서 1,000달러 사이의 훨씬 높은 가치가 있음을 발견하였다. 따라서 그는 Sherwood에게 암소를 인도하지 않았으며, Sherwood는 계약의 이행을 요구하는 소송을 제기하였다.

이 사건에서 법원은 쌍방 착오의 원칙에 근거하여 피고 Walker의 손을 들어 주었다. "다툼이 된 매매가 이루어진 시점에서 원고와 피고가 모두 암소가 임신할 수 없으

2 Kronman(1978), Smith and Smith(1990), Rasmusen and Ayres(1993), Shavell(1994)을 참조하라.

며 재생산을 하지 못한다고 믿었음을 보여 주는" Walker가 제시한 증거를 인용하면서, 법원은 계약이 무효라고 판시하였다. 다수 의견에서, 법원은 전통적인 쌍방 착오 원칙을 다음과 같이 기술하였다.

> 매매 계약에 동의한 것처럼 보이는 당사자는 합의가 매매의 대상, 가격, 실질적으로 계약을 맺게 된 부수적 사실 등 중요한 사실에 대한 착오에 기초하거나 그것을 기반으로 성립된 경우, 계약의 이행을 거부하거나 계약이 성립된 후 계약을 취소할 수 있다. 그리고 이는 쌍방 착오일 때 가능하다. 이 원칙은 확립된 원칙이다.

그러나 반대 의견을 가진 판사는 그 착오가 실제로 쌍방 착오였다는 것에 의심을 표명하였다.

> 피고는 자신이 생각한 품종과 품질을 대표하는 암소를 팔았으며, 구매자가 그렇게 이해하였다는 것은 의심의 여지가 없다. 그리고 구매자는 암소가 판매자에 의해 제시된 품종이라고 그리고 언급된 모든 품질 또는 그 이상을 가지고 있다고 믿고 암소를 구매하였다. 구매자는 암소가 가임이라고 믿었다. 원고(구매자)가 식용으로 암소를 구매하였다는 증거가 없으며, 암소를 가임으로 만들 수 있다고 생각하였기 때문에 암소를 구매하였다는 것을 보여 주는 기록도 없다. 이 같은 사실에 따르면, … 다수 의견은 원고가 피고보다 암소의 품질을 더 정확히 판단하였으므로, … 계약이 피고에 의해 마음대로 취소될 수 있다고 판시한 것이다. 나는 그러한 주장을 정당화하는 … 어떤 법도 알지 못한다.

다수 의견과 반대 의견은 구매자의 믿음에 관하여 다른 판단을 내리고 있다. 구매자는 암소가 재생산할 수 있다고 믿었는가? 이 판단에 따라 판사들은 계약의 집행 가능성에 대해 다른 결론에 도달하였다. 따라서 이 사건은 당사자들의 믿음은 관찰 불가능하고 거짓으로 주장될 수 있으므로 사건을 해결하는 유용한 근거를 제공하지 못한다는 앞의 주장을 뒷받침 해준다. 이와 달리 착오의 경제 이론은 비대칭 정보(asymmetric information)가 존재할 때 계약의 효율성을 높이는 원칙이 무엇인지 묻는다.

이론을 구축할 때 우리는 두 가지 기준을 적용할 것이다. 첫째 기준은 정보가 수집되는 방식이다. 정보가 의도적 탐색(deliberate search)의 결과인가, 아니면 우연히(casually), 즉 노력을 들이지 않고 획득된 것인가? Kronman(1978, 13)은 의도적으로 획득한 정보를 "문제의 정보가 실제로 생산될 가능성이 없었다면 지출되지 않았을 획득비용을 수반하는 정보"로 정의한다. 그는 또한 획득비용에는 "직접적 탐색비용뿐만 아니라 전문적 능력의 개발에 지출된 비용"도 포함된다고 지적하였다.

우리가 적용하는 두 번째 기준은 사회적으로 가치 있는 정보(socially valuable information)와 순수하게 분배적인 정보(purely distributive information)의 구별이다(Hirshleifer 1971; Shavell 1994). 사회적으로 가치 있는 정보는 경제적 가치를 증가시킬(즉, 파이의 크기를 크게 할) 수 있다. 순수하게 분배적인 정보는 단지 고정된 가치의 분배(파이를 자르는 방식의 변화)에 영향을 준다. 우리는 *Sherwood v. Walker*의 사실관계를 이용하여 이러한 기준들을 설명하고, 이 기준들이 계약 집행 원칙의 선택에 미치는 영향을 분석할 것이다.

3.3.1. 우연히 획득한 정보

우연히 획득한 정보의 예부터 시작해 보자. 불임으로 생각되는 암소를 파는 판매자가 있다. 그러나 불임으로 여겨지는 암소는 구매자나 판매자의 행위와 관계없이 도축 전에 10%의 확률로 가임인 암소로 드러난다. 즉, 암소의 유형에 관한 정보가 우연히 밝혀진다. 두 당사자는 이 가능성을 알고 있다. 가임 암소의 가치는 1,000달러이고, 불임 암소의 가치는 100달러라고 가정하자. 따라서 불임 암소의 가격은 기대 가치를 반영한 190달러=(0.1)×(1,000달러)+(0.9)×(100달러)가 될 것이다.

이 사례의 사실관계는 *Sherwood v. Walker* 사건의 사실관계와 유사하다. 분쟁은 암소가 가임이라고 밝혀질 때 일어난다. 판매자가 암소의 가격이 낮게 책정되어 구매자

표 4.1 우연히 획득한 정보: 계약을 집행하는 경우

상태	구매자의 이윤	판매자의 이윤	사회적 가치
가임	1,000−190=810달러	190달러	1,000달러
불임	100−190=−90달러	190달러	100달러
기대가치	(0.1)×(810)−(0.9)×(90)=0달러	190달러	(0.1)×(1,000)+(0.9)×(100)=190달러

표 4.2 우연히 획득한 정보: 계약을 집행하지 않는 경우

상태	구매자의 이윤	판매자의 이윤	사회적 가치
가임	0달러	1,000달러	1,000달러
불임	100−100=0달러	100달러	100달러
기대가치	0달러	(0.1)×(1,000)+(0.9)×(100) =190달러	(0.1)×(1,000)+(0.9)×(100) =190달러

가 횡재하였다는 것을 알게 되기 때문이다(물론, 암소가 불임 상태라면 판매자가 너무 높은 가격을 받은 것이다. 이때 구매자는 판매자에 대해 똑같은 주장을 할 수 있지 않은가?). 정보가 암소의 인도 전 또는 후에 드러나는가는 중요하지 않다. 정보가 가격이 설정된 후에 그러나 암소가 도축되기 전에 드러난다는 것이 중요하다.

이 사례에서 법원의 집행 결정의 효과는 무엇인가? 먼저 법원이 계약을 집행한다고 가정하자. [표 4.1]은 이때 구매자와 판매자의 이윤을 보여 준다. 첫째 줄은 암소가 가임이라고 판명되었을 때 공동(사회적) 이익이며, 둘째 줄은 암소가 불임일 때 공동(사회적) 이익이다. 셋째 줄은 기대가치이다. 구매자는 암소가 가임이면 810달러의 큰 이윤을 얻고, 암소가 불임이면 90달러의 손실을 보며, 기대이윤은 0이다(가격이 이미 암소의 기대가치를 반영하였기 때문이다). 판매자는 모든 상황에서 190달러의 이윤을 얻는다.

이와 대조적으로, 암소가 가임이라고 판명된 경우(이 사례에서 분쟁으로 이어지는 유일한 경우) 법원이 계약을 무효로 판단한다고 하자. 이때의 결과가 [표 4.2]에 제시되어 있다. 구매자는 가임이라고 밝혀진 암소를 돌려주어야 한다는 것을 알고 있으므로 암소의 대가로 100달러만 지급한다. 따라서 구매자의 기대수익은 모든 경우에 0이다. 그

러나 판매자는 암소가 가임이면 1,000달러(판매자는 가임 암소를 다른 축산업자에게 다시 팔 수 있다), 암소가 불임이면 100달러의 이윤을 얻으며, 이전과 같이 기대이윤은 190달러이다. 더욱이 계약의 사회적 가치는 190달러로 계약을 집행하는 경우와 같다. 우리는 법원의 집행 결정이 계약 이익의 분배에는 영향을 미치지만, 거래의 기대가치에는 영향을 미치지 않는다고 결론지을 수 있다.[3]

3.3.2. 의도적으로 획득한 순수하게 분배적인 정보

이제 구매자가 암소의 유형을 확실하게 파악하기 위해 계약 전에 50달러를 지출할 수 있다고 사실관계를 바꾸어 보자. 이 지출은 가임 능력을 결정하는 시험의 개발 또는 구매자가 암소를 관찰하고 유형을 확인하는 능력을 높이는 교육훈련 투자 등을 포함한다. 계약을 맺기 전에 구매자가 50달러를 지출하는 행위는 명백한 의도적 정보 획득(deliberate acquisition of information) 행위이다. 판매자는 구매자의 계약 체결 전의 이러한 투자에 관해 알지 못한다고 가정한다(구매자가 정보 수집을 위해 투자하였다는 것을 알고 있다면, 판매자는 구매자의 행동에서 정보의 내용을 유추할 수 있다. 구매자의 투자와는 관계없이 불임으로 여겨지는 암소는 10%의 확률로 도축 전에 가임인 암소로 밝혀진다는 가정은 그대로 유지된다).

먼저 법원이 사적 정보가 포함된 계약을 집행한다(즉, 법원이 정보 공개를 요구하지 않는다)고 가정하자. 우리는 [표 4.1]을 이용하여 50달러 투자로부터 구매자가 얻는 기대이익을 계산할 수 있다. 암소가 가임이라고 식별되면, 구매자는 그 사실을 감추고 190달러에 구매해서 810달러의 이득을 얻는다. 반면, 암소가 불임이라고 식별되면, 구매자는 암소를 구매하지 않을 것이다. 따라서 구매자가 50달러를 투자할 때 구매자의 기대이익은 다음과 같다.

---

3 계약 이익의 분배에 영향을 미치는 법원의 판결은 암소의 유형에 대한 불확실성에서 발생하는 위험의 배분을 결정한다. 계약을 집행하면 구매자가 위험을 부담하고, 계약을 집행하지 않으면 판매자가 위험을 부담한다. Posner(1998a, 114)를 참조하라.

$$(0.1)\times(810)+(0.9)\times(0)-50=81-50=31\text{달러}. \tag{4.1}$$

구매자는 순이익이 31달러라고 예상하므로 투자를 할 것이다. 순이익의 원천은 190달러로 가격이 높게 책정된 불임의 암소를 사지 않는 구매자의 능력이다.

그러나 이 경우 구매자가 얻는 양(+)의 순이익은 암소의 용도를 바꾸지 않고 단순히 이익을 재분배한다는 점에서 순수하게 분배적(purely distributive)이다. 암소가 가임일 때 판매자의 이윤은 계속 190달러([표 4.1]에서처럼)이지만, 암소가 불임일 때 판매자의 이윤은 이제 매매가 이루어지지 않기 때문에 100달러이다. 따라서 판매자의 기대이익은 다음과 같다.

$$(0.1)\times(190)+(0.9)\times(100)=109\text{달러}. \tag{4.2}$$

사회적 기대수익은 구매자의 이익 (4.1)과 판매자의 이익 (4.2)의 합이다.

$$31+109=140\text{달러}. \tag{4.3}$$

이는 [표 4.1]에서의 암소의 기대가치인 190달러에서 구매자의 50달러 투자를 뺀 것이다. 우리는 투자가 어떤 사회적 가치도 만들지 못하며, 따라서 낭비적이라고 결론지을 수 있다.

법원이 사적 정보의 숨김을 허용하였기 때문에, 이 사례에서의 구매자는 투자로부터의 이익을 실현할 수 있었다. 이제 반대로 법원이 정보의 공개를 요구한다고, 즉 일방적 착오가 있는 계약의 효력을 부인한다고 가정하자. 구매자는 이제 50달러를 투자할 유인이 없다. 왜냐하면 구매자가 가임임을 알아낸 암소를 190달러에 구매한다고 해도, (*Sherwood v. Walker* 사건에서와 같이) 후에 가임이라는 정보가 드러나면 판매자가 암소를 되찾아가므로 810달러의 이익이 사라질 것이기 때문이다.

구매자가 정보를 획득하지 않으려 하고 법원이 일방적 착오에 기초한 계약의 효력을 인정하지 않으면 우리는 [표 4.2]의 상황으로 되돌아간다. 그러나 암소의 유형을 식별하기 위한 구매자의 투자가 사회적 편익을 만들어 내지 않기 때문에 이 결과는 사회적 관점에서 보면 바람직하다. 정보는 순수하게 분배적이다. 이는 다음의 원칙을 제시한다. 즉, 정보가 순수하게 분배적이면 법원은 사적 정보의 공개를 요구해야 한다.

3.3.3. 의도적으로 획득한 사회적으로 가치 있는 정보

우리는 이제 의도적으로 획득된 정보가 사회적으로 가치 있는 경우를 살펴보자. 이를 위해 사실관계를 일부 변경한다. 구체적으로, 가임일 확률이 10%이지만, 두 당사자가 암소가 불임이라고 확신하고 있다고 가정하자. 그리고 구매자가 50달러를 투자하지 않는다면 암소의 유형에 대한 정보는 알려지지 않는다. 따라서 구매자가 투자하지 않을 경우, 구매자는 암소를 100달러에 구매해서 즉시 도살할 것이다. 따라서 투자하지 않을 때의 암소의 사회적 가치는 100달러이다.

이제 구매자가 암소를 식별하기 위해 계약 체결 전에 50달러를 투자한다고 하자. 또한 법원은 사적 정보에 기초한 계약을 집행한다고 가정하자(그렇지 않으면 구매자는 투자하지 않을 것이다). [표 4.3]은 이 사례와 관련된 자료를 제공한다. 암소가 가임이라고 식별되면 구매자는 850달러의 막대한 이익을 실현하는 반면, 불임이라고 식별되면 50달러의 매몰된 투자 손실을 본다(불임일 경우 구매자는 암소를 구매하는 것과 구매하지 않는 것에 무차별하다). 구매자는 기대가치가 40달러(0.1×850−0.9×50)이므로 투자할 것이다.

구매자는 이 사례에서 개인적 이득을 보기 때문에 투자하지만, 앞의 순수하게 분

표 4.3 사회적으로 가치 있는 정보: 계약이 집행되는 경우

상태	구매자의 이윤	판매자의 이윤	사회적 가치
가임	1,000−100−50=850달러	100달러	1,000−50=950달러
불임	100−100−50=−50달러	100달러	100−50=50달러
기대가치	(0.1)×(850)+(0.9)×(−50)=40달러	100달러	(0.1)×(950)+(0.9)×(50)=140달러

배적인 정보 사례에서와는 달리 투자는 사회적으로도 가치가 있다. 특히 이 경우 사회적 수익은 140달러이며, 이는 구매자가 투자하지 않을 때의 100달러를 초과한다. 차이가 나는 이유는 구매자의 투자가 암소의 용도를 바꿀 수 있기 때문이다. 특히 암소는 가임이라고 밝혀지면 번식을 위해 사용될 수 있다. 따라서 구매자의 사적 이익은 사회적 이익과 일치하며, 이것이 구매자의 투자를 사회적으로 가치 있게 만든다. 반대로, 정보가 순수하게 분배적인 사례에서는 암소가 도축되기 전에 정보가 알려지므로 구매자의 투자는 암소의 용도에 영향을 미치지 못한다. 구매자의 투자는 암소의 유형을 판매자보다 먼저 식별할 수 있게 하고, 구매자는 이 '예지력'을 이용하여 이윤을 얻을 수 있었을 뿐이다.

법원이 이 사례에서 사적 정보의 공개를 요구하면 구매자는 투자하지 않을 것이 분명하다. 사회적으로 가치있는 정보에 대한 투자가 이루어지지 않으면 사회적 손실이 발생한다. 따라서 정보가 사회적으로 가치가 있을 대 법원은 의도적으로 획득된 사적 정보의 공개를 요구해서는 안된다.

연습 문제 4.1

구매자는 주거용 토지를 10,000달러에 구매하는 계약을 체결하였다. 구매자는 토지 개발 준비 과정에서 500,000달러의 광상을 발견하였다. 판매자는 이 발견 소식을 듣고 착오를 주장하면서 계약이 무효라는 소송을 제기하였다.
(a) 광상의 발견은 사회적으로 가치가 있는가?
(b) 구매자는 정보를 의도적으로 획득하였는가 아니면 우연히 획득하였는가?
(c) 법원의 계약 무효 결정은 향후 가치 있는 광상의 발견에 영향을 미치는가?

이제 계약을 체결하기 전에 구매자가 광물이 매장되어 있을 가능성이 큰 토지에 대한 항공 조사를 수행하였다고 가정하자. 그리고 구매자는 판매자에게 광상의 발견을 밝히지 않고 토지를 10,000달러에 구매하였다.

(d) 사실관계가 이렇게 바뀌면, 앞의 질문들에 대한 답은 어떻게 변하는가?

3.3.4. 공개 원칙의 요약

[표 4.4]는 정보 공개 및 집행 원칙의 분석에서 우리가 지금까지 도달한 결론을 요약하고 있다. 표에 따르면, 정보가 우연히 획득된 때(1행)에는 정보 공개 원칙이 효율성과 관련이 없다. 따라서 원칙은 순전히 공정성 또는 정의를 근거로 선택될 수 있다. 이와 대조적으로, 정보가 의도적으로 획득된 때(2행 및 3행)에는, 법원은 정보가 순수하게 분배적이면 공개를 요구해야 하지만(즉, 계약을 집행하지 않는다), 정보가 사회적으로 가치 있다면 공개를 요구하지 않아야 한다(즉, 계약을 집행한다). 이러한 원칙은 사회적으로 유용한 정보의 생산을 장려하면서 순수하게 분배적인 정보의 낭비적 생산을 억지한다.

이제 [표 4.4]가 제시하는 원칙이 우리가 분석한 사례에 어떻게 적용되는지 살펴보자. *Sherwood v. Walker* 사건의 사실관계는 암소의 유형에 관한 정보가 우연히 획득되었음을 시사하며, 이는 법원의 판결이 효율성에 영향을 미치지 않음을 의미한다. 물론 구매자가 암소가 가임일 수도 있었다는 것을 알고 있었던 투자자일 수도 있다(반대 의견을 낸 판사가 그런 증거를 일부 제시하고 있다). 만일 이것이 사실이라면, 이 사건은 순수하게 분배적인 정보를 의도적으로 획득한 사례에 해당되며, 우리는 법원의 계약 무효 판결이 정확하다고 결론 내릴 것이다.

골동품 사례에서 올바른 판결은 물건의 구매자가 골동품 전문가인지 아니면 그저 운이 좋은지에 달려 있을 것이다. 골동품(또는 암소) 전문가가 되기 위해서는 비용이 수반되는 노력을 기울여야 하며, 따라서 전문가가 된다는 것 자체가 의도적인 정보의 획

표 4.4 정보 유형 및 획득 방식에 따른 최적의 공개 원칙

획득 방식	최적의 공개 원칙
우연히 획득	공개는 효율성과 관련 없음
의도적으로 획득	
순수하게 분배적인 정보	공개를 요구(계약 무효)
사회적으로 가치 있는 정보	공개를 요구하지 않음(계약 유효)

득이다. 만일 구매자가 전문가라면, 질문은 정보가 사회적으로 가치가 있는가 아니면 순수하게 분배적인가이다. 답은 구매자의 현명한 구매가 없었다면 그 골동품이 어떻게 되었을까에 따라 달라진다. 골동품이 개인의 창고 판매에 나온 다른 물건들처럼 버려지거나 다락방 구석에 처박히게 되었을 것이라면, 정보는 사회적 가치가 있으며 효율적 원칙은 계약을 집행하는 것이다.

야구카드 사례는 구매자가 의도적으로 노력하여 야구카드 전문가라는 지위를 얻었다고 가정하면 의도적으로 획득된 정보와 관련된 사례로 볼 수 있다. 그러나 여기서는 가게 주인이 문제가 된 카드의 실제 가치를 알고 있었을 것이 확실하므로, 정보는 순수하게 분배적일 것이다. 따라서 구매자가 구매하지 않았더라도 카드는 저평가되지 않았을 것이다. 이를 고려하던, 이 사례의 올바른 판결은 카드를 가게 주인에게 돌려주는 것이다.

마지막 예로서, 유명한 *Laidlaw v. Organ*(15 U.S. 178, 1817) 사건을 생각해 보자. 이 사건은 Laidlaw가 Organ에게 담배를 판매한 계약과 관련된 사건이다. 이 계약은 1812년 전쟁 시 영국의 뉴올리언스 봉쇄 기간에 체결되었기 대문에 담배의 계약 가격이 매우 낮았다. 그러나 계약 체결 전에 Organ은 전쟁을 종결하는 겐트 조약(Treaty of Ghent)이 체결되었음을 알고 있었으며, 따라서 봉쇄가 곧 해제되고 가격이 상승하면 담배를 재판매함으로써 큰 이익을 얻을 수 있다는 것을 알고 있었다. 이 정보가 모든 사람에게 알려지자 Laidlaw는 계약의 이행을 거부하였다. 그러나 대법원은 체결한 계약이 그대로 집행되어야 한다고 판단하였다.

이 사건에 대한 의견은 어떤 가정을 하느냐에 따라 달라질 수 있다. 예를 들어, Posner(2003, 111)는 사회적 가치가 있는 정보를 획득할 유인을 창출할 필요성에 근거하여 법원의 판결을 지지한다. 그러나 Cooter & Ulen(1988, 26)은 문제의 정보는 Laidlaw의 비용으로 Organ이 수익을 낼 수 있다는 의미에서 순수하게 분배적이며, Organ이 획득한 후 바로 널리 알려질 것이 분명한 정보이므로 사회적 가치를 창출하지 못한다고 주장한다. Kronman(1978, 15)은 Organ이 우연히 정보를 획득하였는지 또는 예를 들어, "가치 있는 상업적 '친분' 네트워크를 구축하는 등"의 의도적 노력의 결과로 정보를 획득하였는지를 묻는다. 이 사건에 대한 서로 다른 견해들은 정보 공개 원칙을 적용할 때 법원이 고려해야 할 요소들을 예시한다. 따라서 이 사건은 착오 원칙의 복잡성을 보여주지만, 적어도 우리가 제안한 원칙은 계약 체결 시점의 당사자 마음 상태가 아닌, 관찰 가능한 사실에 근거한 결정을 내릴 수 있는 객관적 기초를 제공한다.

3.3.5. 불리한 정보의 공개

암소가 가임이라는 발견 또는 야구카드가 처음에 생각한 것보다 높은 가치가 있다는 발견은 유리한(favorable) 정보, 즉 물품의 가치를 높이는 정보를 발견하는 예이다. 그러나 어떤 때는 불리한(unfavorable) 정보가 발견된다. 예를 들어, 구매자가 주택을 매입한 후 집이 흰개미에 오염된 것을 발견하였다고 가정하자. 이런 사례에서는 정보 공개와 관련된 앞의 결론이 어떻게 달라지는가?

구체적으로, 흰개미에 오염될 수 있는 주택의 매매 계약을 생각해 보자. 흰개미가 탐지되면 500달러의 박멸비용이 들지만, 탐지되지 않으면 2,000달러의 피해가 발생한다. 또한 흰개미가 있는 집의 비율이 10%라고 가정하자. 분명, 이 경우 흰개미의 존재에 관한 정보는 사회적으로 가치가 있다. 왜냐하면 기대되는 비용 절감이 (0.1)×(2,000 − 500) = 150달러이기 때문이다. 따라서 이 정보를 150달러 미만의 비용으로 얻을 수 있다면 그렇게 하는 것이 사회적으로 가치가 있다.

구매자가 주택 매매 전에 정보를 얻을 수 있다고 가정하자. 구매자가 흰개미를 발견하면, 법의 강제 여부와 상관없이 비용을 반영하여 집값을 낮추기 위해 그 사실을 공개할 것이다. 반면 판매자가 흰개미를 발견하면 집값이 낮아지므로 그 사실을 공개하지 않을 것이다. 따라서 법은 판매자에게 불리한 정보를 공개할 의무를 부과해야 하며 실제로도 부과하고 있다.[4]

4 예를 들어, *Obde v. Schlemeyer*, 56 Wash. 2d 449, 353 P.2d 672(1960)를 참조하라. 공갈(balckmail)에 관한 법도 비슷한 해석을 한다. 제8장 4.9를 참조하라.

이 사례는 정보 공개에서의 구매자와 판매자의 비대칭적 상황을 보여 준다.[5] *Sherwood* 사건의 논의에서, 우리는 구매자의 유리한 정보의 획득에 초점을 맞추었다. 결론은 공개 원칙은 매매 전에 유리한 정보를 획득하려는 구매자의 경제적 유인에 영향을 주지만, 판매자가 매매 전에 유리한 정보를 얻는 경우에는 자발적으로 정보를 공개하므로 판매자의 결정에는 영향을 미치지 않는다(따라서 암소의 판매자는 불임으로 생각되었던 암소가 가임이라는 것을 자발적으로 공개할 것이다)는 것이었다. 구매자에게 불리한 정보인 경우에는 상황이 바뀐다. 구매자는 정보를 자발적으로 공개하지만, 판매자는 정보를 공개하도록 강제되어야 한다. 이 차이는 새로운 정보로부터 혜택을 받는 당사자(유리한 정보의 경우는 판매자, 불리한 정보의 경우는 구매자)만이 자발적으로 정보를 공개한다는 사실을 반영하는 것이다.

3.4. 비양심성

계약이 무효가 되는 마지막 이유는 비양심성(unconscionability)이다. 이 원칙에 따르면, 법원은 계약 조항이 한쪽 당사자에게 매우 불공정하게 설정된 것으로 보이는 계약을 집행하지 않는다. 원칙의 기본 발상은 당사자가 자발적으로 불공정한 조건을 받아들일 리가 없으며 무능력이거나 협박 또는 사기의 피해자임이 틀림없다는 것이다(Epstein 1975). 그러나 비양심성 원칙은 원고에게 문제에 대한 입증을 요구하지 않는다. 대신, 법원은 계약 조항에서 이 같은 문제가 있음을 유추한 다음 계약 체결 당시 계약이 공정하였음을 입증하는 책임을 피고에게 이전시킨다. 따라서 비양심성은 계약을 무효화하는 새로운 이유를 도입하는 것이 아니다. 단지 계약의 공정성을 입증하는 부담을 원고에서 피고에게로 이전시킨다.

그러나 이러한 입증책임의 전환은 실질적인 영향을 미친다. 한편으로 사기, 협박

5 이 비대칭성은 Shavell(1994)에 의해 지적되고 있다.

또는 무능력이 있었지만, 원고가 쉽게 증명할 수 없었던 일부 계약은 정당하게 무효가 된다. 반면, 공정하게 체결되었지만, 뒤에 가서 한쪽 당사자에게 불리하다고 판명되는 일부 계약은 부당하게 무효가 된다. 따라서 비양심성 원칙이 바람직한가를 평가할 때의 핵심 문제는 상반된 효과의 상대적 빈도와 비용이다.

예를 들어, *Williams v. Walker Thomas Furniture Co.*(350 F.2d 445, D.C. Cir. 1965) 사건에서 법원이 비양심적이라고 판결한 누적담보 조항(add-on clauses)을 검토해 보자. 누적담보 조항은 소비자가 판매자로부터 신용 거래로 가구와 같은 내구재를 구매하는 계약에서 가끔 사용되었다. 이 조항은 구매자가 특정 품목에 대한 지급을 불이행한 경우 판매자가 해당 품목과 구매자가 이전에 구매하여 지급을 완료한 품목을 다시 소유할 수 있다고 명시하고 있었다. 법원은 이 조항이 저소득층 구매자에게 매우 불공평한 것처럼 보이기 때문에 비양심적이라는 판결을 내렸다. 이 같은 결정은 누적담보 조항이 판매자의 탁월한 교섭력의 산물이며 일종의 경제적 협박이라는 견해를 반영한다.

그러나 경제학자들은 누적담보 조항이 시장실패의 원인이 아니라 시장실패에 대한 대응일 수 있다는 다른 관점을 취한다. 예를 들어, 내구재를 구매하려고 하는 가난한 소비자가 담보 및(또는) 신용 부족으로 인해 은행 대출을 받을 수 없다고 하자. 누적담보 조항을 이용하면, 구매자가 지급을 완료한 어떤 품목을 추가 상품 구매에 대한 담보로 제공할 수 있으므로 판매자가 구매자에게 신용을 제공할 수 있다. 따라서 구매자는 불이익을 당한 것이 아니라, 얻을 수 없었던 신용을 얻음으로써 누적담보 조항의 혜택을 받은 것이다.

물론 이 견해가 소비자가 완벽하게 이해하지 못하는 복잡한 계약 조건에 의해 이용당할 수 있다는 것을 부정하는 것은 아니다. 그러나 이 사례는 비양심성의 적용 여부를 결정할 때 법원이 직면하는 상충관계를 보여 준다. 이 상충관계의 평가에서 유의할 점은 과연 계약 조항의 검토가 유용한 증거를 제시해 주는가의 여부이다. 계약 조항에 전적으로 의존할 때 발생하는 문제는 순환 논리의 가능성이다. "당사자는 계약이 불리하므로 무능력으로 판정되며, 계약은 당사자가 무능력이므로 불리하다고 판정된다”(Craswell and Schwartz 1994, 338). 이런 오류에 빠지지 않으려면 이상적으로 무능력, 협박 또는 사기의 증거가 계약의 외부에 존재해야 한다. 그렇지 않으면 기회주의(opportunism)의 가능성이 높아져 계약의 기대가치가 감소한다. 동시에, 특정한 계약 관행이 (누적담보 조항과 같이) 협상 조건이 불균등한 상황에서 체계적으로 발생한다면 그 관행을 없애기 위한 비양심성 원칙의 사용은 적절할 수 있다. 이런 경우로 적용이 제한된다면, 비양심성 원칙은 경제적으로 유용한 원칙이 될 수 있다.

4. 결론

이 장은 효율적 교환을 촉진하는 계약의 역할을 검토함으로써 계약법의 경제적 분석을 시작하였다. 경쟁 시장을 유효한(집행 가능한) 계약의 요소를 결정하는 패러다임으로 사용하여, 우리는 계약을 무효화하는 법적 이유를 다양한 형태의 시장실패에 대한 대응으로 해석하였다. 우리는 먼저 강제 또는 협박에 의해 체결된 계약을 무효화하는 원칙을 검토하고, 이 원칙의 적절한 경제적 기능은 독점을 예방하는 것이라고 주장하였다. 다음으로 계약 체결 전에 사적 정보를 공개할 의무에 관한 복잡한 착오의 원칙을 다루었다. 언뜻 보면 최대 공개가 효율적인 교환에 가장 도움이 된다고 생각할 수 있지만, 정보 획득에 대한 경제적 유인을 고려하면 문제가 복잡해진다. 몇 개의 간단한 사례를 분석하고 우리는 효율적 공개 원칙을 정보가 의도적으로 또는 우연히 획득되었는지와 정보가 사회적으로 가치가 있는지 또는 순수하게 분배적인지의 두 가지 차원을 이용하여 결정할 수 있다고 제안하였다.

마지막으로, 우리는 법원이 매우 불공정한 것으로 보이는 계약을 무효화할 수 있는 비양심성의 원칙을 살펴보았다. 우리는 이 원칙이 진실로 불공정하나 원고가 사기 또는 협박의 증거를 입증할 수 없는 일부 계약을 적절하게 무효화할 수 있지만, 공정하게 체결되었으나 후에 단순히 불리하다고 판명된 계약을 부적절하게 무효화하는 결과를 초래할 수도 있다고 주장하였다. 이 원칙의 경제적 바람직성은 이 두 가지 결과의 상대적 빈도에 달려 있으며, 이는 경험적 질문이다.

이 장은 계약의 집행 가능성에 초점을 맞추었다. 이제 계약 파기에 대한 구제 방식의 설계로 주제를 옮겨 보자. 계약 파기에 관한 논의에서의 핵심적인 질문은 다음과 같다. 언제 집행 가능한 계약을 파기하는 것이 효율적인가? 효율적인 경우에만 계약 파기가 이루어지도록 유도하는 법적 구제 방식은 무엇인가?

토론 문제

1. 계약 당사자가 계약상 의무에서 벗어나고자 하는 경우, 적절한 경제적 질문은 계약이 순이익을 창출하는지 여부이다. 이 질문에 답할 때 적절한 기준 시점은 계약의 이행 시점이 아니라 계약의 체결 시점인 이유를 설명하라.

2. 계약법에서 약속은 약인이 존재할 때에만, 즉 약속이 상호적일 때에만 집행될 수 있다. 반면, 선물을 주겠다는 약속은 의도된 수혜자가 약속의 이행을 기대하고 비용을 지출하지 않는 한 일반적으로 집행될 수 없다. 이 차이를 경제적 관점에서 논의하라.

3. 현재 팀과 장기 계약을 맺고 있는 프로 선수를 생각해 보자. 이 선수는 탁월한 시즌을 보낸 후, 연봉을 올려 주지 않으면 뛰지 않겠다고 버티고 있다. 팀은 이에 동의하고 계약을 수정하였으나, 뒤에 이 행동을 후회하고 처음 계약을 복원하기 위한 소송을 제기한다. 당신은 법원이 어떻게 판단할 것으로 생각하는가? 어떻게 판단해야 한다고 생각하는가?

4. Scheppele(1988, 84)는 법원이 정보가 없는 당사자가 생각할 수 없는 '심층적 비밀'(deep secrets)에 관한 정보는 공개를 요구하지만, 정보가 없는 당사자가 '흐릿한 감'(shadowy sense)을 가지고 있는 '얕은 비밀'(shallow secrets)에 관한 정보는 공개를 요구하지 않는다고 주장한다. 이 원칙은 경제적으로 타당한가?

5. Posner(1998a, 114)는 *Sherwood v. Walker* 사건의 사실관계가 "암소의 판매 가격에는 가임일 확률로 (물론 크게) 할인된 가임일 경우의 가치가 포함되어 있었다는 증거를 제공한다"라고 주장한다. 이러한 증거가 최초 계약의 집행에 관한 법원의 결정에 영향을 미쳐야 하는가?

6. 사기방지법(statute of frauds)은 부동산과 같은 매우 가치 있는 재화의 매매 계약은 서면으로 작성해야 한다고 규정하고 있다. 계약서 작성비용과 기회주의나 법적 오류로 인해 거래가 성립되지 못할 위험 사이의 상충관계를 바탕으로 이 원칙의 경제적 근거를 제시하라.

단원 문제

1. 다음 두 가지 계약 수정 사례를 생각해 보자. *Recker v. Gustafson*(279 N.W. 2d 744, 1979) 사건에서 Recker는 Gustafson에게 농장의 대가로 290,000달러를 지급하기로 합의하였다. 그러나 Gustafson은 인도 전 Recker에게 "[처음] 계약에서 벗어나기 위해 법원에 소송을 제기할 의사가 있으며, 소송은 큰 비용이 들 것이다"라고 통보한 후 10,000달러를 추가로 요구하였다. Recker는 가격 인상에 합의하였으나, 나중에 강제(coercion)를 주장하면서 10,000달러를 돌려달라는 소송을 제기하였다. *Blakeslee et al. v. Board of Water Com'rs of City of Hartford*(139 A. 106, 1927) 사건에서, 원고는 제1차 세계 대전의 발발로 근로자와 원자재가 부족하여 댐 건설 비용이 예상치 못하게 상승하자 가격 인상을 요구하여 관철시켰다. 나중에 도시는 처음 가격을 복원하기 위한 소송을 제기하였다.
   (a) 이 두 사건에서 약속자는 요구한 가격 인상을 뒷받침하는 새로운 약인을 제시하였는가?
   (b) 경제 이론은 두 사건을 구별하는 근거를 제공하는가? 설명하라.

2. Jack과 Jill은 결혼을 계획하며 1년을 보냈다. 결혼하는 날 Jack은 Jill에게 혼전 계약에 서명할 것을 요구하였다. Jill은 마지못해 서명하였다. 그러나 이로 인해 부부 관계가 악화되어, 둘은 몇 달 후에 이혼하였다. 그리고 Jill은 혼전 계약을 무효라는 소송을 제기하였다.
   (a) Jill이 혼전 계약에 서명하였을 때 유효한 계약의 요소가 있었는가?
   (b) 그녀는 혼전 계약을 무효화할 정당한 근거가 있는가?

3. 당신이 맥도날드 프랜차이즈를 운영하려고 한다. 맥도날드는 햄버거 패티, 빵 및 기타 용품을 자사로부터만 구매해야 한다는 협상 불가능한 계약을 제시한다. 당신은 동의하지만, 후에 재료와 용품의 가격이 매우 높다는 것을 알게 되고, 계약의 해당 조항이 무효라는 소송을 제기한다.
   (a) 당신은 소송에서 이길 수 있는가?
   (b) 맥도날드로부터만 재료를 구매해야 한다는 조항의 경제적 근거가 있는가?
   (c) 법원이 계약을 무효라고 판단하면, 맥도날드는 어떻게 계약을 변경할 것인가?

4. 판매자 S가 구매자 B에게 15,000달러의 가격으로 토지를 매각하는 계약을 생각해 보자. 매매가 완료된 후 지방 정부는 부동산 근처에 고속도로를 건설한다는 계획을 발표하고, 이로 인해 토지의 가치가 10만 달러로 올라간다. S는 착오를 이유로 계약이 무효라는 소송을 제기한다. 고속도로가 승인되지 않는다면 토지의 가치는 5,000달러에 불과하다는 사실이 재판 과정에서 밝혀진다. 이 정보는 쌍방 착오라는 S의 주장에 관해 무엇을 알려주는가?

5. 계약 파기 사건의 원고는 계약 체결 후 구매자가 가치 있는 광물을 발견하였다는 것을 알고 자신이 소유한 토지에 매장된 광물에 대한 권리를 판매한 계약이 무효라는 소송을 제기하였다. 재판에서 구매자가 구매 전에 그 장소에 대한 항공 조사를 실시하고 광물이 있다는 증거를 발견하였지만, 판매자에게 이 정보를 공개하지 않은 것으로 밝혀졌다고 가정하자. 법원은 구매자가 정보를 공개할 의무가 있다는 것을 근거로 계약을 무효화해야 하는가? 이 정보는 사회적으로 가치 있는 정보인가 아니면 순수하게 분배적인 정보인가?

chapter 05

계약법의 경제학 II: 계약 파기의 구제수단

제4장은 어떤 계약이 법적으로 집행 가능한 계약인가를 검토하였다. 계약 성립에 대한 항변을 통해, 법은 자발적으로 체결된 상호 이익이 되는 계약만을 집행하였다. 그러나 체결 시점에서 서로에게 이익이 되었던 계약도 이행 시점에서는 서로에게 이익이 되지 않을 수 있다. 그 이유는 당사자가 예견하지 못한, 계약 가치를 감소시키거나 이행비용을 증가시키는 우발적 상황이 발생할 수 있기 때문이다. 만약 계약이 집행 가능하다고 판단되면, 즉 계약을 이행하지 않으려는 당사자가 계약이 잘못 체결되었다고 법원을 설득하지 못하면, 법원은 파기된 계약에 대한 구제수단을 결정해야 한다. 집행 가능한 계약의 파기에 대한 효율적 구제 방식의 설계가 이 장의 주제이다.

분석의 출발점은 계약 이행의 비용이 계약 이행의 편익을 초과하면 계약 파기가 효율적이라는 명제이다. 따라서 계약 파기에 대한 효율적 구제 방식은 계약 당사자가 이행비용이 이행편익을 초과하는 상황에서만 계약을 파기하도록 유도해야 한다. 또한 계약 파기의 구제수단이 계약 당사자의 이행에 대비한 투자에 미치는 영향도 중요하다. 이 신뢰투자(reliance investments)는 이행의 가치를 높이지만, 계약 파기가 발생하면 거의 회수될 수 없다. 따라서 계약 파기의 구제수단은 이행에 관한 계약 당사자의 과도한 신뢰를 방지해야 한다. 마지막으로, 계약 파기의 구제수단은 계약 위험의 최적 배분에도 영향을 미친다. 위험 배분의 문제가 마지막 논점이다.

이들 주제의 분석은 금전적 손해배상(money damages)을 중심으로 진행될 것이다. 금전적 손해배상은 법원이 채택하는 표준적인 구제수단이다. 이 장은 자주 사용되지 않지만, 적극적으로 활용되어야 할 구제수단인 특정 이행(specific performance)도 검토한다. 손해배상액의 예정과 제품 보증 등의 당사자가 설계한 구제수단을 분석하며, 장기계약 및 수직적 합병을 논의한다.

1. 효율적 계약 파기 모형

효율적 계약 파기의 몇 가지 사례를 가지고 검토를 시작해 보자.[1] 어떤 재화를 생산하여 인도하는 구매자와 판매자 사이의 계약이 있다. V를 재화가 구매자에게 주는 가치라고 하고, C를 판매자의 재화 생산의 가변비용이라고 하자(판매자의 고정비용은 0이라고 가정한다).

사례 1: 생산비용의 불확실성(uncertainty over production costs)

예를 들어, 에너지, 노동 또는 원자재 비용에 대한 불확실성으로 인해 계약 체결 시점에서 판매자의 생산비용이 불확실하다고 가정하자. C가 얼마인지 확정되면, 판매자는 재화의 생산을 계속할지를 결정한다. 효율적 원칙은 $C < V$이면 재화를 생산하고 $C > V$이면 계약을 파기하는 것이다. 후자의 경우, 생산 완료에 필요한 자원의 비용이 이행의 가치보다 크므로, 계약 파기가 효율적이다. 생산하면 $C - V$의 순손실이 발생한다.

사례 2: 구매자 이행 가치의 불확실성(uncertainty over the value of performance)

이 사례는 구매자의 이행 가치가 불확실하다고 가정한다. 예를 들어, 어떤 공장이 기계를 주문한다. 그런데 이 기계는 공장이 생산하는 제품의 수요가 줄어들면 필요가 없어진다. 이 사례에서 불확실성은 C가 아닌 V에 관한 것이다. 하지만, 효율적 파기의 조건(및 이론적 근거)은 사례 1과 같다. 즉, $V < C$이면 계약 파기가 효율적이고 $V > C$이면 이행이 효율적이다.

1 계약 파기 및 신뢰투자에 관한 사례와 내용의 상당 부분은 Shavell(1980b)과 Rogerson(1984)에 기초하고 있다.

사례 3: 대체 구매자 제안의 불확실성(uncertainty about offers from alternative buyers)

판매자가 재화의 생산을 완료하고($V > C$이다), 최초 구매자에게 인도하기 전에 두 번째 구매자가 나타나 더 높은 가격을 제시한다고 가정하자. 이 사례에서 효율성은 재화의 가치를 가장 높게 평가하는 사람에게 재화가 인도되어야 달성된다. 따라서 V'를 두 번째 구매자가 평가하는 가치라고 하면, $V' > V$인 경우 판매자가 최초 계약을 파기하고 두 번째 구매자에게 판매하는 것이 효율적이다(그러나 이 사례에서 효율적 결과를 달성하기 위해 계약 파기가 정말 필요한가? 이 문제에 관해서는 2.3을 참조하라).

이상의 사례는 효율적 파기(efficient breach)의 조건을 제시한다. 그러나 실제 계약 파기(actual breach)는 이 조건에 따라 이루어지지 않는다. 당사자는 효율성에 기초하여 계약을 파기하지 않으며, 마치 가해자가 사회적 비용이 아닌 사적 비용에 근거하여 주의 결정을 내리는 것처럼, 사적 이익에 미치는 영향에 기초하여 계약 파기를 결정한다. 불법행위에 대한 손해배상처럼, 계약 파기에 대한 구제수단의 역할은 계약 파기 당사자의 사적 비용과 편익을 사회적 비용과 편익에 일치시키는 것이다. 이것이 어떻게 가능할지 생각해 보자.

1.1. 금전적 손해배상과 효율적 파기

이하에서는, 사례 1(생산비용에 대한 불확실성)을 가지고 계약 파기의 경제 이론을 설명한다. 양조장(구매자)과 얼음 공장(판매자) 사이의 계약에 관한 제4장의 사례로 돌아가 보자. 양조장은 맥주의 가치를 V라고 평가하며 이 사실을 계약 당사자들이 알고 있다. 얼음의 계약 가격 P는 양조장의 평가보다 낮다. 얼음 공장의 얼음 공급비용은 날씨의 불확실성으로 인해 계약 체결 시점에서 불확실하다. 그러나 얼음 공장은 그 비용이 계약 가격 P보다 작을 것이라고 예상한다. 따라서 두 당사자는 계약을 통해 이익을 얻는다고 예상하고 있다(즉, $V > P > E(C)$).

한편, 구매자는 계약 이행에 대비하여 R의 신뢰투자(reliance investment)를 한다. 예를 들어, 얼음이 배달된다고 예상하고 양조장이 맥주를 미리 생산해 두는 것이 여기에 해당된다. 신뢰투자는 판매자의 이행비용(얼음의 생산비용)이 확정되기 전에 결정된다. 신뢰투자를 하는 이유는 신뢰투자가 계약의 이행 가치를 높이기 때문이다. 따라서 V는 R과 양(+)의 관계가 있다. 그러나 비용이 확정되기 전에 R을 선택하므로 계약이 파기되면 투자는 상실된다(즉, 얼음이 배달되지 않으면 맥주가 상한다). 신뢰투자 R은 회수 불가능(non-salvageable)하다.[2] 그러므로 판매자가 계약 파기 결정을 하기 전에 구매자가 R의 투자를 한다는 것은 중요한 가정이다. 만일 구매자가 기다릴 수 있다면 구매자는 이행이 이루어질 때만 R을 지출할 것이다. 그러나 기다리는 것이 (기술적 이유로) 불가능하거나 바람직하지 않은 경우가 많다. 분석의 목적상, 우리는 당분간 R을 고정된 지출로 취급한다. 구매자의 R의 최적 선택은 뒤에서 검토할 것이다.

D는 계약이 파기되었을 때 판매자가 구매자에게 지급해야 하는 법원이 설정한 손해배상액이다. 우리의 목표는 판매자가 효율적으로 계약을 파기하도록 유도하는 D의 크기를 결정하는 것이다. [표 5.1]은 이행 및 파기 상태에서의 구매자의 이익, 판매자의 이익, 공동(사회적) 이익을 제시하고 있다.

먼저 이 사례에서 효율적 계약 파기의 조건이 다음과 같음을 기억하자.

$$C > V, \tag{5.1}$$

즉 이행비용이 이행 가치보다 커야 한다. 신뢰투자는 생산비용이 확정된 시점에서는 매몰비용(sunk cost)이므로, 효율적 파기 조건에 영향을 미치지 않는다. 이를 확인하려면, [표 5.1]의 (3)열을 보라. $-R > V - R - C$이면, 계약 파기의 공동 이익이 계약 이행의 공동 이익보다 크다. 좌변과 우변의 R을 제거하면, $C > V$가 된다.

2 신뢰투자가 부분적으로 회수 가능하다고 일반화해도 기본 결론에는 변화가 없다. Shavell(1980b)을 참조하라.

표 5.1 계약 파기 사례

상태	구매자의 이익 (1)	판매자의 이익 (2)	공동 이익 (3)
이행	$V-R-P$	$P-C$	$V-R-C$
파기	$D-R$	$-D$	$-R$

이제 판매자가 실제로 계약 파기를 어떻게 결정하는지 생각해 보자. 일단 생산비용이 확정되면, [표 5.1]의 (2)열에서 판매자는 $-D > P-C$이면, 즉

$$C > P + D. \tag{5.2}$$

이면 계약을 파기한다. (5.2)의 좌변은 계약 파기의 편익(생산비용 절감)이고, 우변은 계약 파기의 비용(받지 못하는 계약 가격과 손해배상액)이다. 편익이 비용을 초과하면 판매자는 계약을 파기한다.

우리의 목표는 판매자가 계약 파기가 효율적일 때만 계약을 파기하도록 유도하는 것이다. 따라서 판매자의 사적 계약 파기 조건 (5.2)와 사회적 계약 파기 조건 (5.1)이 일치해야 한다. 이는 두 조건의 우변이 같을 때 성립한다. 따라서

$$D = V - P, \tag{5.3}$$

이 조건은 손해배상액이 구매자가 평가한 가치와 계약 가격의 차이(구매자 잉여[buyer's surplus])와 일치해야 한다는 것이다. 즉, 계약이 파기될 경우, 거래로부터 구매자가 얻었을 사라진 잉여를 판매자가 구매자에게 보상해야 한다.

이 손해배상액은 효율적 파기의 유도라는 특정한 목표로부터 도출되었다. 다음 질문은 이 손해배상액이 계약 파기 사건에서 법원이 사용하는 실제 구제수단과 어떤 관련이 있는가이다. 가장 보편적으로 사용되는 손해배상액은 이행이익 배상(expectation damages)이다. 이행이익 배상은 피약속자(파기의 피해자, 이 경우에는 구매자)에게 계약이 이행된 것과 같은 상태를 만들어 주는 금액으로 정의된다. 즉, 이행이익 배상은 피약속자가 이행과 파기에 무차별하도록 만들어 준다. 우리는 이 손해배상액을 [표 5.1]에서 (1)열의 두 행을 같다고 놓고 D에 관해서 풀어서 계산할 수 있다. 결과는 $D = V - P$이며, 이는 (5.3)과 같다. 즉, 이행이익 배상이 판매자에게 효율적 파기에 대한 올바른 유인을 제공한다.

곰곰이 생각해 보면, 이 결론이 그렇게 놀라운 것은 아니다. 이행이익 배상은 파기로 인한 구매자의 손해를 완전히 보상하기 때문에, 판매자는 이 손해를 내부화하게 되며, 따라서 사회적으로 올바른 계약 파기 결정을 내린다. 이는 불법행위법의 엄격책임 원칙과 유사하다. 엄격책임 원칙은 가해자가 사고로 인한 피해자의 손해를 완전히 보상하여 효율적 주의를 기울이도록 유도한다. 따라서 지금 우리가 만든 효율적 파기 모형은 제2장의 일방적 사고 모형과 유사하다.[3]

법원이 가끔 사용하는 손해배상의 다른 척도는 신뢰이익 배상(reliance damages)이다. 신뢰이익 배상은 피약속자에게 계약이 체결된 적이 없었던 것과 같은 상태를 만들어 주는 금액으로 정의된다. 이행이익 배상처럼, 신뢰이익 배상은 파기의 피해자를 완전히 보상해 주지만, 그 기준점이 이행 이후의 상태가 아닌 계약 체결 이전의 상태라는 점이 다르다. [표 5.1]의 이득은 순이득을 의미하므로, 계약 체결 이전 상태에서의 구매자의 이득은 0이다. 따라서 계약 파기 상태에서의 구매자 이득((1)열의 둘째 행)을 0과 같다고 놓으면 $D = R$이 된다. 즉, 신뢰이익 배상은 구매자에게 회수할 수 없는 신뢰지출을 되돌려 준다.

신뢰이익 배상에서 판매자의 계약 파기 조건은 무엇인가? $D = R$을 (5.2)에 대입하면, 다음과 같은 파기 조건이 도출된다.

3 Cooter(1985)가 이 유사성을 처음으로 지적하였다.

그림 5.1 손해배상 원칙과 계약 파기가 발생하는 범위

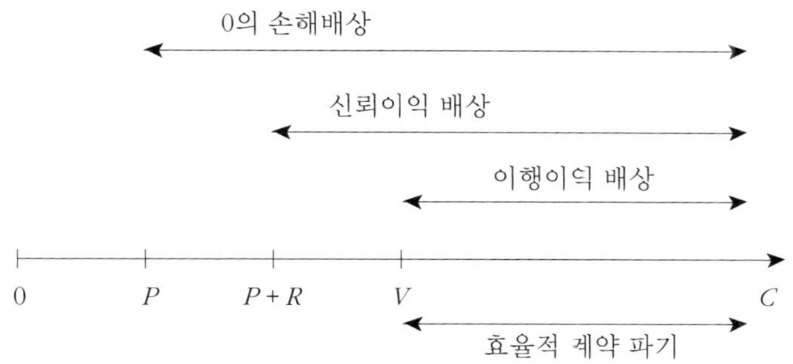

$$C > P + R. \tag{5.4}$$

따라서 판매자는 $P + R < V$이면 너무 자주 파기하고, $P + R > V$이면 너무 드물게 파기한다. 그러나 구매자가 계약 이행에서 0보다 큰 이익을 얻으려면 $V - R - P > 0$이어야 한다((1)열의 첫째 행). 따라서 $P + R < V$이며 판매자는 신뢰이익 배상에서 너무 자주 계약을 파기한다.

마지막으로, 0의 손해배상($D = 0$)에서 판매자의 유인을 고려해 보자. 0의 손해배상에서는 $C > P$, 즉 확정된 비용으로 이행하여 손실이 발생하면 계약을 파기한다. 계약 파기는 신뢰이익 배상($R > 0$이라고 하면)보다 0의 손해배상에서 자주 발생하므로, 이 경우에도 과도한 계약 파기가 발생한다. [그림 5.1]은 계약 파기에 관한 결론을 요약해서 보여 준다. 그림은 세 가지 손해배상에서 계약 파기가 발생하는 생산비용의 범위를 효율적 계약 파기에서의 범위와 비교하여 제시하고 있다.

연습 문제 5.1

다음과 같은 건설 계약이 있다고 하자.

$V = 100{,}000$달러, $R = 5{,}000$달러, $P = 75{,}000$달러.

(a) 이 사례에서 이행이익 배상과 신뢰이익 배상이 얼마인지 계산하라.
계약 시점에 건축업자의 생산비용 C가 불확실하다고 가정하자.
(b) 어떤 C의 범위에서 건축업자의 계약 파기가 효율적인가?
(c) 이행이익 배상, 신뢰이익 배상 및 0의 손해배상에서 건축업자가 실제로 계약을 파기하는 C의 범위는 각각 무엇인가?

1.2. 효율적 신뢰투자의 유인

이제 구매자가 신뢰투자 수준을 선택할 수 있다고 하자. 모형을 확장하려면, 신뢰투자 수준 R과 구매자가 얻는 이행 가치 V 사이의 관계가 명시적으로 설정되어야 한다. 구매자는 이행 가치를 높이기 위해 계약이 이행되기 전에 신뢰투자를 한다. 한계수확이 체감한다는 일반적 가정에 따르면, R이 증가하면 V가 체감적으로 증가한다. [그림 5.2]는 $V(R)$의 그래프를 제시하고 있다.

계약의 이행이 확실하다면, 사회적으로 효율적인 신뢰투자 수준은 이행의 순가치를 극대화하는 것이다. 즉, R은 다음과 같이 결정된다.

$$\max_{R} V(R) - R. \tag{5.5}$$

이 문제의 해를 R^*로 표시하자. [그림 5.2]에서 R^*은 곡선 $V(R)$과 직선 R 사이의 수직거리가 가장 큰 지점이다(두 선의 기울기가 같은 지점이기도 하다).

그러나 판매자의 비용이 높게 확정되면, 계약의 이행은 불확실하다. 이 불확실성

그림 5.2 효율적 신뢰투자: 이행이 확실한 때(R^*)와 불확실한 때($\hat{R}$)

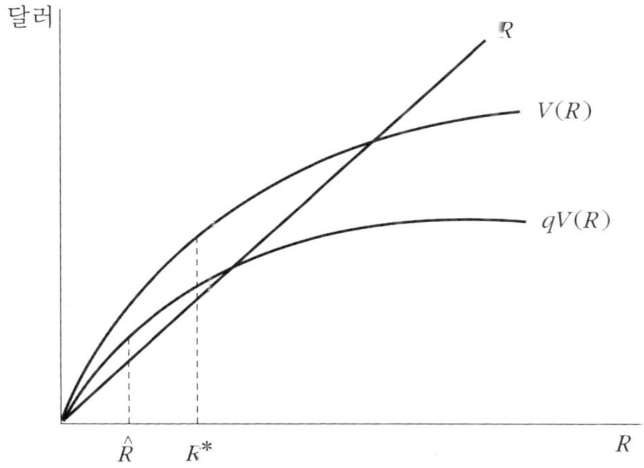

을 반영하여, 판매자의 비용은 높거나(C_H) 낮게(C_L) 확정되며, $C_H > C_L$이고, 이행은 비용이 낮게 확정될 때만 효율적이라고 가정한다.[4] 또한 두 당사자는 계약 체결 시점에서 비용이 낮게 확정될 확률이 q라는 것을 알고 있다고 가정한다. 따라서 효율적 계약 파기의 확률은 $1-q$이다.

이행의 불확실성이 존재할 때 구매자의 최적 신뢰투자 수준은 무엇인가? [표 5.1]로 돌아가 보자. 마지막 열에는 이행 및 파기 상태에서 계약의 공동 이익이 제시되어 있다(이제는 V가 R의 함수로 표현되어야 한다). 첫째 행에 이행 확률 q, 둘째 행에 파기 확률 $1-q$의 가중치를 적용하면 계약의 공동(사회적) 가치의 기댓값이 도출된다.

$$q[V(R)-C_L]-R = qV(R)-qC_L-R. \tag{5.6}$$

4 $C_H > V(R) > C_L$이라고 가정한다. 여기서 $V(R)$는 뒤에서 도출되는 효율적 수준의 신뢰투자에서 계산된 이행 가치이다.

효율적 신뢰투자 수준 $\hat{R}$은 이 기대가치를 극대화한다. 위의 식에서 $-qC_L$은 상수이므로 $\hat{R}$에 영향을 미치지 않는다. 따라서 $\hat{R}$은 또한 $qV(R)-R$을 극대화한다. 이 결과가 [그림 5.2]에 제시되어 있다. 여기서 $\hat{R}< R^*$이다. R이 회수 불가능하므로, 이행이 불확실하면 계약이 파기될 때의 손실을 줄이기 위해 적은 투자가 이루어져야 한다. 실제로 극대화 조건을 보면, 이행 확률이 감소할수록(즉, q가 감소함에 따라) $\hat{R}$도 감소한다.

지금까지 우리는 이행이 불확실한 상황에서의 구매자의 효율적 신뢰투자 수준을 도출하였다. 다음 단계는 구매자의 실제 신뢰투자 결정을 검토하는 것이다. 검토를 위해 구제수단으로서의 손해배상을 다시 도입한다. 우리의 목표는 판매자의 효율적 파기 유인을 유지하면서 동시에 구매자에게 효율적 신뢰투자 유인을 제공하는 것이다. 먼저 이행이익 배상을 검토해 보자. 현재 모형에서 이행이익 배상은 $D=V(R)-P$이다. 따라서 계약이 파기될 때 구매자의 손실은 선택한 신뢰투자 수준에 영향을 받는다. 구매자가 신뢰투자를 많이 할수록 계약이 파기될 때 구매자의 손실은 증가한다.

앞에서 증명한 것처럼, 판매자는 이행이익 배상에서 효율적 파기 결정을 내린다. 따라서 구매자는 생산비용이 높게 확정되면 판매자가 계약을 파기하고 생산비용이 낮게 확정되면 판매자가 이행한다고 예상한다. 따라서 [표 5.1]에서 구매자의 기대이익은 다음과 같이 계산할 수 있다.

$$q[V(R)-R-P]+(1-q)(D-R). \tag{5.7}$$

이 식에 $D=V(R)-P$를 대입하면

$$q[V(R)-R-P]+(1-q)[V(R)-R-P]=V(R)-R-P. \tag{5.8}$$

(5.8)을 극대화하는 신뢰투자 수준은 이행이 확실할 때의 효율적 신뢰투자 수준인 R^*이다. 따라서 이행이익 배상은 구매자의 과도한 신뢰투자를 유도한다. 직관적으로, 이

행이익 배상은 구매자에게 계약 파기 위험에 대한 완전한 보험을 제공하는 것과 같다. 따라서 구매자는 마치 이행이 확실한 때처럼 행동한다. 다시 말해, 이행이익 배상은 구매자의 도덕적 해이(moral hazard)를 발생시킨다.

앞서 우리는 이행이익 배상과 불법행위법의 엄격책임 원칙 사이의 유사성을 지적하였다. 쌍방주의 모형(즉, 가해자와 피해자 모두가 주의를 기울일 수 있는 모형)에서 엄격책임 원칙은 가해자에게 올바른 주의 유인을 제공하였지만, 손해를 완전히 보상을 받는 피해자에게는 주의를 기울일 유인을 제공하지 못하였다. 현재 계약 모형은 구매자와 판매자가 계약의 가치에 영향을 미치는 선택을 한다는 점에서 쌍방주의 모형으로 묘사될 수도 있다. 이런 관점에서 보면, 이행이익 배상에서 과도한 신뢰투자의 문제는 엄격책임 원칙에서 사고 피해자의 주의에 대한 과소투자 문제와 같다(Cooter 1985).

쌍방 유인의 문제는 엄격책임 원칙을 기여과실의 항변이 있는 엄격책임 원칙으로 바꾸면 해결되었다. 따라서 비슷한 시도로, 효율적 신뢰투자의 임계치가 설정된 계약 파기에 대한 기여과실 형태의 원칙을 정의해 볼 수 있다. 이 원칙은 구매자가 효율적 수준의 신뢰투자를 하면 계약 파기로 인한 모든 손해를 배상받게 하지만, 구매자가 과도한 수준의 신뢰투자를 하면 손해를 배상받지 못하게 한다. 그렇다면 구매자는 계약이 파기되었을 때 보상을 받기 위해 효율적 수준의 신뢰투자를 할 것이고, 판매자는 모든 손해를 배상해야 하므로 효율적으로 계약을 파기할 것이다. 문제는 계약법에는 기여과실에 상응하는 원칙이 없다는 것이다.[5] 그러나 다행스럽게도, 계약법에는 기여과실의 바람직한 효율성을 지니고 있는, 그러나 약간 다른 방식으로 과잉 신뢰투자 문제를 해결하는 원칙이 있다. 우리는 이 원칙을 처음 제안된 사건의 이름을 따서 '하들리 대 박센데일'(*Hadley v. Baxendale*) 원칙이라고 부를 것이다.[6]

5 그러나 1.4.2의 상업목적의 달성 불능(commercial impracticability)에 관한 논의를 참조하라.
6 *Hadley v. Baxendale*, 9 Ex. 341, 156 Eng.Rep. 145(1854).

1.2.1. '하들리 대 박센데일'(*Hadley v. Baxendale*) 원칙

이 사건의 사실관계는 다음과 같다. 원고는 제분소를 운영하였는데, 크랭크축이 부러져 가동을 중단해야 하였다. 크랭크축의 구조는 원고의 제분소에만 적합한 것이었으므로, 제분소의 소유자는 새 크랭크축을 만들기 위한 견본으로 부러진 크랭크축을 제조업자에게 보내야만 하였다. 원고는 운송회사인 피고에게 크랭크축의 운송을 맡겼다. 피고는 크랭크축을 다음 날까지 제조업자에게 배달하겠다고 약속하였으나, 배달이 '부주의로 지연'(delayed by some neglect)되어 제분소가 며칠 동안 가동되지 못하였다. 원고는 배달 지연으로 인해 상실된 이윤을 배상하라는 소송을 제기하였다. 피고는 배달 지연에 과실이 있음을 인정하였으나, 제분소의 가동 중단은 너무나 '희박한'(remote) 가능성이기 때문에 원고가 요구하는 손해배상액이 너무 크다고 주장하였다.

이 사건의 결정에서 법원은 다음과 같은 일반 원칙을 천명하였다.

> 두 당사자가 한 당사자가 파기한 계약을 체결한 경우, 그 계약 파기와 관련하여 다른 당사자가 받아야 할 손해배상은 충분히 그리고 합리적으로 계약 파기로부터 자연적으로, 즉 통상적으로 발생한다고 생각되는 금액 또는 계약이 체결되었을 때 계약 파기의 가능한 결과로 두 당사자가 설정하였을 것으로 합리적으로 생각되는 금액이어야 한다.

이 원칙은 계약 파기에 대한 손해배상이 합리적 수준으로 제한된다는 것을 의미한다. 이 한계를 해석하는 하나의 방법은 손해배상이 합리적(효율적) 수준의 신뢰투자를 할 때 발생하는 손해로 제한된다고 해석하는 것이다. 우리 모형의 관점에서 '하들리 대 박센데일' 원칙에 따른 이행이익 배상액은 다음과 같다.

$$D = V(\hat{R}) - P. \tag{5.9}$$

그림 5.3 제한된 이행이익 배상과 제한 없는 이행이익 배상

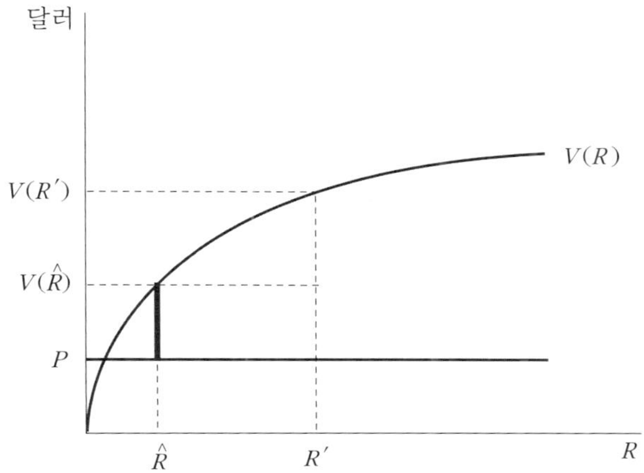

주목할 점은 이 이행이익 배상이 (5.3)의 제한되지 않은 이행이익 배상과는 다르다는 점이다. (5.3)의 이행이익 배상은 실제 수준의 신뢰투자에 기초하고 있으나, (5.9)의 이행이익 배상은 효율적 수준의 신뢰투자에 기초하고 있다.

제한된 이행이익 배상과 제한 없는 이행이익 배상의 차이는 [그림 5.3]에 제시되어 있다. 원고의 실제 신뢰투자가 $R'(>\hat{R})$이라고 하자. 제한 없는 이행이익 배상에서 구매자는 $V(R')$과 P의 차이 전부를 배상받을 수 있다. 반면, 제한된 이행이익 배상에서는 이보다는 적은 $V(\hat{R})-P$(그림에서 굵은 선으로 표시)를 배상받는다. 따라서 구매자는 $\hat{R}$을 초과하는 신뢰투자에 대해서는 배상받지 못한다.

구매자의 신뢰투자 선택에 대한 이 같은 제한이 미치는 영향은 무엇인가? 구매자의 기대이익 (5.7)로 되돌아가서, D 대신 (5.9)를 대입해 보자. 식을 정리하면 다음과 같다.

$$qV(R)-R-P+(1-q)V(\hat{R}). \tag{5.10}$$

(5.10)에서 마지막 두 항은 상수이다. 즉, R의 함수가 아니다. 따라서 (5.10)을 극대화하는 R의 값은 $qV(R) - R$을 극대화하는 값인 $\hat{R}$, 즉 효율적 신뢰투자 수준과 같다. 따라서 제한된 이행이익 배상에서 구매자는 효율적 수준의 신뢰투자를 한다.[7]

수학적으로 이 결과는 $V(R)$은 함수이고 $V(\hat{R})$은 상수(함수 $V(R)$의 한 점)이므로 식 (5.10)의 첫째 항과 마지막 항을 합해도 q가 없어지지 않기 때문에 도출된다. 직관적으로 $\hat{R}$을 초과하는 신뢰투자로 발생하는 손해에 대해서는 배상을 받지 못하므로 구매자는 그 수준을 넘어서는 신뢰투자를 할 유인이 없다(이러한 의미에서 제한된 이행이익 배상은 과실책임 등의 임계치 원칙과 동일한 효과가 있다). 특히, 완전 보상과 관련된 도덕적 해이는 사라진다.

1.2.2. 불가피하게 높은 신뢰

구매자가 계약 파기의 가능성을 과소평가하거나 구매자마다 이행 가치가 달라서 불가피하게 높은 수준의 신뢰투자가 이루어질 수도 있다. 예를 들어, 구매자 중에는 V가 높은 구매자와 V가 낮은 구매자가 있다. 어떤 제분소는 여분의 크랭크축을 가지고 있고, 다른 제분소는 여분의 크랭크축을 가지고 있지 않다. *Hadley v. Baxendale* 사건의 법원은 V가 높은 원고(계약이 파기되면 잃을 것이 많은 구매자)에게 이 정보를 피고에게 알릴 의무를 부담시킴으로써 문제를 해결한다. 그렇다면 파기가 발생하였을 때 손해배상은 "알려지고 고지된 특별한 상황에서 계약 파기로 인해 통상적으로 발생하는 피해"가 될 것이다. 그러나 이행 가치가 보통의 경우보다 크다는 상황이 고지되지 않으면, 손해배상은 "계약 파기로부터 일반적으로 발생하는 그리고 특별한 상황에 영향받지 않는 대다수 상황에서 발생하는 피해"로 제한된다.

다시 말해, 법은 계약이 파기되었을 때 피해자가 소위 파생적 손해(consequential damages), 즉 계약을 체결할 때 약속자가 예상할 수 없었던 손해를 배상받을 수 있는 경

7 Craswell(1989, 377)을 참조하라. Rose Ackerman(1989)은 불법행위의 맥락에서 유사한 원칙을 검토하였다.

우를 피해자가 사전에 계약 파기로 발생하는 비용이 매우 크다는 것을 고지한 사건으로 한정한다. 경제적 관점에서, 이와 같은 손해배상의 제한은 계약 체결 전의 당사자 간의 정보 교환을 장려한다. 피고는 계약 파기로 발생하는 비용이 매우 큰 경우에는 추가적 주의를 기울일 것이다. 이는 바람직한 결과이다.[8]

요약하면, '하들리 대 박센데일' 원칙은 계약 파기 사건에서 두 가지 중요한 경제적 기능을 수행한다. 첫째, 구매자가 계약 이전에 신뢰투자 수준을 선택할 수 있을 때, 구매자가 받을 수 있는 손해배상을 효율적 수준의 신뢰투자가 이루어졌을 때의 손해로 한정함으로써 과도한 신뢰투자를 방지한다. 둘째, 구매자에 따라 이행 가치가 다른 경우, 이행 가치가 높은 구매자가 그 사실을 판매자에게 알리도록 하여, 판매자가 계약 파기를 방지하는 추가적 주의를 기울이도록 한다. 따라서 *Hadley* 사건의 법원은 제분소 소유자가 여분의 크랭크축을 가지고 있지 않아 공장 가동을 중단해야 한다는 사정을 운송인에게 알리지 않았으므로 상실된 이윤을 배상받을 수 없다고 판결하였다.

1.3. 손해의 완화

이행이익 배상은 계약이 파기된 이후의 손해 완화 의무(duty to mitigate damages)에 의해 제한된다(Goetz and Scott 1983). 예를 들어, 다가구 주택 소유자가 대학생과 월 임대료 300달러로 12개월 동안 아파트를 임대하는 계약을 체결한다고 하자. 그러나 6개월 후 대학생은 아파트를 비우고 떠난다. 12개월의 임대 기간이 종료되자, 임대인은 미납 임대료 1,800달러를 지급하라는 소송을 제기한다. 대학생은 계약 파기를 인정하지만, 자신의 친구가 나머지 6개월 동안 월 200달러에 아파트를 임차하겠다고 임대인에게 제안하였으나, 임대인이 거절하였다고 주장한다. 따라서 대학생은 미지급된 임대료 총액과 임대인이 친구에게 임대하여 받을 수 있었던 금액의 차이인 600달러만 원고가

8 Bebchuk and Shavell(1991)은 '하들리 대 박센데일' 원칙의 이 측면을 강조한다.

배상받을 수 있다고 주장한다.

이 사례에서 법원은 대학생의 주장에 동의할 것이다. 계약 당사자들은 계약 파기로 발생한 손해의 완화를 위해 합리적(비용 효과적)인 주의를 기울일 의무가 있다. 이 일반적 원칙은 자원이 낭비되는 것을 방지하여, 즉 이 사례에서는 임대인이 아파트를 빈집 상태로 놓아두지 않도록 하여 효율성을 높인다. 법원은 당사자가 합리적 노력을 기울여도 회피할 수 없었을 손해로 손해배상을 제한하는 방식으로 손해 완화 의무를 부과한다. 회피할 수 있는 손해는 배상되지 않는다.[9] 따라서 집주인은 200달러에 아파트를 다시 임대할 수 있었으므로 1개월당 100달러의 손해만을 배상받을 수 있다.

과도한 신뢰투자를 방지하고 비정상적으로 높은 신뢰투자의 고지를 장려하기 위해 손해배상을 제한하는 '하들리 대 박센데일' 원칙 또한 일종의 손해 완화를 촉진하는 역할을 한다. 이 원칙은 계약 파기 전에 파기가 일어날 때 예상되는 피해를 최소화하는 조치를 취할 경제적 유인을 당사자들에게 제공한다. 이런 유형의 선제적 완화(anticipatory mitigation)는 쌍방주의 사고에서의 피해자 예방조치와 유사하다. 계약 파기의 최적 예방이라는 개념은 1.4에서 명시적으로 도입된다.

1.4. 이행 불능 및 기타 이행 면제

계약 파기의 구제수단에 관한 경제 이론은 변화된 상황으로 인해 계약 이행보다 계약 파기가 효율적일 수 있다는 생각에 근거하고 있다. 그러나 계약 파기가 효율적이라는 것이 계약을 파기한 당사자가 불이익을 받지 않아야 한다는 것을 의미하지는 않는다. 약속자가 피약속자의 기대손실을 배상(이행이익 배상)하지 않으면 약속자는 계약을 너무 자주 파기한다. 그러나 법원이 손해배상을 명령하지 않고 이행을 면제해 주는

9 예를 들어, 통일상사법전(Uniform Commercial Code, Section 2-175)은 "합리적으로 방지할 수 없었던" 손해로 책임을 제한하며, Restatement(Second) of Contracts(Section 35)는 "당사자는 합리적인 노력으로 회피할 수 있었던 손해에 대해 배상받을 수 없다"고 규정한다.

때도 있다. 1.4는 이러한 소위 이행 면제(performance excuses)의 경제적 근거를 논의한다.

이행 면제의 원형은 이행 불능(impossibility)이다.[10] 이 원칙에 따르면 이행이 더는 물리적으로 불가능한 경우 약속자는 이행이 면제된다. 밀접하게 관련된 이행 면제는 계약 목적의 달성 불능(frustration of purpose)이며, 이는 이행이 물리적으로는 가능하지만, 계약 목적이 더는 달성될 수 없을 때 적용된다. 마지막으로, 상업 목적의 달성 불능(commercial impracticability)은 이행이 가능하고 계약 목적도 달성할 수 있지만, 이행비용이 너무 커서 이행이 경제적으로 부담이 된다고 법원이 판단할 때 적용된다. 우리는 우선 처음 두 가지 이행 면제에 초점을 맞춘다. 상업 목적의 달성 불능은 1.4.2에서 다룬다.

이행 불능과 계약 목적의 달성 불능과 관련하여 검토해야 할 문제는 파기의 효율성이 아니라 법원이 불이익 없는 파기를 허용하는 이유이다. 이를 설명하려면, 효율적 위험 분담(efficient risk sharing)이라는 개념이 필요하다.

1.4.1. 효율적 위험 분담

지금까지, 우리는 계약과 관련된 최적 위험 분담(optimal risk sharing) 문제를 다루지 않았다. 그러나 효율적 계약 파기와 효율적 신뢰투자의 촉진에 더하여, 계약의 중요한 목적은 예상하지 못한 우발적 사태의 위험을 교환의 당사자들 사이에 배분하는 것이다(Polinsky 1983). 만약 비용이 증가하면 가격을 조정한다는 등과 같이 특정 위험의 배분에 관해 계약이 규정하고 있다면, 법원은 이 위험 배분을 집행해야 한다. 당사자들이야말로 위험을 최적으로 배분할 위치에 있기 때문이다. 흥미로운 문제는 계약이 위험에 관해 침묵할 때이다. 이때 법원은 당사자들이 위험을 배분하려고 하였다면 어떻게 위험을 배분하였을지 사후에 결정해야 한다. 이는 어려운 문제이다. 그러나 경제 이론은 이 문제를 해결할 기초를 제공한다. 일반 원칙은 우월한 위험 부담자(the superior risk bearer)에게 위험을 배분하는 것이다. 최적 위험 부담은 예방과 보험의 두 측면에서 접

10 Posner and Rosenfield(1977), Goldberg(1988), White(1988)를 참조하라.

근할 수 있다.

예방(prevention). 위험을 가장 잘 예방할 수 있는 당사자가 우월한 위험 부담자가 될 수 있다. 이 문제는 불법행위법의 사고 예방 개념과 밀접한 관련이 있는데, 지금의 논의에서 '사고'는 계약 파기의 원인이 되는 예상치 못한 사건을 의미한다.[11]

다음과 같은 가상적 사례를 가지고 계약 파기의 '예방 모형'을 분석해 보자.[12] 공장이 맞춤형 선반 제조업체와 특정 유형의 금속 선반 제조에 관한 계약을 체결한다. 선반 제작이 완료된 후 그러나 설치 이전에, 공장에 화재가 발생하여 공장이 파괴된다. 선반은 주문 제작된 것이어서 다른 용도로서의 가치는 거의 또는 전혀 없다. 선반 제조업체는 전체 가격을 지급하라는 소송을 제기하고, 공장은 이행 불능을 이유로 계약 해소를 요구한다(계약 목적의 달성 불능도 주장할 수 있을 것이다).

이 분쟁의 해결에 예방 모형이 어떻게 사용될 수 있을까? 공장이 $q(x)$로 표시되는 화재 확률을 줄이기 위해 x 수준의 예방조치를 취할 수 있다고 가정하자. 그리고 V는 공장의 이행 가치, P는 가격, C는 선반 제조비용이다. 사회적 관점에서 공장의 효율적 예방 수준은 이행의 기대가치를 극대화하는 수준이다.

$$[1 - q(x)]\, V - C - x, \tag{5.11}$$

여기서 이행 확률 $1 - q(x)$는 x가 커지면 증가한다(제조비용은 매몰비용이므로 효율적 주의 수준에 영향을 미치지 않는다). x^*를 (5.11)을 극대화하는 x값이라고 하자.

이제 공장의 실제 유인을 살펴보자. 공장의 기대이익은

---

11 Bebchuk and Png(1999)는 이 모형을 '우발적 파기'(inadvertent breach) 모형이라고 부른다. 또한 Cooter(1985)와 Bebchuk and Shavell(1991)도 참조하라.

12 이 예는 Posner and Rosenfield(1977)에 제시되어 있다.

$$[1 - q(x)](V - P) - q(x)D - x, \quad (5.12)$$

여기서 D는 손해배상액이다. 먼저 공장의 주장대로 공장이 선반 제조업체에 손해배상을 하지 않는다고 가정하자. 이 경우 (5.12)는 $[1 - q(x)](V - P) - x$가 된다. 따라서 공장은 이행 가치를 과소평가하므로 계약 파기를 방지하기 위해 너무 적은 노력을 기울인다. 반대로, 공장이 선반 가격(선반 제조업체에 대한 이행이익 배상)을 배상한다면, 즉 $D = P$라면 (5.12)는 $[1 - q(x)]V - P - x$가 되며, 상수항을 제외하면 (5.11)과 같아진다. 공장은 최적의 예방 수준인 x^*를 선택한다. 따라서 이행 불능이라 하더라도 공장에게 손해배상을 면제해 주면 안된다. 결론은 효율적 계약 파기에 관한 앞에서의 결론과 같다. 계약을 의도적으로 파기한 또는 파기를 예방할 수 있는 가장 적절한 위치에 있는 당사자가 이행이익을 배상해야 한다.

그러나 계약 파기를 방지할 수 없는 사례도 많다. 공장 소유자는 모든 합리적 조치를 하였음에도 불구하고 화재를 피할 수 없었을지 모른다. 만약 이것이 사실이라면, 초점은 파기 예방에서 파기 위험에 대한 최적 보험의 제공으로 바뀐다.

보험(insurance). 경제학자는 일반적으로 경제 주체가 위험기피적(risk-averse)이라고 가정한다. 따라서 경제 주체는 불확실성을 회피하기 위해 일정 금액을 지불할 의사가 있다. 예를 들어, 주택 소유자의 화재보험 가입 결정을 생각해 보자. 연간 화재 발생 확률이 0.001이고 화재로 인한 손실이 100,000달러라고 가정하자. 따라서 연간 기대비용은 100달러이다. 그러나 위험기피적인 주택 소유자는 이 손실을 보상하는 보험을 구매하기 위해 연간 100달러 이상(예를 들면, 120달러)을 기꺼이 지불하려고 한다.

보험회사는 왜 보험을 판매하려고 하는가? 만일 보험회사가 1,000명의 동일한 주택 소유자들에게 이 보험을 판매한다고 가정하자. 총수익은 120,000달러이다. 보험금 청구 건수는 연간 1개가 될 것이며, 100,000달러의 비용이 들 것이다. 따라서 보험회사는 20,000달러의 수익을 올릴 것이다. 보험회사는 매년 예측 가능한 비용을 발생시키는 수많은 상관관계가 없는 위험에 직면하므로, 위험을 기꺼이 인수한다. 따라서 시장보험은 (위험기피적이기 때문에 불확실성을 없애기 위해 기꺼이 금액을 지불하려는) 피보험자와 (대수의 법칙[law of large numbers]의 결과로서 이윤을 얻는) 보험회사 모두에게 이익을 제공한다. 이것이 시장보험(market insurance)이 성립하는 이유이다.

한편, 위험에 직면한 당사자는 자기보험(self-insure)에 들 수도 있다.[13] 예를 들어, 주택 소유자는 화재가 발생하면 사용할 기금을 매년 적립할 수 있다. 그러나 주택 소유자가 손실을 감당하기에 충분한 자원을 축적하기 전에 화재가 발생할 수 있으므로, 이 방법은 현실적이지 않다. 따라서 사람들은 저렴한 시계의 분실 같은 작은 위험에 대해서만 자기보험에 들 것이다. 보다 일반화하면, 사람들은 자신이 직면한 특정 위험에 대해 가장 비용이 적게 드는 형태의 보험을 선택한다.

이상의 논의는 예방할 수 없는 계약 파기 위험이 있는 경우 법원이 다음과 같은 원칙을 적용해야 한다고 제안한다. 최저 비용으로 보험에 가입할 수 있는 당사자에게 위험을 배분하라. 다음의 두 사례를 통해 이 원칙을 적용해 보자.

첫째 사례는 앞의 공장 사례이다. 화재를 예방할 수 없다면 손해배상의 결정은 손실에 대한 보험에 들 수 있는 당사자의 능력에 기초해야 한다. 한편으로, 공장은 계약상 의무를 포함한 사업 손실에 대비한 화재보험을 구매할 수 있다. 선반 제조업체가 고객의 구내 화재로 인한 계약 파기에 대해 시장보험을 구매할 가능성은 없다. 그러나 선반 제조업체는 계약 파기 위험을 감수하기 위해 모든 고객에게 소액의 보험료를 높은 가격의 형태로 청구하여 자기보험에 들 수 있다. 이 두 가지 가능성을 놓고 보았을 때, 최적의 위험 배분은 다음과 같다. 만일 공장이 더 낮은 비용으로 시장보험을 구매할 수 있다면 선반 가격을 지급하게 하고, 만일 제조업체가 더 낮은 비용으로 자기보험에 들 수 있다면 계약을 해소시킨다. 답은 특정 사건의 사실관계에 달려 있다.

둘째 사례는 홍수나 가뭄과 같은 자연재해로 인해 이행할 수 없게 된 농산물 납품

13 제조물 책임에서 시장보험과 자기보험을 비교한 제3장의 논의를 기억하자.

계약이다.[14] 이 경우 분명 예방이 문제는 아니므로, 질문은 어떤 당사자, 즉 구매자 또는 판매자 중 누가 자연재해의 위험을 잘 분산시킬 수 있는가이다. 판매자가 농부이고 구매자가 대형 식료품점 체인이라고 가정하자. 이 경우 구매자는 농산물 구매를 지리적으로 분산하여 – 농부는 이렇게 할 수가 없다 – 자연재해로 농산물이 납품되지 못할 위험을 줄일 수 있다. 따라서 법원은 구매자(식료품점 체인)가 우월한 위험 부담자이므로 농부의 이행을 면제시켜야 한다.

판매자가 도매업자라면 이야기가 달라진다. 판매업자도 농산물 구매를 분산하여 농산물이 납품되지 못할 위험을 줄일 수 있기 때문이다. 실제로 식료품점 체인은 도매업자가 자신보다 위험을 잘 분산할 수 있어 납품 계약을 체결하였을지도 모른다. 이런 경우라면, 법원이 도매업자의 이행을 면제시켜서는 안된다. 즉, 식료품점 체인이 손해배상을 받을 수 있어야 한다.

예시된 사례는 법원이 어떻게 최적의 위험 분담 원칙을 적용할 수 있는지를 보여준다. 문제가 쉽다는 의미는 결코 아니며, 사례별로 형량해야 하는 다면적 효과들이 항상 존재할 것이다. 그렇지만 적어도 경제 이론은 이 사례들에 적용될 수 있는 일관된 틀을 제시한다.

1.4.2. 상업 목적의 달성 불능

위의 분석은 예상하지 못한 우발적 사태로 이행이 물리적으로 불가능해진 상황에 초점을 맞추고 있다. 그러나 법원은 이행이 물리적(physically)으로 가능하지만, 경제적으로(economically) 부담이 되는 경우도 계약을 해소시킨다. 이를 상업 목적의 달성 불능(commercially impracticable)이라고 한다.[15] 이 원칙은 위험 분담의 논리로 정당화될 수도 있다. 그러나 계약 파기가 예방될 수 있을 때 손해배상이 0으로 설정되면 과도한 계약 파기가 발생한다. 이 점을 생각하면, 위험 분담으로 이 원칙을 정당화하기에는 무리가

14 이 사례도 Posner and Rosenfield(1977)에서 발췌한 것이다.

15 이 절은 Sykes(1990)에 기초하고 있다. 또한 Miceli(1997, 104-6)도 참조하라.

따른다. 그러나 적절하게 해석하면, 상업 목적의 달성 불능은 효율적 계약 파기와 양립할 수 있으며, 단순한 (제한 없는) 이행이익 배상과 비교되는 이점이 있다.

이 주장을 확인해 보자. 우선 인식해야 할 점은 상업 목적의 달성 불능 항변은 0의 손해배상이 아니라는 것이다. 오히려 이 항변은 비용이 예외적으로 높을 때만 벌칙 없이 이행을 면제해 주는 조건부 원칙이다. 건축업자의 건설비용이 불확실한 주택 건설 계약이 있다. 건축업자의 비용은 높음(C_H), 중간(C_M) 또는 낮음(C_L) 중 하나이다. 또한 계약 파기는 비용이 높을 때만 효율적이라고 가정한다. 즉, $C_H > V > C_M > C_L$이다. 여기서 V는 구매자가 얻는 이행 가치이다(당분간 구매자의 신뢰투자 선택은 무시한다). 그러나 건축업자는 비용이 낮을 때에만 이윤을 얻는다고 가정한다. 즉, $C_H > C_M > P > C_L$이다(두 가정은 $V > P$와 모순되지 않는다).

계약 파기의 분석에서 살펴본 것처럼, 이행이익 배상은 효율적 계약 파기로 이어지고, 0의 손해배상은 너무 많은 계약 파기를 발생시킨다. 이 사례에서 이행이익($D = V - P$)을 배상하면 건축업자는 $P - C < -(V - P)$ 또는 $C > V$일 때 계약을 파기하는데, 이 부등식은 높은 비용일 때만 성립한다. 그러나 0의 손해($D = 0$)를 배상하면 $P - C < 0$일 때 계약을 파기하며, 이 부등식은 높은 비용과 중간 비용일 때에 성립한다.

이제 상업 목적의 달성 불능 항변을 형식적으로 표현해 보자.

$$D = \begin{cases} V - P & \text{if } C = C_L, C_M \\ 0 & \text{if } C = C_H. \end{cases} \tag{5.13}$$

이 조건부(또는 임계) 원칙에 따라 건축업자는 높은 비용이 실현된 경우에만 면책된다. 낮은 비용이나 중간 비용일 때 계약을 파기하면 건축업자는 이행이익을 배상해야 한다. 따라서 건축업자는 낮은 비용이나 중간 비용일 때는 (중간 비용일 때 손해를 보더라도) 이행하고 높은 비용일 때만 파기할 것이다. 이 결과는 효율적이다. 그리고 건축업자는 계약을 파기할 때마다 손해배상을 면제받는 것처럼 보이지만, 낮은 또는 중간 비용일 때는 손해배상 위협 때문에 계약을 파기하지 못한다. 따라서 건축업자는 효율적 균형에서 실제로는 손해배상을 하지 않는다. 이같이 해석된다면, 상업 목적의 달성 불능 항변은 불법행위법의 과실책임 원칙과 정확히 같은 기능을 수행한다고 할 수 있다.

이행이익 배상과 상업 목적의 달성 불능이 효율적 파기를 유도한다는 사실은 엄격책임 원칙과 과실책임이 사고 모형에서 효율적인 가해자 주의를 유도한다는 결론과 일치하는 것이다. 불법행위법에서 과실책임 원칙의 주요 장점은 피해자 주의에 대한 유인도 창출한다는 것이다. 따라서 여기에 상응하는 질문은 (5.13)의 원칙이 구매자의 효율적 신뢰를 동시에 유도할 수 있는가이다.

이 질문의 답을 찾아보자. q는 비용이 낮거나 중간일 확률이고 $1-q$는 비용이 높을 확률이라고 하자. 따라서 q는 효율적 이행이 발생할 확률이다. 구매자는 (5.13)의 원칙에 따라 건축업자가 효율적으로 계약을 파기하며, 계약이 파기되면 자신이 손해배상을 받을 수 없다는 것을 정확히 알고 있다. 따라서 구매자는 다음을 극대화하는 신뢰투자를 선택한다.

$$q[V(R)-P]-R. \tag{5.14}$$

여기서 $-qP$가 R과 관계없는 상수항이기 때문에, 이 문제의 해가 효율적 수준의 신뢰투자라는 것을 이제는 쉽게 알 수 있을 것이다. 따라서 (5.13)의 상업 목적의 달성 불능 원칙은 실제로 두 가지 효율성을 달성한다. 즉, 건축업자의 효율적 파기와 구매자의 효율적 신뢰를 동시에 유도한다.

물론, 우리는 이미 '하들리 대 박센데일' 원칙이 이행이익 배상을 제한하는 방식으로 사용되면 계약 파기 사례에서 두 가지 효율성을 달성한다는 것을 알고 있다. 따라서 선택은 법원이 어느 원칙을 쉽게 적용할 수 있는가에 달려 있다. 필요한 정보는 다르지만, 두 원칙 모두 법원에게 많은 정보를 요구한다. '하들리 대 박센데일' 원칙에 따르면 법원은 올바른 이행이익 배상 수준을 계산하기 위해 구매자의 효율적 신뢰 수준을 결정해야 한다. 상업 목적의 달성 불능 원칙은 법원이 계약 파기를 효율적으로 만드는 건축업자의 비용 수준을 찾아내어 면책을 위한 임계치를 설정해야 한다. 어느 쪽이 더 쉬운지는 주어진 사건에 따라 다르므로, 한 원칙이 다른 원칙보다 우월하다는 일반적 주장은 성립하지 않는다.

상업 목적의 달성 불능과 관련하여 언급해야 하는 마지막 논점이 있다. 통일상사법전(Uniform Commercial Code)은 피고가 직접적 또는 간접적으로 비용 증가의 위험을 인수(assumption of risk)한 경우에는 이 항변을 주장할 수 없다고 규정하고 있다. 위험의 직접적 인수는 계약에 피고가 비용 증가를 감수하겠다는 취지의 명시적 언어가 포함된 경우를 말한다. 만일 계약이 위험에 관해 아무 언급도 하고 있지 않다고 하자. 법원은 피고가 간접적으로 위험을 인수하였다는 것을 추론하기 위해 어떤 증거를 사용할 수 있는가?

주택 기초공사에 관한 계약을 생각해 보자. 건축업자는 5,000달러의 가격에 계약을 체결하였다. 그러나 어려운 토양 조건(암반층과 큰 바위)을 만나 작업을 완료하기 위해 2,000달러의 가격 인상을 요구한다. 가격 인상의 허용 여부를 결정할 때, 법원이 토양 조건이 '정상'일 때 이런 기초공사는 4,000달러의 비용이 들지만, 어려운 조건이면 7,000달러의 비용이 든다는 것을 알았다고 하자. 건축업자가 정상적 작업비용을 초과하지만, 어려운 작업비용보다 낮은 가격을 제시하였다는 사실은 모든 고객에게 평균적 작업비용을 청구하고 있음을 시사한다. 다시 말해서, 건축업자는 고비용 작업의 위험에 대비하여 (앞서 설명한 방식으로) 자기보험에 들고 있다.[16] 법원은 이를 계약자가 고비용의 위험을 간접적으로 인수하였다는 증거로 사용하여 가격 인상(또는 이행 면제가 청구되었으면 이행 면제)을 허용하지 않을 수 있다.

16 (1/3)×(7,000)+(2/3)×(4,000)=5,000이므로, 건축업자는 어려운 작업의 확률을 1/3로 예상한다고 볼 수 있다. 이 계산은 건축업자가 0의 이윤을 얻는 경쟁 시장에 있다는 가정에 입각하고 있다.

2. 특정 이행

금전적 손해배상은 법원이 부과하는 계약 파기에 대한 가장 일반적인 구제 방식이다. 그러나 토지나 고유한 재화(unique goods)가 관련된 계약과 같이 금전적 손해배상이 부적절한 보상을 제공한다고 생각되는 경우 법원은 특정 이행(specific performance)을 명령한다. 즉, 법원은 계약서에 쓰여 있는 대로 약속자가 계약을 이행하라고 명령한다. 이들 사건에서 특정 이행의 장점은 분명하다. 그러나 계약법의 경제 이론에서 효율적 계약 파기가 차지하고 있는 중요성에 비추어 보면, 경제학자들은 과도한 이행을 우려하여 특정 이행이 제한적으로 사용되어야 한다고 주장할 것 같다. 그러나 이 예상과는 반대로, 일부 경제학자는 특정 이행의 광범위한 활용을 주장한다.[17] 이 절은 효율적 계약 파기 모형을 이용하여 금전적 손해배상보다 특정 이행을 선호하는 경제적 논리를 제시하고자 한다.

가장 먼저 강조할 점은 특정 이행이 효율적 계약 파기와 양립 가능하다는 것이다. 토지를 50,000달러에 매매하는 계약을 생각해 보자. 구매자는 토지를 60,000달러로 평가하고 있다. 토지를 인도하기 이전에 다른 구매자가 나타나 65,000달러를 제공한다고 하자. 두 번째 구매자가 토지의 가치를 가장 높게 평가하기 때문에 이 사람이 토지를 취득하는 것이 효율적이며, 이 결과는 이행이익 배상으로 달성될 것이다. 구체적으로, 판매자는 첫 번째 구매자와의 계약을 파기하고 이행이익 10,000달러(=60,000−50,000)를 배상한 다음, 두 번째 구매자에게 토지를 65,000달러에 판매하여 5,000달러의 순이익을 얻는다.

특정 이행에서는 어떤 결과가 발생하는가? 먼저 법원은 판매자에게 첫 번째 구매자와의 매매 계약을 지키라고 명령한다. 이때 결과는 다음 둘 중 하나이다. 첫 번째 구매자가 두 번째 구매자의 제안을 알고 있는 경우, 첫 번째 구매자는 최초 계약대로 토

17 예를 들어, Ulen(1984)과 Friedmann(1989)을 참조하라. 보다 형식적 분석은 Rogerson(1984)을 참조하라.

지를 구매한 후 두 번째 구매자에게 재판매하여 5,000달러의 순이익을 얻을 수 있다. 첫 번째 구매자가 두 번째 구매자의 제안을 모르는 경우, 판매자는 계약을 해소하기 위해 10,000달러(첫 번째 구매자의 잉여)보다 크고 15,000달러(최초 가격을 초과하는 두 번째 구매자가 제안한 프리미엄)보다 적은 금액을 제시한다. 첫 번째 구매자는 이 제의를 받아들이고, 판매자는 두 번째 구매자에게 토지를 판매한다.

중요한 점은 두 가지 시나리오 모두에서 효율적인 결과가 발생한다는 것이다. 유일한 차이점은 효율성이 달성되는 방식이다. 이행이익 배상에서는 법원이 판매자가 최초 계약을 파기하기 위해 지급해야 하는 가격을 설정하며, 첫 번째 구매자는 단지 손해배상을 받을 뿐이다. 이와 대조적으로, 특정 이행에서 첫 번째 구매자는 최초 거래를 강제한 후 두 번째 구매자에게 판매하든지 또는 판매자와 권리매수 가격 협상을 통해 파기의 조건을 설정할 수 있다. 계약 파기가 효율적일 때, (코즈 정리에 따르면) 최초 계약 당사자 사이의 협상은 항상 같은 결과를 가져온다. 이 기본적 생각이 특정 이행을 평가하는 출발점이다.

연습 문제 5.2

연습 문제 5.1의 건설 계약으로 되돌아가자.

V= 100,000달러, P= 75,000달러.

건축업자의 생산비용이 125,000달러로 판명된다고 가정하자. 구제수단이 특정 이행일 때 구매자와 건축업자 사이의 협상을 설명하라. 계약은 이행되는가?

2.1. 거래비용

특정 이행에 대한 비판 중 하나는 거래비용이 발생하기 때문에 계약의 효율적 이행 또는 파기 달성에 필요한 재협상이 이루어지지 않을 수 있다는 것이다. 손해배상에서는 법원이 파기 조건을 설정해 주므로 거래비용이 발생하지 않는다. 그 대신 법원의 정확한 손해배상 결정과 관련된 소송비용이 발생한다. 두 가지 방법(금전적 손해배상 및 특정 이행)이 모두 효율적 계약 파기를 달성한다고 가정하면(잠시 후, 이 가정에 대해 의문을 제기할 것이다), 어느 방식을 선택할지는 관련된 비용의 크기에 달려 있다.

두 가지 구제 방식에서 발생하는 거래비용을 계산하고 어느 쪽의 거래비용이 낮은지 알아보자. 앞의 토지 매매에 손해배상이 적용될 경우 판매자의 계약 파기로 (1) 첫 번째 구매자에게 발생한 손해에 대한 소송과 (2) 판매자와 두 번째 구매자의 매매라는 두 가지 추가 거래가 발생한다. 아마 재판매의 거래비용은 낮겠지만, 첫 번째 구매자의 손해배상과 관련된 비용은 매우 클 수 있다. 손해배상 소송에서는 구매자의 사적 정보이며 따라서 허위로 진술될 수 있는(이 점은 다음의 *Peevyhouse* 사건에 관한 논의에서 강조될 것이다) 이행 가치의 측정이 필요하기 때문이다. 따라서 손해배상 금액의 정확한 측정은 어려운 사실 판단일 수 있다.

특정 이행에서는 두 번째 구매자에게 토지를 이전하기 위해 두 개의 거래가 필요하다(최초 구매자가 재판매한다고 가정한다). (1) 계약을 집행하려는 첫 번째 구매자에 의해 제기되는 재판과 이어지는 (2) 첫 번째 구매자와 두 번째 구매자의 매매가 그것이다. 재판매의 거래비용이 특정 이행에서 더 크다고 볼 수 없다. 반면, 사실 판단 문제가 없으므로 특정 이행에서 소송비용이 더 낮다고 생각할 수는 있다(이는 불법행위법에서 과실책임 원칙보다 엄격책임 원칙에서 소송 1건당 비용이 낮다고 주장할 때 사용한 논거와 같다). 또한 판매자는 이행이익 배상에서는 계약 파기를 통해 이익을 실현하지만(2.3 참조), 특정 이행에서는 계약 파기를 통해 아무런 이익도 얻지 못한다고 예상하므로 처음부터 계약을 파기하지 않을 수 있다. 이 경우에는 계약 이행과 관련된 소송비용이 최초 매매의 거래비용으로 대체되므로, 거래비용은 확실하게 감소한다.

생산비용 모형에서처럼 계약 파기가 불이행으로 끝난다면 어떤 결과가 발생하는가? 이 경우 계약 파기 이후의 재판매가 존재하지 않는다. 특정 이행에서는 권리매수

가격의 협상 비용(집행비용이 있다면 그 비용이 추가된다)만 발생하며(연습 문제 5.2 참조), 손해배상에서는 손해배상을 결정하는 소송비용만 발생한다. 이 비교는 경험적 문제이지만, 당사자들이 최초 계약의 협상에서 서로 협상할 수 있는 능력을 이미 입증하였으므로 재협상비용이 적다고 예상할 수 있다.

2.2. 주관적 가치와 효율적 파기

앞에서는 특정 이행과 손해배상의 구제 방식 모두에서 효율적 파기가 이루어진다고 가정하고, 특정 이행 및 손해배상과 관련된 거래비용을 검토하였다. 그러나 어떤 경우에는 특정 이행이 효율적 파기 결정을 더 잘 유도할 수 있다. 이 점은 유명한 *Peevyhouse v. Garland Coal & Mining Co.*(382 P.2d 109, cert. denied, 375 U.S. 906, Okla.1962) 사건에서 극명하게 드러난다.

이 사건은 석탄이 매장된 농장의 소유자인 Peevyhouse와 광산 회사 간의 계약에 관한 것이다. 계약에 따르면, 광산 회사는 5년 동안 노천채굴 작업을 수행할 수 있으며, 채굴 후에는 "전문가 증인이 약 29,000달러로 추정한 비용을 들여 특정한 복구 및 회복 작업"을 수행해야 한다. 광산 회사가 토지를 복구하지 않자, Peevyhouse는 손해배상 소송을 제기하였다. 사실심에서 광산 회사는 계약 파기를 인정하였으며, 미복구로 인해 농장의 가치가 300달러 감소하였으나, 이에 비해 이행비용이 너무 많다고 주장하였다. 법원은 이 주장에 동의하고, 광산 회사가 Peevyhouse에 300달러의 손해배상을 지급하라고 결정하였다.

효율적 계약 파기 모형에 따르면, 이 사건에서 29,000달러의 이행비용이 300달러의 이행 가치를 훨씬 능가하므로 계약 파기가 효율적인 결과이다. 그리고 법원은 이행가치와 동일한 손해배상을 설정함으로써 올바른 경제적 유인을 확립하였다. 과연 이 결정에는 어떤 문제가 있는가?

문제는 Peevyhouse가 생각하는 가치가 아니라 복구의 시장 가치(market value)에 기초하여 손해배상이 측정되고 있다는 것이다. 이 둘은 차이가 있다. 시장 가치는 누군가가 그 재산에 대해 제안(offer)하고자 하는 최대 금액을 측정하는 반면, 소유자가 생각하는 가치는 소유자가 수락(accept)할 수 있는 최소 금액이다. "모든 사람이 각자 생각하는 가격이 있다"는 말이 있다. 여기에서의 가격은 바로 소유자가 생각하는 가치이며, 소유자는 시장 가치가 이 가치와 같거나 클 때만 재산을 매도한다. 따라서 매도 거부는 소유자가 생각하는 가치가 시장 가치를 초과한다는 신호이다. 이 차이를 소유자의 주관적 가치(subjective value)라고 부르기도 한다.[18]

이 사건에서 Peevyhouse는 복구에 상당한 주관적 가치를 부여한 것으로 보인다(이 사건이 5,000달러의 손해배상을 명령한 원심의 항소심이었다는 증거가 있다). 이것이 효율적 계약 파기와 어떤 관련이 있는가? 답은 자발적이든 비자발적이든 경제적 교환은 주관적 가치를 존중해야 한다는 것이다. 자발적 교환의 핵심은 소유자가 이유가 무엇이건 받아들일 수 없는 제안을 자유롭게 거절할 수 있다는 데 있다. 그리고 자발적 교환은 효율적 계약 파기(비자발적 교환)의 준거가 되므로, 계약 파기에 대한 구제 방식은 주관적 가치를 고려해야 한다. 그렇지 않으면 너무 많은 계약 파기가 발생한다.

이 문제를 조금 더 검토해 보자. 이행이 피약속자에게 주는 진정한 가치가 V이며, 시장 가치인 M보다 크다고 가정하자. 법원이 손해배상을 M으로 설정하면 효율적 조건인 $C > V$가 아닌 $C > M$일 때 약속자가 계약을 파기한다. 따라서 $M < C < V$ 범위에서 비효율적 계약 파기가 발생한다.

M이 아닌 V로 손해배상을 설정해야 과도한 계약 파기 문제가 해결된다. 그렇다면 어떻게 이 주장이 특정 이행을 지지하는 논거가 될 수 있는가? 손해배상을 주관적 가치인 V로 설정하는 것의 문제점은 법원이 주관적 가치를 관찰할 수 없다는 것이다. 더욱이 법원이 단순하게 Peevyhouse에게 이행의 가치가 얼마인지 물어볼 수도 없다. Peevyhouse가 이행 가치를 과장하여 제시할 유인을 가지고 있기 때문이다. 특정 이행

18 Muris(1983)를 참조하라. 우리는 다음 장의 재산법의 여러 주제에서 주관적 가치의 개념을 다시 논의할 것이다.

은 계약 파기 결정을 당사자에게 맡겨 해결한다. (교섭비용이 낮을 경우) 당사자들은 협상을 통해 문제를 해결할 수 있다. 이행비용이 V를 초과하면, 광산 회사는 계약을 파기하기 위해 29,000달러와 V 사이의 금액을 제시할 수 있으며, 계약은 파기되고 두 당사자 모두 이득을 볼 것이다(연습 문제 5.2를 참조하라). 반대로, V가 이행비용을 초과하면, 계약이 이행되어야 하며 실제로 이행될 것이다.

2.3. 동의의 가치

특정 이행을 지지하는 마지막 주장은 효율성이 아니라 공정성에 기반하고 있다. 판매자 S가 구매자 B1에게 50,000달러의 가격으로 토지를 판다는 계약을 체결한 앞의 사례로 돌아가 보자. 토지 인도 전에 구매자 B2가 나타나 65,000달러를 제시한다. 이 가격은 B1이 평가하는 토지의 가치 60,000달러를 넘는 금액이다. [표 5.2]는 금전적 손해배상과 특정 이행에서의 S와 B1의 이익을 제시하고 있다. 우선, 손해배상(1행)에서 S는 B1과의 계약을 파기하고 10,000달러의 손해배상(법원이 V를 관찰할 수 있다고 가정)을 지급한 후 토지를 65,000달러를 받고 B2에게 매각한다. 따라서 S는 B1과의 최초 계약과 비교하여 5,000달러의 순이익을 얻는다(이 순이익은 B1과의 계약 파기의 기회비용을 반영하여 S의 이익에서 50,000달러를 뺀 것이다. [표 5.2] 참조). 반면 B1의 순이익은 0이다. B1은 계약 파기로 좋아지거나 나빠지지 않는다. 따라서 S가 두 번째 구매자의 출현으로 인한 이익을 모두 갖는다.[19]

이제 특정 이행(2행)을 생각해 보자. B1이 B2의 제안을 알면 B1은 최초 계약을 집행하여 토지를 획득한 후 B2에게 재판매할 것이다. 이 경우 B1은 5,000달러의 이득을 얻지만, S는 이득을 얻지 못한다. 따라서 두 구제 방식이 모두 효율적인 결과를 달성하

19 법원은 때로 이 같은 '불공정한'(unfair) 계약 파기를 방지하기 위해 수령이익 배상(restitution damages)을 명령한다. 수령이익 배상은 (피약속자를 무차별하게 하는 이행이익 배상과 달리) 약속자를 파기와 이행 사이에 무차별하게 만드는 금액으로 정의된다. 이 사례에서, 수령이익 배상은 15,000달러이며, B2의 제안과 최초 가격의 차이이다. 이는 10,000달러의 이행이익 배상과 다르다.

표 5.2 손해배상과 특정 이행의 비교

구제수단	S의 이익	B1의 이익	공동 이익
손해배상	65,000−10,000−50,000=5,000달러	0달러	5,000달러
특정 이행	0달러	65,000−60,000=5,000달러	5,000달러

나, 순이익은 다르게 분배한다. 특정 이행의 장점은 법적으로 잘못된 행동을 한 S가 계약 파기의 이익을 가져가지 못하게 한다는 것이다. Peevyhouse 사건의 반대 의견을 제시한 판사는 이 감정을 드러내고 있다. 그는 손해배상이 "원고에게서 계약의 이익을 빼앗아 그 이익을 의무를 이행하지 않은 피고에게 준다"는 이유로 특정 이행을 주장하였다.

두 구제 방식의 차이점을 더 생각해 보자. 구매자 B1은 계약 파기를 막을 수 없으므로 손해배상에서는 아무런 이익을 얻지 못한다. 구매자는 단지 이행이익을 배상하라는 소송을 제기할 수 있다. 따라서 구매자는 B2의 출현으로 인해 발생한 5,000달러 순이익 중 아무것도 얻을 수 없다. 반대로, 특정 이행에서 구매자는 최초 계약을 집행할 권리가 있으므로 B2의 출현으로 인해 발생한 모든 이익을 갖는다. 계약을 파기하려면 판매자는 B1의 동의(consent)를 얻어야 한다. 이 사례에서, 5,000달러의 순이익은 B1의 '동의의 가치'(value of consent)이다.

일반적으로 동의의 가치는 당사자의 협상 능력에 달려 있다. 예를 들어, Peevyhouse가 얻는 이행 가치가 15,000달러라고 가정하자. 법원이 특정 이행을 사용할 경우, 계약을 파기하려면 광산 회사는 Peevyhouse의 동의를 얻어야 한다. 따라서 당사자의 협상 능력에 따라, 광산 회사는 이행비용인 29,000달러와 이행 가치인 15,000달러 사이의 가격을 지불해야 한다. 두 당사자가 이 차이를 반으로 나눈다면, 광산 회사는 Peevyhouse에게 15,000 +7,000 = 22,000달러를 지급할 것이다. 이와 대조적으로, 금전적 손해배상에서 (V가 관찰 가능하다고 가정하면) 광산 회사는 금전적 손해배상으로 15,000달러만 지불하면 된다. 따라서 이 사례에서는 7,000달러가 동의의 가치이다.

3. 자기 집행적 계약

지금까지 우리는 법원이 제공하는 계약 파기 구제 방식을 분석하였다. 그러나 계약 파기에 대한 자체적인 구제 방식을 설정하고 있는 계약도 많다. 이 절은 손해배상액의 예정(liquidated damages)과 제품 보증(product warranties)이라는 당사자들이 설정한 두 가지 구제 방식을 분석한다. 그리고 장기 계약(long-term contract)의 자기 집행적(self-enforcing) 성격을 검토한다.

3.1. 손해배상액의 예정

계약 당사자들이 법원이 제공하는 구제 방식에 의존하지 않고 자신들만의 손해배상 방식을 설정하는 이유는 다음과 같다.[20] 첫째, 손해배상과 관련된 소송비용이 절약될 수 있다. 둘째, 법원은 특히 주관적인 가치가 포함된 경우 계약 파기로 인한 손해를 잘 측정하지 못한다(앞의 분석에 따르면, 이 문제는 금전적 손해배상보다는 특정 이행을 사용하여 해결될 수 있다). 셋째, 최적의 방식으로 계약 파기 위험을 분담하기 위해 계약 당사자들이 스스로 손해배상을 설계할 수 있다(Polinsky 1983, 436).

어떤 이유이건, 경제학자는 손해배상의 예정이 계약 당시 당사자들의 의사를 반영하고 있으므로 법원이 이 조항을 집행해야 한다고 조언한다. 법원은 소위 벌칙 조항(penalty clause)이라고 부르는 과도하게 책정된 손해배상을 집행하지 않는다는 한 가지 뚜렷한 예외를 제외하고는 대체로 이 조언에 따르고 있다. 이하에서는 이 원칙의 경제적 근거를 검토한다.

손해배상 예정액은 계약이 체결될 때 당사자들에 의해 특정된다. 만일 목표가 효율적 계약 파기라면 손해배상액은 계약 파기 피해자의 기대손실(expected loss)과 같게

20 이 부분은 Rea(1998)에 기초하고 있다.

설정되어야 한다(즉, 이행이익의 배상과 일치해야 한다). 예를 들어, 운송회사를 통해 손상된 크랭크축을 수리업체에 보내는 제분소가 있다고 하자. 제분소는 임시방편으로 사용할 수 있는 여분의 크랭크축을 가지고 있지만, 수리가 지연되면 결국 공장 가동을 중단해야 하고 500달러의 기대손실이 발생한다고 가정하자. 이를 알고, 제분소는 운송이 지연되면 운송회사가 제분소에게 500달러를 지급한다는 조항을 계약에 넣자고 주장한다. 이 조항은 운송회사에 올바른 계약 파기 유인을 제공한다. 만일 운송 지연을 방지하는 비용이 500달러 미만이면 운송이 정시에 이르어지지만, 그 비용이 500달러를 초과하면 운송이 지연된다. 더욱이 당사자들은 계약이 파기되었을 때 큰 비용이 드는 법적 절차를 이용하지 않아도 된다.

문제는 계약서를 작성할 때 당사자들이 계약 파기로 인한 손해의 기대가치만을 계산할 수 있다는 점이다. 실제 손해는 이보다 클 수도 작을 수도 있다. 후자의 경우, 설정된 손해배상액이 과도하게 보일 수 있다. 예를 들어, 운송회사가 계약을 파기하고, 수확량 부족으로 예상보다 수요가 낮아져 제분소의 실제 손해가 200달러로 판명되었다고 하자. 제분소는 그런데도 500달러의 손해배상을 집행하려고 한다. 법원은 어떻게 판결해야 하는가? 효율적 계약 파기의 목적을 위해, 법원은 계약 체결 시점에서 제분소의 손해의 합리적 추정치가 500달러인 한 계약서에 적힌 대로 손해배상을 집행해야 한다. 실제 손해 금액은 운송회사의 결정에 영향을 미치지 않으므로 효율성에 영향을 미치지 않는다. 제분소가 300달러만큼 초과 보상된다는 사실은 순수하게 분배적이다(그리고 실제 손실이 500달러보다 커서 과소보상될 가능성에 의해 상쇄된다).

법원의 실제 판결은 이 견해와 부분적으로 부합한다. 법원은 계약 체결 시점에서 불합리하게 높게(기대손실보다 높게) 설정된 손해배상액을 집행하지 않는다. 그러나 계약 체결 시점에서는 합리적이지만 계약 파기 시점에서는 너무 높다고 판명된 손해배상액이 집행될지는 관할 지역에 따라 다르다.

기대가치로 판단해도 과도하다고 생각되는 손해배상액을 집행하는 것이 효율적인 경우가 있는가? 근로자의 태만(shirking)이나 배임(malfeasance)과 같이 계약 파기를 감지하기 어려운 상황이 여기에 해당될 수 있다. 이런 비효율적 계약 파기를 방지하려면 손해배상액은 불법행위법의 징벌적 손해배상과 같이 적발 확률의 역수를 곱한 금액으로 설정되어야 한다. 이 밖에 과도한 손해배상액을 집행해야 하는 효율성에 입각한 다른 근거들도 제시되어 있다.[21]

비집행 원칙을 지지하는 주장도 있다. 과도한 손해배상이 쌍방 착오 또는 비양심성의 징표라는 것이다(Rea 1984). 두 당사자가 계약 파기로 인한 손해를 잘못 계산하였다면 쌍방 착오의 징표이며, 한 당사자가 잘못 계산하고 다른 당사자가 그 잘못된 계산을 이용하였다면 비양심성의 징표이다. 두 경우 모두 비집행이 정당화된다. 그러나 비집행을 원하는 당사자는 쌍방 착오나 비양심성에 관한 증거를 제시해야 한다.

3.2. 제품 보증

제품 보증(product warranties)은 제품이 광고대로 작동함을 보증하는 것으로, 제품 고장으로 발생하는 비용(수리 또는 손실)에 대한 전체 또는 부분적 보상 약속이 포함되어 있다. 명시적 보증(express warranties)은 생산자가 명시적으로 보증한 것이며, 따라서 계약 파기에 대한 자기 집행적 구제수단의 한 형태이다. 이와 대조적으로, 묵시적 보증(implied warranties)은 사후에 법원에 의해 부과되며, 따라서 법원이 부과하는 손해배상의 한 형태이다. 두 가지 유형의 보증을 모두 검토해 보자.

3.2.1. 명시적 보증

명시적 제품 보증에 관한 두 경제 모형을 살펴보자. 첫째 모형에서, 보증은 계약자가 제품 고장에 대한 최적 예방에 투자할 유인을 제공한다. 둘째 모형에서, 보증은 고장 확률의 신호로서 기능한다.[22]

21 예를 들어, Aghion and Bolton(1987)과 Posner(1998a, 142-45)를 참조하라.

22 여기서 검토하지 않는 견해는 보증이 제품 고장에서 발생하는 위험을 최적 분담시킨다는 것이다.

예방 모형. 앞서 소개한 계약 파기의 예방 모형(prevention model)을 분석 틀로 삼아, 보증이 어떻게 제품 고장을 방지할 경제적 유인을 제공하는지 검토해 보자(Cooper and Ross 1985). 예를 들어, 특정한 고장의 수리에 관한 보증이 포함된 자동차를 구매한다고 생각해 보자. $q(x)$는 고장이 발생할 확률이다. 이 확률은 생산자 예방(주의)비용 x의 감소함수이다. 예를 들어, x는 고장 확률 감소에 필요한 추가 생산비용(모니터링, 테스트 등)일 수 있다. 또한, K를 고장 수리비용이라고 하자. x^*로 표시된 사회적 최적 예방 수준은 다음의 기대비용을 최소화한다.

$$x + q(x)K. \tag{5.15}$$

이제 생산자와 소비자 사이의 계약을 생각해 보자. 계약은 생산자의 x 선택과 보증에 포함되는 수리비용 부담 비율($0 \le w \le 1$)을 포함한다. 일단 소비자가 생산자 예방 수준을 관찰할 수 있어서 자동차 가격을 x에 맞추어 조정할 수 있다고 가정하자.

완전경쟁 시장에서, 생산자는 이윤이 0이라는 제약조건[23]하에서 소비자의 기대이익을 극대화할 것이다. 소비자의 기대이익은

$$V - q(x)(1 - w)K - P, \tag{5.16}$$

여기서 V는 고장이 없는 자동차의 가치이며, $q(x)(1 - w)K$는 수리비용 중 소비자가 부담하는 기대비용이다. 생산자의 이윤은

$$P - C - [x + q(x)wK], \tag{5.17}$$

23 결과의 도출에 완전경쟁의 가정이 필요한 것은 아니다.

여기서 $q(x)wK$는 수리비용 중 생산자가 부담하는 기대비용이며, C는 예방비용 이외의 생산비용이다. (5.17)을 0이라고 놓고, 여기에서 도출된 P값(x의 함수이다)을 (5.16)에 대입하면, 소비자의 기대이익은 다음과 같다.

$$V - C - [x + q(x)K]. \tag{5.18}$$

(5.18)에는 w가 없다. 따라서 (5.18)의 극대화는 (5.15)의 최소화와 같다. 결과적으로 생산자는 보증 범위와 상관없이 효율적인 예방 수준 x^*를 선택한다.

이 결론은 제조물 책임에서 생산자와 소비자가 주의 수준에 대해 협상할 수 있다면 책임 원칙이 주의 수준에 영향을 미치지 못한다는 결론과 같은 것이다.[24] 그러나 이 결론은 소비자가 생산자의 실제 예방 수준을 정확하게 알 수 있어서 가격이 예방 수준에 따라 조정될 수 있다는 전제에 의존하고 있다. 그러나 이는 보증이 포함될 가능성이 매우 큰 복잡한 제품에 대한 현실적 가정은 아니다.

소비자가 x를 관찰할 수 없다면, 생산자는 (5.17)에서 가격을 고정된 것으로 취급하고 이윤을 극대화하는 x를 선택한다. 따라서 보증 범위가 완전한 경우($w=1$)에만, 즉 모든 수리비용에 대해 엄격책임을 지는 경우에만 생산자는 효율적 예방 수준을 선택한다. 비록 당사자들이 계약 관계에 있지만, 소비자가 생산자의 예방 수준을 관찰할 수 없는 시장실패가 존재하면, 책임 원칙이 영향을 미친다. 이를 인식하고 있는 당사자들은 계약의 이익을 극대화하는 완전 보증을 합리적으로 선택할 것이다. 이 결과는 소비자가 제조물의 위험을 정확하게 관찰할 수 없는 경우 엄격책임 원칙이 불완전 정보를 대체한다는 제3장의 결과와 비슷한 것이다.

그러나 대부분의 보증은 완전 보증을 제공하지 않는다. 그 이유는 제품 고장이 생산자뿐만 아니라 소비자의 노력에도 달려 있기 때문일 것이다. 그리고 우리가 제조물

24 제3장의 1.2.2를 참조하라.

책임에서 주장한 것처럼, 소비자의 노력은 제품 판매 이후 이루어지므로 생산자가 이를 감시하기가 거의 불가능하다. 부분 보증을 제공하는 이유는, 비록 불완전하지만, 생산자와 소비자 모두에게 제품 고장에 대해 주의를 기울일 경제적 유인을 제공하기 위한 것이다.[25]

신호 모형. 신호 모형(signaling model)은 보증이 소비자에게 제품 고장 확률에 관한 신호를 제공한다고 주장한다. 즉, 보증 범위가 넓을수록 고장 확률이 낮다(Spence 1977). 이 모형에서 생산자는 제품이 광고한 대로 작동할 확률, 즉 제품이 고장 나지 않을 확률인 제품 신뢰도 r을 선택한다.[26] 그러나 소비자는 제품의 신뢰도를 관찰할 수 없다. 따라서 신뢰도가 높은 제품(r이 높은 제품)을 생산하는 제조업체는 넓은 보증 범위를 제공하여 신뢰도가 높다는 신호를 보내려고 한다. 이는 균형 상태에서 관측되지 않은 변수 r이 관측된 변수인 보증 범위 w의 증가함수이어야 함을 의미한다.

이러한 유형의 균형은 어떤 조건에서 가능한가? 신뢰도가 r인 제품의 생산비용을 $C(r)$이라고 하자. C는 r의 증가함수이다. 즉, 신뢰도가 높은 제품을 생산하려면 비용이 더 든다. 또한 신뢰도를 높일수록 제품의 생산비용이 체증적으로 증가한다고 가정한다. 따라서 신뢰도가 r인 제품을 생산하는 한계비용 $MC(r)$는 [그림 5.4]에 제시된 것처럼 우상향한다. 이 경우 생산자의 기대 이익은 다음과 같다.

$$P - C(r) - (1 - r)wK. \tag{5.19}$$

이 모형에서 가격은 r의 신호가 될 수 없으므로(곧 이유를 설명한다), 생산자는 P를 상수

25 구체적으로, $q(x, y)$를 결함이 발생할 확률이라고 하자. 여기서 y는 소비자의 주의이다. 따라서 소비자는 P를 주어진 것으로 간주하고 $V - q(x, y)(1 - w)K - P - y$를 극대화하는 y를 선택한다. 따라서 $w > 0$이면 소비자는 주의에 과소투자한다. 일반적으로 w가 0과 1 사이에 설정되면(부분 보증), 생산자와 소비자는 모두 일정 수준의 주의를 기울인다.

26 따라서 $r = 1 - q$이다. q는 고장이 발생할 확률이다.

그림 5.4 제품 보증의 신호균형

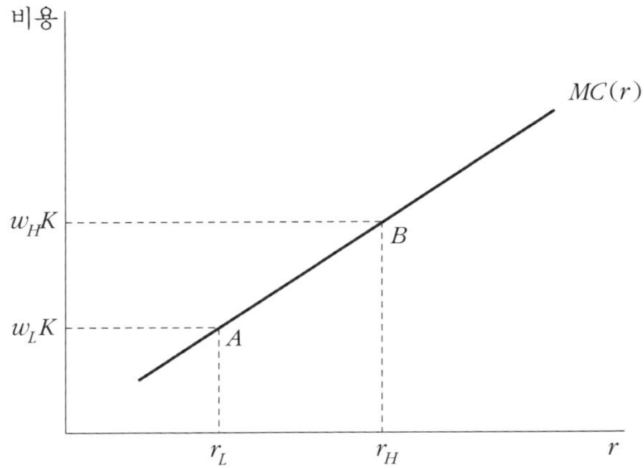

로 취급하여 (5.19)를 극대화하는 r을 선택한다. 최적 상태에서, 생산자는 신뢰도의 한계비용이 자신이 부담하는 수리비용의 한계 감소와 같아지도록 r을 선택한다.

$$MC(r) = wK. \tag{5.20}$$

(5.20)은 r의 유일한 값이 아니라, 이윤 극대화 조건을 만족시키는 (r, w)의 집합을 정의한다. [그림 5.4]는 이 중 두 점을 보여 준다. A점은 신뢰도가 낮고 보증 범위가 좁은 제품을 나타내고, B점은 신뢰도가 높고 보증 범위가 넓은 제품을 나타낸다. r과 w의 관계에 대한 소비자의 기대가 (5.20)과 일치하면, 신호균형(signaling equilibrium)이 성립될 수 있다. r과 w 의 양(+)의 관계는 우상향의 기울기를 가진 한계비용 함수에서 도출되는 결과이다.

이상의 분석은 신호균형이 존재하기 위해 공급 측면에서 충족되어야 하는 조건을 제시한다. 수요 측면에서는 소비자 선호에 차이가 존재하여 소비자가 서로 다른 제품 신뢰도와 보증 범위의 조합을 요구해야 한다. 즉, 일부 소비자는 제품 A(낮은 신뢰도와 저렴한 가격)를 선호해야 하고 다른 소비자는 제품 B(높은 신뢰도와 높은 가격)를 선호해야 한다.

마지막으로, 가격이 왜 제품 신뢰도의 신호로 작용할 수 없는지 생각해 보자. 특히 신뢰도가 높은 제품을 생산하는 생산자가 단순히 가격을 인상하지 못하는 이유는 무엇인가? 가격 인상에는 비용이 들지 않으므로 신뢰도가 낮은 제품을 생산하는 생산자들도 가격을 인상할 것이기 때문이다. 따라서 높은 가격은 높은 품질의 믿을 만한 신호가 아니다. 이런 문제가 보증에는 존재하지 않는다. 생산자가 보증 범위를 늘리려면 더 큰 비용을 지출해야 한다. 균형 상태에서 가격은 제품 신뢰도에 따라 변하지만(신뢰도가 높은 제품을 생산하려면 비용이 더 들기 때문에), 소비자는 가격을 신호로 사용할 수 없다.

3.2.2. 묵시적 보증

모든 제품이 명시적 보증을 제공하지는 않는다. 그러나 제3장에서 보았듯이 20세기 제조물 책임법의 발전은 법원이 제조물의 적합성에 대한 묵시적 보증(implied warranties)을 인정하는 것으로 귀결되었다(Epstein 1980). 묵시적 보증에 따르면, 생산자는 결함이 있거나 불합리하게 위험한 제조물로 인해 발생한 손해에 대해 엄격책임을 진다. 따라서 제조물 책임법은 제조물 관련 위험에 대한 계약법적 접근 방식과 불법행위법적 접근 방식의 교차로라고 할 수 있다.

법원이 부과하는 보증의 경제적 근거는 명시적 보증의 근거와 같다. 즉, 생산자가 제품 수명의 연장에 투자하고, 제품 고장 및 사고로 인한 손실에 대비하도록 장려하는 것이다. 묵시적 보증은 당사자들이 거래마다 제품 고장에 대한 책임에 관해 협상하는 비용을 절감해 준다. 이런 점에서 묵시적 보증은 표준 계약 또는 임의적 기본 원칙(default rule)과 유사하며, 일반적으로 생산자가 최적의 위험 부담자라는 신념에 근거하고 있다.

그러나 소비자 주의가 제품 고장의 주요 원인인 경우처럼, 일부 제품에서는 제조업체가 최적의 위험 부담자가 아닐 수 있다. 이 경우 제조업체의 면책 조항(disclaimer)이 효율적일 수 있다. 통일상사법전(Uniform Commercial Code)은 면책 조항을 허용하고 있지만, 법원은 이에 대해 상당히 회의적이다. 그 이유는 불법행위법에서 엄격 제조물 책임으로의 변화와 관련하여 제3장에서 설명한 것과 같다. 즉, 대다수 소비자가 제품의 결함으로 인한 위험을 정확하게 평가하지 못한다는 것이다. 이런 시장실패가 존재하면, 자발적 계약은 법원이 부과하는 책임보다 못하다(Landes and Posner 1987, 138-39). 따라서 제조물 관련 사고에 대한 불법행위법과 계약법의 접근 방식이 같은 해법으로 수렴된 것은 결코 놀라운 일이 아니다.

3.3. 장기 계약

장기 계약은 거래 상대방 사이의 지속적 관계에 관한 것이다. 지속적 관계의 분명한 이점은 당사자가 매번 거래를 새로 협상해야 하는 비용을 줄인다는 것이다. 더욱 흥미로운 다른 이점은 당사자들이 단기 계약에 만연한 기회주의적 행동(opportunistic behavior)[27]으로 인해 발생하는 손실의 두려움 없이 (신뢰투자와 같은) 거래 특수적 투자(transaction-specific investment)를 할 수 있는 계약 집행 구조를 제공한다는 것이다.

거래 특수적 투자의 이익과 기회주의의 가능성을 고용관계의 사례를 통해 살펴보자. 비숙련 근로자의 한계 생산 가치(value of marginal product: VMP)는 100달러이다. 기업은 근로자를 2기 동안 고용할 수 있으며, 1기에 100달러를 근로자의 훈련에 투자하면 2기에 근로자의 VMP는 300달러로 증가한다.[28] 모든 근로자는 2기가 지나면 은퇴한다. 이 사례에서 훈련은 100달러의 투자로 200달러의 이익을 가져오므로 효율적이다. 문제는 기업과 근로자 간의 계약으로 이런 결과가 달성될 수 있는가이다.

27 이 문제에 관해서는 Goldberg(1976), Klein 외(1978), Williamson(1983)을 참조하라.

28 VMP는 근로자 한 명을 추가로 고용함으로써 증가하는 기업의 수입이다. 공식적으로, VMP는 (경쟁적인 산출물 시장을 가정하면) 근로자의 한계 생산과 산출물 가격을 곱한 것이다.

기업이 비숙련 근로자를 1기당 125달러의 임금을 주면서 두 기간 고용하고, 근로자에게 훈련 제공을 약속한다고 가정하자. 근로자는 두 번의 계약을 맺고 기간마다 100달러를 받아 200달러를 얻는 것보다 250달러의 평생 소득을 얻는 것이 이익이므로 이 계약을 수락할 것이다. 기업도 비숙련 근로자를 100달러에 두 기간 고용하여 0의 이윤을 얻는 것에 비해 100 + 300 − 100 − 250 = 50달러의 총이윤을 얻게 되므로 이익이다. 지금까지는 기업과 근로자가 특별한 관계를 형성할 필요가 없는 것처럼 보인다.

문제는 기업의 훈련투자가 근로자에게 부분적으로 다른 기업으로 이전될 수 있는(transferable) 숙련(skill)을 형성시켜 준다는 것이다. 기업의 훈련투자가 이루어졌다고 하자. 근로자는 임금을 경쟁기업의 임금 제안에 맞추어 올려주지 않으면 이직하겠다고 위협할 수 있다. 따라서 근로자의 기회주의가 발생한다. 예를 들어, 훈련받은 근로자의 다른 기업에서의 VMP가 200달러라고 가정하자(즉, 훈련으로 형성된 가치의 절반이 이전될 수 있다). 다른 기업들은 훈련비용을 지출하지 않았기 때문에 훈련된 근로자를 고용하기 위해 최대 200달러를 제시할 것이다. 따라서 근로자의 이직을 막으려면 기업은 임금을 이 제안에 맞추어야 한다. 즉, 근로자의 2기 임금을 125달러에서 200달러로 인상해야 한다. 근로자의 평생 소득은 이제 125 + 200 = 325달러이며, 기업의 이익은 100 + 300 − 100 − 325 = −25로 감소한다.[29]

이러한 근로자의 기회주의로 인해, 기업이 훈련에 투자하지 않는 비효율적인 균형이 발생한다. [표 5.3]의 보수 행렬은 여러 전략에 상응하는 기업과 근로자의 두 기간의 보수(payoff)를 보여 준다. 표에서 각 칸의 첫 번째 숫자는 근로자의 보수이며, 두 번째 숫자는 기업의 보수이다. 기업의 전략은 '투자'와 '비투자'이고, 근로자의 전략은 '머묾'과 '떠남'이다. 굵은 글씨로 표시된 항목은 주어진 상대방의 전략에 대한 각 당사자의 최적의 전략을 나타낸다.

29 이는 근로자를 이직하게 하고 다른 비숙련 근로자로 교체하여 얻는 100−100−125=−125달러의 이윤보다 여전히 많은 것이다. 근로자를 보유함으로써, 기업은 적어도 근로자의 VMP와 이전 가능한 숙련 사이의 차이인 100달러를 얻는다.

표 5.3 고용 사례의 보수 행렬

		기업	
		투자	비투자
근로자	머뭄	250달러, 50달러	200달러, 0달러
	떠남	325달러, −25달러	200달러, 0달러

근로자의 최적 전략을 생각해 보자. 기업이 투자하면 근로자는 떠나고(325달러>250달러), 기업이 투자하지 않으면 근로자는 무차별하다(어느 전략을 취하든 200달러이다). 기업은 근로자가 머문다면 투자하고(50달러>0달러), 근로자가 떠난다면 투자하지 않는다(0달러>−25달러). 내쉬 균형은 상대방의 전략에 대한 각 당사자의 기대가 실현될 때 발생한다. 이 경우, 내쉬 균형은 근로자가 떠나고 기업은 훈련에 투자하지 않는 것이다. 따라서 기회주의의 위협으로 인해 당사자들은 투자로부터의 상호 이익을 놓치게 된다.

상호 이익이 존재하므로 당사자들은 기회주의를 방지하는 계약적 방안 또는 다른 수단을 마련할 것이다. 두 가지 유형의 계약적 해법은 (1) 법원에 의해 집행되는 명시적 장기 계약과 (2) 자기 집행에 의존하는 암묵적 계약이다. 명시적 계약은 기회주의를 방지하기 위해 법원이 제공하는 계약 파기의 구제수단에 의존한다. 그러나 명시적 계약 방식은 "가능한 우발적 사태를 계약에 명시하는 비용과 위반을 감시하고 계약을 법원을 통해 집행하는 감시 및 소송비용"을 수반한다(Klein et al. 1978, 303). 이 비용은 지속적인 파기 위협에 노출된 장기 계약에서 특히 높을 수 있다.

명시적 계약의 비용이 너무 커지면 당사자는 대신 암묵적 또는 '자기 집행적' 계약에 의존하게 된다.[30] 자기 집행은 계약 파기가 발생하면 장기적 관계를 종료하겠다는 상호 위협 또는 파기하면 몰수되는 보증금의 유치 등과 같은 여러 가지 형태를 취할 수 있다. 중요한 점은 이 방법에서는 제3자의 적발이나 집행이 필요하지 않는다는

30 Telser(1980)를 참조하라. Williamson(1985)은 자기 집행을 '법정 해결'(court ordering)과 대비하여 '사적 해결'(private ordering)이라고 부른다.

것이다. Macauley(1963)는 그의 고전적 연구에서 이런 유형의 계약에 대한 비공식적 접근이 비즈니스 관계에서 널리 활용되고 있다는 증거를 제시하였다.

위의 고용 사례에서 자기 집행 메커니즘이 어떻게 가능한지 살펴보자. 기업이 비숙련 근로자에게 1기에는 50달러, 2기에는 200달러를 지급하는 두 기간에 걸친 증가하는 임금 계약을 제시한다고 가정하자. 근로자는 이 계약과 매기 125달러를 받는 고정적 임금(flat wage) 계약 사이에 무차별하다. 두 계약 모두 동일한 평생 소득을 제공하기 때문이다(시간 선호는 무시한다). 마찬가지로 기업도 총임금 비용이 같으므로 두 계약에 대해 무차별하다. 그러나 고정적 임금과는 달리, 증가하는 임금(increasing wage) 계약은 기회주의를 억지한다. 경쟁 기업이 200달러 이상을 제시하지 않을 것이므로 훈련받은 근로자는 2기에 기업을 떠나지 않는다. 사실상 근로자는 2기에 기업을 떠나면 몰수되는 보증금(1기의 임금 50달러와 시장임금 100달러의 차이)을 1기에 유치한 것이다. 이런 증가하는 임금 체계를 이용하여, 당사자들은 법원의 개입 없이도 효율적 결과를 달성할 수 있다.[31]

다른 해결책은 고용주들이 다른 기업의 근로자와 협상하지 않기로 합의하는 것이다. 미국 프로 야구는 1976년 법원이 소위 보유 조항(reserve clause)을 무효로 선언할 때까지 이 제도를 유지하였다.[32] 보유 제도에서 모든 계약은 어떤 선수를 그 선수를 드래프트한 팀에게 평생 묶어 두는 암묵적 조항을 포함하고 있었다. 많은 사람들이 구단주들의 반경쟁적 관행으로 생각하고 있지만, 최근 분석에 따르면 이 제도는 구단주들의 ('손을 묶는'[tying their hands]) 상호 구속적 약속의 수단으로 기능하였으며, 선수 육성을 위한 효율적 투자를 촉진하였다.[33]

근로자 기회주의 문제에 대한 다른 해결책은 근로자가 자신의 훈련비용을 부담하는 것이다. 이 방안은 근로자가 훈련의 비용과 혜택을 내부화하게 하여 기회주의의 문

---

31 증가하는 임금 체계의 유인 효과에 대해서는 Becker and Stigler(1974)와 Lazear(1979)를 참조하라.
32 Rottenberg(1956) 및 Miceli(2004)를 참조하라. 제7장은 코즈 정리의 맥락에서 보유 제도에 관해 논의한다(제7장 1.2.2 참조).
33 자기 집행의 일반적 문제에 관해서는 Schelling(1985)을 참조하라.

제를 제거한다. 따라서 근로자는 훈련받은 기업에 비용을 발생시키지 않고 자유롭게 움직일 수 있다. 이는 프로 야구로 치면 선수들이 마이너 리그의 비용을 부담하는 시스템과 같다. 그러나 근로자는 일반적으로 자산에 제약이 있고, 자본 시장의 불완전성으로 인해 투자비용을 조달하기 어려우므로 실행 가능한 해법은 아니다(그러나 보유 제도에서 선수들은 다른 팀과 협상할 수 없었으므로 시장임금보다 낮은 임금을 받고 뛰었으며, 낮은 임금은 훈련비용을 지불하는 간접적 방법이었다).

계약에서 발생하는 기회주의에 대한 마지막 대응 방법은 '수직적 합병'(vertical integration)이다. 이는 독립적으로 시장 교환을 하던 구매자와 판매자가 단일 기업으로 합병하는 것이다.[34] 자동차 제조업체가 맞춤형 자동차 부품을 공급하는 부품업체와 합병하는 것 또는 양조장이 얼음 공장과 합병하여 여름 동안 꾸준한 얼음 공급을 확보하는 것 등이 그 예이다. 당사자들은 합병을 통해 계약 집행에 수반되는 거래비용을 줄일 수 있지만, 이제는 내부 조직비용과 거버넌스 비용에 직면한다. 따라서 기업 내 거래와 기업 간 거래 사이의 경계는 이러한 대안적 조직 구조의 상대적 비용에 의해 결정된다.[35]

4. 결론

우리는 집행 가능한 계약의 파기가 어느 경우에 효율적인가라는 질문으로 제5장을 시작하였다. 계약 체결 당시 상호 이익을 약속한다고 하더라도, 예기치 않은 변화로 계약의 이행비용이 이행 가치를 초과할 수 있다. 이 경우 계약 파기는 효율적이다. 법원은 당사자들에게 효율적일 경우에만 계약을 파기할 경제적 유인을 제공하도록

34 이것은 경쟁기업 간의 수평적 합병과 대조된다. 제10장의 3.2를 보라.

35 Coase(1937)에서 시작된 기업에 관한 거래비용 이론(transaction costs theory of the firm)의 기초가 바로 이것이다.

구제 방식을 설계해야 한다. 변형된 예방 모형을 사용하여, 우리는 이행이익 배상(엄격책임 원칙의 한 형태)이 정확히 이 결과를 달성한다는 점을 증명하였다. 그러나 제한 없는 이행이익 배상은 효율적 신뢰투자의 유인을 제공하지 못하며, 위험을 항상 최적으로 분담시키지도 못한다. 따라서 우리는 최적 신뢰투자와 최적 위험분담의 달성을 목적으로 하는 제한된 손해배상 또는 0의 손해배상 등의 대안적 구제 방식도 검토하였다.

법원은 금전적 손해배상이 아닌 특정 이행을 강제하기도 한다. 이 구제 방식은 주로 (토지와 같은) 고유한 재화가 관련된 계약에 한정되어 적용되고 있다. 그러나 경제학자들은 분쟁 해결의 거래비용을 낮추고 주관적 가치를 보호하기 위해 특정 이행이 광범위하게 사용되어야 한다고 주장한다.

법원이 제공하는 구제 방식을 사용하려면 많은 비용이 들기 때문에, 당사자들은 '자구적'(self-help) 구제 방식을 계약에 규정하기도 한다. 이 중 가장 보편적으로 사용되고 있는 것은 손해배상액의 예정이다. 자구적 구제 방식은 당사자들이 약속을 지킨다는 평판을 쌓을 수 있는 장기 또는 반복 계약에 특히 유용하다. 경제 이론에 따르면, 법원은 당사자가 스스로 설정한 구제 방식을 집행해야 한다. 이 구제 방식이 계약의 가치를 극대화하기 위한 당사자의 노력을 반영하고 있기 때문이다.

마지막으로, 계약비용이 너무 크면, 장기 거래를 하는 기업들은 시장을 통해 독립적으로 거래를 계속하는 것보다 서로 합병하는 것이 유리할 수도 있다. 산업조직론의 여러 분야가 수직적 합병과 계약 사이의 선택에 영향을 미치는 요인과 수직적 합병이 시장 구조와 성과에 미치는 영향을 분석하고 있다. 우리는 이 주제 중 일부를 제10장의 독점금지법에서 다룰 것이다.

토론 문제

1. 다음과 같은 Charles Fried의 계약의무(contractual obligation) 이론을 생각해 보자. "계약 체결과 그에 수반하는 행위를 정의하는 관행이 있다. … 신뢰와 존중의 칸트적 기본 원칙에 따르면, 계약을 체결하기 위해 관행을 원용한 뒤 계약을 파기하기 위해 그 관행을 원용하는 것은 잘못이다."라고 한다(Craswell and Schwartz 1994, 14). 이 견해를 계약 파기의 경제 이론과 비교하라.

2. 효율적 계약 파기를 위한 구제 방식의 선택에서 코즈 정리(제1장 참조)가 가지는 함의를 논하라.

3. FedEx 및 기타 배송업체(U.S. Postal Service 등)는 고객이 자신의 배송물에 대해 스스로 선언한 금액만큼 보험에 드는 것을 허용한다. 이것이 왜 효율적 방법인지 설명하라.

4. 전통적 계약법은 계약 파기와 이행 불능 또는 상업 목적의 달성 불능으로 인한 계약 해소를 별개의 문제로 취급한다. 경제 이론은 관련된 질문이 불이행에 대한 손해배상의 결정일 경우 이들 문제를 하나의 문제의 변형된 형태로 간주한다. 이것이 어떤 의미인지 설명하라.

5. *Siegel v. Eaton & Prince Co.*(46 N.E. 449, 1896) 사건은 백화점의 엘리베이터 설치 계약에 관한 사건이다. 백화점이 화재로 소실되자, 백화점은 이행 불능을 이유로 엘리베이터 설치 계약이 무효가 되었다고 주장하였다. 이 사건의 경제 분석과 관련된 논점들을 설명하라.

6. Friedmann(1989)은 효율적 계약 파기의 논리를 재산권으로 확장하면 '효율적 절도'(efficient theft)에 해당한다고 주장하였다. 이 주장에 관해 토의하라.

7. 제2장에서 서술한 것처럼, 위험한 활동에 대한 기업책임의 확대에 대응하는 방법의 하나로 기업은 책임이 제한된 자회사를 만들어 그 활동을 분리한다(Ringleb and Wiggins 1990). 다시 말해, 기업은 내부 거래를 시장 거래로 대체한다. 이 전략을 계약 집행비용과 조직비용의 상대적 변화에 대한 최적 대응으로 설

명하라.

8. 다음 진술을 논평하라. “거래비용이 거래를 불가능하게 하지 않는다면, 사고에 관련된 사람들이 안전조치와 관련하여 사전에 합의하였을 것이 무엇인지를 질문함으로써 거의 모든 불법행위 문제가 계약 문제로 해결될 수 있다. … 마찬가지로, 거의 모든 계약 문제는 불법행위 문제도 해결될 수 있다”(Posner 1998a, 272-73).

단원 문제

1. 구매자 B와 판매자 S가 S가 생산한 재화를 B에게 인도하는 계약을 체결하였다. 구매자의 이행 가치 V, 구매자의 회수할 수 없는 신뢰투자 R, 가격 P(재화가 인도될 때 지급)는 다음과 같다.

   V = 1,000달러
   R = 100달러
   P = 650달러

   계약 체결 시점에서 생산비용 C는 불확실하다. 그러나 생산비용은 생산 시점이 되면, 네 가지 값 중 하나로 확정된다.

   C = {500달러, 700달러, 900달러, 1,100달러}

   C를 관찰한 후에 판매자는 재화를 생산하여 인도할 것인지, 재화를 생산하지 않고 계약을 파기할지를 결정해야 한다.

   (a) 어떤 C값(만약 있다면)에서 계약을 파기하는 것이 효율적인가?

   (b) 이행이익 배상에서 판매자는 어떤 C값에서 계약을 파기하는가? 신뢰이익 배상에서는? 0의 배상에서는? 이 답들을 (a)와 비교하면 어떠한가?

2. 구매자의 계약 가치 V는 회수할 수 없는 신뢰투자 R의 함수라고 가정하자. 구체적으로 구매자는 100달러 또는 200달러를 투자할 수 있으며, 이 투자는 V에 다음과 같은 영향을 미친다.

R	V
100달러	400달러
200달러	550달러

   계약 이행과 동시에 지급되는 계약 가격은 75달러이다.

   (a) 계약 이행이 확실하게 이루어진다고 가정하자. 어떤 수준의 신뢰투자가 계약으로부터 구매자가 얻는 순이익을 극대화하는가?

(b) 이제 구매자가 0.5의 확률로 계약 파기를 예상하고 있으며, 계약이 파기되면 (가격을 지급할 필요는 없지만) 신뢰투자가 상실된다고 가정하자. 이 경우 구매자의 기대수익을 극대화하는 신뢰투자는 무엇인가(손해배상은 고려하지 않는다)?

(c) 제한 없는 이행이익 배상에서 구매자는 어떤 수준의 신뢰투자를 선택할 것인가? 이 답을 (a)와 (b)의 답과 비교하라.

3. *Kerr S.S. Co. v. Radio Corp. of America*(245 N.Y. 284, 157 N.E. 140, 1927) 사건은 원고가 화물 선적과 관련하여 필리핀의 계열사에 보낸 메시지에 관한 것이다. 메시지는 경쟁 업체가 읽지 못하도록 코드로 전송되었다. 그러나 피고는 과실로 메시지를 보내지 못하였고, 원고에게 거의 7,000달러의 손해를 입혔다. 원고는 손해배상을 청구하였다. 피고는 메시지를 보내는 비용인 27달러에 대해서만 책임을 져야 한다고 주장하였다. 원고가 7,000달러를 배상받을 조건은 무엇인가? 법원이 판결에서 선례로 들어야 할 사건은 무엇인가?

4. 구매자는 제조업자를 고용하여 특정 날짜에 인도될 특수한 기계를 제작하게 하였다. 기계가 구매자에게 주는 가치는 2,000달러이며, 기계의 인도와 동시에 지급할 가격은 1,500달러이다. 기계가 완성된 후 인도되기 전에 드 번째 구매자가 나타나 제조업자에게 2,500달러를 제시한다고 가정하자.

(a) 사회적 관점에서 누가 기계를 사용해야 하는가?

(b) 첫 번째 구매자에 대한 이행이익 배상액을 계산하고, 이행이익 배상이 판매자에게 계약 파기에 대한 올바른 유인을 제공함을 보여라.

(c) 첫 번째 구매자가 특정 이행을 청구하여 법원이 이를 인정한다고 가정하자. 이행이익 배상과 비교하여, 특정 이행은 기계의 최종 소유권에 어떤 영향을 미치는가? (첫 번째 구매자는 두 번째 구매자의 제안을 알고 있으며, 두 구매자가 협상할 수 있다고 가정한다.)

(d) 두 번째 구매자의 출현으로 500달러의 '잉여'(두 번째 구매자 제안 금액 – 첫 번째 구매자의 평가)가 발생한다. 두 구제 방식에서 이 잉여가 판매자와 첫 구매자 사이에서 어떻게 나누어지는지 설명하라.

5. Alex는 자신이 2,000,000달러의 가치를 부여하는 피카소 그림을 소유하고 있다. Barry가 이 그림을 구매하기 위해 2,100,000달러를 제시하고, 합의가 이루어

진다. 그러나 Barry가 그림을 가져가기 전에, Carol이 그림에 2,500,000달러를 제시하고, Alex는 Carol에게 그림을 판매한다.

(a) Alex와 Barry 사이에 유효한 계약이 존재하였는가?

(b) 그렇다면 법원은 Barry에게 부여되는 이행이익 배상을 계산하기 위해 무엇을 알아야 하는가? 여기에서 계약 파기가 효율적이라는 것이 반드시 참인가?

(c) 구제수단이 특정 이행이라면 어떤 결과가 발생할지 설명하라.

---

chapter 06

재산법의 경제학 I: 재산권과 합의적 교환

1. 재산권의 본질과 기능
2. 재산의 합의적 이전
3. 제한적 소유권과 분할 소유권
4. 지적 재산권
5. 결론

경제적 관점에서 재산법은 보통법의 세 영역 중 가장 근본적이다. 재산권의 부여와 보호는 경제에서 이루어지는 부의 생산과 분배의 법적 토대를 구성한다. 재산법은 또한 법경제학을 이해하기 위한 일반적 분석 틀을 제공한다는 의미에서도 근본적이다. 재산법의 분석을 통해, 불법행위법과 계약법에서 다루었던 여러 주제가 통합적·일관적으로 이해될 수 있다. 이것이 재산법을 마지막에 논의하는 이유이다.

이 장은 재산권(property rights)과 교환(exchange)에 초점을 맞춘다. 이 장의 첫 부분은 재산권의 본질과 기능을 분석한다. 재산권의 정의, 재산권의 출현, 재산권의 법적 보호 및 재산권이 경제적 행동에 미치는 영향이 강조될 것이다. 다음 부분은 재산법의 원칙들이 어떻게 재산권의 합의적 교환 또는 이전을 촉진하는지 논의한다. 교환은 가장 기본적인 경제 행위이며, 거래의 이익으로부터 발생하는 경제적 가치의 원천이다. 강조할 점은 법이 어떻게 시장에서의 부분적 교환(임대차 계약 등)을 포함한 권리 교환의 안정적 환경을 제공하는가이다. 이와 관련하여, 법의 주요 역할은 재산에 대한 투자를 보호하고 계약을 집행하는 것이다. 즉, 경제 활동(교환 및 투자)이 이루어질 수 있는 안정된 기반을 형성하는 것이다. 다음 장인 제7장은 외부효과 등으로 인해 합의에 의한 교환이 불가능한 상황에서 재산법이 담당하는 역할을 분석한다. 시장실패가 존재할 때, 법은 재산권의 규제 그리고 개인에서 다른 개인으로의 또는 개인에서 정부로의 권리의 강제적 이전을 통해 자원의 효율적 배분을 달성하는 보다 폭넓은 역할을 담당한다.

이 장은 지적 재산법(intellectual property laws)의 경제학을 개관하는 것으로 끝을 맺는다. 지적 재산법은 크고 빠르게 변화하고 있다. 이 장은 지적 재산법의 필수적 내용을 다룬다. 경제적 자산으로서의 아이디어(idea)의 결정적 특징, 즉 다른 재산과 차별화되는 특징은 아이디어가 공공재(public goods)의 특성을 가진다는 것이다. 아이디어는 양 또는 질의 감소 없이 많은 사람에 의해 유익하게 사용될 수 있다. 공공재적 특성은 아이디어가 널리 공유되어야 함을 시사한다. 그러나 아이디어의 공적 소유는 상충관계(trade-off)를 발생시킬 수 있다. 많은 사람이 좋은 아이디어를 이용할 수 있어야 하지만,

아이디어의 발견 또는 창출을 장려하기 위해 아이디어에 대한 개인적 권리가 보호되어야 한다. 우리는 특허권, 저작권, 영업 비밀 및 상표권에 관한 법이 이 상충관계를 해결하기 위해 시도하는 다양한 방법을 검토할 것이다.

1. 재산권의 본질과 기능

재산권은 사회적 산물이다. 재산권은 사람들이 자신이 통제하는 자산(assets)을 가지고 할 수 있는 것과 할 수 없는 것 사이의 경계를 설정한다.[1] 우리는 주로 토지, 건물 및 자동차와 같은 유형 자산에 대한 재산권에 주목할 것이다. 그러나 기본 원칙들은 노동 서비스와 개인의 안전(예를 들어, 불법행위는 피해자의 안전할 권리를 불법적으로 침해하는 것으로 해석될 수 있다)과 같은 무형 자산에도 적용된다. 그리고 우리는 발명(지적 재산권)에 이 원칙들을 적용하여 이 장을 마무리할 것이다. 이 절에서는 (1) 재산권의 정의, (2) 재산권이 경제적 유인에 미치는 영향, (3) 재산권의 출현, (4) 재산권의 보호 방법을 개략적으로 검토한다. 이 개관은 재산법의 분석을 위한 준비 단계에 해당되며, 이 장과 다음 장에서 다룰 논점들을 예고한다.

1.1. 재산권의 정의

법률가와 경제학자 모두 어떤 자산의 소유권은 '권리 묶음'(bundle of rights)으로 구성되어 있다고 본다. 이 묶음은 다음을 포함한다.

1. 자산을 사용(use)할 권리(예를 들면, 자산이 창출하는 금전적 이익을 전유할 권리)

---

1 이 부분의 논의는 Demsetz(1967)에 기초하고 있다. Barzel(1989)과 Friedman(2000, 제10장)도 참조하라.

2. 다른 사람이 자산을 사용하는 것을 배제(exclude)할 권리

3. 자산을 처분(dispose)할 권리(즉, 팔 권리).

따라서 예를 들어, 농지 소유자는 농작물을 재배하여 판매할 수 있고, 불법 침입자를 배제할 수 있으며, 농지를 사려는 다른 사람에게 농지를 팔 수 있다.

법은 권리를 집행하지만, 타인의 권리와 양립할 수 없게 되는 지점에서 집행을 멈춘다. 양립할 수 없는 권리는 외부효과(externality)의 다른 표현이다. 일반적으로 법은 외부효과가 존재할 때 재산권을 제한한다. 예를 들어, 법원은 비료의 화학 물질이 이웃의 우물에 스며들면 자신의 토지에 비료를 사용할 농부의 권리를 제한할 수 있으며, 농부의 가축이 이웃의 땅을 침범하면 이를 방지하는 조치를 취하라고 농부에게 명령할 수 있다.

개인은 자산의 가치를 높이기 위해 재산권을 제한할 수도 있다. 예를 들어, 토지 소유자는 자신의 토지를 농부에게 임대하여 재산권을 임대인과 임차인에게 계약적으로 분할시킬 수 있다. 구체적으로 임차인은 사용 및 배제 권한을 갖고, 임대인은 처분할 권리를 보유한다.[2] 다른 예로, 여러 목장주가 방목지를 공동 소유할 수 있다. 이 경우 한 소유자가 다른 소유자의 사용을 배제할 수 없지만, 집단적으로 그들은 비소유자를 배제하거나 토지를 매각할 수 있다.

이 장은 이 같은 재산권의 자발적 이전 또는 제한을 다룬다. 그러나 본격적 논의에 앞서, 재산권이 경제적 유인에 미치는 영향을 살펴보자.

1.2. 재산권과 유인

재산권은 외부효과를 내부화시켜 효율적 유인을 창출한다. 의사 결정자가 자신의

2 그러나 임대인은 상황에 따라 재산에 출입할 권리(또는 의무)를 보유할 수도 있다. 3.1을 참조하라.

행위의 전체 비용 또는 전체 편익을 내부화하지 못하면 외부효과가 발생한다. 익숙한 사례는 자신이 발생시키는 매연이 근처 주민에게 부과하는 비용을 생각하지 않는 공장이다. 외부효과를 내부화시키는 하나의 방법은 불법행위법의 손해배상처럼 공장이 주민들에게 손해를 배상하도록 만드는 것이다. 그러나 다른 구제수단도 있으며, 우리는 어떤 구제수단이 다른 구제수단보다 효율적인지 분석할 것이다(자세한 내용은 제7장을 참조하라).

외부효과는 재산권이 완전하게 정의되어 있지 않을 때 발생한다. 불완전한 재산권은 교환(exchange) 및 생산(production)의 비효율성을 초래한다. 교환의 효율성은 자원을 가장 높게 평가하는 당사자가 그 자원을 보유해야 달성된다. 잘 정의된 재산권은 시장 교환을 가능하게 하여 이 결과를 촉진한다. 당신이 나보다 내 재산을 높이 평가한다면 당신은 내가 수락할 수 있는 가격을 제시할 것이다. 그러나 이런 교환이 일어나려면, 나만이 재산을 팔 법적 권리를 가지고 있으며, 일단 그 재산을 취득한 후에는 당신만이 그것을 사용할 독점적 권리가 있음을 당신이 확신해야 한다. 따라서 사람들은 도난당한 것으로 생각되는 재산을 사려고 하지 않으며(진정한 소유자가 나타나 소유권을 주장할 수 있으므로), 자유의 여신상을 팔려는 사람을 의심한다.

재산권은 또한 생산의 효율적 유인을 창출한다. 사람들은 자신이 만든 것을 판매할 독점적 권리를 가진 경우에만 자원을 투자하여 재화를 생산할 것이다. 따라서 적절한 생산을 보장하기 위해서는 독점적 재산권이 필요하다(단, 뒤에서 보듯이 독점적 권리에 대한 시간적 제한이 바람직할 수도 있다).

잘 정의된 재산권이 없으면 개방 자원(open-access resource)의 경우처럼 과다생산(overproduction)이 발생할 수 있다. '공유의 비극'(tragedy of commons)(Hardin 1968)이라고 불리는 개방 자원의 과도한 고갈 현상은 여러 생산자가 제한 없이 자원에 접근할 수 있을 때 발생한다. 예를 들어, 소유권이 여러 소유자로 나누어져 있는 토지 밑에서 큰 유전이 발견되었다고 하자. 각 소유자는 유전이 고갈되기 전에 가능한 한 빨리 석유를 채굴할 경제적 유인이 있다. 결과는 과도한 채굴 및 지상 저장이다. 효율적 결과를 얻으려면 소유자들이 채굴률과 그 결과 발생하는 수익의 분할에 합의해야 한다. 즉, 자원에 대한 재산권을 완전하게 정의하는 것에 동의해야 한다[3](대안적 방법은 소유권을 통합하는 것이며, 이는 분할된 재산권을 집중시켜 목적을 달성한다). 같은 문제가 낚시터나 사냥터 및 광물 매장지와 같은 다른 공유 자원에서도 발생한다. 1.3은 이 상황에서 재산권이 어떻게 출현하는지를 보여 주는 실제 사례를 제시한다.

1.3. 재산권의 출현

주목한 것처럼, 재산권의 경제적 기능은 외부효과를 내부화하는 것이다. 따라서 이 관점에 따르면 재산권은 '내부화의 편익이 내부화의 비용보다 클 때'(Demsetz 1967, 350) 출현할 것이다. 편익은 앞에서 설명한 것처럼 교환 및 생산의 효율성이 높아지는 것이며, 비용은 재산권의 집행비용이다. 다음 사례들은 다양한 환경에서 재산권이 어떻게 출현하는지를 보여 준다.

원시 재산권(Primitive Property Rights). 이 논의의 가장 좋은 출발점은 원시 사회이다. 무정부주의적 '자연 상태'(state of nature)에 살았다는 고대 사람들에 대한 기존 이미지와 달리, 인류학적 증거는 그들이 실제로 정교한 재산권 제도를 발전시켰음을 보여 준다(Bailey 1992; Rubin 2001). 생각해 보면, 생존의 압력이 재산권의 효율적 구조화를 요구하는 상황이므로 이것이 놀라운 증거는 아니다. 이 연구의 중요한 발견은 집단 소유권(공유 재산)이 사적 재산권에 선행한다는 것이다(관찰자들이 집단 소유권을 소유권이 없는 것으로 오해하는 경우가 많아, 원시 사회에는 재산권이 없다는 오해를 초래하기도 한다). 집단 소유권은 특히 개별 토지에 대한 배타적 소유권이 거의 의미가 없는 수렵사회에서 발견된다. 이와 대조적으로, 농부들은 일반적으로 농작물을 재배하는 토지에 대한 재산권을

3 Wiggins and Libecap(1985)을 참조하라. 그들은 기업들이 효율적인 계약적 해결책을 만들려고 할 때 직면하는 어려움을 논의하고 있다.

가지고 있었다. 그러나 농경 사회에서도 기근 또는 기타 식량 공급 변동에 대한 사회 보험의 한 형태로 식량의 공유가 이루어지기도 하였다.

사유재산 제도 안에 존재하는 공유의 아주 흥미로운 예는 태평양 연안 북서부 지역 인디언의 포트래칭(potlatching) 관습이다. 각 친족 그룹들은 연어 낚시 구역에 대한 배타적 권리를 가지고 있었지만, 아주 어획량이 많은 집단은 적은 집단에 어획량 일부를 나누어 주었다(Johnson 1986). 이 제도는 위험 분담과 경제적 유인이라는 서로 경합하는 경제적 목적들의 균형을 맞추려는 아주 정교한 시도라고 볼 수 있다.

포경 규범(Whaling Norm). 18세기 중반에서 19세기 중반까지의 포경은 공식적인 재산권이 존재하지 않는 개방 자원의 고전적 예를 제공한다. 기름과 뼈가 주를 이루는 포경 산출물의 높은 가치는 "포경업자들에게 고래의 소유권에 대한 엇갈린 주장을 평화적으로 해결하는 원칙을 개발할 강력한 경제적 유인"을 제공하였다(Ellickson 1991, 1920). 분쟁은 같은 고래를 여러 배가 추적하여 각자가 고래에 작살을 꽂았을 경우 또는 잡힌 고래가 배에서 달아나서 다른 배에 의해 발견된 경우 발생하였다. 이 시기의 포경업자들은 여러 항구나 국가에서 온 다양한 집단으로 구성되어 있었다. 그러나 Ellickson(1991)에 따르면, 그들은 뎀세츠(Demsetz)의 가설과 일치하게 국제적으로 구속력이 있는 분쟁 해결 규범을 개발하였다.

예를 들어, '묶인 고기, 풀린 고기'(fast-fish, loose-fish) 원칙에 따르면, 밧줄이나 다른 장치로 어떤 배에 연결된 고래(묶인 고기)는 다른 누가 주장해도 그 배에 귀속된다. 그러나 고래가 배에서 떨어져 나가면, 즉 풀린 고기가 되면, 누구든지 잡아도 된다. '쇠는 고래를 붙잡는다'(the iron holds the whale)라고 불린 두 번째 원칙은 고래에게 처음 작살을 꽂은 포경업자가 고래를 계속 추적하는 한 그 포경업자에게 고래에 대한 배타적 권리를 부여한다. 그러나 일단 그 포경업자가 추적을 단념하면, 고래는 풀린 고기가 된다.

Ellickson(1991)은 이 원칙과 다른 원칙들이 어떤 방식으로 소유권을 부여해야 (집행

비용을 포함한) 가치를 극대화할 수 있는가라는 문제에 대한 합리적 대응이었다고 주장한다. 그러나 특정한 원칙보다 더 중요한 것은 기본 원칙이다. 즉, 재산권이 반드시 공식적인 정부 구조에서 기원하는 것은 아니며, 뎀세츠의 가설에 따라 편익이 비용을 초과할 때는 언제나 집단 내에서 재산권이 비공식적으로 발생할 수 있다. 특히 문제의 자산이 매우 가치 있고 당사자들이 정기적으로 상호 작용하고 있다면, 비공식적 재산권이 출현할 가능성이 크다.

골드러쉬와 채굴권(The Gold Rush and Mining Rights). 다른 예로 Umbeck(1981)은 1848년 서터즈 밀(Sutter's Mill)에서 금이 발견된 이후 캘리포니아에서 금광의 재산권이 어떻게 출현하였는지를 기록하고 있다. 금이 처음 발견되었을 때, 정부에 의해 집행되는 채굴 중인 토지에 대한 재산권은 존재하지 않았다. 따라서 처음에는 광부들이 자신의 권리를 사적으로 집행해야 하였다. 그러나 1849년 골드러시 이후 토지가 부족해지고 폭력의 위협이 커지자, 광부들은 명시적 계약 체결을 통해 개별 광부에게 '채굴권'(claims)에 대한 배타적 권리를 부여하는 것이 유리하다는 것을 점차 인식하게 되었다. 또한 광부들은 집단을 형성하여 '점퍼'(jumpers: 채굴권이 없는 광부)의 주장에 대해 자신들의 권리를 집행할 수 있는 광업 지구(districts)를 결성하였다.

그러나 공식적인 법집행 기관이 없었으므로 폭력의 위협이 계약을 집행하는 궁극적 수단이었다. 예를 들어, Umbeck(1981)은 모든 광부가 총을 소지하고 다니면서 잠재적 점퍼들에게 암묵적 경고를 보냈다고 기록하고 있다. 실제로 폭력은 거의 발생하지 않았다. 따라서 이런 위협이 잘 작동하였다고 볼 수 있다.

1872년 의회는 여러 지역의 법과 관습을 통합하는 것을 목표로 한 광업법을 통과시켰다. 광업법에 따라 광부들은 연방 토지에 대한 채굴권을 주장할 수 있게 되었으며, 원한다면 채굴권에 대한 연방 특허를 얻을 수도 있었다. 특허는 확실한 재산권을 제공하였으나, 상당한 행정비용을 수반하였다. 따라서 경제 이론에 따르면, 주로 사적 집행비용이 높은 광부들이 특허를 얻었을 것이다. 이 예측은 실제 발생한 상황과 일치한다(Gerard 2001).

자영농지법(Homestead Laws). 재산권의 출현에 관한 네 번째 예는 홈스테딩(homesteading), 즉 '선착순'(first come, first served)으로 토지에 대한 재산권을 부여한 관행이다. 1890년대 미국은 서부 지역에 12억 에이커 이상의 공공 토지를 획득하였다. 1862년 자영농지법(Homestead Act)은 10달러의 참가비 지불 및 5년 동안 토지에 지속적으로 거주하겠다는 약속을 조건으로, 토지점유자에게 측량된 토지에 대한 권리를 부여하였다. 이 같은 토지 할당 방법은 "농부들이 다른 잠재적 농부들을 배제하기 위해 토지를 서둘러 점유하게 하고, 그 과정에서 토지의 가치가 감소되기" 때문에 비효율적이라고 평가되곤 한다(Allen 1991, 1). 즉, 이 법은 공유의 비극을 발생시킬 수 있다.

이것이 사실이라면, 미국은 왜 70년 이상(홈스테딩은 공식적으로 1934년에 끝났다) 이 정책을 유지하였는가? Allen(1991)은 이 정책이 사실은 미국 서부 지역 토지의 높은 재산권 집행비용에 대한 미국 정부의 합리적 대응이었다고 주장한다. 서부 개척지의 토지 소유권은 위험을 내포하고 있었다. 엇갈리는 소유권 주장은 다른 정착민들뿐만 아니라, 정착민들의 토지 소유에 적대적이었던 원주민들로부터도 나왔다. 정부는 군대를 통해 어느 정도의 보호를 제공할 수 있었지만, 골드러쉬에서와 마찬가지로 안전을 확보하길 원하는 정착민들은 폭력의 위협을 포함한 다양한 형태의 자기 집행에 투자하였다.

하나의 해석은 홈스테딩이 이 같은 공적 및 사적 집행이 혼합된 집행 방식의 전체 비용을 낮추었다는 것이다.

> 주어진 영토에 수만 명의 사람이 갑자기 도착하자 인디안 생활 방식의 많은 것이 파괴되었으며, 인디안 부족들은 보호 지역에서의 생활을 받아들이거나 연방(북부의 주)에 가입해야 하였다. 홈스테딩을 통한 선택적이고 집중적인 정착은 주어진 정착지를 방어하는 비용을 감소시켰다(Allen 1991, 5).

따라서 홈스테딩이 공유의 비극 문제로 발생하는 비효율적 결과를 초래하였을 수 있지만, 재산권을 확립하고 집행한다는 넓은 관점에서 보면 가치를 극대화하는 정책이었다고 볼 수 있다.[4]

선점(First Possession). 위의 포경 규범, 골드러시 및 홈스테딩의 예는 모두 선점에 의해 소유권이 확립되는 일반 원칙을 제시한다.[5] 역사적으로 선점은 법에서 재산권을 확립하는 가장 지배적 방법이었으나, '발견한 자가 소유자'(finders keepers) 또는 '선착순'(first come, first served)과 같은 비공식적인 행동 양식으로도 널리 퍼져 있다. 철학자 존 로크(John Locke)는 이 원칙을 개인이 자신의 노동을 재산과 결합할 때 실현되는 가치의 99%는 노동에 기인한 것이라는 주장으로 정당화하였다(Epstein 1985, 10-11).

그러나 일반적으로 경제학자는 자원의 배타적 사용을 획득하기 위한 낭비적 경쟁(폭력 또는 무력 사용을 포함한) 또는 개방 자원의 과도한 고갈(공유의 비극)을 이유로 선점의 비효율성을 강조한다.[6] 그러나 홈스테딩의 예가 보여 주는 것처럼, 이런 관점은 이 원칙이 가진 잠재적 편익을 간과하고 있다(이 원칙의 보편성을 생각하면, 잠재적 편익이 있음은 확실하다).

이 관점은 또한 법이 과도한 고갈을 완화하는 방식의 구체성을 무시한다. 예를 들어, 유전(oil pool)에 선점의 원칙을 적용한다고 생각해 보자. 두 가지 방식이 있다. 하나는 유전의 발견자에게 전체 유전의 소유권을 부여하는 것이며, 다른 하나는 처음으로 원유를 뽑아 올린 시추업자에게 뽑아 올린 원유(individual barrels)의 소유권을 부여하는 것이다(포획 원칙[rule of capture]이라고 함).[7] 경제적 측면에서 보면, 첫째 원칙은 저량(stock)

---

4 물론, 이 해석은 아메리카 원주민 재산권 제도의 파괴와 관련된 비용을 무시하고 있다.
5 이 논의는 Lueck(1995)에 기초하고 있다. 또한 Epstein(1979)도 참조하라.
6 Mortensen(1982)을 참조하라. 4.1의 특허 논의에서 이 문제가 다시 논의된다.
7 이 구별은 야생 동물에도 적용된다. 포획 원칙은 유명한 미국 사건에서 여우의 소유권을 처음으로 발견하고 추적하였던 사냥꾼이 아니라 실제로 여우를 죽인 사냥꾼에게 부여하기 위해 사용되었다. *Pierson v. Post*, 3 Cal.R. 175, 2 Am.Dec. 264(Sup. Ct. of N.Y. 1805)를 참조하라. 또한 Dharmapala and Pitchford(2002)도 참조하라.

에 대한 소유권을 부여하는 것이고, 둘째 원칙은 유량(flow)에 대한 소유권을 부여하는 것이다. 고갈은 두 원칙 모두에서 발생할 수 있지만, 발생하는 모습은 다르다. 유량에 대한 소유권을 인정하면 경쟁자들이 원유를 빠르게 고갈시키지만, 저량에 대한 소유권을 인정하면 소유자가 되고자 하는 사람들이 발견을 위해 경쟁하게 된다.

따라서 고갈의 범위와 성격은 특정 형태의 선점 원칙에 의해 부분적으로 통제될 수 있다. 예를 들어, 사용자가 거의 없고 자원이 풍부하면, 어떤 개인도 전체 저량에 대한 권리를 집행하려고 하지 않을 것이며, 포획 원칙은 최소한의 고갈만을 가져온다. 그러나 고갈이 심해지면, 단일한 사용자나 집단에 배타적 권리를 부여하는 법 또는 저량에 대한 접근을 제한하는 법(예를 들어, 사냥 기간을 정하거나 잡아가는 마릿수를 제한하는 것)이 자원의 남용을 방지할 수 있다(Lueck 1989). 우리는 제3절의 대안적 소유권 제도에 대한 논의에서 자원의 고갈을 통제하는 이런 방법과 다른 방법(예를 들면, 시간이 제한된 권리)을 다시 생각해 볼 것이다.

1.4. 재산권의 집행

어떤 자산에 대한 소유권의 부여는 재산권 확립 과정의 한 부분이며, 부여된 재산권을 보호하는 원칙 또한 못지않게 중요하다. 따라서 재산권에 관한 논의의 마무리로서 재산권을 집행하는 방법을 검토한다. 재산권이 처음으로 출현할 때, 재산권은 적어도 부분적으로는 사적 폭력이나 물리력의 위협을 통해 보호되곤 한다. 그러나 현대 사회에서 재산권은 주로 정부에 의해 보호되며, 정부는 (법적인) 물리력의 사용에 대한 독점권을 가지고 있다.

Nozick(1974)은 권리의 사적 집행에서 공적 집행으로의 이행에 관한 고전적인 논의를 제시한다.[8] 정부가 없는 상태에서는 사적 집행이 유일한 선택이다. 하지만, 이 방법

8 우리는 제8장의 최적 법집행 논의에서 사적 집행과 공적 집행의 선택 문제를 다시 논의한다.

은 '힘이 권리를 만든다'(might makes rights)는 원칙에 따라 가장 강력한 힘을 가장 강력한 사람에게 준다. 물론 전쟁 기술이 경기장을 평평하게 만들 수 있다. Umbeck(1981, 100)에 따르면, 금광에서 6연발 권총은 '균형 장치'(equalizer)라고 불렸다. 그러나 결과는 권리의 침해가 "싸움과 불화, 끝없는 보복 행위 및 보상의 강요로 이어지는" 세계이다(Nozick 1974, 11).

이 같은 환경에서 개인들은 유리한 고지를 확보하기 위해 서로의 권리를 보호할 것을 약속하는 협회(association)(골드러쉬 기간의 광업 지구 등)를 결성할 것이다. 협회는 보호에서의 규모의 경제를 활용한다는 이점이 있다. 그러나 억지는 공공재이므로 협회는 무임승차의 문제에 봉착한다. 또한 경쟁하는 단체들이 특정 지역의 통제를 위해(현대 도시에서의 갱단 사이의 전쟁과 다르지 않은) 세력다툼을 벌일 것이다. 다시 한번, 폭력이 궁극적인 중재자가 되며, 결국 지배적 협회(dominant association)가 등장한다. Nozick(1974, 11-14)은 이 과정을 다음과 같이 특징짓는다. "무정부 상태로부터, 자발적 집단화, 상호 보호 협회, 분업, 시장 압력, 규모의 경제 및 합리적 자기 이익의 압력에 의해 최소 국가(minimal state) 또는 지역적으로 구분되는 최소 국가의 집단과 매우 유사한 것이 출현한다."

국가로의 이행은 지배적 연합이 물리력의 사용에 대한 독점적 통제권을 획득할 때 이루어진다. 이 경우 독점은 보호에서의 규모의 경제(자연독점)와 지배력을 다투는 협회 간 경쟁의 파괴적 본질 때문에 효율적이다. 그러나 다른 독점과 마찬가지로 남용의 위험이 존재한다. 그러므로 민주주의 국가는 정부의 권한을 제한하는 헌법을 만들고 선거를 통해 정부의 성과를 주기적으로 평가하는 등 정부가 가지고 있는 독점적 물리력의 합법적 사용을 보장하기 위한 여러 장치를 마련한다. 독재 국가는 신성한 권리의 주장이나 민족주의 또는 이데올로기적 열망에 대한 호소와 같은 다른 방법을 사용하여 권력을 정당화하지만, 대중적 반란에 취약하다.

현대 사회에서도 개인은 여전히 공적 보호를 보완하기 위해 자기 재산의 사적 보호에 투자한다. 예를 들어, 사람들은 집 또는 자동차에 보안 시스템을 설치하고, 기업은 사적 보안기업을 고용한다(제8장 2.6 참조). 그러나 대체로 사적 재산의 보호는 정부의 기능이다.

2. 재산의 합의적 이전

이것으로 재산권의 본질, 기능 및 집행에 대한 설명을 마치고, 이제 재산의 합의적 교환의 법적 측면을 자세히 논의해 보자. 논의는 토지를 중심으로 진행되지만, 원칙은 일반화될 수 있다. 다음 장에서는 비합의적 또는 비자발적인 이전을 다룬다.

2.1. 소유권의 법적 보호

재산의 시장 교환을 촉진함에 있어, 법 제도의 주요 역할은 소유권의 보호이다(Baird and Jackson 1984). 완전 정보의 세계에서는, 점유만으로도 합법적 소유권을 확보하기에 충분하다. 잠정적 구매자는 이전의 모든 재산 이전이 합의적 수단에 의해 이루어졌고, 현재 소유자가 정당한 소유자임을 확신할 수 있기 때문이다. 따라서 사기를 당한 이전 소유자가 나타나 권리를 주장할 위험은 존재하지 않는다. 그러나 실제로 정보는 완벽하지 않으며 구매자는 항상 과거의 도난이나 착오의 위험에 직면한다. 따라서 재산법의 중요한 기능은 이러한 불확실성을 최소화하여 시장 교환의 효율성을 높이는 것이다.

그러나 정보는 비용을 수반하므로, 일반적으로 소유권 또는 '권리 자격'(title)의 법적 보호는 완전하지 않다. 오히려 효율적 시스템은 소유권의 안전성 증가라는 한계편익이 한계비용과 같아지는 수준까지 권리를 보호할 것이다. 이 점을 이해하기 위해, 다음의 간단한 모형을 설정해 보자.[9]

9 이 모형은 Miceli, Sirmans and Kieyah(2001)에 기초하고 있다.

모형은 토지 소유권을 분석한다. 물론 이 분석은 다른 재산에도 적용될 수 있다. 소유권에 관한 위험이 없을 때, 해당 토지의 최적 활용 가치가 V달러라고 가정하자. 그러나 과거 소유자가 착오 또는 사기에 의한 이전을 근거로 소유권을 주장할 위험이 있다. 소유권을 보유할 확률을 $p(c)$라고 하자. 따라서 $1-p(c)$는 과거 소유자가 권리를 되찾을 확률이다. 여기서 c는 소유권의 안정성 확보 비용이다. 예를 들어, c는 과거의 모든 권리 이전에 관한 공적 기록을 검토하는 비용 또는 보안 제도의 구축비용 등을 포함한다. p는 c가 증가함에 따라 체감적으로 증가한다. $p(c)$ 함수는 [그림 6.1]의 오목한 곡선으로 표시되어 있다.[10]

소유자의 문제는 재산의 기대가치 $p(c)V-c$를 극대화하는 것이다. 따라서 최적비용은 마지막 추가 지출로부터의 안전성 증가의 편익이 한계비용(1달러)과 일치하는 점에서 결정된다. 그래프에서 이 최적점은 $p(c)$ 함수의 기울기가 토지 가치의 역수인 $1/V$와 같아지는 점이다.[11] 두 개의 서로 다른 V값에 상응하는 두 개의 최적점이 [그림 6.1]에 표시되어 있으며, 직선의 기울기는 $1/V$이다. $p(c)$와 평평한 직선의 접점(점 B)은 재산의 가치가 높을 때의 최적점이다. 따라서 가치가 높은 재산의 소유자는 가치가 낮은 재산의 소유자에 비해 큰 비용을 지출하고($C_B > C_A$), 그 대가로 강한 소유권의 안전성을 확보한다($p_B > p_A$).

실제의 소유권 제도는 재산의 유형에 따라 다르다. 미국의 모든 주는 토지에 대한 공적 기록 시스템(뒤에 설명하듯이, 관할 구역에 따라 약간의 차이가 있다)을 유지하고 있으며, 정도의 차이가 있으나 자동차도 공적 기록 시스템을 가지고 있다. 그러나 이외의 거의 모든 재화에 대해 구매자는 판매자의 정당한 소유권을 확인하려는 노력을 거의 또는 전혀 하지 않는다. 일반적으로 소유자의 재화 점유와 정직성에 대한 평판은 소유권에 대한 충분한 증거이다. 이러한 차이는 사람들이 재산의 가치가 증가함에 따라 소

10 그래프에서, 우리는 $p(0)=p_0>0$이라고 가정한다. 즉, 소유자가 소유권의 안정성 확보에 자원을 투자하지 않더라도 일정 확률로 소유권을 보유한다.

11 이 결과는 $p(c)V-c$를 c로 미분하고 이 결과를 0으로 놓아 도출한 것이다. 이 식을 정리하면 $p'(c)=1/V$이다. $p'(c)$는 함수 $p(c)$의 기울기이다.

그림 6.1 최적의 권리 보호 수준

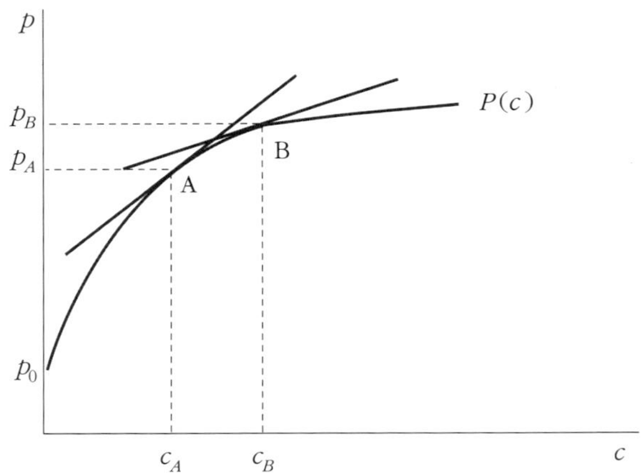

유권 안전성 확보에 보다 많은 자원을 투자한다는 모형의 예측과 일치하는 것이다. 예를 들어, 토지는 [그림 6.1]의 B점, 자동차는 A점, 대부분의 다른 재화는 세로축에 p_0로 표시된 점에 해당된다.

2.2. 법은 점유자와 권리 주장자 중 누구를 보호해야 하는가?

이상의 분석에 따르면, 정보비용이 존재하는 세계에서 구매자와 판매자는 거래에 앞서 매우 가치 있는 재산에 대해서도 완벽하게 소유권을 확인하지 않는다. 결과적으로 소유자는 사기, 도난 또는 착오로 인해 재산을 잃을 수 있다. 잃어버린 소유자(또는 소유자의 후손)가 나중에 이 사실을 알고 재산에 대한 권리를 주장한다면, 법은 근본적인 문제에 직면한다. 법은 현 소유자(정당하게 권리를 취득한)의 권리를 보호해야 하는가, 아니면 권리를 주장하는 자(정당한 마지막 소유자)의 권리를 보호해야 하는가? 2.2는 경제 이론을 바탕으로 이 질문에 대한 답을 제시한다. 이 질문은 보편적 성격을 지니며 모든 유형의 재산에 대해 제기될 수 있지만, 우리는 토지를 둘러싼 권리 주장이라는 특정 상황에서 법이 어떻게 이 문제에 답하는지에 초점을 맞춘다(Miceli and Sirmans 1995a).[12]

2.2.1. 토지 소유권 제도: 기록 대 등록

보통법 국가는 역사적으로 토지 소유권을 보호하기 위해 두 가지 유형의 제도를 사용하였다. 미국에서 가장 보편적인 제도는 기록 제도(recording system)이다. 이 제도는 모든 합의된 재산권의 이전에 대한 공적 기록의 유지에 기반을 두고 있다. 구매자는 이 기록을 현재 보유자가 합법적인 소유권을 가지고 있다는 증거로 참조할 수 있으나, 기록 자체가 권리를 확립하지는 못한다. 검색의 철저성, 기록의 오류나 누락, 변호사 해석의 차이에 따라 다른 사람이 권리를 주장할 잔존 위험이 남아 있을 수 있다. 그 결과, 구매자는 토지가 이전될 때마다 기록을 새로 검색하고, 향후 권리 주장 가능성에 대비하여 소유권 보험(title insurance)을 구입한다.[13]

다른 주요 토지 소유권 제도는 등록 제도 또는 토런스 제도(registration or Torrens system)이다. 이 제도는 영국의 지배적 제도이며, 미국에서는 산발적으로 사용되어 왔다.[14] 등록 제도에서는 토지 소유자가 토지 매입 시 정부에 자신의 재산을 등록하며, 이 시점에서 소유권 상태에 대한 사법적 조사가 이루어진다. 미해결된 권리 주장이 없으면, 정부는 대부분의 향후 권리 주장에 유효하게 대항할 수 있는 인증서를 발급한다. 등록 이후 나타난 권리 주장자는 통상적으로 등록비로 조달된 공공 기금에서 금전적 손해를 보상받을 권리만을 가진다.

따라서 크게 보면 두 제도의 주요 차이점은 다음과 같다. 권리의 주장이 제기된 경우, 등록 제도는 소유권자에게 소유권을 부여하고 권리 주장자에게 금전적 보상을 제

12 보다 일반적인 논의는 Shavell(2004, 38-45)과 Baird and Jackson(1984)을 참조하라.
13 최적의 권리 검색 문제에 관해서는 Baker et al.(2002)을 참조하라.
14 Bostick(1987), Shick and Plotkin(1978), Janezyk(1977)을 참조하라.

그림 6.2 소유권을 보호하기 위한 기록 제도와 등록 제도의 비교

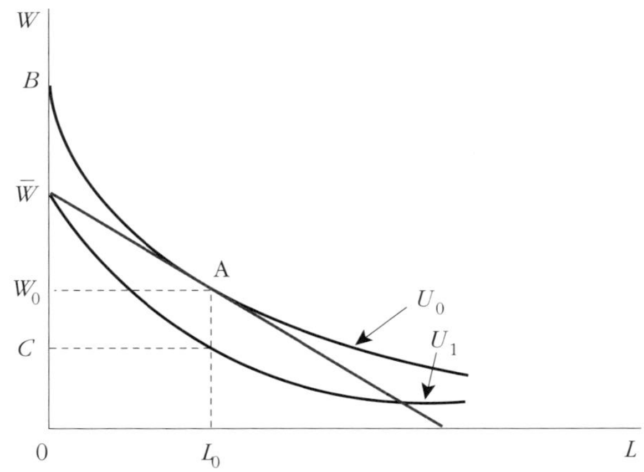

공하는 반면, (소유권 보험과 결합된) 기록 제도는 권리를 권리 주장자에게 부여하고 소유자에게 금전적 보상을 제공한다. 따라서 두 제도는 불확실성 하에서의 소유권 보호의 근본적 문제에 대해 상반된 해결책을 제공한다. 문제는 특정 해결책이 효율성에 영향을 미치는가 아니면 이것이 순수하게 분배적(공정성)인가이다. 우리는 그래프를 이용한 간단한 분석을 통해 이에 대한 답을 얻을 수 있다.

두 당사자, 즉 문제 토지의 소유자와 권리 주장자가 있다. 소유자는 보유하는 토지 L과 부(wealth) W에 따라 달라지는 효용함수 $U(L, W)$를 가지고 있다. 권리 주장자가 출현하기 전에 소유자는 L_0의 토지와 W_0달러의 부를 보유한다. 더욱이 이 상태는 p의 시장 가격으로 토지를 사거나 팔아서 효용을 더 늘릴 수 없다는 점에서 최적의 포트폴리오라고 가정한다. 따라서 소유자의 초기 포트폴리오는 [그림 6.2]의 A점으로 표시되며, U_0로 표시된 무차별 곡선과 기울기가 $-p$인 예산제약선이 접하는 점이다.

무차별 곡선의 볼록성은 소유자가 토지와 부를 완전 대체재로 생각하지 않는다는 것을 의미한다. 예를 들어, 토지의 보유를 포기해야 하는 경우, 소유자가 같은 수준의

효용을 유지하기 위해(즉, U_0로 표시된 무차별 곡선 위에 머무르기 위해) 필요한 최소한의 부는 [그림 6.2]의 수직선 BW_0이다. 이와는 대조적으로, 토지의 시장 가치는 이보다 작은 $\overline{W}W_0$이다. 따라서 소유자가 자신의 토지를 시장 가치로 팔게 되면, 효용이 U_0에서 U_1으로 감소한다.

$\overline{W}$보다 A가 효용이 높은 것은 소유자의 토지 소유에 대한 주관적 가치, 즉 시장 가치를 초과하는 소유자의 가치 평가($B\overline{W}$)를 반영한다. 우리는 제5장에서 광산 회사가 토지를 처음과 같은 상태로 복원하지 못한 사건을 계약 파기의 맥락에서 분석하면서 이 개념을 다루었다.[15] 토지와 같은 자산의 소유에는 주관적 가치가 관련되어 있다. 위대한 미국 판사 홈즈(Oliver Wendell Holmes Jr.)는 "사람은 쪼개진 바위틈에 자란 나무처럼 점차 주변에 뿌리를 형성하며, 뿌리가 어느 정도 자라면 생명을 끊지 않고서는 없앨 수 없다"고 말한 적이 있다.[16] 이는 소유와 주관적 가치가 불가분의 관계에 있으며, 주관적 가치는 소유자가 토지를 점유한 시간에 따라 증가한다는 것을 의미한다. 이는 소유자의 무차별 곡선의 볼록성이 시간이 지남에 따라 커지는 것으로 해석할 수 있으며, 그림에서는 $B\overline{W}$(A를 고정한 상태에서)의 길이가 증가하는 것으로 표현된다.

이제 권리 주장자가 나타나 토지에 대한 권리를 주장한다고 하자. 권리 주장자도 마찬가지로 토지와 부에 대한 효용을 가지지만, 현재 토지를 소유하지 않고 있기(그리고 아마도 소유한 적이 없을지도 모르기) 때문에 주관적 가치가 거의 없거나 전혀 없다고 가정하는 것이 합리적이다. 이 경우 권리 주장자는 대략 시장 가치로 토지를 평가할 것이다. 즉, 권리 주장자의 무차별 곡선은 $-p$의 기울기를 가진 직선일 것이다(즉, 예산제약선과 평행일 것이다).

소유자와 권리 주장자 사이의 이러한 선호 차이는 중요한 의미를 내포한다. 즉, 소유자는 시장 가치를 보상받는 기록 제도보다 소유권을 보유할 수 있는 등록 제도를 강하게 선호한다는 것이다. 반대로, 권리 주장자는 두 제도에 무차별할 것이다. 결과적

15 제5장 2.2의 Peevyhouse 사건 논의를 참조하라.
16 Merrill(1985a, 1131)에서 재인용. Holmes(1897, 477)도 참조하라.

으로 경제 이론은 기록 제도보다 등록 제도를 선호한다. 등록 제도가 토지를 더 높은 평가자(즉, 소유자)에게 주기 때문이다.

이 결론에는 두 가지 단서가 있다. 첫째, 주관적 가치를 고려하여 보상이 조정된다면, 소유자는 토지를 보유하는 것과 보상을 받는 것에 무차별하다. 이 해법의 문제점은 주관적 가치를 측정하는 것이 어렵다는 것이다. 둘째, 기록 제도가 권리 주장자에게 소유권을 부여하더라도 이전 소유자가 소유권을 다시 매입할 수 있다. 그 이유는 무엇인가? (보상이 지급된 후) $\bar{W}$부터 시작하여 이전 소유자는 토지를 재취득하기 위해 $\bar{W}C$까지 지불하고자 할 것이며(즉, $\bar{W}C$는 이전 소유자가 무차별 곡선 U_1에 머무르면서 지급할 수 있는 최대 금액이다), 권리 주장자는 시장 가치(여전히 $\bar{W}W_0$)보다 큰 금액이면 이 제안을 수락하고 토지를 매각할 것이다. 그리고 $\bar{W}C > \bar{W}W_0$이므로 상호 이익이 되는 교환이 이루어진다(실제 판매 가격은 당사자의 협상 능력에 달려 있다). 따라서 당사자 사이의 거래 비용이 낮다면 최초 소유자는 토지를 다시 취득할 것이며, 따라서 가치를 극대화하는 결과가 달성될 것이다.

두 소유권 제도 모두에서 토지를 가장 높이 평가하는 사람이 토지를 보유한다는 이 같은 결론은 코즈 정리의 한 예이다. 이 경우 권리 제도의 영향은 순수하게 분배적이다. 즉, 각 당사자는 자신에게 소유권을 부여하는 제도를 선호한다.

그러나 당사자 사이의 거래비용이 크면 소유권 제도는 효율성에 영향을 미친다. 토지에 관한 권리 주장과 관련하여, 효율성 기준은 등록 제도에 높은 점수를 준다. 등록 제도는 처음부터 토지의 가치를 가장 높게 평가하는 사람에게 권리를 부여하여 더 이상의 거래를 불필요하게 만들기 때문이다.

그러나 토지에 대한 소유권 다툼은 자주 발생하지 않는다. 따라서 교환적 효율성의 적합한 척도는 일상적 거래의 완성에 드는 두 제도의 상대적 비용이다. 이 상대적 비용에 관한 증거는 기록 제도와 등록 제도가 공존하였던 미국의 일부 지역의 분석을 통해 제시될 수 있다.

2.2.2. 미국의 토지 소유권 제도

미국의 지배적 소유권 제도는 기록 제도이다. 그러나 22개 주에서 등록 제도를 실험하였다. 이 실험 중 가장 주목할 만한 것은 1871년의 시카고 대화재로 공공 토지 기록이 손실된 일리노이주 쿡 카운티(Cook County)에서의 토렌스(Torrens) 등록 제도 채택이다.[17] 쿡 카운티는 이후 이용 감소를 이유로 토렌스 제도를 포기하였지만, 100년 이상 동안의 기록 제도와 등록 제도의 공존은 두 제도의 일상적 작동을 비교할 수 있는 특별한 기회를 제공한다.

옹호자에 따르면, 토렌스 제도의 장점 중 하나는 매매할 때마다 토지의 소유권 역사를 검색할 필요가 없어, 거래비용이 절감된다는 것이다. Janczyk(1977)는 1938년부터 1967년까지 쿡 카운티의 데이터를 사용하여 거래비용의 절감 효과를 추정하였다. 그 결과가 [표 6.1]의 첫째 열에 표시되어 있다(표의 모든 데이터는 1976년 달러 기준이다). 그는 토렌스 제도에서 토지 이전비용의 상당한 절감 효과를 발견하였으며(335.29 − 173.54 = 161.75달러), 이는 단 한번의 등록비용 442.54달러를 정당화하였다고 주장하였다. 쿡 카운티의 모든 자산이 토렌스 제도로 전환될 경우 순절감액의 현재 가치는 1976년 가격으로 6,700만 달러이다.

Shick and Plotkin(1978)도 토렌스 제도와 기록 제도의 비용을 비교하였는데, 그들의

표 6.1 토렌스 제도와 기록 제도에서의 이전 비용 비교

	Janczyk(1977)	Schick and Plotkin(1978)
등록비용	442.54달러	574~774달러[a]
평균 이전비용		
토렌스 제도	173.54달러	269~332달러[a]
기록 제도	335.29달러	332달러

주: a의 범위는 변호사 비용의 차이와 관행의 변화를 반영한다.
출처: Janczyk(1977); Shick and Plotkin(1978).

17 미국에서의 토지 등록의 역사는 Shick and Plotkin(1978)을 참조하라.

토렌스 제도의 장점에 대한 평가는 덜 우호적이었다. 그들의 1976년 데이터에 근거한 결과가 [표 6.1]의 둘째 열에 표시되어 있다. 이전비용의 절감은 거의 없고, 등록비용은 큰 것으로 나타난다. 이 같은 1967년(Janczyk이 사용한 데이터의 마지막 해)과 1976년 사이의 토렌스 제도 비용의 현격한 증가는 이 기간 등록 제도의 이용 감소를 설명해 줄 수 있다.

그러나 비용 차이의 측정이 전부는 아니다. 토렌스 제도의 중요한 장점은 기록이 부족하거나 불완전하거나 소실되었을 때와 같이 소유권 주장의 위험이 큰 토지의 소유권을 명확히 한다는 것이다. 이것이 등록 제도가 시카고 대화재 이후 쿡 카운티에서 도입된 거의 확실한 이유이다. 따라서 기록 제도와 등록 제도가 공존할 경우, 거래비용이 더 들더라도 고위험 재산의 소유자는 등록 제도를 선택할 것이다. 쿡 카운티의 토지 거래에 관한 연구에 따르면, 실제로 토지 소유자들은 이런 식으로 두 제도를 선별하여 선택하였다(Miceli et al. 2002). 더욱이 이러한 '자기 선택'(self-selection) 효과가 통제되어도, 표본에서 추정된 토지 가치는 기록 제도보다 토렌스 제도에서 더 높았다. 20세기 쿡 카운티에서 토렌스 제도의 사용 감소 및 최종 폐기는 시카고 대화재의 영향이 역사 속으로 사라져 감에 따라 시장에서 고위험의 토지가 계속 줄어들었음을 반영하는 것이다.

2.3. 권리 보호와 경제 성장

최근 경제학자들은 경제 성장에서의 토지 소유권 제도의 역할을 검토하기 시작하였다. 예를 들어, 경제학자 Hernando de Soto(2000)는 개발 도상국의 중요한 성장 장애 요인은 기업가들의 주요 자산인 토지를 금융자본으로 전환시킬 수 있는, 잘 작동하는 자본시장이 없기 때문이라고 주장한다. 문제는 부족한 자원이 아니다. 데소토(De Soto)는 개발 도상국의 가용 자산을 9.34조 달러로 추정하고, 토지 소유자가 이 자산을 담보로 활용하여 갇힌 자본을 '잠금 해제'(unlock)할 수 있는, 정부에 의해 뒷받침되는 공식적인 권리 제도의 부재가 문제라고 주장한다.[18] 거의 모든 개발 도상국이 소유권의 안전성을 확보하기 위한 비공식적 제도를 가지고 있으나, 비공식적 제도는 효율적 시장에 필수적이고 은행이 토지를 대출 담보로 사용하기 위해 반드시 필요한 토지 이전의 용이성을 제공하지 못한다.

데소토의 증거는 대부분 단편적이지만, 그의 주장에 대한 실증적 증거도 있다. Alston et al.(1996)은 공식적 권리가 브라질의 토지 가치와 투자에 통계적으로 유의한 영향을 미친다는 것을 발견하였으며, Besley(1995)는 가나에서 다소 약하기는 하지만 토지 소유권이 투자에 미치는 유의한 효과를 발견하였다. 마지막으로 Miceli, Sirmans, and Kieyah(2001)는 정부가 오랫동안 소유권 등록을 장려해 온 케냐에서 가치 있는 농지(평균 강우량으로 측정) 소유자가 자신의 토지를 정부 시스템에 등록할 확률이 높음을 발견하였다.

개발 도상국의 토지 소유자가 소유권 등록이 가능할 때에도 소유권 등록의 경제적 이점을 충분히 활용하지 못하는 이유는 무엇인가? 공식적 소유권 제도의 그 혜택은 많은 부분이 개별 토지 소유자의 외부에서 발생한다. 따라서 공식적 소유권 제도는 일종의 공공재이다. 모든 사람이 효율적 시장으로부터 편익을 얻는다(Miceli and Kieyah 2003). 정부의 강제적 조치가 없다면, 개별 소유자는 제도에 가입함으로써 발생하는 전체 사회적 편익을 고려하지 않는다. 결국, 개발 도상국에서 소유권 등록은 과소 활용될 것이다.

3. 제한적 소유권과 분할 소유권

이상의 합의적 이전에 관한 논의는 개별 소유자가 재산의 소유권(권리)을 다른 개

18 보수적인 추정치 역시 갇힌 자본의 가치를 상당한 액수인 3.6조 달러로 평가하고 있다(Woodruff 2001).

별 소유자에게 이전하는 단순한 거래에 초점을 맞추었다. 이 절에서는 소유권의 분할과 제한이라는 보다 일반적 문제를 검토한다. 먼저 가장 보편적인 분할 소유권 형태 중 하나인 임대차 계약(leasing agreement)을 살펴본다. 임대차 계약은 임대 지주가 일시적으로 토지의 점유를 임차 농민에게 이전하는 경우처럼 시간 차원에서 소유권을 분할하는 자발적인 계약이다. 이런 합의는 가치를 증가시키지만(그렇지 않다면 당사자들이 계약을 체결하지 않을 것이다), 법도 이 결과를 촉진하는 역할을 담당할 수 있다.

앞에서 우리는 사적 소유권의 장점을 많이 거론하였다. 그러나 사유재산에 대한 제한이 때로는 효율성을 높일 수 있다. 특정 조건에서는 재산이 사적으로 소유되기보다는 집단적으로 소유되는 것이 효율적일 수 있다. 또는 사적 소유권에 시간적 제한을 두어 일정 기간이 지나면 공적 소유로 만드는 것이 효율적일 수도 있다. 이 주장은 지적 재산권의 논의에서 정점을 찍는다. 제7장에서는 법이 사유재산을 제한하는 다른 방법들을 살펴볼 것이다.

3.1. 임대차

소유자가 자신의 재산에 대한 권리의 일부를 이전할 수 있다면, 전문화의 경제적 이익(gains from specialization)이 실현될 수 있다. 예를 들어, 농지 임대차를 통해 임차인은 농사짓는 일에 전문화하고, 토지 소유자는 토지 가치 변동의 위험을 감수하는 것에 전문화할 수 있다.[19] 그러나 소유권의 분할은 두 당사자가 비효율적으로 행동할 유인을 창출한다. 예를 들어, 임차인은 임대 기간보다 오래 지속되는 개선이나 수리를 할 경제적 유인이 거의 없다. 마찬가지로 임대인은 주로 임차인에게만 편익을 주는 유지·보수에 투자할 경제적 유인이 없다. 법은 경제적 유인 문제의 극복에 중요한 역할을 할 수 있으며, 이를 통해 재산권의 효율적 배분을 촉진한다.

19 3.1은 토지 임대차에 초점을 맞추지만, 논지는 내구성 있는 자산으로 일반화될 수 있다. 예를 들어, Flath(1980)를 참조하라.

3.1.1. 임대차는 계약인가 또는 재산권 양도인가?

토지 임대차법은 중세의 농업 경제에서 발생하였으며, 이 시기의 임대차는 재산법으로 규율되었다.[20] 특히 임대차 계약은 임대료 지불 약속에 대한 대가로 임차인이 사용권과 배제권을 취득하는 토지 이익에 대한 임대인의 권리 양도(conveyance)로 간주되었다. 임차인이 임대료를 내지 못하더라도 임대인은 재산에 진입할 수 없으며 임차인을 퇴거시킬 수 없었다. 임대인은 임대료에 대한 소송만 제기할 수 있었다. 동시에 임대인은 토지를 유지·보수할 의무가 없었다. 따라서 임대차는 임차인의 토지 점유 이익을 강력하게 보호하였으며, 사실상 임차인은 임차 기간 토지의 임시 소유자의 지위를 획득하였다.

이와는 대조적으로, 주로 주택을 대상으로 하는 현대의 부동산 임대차는 거의 모든 법원에 의해 재산권 양도가 아닌 계약으로 해석된다. 이 같은 법의 변화는 두 가지 큰 영향을 미쳤다. 첫째, 법원은 임대차 계약에서 '거주성의 묵시적 보증'(implied warranty of habitability)을 확립하였다. 둘째, 임차인의 임차료 지불 의무는 임대인의 보증 의무의 이행과 연동되었다.[21] 따라서 임대인이 재산의 합리적 유지·보수에 투자하지 않는다면 임차인은 임대료를 지불하지 않을 수 있다. 대칭적으로 임대인은 임대료를 지불하지 않는 임차인을 퇴거시킬 수 있다. 그러므로 임대인과 임차인의 의무는 계약 당사자의 의무와 같이 상호적이다. 각각은 서로에 의존한다.

경제적 관점에서 볼 때, 계약으로의 법의 진화는 토지 임대의 기능이 변화하였다는 사실에 비추어 보면 이해가 된다(Miceli, Sirmans, and Turnbull 2001). 역사적으로 토지는 주로 농업용으로 임대되었다. 따라서 임차인은 경작, 종자 및 비료와 같은 (토지 이외의) 주요 생산요소를 공급하였다. 이런 상황에서, 임차인이 노력의 대가를 획득한다는 확신을 갖기 위해서는 점유의 안전성이 매우 중요하였다. 법은 임대 기간 동안 심지어

20 Cribbet(1975, 제4장)과 Friedman(1990, 제1장)을 참조하라.

21 주요 판례(leading case)는 *Javins v. First Nat'l Realty Corp.* 428 F.2d 1071(1970)이다. Rabin(1984)도 참조하라.

토지 소유자에게도 주장할 수 있는 소유권을 임차인에게 효과적으로 부여함으로써 안전성을 제공하였다. 따라서 예를 들어, 토지 소유자는 농작물의 파종 후 수확 전까지 다시 토지를 점유할 수 없었다.

시간이 흘러, 특히 도시화의 증가로 인해 임차인은 주로 주거를 위해 부동산을 임대하기 시작하였다. 이제 임대차 목적을 달성하려면 임대인이 건물의 거주 가능성을 확보하기 위한 지속적 유지·보수 및 기타 주거 서비스를 제공해야 한다. 그러나 전통적 임대차법에서 임대인은 이런 노력을 기울일 경제적 유인이 없었으므로, 임차인을 위한 새로운 집행 메커니즘이 요구되었다. 법은 임대차를 임대인의 거주성의 묵시적 보증이 포함된 계약으로 변환함으로써 문제를 해결하였다. 따라서 임대인이 건물을 유지·보수해야 할 의무를 위반할 경우 임차인은 법적으로 임대료를 지불하지 않아도 된다. 그러나 의무의 상호성은 임대인에게 임대료를 내지 않은 세입자를 퇴거시킬 대칭적 권리를 부여하였다. 따라서 임차인은 임대인의 유지·보수를 보장받는 대가로 점유의 안전성을 포기한 것이다.

3.1.2. 임대차에서의 손해 완화 의무

임대차의 재산권 양도에서 계약으로의 전환이 가져온 다른 변화는 손해 완화 의무(duty to mitigate damages)이다. 재산법 원칙에 따르면, 임대인은 임차인이 임대차 계약을 파기하여 발생한 손해를 완화할 의무가 없었다. 임차인이 임차 재산을 점유하지 못하거나 포기한 경우 임대인은 재산을 다시 임대할 의무가 없었으며, 임대인은 아무런 조치를 하지 않고 임차인에게 전체 임대 기간의 임대료를 청구하는 소송을 제기할 수 있었다(Cribbet 1975, 190). 이것은 임대인의 출입을 금지하는 원칙의 부산물이었다. 그러나 미국의 많은 주가 계약 파기의 피해자가 합리적 손해 완화 조치를 취해야 한다는 원칙을 계약법으로부터 수용하기 시작하였다.[22] 임대차에 관한 이 해석에 따르면, 임

22 제5장 1.3의 손해 완화 의무에 대한 논의를 참조하라.

차인의 계약 파기 후 건물을 다시 임대하지 않은 임대인은 최초의 임대료와 합리적 노력으로 얻을 수 있었던 임대료의 차이만을 보상받을 수 있다

손해 완화 의무의 경제적 편익은 최초 임차인이 재산을 포기할 때 재산이 유휴 상태에 놓이지 않게 한다는 것이다. 그러나 과거의 손해 완화 의무를 인정하지 않는 원칙이 임대차 계약에 보다 적합한 이유가 적어도 두 가지 있다. 첫째, 임차인은 임대인보다 대체 임차인을 찾아낼 더 나은 위치에 있을 수 있다. 둘째, 임차인의 부재가 항상 임차인이 실제로 재산을 포기하였다는 신호는 아니다. 많은 경우, 특히 농경지에서는 비사용이 가치를 창출할 수 있다. 예를 들어, 농부는 농작물 윤작의 한 방법으로 토지의 특정 부분을 경작하지 않을 수 있고, 상업적 사용자는 보관 목적으로 또는 어떤 우발적 상황에 대비하여 토지를 보유할 수도 있다. 이 경우 손해 완화 의무는 재산을 가치가 낮은 사용자에게 다시 임대하게 하여 비효율을 발생시킬 수 있다.

다시 한번, 법의 진화는 이러한 상충하는 경제적 요인을 반영하였다. 토지가 주로 농업에 사용되었던 시기에는 손해 완화 의무가 없는 원칙이 일반 원칙이었다. 미국의 많은 주에서는 이 원칙이 상업적 임대차에도 계속 적용되고 있다. 상업용 임대차는 바로 비사용이 가치가 있을 확률이 높은 상황이다. 반대로 손해 완화를 요구하는 현대적 원칙은 미국 대부분 주에서 주거용 임대차에 적용되고 있다. 주거용 임대차는 (주거이므로) 지속적인 재산의 점유가 필요하다. 부재는 임차인의 포기 의사의 믿을 만한 신호이다. 따라서 재산을 잘못하여 다시 임대할 위험은 낮다.

3.1.3. 훼손의 원칙

임대인과 임차인 관계에서 발생하는 중요한 문제는 임차 기간 임차인이 임차물의 효율적 유지·보수에 투자할 경제적 유인이 충분하지 않다는 것이다. 임대 외부효과(rental externality)라고도 불리는 이 문제는 임차인이 재산을 비운 한참 후까지 유지·보수를 하지 않아 발생한 피해를 감출 수 있으며, 따라서 재정적 책임을 효과적으로 회피할 수 있기 때문에 발생한다(Henderson and Ioannides 1983).

고정된 기간의 임대차를 생각해 보자. 여기서 $T(x, y)$는 임대 기간 동안 임차인이 얻는 재산의 가치이고, $R(x, y)$는 반환(reversion)의 현재 가치, 즉 임대인에게 반환된 후의 재산의 가치이다. x는 임대인의 유지·보수 비용이며, y는 임차인의 유지·보수 비용이다. 따라서 임대차 시점에서의 재산의 현재 가치는 다음과 같다.

$$V = T(x, y) + R(x, y) - x - y. \tag{6.1}$$

그러나 임차인은 다음과 같이 자신의 사적 이익을 극대화하는 y를 선택한다.

$$T(x, y) - y - r, \tag{6.2}$$

여기서 r은 임대료이며 일정하다. 따라서 임차인은 y가 임대인의 반환 가치에 미치는 영향을 생각하지 않으며, 유지·보수에 너무 적은 투자를 한다. [그림 6.3]은 임대인의 주어진 유지·보수 수준에서 임차인의 유지·보수 선택(y_t)과 사회적 최적 선택(y^*)을 비교하고 있다.

법은 훼손의 원칙(doctrine of waste)으로 이 문제를 해결한다.[23] 이 원칙에 따르면, 임차인은 재산의 합리적(즉, 효율적) 유지·보수에 투자할 의무 그리고 손해를 입히거나 반환하는 재산의 본질을 변경시키지 않아야 할 의무가 있다.

임대인의 유지·보수 선택 또한 비효율적일 수 있다. 임대인은 x가 임차인에게 주는 편익을 내부화하지 않는다. 특히, 집주인은 V가 아니라 $R(x, y) + r - x$를 극대화하는 x를 선택할 것이다. 앞서 서술한 것처럼, 법은 거주성의 묵시적 보증을 통해 이 문제를 해결하였다. 따라서 임대인에게 거주성 보장이 있다면, 임차인에게는 훼손의 원칙이 있다. "임대인은 임차인이 임대한 건물을 유지·보수하리라고 기대하며, 만약

23 Cribbet(1975, 209-11)과 Posner(1998a, 83)를 참조하라.

그림 6.3 임대 외부효과

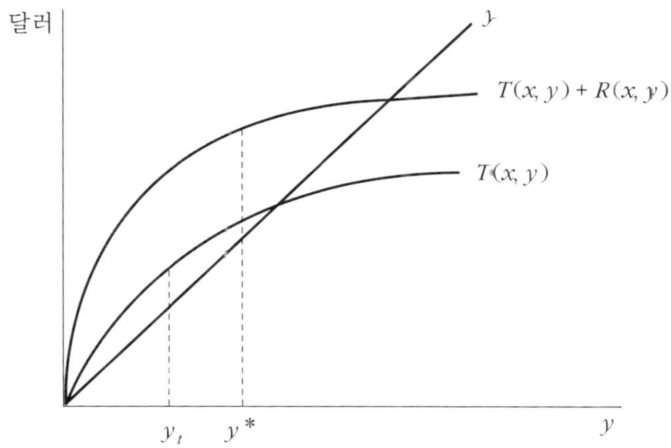

임차인이 그렇게 하지 않으면 훼손을 이유로 소송을 제기할 수 있다. 임차인은 최소한 임대인이 주택 규제를 따를 것으로 기대하며 그렇게 하지 않으면 거주성의 묵시적 보증의 파기를 이유로 소송을 제기할 수 있다(또는 임대료를 지불하라는 소송을 방어할 수 있다)" (Cribbet 1975, 210-11).

따라서 훼손의 원칙과 거주성 보증은 불법행위법의 기여과실이 있는 과실책임 원칙처럼 임대인과 임차인 모두에게 효율적 유인을 제공한다.

3.1.4. 소작

소작(sharecropping)은 농지 분할 소유권과 관련된 문제를 해결하기 위한 계약적 대응이다(Allen 1998). 이 계약에서 임대인과 임차인은 (통상적인 임대차처럼) 수확물 판매 수익을 나누지 않고 수확물을 물리적으로 나눈다. 전형적인 소작 계약은 산출량을 균등하게 나눈다(50 대 50).

경제학자는 오랫동안 소작 계약의 효율성을 연구해 왔다. 가장 유명한 분석은 Cheung(1969)의 분석이다. 그는 이 계약이 불확실한 작물 수확량의 위험을 공유하는 방법이라고 주장하였다. 농작물을 나누는 두 가지 대안, 즉 고정 임대료(fixed-rent) 계약과 고정 임금(fixed-wage) 계약이 있다고 하자. 고정 임대료 계약에 따르면 임차인은 임대인에게 일정한 임대료를 지급하고 농작물 판매로부터의 잔여 수입을 갖는다. 따라서 임차인은 산출량이나 가격의 변동으로 인한 모든 위험을 감수한다. 반면 고정 임금 계약에서 임대인은 임차인에게 일정한 임금을 지급하고 잔여 수입을 갖는다. 따라서 임대인이 모든 위험을 감수한다. 임대인과 임차인이 모두 위험 기피적일 경우, 당사자들이 위험을 나누어 부담하면 경제적 이익이 발생한다. 소작 계약은 임대인과 임차인이 생산물을 물리적으로 나누어 가짐으로써 이 목적을 달성한다.

그러나 순수한 위험 분담 체계는 소작 계약이 노력 유인에 미치는 영향을 간과한다. Stiglitz(1974)가 보여 주듯이, 잔여 수입을 갖는 당사자는 적절한 노력을 투입할 유인을 갖지만, 모든 위험을 감수해야 하므로 위험 분담과 경제적 유인 사이의 상충관계가 자주 발생한다. 예를 들어, 임차인이 주된 노력의 공급자이지만 임대인이 더 나은 위험 부담자인 경우, 경제적 유인 측면에서는 고정 임대료 계약이 적합하고 위험 분담 측면에서는 고정 임금 계약이 적합하다. 이 경우 소작 계약은 이런 상충적 요소의 균형을 맞추는 좋은 방법일 수 있다.

이 주장의 문제점은 실제 농업 계약의 구조에 관한 경험적 연구들이 위험 분담이 계약 선택의 중요한 요소이거나 임대인이 임차인보다 더 나은 위험 부담자라는 증거를 제시하지 않는다는 것이다(Allen and Lueck 1995). 그러나 위험 분담을 고려하지 않아도, 임대인과 임차인 모두가 (쌍방주의 모형에서와 같이) 농작물 생산에 노력을 투입해야 한다면 소작은 효율적 계약이 될 수 있다(Eswaran and Kotwol 1985). 고정 임대료 계약은 임대인의 노력 유인을 제공하지 못하며, 고정 임금 계약은 임차인의 노력 유인을 제공하지 못하지만, 소작 계약은 양쪽 모두로부터 (효율적 수준은 아니지만) 일정 수준의 노력을 끌어낼 것이다.[24] 계약비용이 존재하는 세계에서는 이것이 최선의 해결책일 수 있다.

24 이 주장은 계약법의 제한된 제품 보증에 대한 정당화 논리와 유사하다. 사실상, 제한적 보증은 소비자와 생산자 사이에 책임을 분담시켜 주의를 기울일 유인을 제공한다. 제5장 3.2를 참조하라.

연습 문제 6.1

유동 자산의 부족으로 임차인인 농부가 임대인인 지주에게 임대료를 지급할 수 없다는 점에 근거하여, 소작 계약에 대한 대안적 설명을 제시하라. 농부는 농작물 재배 기간 토지를 '빌릴' 권리에 대한 대가로 임대인에게 무엇을 제공하는가?

3.2. 개별 소유와 집단 소유

임대인과 임차인 관계는 소유권을 시간 차원에서 분할하지만, 어느 시점에서든 한 명이 재산을 통제한다. 공동 또는 집단 소유권(common or group ownership)에서는 여러 사람이 동시에 소유권을 보유한다. 극단적인 경우가 소나 가축의 공동 방목지와 같은 누구도 배제되지 않는 개방 자원이다. 어떤 경우에는 개인들로 구성된 특정 집단만이 재산에 접근할 수 있으며, 집단의 구성원이 아닌 사람은 배제된다. 예를 들어, 마을의 공동 소유지는 마을 안에 사는 농부들에게만 개방된다.

집단 소유권의 문제는 개별 소유자가 다른 소유자에게 부과하는 비용을 내부화하지 않으며, 따라서 개별 소유자가 재산을 남용할 경제적 유인을 갖는다는 것이다. 그러나 이 같은 잠재적 비효율성에도 불구하고 집단 소유권은 개인(사적) 소유권보다 유리할 수 있다. 과연 이점과 비용이 균형을 이루는 최적 소유 규모가 어떻게 결정되는지 살펴보자.

3.2.1. 최적 소유 규모

경제적 관점에서 볼 때, 재산에 대한 소유권 제도의 사회적 목표는 "사람들이 지구의 표면에 '옳은 일을 하도록' 유도하는" 비용을 최소화하는 것이다.[25] 이 목표의

25 Ellickson(1993, 1327). Demsetz(1967), Field(1989), Ostrom(1990)도 참조하라.

달성과 관련하여, 토지에 대한 사적 소유권이 갖는 이점은 이미 앞에서 강조되었다. 사적 소유권의 주된 이점은 소유 재산의 경계 내에서 이루어지는 행동의 사적 편익과 사회적 편익이 일치된다는 것이다. 코즈 정리에 따르면 집단 소유에서도 같은 결과가 달성될 수 있다. 그러나 집단 소유에는 비효율 방지를 위한 소유자들 사이의 계약 협상 및 집행비용이 수반된다. 따라서 집단 소유는 개별 소유보다 비효율적인 것이 일반적이다.

그러나 개별 소유에도 비용이 수반된다. 첫째는 인접한 토지 사이의 경계를 세우고 지키는 비용이며, 이는 집단 소유권에서의 내부 협상에 상응하는 것이다. 둘째는 소유자의 자기 재산에서의 행동이 이웃에 파급 효과(외부효과)를 미칠 가능성이다. 이 문제는 행위의 규모가 토지의 크기에 비해 너무 클 때 발생한다.

예를 들어, 목장주의 소가 가끔 이웃 농부의 땅으로 들어가 농작물을 파괴하는 코즈의 예를 생각해 보자. 이 상황은 목장주 토지의 크기가 너무 작음을 의미한다. 한 가지 해결책은 목장주와 농부가 교섭하여 울타리를 세우는 것이다. 다른 하나는 목장주가 자신의 토지를 농부의 토지와 합쳐 가축에 의한 피해를 내부화하는 것이다. 최적의 해법은 큰 토지를 관리하는 1인의 비용과 목장주와 농부 (또는 여러 명의 농부) 사이의 코즈적 협상비용의 차이에 달려 있다.

토지 크기에서의 규모의 경제(scale economies) 이외의 집단 소유의 이점은 위험 분담(risk sharing)이다. 단독 소유자는 불확실한 작물 산출량, 사고 또는 지가 변동과 같은 토지 소유권과 관련된 모든 위험을 감수한다. 집단 소유는 이 위험을 전체 소유자들에게 분산시킨다. 따라서 시장보험 또는 기타 보험 제도(정부의 복지 제도 등)를 이용할 수 없는 경우, 집단 소유는 일종의 보험을 제공한다. 매사추세츠주 플리머스의 순례자 식민지(Pilgrim colony)는 집단 소유의 보험적 기능에 관한 역사적 사례를 제공한다. 식민지 초기 가축과 농경지는 모두 공동체 소유였다. 공동체 소유는 태만으로 인한 산출물의 감소를 초래하였으나, 능력이 부족한 공동체 구성원들을 외지고 적대적인 장소에서의 정착에 따르는 심각한 위험으로부터 보호하였다. 이후 공동체가 안정화됨에 따라 위험 분담의 중요성이 감소하였으며, 식민지는 사유재산 체제로 이행하였고, 산출량은 크게 증가하였다.

사유재산은 경제적 유인을 개선하여 총산출량을 증가시키지만, 토지의 비옥도가 다양하거나 공동체의 개별 구성원의 능력이나 근면성이 다를 경우 불평등을 확대한다. 따라서 집단 소유권의 궁극적 이유는 평등주의에 대한 집단 선호 또는 산출량의 균등 분배 실현이다. 그러나 Ellickson(1993, 1351)은 "물질적 유인의 부재는 태만에 대한 광범위한 통제의 필요성을 증가시키고, 가장 숙련된 근로자가 공동체 외부에서 높은 보상을 추구하게 만든다." 따라서 성공적인 공동체는 드물며, 일할 유인을 유지하기 위해 대부분 강력한 이념적 또는 종교적 헌신에 의존한다(Cosgel et al. 1997).

분배적 평등을 달성하는 다른 방법은 사유재산과 부를 재분배하는 공공복지 제도를 결합하는 것이다. 이러한 '혼합된'(mixed) 제도는 조세로 인한 왜곡(즉, 평등과 효율성 사이에는 여전히 상충관계가 존재한다)에 직면하지만, 대규모 집단에서는 확실히 엄격한 공동체 제도보다 효율적이다.

3.2.2. 공공재

앞에서 부정적 외부효과의 내부화가 소유권의 규모를 증가시키는 원인일 수 있음을 언급하였다. 긍정적 외부효과도 마찬가지이다. 일단 제공되면 모든 사람, 심지어 생산에 기여하지 않은 사람도 소비할 수 있는 재화가 있다고 가정하자. 좋은 예가 국방이다. 일단 방어벽이 플리머스 정착지 주위에 건설되면, 방어벽 안에 있는 모든 사람이 안전해진다.

경제학자는 이런 유형의 재화를 공공재(public goods)라고 부른다. 공공재의 중요한 특징은 생산자가 소비로부터 발생하는 편익을 전유할 수 없어 과소생산이 발생한다는 것이다. 따라서 정부가 규모의 경제를 실현하기 위해 공공재를 생산하는 역할을 담당한다(플리머스 식민지의 각 가족이 자신의 방어를 책임질 때의 비효율성과 노력의 중복을 상상해 보자).[26] 동시에 정부는 조세를 통해 모든 공동체 구성원이 공공재 공급에 기여하도록 강제함으로써 무임승차를 방지한다.

3.2.3. 반공유(Anticommons) 문제와 분할 권한

아무도 배제할 수 없는 개방 자원의 문제점은 자원의 과다사용이다. 이 문제가 공유의 비극이다. 다른 극단에는 여러 명의 소유자가 있고 각 소유자가 다른 소유자의 사용을 배제할 수 있는 재산이 위치한다. 이 경우 소유자들이 어떤 행동에 동의하지 않으면 재산은 과소사용된다. 즉, 반공유의 비극(tragedy of the anticommons)이라고 불리는 문제가 발생한다(Heller 2008). '너무 큰 소유권'(too much ownership)이라고 부를 수 있는 반공유의 문제가 존재한다는 것은 소유권의 규모가 너무 커졌음을 의미한다. 그러나 공동소유자 간의 조정된 행동을 방해하는 거래비용은 재산을 작은 규모로 분리하는 것 또한 불가능하게 한다.

다행히도, 법은 공유물 분할권이라는 형태로 하나의 해법을 제공한다. 보통법에 따르면, 각 공동소유자는 토지를 분리된 개별 소유로 물적 분할(partition in kind)하자고 일방적으로 요구할 수 있다. 이 해법은 공동소유자 사이의 거래비용의 문제를 해결한다. 그러나 개별 소유자가 내부화하지 않는 토지의 최적 사용에 대한 규모의 경제가 존재할 경우 과도한 분할이 이루어질 수 있다. 분할에 관한 미국의 주 법률은 물적 분할 외에 분할되지 않은 재산을 매각하고(따라서 규모는 그대로 유지된다) 금액을 소유자들에게 나누어 주는 금액 분할을 규정하고, 법원에 분할 방식을 선택할 수 있는 재량권을 부여하여 이 문제를 해결하고 있다.

금액 분할의 문제점은 동의하지 않는 소유자에게 지분의 시장 가치만을 보상하여, 소유자가 토지에 부여하는 주관적 가치를 박탈한다는 것이다. 따라서 효율성 관점에서 법원은 최적의 재산 규모 유지와 소유자의 주관적 가치 보호 사이의 상충관계에 직면한다.

---

26 공공재는 규모의 경제 정도에서 차이가 있다. 따라서 어떤 공공재는 연방 정부가 공급하고, 다른 공공재는 주 또는 지방 정부가 공급한다.

이 상충관계는 어떻게 해결되어야 하는가? 주관적 가치는 관찰될 수 없다. 그러나 토지 시장에 관한 실증적 연구에 따르면, 소규모 토지에서는 규모의 경제가 존재하는 반면 대규모 토지에서는 규모의 비경제가 존재한다(Colwell and Munneke 1999). 이 결과는 소규모 토지에서는 강제 매각이 사용되어야 하고 대규모 트지에서는 물적 분할이 사용되어야 함을 의미한다. 판례법은 대체로 이 제안에 따르고 있다(Miceli and Sirmans 2000).

4. 지적 재산권

지적 재산(아이디어, 발명, 음악 작곡, 예술 작품 등)은 공공재의 특성을 가지고 있다. 즉, 일단 창조되면 수량을 감소시키지 않고 재사용될 수 있다. 따라서 최대의 편익을 달성하기 위해서는 모든 사람이 아이디어를 자유롭게 이용할 수 있어야 한다(즉, 아이디어가 공적으로 소유되어야 한다). 그러나 이 주장은 아이디어의 존재를 전제한 것이다. 사실, 아이디어 및 기타 창작물의 생산에는 비용이 수반된다. 공적 소유권은 창조자가 자신의 아이디어에서 얻는 수익을 전유하지 못하도록 하여 아이디어의 생산 자체를 막을 수 있다(이를 전유의 문제[appropriation problem]라고 한다). 결과적으로 아이디어에 대한 공적 소유권의 편익과 아이디어 생산 유인의 필요성 사이에는 상충관계가 있다. 이 절에서는 특허, 영업 비밀, 저작권 및 상표를 포함한 지적재산권법이 어떤 방법으로 이 상충관계를 해결하는지 검토한다.[27]

4.1. 특허

아이디어와 발명품은 사과 등의 사적 재화와 다르다. 농부는 사과 가격을 설정하

27 지적 재산권의 법경제학에 관한 본격적 연구로는 Blair and Cotter(2005)와 Landes and Posner(2003)가 있다.

그림 6.4 특허의 효과

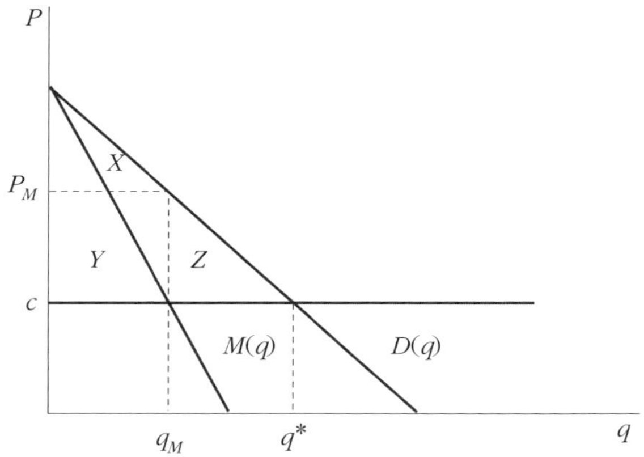

고 값을 치르지 않는 사람의 소비를 거부함으로써 사과나무에 대한 투자의 이익을 거둘 수 있다. 반대로, 발명가는 값을 치르지 않은 사람이 자신의 아이디어를 사용하는 것을 막기 어렵다. 따라서 발명가는 아이디어를 생산하기 위해 자원을 투입할 경제적 유인이 거의 없다. 특허(patent) 제도는 발명가에게 아이디어에 대한 독점적 권리를 부여함으로써 이 문제를 해결한다(Kitch 1977). 그러나 특허는 한 문제를 해결하지만 다른 문제를 만든다. 독점(monopoly)이 바로 그것이다. 특허를 받은 발명의 유일한 생산자로서, 발명가는 산출량을 제한할 유인이 있다. 따라서 사회는 아이디어 사용의 모든 편익을 실현할 수 없게 된다.

특허의 효과는 [그림 6.4]에 제시되어 있다. 특허를 받은 발명에 대한 수요곡선은 $D(q)$로 표시된 우하향하는 직선이다. 여기서 q는 산출량이다. 이 직선은 발명의 사회적 가치를 반영한다.

발명품을 한 단위 추가 생산하는데 드는 한계(=평균)비용(아이디어를 창조하는 비용과 구별됨)이 상수 c라고 하자. 경쟁 시장에서의 효율적 생산량은 수요곡선과 한계비용이 교차하는 점에서 결정된다. 산출량은 q^*이며, 가격은 한계비용과 같다. 경쟁 시장 균형에서 사회적 후생은 소비자 잉여로 측정되며, $X+Y+Z$이다(한계비용이 일정하므로 생산자 잉여는 0이다).

반대로 독점자는 $M(q)$로 표시된 한계수입곡선이 한계비용과 교차하는 점에서 생산한다. 독점의 산출량은 q_M이며, 가격은 P_M이다. 그러므로 독점자는 경쟁 시장 균형에서보다 산출량을 줄이고 가격을 높인다. 결과적으로 독점자는 사각형 Y의 이윤을 얻고, 소비자 잉여는 삼각형 X로 감소하며, 삼각형 Z만큼 과소생산으로 인한 경제적 순손실이 발생한다.

특허로 인한 후생 손실에도 불구하고, 독점의 결과는 전혀 발명이 없는 (따라서 소비자 잉여도 전혀 없는) 경쟁 시장의 결과보다 좋을 수 있다. 경쟁 가격은 발명품의 한계생산비용을 충당하지만 아이디어를 창출하는 초기비용(매몰비용)을 충당하지는 못한다. 발명에 대한 독점적 권리의 부여는 선행 투자를 감당할 만한 충분한 '영업' 이윤을 제공할 수 있다.[28] 다음 연습 문제에서 이 주장을 확인해 보기 바란다.

연습 문제 6.2

신제품에 대한 수요곡선이 $D(q) = 150 - q$, 한계수입은 $M(q) = 150 - 2q$.[29] 한계(=평균) 생산비용은 $c = 50$이라고 하자.

(a) 기업이 제품을 판매할 배타적 권리를 부여하는 특허를 받았다고 하자. 기업의 최적 산출량, 가격 및 영업 이윤([그림 6.4]의 Y 영역)을 계산하라.

신제품 개발의 고정비용이 $K = 2{,}000$달러라고 하자.

(b) 발명비용을 포함한 기업의 순이윤($Y - K$)은 얼마인가? 기업은 생산물 개발에 투자하는가?

(c) 특허가 존재할 때의 사회적 후생을 계산하라. 사회적 후생은 소비자 잉여([그림 6.4]의 면적 X)와 (b)에서의 기업의 순이윤을 합한 것이다. 사회는 특허로부터 편익을 얻는가?

---

28 따라서 특허는 프로야구팀의 선수 훈련 투자 유인에 대하여 보유 조항이 수행하는 기능과 유사한 기능을 한다. 제5장 3.3을 참조하라.

29 수요곡선이 직선이면 한계수입곡선은 항상 수요곡선과 같은 절편에 두 배의 기울기를 갖는다.

위에서는 기업이 문제의 발명품에 대한 무제한의 권리를 가지고 있다고 가정하였다. 그러나 특허에 시간적 제한을 두어 독점의 결과를 개선할 수 있다.[30] 실제로, 법은 대부분의 특허를 20년으로 제한한다. 상충관계는 다음과 같다. 특허 기간이 연장됨에 따라 발명가의 수익([그림 6.4]의 영역 Y)이 증가하고 (오랜 기간 독점력을 가지므로) 아이디어에 대한 투자 유인이 증가한다. 이를 상쇄하는 효과는 아이디어의 제한적 사용으로 인한 독점의 후생 손실(그래프의 Z 영역)도 오래 지속된다는 것이다. 최적의 특허 수명은 이 두 효과의 균형을 맞추는 기간이다. 이상적으로, 특허 기간은 발명에 따라 달라져야 한다. 예를 들어, 초기 투자가 클수록 특허 기간이 길어야 한다. 그러나 기간 개별화에는 정보비용이 수반되기 때문에 법은 개별화된 방식으로 특허 기간을 설정하지 않고 있다.

특허 경쟁. 지금까지 분석은 잠재적 아이디어의 창조자가 단 한 명뿐이라는 가정에 입각하고 있다. 그러나 실제로는 다수의 개인 또는 다수의 기업이 동시에 같은 아이디어를 찾고 있으며, 특허는 아이디어의 유용성을 입증한 첫 번째 개인이나 기업에 부여된다. 특허의 가치는 (독점적 수익으로 인해) 매우 커서, 연구 개발에 과도한 투자가 이루어지는 특허 경쟁(patent race)을 불러일으킬 수 있다.[31] 이 문제는 앞서 지적한 선점의 원칙에 의한 재산권 부여가 가져오는 비효율성의 예시이다. 특허 경쟁의 가능성은 (독점의 사중 손실과 함께) 특허 기간 단축의 근거를 제공한다. 그러나 특허 경쟁이 새로운 기술의 개발을 촉진하고 의도하지 않은 다른 기술의 발견으로 이어질 수 있다는 상쇄 요인도 존재한다(긍정적 외부효과). 따라서 특허 경쟁이 효율성에 미치는 전반적인 영향은 모호하다(Blair and Cotter 2005, 18).

---

30 최적 특허 기간의 도출은 Nordhaus(1969, 제5장)를 참조하라. Miceli and Sirmans(2005)는 시간이 제한된 재산권에 관한 일반적 논의를 제시하고 있다.

31 예를 들어, Loury(1979)와 Mortensen(1982)을 참조하라. 특허 경쟁은 지대 추구(rent seeking)라는 보다 일반적인 문제의 한 사례이다(Tullock 1967).

특허 대 보상. 발명 활동을 촉진할 수 있는 특허의 대안은 정부가 혁신가에게 보상(reward)을 지급하는 것이다(Shavell and Ypersele 2001; Wright 1983). 보상의 기대가 혁신에 대한 경제적 유인을 제공하며, 특허에서와 달리 발명은 즉시 공공 재산이 된다. 따라서 보상은 독점의 사중 손실을 제거한다는 점에서 특허보다 이점이 있다. 단점은 정부가 적절한 보상 설정에 필요한 정보를 가지고 있지 않아 비효율적 투자 유인이 발생할 수 있다는 것이다. 특히, 정부보다는 혁신가들이 비용 및 발명의 사회적 가치에 대한 정확한 정보를 가지고 있을 가능성이 크다.[32] 따라서 보상 제도가 특허 제도보다 뚜렷한 이점을 제공한다고 볼 수 없다.

특허의 범위. 특허 보호의 강도는 기간(duration)뿐만 아니라 범위(scope), 즉 '모방'(imitation) 생산물이 특허 침해로 판단되는 정도에 의해서도 결정된다. 특허의 최적 범위 또는 폭을 결정할 때의 기본적 상충관계는 최적 기간을 결정할 때의 상충관계와 같다. 넓은 특허는 발명자에 대한 보호를 강화하여 투자를 촉진하지만, 경쟁자가 새롭고 유용한 생산물을 개발할 능력을 제한한다. 법적 관점에서, 특허 범위는 침해를 결정하는 확정된 원칙이 없다는 점에서 특허 기간만큼 명확하게 정의되지 않는다. 따라서 법원은 특허 기간과는 달리 특허 범위 결정을 개별 발명이나 분야의 특성에 맞게 조정한다. 예를 들어, Blair and Cotter(2005, 22)는 미국 법원이 이른바 선구적 발명(pioneering inventions)에 대해 보다 넓은 범위의 보호를 제공한다고 지적하고 있다.

흥미로운 이론적 질문은 특허 기간과 특허 범위 사이의 최적 균형에 관한 것이다. 일부 학자들은 길고 좁은 특허를 옹호하고(Klemperer 1990), 다른 학자들은 짧고 넓은 특허를 주장한다(Gallini 1992). 불행히도 이 논쟁을 해결할 수 있는 경험적 증거는 존재하지 않는다.

32 특정 보상 제도의 특허 경쟁 방지 능력에 관해서는 Mortensen(1982)을 참조하라.

4.2. 영업 비밀

기업은 영업 비밀(trade secrets)을 이용하여 발명을 보호할 수 있다. 특허와 비교한 영업 비밀의 주요 장점은 두 가지이다. 첫째, 특허와 달리 발명가가 발명의 본질을 공개할 필요가 없다. 둘째, 비밀은 (이론적으로) 기간에 제한이 없다는 것이다. 가장 큰 단점은 영업 비밀법이 특허보다 낮은 수준의 보호를 제공한다는 것이다. (근로자 또는 산업 스파이의) '부적절한 수단'에 의한 영업 비밀의 공개는 금지되고 처벌될 수 있지만, 경쟁 업체는 독립적 발견이나 리버스 엔지니어링을 통해 얻은 영업 비밀을 합법적으로 이용할 수 있다. 따라서 영업 비밀의 기간은 실효적으로 제한된다. 영업 비밀의 이런 특성은 영업 비밀이 아이디어를 파악하는데 걸리는 시간이 특허 기간보다 긴 발명(발명품을 사용해도 비밀이 드러나지 않는 발명) 또는 특허비용만큼의 가치가 없는 발명의 발명자에게 가장 유용함을 의미한다. 따라서 영업 비밀법은 가치가 크지 않은 정보에 대해 낮은 수준의 보호를 적은 비용으로 제공함으로써 특허법을 보완한다(Blair and Cotter 2005, 26; Shavell 2004, 160-61).

4.3. 저작권

저작권법은 저작, 음악, 예술 작품 및 기타 창작물을 법적으로 보호한다(Landes and Posner 1989). 특허와 같이 저작권(copyright)의 보호 기간은 창작자의 수명에 70년을 더한 기간으로 제한되어 있다. 이 기간 제한은 앞서 설명한 기본적 상충관계를 반영한다. 즉, 창작물의 사용을 과도하게 제한하지 않으면서 창조적 작품의 생산을 장려하기 위한 것이다.

그러나 저작권법은 여러 측면에서 특허법과 다르다. 첫째, 특허와 달리 저작권은 독립적 발견을 배제하지 않으며 복제만을 배제한다(이런 의미에서 저작권은 영업 비밀과 비슷하다). 그 이유는 의도하지 않은 복제의 가능성이 매우 적기 때문일 것이다(두 작가가 같은 소설을 쓸 가능성은 얼마인가?). 둘째, 저작권은 아이디어 자체가 아니라 아이디어의 표현(expression)을 보호한다. 예를 들어, 나는 특정한 방식으로 단어들이 배열된 특정한 법경제학 교과서에 대한 저작권을 얻을 수 있지만, 법경제학 교과서를 쓴다는 아이디어 일반에 대해서는 저작권을 얻을 수 없다. 이 같은 제한적 보호는 타당하다. 아이디어 일반을 보호하면 예비 창작자가 저작권자의 동의를 얻어야 하고 그 결과 창조적 작품의 생산이 크게 위축될 것이다. 좋은 아이디어는 드물지만, 아이디어는 다양한 방식으로 유용하게 표현될 수 있다(로미오와 줄리엣을 테마로 한 비슷한 작품이 얼마나 많은지 생각해 보라). 셋째, 특허가 아이디어를 보호하지만, 특허 기간은 저작권 기간보다 훨씬 짧다.

공정한 사용. 저작권 보호에 대한 중요한 제한은 '공정한 사용'(fair use)의 원칙이다. 이 원칙은 교육이나 리뷰 등과 같은 일정한 목적을 위한 제한된 복제를 허용한다. Gordon(1982)에 따르면, 공정한 사용의 적절한 경제적 기준은 거래비용이 0인 세계에서 저작권 보유자가 문제의 사용에 동의하는가를 질문하여 도출할 수 있다. 이렇게 공정한 사용은 저작권 있는 아이디어의 양도에 대한 시장 테스트를 부과한다. 교육 목적, 비평, 리뷰 등을 위한 저작권 있는 자료의 제한된 복사는 공정한 사용의 대표적인 예이다.

매우 까다로운 사건들이 새롭고 저렴한 복제 기술의 발전과 함께 발생하였다. 저작권 보유자들은 저작권 침해를 촉진하는 기술을 가진 제조업체를 상대로 기여 침해(contributory infringement) 소송을 제기하였다. 유명한 두 사건은 TV 프로그램을 복사하여 방송 후 시청을 가능하게 한 비디오 카세트 레코더(VCR)와 사용자 사이에 디지털 음악 파일을 무료로 공유할 수 있게 한 컴퓨터 소프트웨어에 관한 사건이다.

VCR 사건(*Sony Corp. of America v. Universal Studios*, 464 U.S. 417, 1984)에서 미국 대법원은 '시간 이동'(time shifting)을 목적으로 개인 시청자가 TV 프로그램을 녹화하는 것 자체는 침해가 아니라 공정한 사용이라고 판결하였다. 법원은 또한 VCR 기술이 실질적인 비침해 용도가 있기 때문에 VCR 장비 제조업체에게 기여 침해의 책임이 없다고 판결하였다. 반면에 음악 공유 사건(*A & M Records v. Napster, Inc.*, 239 F.3d 1004, 9th Cir. 2001)에서, 미국 제9 연방항소법원은 Napster에게 기여책임이 있다고 판결하였다. 법원은 이 기술도 비침해 용도가 있다고 결론을 내렸으나, Napster가 일부 사용자의 침해 행위를 사실상 알고 있었음을 발견하였다. 따라서 Napster는 공정한 사용 기준을 충족시키지 못하였다(Klein et al. 2002). 뉴욕의 제2 연방항소법원은 최근 공개 도서의 전문과 저작권 있는 도서 일부를 포함하고 있는 검색 가능한 Google Books 데이터베이스를 공정한 사용이라고 판결하였다.[33] 법원은 문제가 된 저작물의 폭넓은 이용이 상당한 공공의 편익을 가져오며 저작권자의 권리가 충분히 보호되고 있다는 점을 지적하고 있다.

이 사건들은 법원이 기술 변화에 직면하여 새로운 아이디어의 창출 유인과 아이디어의 폭넓은 활용 편익 사이의 적절한 균형을 유지하기 위해 공정한 사용의 범위를 계속 조정할 필요가 있음을 보여 준다(Adelstein and Peretz 1985; Miceli and Adelstein 2006). Waldfogel(2012)은 이 균형 잡기가 성공하였는지를 평가하기 위해 Napster 사건 이후 창작된 새로 녹음된 뮤지컬의 질과 양을 조사하였다. Napster의 판결에도 불구하고 기술의 발전으로 창작자의 저작권 보호는 약화되었다. 동시에 다른 기술의 출현으로 새로운 작품의 제작 및 마케팅 비용은 낮아졌다. 연구 결과는 새로운 음악 작품의 질과 양이 급격히 감소하지 않았다는 증거를 제시한다. 이는 창작물을 전파하는 새로운 기술이 발전하는 상황에서도 음악 작품에 대한 저작권 보호가 적절히 이루어지고 있음을 시사하는 것이다.

4.4. 상표

상표법은 제품이나 서비스를 고유하게 식별하는 상징, 문구 또는 기타 고유한 기

33 *Authors' Guild v. Google*(721 F.3D 132, 2d Cir. 2013) 사건을 참조하라. 2016년 미국 대법원은 판결에 대한 항소를 각하하였다.

호를 보호한다. 상표(trademarks)가 법적인 보호를 받으려면 소유자가 상표를 상업적으로 가장 먼저 사용해야 한다. 보호는 제품 또는 서비스가 광고되고 있는 지역으로 제한될 수 있다. 더 넓은 보호를 위해서는 소유자가 연방 정부에 상표를 등록해야 한다. 특허 및 저작권과 달리 상표의 법적 보호는 소유자가 상표를 사용하는 한 계속된다. 그러나 등록 상표는 소유자가 정기적으로 등록을 갱신해야 한다.

상표 보호의 경제적 기능은 특허, 영업 비밀 및 저작권의 기능과는 다르다. 상표는 구매자가 높은 품질의 제품을 낮은 품질의 경쟁 제품과 쉽게 구별할 수 있게 하여 소비자의 탐색비용을 낮춘다. 그러나 이 기능을 수행하려면 상표가 제품 품질에 대한 신뢰할 수 있는 신호이어야 한다. 따라서 상표 소유자가 상표의 상업적 가치를 유지하는 수단으로서 제품 품질에 투자할 유인을 갖고 있어야 한다. 상표법은 소유자에게 상표 사용에 대한 독점권을 부여하여 투자의 유인을 제공한다.

4.5. 구제수단

특허, 영업 비밀, 저작권, 상표 등의 지적 재산권 소유자가 이용할 수 있는 주요 법적 구제수단은, 권리 침해로 상실된 이윤에 대한 손해배상 청구가 가능한 경우도 있지만, 침해자에 대한 금지명령이다. 그러나 금지명령에 의한 보호는 (특정 의약품의 생산을 위해 유전자 정보에 대한 다수의 특허가 필요한 경우처럼) 지적 재산권의 잠재적 사용자가 여러 권리 보유자와 협상해야 하는 상황에서 문제가 될 수 있다. 여기서, 개별 소유는 앞서 언급한 반공유 문제에서와 같은 논리에 따라 유익한 거래의 성립을 방해할 수 있다. 따라서 이 경우에는 지적 재산권 보유자가 정해진 가격을 받는 대가로 타인의 지적 재산권 사용을 허가할 의무를 부여하는 제도가 바람직할 수 있다(Blair and Cotter 2005, 40). 1917년 의회가 제1차 세계 대전 초기에 비행기 개발을 촉진하기 위해 설립한 특허풀(patent pool)이 전형적인 예이다. 특허풀은 특허를 공유하기로 동의한 연구자들의 자발적 협회로서 형성될 수도 있다. 그러나 실제로 이 해결 방식은 매우 밀접하게 관계를 맺고 있는 연구자 집단으로 제한될 가능성이 크다. 이때에도 특허풀은 독점금지법 위반으로 다투어질 위험이 있다(Heller 2008, 72-75). 이상의 논의는 문제의 자산이 공공재의 특성을 보유하고 있을 때 최적의 재산권 구조를 설계하는 것이 얼마나 어려운지를 보여 준다. 다음 장은 외부효과를 내부화하는 재산법의 역할을 검토함으로써 이 문제를 자세히 분석한다.

특허 반대 논리. 최근 일부 경제학자들이 혁신을 촉진하기 위해 특허가 필요하다는 기존의 상식에 도전하고 있다(Boldrin and Levine, 2008). 그들은 특허 부여가 기술 진보와 연구 개발 투자를 촉진한다는 주장을 뒷받침하는 경험적 증거가 거의 없다고 주장한다. 오히려, 성공적인 혁신가들은 선발주자의 이점과 자신의 아이디어에 대한 영업비밀의 일시적 유지 능력을 활용한다고 주장한다. 특허의 편익이 과대평가되었다면, 남는 것은 특허 기간 독점으로 인한 손실과 복합적 제품 생산을 위한 특허 결합의 필요성 증가에서 발생하는 거래 장애라는 부정적인 결과뿐이다. 특허 제도 전체를 바꿀 수는 없지만, 특허 제도의 일부 개혁이 필요할지도 모른다. 혁신적 아이디어의 창출 유인과 새로운 아이디어의 폭넓은 이용이라는 공공 편익 사이의 균형을 맞추려는 지속적 노력이 요구된다.

5. 결론

잘 정의된 재산권은 시장 교환 및 투자에 필수적이므로, 경제적 관점에서 재산법은 보통법 중 가장 핵심적인 법이다. 재산법의 역할은 재산권을 설정하고 보호함으로써 경제 활동의 안정적 토대를 형성하는 것이다.

이 관점에 근거하여, 우리는 제6장에서 재산의 합의적 교환을 집중적으로 검토하였다. 우리는 소유권의 정의, 재산의 자발적 이전, 재산 분할의 촉진을 목적으로 하는 법 원칙을 검토하였다. 또한 최적의 소유 규모에 영향을 미치는 요인과 특정 재화의 소유권을 제한하거나 확장하는 근거도 살펴보았다. 우리는 특허, 저작권, 기타 지적 재산권의 보호를 검토하였으며, 동시에 새롭고 유용한 아이디어의 폭넓은 이용을 허용하는 것의 사회적 가치를 인식하였다.

제7장은 거래비용이 높은 상황에서의 비합의적 재산 이전으로 초점을 바꾼다. 우리는 정부의 재산권 규제와 개인에서 다른 개인 또는 개인에서 정부로 재산의 강제 이전 등을 포함한 외부효과 문제에 대한 다양한 대응 방식을 검토한다. 또한 외부효과의 통제 문제에 대한 공적 대응(규제)과 사적 대응(보통법)을 비교 분석한다.

토론 문제

1. 성공보수는 사실상 변호사에게 원고의 법적 청구에 대한 부분적 재산권(일반적으로 3분의 1)을 부여한다. 성공보수 계약은 어떤 경제적 기능을 수행하는가?

2. 그러나 법은 원고가 법적 청구에 대한 완전한 재산권을 매각하는 것을 금지한다. 변호사들 사이의 과도한 경쟁을 막기 위한 수단이라는 관점에서 이 제한을 설명하라.

3. 어장은 누구의 사용도 거부할 수 없다는 점에서 공유 재산인 자원이다. 그러나 일부 사람들은 "모든 사람의 재산은 누구의 재산도 아니다"라고 주장한다. 이는 무엇을 의미하는가?

4. 조업 기간을 제한하고 어부의 일일 어획량을 제한하는 경제적 근거는 무엇인가?

5. 일반적으로 선점의 원칙이 재산권을 부여하는 비효율적인 방법인 이유를 설명하라. 그렇다면 '발견한 자가 소유자'(finders keepers)와 '선착순'(first come, first served) 같은 원칙이 널리 사용되는 이유는 무엇인가?

6. 왜 임대 외부효과는 (다른 모든 조건이 같을 때) 자산 매입 가격보다 높은 가격으로 자산을 임대하도록 하는가?

7. 영국 보통법은 개량적 훼손(ameliorating waste)의 개념을 인정한다. 이 개념은 토지의 가치를 높이는 것으로 보이는 토지의 변경이다. 그러나 법은 임대인이 임차인으로부터 토지를 최초 상태로 복원하는 비용을 청구할 수 있도록 허용한다. 여기에는 어떤 경제적 의미가 있는가?

8. 인간 DNA를 연구하는 연구자들은 개별 염기서열 발견에 대한 특허 획득에 성공하였다. 이 특허를 허용하는 데 따른 비용과 편익에 대해 논의하라. 과학적 '발견'(discoveries)과 '발명'(inventions) 사이에 유의미한 차이가 존재하는가?

9. 공정한 사용(fair use)의 경제 이론에 따르면, 책의 논평자는 저자와 출판사가 요청을 받았다면 사용에 동의하였을 것이기 때문에 논평 중인 책에서 짧은 구절을 인용할 수 있다. 그러나 이 이론에 따르면 부정적(unfavorable) 논평의 인용은 공정한 사용에 해당되지 않을 것이다. 이러한 구별이 효율적이지 않은 이유는 무엇인가?

단원 문제

1. 귀중한 그림들이 위조품으로 의심받기도 한다. 작품의 진품 여부는 전문가에 의해서만 확실하게 입증될 수 있다. 당신이 진품이면 100,000달러의 가치, 위조품이면 100달러의 가치가 있는 그림을 소유하고 있다고 가정하자. 미술 시장은 그림이 진품일 확률을 0.5라고 평가하고 있다.
   (a) 전문가의 감정 없이 그림을 얼마에 팔 수 있는가?
   (b) 그림을 감정받기 위해 당신이 기꺼이 지불하고자 하는 최고 금액은 얼마인가?

2. 두 사람이 각각 절반씩 공유하고 있는 재산이 있다. 재산을 팔려면, 소유자 1은 자신의 지분의 대가로 3,000달러 이상을 요구한다. 소유자 2는 자신의 지분의 대가로 6,000달러 이상을 요구한다. 구매자가 나타나 재산 전체에 대해 10,000달러를 제시한다.
   (a) 두 소유자가 비용 없이 서로 거래할 수 있다면, 매매가 이루어질 수 있는가(두 소유자가 모두 동의해야 한다)?
   (b) 두 소유자가 서로 협상할 수 없다고 가정하라(예를 들면, 이혼 부부). 두 소유자가 매각 금액의 절반을 받을 자격이 있다면 이 경우에 매매가 이루어질 수 있는가?
   (c) 두 소유자가 합의하지 못하면 그중 한 명이 공유 재산을 강제 매각할 수 있다는 원칙이 있다고 하자. 이 원칙과 관련된 상충관계를 설명하라.

3. 고대의 해사법(law of admiralty)에 따르면, 버려진 난파선의 발견자는 유실물법(law of finds)에 따라 소유자가 된다.
   (a) 이 원칙이 잠재적인 보물 사냥꾼들에게 제공하는 유인(좋은 쪽과 나쁜 쪽 모두)은 무엇인가?(힌트: 난파선을 특허가 가능한 발명과 관련지어 생각하라.)
   (b) 1987년의 버려진 난파선 법(Abandoned Shipwreck Act of 1987, 43 U.S.C. 2101-2106)은 미국 해역에서 발견된 난파선에 대해 해사법 적용을 중지하고, 소유권을 난파선이 발견된 주에게 부여하였다. 그리고 주는 자체 보상 제도를 설계할 수 있다. 최적의 보상 제도는 어떤 형태일지 설명하라.

4. 일부 처방약은 한계 생산비용의 몇 배가 넘는 가격에 팔린다. 따라서 특허 보

호로 인해 경쟁이 없어진 제약회사는 막대한 이윤을 얻는다. 따라서 일부 소비자들은 생명을 구하는 의약품에 대해 특허를 부여해서는 안된다고 주장한다.

(a) 이 정책이 이 약의 사용자에게 도움이 되는가?

(b) 장기적인 결과는 어떠한가?

5. 본문의 연습 문제 6.2로 돌아가서, 제품을 개발하는 초기비용이 2,000달러가 아니라 50,000달러라고 가정하자. 산출량, 가격 및 이윤이 연간 단위의 값이라고 가정하고, 기업의 제품 개발을 유도하는 데 필요한 최소 특허 기간이 몇 년인지 계산하라(미래 가치의 할인은 무시하라).

chapter 07

재산법의 경제학 II: 비자발적 이전과 재산권의 규제

1. 외부효과의 통제
2. 비자발적 이전 및 사적 당사자 사이의 이전에 대한 제한
3. 공공 수용을 통한 정부의 재산 취득 및 규제
4. 시장 대 법: 일반적 거래 구조
5. 결론

잘 작동하는 시장에서는 재산의 효율적 이용이 재산권의 정의 및 보호를 통해 달성될 수 있다. 이 설정에서 재산법은 시장의 보완재 역할을 담당한다.

그러나 권리가 명확하게 정의된다고 항상 시장이 원활하게 작동하는 것은 아니다. '시장실패'(market failure)의 중요한 원인은 양립할 수 없는 재산권 문제, 즉 외부효과(externalities)이다. 외부효과는 어떤 사람이 자신의 재산권을 제한 없이 사용하여 타인에게 비용을 부과하는 것을 말한다. 예를 들어, 재산의 이용이 필연적으로 연기, 소음, 폐기물 배출 등 오염을 유발할 수 있다. 어떤 경우에는 야생 동물 서식지를 훼손하거나, 공공 사용의 잠재적 가치가 있는 토지를 사회가 이용할 수 없게 만들기도 한다. 외부효과는 비효율적 재산 이용을 초래할 수 있으며, 따라서 재산의 사용 방법을 제한하는 정부 개입에 정당성을 제공할 수 있다. 이 장의 주제는 바로 정부에 의한 재산권의 제한이다.

우리는 먼저 외부효과의 경제 이론을 검토한다. 외부효과를 내부화하는 방법은 다양하다. 내부화는 보통 강제적 형태의 정부 개입을 통해 이루어진다. 그러나 코즈의 외부효과 분석에 기초한 유력한 대체적 관점도 있다. 제1장에서 설명한 것처럼, 이 관점은 당사자들이 낮은 비용으로 협상할 수 있다면 정부의 개입은 필요하지 않다고 주장한다(Coase 1960). 우리는 코즈적 관점(Coasian perspective)을 재검토하고, 이 관점을 여러 방향으로 정교하게 확장한다. 이 작업을 통해 효율적 법 원칙의 설계에 관한 중요한 함의를 도출할 것이다. 우리는 시장과 법의 관계를 이해할 수 있는 일반적 분석 틀을 결론으로 제시한다.

제7장의 구체적 주제는 두 가지이다. 첫째는 개인으로부터 다른 개인으로의 재산권의 비합의적 이전과 재산권 이전에 대한 제한이다. 우리는 이와 관련하여 재산권 경계의 불확실성 문제와 재산권의 세대 간 이전(상속 원칙) 문제를 논의한다. 둘째는 정부와 사유 재산 소유자 사이의 거래이다.

후자와 관련하여, 헌법은 정당한 보상을 하고 소유자의 동의 없이 사유 재산을 공공 사용을 위해 수용할 수 있는 권한을 정부에게 부여하고 있다(eminent domain 조항). 이 권한은 몇 가지 의문을 제기한다. 왜 정부에게 사적 구매자에게 부여되지 않는 권한이 부여되는가? 정당한 보상의 적절한 척도는 무엇인가? 재산의 사용을 제한하지만 정부가 소유권을 취득하지 않는 지역지구 규제(zoning)와 같은 토지 사용 제한 등의 정부 규제에도 보상이 이루어져야 하는가? 우리는 정부의 재산권 취득 및 재산권 규제와 관련된 여러 가지 질문들을 검토할 것이다.

1. 외부효과의 통제

우리는 제6장에서 재산권의 중요한 경제적 기능이 외부효과를 내부화하는 것이라고 주장하였다. 전통적으로 경제학자들은 외부효과를 정부가 강제적 수단, 예를 들어 조세나 기타 규제를 부과함으로써 바로잡아야 하는 문제로 보았다. (유명한 경제학자인 Arthur Pigou의 이름을 따서 명명된) 이 피구적 견해(Pigovian view)에 따르면, 정부는 먼저 외부효과의 원인(예를 들면, 오염 배출 공장)을 파악하고, 다음으로 외부효과로 발생한 피해와 같은 금액의 조세를 공장에 부과해야 한다. 조세가 부과되면 공장은 피해를 내부화하고 효율적 수준에서 운영된다.

정부는 이런 수단을 통해 특정 방식으로 재산권을 부여하여 외부효과를 제거한다. 특히, 정부는 공장에 생산을 계속하려면 사실상 오염 배출 권리를 '구매'하라고 요구함으로써 오염의 피해자들에게 오염 피해를 받지 않을 권리를 부여한다. 결과적으로, 공장은 효율적인 오염 수준을 선택할 것이다(이 수준은 0일 수도 있고 0이 아닐 수도 있다). 이 해결 방식에 문제가 있는 것은 아니다. 그러나 이 방법이 유일한 방법은 아니며, 최선의 방법이 아닐 수도 있다. 이것이 코즈의 외부효과 분석의 핵심적 통찰이며 재산법에 대한 경제적 접근의 기본적 요소이다(Coase 1960). 우리는 제1장에서 코즈 정리를 소개하였다. 이 절은 코즈 정리를 피구적 접근과의 대조를 통해 검토한다.

1.1. 피구세

농부와 목장주가 인접된 땅을 소유하고 있고, 목장주가 방목한 가축이 농부의 농작물에 손해를 입히는 코즈의 사례를 사용하여 외부효과에 대한 피구세(Pigovian tax) 해결 방식이 무엇인지 알아보자. 피구적 견해에 따르면, 외부효과는 목장주가 농부가 부담하는 비용을 고려하지 않기 때문에 너무 많은 수의 가축을 키우는 결과를 야기한다. 이 점이 [그림 7.1]에 설명되어 있다. *MB*로 표시된 우하향하는 직선은 가축 방목으로 목장주가 얻는 사적 한계편익(사회적 한계편익과 같다)이다 MC_P로 표시된 직선은 목장주의 사적 한계비용(private marginal cost)으로, 투입(소, 사료, 목장 근로자 등)비용을 반영한다. 목장주의 이윤을 극대화하는 사적으로 최적인 소의 수는 두 직선이 교차하는 q_p이다. MC_S로 표시된 직선은 추가적인 소 한 마리의 사회적 한계비용(social marginal cost)이다. 이 직선은 농부의 작물 손실로 인한 손해를 포함하기 때문에 목장주의 사적 한계비용과 일치하지 않는다. 즉, MC_S는 MC_P에 외부 손해(external damages)를 더한 것과 같

그림 7.1 농부와 목장주 사례에서 외부효과에 대한 피구세 접근

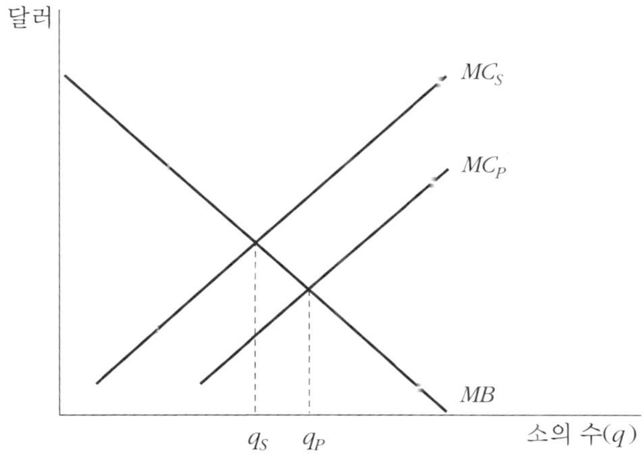

다. 사회적으로 최적인 소의 수는 MC_S와 MB가 교차하는 q_S이다. 따라서 사회적으로 최적인 소의 수는 목장주 이윤을 극대화하는 소의 수보다 적다.

이 비효율성에 대한 피구적 해법은 조세를 부과하여 목장주가 외부 손해를 내부화하도록 강제하는 것이다. 조세가 소 한 마리 단위로 부과될 경우, 조세는 추가되는 소 한 마리가 발생시키는 손해와 같아야 한다. 즉, [그림 7.1]의 조세액은 MC_S와 MC_P의 수직 거리와 같아야 한다.[1] 조세가 부과되면, 이제 이윤을 극대화하는 결과와 사회적으로 최적인 결과가 일치하기 때문에, 목장주는 사회적으로 최적인 소의 수를 선택한다.

조세는 사회적 비용 전부를 목장주가 책임지게 만들므로 경제적 유인 효과가 불법행위의 엄격책임 원칙과 똑같다. 또한 농부가 피해에 영향을 미칠 수 없다면, 조세 수입이 농부에게 손해배상으로 지급되든 다른 목적으로 사용되든 농부는 영향받지 않는다. 이 경우 조세의 유일한 기능은 목장주에게 경제적 유인을 제공하는 것이다. 이 점에서, 조세적 접근 방식은 엄격책임 원칙과는 다르다. 불법행위법에서는 목장주(가해자)의 손해배상금 전부가 농부(피해자)에게 지급된다. 만일 농부가 피해에 영향을 미칠 수 있다면, 이 차이는 엄격책임 원칙에 대한 조세의 중요한 이점이 될 수 있다.

예를 들어, 농부가 농작물을 목장의 경계에 얼마나 근접하여 심을지를 결정할 수 있다고 하자. 이제 목장주와 농부 모두의 행동이 손해 규모에 영향을 미치기 때문에 외부효과는 쌍방주의 문제가 된다. 이 경우 목장주가 소의 수를 줄이는 것이 최적이지만, 농민이 목장주의 토지로부터 일정 거리가 떨어진 곳으로 농작물을 옮겨 심는 것 역시 최적일 수 있다. 제2장에서 분석한 것처럼, 이 상황에서 엄격책임 원칙은 효율적 결과를 달성하지 못한다. 손해배상 책임은 목장주가 소의 수를 줄이게 하지만, 모든 손해가 완전히 배상된다고 예상하는 농민이 농작물을 옮겨 심을 유인은 제공하지 않는다. 반대로, 조세 수입이 농부에게 지급되지 않는 피구세는 두 당사자가 효율적으로

1 외부효과가 소의 수와 관계없이 일정한 경우가 아니라면 조세의 계산은 더 복잡해진다. 이때 단위당 조세는 최적의 소의 수에서 평가된 한계손해와 같게 설정되어야 한다.

행동하도록 유도할 것이다.[2] 두 당사자 모두 전체 손해를 최소화할 경제적 유인을 갖기 때문이다. 그러나 제2장에서 보았듯이, 이 효율적 결과는 적절히 설계된 과실책임 원칙을 통해 불법행위법에서도 달성될 수 있다.

1.2. 코즈적 관점

피구적 접근법에 대한 코즈의 비판은 두 가지 기본 가정에 대한 이의 제기에서 출발한다. 첫째, 외부 피해의 잘 정의된 원인이 존재한다는 것이다. 즉, 분명한 가해자(목장주)와 피해자(농민)가 있다는 것이다. 둘째, 외부효과를 내부화하기 위해 목장주에 대한 조세(또는 책임) 부과와 같은 정부의 개입이 필요하다는 것이다. 우리는 목장주와 농부 사례를 계속 사용하여 이 두 가지 가정에 대한 코즈의 비판을 설명한다.

[그림 7.1]로 돌아가 보자. 방목한 소에 대한 피구적 해결은 재산권 측면에서 농부에게 방목한 소로부터 자유로울 '권리'(right)를 부여하고 목장주에게 농부의 손해를 보상하는 방식으로 그 권리를 '구매'(purchase)하도록 요구하는 것과 같다. 목장주는 농부의 손실을 내부화하기 때문에 적절한 양의 '방목'할 권리를 구매하고, 효율적인 소의 수 q_S를 선택한다.[3] 이 권리 부여는 초기 '권리자격 지점'(entitlement point)이 $q = 0$이라는 것을 의미한다. 목장주는 농부에게 피해를 보상하지 않고서는 가축을 방목할 수 없다. 이 방식의 권리 부여는 효율적 방목량을 달성할 뿐만 아니라, 결국 목장주가 '물리적으로' 농부에게 손해를 입혔으므로 배상해야 한다는 연관관계에 관한 사람들의 상식에도 부합한다.

상식은 정책의 좋은 안내자인 경우가 많다. 하지만 이 경우에는 외부효과에 대한 다른 해결책을 찾는 능력을 제한한다. 예를 들어, 목장주가 손해에 대한 책임을 지지

2 이런 의미에서 조세는 '분리된'(decoupled) 책임 원칙과 유사한 기능을 한다(Polinsky and Che 1991).
3 농부가 방목하는 소를 완전히 배제할 수 있는 경우에도 같은 결과가 나타날 것이다. 이어지는 불법침해(trespass)와 생활방해(nuisance)법에 관한 논의를 참조하라.

않는다고 하자. 즉, 목장주가 애초에 소를 자유롭게 방목할 수 있는 권리를 가지고 있다고 가정해 보자. 피구적 견해에 따르면, 이 권리 배분에서는 목장주가 농부의 손해를 무시하고 자기 이윤의 극대화에 초점을 맞추므로, 소의 수는 q_p로 증가한다. 그러나 이 결론이 반드시 정확한 것은 아니다.

이 경우 소의 수가 너무 많아지지 않는 이유는 농부와 목장주에게 협상의 여지가 있기 때문이다. 그 이유를 확인해 보자. 목장주가 처음에 방목하는 소의 수가 q_p라고 하자. 마지막 소는 목장주에게 0의 이익을 주지만($MB = MC_P$이므로), 농부에게 MC_S와 MC_P 사이의 수직거리만큼의 비용을 부과한다. 따라서 농부는 목장주에게 소 한 마리를 줄인다면 이 금액까지 줄 수 있다고 제안할 것이며, 목장주는 0(마지막 소의 한계가치)보다 큰 금액이 제시되면 제안을 수락할 것이다. 이 거래는 농부가 목장주보다 마지막 소에 더 높은 가치를 두기 때문에 서로에게 이득이 된다.

같은 논리로, 당사자들은 MC_S가 MB를 초과하는 한, 즉 농부가 목장주보다 마지막 소의 가치를 더 높게 평가하는 한, 목장주가 방목하는 소를 줄이기 위해 협상을 계속할 것이다. 따라서 협상은 소의 수가 효율적인 방목량인 q_S로 줄어들 때까지 계속된다. 소의 수는 이 수준에서 더 감소하지 않는다. 만일 이 수준보다 소를 더 줄이면(즉, [그림 7.1]에서 q_S의 왼쪽에 있는 방목량) 목장주가 농부보다 마지막 소의 가치를 더 높게 평가하게 된다.

이 예에서, 소를 방목할 재산권이 애초에 목장주에게 배정되었고, 농부는 자신이 목장주보다 그 권리를 높게 평가할 때 권리를 구매하였다. 이는 농부가 방목한 소로부터 자유로울 권리를 보유하고 목장주가 그 권리를 구매한 피구적 해결에서 발생한 것과 정반대이다. 그러나 두 경우 모두 결과는 효율적이다. 이 결론이 코즈 정리(Coase theorem)이다. 우리는 이미 제1장에서 코즈 정리를 설명하였다. 코즈 정리를 다시 서술하면 다음과 같다.

코즈 정리: 재산권이 잘 정의되고 거래비용이 낮은 경우, 재산권의 초기 배분

에 관계없이 자원 배분은 효율적이다.[4]

재산권이 잘 정의되어 있다는 것은 단순히 두 당사자가 재산권의 초기 배분을 알고 있음을 의미한다. 초기 배분은 효율적인 권리의 재배분에 필요한 거래의 내용을 결정하기 때문에 중요하다. 두 당사자가 출발점을 알고 있는 한, 앞서 설명한 협상이 실제로 진행될 수 있다. 요구되는 협상이 이루어지려면 거래비용이 낮다는 조건도 충족되어야 한다. 이 점에 관해서는 뒤에서 자세히 논의할 것이다.

이제 외부효과에 대한 피구적 관점에 내재된 두 가지 가정, 즉 피해의 유일한 원인이 존재하며, 효율적 결과를 달성하기 위해 정부의 개입이 필요하다는 가정을 떠올려보자. 코즈 정리는 두 가정 모두가 반드시 타당한 것이 아님을 보여 준다. 첫째, 농작물 피해가 발생하려면 농사와 목축이 필요하다는 의미에서 두 당사자는 피해의 동시적 원인이다(즉, 두 당사자는 제2장의 '그것이 없었더라면' 테스트를 통과한다). 즉, 외부효과는 상호적(reciprocal)이다. 둘째, 당사자 누구에게 권리를 부여하건 당사자들이 협상할 수 있다면 정부의 개입 없이 효율적인 자원 배분이 이루어진다. 정부는 단지 권리를 부여하고 당사자들이 합의한 거래를 집행하기만 하면 된다. 초기 권리 배분이 효율적인 최종 자원 배분에 영향을 미치지 못하므로 코즈 정리는 결과와 무관하다.

코즈 정리는 처음에는 놀랍게 다가온다. 그러나 코즈 정리는 사실 외부효과나 다른 형태의 시장실패(예, 독점)가 없다면 경쟁 시장이 '이기적'(self-interested) 당사자들을 효율적 자원 배분으로 '인도'(guide)한다는 애덤 스미스(Adam Smith)의 보이지 않는 손 정리(invisible hand theorem)의 다른 설명이다. 이를 인식하는 순간, 코즈 정리의 의미가 직관적으로 명확해진다. 코즈 정리는 외부효과가 존재하는 경우에도 거래비용이 낮으면 효율적 결과가 달성될 수 있음을 보여 준다.

4 코즈 정리는 여러 가지 방식으로 서술될 수 있다. 예를 들어, Coleman(1982)을 참조하라.

1.2.1. 권리의 부여 및 부의 분배

거래비용이 낮을 때 권리의 초기 배분은 효율성에 영향을 미치지 못하지만, 부의 분배에는 영향을 미친다. 이는 앞서 설명한 두 가지 권리 배분에 따른 농부와 목장주 간 협상의 성격을 보면 명확히 드러난다. 농부가 처음에 소의 방목을 막을 권리가 있었다면([그림 7.1]의 $q = 0$에서 시작한다면), 목장주가 소의 수를 효율적인 지점인 q_S까지 늘릴 권리를 얻기 위해 농부에게 대가를 지급할 것이다. 대조적으로, 목장주가 처음에 권리를 가졌다면 (즉, [그림 7.1]의 q_p에서 시작한다면), 농부가 목장주에게 소의 수를 q_S로 줄이도록 대가를 지급할 것이다. 두 경우 모두, 소의 수는 같지만, 부의 분배는 처음에 권리를 가지고 있는 당사자에게 유리하다.

이 결과는 재산권이 두 당사자에게 가치가 있다는 점을 생각하면 당연한 것이다. 목장주는 소를 방목할 수 있는 권리가 [그림 7.1]의 MB로 측정되는 만큼의 가치가 있다고 생각하고, 농부는 소를 방목하지 못하게 할 권리가 [그림 7.1]의 MC_S와 MC_P의 차이로 측정되는 만큼의 가치가 있다고 생각한다. 따라서 누구든 처음에 권리를 가지고 있는 사람이 유리하다. 이는 중요한 함의를 지닌다. 이 결과는 코즈 정리의 조건이 충족되면, 외부효과 상황에서 재산권을 부여할 때 법 제도가 형평성과 효율성 사이의 상충관계에 직면하지 않음을 의미한다. 즉, 법원이 바람직한 부의 분배를 달성하는 방식으로 재산권을 부여해도 효율성은 희생되지 않는다.

이 결론은 초기 배분을 적절히 바꾸어도 자원의 효율적 배분이 경쟁 균형으로 달성될 수 있다는 후생 경제학의 다른 잘 알려진 결과, 즉 후생 경제학의 두 번째 기본 정리(The Second Fundamental Theorem of Welfare Economics)와 아주 비슷하다. 코즈의 분석은 이 정리가 재산권에도 적용됨을 보여 준다.

위의 결론들의 흥미로운 적용은 19세기 미국의 불법행위법 발전에 철도가 미친 영향에 관한 연구에서 찾을 수 있다. 과실책임 원칙의 출현은 산업혁명과 기계의 시대 시작과 시기가 거의 일치한다. Friedman(1985, 300)은 "철도 엔진은 으르렁거리는 황소처럼 시골을 쓸고 지나갔으며, 경제적·사회적 혁명을 일으켰다. 하지만 수천 명의 남성, 여성과 어린이가 다치고 죽는 엄청난 희생을 요구하였다." 이 시기에 과실책임 원칙이 출현한 이유에 관한 (논쟁의 여지가 많은) 주장은 이 원칙이 사고의 확산에 직면한 철도 회사 및 기타 기업의 책임을 제한하여 산업화를 촉진하기 위해 도입되었다는 것이다.[5]

제2장에서 보았듯이, 과실책임 원칙에서 가해자가 효율적 수준의 주의에 투자하면 피해자는 배상받지 못한다. 또한 과실책임 원칙은 가해자에게 적정 주의 기준에 따를 강력한 유인을 제공하지만, 피해를 발생시키는 행위에 과도하게 투자할 유인을 창출한다. 따라서 철도 회사는 (제한 속도를 준수하고 건널목에서 멈추는 등) 열차를 안전하게 운행할 수 있다면 책임에 대한 두려움 없이 원하는 만큼 운행할 수 있다. 이런 의미에서 과실책임 원칙은 엄격책임 원칙과 무책임 원칙 사이의 중간적 권리를 부여한다. 즉, 철도 회사는 열차를 안전하게 운행하는 한 열차를 운행할 권리가 있다.

그러나 철도 회사와 피해자 사이의 협상이 가능하면 열차의 수는 효율적일 것이다. 농부가 소의 수를 줄이기 위해 목장주에게 대가를 지급한 것과 같은 방식으로, 이론적으로 철도 사고의 잠재적 피해자는 열차로 인한 피해자의 한계손해가 철도 회사의 한계수입과 같아지는 지점까지의 열차 수를 줄이기 위해 철도 회사에 대가를 지급할 수 있다. 법원이 이런 협상이 이루어진다고 확신한다면, 코즈 정리에 따라, 과실책임 원칙으로의 전환은 사고율의 증가 없이 철도 회사에 보조금을 지급하는 수단이 될 수 있다. 물론, 이 해석은 철도 회사와 잠재적 사고 피해자 사이의 거래비용이 낮은 경우에만 의미가 있다. 주지하는 것처럼, 낯선 사람 사이의 사고에서 거래비용이 낮은 경우는 거의 없다. 따라서 우리는 거래비용이 높은 철도 및 기타 사고에 과실책임 원칙이 사용된 이유에 관한 대안적 해석을 뒤에서 제시한다.

5 Horwitz(1977)를 인용한 Friedman(1985, 300-1)을 참조하라. 또한 Grady(1988)를 참조하라.

1.2.2. 코즈 정리의 예

철도의 사례에서 알 수 있듯이, 대부분의 실제 외부효과 상황에서는 거래비용이 낮지 않다. 따라서 코즈 정리는 마치 완전경쟁 시장처럼 중요한 기준점이긴 하지만, 현실적 의미가 거의 없는 경우가 많다. 그러나 코즈 정리가 실제로 작동하는 주목할 만한 실제 사례들이 있다. 다음의 네 가지 사례를 보자.

예 1: 공해권(Pollution Rights). 공해는 시장실패를 초래하는 외부효과의 전형적인 예이다. 역사적으로 미국의 공해 통제는 주로 직접 규제, 소위 명령과 통제(command and control)를 통해 수행되었다. 그러나 최근 경제학자들은 거래 가능한 공해권의 창출을 촉구하였다. 그들은 공해 배출자 사이의 코즈적 협상을 통해 공해권이 효율적으로 배분될 것이라고 주장하였다(Tietenberg 1985). 이 프로그램은 실제로 미국의 1990년 청정대기법(Clean Air Act)에 이산화황 배출(산성비의 원인)을 통제할 목적으로 도입되었다. 현재까지 이 프로그램은 전통적 공해 통제 방법보다 공해배출량 감소에 훨씬 효과적임을 입증하고 있다(Schmalensee et al. 1998).

거래 가능한 배출권은 협상 당사자가 소수의 공해 배출자이기 때문에 작동할 수 있다. 공해 배출자와 피해자도 공해권을 거래할 수 있지만, 이들 사이의 거래는 거래비용 때문에 거의 불가능하다(1.4의 *Boomer* 사건에 관한 논의 참조). 그러나 흥미로운 사례가 있다. 오하이오주 체셔(Cheshire)에 있는 발전소는 221명의 인근 주민들과 계약을 체결하였다. 주민들은 주택을 발전소에 매각하였으며, 2천만 달러를 받고 손해배상을 청구하지 않겠다고 약속하였다.[6] 이 사건은 관련 당사자가 많은 경우에도 코즈적 협상이 정부의 개입 없이 외부효과를 내부화할 수 있다는 것을 보여 주는 매우 드문 인상적인 사례이다.

6 *New York Times*, 2002년 5월 13일, A면, 1페이지.

예 2: 메이저 리그 야구의 보유 조항. 1976년 이전 프로야구 선수는 자신을 신인으로 선발한 팀에 계약적으로 구속되어 있었다. 이 보유 제도(reserve system)에서 구단주는 선수와의 계약을 자동으로 갱신하고 선수를 자유롭게 트레이드하거나 판매할 수 있었지만, 선수는 다른 팀과 협상할 권리가 없었다. 구단주와의 협상 이외에 선택할 수 있는 선수의 유일한 대안은 경기를 뛰지 않겠다는 위협뿐이었다. 그러나 1976년 중재 패널의 결정으로 메이저 리그 야구에 제한된 형태의 자유계약 제도(free agency)가 도입되었다. 이 자유계약 제도에서는 일정한 최저 기간 동안 메이저 리그에서 뛴 선수는 다른 팀과 협상할 수 있었다.

구단주는 메이저 리그의 경기력 균형을 유지하기 위해 보유 제도가 필수적이라고 주장하면서 보유 제도를 정당화하였다. 구단주는 자유계약 제도에서는 가장 부유한 팀이 최고의 선수들을 갖게 될 것이라고 주장하였다. 반대로 경제학자들은 자유계약 제도가 선수 재능의 분포를 바꾸지 않는다고 반박하였다. 경제학자들은 왜 이런 주장을 하였을까? 자유계약 제도에서 선수는 자신의 경기력에 가장 높은 가치를 부여하는 팀으로 이동하는 반면, 보유 제도에서 구단주는 선수의 경기력에 가장 높은 가치를 부여하는 팀에게 선수를 팔 것(또는 트레이드할 것)이다. 두 시스템의 유일한 차이점은 선수의 경기력에 대한 재산권을 누가 갖는가이다. 보유 제도에서는 구단주, 자유계약 제도에서는 선수가 재산권을 갖는다. 따라서 코즈 정리에 따르면, 자유계약 제도가 재능의 분포를 바꾸지 않으며, 다만 부의 분배만을 바꾼다.[7]

이 주장은 자유계약 제도 도입 전과 후의 메이저 리그 팀의 기록을 살펴봄으로써 검증될 수 있다. [표 7.1]은 자유계약 제도 도입 전 14년(1963-1976년)과 도입 후 14년(1977-1990년)의 아메리칸 리그와 내셔널 리그의 경기력 균형을 두 가지 척도로 제시하고 있다(Quirk and Fort 1992).[8] 첫 번째 척도는 승률 범위의 평균(즉, 가장 높은 승률과 가장 낮은 승

7 Rottenberg(1956)가 이 주장을 처음으로(흥미롭게도 코즈의 논문이 출간되기 전에) 한 사람이다. Demsetz(1967)도 참조하라.
8 Drahozal(1986)도 비슷한 증거를 제시한다.

표 7.1 자유계약 제도가 메이저 리그 야구 경기력 균형에 미친 영향

	자유계약 제도 도입 전 (1963-1976)	자유계약 제도 도입 후 (1977-1990)
승률의 평균 범위		
아메리칸 리그	0.241	0.249
내셔널 리그	0.251	0.211
승률의 표준편차의 평균		
아메리칸 리그	0.071	0.070
내셔널 리그	0.066	0.064

출처: Quirk and Fort(1992, 285).

률을 가진 팀 사이의 승률 차이의 평균)이며, 두 번째는 승률의 표준편차의 평균이다. 두 척도를 보면, 자유계약 제도의 시행 결과 두 리그의 경기력 균형에 큰 변화가 발생하지 않았음을 알 수 있다. 그러나 부의 분배가 선수에게 유리하게 바뀌었다는 것은 의심의 여지가 없다.

예 3: 법 없는 질서(order without law). Ellickson(1991)은 캘리포니아의 시골 카운티 주민들이 길 잃은 가축 문제를 어떻게 해결하였는지에 관한 사례 연구에서 코즈 정리의 흥미로운 예를 제공하고 있다. 1945년 이전에 해당 카운티의 대부분이 개방된 목장(open range) 원칙을 가지고 있었다. 즉, 가축을 기르는 목장주들은 길 잃은 가축이 일으킨 피해에 대한 책임을 지지 않았다. 그러나 1945년 해당 카운티 중 일부 지역이 폐쇄된 목장(closed range) 원칙을 내용으로 하는 법령을 제정하였으며, 따라서 목장주들이 가축이 일으킨 피해에 대해 엄격책임을 지게 되었다. 이 같은 변화는 코즈가 제시한 사례와 똑같은 상황에서 재산권 변경이 자원 배분에 미치는 영향을 평가해 볼 독특한 기회를 제공하였다.[9]

9 Sanchez and Nugent(2000)는 1875년 캔사스(Kansas)주 데이터를 이용하여 유사한 분석을 수행하였다. 이 연구에 따르면, 일부 카운티는 농부들이 방목된 가축을 차단해야 하는 '울타리 법'(fence laws)을 가지고 있었으며, 다른 카운티는 가축 소유자가 가축이 흩어지지 않게 해야 하는 '무리 법'(herd laws)을 가지고 있었다.

엘릭슨(Ellickson)은 이웃들이 분쟁을 해결하기 위해 서로 협력하는 경향이 있음을 발견하였다. 이 점에서 당사자들은 코즈 정리에 의해 예측된 결과, 즉 상호 유익한 결과를 정부의 개입 필요 없이 달성하였다. 그러나 놀랍게도, 그들은 확립된 법적 원칙에서 출발한 협상을 통해 이 결과를 달성하지 않았다. 오히려 그들은 "법적인 권리 자격을 넘어서는 이웃성(neighborliness)의 적응 규범을 개발하고 시행함으로써" 이 결과를 달성하였다(Ellickson 1991, 4). 이 발견은 어떤 상황에서는 코즈 정리가 제안하는 정부의 최소한의 역할, 즉 협상의 배경으로서 권리를 정의하고 그 결과로 발생된 권리의 재배분을 집행하는 역할조차도 효율적 결과를 달성하기 위해 꼭 필요한 것이 아님을 보여준다. 그러나 이 결과는 당사자들이 서로 반복적으로 상호 작용하는 환경에서만 가능할 것이다.

예 4: 코즈 정리에 대한 실험적 증거. 실제에서의 코즈 정리의 마지막 예는 실험적 증거에 의해 제공된다. Hoffman and Spitzer(1982)는 2인 및 3인의 상호 작용에서 코즈 정리의 예측을 테스트 한 일련의 통제된 실험 결과를 보고하였다. 각 실험에서 당사자들은 (외부효과 사례에서와 같이) 서로의 보수에 영향을 미치는 가상의 생산 결정을 내리고, 결과와 수익 분배에 관해 교섭하였다. 실험 결과, 89.5%의 실험에서 효율적 교섭이 이루어졌다. 이는 당사자 수가 적은(즉, 거래비용이 낮은) 환경에서의 코즈 정리의 성립을 명확하게 지지하는 증거이다.

1.2.3. 거래비용의 역할

위의 예들은 코즈 정리가 실제적 중요성을 가지고 있음을 보여 준다. 그러나 외부효과에는 다수의 개인이 관련되어 있으며, 낮은 거래비용의 가정이 충족되지 않는 경우가 많다. 만일 거래비용이 존재하는 경우, 재산권의 배분에 따라 발생하는 거래비용이 달라지므로, 재산권의 배분은 자원 배분의 효율성에 영향을 미친다. 따라서 코즈 정리로부터의 추론 1: 거래비용이 높을 경우, 재산권 배분은 효율성에 영향을 미친다. 특히, 권리를 가장 높게 평가하는 당사자에게 권리가 부여되어야 한다.

법이 영향을 미친다는 점을 분명히 하기 위해, 19세기 철도 사고의 확산에 대한 불법행위법의 대응을 다시 생각해 보자. 우리는 가해자와 피해자 사이의 거래비용이 낮으면 책임 원칙이 효율성에 영향을 미치지 않을 것이라고 제안하였다. 책임 원칙은 부의 분배에만 영향을 미친다. 따라서 엄격책임 원칙에서 과실책임 원칙으로의 전환을 사고율에 영향을 미치지 않으면서도 철도 산업에 보조금을 제공하고 이를 통해 경제 발전을 촉진하려는 노력으로 해석할 수 있다.

그러나 이 설정에서 거래비용이 낮다는 가정은 그다지 현실적이지 않다. 철도 사고는 사고 전에 협상할 능력이 거의 없는 낯선 사람들 사이의 사고이다. 따라서 책임 원칙은 당사자들의 철도 사고 예방에 대한 투자에 큰 영향을 미친다. 제2장의 결론에 비추어 보면, 엄격책임 원칙에서 과실책임 원칙으로의 전환은 효율성에 상반되는 효과를 미친다는 것을 알 수 있다. 과실책임 원칙은 가해자와 피해자 모두에게 효율적 예방조치를 할 유인을 제공하는 반면, 엄격책임 원칙은 가해자가 올바른 행위 수준, 즉 효율적 숫자의 열차 운행을 선택하도록 유도한다.

이 사례의 요점은 어떤 법 원칙이 효율적인지를 제안하는 것이 아니라(이는 실증적 문제이다), 법 원칙의 선택이 효율성에 영향을 미친다는 것을 보여 주는 데 있다(Demsetz 1972). 즉, 거래비용이 크면 코즈 정리의 무관성(irrelavnece)은 사라진다(그리고 그 결과 효율성과 형평성 사이의 상충관계가 발생한다). 추론 1은 법적 개입의 범위를 설정해 주기 때문에 법경제학의 핵심적인 아이디어이다. 우리는 이어지는 재산권 집행 원칙의 논의에서 이 아이디어를 확장할 것이다.

1.2.4. 손실 기피와 소유 효과

거래비용은 코즈적 협상의 주요 장애물이다. 그러나 거래비용이 없는 경우에도 재산권 교환을 가로막는 다른 효과들이 있다. 실험적 증거는 소위 소유 효과(endowment effect)가 존재한다는 것을 입증하였다. 소유 효과는 개인이 특정한 재산권을 취득할 때 지급하려는 금액보다 넘겨줄 때 받으려고 하는 금액이 더 높다는 것이다. 이 효과는 때로 손실 기피(loss aversion)로 인해 발생한다. 손실 기피는 사람들이 손실을 같은 정도의 이득보다 크게 평가한다는 개념이다(그러나 소유 효과는 소득이나 부의 수준이 높아질수록 소비자의 정상재에 대한 수요가 증가한다는 일반적 소득 효과의 결과일 수도 있다).

이 효과의 원인이 무엇이든, 소유 효과는 코즈 정리에 영향을 미친다. 즉, 소유 효과는 권리를 취득한 당사자가 권리의 대가로 수락할 수 있는 최소 금액을 증가시켜 거래비용이 낮은 경우에도 재산권 배분이 최종적 자원 배분에 영향을 미치게 한다. 결과적으로 자원의 최종 배분은 최초의 권리 배분과 무관하지 않다(Kahneman et al. 2000). 그러나 이것이 소유 효과가 자원의 효율적 배분을 막는다는 것을 의미하지는 않는다. 실제로, 권리를 취득한 사람이 잠재적 구매자보다 권리를 더 높게 평가한다면, 그 사람이 권리를 계속 보유하는 것이 효율적이다. 소유 효과는 단지 자원의 효율적 배분이 초기 권리 배분과 독립적으로 정의될 수 없음을 의미한다.

1.3. 재산 원칙과 책임 원칙

지금까지 우리는 재산권 부여에 초점을 맞추었다. 이에 못지않게 중요한 것이 부여된 재산권을 집행하는 원칙이다. 집행 원칙(enforcement rule)은 재산권이 (법적으로) 이전되는 방식과 침해에 대한 구제수단을 결정한다. 1.3에서는 집행 원칙의 선택이 갖는 경제적 함의를 검토한다.

이 문제의 고전적 연구는 법경제학에서 코즈의 논문 다음으로 중요한 위치를 차지하고 있는 논문인 Calabresi and Melamed(1972)이다.[10] 칼라브레시와 멜라메드가 식별한 두 가지 기본 원칙은 재산 원칙(property rules)과 책임 원칙(liability rules)으로 불린다. 다음의 예를 이용하여 두 원칙을 구별해 보자. A가 B의 바다 조망을 차단하는 나무를 심을 수 있는 권리(또는 자격)를 가지고 있다고 하자. A의 권리가 재산 원칙에 의해 보호된다면, B는 A가 수용할 수 있는 금액을 제공함으로써 A가 나무를 심는 것을 막을 수 있다. 즉, B는 합의된 거래를 통해 권리를 구매해야 한다. 반대로 A의 나무를 심을 수 있는 권리가 책임 원칙에 의해 보호된다면, B가 A에게 법원이 정한 손해배상 금액을 지급하기만 하면, B는 A의 동의 없이 A의 권리를 취득할 수 있다(예를 들어, 나무를 잘라버릴 수 있다).

이 예에서 명확히 드러나듯이, 두 원칙은 거래 가격이 설정되는 방식이 다르다. 재산 원칙에서 가격은 협상을 통해 당사자가 설정한다. 그러므로 재산 원칙은 시장 교환의 기반을 형성한다. 내가 이웃의 자동차를 사고 싶다면, 나는 이웃이 수락할 금액을 제시해야 하며, 나와 이웃은 언제든지 거래를 중지할 수 있다. 핵심은 동의(consent)의 존재이며, 동의는 거래로부터의 상호 이익을 보장한다. 재산 원칙은 절도를 금지하는 법률 또는 금지명령(injunction)에 의해 집행된다. 금지명령은 작위 또는 부작위의 명령으로 강제력 행사의 위협으로 뒷받침된다.

반면 책임 원칙에서 권리를 취득하려는 당사자는 권리 보유자의 손해를 보상할 용의가 있다면, 먼저 권리 보유자의 동의를 얻지 않고 권리를 획득할 수 있다. 따라서 거래는 비합의적이며, 가격은 협상이 아니라 사후에 법원에 의해 결정된다.

책임 원칙의 예는 불법행위법의 엄격책임 원칙이다. 엄격책임 원칙에서, 가해자는 사고의 피해자가 겪는 모든 손해에 대한 책임을 진다. 사실상, 가해자는 피해자의 사고당하지 않을 권리를 '빼앗은' 것의 대가로 피해자에게 보상해야 한다. 또 다른 예는 계약법에서의 이행이익 배상이다. 이 구제수단에서, 약속자는 먼저 피약속자의 동의를 얻지 않고 자유롭게 계약을 파기할 수 있다. 단 약속자는 피약속자의 손해를 배

10 Polinsky(1980a)와 Kaplow and Shavell(1996)도 참조하라.

상해야 한다.

이행이익 배상을 계약 파기에 대한 특정 이행과 대조해 보자. 특정 이행은 약속자가 계약대로 이행해야 한다는 법원의 명령이다. 이는 계약 파기가 절대로 발생하지 않는다는 의미가 아니다. 오히려 피약속자의 동의를 먼저 얻어야만 계약을 파기할 수 있다는 의미이다. 따라서 특정 이행은 계약 이행에 대한 피약속자의 권리를 재산 원칙으로 보호하는 예이다.

재산 원칙이 거래로부터의 상호 이익을 보장한다면, 왜 책임 원칙을 사용하는가? 만약 항상 동의가 요구된다면, 거래비용으로 인해 유익한 거래가 이루어지지 않을 수 있기 때문이다. 예를 들어, 사람들이 열차 사고를 당하지 않을 권리를 가지고 있고 이 권리가 재산 원칙에 의해 보호된다고 가정하자. 철도 회사는 사고가 발생하기 전에 책임 배분을 위해 모든 잠재적 사고 피해자를 식별하고 그들과 협상해야 한다. 열차는 아마 역을 출발하지도 못할 것이다. 대조적으로, 책임 원칙은 철도 회사가 사후에 피해자에게 보상하는 것을 허용한다. 그리고 보상액이 피해자의 손해와 같게 설정된다면, 효율적인 숫자의 열차가 운행될 것이다.

이 예는 거래비용이 높을 때 재산 원칙보다 책임 원칙이 낫다는 것을 의미한다. 책임 원칙의 장점은 거래비용으로 인해 당사자들이 합의적 방식으로 거래할 수 없을 때 법원이 유익한 권리 교환을 강제할 수 있다는 것이다. 그러나 이러한 이점은 책임 원칙을 이용하는 비용과 비교하여 평가되어야 한다. 책임 원칙의 비용에는 소송비용과 손해배상 결정에서의 법원의 오류 가능성이 포함된다.

이 문제를 다음과 같은 목장주와 농부의 분쟁을 가지고 생각해 보자. 농부가 목장주가 방목하는 가축으로 인해 120달러의 피해를 보았다고 하자. 목장주는 100달러의 비용으로 울타리를 세우면 피해를 막을 수 있다. 따라서 목장주가 울타리를 세우는 것이 효율적이다(농부가 울타리를 칠 수도 있으나, 비용이 100달러 이상이라고 가정한다). 또한 농부는 손해를 입지 않을 권리를 가지고 있으며, 이 권리는 책임 원칙에 의해 보호된다고 가정하자. 법원이 120달러로 정확하게 손해배상액을 산정한다면, 효율적인 결과가 발생한다. 목장주는 120달러의 손해배상을 하기보다는 100달러를 들여 울타리를 세운다. 그러나 법원이 실수하여 손해배상액을 예를 들면 80달러로 너무 낮게 책정하면, 목장주는 가축을 계속 방목할 것이며, 20달러의 사회적 손실이 발생한다.

책임 원칙에서는 이 같은 비효율성이 항상 발생할 수 있다. 그러나 법원이 너무 심각한 실수를 저지르지 않는 한, 효율적 거래를 강제함으로써 얻는 이익이 너무 많거나 너무 적은 거래가 이루어져 발생하는 손실보다 클 것이다. 따라서 우리는 다음과 같이 추론할 수 있다.

> 코즈 정리로부터의 추론 2: 거래비용이 낮을 때는 재산 원칙을 사용하고, 거래비용이 높을 때는 책임 원칙을 사용하라.

책임 원칙에서 법원의 오류가 발생하는 중요한 상황은 피해자 손해의 상당 부분이 주관적인 가치일 때이다. 계약법에서 보았던 *Peevyhouse* 사건이 그 예이다. 약속자가 노천 채굴 작업 후 Peevyhouse의 재산을 원상 복구한다는 계약을 파기하자, 법원은 손해의 시장 가치에 따라 손해배상액을 결정하였다. 그러나 실제 손해는 아마도 훨씬 더 컸을 것이다. 따라서 우리는 약속자가 계약을 파기할 과도한 유인을 갖게 되며, 이 문제는 손해배상(책임 원칙)을 특정 이행(재산 원칙)으로 대체하면 제거된다고 주장하였다.

Peevyhouse 사건에서 재산 원칙을 찬성하는 견해는 당사자 간의 거래비용이 낮다고 주장한다. 그러나 코즈 정리를 단순히 적용해 보자. 거래비용이 낮다면 심지어 법원이 손해 규모의 측정에 체계적인 오류를 범한다고 하더라도 집행 원칙은 효율성에 영향을 미치지 않아야 한다(Kaplow and Shavell 1996, 732). 앞의 농부와 목장주의 예와 관련된 연습 문제를 통해서 이 주장을 증명해 보기 바란다.

연습 문제 7.1

방목된 소가 농부에게 120달러의 손해를 입히지 못하도록 목장주가 100달러를 들여 울타리를 칠 수 있다. 농부가 손해를 입지 않을 권리를 가지고 있고, 두 당사자 사이의 거래비용이 0이어서 상호 이익이 되는 거래가 이루어진다고 가정하자. 다음 각 경우에서의 거래를 (있다면) 묘사하라.

(a) 농부의 권리가 재산 원칙에 의해 보호된다.

(b) 농부의 권리가 책임 원칙에 의해 보호되며 손해는 120달러로 정확하게 설정된다.

(c) 농부의 권리는 책임 원칙에 의해 보호되며 손해는 80달러로 과소평가된다.

이 점을 인정하더라도, 거래비용이 낮다면 책임 원칙보다 재산 원칙이 선호된다. 그 근거는 행정비용이다. 재산 원칙에서 법원의 행정적 역할은 권리 이전의 집행으로 제한된다. 책임 원칙에서 법원은 피해자의 손해를 측정하여 초기 거래 조건(당사자가 나중에 조정할 수 있음)을 설정해 주어야 한다. 따라서 책임 원칙의 행정비용이 높을 가능성이 크다.

1.4. 불법침해와 생활방해

불법침해(trespass)와 생활방해(nuisance)는 소유권의 세 가지 기본 권리 중 다른 사용자를 배제할 수 있는 재산 소유자의 권리를 보호하기 위해 설계된 보통법 원칙이다.[11] 대표적 판례법 교과서는 둘의 차이점을 다음과 같이 제시한다. "불법침해는 토지의 독점적 소유에 대한 원고의 이익을 침해하는 것이고, 생활방해는 원고의 토지 사용 및 향유를 방해하는 것이다"(Keeton et al. 1984, 622). 불법침해에는 타인 토지의 무단 점유와 경계 침해가 포함되며, 생활방해는 오염, 악취, 소음 등이 포함된다.

11 1.4의 논의는 Landes and Posner(1987, 41-44)와 Merrill(1985b, 1998)에 기초하고 있다.

구제수단의 측면에서, 불법침해의 피해자는 침입에 대한 금지명령을 요구할 권리가 있다. 즉, 소유자는 원치 않는 침입을 배제할 수 있다(그리고 손해배상을 요구할 수 있다).[12] 불법침해자가 토지 소유자의 비용보다 침해의 가치를 높게 평가하더라도 침해자는 소유자의 허락을 받아야만 한다. 다시 말해, 침해를 배제할 수 있는 소유자의 권리는 재산 원칙에 의해 보호된다.

생활방해법은 더 복잡하다. 첫째, 피해가 상당(substantial)하지 않으면 피해자는 법적 소송을 제기할 수 없다. 둘째, 피해자가 상당한 피해를 입증하면 손해배상을 받을 권리만을 얻는다. 이는 책임 원칙이다. 셋째, 피해자가 유해한 행위에 대한 금지명령을 요구할 수 있지만, "합리적인 사람이라면 발생한 피해가 그 행위의 편익보다 크다고 결론 내렸을 것"(Keeton et al. 1984, 630)을 추가로 입증해야만 가능하다. 따라서 생활방해에 대한 금지명령은 원고가 과실에 대한 핸드 원칙과 유사한 비용-편익 시험을 통과할 수 있는 경우에만 가능하다. 이것은 금지명령이 사실상 자동으로 부여되는 불법침해와 대비된다.

불법침해와 생활방해에 대한 서로 다른 구제 방식이 앞서 설명한 재산 원칙과 책임 원칙의 구분과 정확하게 들어맞지는 않는다. 그러나 불법침해는 거래비용이 낮고 생활방해는 거래비용이 높은 경우가 많다면, 법은 크게 보면 추론 2와 일치하는 방식으로 둘을 다르게 취급하고 있다고 볼 수 있다. 이 같은 추측은 어느 정도 타당하다. 불법침해 사례는 대개 소수의 당사자가 관련되므로 거래비용이 낮다. 따라서 재산 원칙이 효율적이다. 예를 들어, 경계 침해의 경우, 소유자가 침해자를 배제할 수 있는 무제한적 권리는 침해자가 구조물을 세우거나 토지를 개선하기 전에 소유자를 찾아 내어 교섭하도록 촉진하며, 이는 보통 쉽게 이루어질 수 있다.

반대로 생활방해에서는 거래비용이 전반적으로 높다. 예를 들어, 대기 또는 수질 오염은 많은 사람에게 손해를 끼칠 수 있으며, 그 원인이 항상 쉽게 식별되지도 않는

12 어떤 경우에는 침입자를 배제할 수 있는 권리가 제한된다. 시효 취득에 관한 논의를 참조하라. 또한 토지 소유자는 정부의 토지 공공 수용을 배제할 권리가 없다.

다. 따라서 오염자와 피해자의 협상은 이루어지기 어렵거나 비현실적이다. 이 경우, 피해를 최소화하기 위해서는 구제수단이 무엇인지에 관계없이 구제수단의 제공에 법원의 깊은 개입이 필요하다.

불법침해와 생활방해의 구분, 더 나아가 재산 원칙과 책임 원칙의 구분은 재산법과 불법행위법의 경계를 설정한다. 앞서 언급한 것처럼, 불법침해에 구현된 배제의 권리는 재산법의 기본 구성 요소이며, 손해배상 책임은 불법행위법의 기초이다. 법경제학은 이 두 영역이 외부효과의 내부화를 위한 효율적 거래 구조(transaction structure)의 설계라는 보편적 문제에 대한 대안적 해결방법을 반영하고 있음을 밝혀준다(제4절 참조). 특히, 재산법의 원칙은 거래비용이 낮은 상황에서의 거래를 규율하고, 불법행위법의 원칙은 거래비용이 높은 상황에서의 거래를 규율한다.

이상의 논의는 이 책의 중요한 주제, 즉 경제학이 통일된 법 이론을 제시할 능력이 있다는 점을 보여 준다. 이런 측면에서 법의 경계에 관한 연구는 매우 생산적이다. 첫 번째 예가 재산 원칙과 책임 원칙의 구분이다. 두 번째 예는 제조물 책임법이다. 우리는 제조물 책임법이 계약법의 영역에서 불법행위법의 영역으로 진화한 것을 살펴보았다(우리는 이 변화가 주로 거래비용에 기인한 것이라고 주장하였다).[13] 세 번째 예는 제6장에서 계약법과 재산법 사이의 연결점이라고 주장한 임대차법이다. 요점은 법의 경계를 검토하여 많은 것을 배울 수 있다는 것이다. 왜냐하면 같은 문제에 대한 대안적 해결방법이 기초하고 있는 경제적 논리가 경계 지점에서 가장 명확하게 드러나기 때문이다.

***Boomer* 사건.** 유명한 *Boomer v. Atlantic Cement Company*(26 N.Y.2d 219, 309 N.Y.S.2d 312, 257 N.E.2d 870, Court of Appeals of New York 1970) 사건은 전형적인 외부효과 상황에서 재산 원칙과 책임 원칙의 선택에 관한 또 다른 예를 제공한다. 이 사건은 토지 소유자들

13 제3장 1과 제5장의 3.2를 참조하라.

이 먼지, 연기, 진동을 발생시키는 시멘트 대기업을 상대로 금지명령을 청구한 사건이다. 법원은 금지명령 청구를 기각하고 대신 원고에게 183,000달러의 손해배상을 부여하였다. 법원은 공장이 문을 닫게 되면 300개의 일자리 손실과 4,500만 달러의 초기 투자로부터 발생하는 이익의 현재 가치가 상실되기 때문에 금지명령이 지나치게 극단적 구제 방식이라고 판단하였다. 대신 손해배상은 공장을 계속 가동하게 하면서 동시에 피해자에게 보상을 제공하며, "생활방해를 최소화하는 개선된 기술을 연구할" 유인을 공장에 제공한다.

따라서 법원은 이 사건에서 재산 원칙보다는 책임 원칙을 선호하였다. 이 사건은 거래비용이 높을 가능성이 큰 사건이므로, 우리의 분석에 따르면 법원의 판단은 효율적이다. 특히, 법원이 금지명령을 내렸다면, 공장 소유자는 공장을 계속 가동하기 위해 모든 피해자와 협상해야 했을 것이다. 많은 수의 거래가 요구되었을 것이다. 또한 각 토지 소유자가 단독으로 금지명령을 시행할 수 있으므로 버티기(holdout) 문제도 잠재되어 있다. 각 토지 소유자는 독점력을 보유하고 있으며 공장 가치의 상당 부분을 얻어내려고 할 것이다.[14]

그러나 *Boomer* 사건에서 피해자가 단 한 명뿐이었다 하더라도, 쌍방 독점(bilateral monopoly) 문제로 인해 거래비용은 여전히 높았을 수 있다. 예를 들어, 공장이 문을 닫으면 공장은 이윤의 현재 가치를 상실하는 반면, 공장이 계속 가동되면 주민들은 183,000달러의 피해를 볼 것이다. 따라서 이 두 금액 사이의 가격은 공장이 계속 가동되면서도 양쪽에게 이익을 준다(효율적인 결과이다). 문제는 양측 모두 다른 쪽과 교섭하는 것 외에는 대안이 없으며 교섭 범위가 너무 넓어서 양측이 가능한 한 큰 잉여를 확보하기 위해 많은 노력을 기울일 유인이 있다는 것이다. 이 같은 지대 추구(rent seeking)는 당사자가 소수인 경우에도 협상의 잠재적 장애요인으로 작용하며, 따라서 이 사건에서 책임 원칙의 사용에 대한 추가적 정당성을 부여한다.[15]

---

14 우리는 3.1.1에서 버티기 문제를 자세히 검토할 것이다.

15 Goldberg(1985)와 Landes and Posner(1987, 45)를 참조하라.

연습 문제 7.2

Boomer 사건의 사실 관계를 바꾸어 보자. Atlantic Cement Co.가 주거 지역에 4,500만 달러 가치가 있는 공장을 짓겠다고 제안하였지만, 183,000달러의 피해를 예상하는 인근 주민들은 공장 건설에 대한 금지명령을 얻었다. 또한 Atlantic은 외부효과가 발생하지 않는 다른 공장 대지가 있는데, 이곳에 공장을 지으면 4,400만 달러의 가치가 발생한다. 금지명령 집행과 관련한 Atlantic과 주민(단체로서의) 사이의 협상 내용을 묘사하라. 실제 사건과 비교하면 무엇이 다른가?

Boomer 사건과 짝을 이루는 흥미로운 사건은 *Spur Industries, Inc. v. Del E. Webb Development Co.*(494 P.2d 701, Ariz. 1972)이다. 이 사건은 주택개발업자가 기존의 가축 사육장 근처에 주택 단지를 개발하고, 악취로 인한 생활방해를 이유로 가축 사육장을 폐쇄해 달라는 소송을 제기한 사건이다. 법원은 개발자의 청구를 인정하였으나, 개발자에게 "Spur에게 이동 또는 폐쇄의 합리적인 비용을 보상"해야 한다고 판결하였다. 즉, 법원은 가축 사육장에 재산권을 부여하였으며, 이를 책임 원칙에 의해 보호하여 주택개발자가 사육장에게 생활방해를 줄이는 비용을 보상하도록 하였다. 따라서 법원은 *Boomer* 사건과 정반대의 판결을 하였다. 비록 사육장이 악취를 발생시킨다는 의미에서 피해의 명목상의 원인이지만, 법원은 시간의 선행성에 근거하여 사육장에 보상받을 권리를 부여하였다. 이 판결의 타당성에 대해서는 제4절에서 자세히 논의한다.

1.5. 지역지구 규제 및 기타 토지 이용 통제

외부효과에 대한 보통법의 구제방법은 규제로 많이 대체되었다(Merrill 1998, 618). 토지의 경우, 지배적인 형태의 규제는 지역지구 규제(zoning)이다.[16] 원래 지역지구 규제

---

16 지역지구 규제(zoning)는 *Village of Euclid v. Ambler Realty*, 272 U.S. 365(1926) 사건에서 합헌으로 결정되었다. 지역지구 규제법에 관한 자세한 경제 분석은 Fischel(1985)을 참조하라.

의 주요 목적은 서로 다른 토지 사용에서 발생하는 파급 효과를 최소화하는 것이었다(White 1975; Fischel 1985). 따라서 대부분의 도시가 주거용 토지를 상업용 및 산업용 토지와 분리하고 있다. 그러나 효율적 토지 이용 패턴을 달성하기 위한 이 접근방법은 지나치게 무디고 높은 행정비용이 수반되어, 그 효과가 제한적이다(Ellickson 1973).

최소 용지면적 등의 다른 형태의 지역지구 규제는 외부효과의 내부화보다는 지역 공공재 소비에서의 무임승차 방지를 목적으로 한다. 대다수 도시와 마을의 수입은 주로 재산 가치에 대한 과세를 통해 확보된다. 그 결과 사실상 가치가 높은 토지의 소유자가 가치가 낮은 토지의 소유자를 재정적으로 보조하고 있다. 따라서 다수의 지역이 있을 때, 이 암묵적 보조금을 얻기 위해 '빈곤층이 부유층을 따라 이주하는' 경향이 발생한다. 최소 용지면적 규제는 저소득 가구가 이 전략을 추구할 수 있는 여지를 제한한다. 이 유형의 지역지구 규제는 외부효과 구역화(externality zoning)와 구별하기 위해 재정적 구역화(fiscal zoning)라고 불리기도 한다.

지역지구 규제의 사적 대안은 토지 이용 협약(land use covenants)의 활용이다. 토지 이용 협약은 토지 소유자가 자기 토지의 용도를 명시적으로 제한하는 것이다. 미국에서 지역지구 규제 및 기타 토지 사용 규제가 보편화됨에 따라 이 협약은 이제 거의 사용되지 않고 있다. 그러나 토지 이용 협약은 콘도, 주택 조합과 주택 소유자 협회에서 기본 규제를 보완하기 위해 여전히 사용되고 있다(Hansmann 1991). 토지 이용 협약의 경제적 기능은 두 가지이다. 여러 가구가 가까이 거주하는 환경에서 소위 이웃 외부효과(neighborhood externalities)를 내부화하는 것(Cannaday 1994)과 공동 구역의 유지, 보수에서 발생하는 무임승차를 막는 것이다(De Geest 1992).

협약상의 제한의 중요한 특성은 제한이 재산 소유자가 아닌 재산과 연계되어 있다는 것이다(즉, "토지와 함께 간다"[run with the land]고 한다). 따라서 당사자가 소유권을 이전할 때마다 재협상할 필요가 없다. 더욱이 효율적으로 설계되면, 이 제한은 외부효과를 최소화함으로써 협약이 딸린 재산의 가치를 높인다(Hughes and Turnbull 1996). 제6장에서 언급한 것처럼, 토지 이용 협약은 재산의 공동 소유가 효율적인 상황에서 지배 구조로서 기능할 수 있다. 그러나 토지 이용 협약의 효과성은 제한된 집단이나 작은 지리적 영역에서 발생하는 외부효과 등의 소규모 외부효과로 제한된다. 따라서 대규모 외부효과의 통제는 생활방해법과 공적 규제의 영역이다(Ellickson 1973).

1.6. 규제 대 보통법

앞의 논의는 언제 생활방해법이 규제보다 선호되고 언제 규제가 생활방해법보다 선호되는가 하는 질문을 제기한다(Shavell 1984, 1993b). 생활방해법 접근 방식은 손해를 본 피해자가 소송을 제기하여 가해자에 대한 법적 조치를 시작해야 기능한다. 이는 구제 방식이 사적(private)이라는 의미이다. 이 점은 생활방해법 접근 방식의 중요한 한계이기도 하다. 예를 들어, 공해 기업이 초래하는 손해는 총량은 크지만, 그 손해가 널리 분산되어 어느 피해자도 소송을 제기할 가치가 없다고 생각한다고 하자. 이때 생활방해법 접근 방식은 손해를 내부화시키지 못한다. 집단 소송 등의 집단적 행동으로 문제가 극복될 수 있지만, 조직비용과 무임승차 문제가 해결을 방해한다(Landes and Posner 1987, 52). 이 경우 정부가 피해자의 대리인으로서 유해한 행위를 규제한다.

그러나 규제 역시 한계를 가지고 있다. 첫째, 규제 기관이 반드시 사회적 이익을 위해 행동하지는 않는다. 이 문제는 뒤에서 정부의 토지 공공 수용 및 규제와 관련하여 자세히 논의된다. 둘째, 규제 당국이 사안별로 효율적 기준을 설정하는 데 필요한 세부적 피해에 관한 충분한 정보를 가지고 있지 않다. 이것이 사실이라면, 규제와 보통법은 불완전한 대안이다(Komesar 1994). 따라서 어느 것도 선호될 수 있으며, 함께 사용하는 것이 최적일 수도 있다.

이 주장을 입증해 보자. 가해자가 사고 피해의 확률 $p(x)$를 줄이기 위해 x의 주의를 기울이는 간단한 일방주의 모형을 상정해 보자. 피해자의 손해 D는 x와 무관하지만, 피해자에 따라 다르다고 가정하자. 따라서 최적 주의 수준은 각 유형의 피해자에 대해 다음의 식을 최소화하는 것이다.

그림 7.2 불법행위와 규제에서의 주의 수준

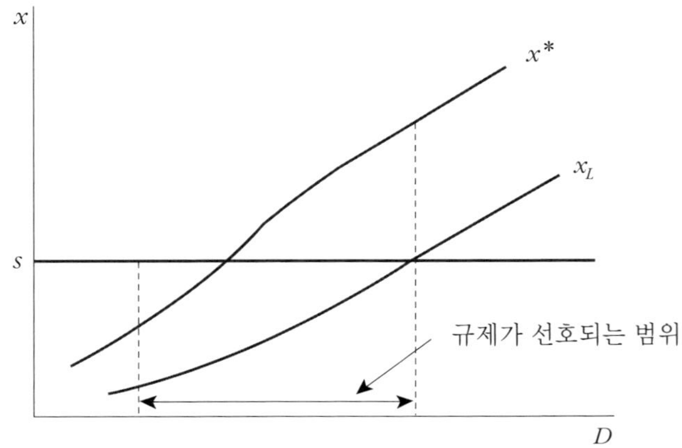

$$x + p(x)D. \tag{7.1}$$

이 문제의 해를 $x^*(D)$라 하자. 최적 주의는 피해자의 손해의 증가함수이다. 이것이 [그림 7.2]에 우상향하는 곡선 x^*로 표시되어 있다.

이제 가해자의 주의를 유도하는 방법으로 불법행위법(보통법)과 규제를 사용할 수 있다고 하자. 손해배상 책임의 위협 하에서, 가해자는 (세부적 정보를 이용하여) 피해자마다 다른 손해 수준에 상응하는 주의를 선택한다. 그러나 소송이 반드시 제기되지는 않으므로 가해자의 반응은 불완전하다. 이는 앞서 지적한 이유(분산된 비용 및 집단행동의 문제) 때문이기도 하지만, 가해자의 제한된 자산으로 인한 자산 부족일 수도 있고, 인과관계의 입증이 어렵기 때문(제2장에서 논의하였다)일 수도 있다. 결과적으로, 가해자는 불법행위 체제에서는 너무 적은 주의를 기울일 것이다. 이것이 [그림 7.2]의 x_L 곡선이다. 여기서 D의 모든 값에 대해 $x_L < x^*$이다.

이와 대조적으로, 규제에서는 모든 가해자가 s로 표시된 단일한 안전 기준을 충족시켜야 한다. 따라서 준수는 완전하지만, 정보가 부족하여 규제자가 개별적 가해자에게 맞는 기준을 설정하지 못한다. 결과적으로 효율적 기준은 평균 손해를 기준으로 설정되며, [그림 7.2]의 수평선으로 표시된 것처럼 모든 가해자에 대해 동일하다.

불법행위와 규제의 상충관계가 이제 명확하게 드러난다. 불법행위의 장점은 가해자가 규제자에게는 없는 개별 피해자의 손해에 대한 정보에 반응하도록 유도한다는 것이다. 규제의 장점은 미준수의 문제를 해결한다는 것이다. 일반적으로, 바람직한 체제는 효율적인 수준에 가까운 주의 수준을 유도하는 체제이다. 따라서 [그림 7.2]에서 D의 중간 수준(x^*와 s의 거리가 x^*와 x_L의 거리보다 가까운 D의 범위)에서는 규제가 선호되는 반면, D가 매우 낮거나 매우 높은 수준에서는 불법행위법이 선호된다. 직관적으로, 손해가 평균에 가까운 피해자일수록 규제 기준이 효율적 기준에 가깝다.

지금까지는 불법행위와 규제를 대안적 방법으로 보았지만, 실제로는 둘이 조합되어 사용될 수 있다. 즉, 가해자는 불법행위 책임을 질뿐만 아니라 규제도 준수해야 한다. 이 경우, 가해자는 D_1의 손해 수준까지는 s를 준수해야 하며, D_1에서부터는 불법행위 책임이 적용되어 자발적으로 높은 수준의 주의(x_L)를 기울인다(전환점은 $s = x_L$이다).

그림 7.3 불법행위와 규제가 조합된 체제에서의 가해자 주의

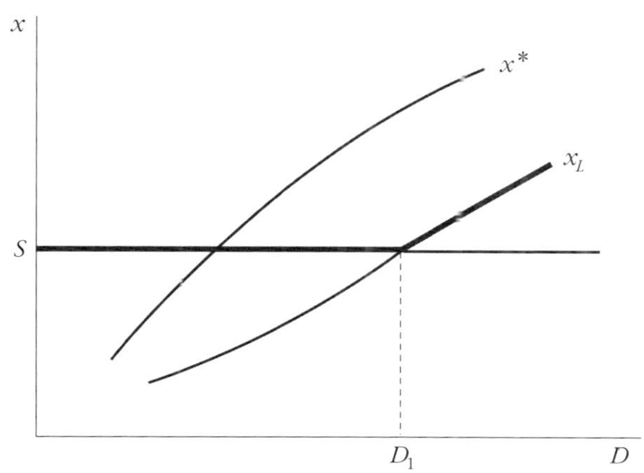

따라서 D_1 이상의 손해 수준에서는 규제 기준은 구속력이 없다. 이 내용이 [그림 7.3]에 굵은 선으로 표시되어 있다. 가해자가 이렇게 행동한다면, 규제 기준은 상당히 낮은 수준에 설정되어야 한다. 작은 손해를 발생시킨 가해자가 효율적 주의 수준보다 훨씬 높은 안전 기준을 준수해야 하기 때문이다.

1.7. 양도할 수 없는 권리

지금까지 우리는 재산의 법적 이전을 규율하는 원칙에 초점을 맞추었다. 그러나 법은 재산의 이전 자체를 금지하기도 한다. Calabresi and Melamed(1972)는 이 금지를 양도금지 원칙(inalienability rule)이라고 이름 지었다. 양도금지 원칙의 예로, 일정한 기본권(언론, 종교 및 투표)에 대한 헌법적 보호와 신체 부위, 문화적 유물 및 아동의 매매를 금지하는 법률 등을 들 수 있다. 최저임금 및 임대료 통제 또한 제한적인 양도금지 원칙의 예이다.

양도금지 원칙은 합의된 거래조차 금지하기 때문에 효율적인 재산권 교환을 촉진한다는 목적과 양립하지 않는 것처럼 보인다. 따라서 양도금지 원칙의 효율성은 일정한 재화의 거래와 관련된 외부효과의 존재에 근거해야 한다. 예를 들어, 마약 판매는 구매자와 판매자의 합의로 이루어지지만, 마약의 중독성으로 인해 구매자의 자유 의지가 박탈될 수 있으며, 지속 복용을 위한 구매자의 범죄를 유발할 수도 있다. 마찬가지로 장기, 신체 부위 또는 아동에 대한 자유 시장은 이윤 획득을 위한 납치를 증가시켜, 피해자에게 막대한 피해를 입히고 공적 법 집행 비용을 증가시킬 수 있다(Friedman 2000, 242). 비슷한 주장은 비자발적 노예를 금지하는 법을 정당화한다.

그러나 자발적 노예제(예, 농노)와 (매춘과 같은) 뚜렷한 제3자 효과가 없는 거래를 금지하는 법을 순수한 효율성 기준으로 합리화하기는 매우 어렵다(그러나 제8장의 피해자 없는 범죄에 대한 논의를 보라). 이들 거래의 금지는 경제적 이유가 아니라 도덕적 또는 정치적 이유에 근거하는 경우가 많다. 마지막으로, 최저임금 및 임대료 통제와 같은 시장 교환에 대한 제한은 비효율적이지만, 공정한 자산 분배 또는 저렴한 주택 확보와 같은 효율성 이외의 목표를 겨냥하고 있다.

2. 비자발적 이전 및 사적 당사자 사이의 이전에 대한 제한

이 절은 강제적 재산 이전 또는 사적 당사자 사이의 재산 이전에 대한 규제를 검토한다. 시효 취득(adverse possession)과 착오에 의한 개선(mistaken improvement)이라는 처음 두 주제는 허락 없는 타인 재산의 점유 및 개발에 관한 문제이다. 우리는 다음과 같은 질문을 제기한다. 적절한 법적 구제수단은 무엇인가? 침해자가 의도적으로 또는 모르고 행동하였는지가 문제가 되는가?

세 번째 주제는 상속 원칙이다. 원칙적으로, 재산 소유자는 재산을 자유롭게 물려줄 수 있으며, 이는 자발적 교환의 효율성과 부합하는 자유이다. 그러나 상속의 자유에는 제한이 있다. 우리는 두 가지를 검토한다. 하나는 역사적으로 중요하였던 제한이며(장자 상속), 다른 하나는 지금도 계속 유효한 제한이다(영구구속 금지 원칙).

2.1. 시효 취득

시효 취득(adverse possession)은 표면적으로는 토지 절도를 합법화하는 매우 이상한 원칙이다. 이 원칙에 의하면, 진정한 소유자가 아닌 토지 점유자는 소유자의 이익에 적대적(hostile to owner's interest)이고, 공개적(open)이며, 지속적(continuous)으로 토지를 점유하면 법정 기간이 지난 후 소유권을 취득한다. 또한 점유를 잃은 소유자는 법정 기간 내에 대응하지 않으면 토지를 돌려받거나 보상을 청구할 수 없다. 따라서 시효 취득은 토지의 비자발적 이전이다. 그러나 보상받을 권리가 없으므로 책임 원칙은 아니다. 오히려, 재산 원칙을 집행할 수 있는 소유자의 권리를 제한하는 것이다.

시효 취득은 시장 교환의 근간인 안전한 재산권을 훼손하는 것처럼 보인다. 따라서 시효 취득은 법경제학의 난제이다. 그러나 경제학자들은 시효 취득을 여러 형태의 시장실패에 대한 대응으로 설명하는 이론을 구축하였다.[17]

흔히 주장되는 이론은 시효 취득이 소유자가 자신의 토지를 유휴 상태로 방치하지 못하게 한다는 것이다. 토지 개발의 비가역성 때문에 미래의 특정 시점까지 개발을 늦추는 것이 최적일 수도 있으므로, 이 이론은 경제적으로 타당한 근거가 될 수 없다. 다른 이론은 제소 기간에 대한 표준적 논리를 근거로 제시한다. 시간이 지남에 따라 기억이 사라지고 증거가 없어져 소유권 분쟁에 대한 소송비용이 커진다는 것이다.[18] 이 이론은 그럴듯하지만, 현대적 기록 관리 방법이 존재하는 상황에서 토지 소유자의 권리를 약화시키는 이유로는 매우 근거가 빈약한 주장이다.

시효 취득에 대한 보다 나은 이론은 토지 소유권 제도와 관련하여 제6장에서 논의된 소유권의 불확실성과 관련된 이론이다. 효율적 소유권 제도조차도 토지 소유자가 과거의 소유권 주장에 직면할 위험을 완전히 제거하지 못한다. 소유자의 위험을 제한하여 재산권을 강화하는 하나의 방법은 소유권 주장이 제기될 수 있는 기간에 제한을 두는 것이다. 시효 취득은 제소 기간이 지난 후 제기된 모든 주장을 소멸시킴으로써 이 목적을 달성한다. 극단적으로, 길이가 0인 제소 기간은 사실상 모든 주장을 배제한다(이것은 토렌스 등록 제도의 실질적 기능이다. 제6장 2.2.1을 참조하라).

[그림 7.4]는 이 주장을 그래프로 보여 준다. 과거의 소유권 주장 위험 $p(t)$는 제소 기간 t의 함수이다. $p(t)$는 $t = 0$이면 사실상 0이며(예외가 존재한다), 이 함수는 t의 증가 함수이다. 즉, 제소 기간의 길이가 길어질수록 소유권 주장의 위험이 증가한다. 권리의 안전성을 극대화(즉, 소유권 주장의 위험을 최소화)하여 토지의 시장성을 증진하는 것이 목표라면 최적의 제소 기간은 0이어야 한다. 그런데 왜 0이 아닌가?

답은 우리가 회고적 관점에서 소유권 위험의 한 측면만을 고려하고 있다는 것이

17 Epstein(1986)과 Ellickson(1986)을 참조하라. Miceli and Sirmans(1995b)와 Merrill(1985a)도 참조하라.
18 제2장의 3.8을 참조하라.

그림 7.4 시효 취득에서의 토지 소유권 주장의 최적 기간

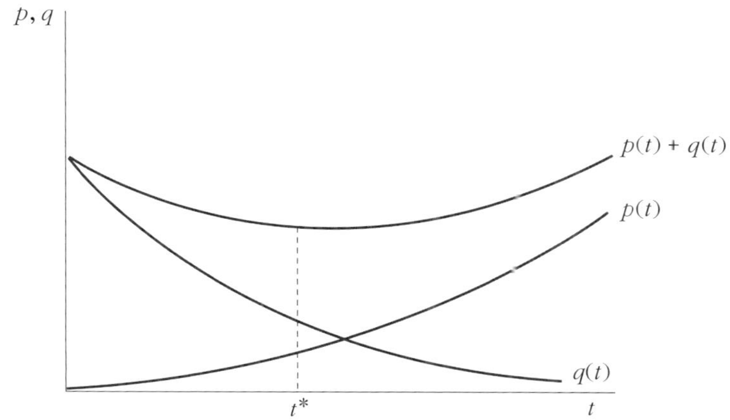

다. 우리가 미래지향적 관점에서 보면, 현재의 소유자 특히 토지를 이용하지 않고 있는(이것이 효율적일 수도 있다) 소유자는 경계 침범, 무단 거주, 기타 불법 이용 때문에 자신이 소유권을 박탈당할 위험에 노출된다. 이 상실 위험은 제소 기간이 길수록 감소한다. 왜냐하면, 무단 거주자를 내쫓고 합법적 권리를 다시 확립할 수 있는 기간이 길어지기 때문이다. 이 확률 또한 [그림 7.4]에 표시되어 있다. 소유권 상실의 위험 $q(t)$는 t의 감소함수이다.

따라서 바람직한 제소 기간에 상반된 영향을 미치는 소유권에 대한 경쟁적 위험이 존재한다. 한편으로 과거의 소유권 주장 위험은 기간이 0이면 최소화되지만, 다른 한편으로는 미래의 소유권 상실 위험 $q(t)$는 기간이 무한일 때 최소화된다. 최적의 제소 기간, 즉 전체 소유권 위험 $p(t) + q(t)$를 최소화하는 기간은 이 두 효과가 한계적으로 균형을 이루는 기간이다. 일반적으로 이 기간은 미국 50개 주 모두에서 관찰되는 것처럼 유한의 기간([그림 7.4]의 t^*)이다.

실제 제소 기간은 주마다 크게 다르다. 그 기간은 1년에서 30년 사이에 분포되어

있으며, 평균 기간은 13.63년이다.[19] 실증 연구들은 모형이 의미하는 상충관계가 제소 기간의 차이에 폭넓게 반영되고 있음을 보여 준다(Netter et al. 1986; Baker et al. 2001).

시효 취득된 지역권(prescriptive easement). 시효 취득과 밀접한 관련이 있는 것이 시효 취득된 지역권이다. 이는 토지 소유자가 타인의 토지 일부를 일정 기간 계속적으로 이용할 때 발생할 수 있다. 자신의 토지를 출입하는 통로로 타인의 토지를 이용하는 경우가 그 예다. 이 권리는 오직 이용이 목적이며 소유자로부터 사용자로의 소유권 이전을 포함하지 않는다(이 점에서 시효 취득과 지역권은 다르다). 그러나 소유자는 사용자의 진입을 불법침해라고 주장하여 막을 수 없다. 지역권의 생성은 대체로 관련 당사자가 쌍방 독점의 위치에 있을 때 발생한다. 자신의 배제 권한을 사용하여 장래 사용자의 접근을 거부할 수 있는 경우, 소유자는 사용을 허용하는 대가로 매우 큰 금액을 받아낼 수 있다. 사용자에게 대안이 거의 없거나 전혀 없다면, 이런 상황이 발생한다. 그 결과, 두 당사자 간의 거래비용이 매우 커서 효율적인 권리 이전이 저해될 수 있다. 따라서 법원이 개입하여 사용권 이전을 강제한다. 이 형태의 비자발적 이전의 경제적 근거는 앞서 언급한 *Boomer* 사건에서 법원 판결을 정당화한 논리와 비슷하다.

2.2. 착오에 의한 개선

시효 취득과 관련된 다른 문제는 어떤 사람이 타인이 (전부 또는 일부) 소유한 토지를 개선하였을 때 발생하는 착오에 의한 개선 문제(mistaken improver problem)이다. 보통 이 문제는 다음의 세 가지 상황 중 하나에서 발생한다. (1) 개선자가 문제의 토지를 자신이 소유하고 있다고 믿었지만, 후에 소유권에 결함이 있음을 발견하였다. (2) 개선자

19 자료의 출처는 Leiter(1999)이다. 미국의 일부 주는 시효 취득자가 권리를 보유하고 있는 것 같은(실제로 보유하고 있다는 것이 아니라) 문서 등의 '소유권의 외관'(color of title)을 가지고 있으면 제소 기간을 더 짧게 설정한다.

가 경계 위치에 관해 착각하였다. 또는 (3) 개선자가 의도적으로 다른 사람의 토지를 개선하였다. 우리는 의도적인 '착오' 사례에 대해서는 마지막에 논의하기로 하고, 진정한 착오가 관련된 처음 두 가지 사례를 먼저 논의한다.

우리는 정보비용이 있는 세계에서 토지 구매자와 판매자가 거래에 앞서 착오가 전혀 없을 정도로 확실하게 소유권을 확인하는 것이 최적이 아니라는 것을 제6장에서 발견하였다. 잠재적 개선자도 마찬가지이다. 따라서 효율적인 불법행위 원칙에서도 일부 사고가 발생하는 것처럼, 토지 개선에서도 일부 착오가 발생한다. 경제적 논점은 토지 소유자가 불가역적 투자에 앞서 소유권 확인에 효율적으로 투자할 유인을 갖도록 법을 어떻게 설계할 것인가이다.

착오에 의한 개선에 관한 법은 오랜 역사를 가지고 있으며, 로마 시대로까지 거슬러 올라간다(Casad 1968; Dickinson 1985). 예를 들어, 로마 부합법(law of accession)에 따르면, 토지에 부착된 물건은 토지 소유자의 재산이 된다. 착오로 개선한 사람은 소유자 토지의 증가된 가치에 대한 보상만을 요구할 수 있다(일종의 책임 원칙). 영국과 미국의 보통법은 부합의 원칙을 수용하였지만, 개선자의 보상 청구권을 대폭 축소하였다. 그러나 미국 대부분 주는 관대한 구제수단을 제공하는 소위 유익비 상환법(betterment act)을 제정하였다. 구제수단은 주에 따라 다르지만, 가장 공통적인 방법은 소유자에게 선택지를 주는 것이다. 즉, 소유자는 (로마법 원칙에 따라) 토지를 보유하고 개선에 대한 대가를 지급하거나 개선자에게 토지를 개선되지 않은 가치로 구매하라고 요구할 수 있다. 이 방법은 개선자에게 착오를 회피할 올바른 유인을 부여하는 독창적인 해결책으로 간주된다(Miceli and Sirmans 1999).

문제는 개선자가 개선을 진행하기에 앞서 토지 소유권을 확인하기 위해 얼마의 노력을 기울여야 하는가이다. 소유권 확인 비용은 토지가 개선자가 아닌 다른 사람의 소유로 판명되어 원치 않는 개선이 방지되는 기대편익과 비교되어야 한다. 개선자가 올바른 유인을 갖기 위해서는, 착오에 의한 개선에 법적 책임을 져야 한다. 소유자에게 선택지를 주는 구제수단에서, 개선자는 소유권을 확인할 유인에 직면한다. 이 구제

수단은 개선자가 소유권의 불확실성에 직면하여 자신의 행위의 기대비용을 내부화하도록 만든다.

그러나 법이 개선자에게 적절한 소유권 확인 유인을 제공하는 것만으로는 충분하지 않을 수 있다. 예를 들어, 자신이 목표로 삼은 토지의 소유자가 아님을 알고 있는, 소유자와 협상을 회피할 목적으로 개발을 진행하는 개선자를 생각해 보자. 즉, 개선자는 자발적 이전을 강제적 이전으로 대체하기 위해 '시장을 우회한다.'[20] 개선자의 의도를 관찰할 수 없으므로, 법원은 이 사건을 진정한 착오가 관련된 사건과 다르게 처리할 수 없다. 문제는 이 전략이 얼마나 효과적인가이다.

우리는 소유자에게 선택지를 주는 구제수단이 개선자의 의도적 시장 우회의 유인을 제거한다는 것을 입증할 수 있다. 그러나 이 낙관적 결론은 착오로 인한 개선이 적시에 발견된다는 가정에 입각하고 있다. 발견을 어렵게 하는 한 가지 요소는 시효 취득에서의 제소 기간이다. 발견되기 전에 제소 기간이 지나면, 소유자는 구제받지 못한다. 그러나 Helmholz(1983)의 시효 취득 사건에 관한 연구는 의도적 침해의 증거가 발견되면 법원이 제소 기간이 끝난 후에도 소유권의 부여에 소극적이라는 것을 보여 준다.[21] 따라서 법원은 거래비용이 낮은 상황에서 시장 우회 시도의 억지가 중요함을 뚜렷하게 인식하고 있다.

2.3. 토지 상속에 대한 제한

상속 원칙은 세대 간 부의 이전을 규율한다. 상속 원칙은 자산을 처분하는 방법에 관한 사망자의 희망을 존중하기 위한 목적으로 설계되었다. 그러나 때로는 '과거의 속박'(dead hand)이 미래의 재산 사용을 통제하는 범위에 한계를 설정하는 것이 바람직

20 Merrill(1986, 88-89)을 참조하라. 이 같은 거래 구조 위반을 방지하기 위한 수단으로서의 형사 제재에 관한 제8장 1.4의 논의도 참조하라.

21 이는 소유권 주장이 인정받기 위해서는 의도적 침해가 실제로 필요하다는 소위 Maine 원칙과 상반되는 것이다. 이에 관한 논의는 Miceli and Sirmans(1995b)를 참조하라.

할 수도 있다. 이 논리에 따라 영미법은 유언자에게 상당한 자유를 주지만 몇 가지 제한을 부과한다. 여기에서의 논의는 장자 상속과 영구구속 금지 원칙에 초점을 맞출 것이다.[22]

2.3.1. 장자 상속과 남성 직계비속 한정

역사적으로 다른 나라는 물론 영국의 보통법에서도 상속의 지배적 원칙은 사망자의 재산이 모두 장남에게 상속되는 장자 상속(primogeniture)이었다. 이 원칙에 대한 학자들의 가장 공통적인 설명은 장자 상속이 토지가 작은 단위로 비효율적으로 파편화되는 것을 방지한다는 것이다(Posner 1998, 554). 토지 파편화의 방지는 토지가 주요 부의 원천이었던 농업 경제에서 특히 의미를 지닌다. 따라서 미국에서 장자 상속은 남부 식민지에서는 혁명 시기까지 지속되었으나, 뉴잉글랜드 식민지에서는 대부분 거부되었다(Friedman 1985, 66).

장자 상속에 대한 이런 이론적 근거에 대해 두 가지 반대의견이 있다. 첫째, 토지 시장이 비효율적인 작은 단위의 토지를 이익이 된다면 다시 조립하도록 기업가들을 유도한다는 것이다. 그러나 이 주장은 잘 작동하는 토지 및 신용 시장을 가정하고 있다. 이 제도들은 장자 상속이 처음 수용되었을 때는 존재하지 않았던 비교적 현대적 제도이다(Baker and Miceli 2005).

둘째, 토지 이용에서의 규모의 경제가 중요하다면 유언자가 분할되지 않은 재산을 장자가 아닌 가장 훌륭한 상속인에게 물려주게 할 수도 있지 않은가? 이 원칙은 유언자의 재량을 확장하면서 규모의 경제도 유지한다. 그러나 유언자의 재량을 제한하면 얻게 되는 상쇄되는 이점이 있다. 잠재적 상속인들이 상속재산이 '최고의 자격을 갖춘 사람'에게 제공될 것임을 알고 있다면, 그들은 '상'(prize)을 타기 위해 비용이 지출되는 경쟁 또는 지대 추구 행위를 하게 될 것이다(Buchanan 1983; Baker and Miceli 2005). 장

22 상속법 전반에 대한 경제적 관점에 관해서는 Stake(1998)를 참조하라.

자 상속 또는 다른 고정적 원칙은 유언자의 재량을 제거하여 지대 추구적 경쟁을 방지한다. 장자 상속의 감소는 아마도 부의 원천으로서의 토지의 중요성 감소와 토지 재조립을 가능하게 하는 토지 시장의 발전을 포함한 몇 가지 요소를 반영하고 있다(그러나 제3절에서 드러나듯이 재조립의 장애 요인은 남아 있다).

장자 상속과 관련된 원칙으로 토지가 여성 상속인에게 상속되지 못하도록 막은 남성 직계비속 한정 원칙(entailment)이 있다(제인 오스틴의 고전적 소설인 오만과 편견의 줄거리는 이 원칙을 중심으로 전개된다. 딸의 결혼이 절실한 이유가 이 원칙 때문이다). 이 원칙은 가문의 귀족적 지위를 유지하기 위한 수단으로서 분할되지 않은 유산을 남성 상속인에게 이전시키는 것을 도왔다. 또한 중세에 국왕이 남성 토지 소유자에게 병력의 제공을 요구하는 군사적 목적으로 활용되었을 수 있다.[23]

2.3.2. 영구구속 금지 원칙

유언자의 재량에 관한 다른 문제는 유언자가 미래의 어느 시점까지 토지 사용을 통제할 수 있는가이다. 영구구속 금지 원칙(rule against perpetuities)은 통제권을 상속 시점에 생존한 사람의 수명+21년으로 제한한다. Stake(1998, 319)는 이 제한에 대한 경제적 정당성을 탐색하면서 다음과 같이 서술하고 있다. "이 원칙의 목적은 사람들이 자신이 잘 아는 세대인 자식들 세대를 넘어 소유권을 통제하려는 시도를 방지하는 것이다." 따라서 유언자는 낭비벽이 있다고 알려진 상속인의 행동을 제한할 수는 있지만, 이 통제력을 불확실한 미래로 확장할 수 없다. 이는 미래 세대가 그들의 조상이 예견할 수 없는 우발적 사태에 대응할 수 있게 하고, 토지 시장성의 장기간 제한을 방지한다는 점에서 타당하다(Miceli and Sirmans 2005).

23 이 마지막 부분을 제안해 준 Jonathan Hamilton에게 감사드린다.

3. 공공 수용을 통한 정부의 재산 취득 및 규제

이 절은 공공 수용 권한을 사용하여 사유 재산을 취득하거나 규제하는 정부의 권한을 분석한다. 이 권한을 검토할 때, 우리는 정부가 전체 시민의 선호(선호를 어떻게 총합하는지를 불문한다) 반영을 목적으로 하는 이상적인 경제 주체라고 간주한다. 이 가정은 로크(Locke)적 사회 계약의 관점에서 정부가 담당하는 특정한 역할을 규정하며, 정부 권력에 대한 제한을 규정한다. Epstein(1985, 13)이 기술하듯이, "따라서 국가와 개인 사이의 모든 거래는 개인과 개인 사이의 거래로 이해될 수 있다. 일부는 주권의 망토를 걸치고 있고, 다른 것은 그 망토를 걸치고 있지 않다." 이 제한된 정부 권력의 개념은 공공 수용 조항에 잘 드러나 있다.

3.1. 공공 수용 조항

미국 제5차 수정 헌법에는 공공 수용(eminent domain or takings) 조항이 포함되어 있다. "사유 재산은 정당한 보상 없이 공공 사용을 위해 수용되어서는 안된다." 따라서 이 조항은 정부가 소유자의 동의 없이 사유 재산을 취득할 수 있는 제한된 권한을 부여한다. 제한은 두 측면이다. 재산을 공공 사용(public use)에 이용해야 하고, 정부는 보상(compensation)을 지급해야 한다. 그러나 이 용어의 모호함은 적용 시 상당한 해석의 여지를 남긴다. 3.1은 경제학자들이 이 제한에 관하여 어떻게 설명하는지 살펴볼 것이다.

3.1.1. 공공 사용 및 공공 수용의 범위

공공 수용의 권한은 강제성에 기초하고 있다. 구매자가 사적 당사자인 경우와 달리 토지 소유자는 정부와의 매매를 거부할 권리가 없다. 따라서 공공 수용은 일종의 책임 원칙이다. 문제는 정부가 이 권한을 얼마나 넓게 또는 좁게 사용할 수 있어야 하는가이다.

공공 사용 제한은 이 질문에 대한 분석의 기초가 된다(Merrill 1986). 그러나 공공 사용이라는 용어는 다소 오해의 소지가 있다. 예를 들어, 이 용어는 공공 수용이 공공재를 공급하기 위해서만 활용되어야 한다는 것을 의미하는 것 같지만, 이 해석은 정확하지 않다. 따라서 우리는 (1) 공공 수용의 범위를 적절하게 정의하는 공공 사용의 이론을 개발하고, (2) 이 이론을 실제 판례와 비교할 것이다.

우리는 투입물의 하나로 토지의 취득이 필요한 재화나 서비스의 공급을 상정한다. 이 재화의 공급과 관련된 두 가지 질문이 우리의 논의와 관련이 있다. 재화는 공공재(public goods)인가? 그리고 토지의 조립(assembly of land)이 필요한가? 이 문제를 하나씩 논의해 보자.

공공재(public goods). 공공재는 일단 공급되면 공급비용을 부담하지 않은 사람들을 포함한 모든 소비자가 그 편익을 누린다는 특징이 있다. 예로는 국방과 등대가 있다. 비배제성 또는 무임승차 문제로 인해 생산자가 소비자로부터 대가를 받아내기 어려우므로 시장은 공공재를 과소공급한다. 따라서 정부가 공공재를 제공하고 과세권을 사용하여 소비자가 비용을 부담하도록 강제한다. 그러므로 정부의 공공재 공급은 시장의 수요 측면(demand side)에서의 시장실패에 대한 대응으로 정당화된다.

토지 조립(land assembly). 대규모 재화는 소유권이 분산되어 있는 몇 개의 인접 토지를 조립해야 공급될 수 있다. 공원과 고속도로 등의 공공 프로젝트와 쇼핑센터, 철도와 주택 개발 등의 민간사업이 그 예이다. 이 모든 경우에 공급자가 직면하는 문제는 다음과 같다. 일단 토지를 조립한다는 사실이 알려지면, 각 토지 소유자는 매도를 거부함으로써 공급자에게 상당한 비용을 부담시킬 수 있다는 점을 인식하게 된다. 예를 들어, 도로 건설업자가 고속도로의 최적 경로를 결정하고 해당 경로를 따라 토지를 조립하기 시작하였다고 상상해 보자. 한 명의 소유자가 매매를 거부하면 프로젝트

그림 7.5 조립 문제

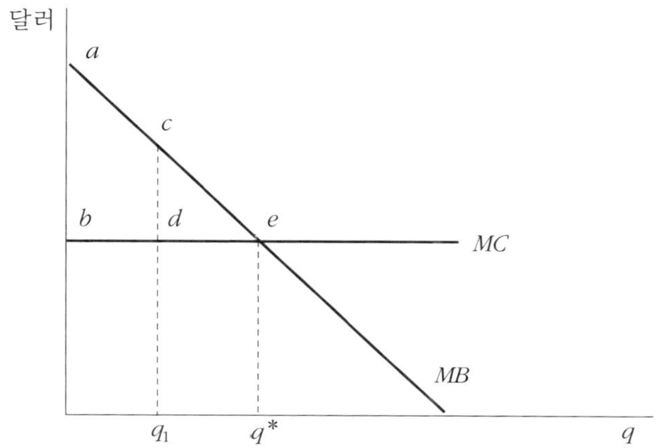

의 완성비용이 크게 증가한다. 이 지식은 개별 소유자들에게 상당한 독점권을 부여하는데, 그들은 실제 가치를 훨씬 초과하는 가격을 요구할 수 있다.[24] 따라서 공공재와는 대조적으로 토지 조립 문제는 시장의 공급 측면(supply side)에서의 실패와 연관되어 있다.

[그림 7.5]는 조립 문제를 그래프로 보여 준다. 우하향하는 직선은 프로젝트, 예를 들어 고속도로의 한계편익이다. 한계편익은 취득된 토지의 수 q의 함수이다. 음(−)의 기울기는 감소하는 한계편익을 반영한다. 토지 소유자의 실제 유보가격을 반영하는 한계비용은 *MC*로 일정하다고 가정한다. 따라서 획득될 최적의 토지의 수는 q^*이며, 이는 한계편익과 한계비용의 교차점이다. 완료된 프로젝트로부터의 잉여는 삼각형 *abe*이다.

이제 q_1의 토지가 이미 획득되었고 조립자가 다음 소유자와 협상을 시작한다고

24 Cohen(1991)과 Posner(1998a, 62)를 참조하라. 버티기 문제에 대한 수학적 분석은 Miceli and Segerson(2012)을 참조하라.

가정하자. 이 소유자가 자신의 토지 없이는 프로젝트가 더 이상 진행되지 못한다는 것을 알고 있다고 하자. 소유자는 실제 유보가격 *d*에 남아 있는 전체 잉여 *cde*를 합한 가격을 요구할 수 있다. 마찬가지로 뒤에 있는 모든 소유자도 남아 있는 잉여를 달라고 버틴다. 최악은 전체 토지가 조립되기 전에는 프로젝트가 시작될 수 없는 경우이다. 이때는 각 소유자(첫 소유자부터 시작하여)가 전체 잉여 *abe*를 요구하면서 버틸 것이다. 분명히 이 문제는 프로젝트 완성에 심각한 장애를 초래한다.

조립 문제는 자신의 재산에 대해 최고 가격을 받으려는 한 명의 토지 소유자가 있는 상황과 다르다. 이 경우에는 버티기 문제(holdout problem)가 발생하지 않는다. 정부가 고속도로가 아니라 여러 곳에 우체국을 건설하기 위해 지리적으로 분산된 토지 q^*를 구매하기를 원한다고 가정하자. 어떤 하나의 토지가 다른 토지의 매입에 영향을 미치지 않으므로 개별 판매자는 자신이 소유한 특정한 토지의 잉여 가치를 반영하는 가격만을 요구할 수 있다. 그래프에서 q_1 소유자의 잉여는 *cd*이다. 그러나 이 잉여에 대한 협상은 모든 시장 거래에서 발생하는 것이며, 구매자와 판매자 모두 매매로 이익을 얻으므로 특별한 장애가 되지 않는다. 더욱이 이 매매의 불성립이 다른 거래에 부정적 영향을 미치지 않는다. 따라서 조립 문제의 고유한 특징은 일단 프로젝트가 시작되면 거래들이 상호 연결되며 구매자에게는 다른 선택지가 없다는 것이다.

조립 문제에 대한 하나의 해결책은 매매를 강제하는 것이다. 즉, 각 소유주의 토지를 보호하는 재산 원칙(매매를 거부할 수 있는 권리)을 책임 원칙에 의한 보호로 대체하는 것이다. 따라서 소유자는 법원이 설정한 가격으로 토지를 판매해야 한다. 논리적으로 보면, 수용 권한은 조립 문제를 안고 있는 모든 구매자(공공이든 개인이든)에게 부여되어야 한다. 하지만 이 주장은 공공 사용의 통상적 의미와 어긋나는 결론이다. 이 문제를 더 생각해 보자.

수단–목적의 구별(means-ends distinction). 정부만이 공공 수용 권한을 보유해야 하며 그것도 공공재를 공급할 때만 보유해야 한다는 주장을 Merrill(1986)은 토지가 사용

표 7.2 수단-목적 구분에 따른 범주

		조립 문제가 있는가?	
		아니오	예
공공재인가?	아니오	(I) 조세를 통한 재원조달 × 강제된 매매 ×	(II) 조세를 통한 재원조달 × 강제된 매매 ○
	예	(III) 조세를 통한 재원조달 ○ 강제된 매매 ×	(IV) 조세를 통한 재원조달 ○ 강제된 매매 ○

되는 목적에 주목하는 견해라는 의미에서 공공 사용에 대한 목적적 접근(ends approach)이라고 불렀다. 그리고 Merrill은 이 접근을 토지가 획득되는 방법, 특히 토지 조립 문제에 주목하는 수단적 접근(means approach)과 대비시킨다.

공공재 및 토지 조립 논의에서 알 수 있듯이, 이 두 문제는 별개의 문제이다. 공공재에서는 무임승차를 극복하기 위해 조세를 통한 비용조달이 필요하지만, 조립이 필요하지 않다면 필요한 토지의 매매가 강제될 필요가 없다. 이에 반해 조립에서는 버티기 문제를 극복하기 위해 토지의 매매가 강제되어야 하지만, 생산되는 재화나 서비스가 공공재가 아닌 한 조세를 통한 비용조달이 필요하지 않다. [표 7.2]는 가능한 네 가지 상황을 보여 주고 있다.

우리는 수단적 접근과 목적적 접근이 공공 수용에 관하여 같은 결론을 내리는 범주 I과 범주 IV부터 시작한다. 범주 I은 조립 문제가 없는 사적 재화(개인 주거지)이다. 따라서 수단적 접근과 목적적 접근 모두 공급자에게 공공 수용 권한을 부여하지 않는다. 따라서 거래 당사자 중 하나가 정부라고 하더라도 거래는 사적 시장에서 이루어져야 한다. 대척되는 상황은 범주 IV인데, 이는 조립 문제가 있는 공공재(고속도로)이다. 이 경우 수단적 접근과 목적적 접근 모두 공공 수용 권한을 부여한다.[25]

25 Ulen(1992)은 공공 수용 권한의 사용에 대한 이러한 이중 제약 접근법을 지지한다.

수단적 접근과 목적적 접근은 범주 II와 법주 III에서 다른 결론을 도출한다. 먼저 III을 보자. 여기서 목적적 접근은 재화가 공공재이므로 공공 수용 권한을 부여하지만, 수단적 접근은 조립 문제가 없으므로 공공 수용 권한을 부여하지 않는다. 과연 어떤 관점이 옳은가? 공공재와 관련된 비효율성은 정부가 조세권을 이용하여 극복해야 하는 무임승차이다. 그러나 조립 문제가 없으면, 자금이 조성된 후 재화 생산에 필요한 자원을 획득하기 위해 정부가 공공 수용을 사용할 필요가 없다. 대신 정부는 필요한 자원을 시장에서 구매해야 한다.[26]

예를 들어, 정부는 전체 시민을 보호하는 경찰력의 유지비용을 조세로 조달하지만, 경찰서의 토지를 확보하거나 경찰관을 충원하기 위해 공공 수용을 사용해서는 안 된다.[27] 대신 정부는 민간 보안회사처럼 시장에서 이 자원을 확보해야 한다. 그리고 정부는 공공 수용의 사용에 수반되는 높은 비용 때문에 보통 이렇게 행동한다. Fischel (1995b, 74)에 따르면 "공공 수용을 부적절하게 만드는 버티기 문제가 없는 시장에서는 시장을 이용하는 거래비용이 일반적으로 공공 수용을 이용하는 거래비용보다 작다." 따라서 범주 III에서는 정부가 공공 수용을 과도하게 사용할 위험이 적다.

마지막으로 토지 조립이 필요한 사적 재화가 관련된 범주 II를 보자. 이 경우 수단적 접근은 공공 수용 권한을 부여하지만, 목적적 접근은 공공 수용 권한을 부여하지 않는다. 역사적으로 법원은 철도와 운하 건설업자 등 사적 당사자에게 수용 권한을 부여함으로써 수단적 접근 방식에 부합되는 결정을 내려왔다. 하지만 항상 목적적 접근 방식으로 자신의 판단을 정당화하려고 시도한다(Merrill 1986, 67).[28] 이 시도가 가끔 무리한 추론을 낳는다.

기념비적인 *Kelo v. City of New London*(125 S.Ct. 2655, 545 U.S. 469, 2005) 사건에서, 미국 대법원은 프로젝트의 경제적 이익 대부분이 사적 이익으로 귀속되었음에도 포괄적인

26 Epstein(1985, 제18장)은 강제적 성격의 과세 자체가 공공 수용의 한 형태라고 주장한다. 우리는 이 문제를 공정한 보상을 정의하면서 논의한다.

27 징병을 수용의 한 형태로 검토한 Fischel(1996)을 참조하라.

28 예를 들어, Fischel(1995b, 72)과 Friedman(1985, 182)을 참조하라.

경제 개발 계획의 일부로서 공공 수용의 이용이 공공 사용의 헌법 요건을 충족시킨다고 판결하였다. 이 결정을 뒷받침하기 위해 법원은 새로운 일자리와 탄탄한 조세 기반 측면에서 공공에 귀속되는 편익을 언급하였다. 다시 말해, 법원은 목적적 접근의 관점에서 판단을 정당화하였다. 그러나 이 프로젝트에는 상당한 규모의 토지 조립이 관련되어 있었으며, 공공 수용의 권한이 수단적 접근의 관점에서 부여될 수 있었다. 실제로, 대부분의 대규모 민간 개발에는 토지 조립이 필요하며 상당한 외부 편익이 발생한다. 따라서 수단적 접근과 목적적 접근 방식이 일치할 때가 많다. 만일 이 주장이 사실이라면, 법원은 잘못된 이유에 근거하여 올바른 결정을 내리고 있다고 볼 수 있다.[29]

법원은 공공 사용 사건에서 사적 당사자에 대한 공공 수용 권한의 부여를 어떻게 정당화할지에 대해 어려움을 겪고 있다. 그러나 법원의 난처함은 법원이 법의 다른 영역에서 아무 근거제시 없이 사적 수용(private takings)을 일상적으로 허용하고 있다는 사실과 모순된다. 예를 들어, *Boomer* 사건에서 오염 공장은 인근 토지 소유자의 반대에도 불구하고 피해를 보상하는 한 공장을 계속 운영할 수 있게 되었다. 법원은 사실상 여러 거주자와의 거래에 수반되는 높은 거래비용을 극복하기 위해 공장 소유자에게 공공 수용의 권한을 부여하였다. 이 사건에 토지 조립 문제가 관련되어 있지는 않지만, 만일 법원이 금지명령을 내렸다면 공장은 오염권의 조립 과정에서 유사한 버티기 문제에 직면하였을 것이다(Goldberg 1985). 따라서 *Boomer* 사건의 결정은 공공 사용이라는 용어를 사용하여 문제를 규정하지 않으면서도 수용에 대한 수단적 접근의 논리를 구현하고 있다. 따라서 *Boomer* 사건은 범주 II에 해당되는 사건이다.

29 이 문제의 어려움은 미시간 대법원이 결정한 다음의 두 사건에서 잘 드러난다. *Poletown v. City of Detroit*(304 N.W.2d 455, 410 Mich. 616, 1981) 사건에서 법원은 디트로이트시가 새로 건설된 GM 공장으로 연결되는 길을 만들기 위해 인종적으로 밀집된 인근 지역 전체를 수용하는 것을 허용하였다. *Kelo* 사건에서와 같이 법원은 버티기 문제(수단적 접근)보다는 약속된 일자리와 탄탄한 조세 기반(목적적 접근)에 근거하여 결정을 정당화하였다. 흥미롭게도, 같은 법원은 2004년 *Wayne v. Hathcock*(684 N.W.2d 765, 471 Mich. 445) 사건에서 *Poletown* 사건의 판결이 헌법이 부여한 재산권의 근본적 보호에 위배된다고 주장하면서 자신의 결정을 뒤집었다.

토지 개발자에 의한 가축 사육장의 침범과 관련된 *Spur* 사건 역시 개발자가 사육장의 재배치 비용을 지급하도록 명령하여 일종의 사적 수용을 허용하였다. 그러나 수단적 접근은 두 당사자 간의 협상에 명백한 장애물이 없었기 때문에 이 결정을 정당화하지는 않는다. 따라서 책임 원칙의 사용은 허용되지 않으며, 이는 *Spur* 사건이 범주 II보다 범주 I(조립 문제가 없는 범주)에 더 잘 부합됨을 의미한다.

지금까지의 논의는 수단적 접근이 공공 수용의 적정한 범위를 제공함을 시사한다. 즉, 수용 권한은 버티기 문제에 직면한 공적 또는 사적 당사자 모두에게 확대되어야 한다.[30] 이 결론은 공공 사용이라는 용어의 문자적 의미와 충돌할 수 있지만, 여러 법적 상황에서의 실제 결정과 일치한다.

Kelly(2006)는 다른 관점을 제시하면서 공공 수용 권한이 공공 프로젝트로 제한되어야 한다고 주장하였다. 켈리(Kelly)의 결론은 민간 프로젝트와 공공 프로젝트의 두 가지 근본적인 차이점에 기초하고 있다. 첫째, 개인 개발자는 비밀 구매 대리인 등을 사용하여 버티기 문제를 회피할 수 있지만, 정부는 개방성이 필요하므로 그렇게 할 수 없다. 둘째, 개인 프로젝트는 집중된 편익으로 인해 부패의 위험이 있다. 즉, 개발자는 공공 수용의 권한을 획득하기 위해 정치적 프로세스에 영향을 미치려고 한다. 반면, 공공 프로젝트에서는 편익이 널리 분산되어 있으므로 이 같은 위험이 덜 심각하다.

3.1.2. 정당한 보상의 의미

공공 수용은 수용하면 정당한 보상(just compensation)을 지급해야 한다는 일종의 책임 원칙이다. 미국 법원은 정당한 보상을 공정한 시장 가치를 의미하는 것으로 해석한다. 그러나 시장 가치는 토지 소유자의 주관적 가치를 반영하지 못하기 때문에 토지 소유자를 과소보상한다.[31] 공공 수용과 관련하여, 이 문제는 시장 가치가 때로 소유자가 자신의 토지를 이전하는 대가로 기꺼이 받아들일 수 있는 금액보다 현저히 낮을 수

30 이 결론은 코즈 정리의 추론 2와 일치한다.
31 토지 소유권 제도(제6장의 2.2) 및 계약 파기에 대한 구제수단으로서의 특정 이행(제5장의 2)을 참조하라.

있다고 지적한 Knetsch and Borcherding(1979)과 Fischel(1995a)에 의해 제기되었다. 그러나 수락 용의(willingness to accept)로 보상을 측정하는 것의 문제점은 수락 용의가 관찰될 수 없고 따라서 소유자가 거짓 진술을 할 수 있다는 것이다. 반대로 시장 가치는 상대적으로 관찰하기 쉬운 객관적인 척도이다. 공공 수용을 사실상 강제된 매매로 만드는 것은 바로 시장 가치의 보상이다.

소유자에게 과소보상한다는 것에 더하여, 시장 가치 보상은 다른 단점도 가지고 있다. 시장 가치 보상은 사적으로 사용되고 있는 토지를 낮게 평가함으로써 과도한 공공 수용을 초래할 수 있다(Munch 1976). 예를 들어, [그림 7.5]를 재현한 [그림 7.6]을 보자. *MB*는 공공 사용일 때의 토지 가치를 나타내고, *MC*는 소유자의 주관적 가치를 포함한 사적 사용일 때의 토지 가치를 나타낸다. $MB > MC$가 성립하는 한, 즉 최대 q^*까지 공공 사용으로의 효율적 토지 이전이 일어난다. 반면, 구매자가 지급하려고 하는 토지의 시장 가치를 나타내는 *MV*는 *MC*보다 낮다. 정부가 토지의 공적 가치를 (진실한 기회비용이 아닌) 실제로 지급해야 하는 금액과 비교하여 취득 결정을 내리면 효율적 수준을 초과하는 q'의 토지를 취득한다(토지 취득에 관한 정부 기준 문제는 뒤에서 자세하게

그림 7.6 시장 가치 보상과 사유 재산의 과다 취득

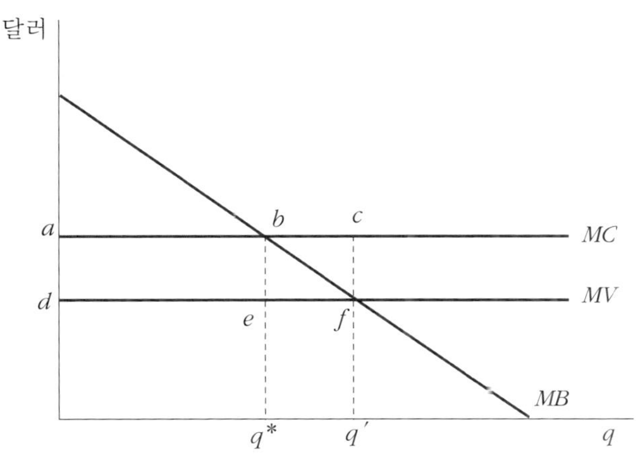

논의된다).

과다 취득으로 인한 손실은 다음과 같이 측정될 수 있다. [그림 7.6]에서, 소유자의 주관적인 가치의 손실은 사각형 *acfd*이다. 이는 수용된 토지의 *MC*와 *MV*곡선 사이의 영역이다. 과다 취득으로 인한 공적 가치의 증가는 사다리꼴 *abfd*이다. 이 이득은 q^*까지의 소유자로부터 공공으로의 이전(사각형 *abed*)으로 인한 이득과 늘어난 공공 수용으로부터의 이득(삼각형 *bfe*)의 합이다. 그러나 사적 손실은 사회적 이득보다 *bcf* 만큼 크다. 이 삼각형은 과다 수용으로 인한 사중손실이다.

시장 가치 보상과 소유자의 주관적 가치의 불일치를 정책 입안자들이 알고 있다는 사실을 보여 주는 흥미로운 예는 19세기 미국의 많은 주가 제정한 제분소법(mill acts)에서 찾을 수 있다(Epstein 1985, 170-76). 제분소법은 민간 제분소 건설업자가 수력 제분기의 동력원을 확보하기 위해 제분소 댐을 건설하는 것을 허용하였다. 이 법은 또한 건설업자가 상류 토지 소유자에게 보상해야 하며 때로는 토지의 시장 가치를 초과하는 금액을 지급하도록 하였다. 예를 들어, 뉴햄프셔 제분소법(New Hampshire Mill Acts)은 시장 가치의 150% 지급을 규정하였다.

제분소법은 건설업자가 잠재적인 버티기 문제에 직면할 가능성이 있는 상황에서 공공 수용을 사적으로 이용하게 한 하나의 예이다. 따라서 철도 회사에 수용 권한을 부여하는 것과 마찬가지로, 제분소법은 앞에서 설명한 수단적 접근에 따라 정당화될 수 있었다. 그러나 이 법의 새로운 측면은 시장 가치를 초과하는 보상을 요구한다는 것이다. 하나의 가설적 설명은 정부가 단순한 방식이긴 하지만 소유자의 주관적 가치를 보호할 목적으로 이 요건을 도입하였다는 것이다.

정부의 토지 취득의 경우, Epstein(1985, 제18장)은 보상 금액을 조달하기 위해 조세를 사용하는 것 자체가 공공재로부터 납세자가 받는 현물 혜택에 대한 일종의 수용이라고 주장하였다. 따라서 Fischel(1995b, 211)은 토지 수용 위험에 직면하고 있지만 동시에 납세자이자 공공재 소비자인 토지 소유자는 시장 가치 보상을 공공 수용을 당할 때의 과소보상에 대한 우려와 관대한 보상 원칙에 수반되는 높은 조세에 대한 우려 사이의 균형을 맞춘 최선의 방법이라고 생각할 수 있다고 주장하였다. 이 주장에 따르면, 공공 수용에 대한 정당한 보상의 법적 정의로서 공정한 시장 가치를 사용하는 것은 거의 적절하다.

공정한 시장 가치 보상이 일반적으로 인정된 법적 기준이지만, 법원이 실제로 시장 가치를 수용된 토지의 소유자에게 부여하는지는 경험적 질문이다. 이 문제에 대한 매우 드문 증거는 그렇지 않다는 것을 암시한다. Munch(1976)는 1962년부터 1970년까지 시카고 공공 수용 사건 표본을 사용하여 법원이 낮은 가치의 재산 소유자에게는 과소보상하고 높은 가치의 재산 소유자에게는 과대보상하는 경향이 있음을 발견하였다. 최근에는 Chang(2013, 제8장)이 뉴욕시의 1990년부터 2003년까지의 공공 수용 사건 표본을 사용하여 소유자가 과잉보상을 받는 경향이 있음을 발견하였다. 그러나 Chang(2013)의 표본에 포함된 재산의 가치가 전반적으로 높았기 때문에 Chang(2013)의 연구 결과는 Munch(1976)의 발견과 양립하는 것이다.

3.1.3. 정당한 보상 결정에 관한 사례 연구: '암살자의 유증'

1963년 케네디(Kennedy) 대통령의 암살 이후, 정부는 증거 수집 과정에서 오즈월드(Lee Harvey Oswald)의 여러 개인 소유물에 대한 소유권을 취득하였다(Adelstein 1974). 그러나 이 조치를 승인한 법에 따르면 오즈월드의 미망인 포터(Marina Oswald Porter)에게 정당한 보상이 지급되어야 하였다. 지방 법원은 증거로 수집된 물품과 '유사한' 품목의 공정한 시장 가치를 기준으로 3,000달러를 보상하라고 결정하였다. 그러나 항소 법원은 그 물품들이 악명 높은 범죄에 연루되어 시장 가치가 상승한 것을 반영하여 17,729.37달러로 보상금을 증액시켰다.[32]

과연 어떤 시장 가치가 적절한가? 지방 법원이 많은 금액을 보상하지 않기로 한 이유 중 하나는 높은 보상이 위법행위를 저지를 유인을 증가시킨다는 두려움 때문이

32 *Porter v. United States*, 473 F.2d 1329(5th Cir. 1973)를 참조하라.

었다. 가치 상승의 이득을 인정하지 않으면 적어도 범죄의 금전적 유인은 제거될 것이다. 이 판단은 합리적인 경제적 주장이다. 증가된 시장 가치로부터 실제로 이익을 본 오즈월드의 미망인은 비난받을 수는 없으나, 오즈월드는 유증의 동기에서 범행을 저질렀을 수도 있다. 따라서 경제적 유인 효과의 관점은 3,000달러의 낮은 보상을 지지한다.

연습문제 7.3

자프루더(Abraham Zapruder)라는 댈러스에 사는 양재사는 가정용 영화 카메라로 케네디의 암살 장면을 포착하였다. 1997년에 정부는 공적 기록이라고 선언하면서 그 당시 유명해진 '자프루더 필름'의 소유권을 취득하였다. 3명의 판사 패널은 가족에게 1,600만 달러의 보상금을 지급하라고 결정하였다. 이 사건에서 1,600만 달러가 적절한 보상인가(1,600만 달러가 필름의 시장 가치라고 가정하라)? 이 사건과 오즈월드 사건을 비교하라.

토지와 관련된 사건에서 상응하는 질문은 보상 금액이 수용 위협이 있기 전의 토지의 시장 가치를 반영해야 하는가 또는 수용 용도가 제시된 후 증가한 토지의 가치를 반영해야 하는가이다. 이에 관해 미국 대법원은 수용 위협이 있기 전의 가치가 적절한 금액이라고 결정하였다(*United States v. Miller*, 317 U.S. 369, 1943).

3.2. 공공 수용과 토지 이용 유인

경제 이론은 공공 수용에 관한 방대한 연구에 크게 기여하였다. 그중 가장 기여가 컸던 부분은 공공 수용이 토지 사용 유인에 미치는 영향이다. 공공 수용의 위험과 보상 원칙은 토지 소유자의 토지 개발 투자 결정에 어떤 영향을 미치는가? 이 질문에 관한 고전적 연구는 Blume 외(1984)에 의해 이루어졌는데, 그들은 공공 수용 위험에 직면한 토지 소유자의 효율적 투자를 유도하는 방법의 하나는 아무런 보상을 하지 않는 것이라는 논란의 여지가 있는 결론을 도출하였다. 이 결론은 처음 들으면 놀랍지만, 불법행위법과 계약법의 분석에서 얻은 결과와 완벽하게 일치하는 것이다.

3.2.1. 무보상 결과

여기에서는 보상하지 않을 때의 결과(무보상 결과, no-compensation result)를 도출하기 위해 Blume 외(1984)의 모형을 단순화한 모형을 제시한다. 어떤 빈 토지가 있다. 소유자가 토지 개발을 위해 x의 불가역적 투자를 하면, 이 토지는 $V(x)$의 가치를 가진다(시장 가치와 소유자의 가치를 구분하지 않는다). $V(x)$는 x가 증가하면 체감적으로 증가한다. 따라서 공공 수용의 위험이 없는 경우, 소유자는 $V(x) - x$를 극대화하며, [그림 7.7]에 제시된 것처럼 x'가 도출된다. 이는 개인의 최적 투자 수준이다.

이제 정부가 p의 확률로 공공 사용을 위해 토지를 수용한다고 가정하자. 토지가 수용되면(사적으로 개발된 것은 철거된다), 토지는 B의 사회적 편익을 제공한다. 그리고 정부는 소유자에게 $C(x)$의 보상금을 지급한다. 공공 수용의 위험이 있을 때, 사회적으

그림 7.7 완전 보상과 도덕적 해이

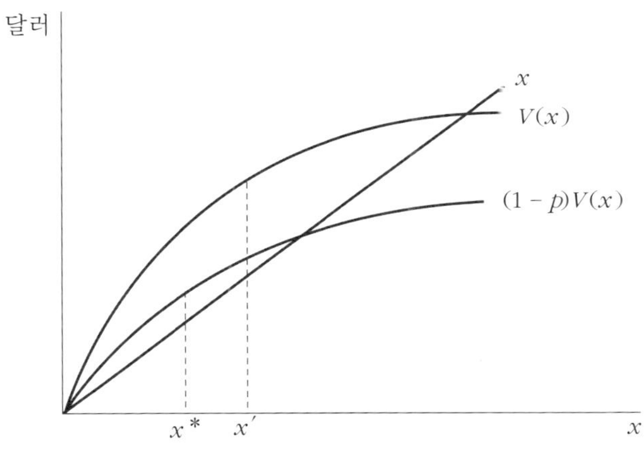

로 최적인 투자 수준은 다음 문제의 해이다.

$$\max_{x} \quad pB + (1-p)V(x) - x. \tag{7.2}$$

따라서 최적 투자 수준은 사적 가치 $V(x)$가 p의 확률로 손실되는 것을 고려한다(공공 수용의 위험이 항상 존재하므로 공공 수용 결정이 내려지기 전에 토지 소유자가 x를 선택하도록 하는 것이 비현실적이지 않다). 그러나 최적의 투자는 단순한 이전 지출인 보상 금액과는 무관하다. B는 x와 독립이므로 (7.2)의 해는 [그림 7.7]에 표시된 것처럼 $(1-p)V(x) - x$를 극대화하는 x값과 같다.[33] 즉, x^*이다. 공공 수용의 위험 때문에 소유자는 위험이 없는 경우보다 적게 투자해야 한다(제5장의 피약속자가 계약 파기에 대한 불확실성에 직면하여 회수할 수 없는 신뢰투자를 얼마나 할 것인가의 문제와 비슷한 상황이다).

소유자는 어떤 수준의 투자를 하는가? 소유자는 다음 문제의 해인 x를 선택한다.

$$\max_{x} \quad pC(x) + (1-p)V(x) - x. \tag{7.3}$$

사회적 문제와 달리, 이 문제의 해는 보상 원칙의 성격에 달려 있다. 보상 수준이 공정한 시장 가치, 즉 $C(x) = V(x)$라고 가정하자. (7.3)은 다음과 같이 된다.

$$\max_{x} \quad V(x) - x. \tag{7.4}$$

그러나 앞에서 보았듯이, 이 문제의 해는 x'로 사회적 관점에서 볼 때 너무 크다. 자신의 손실을 완전히 보상받으므로 소유자는 과도한 투자를 한다.

이는 계약 파기에 대한 제한 없는 이행이익 배상에서 발생하는 도덕적 해이와 같

---

33 수학적으로 B는 목적 함수의 절편에 영향을 주지만 기울기 또는 최댓값에는 영향을 미치지 않는다.

은 문제이다. 피약속자는 계약 파기로 인해 발생하는 손해를 완전히 보상받으므로 이행에 과다 의존한다(특히 [그림 7.7]과 제5장의 [그림 5.2]의 유사성에 주목하라). 마찬가지로 불법행위법의 엄격책임 원칙에서 피해자에 대한 완전 보상은 사고 발생에 대비하여 주의를 기울일 피해자의 유인을 제거한다.

이 문제는 $C(x) = 0$으로 설정하면 쉽게 해결된다. 이 경우 토지 소유자는 $(1 - p)V(x) - x$를 극대화하여 효율적인 해가 도출된다. 이것이 무보상 결과의 핵심이다. 그러나 다음 연습 문제는 무보상이 도덕적 해이 문제에 대한 유일한 해결책이 아님을 보여 준다.

연습 문제 7.4

정액(lump-sum) 보상 원칙, 즉 C가 x와 무관하게 결정되는 원칙에서 왜 토지 소유자는 효율적 수준의 투자를 하는가?

3.2.2. 무보상 결과에 대한 반대 논거

무보상 결과의 효율성에도 불구하고, 무보상은 공정성의 관점에서 설득력이 떨어지고 실제의 법과도 일치하지 않는다. 무보상에 반대하는 몇 가지 경제적 주장이 있다. 첫째는 정부가 효율적으로 행동할 유인이 없는데도 효율적으로 행동하겠는가의 문제이다. 정부가 시장실패를 바르 잡기 위한 정책을 시행할 때 효율적으로 행동한다고 가정할 수 있지만, 보다 현실적인 견해는 정부도 다른 경제 주체와 같이 경제적 유인에 반응한다는 것이다. 따라서 사용하는 자원에 대해 보상을 할 필요가 없다면(또는 너무 작은 액수를 보상한다면), 정부는 너무 많은 공공 수용을 할 것이다. 이런 정부의 도덕적 해이를 방지하기 위해서는 완전 보상이 필요하다.

그러나 완전 보상은 토지 소유자의 효율적 투자 유인과 일치하지 않는다. 따라서 정부의 유인과 토지 소유자의 유인 사이에 상충관계가 발생한다. 일부 학자들은 보상

원칙의 설계에 이 상충관계가 갖는 함의를 검토하였다. 여기서는 두 가지 제안을 생각해 본다.[34]

첫째 제안은 우리가 제5장의 계약 파기에 대한 효율적 구제수단의 분석에서 제안된 것이다. 거기서 우리는 쌍방주의 문제와 비슷한 상황에 직면하였다. 우리는 약속자에게 효율적으로 계약을 파기할 유인을 제공하고 피약속자에게 효율적 신뢰투자를 할 유인을 제공하는 원칙을 설계하려고 하였다. 해결책은 피해자의 배상을 효율적 수준의 신뢰투자를 하였을 때 발생하는 손해로 제한하는 제한된 이행이익 배상, 즉 '하들리 대 박센데일' 원칙이었다.

공공 수용에서 이와 비슷한 원칙은 효율적 투자 수준에서 평가된 토지의 시장 가치, 즉 $C = V(x^*)$로 보상 수준을 설정하는 것이다(Miceli 1991a). 이 원칙은 정부가 공공 프로젝트의 가치가 비용을 초과할 때에만, 즉 $B > V(x^*)$일 때에만 토지를 수용하도록 하여 정부의 올바른 결정을 유도한다. 토지 소유자는 다음을 만족시키는 x를 선택한다.

$$\max_{x} \quad pV(x^*) + (1-p)V(x) - x, \tag{7.5}$$

(7.5)에서 첫 번째 항은 상수이므로 최적의 투자 수준에 영향을 미치지 않는다. 따라서 효율적 수준의 x가 선택된다. 법원이 $V(x^*)$를 계산하기 어려우므로 실제 적용이 어렵다고 이 견해를 비판할 수 있다. 한 가지 해결책은 비슷한 상황에 있는 토지의 개발 수준에 근거하여 보상 수준을 결정하는 것이다.[35]

무보상 결과에 대한 두 번째 응답은 Michelman(1967)의 공공 수용에 관한 영향력 있는 논문에 기초하고 있다.[36] 마이클만(Michelman)의 기준에 따르면, 보상은 합의비용

34 다른 연구로는 Fischel and Shapiro(1989), Hermalin(1995), Nosal(2001)이 있다.
35 이는 예를 들어 Fischel의 '정상 행동'(normal behavior) 기준과 같다. Fischel(1995b, 351-55)을 참조하라.
36 Fischel and Shapiro(1988)는 Michelman의 기준을 후속 연구들에 비추어 유용하게 재해석하고 있다.

(settlement costs, S)과 비도덕화 비용(demoralization costs, D)이라는 두 가지 비용의 비교를 통해 결정된다. 합의비용은 실제로 보상을 지급할 때 드는 행정비용(도덕적 해이와 관련된 비용을 포함)을 의미하며, 비도덕화 비용은 보상을 지급하지 않을 때 발생하는 비용이다. 여기에는 보상 없이 토지를 수용당한 사람들이 겪는 비효용의 비용과 미래에 같은 취급을 당할 수 있다는 사실을 알게 된 사람들이 느끼는 비효용의 비용이 포함된다. 따라서 비도덕화 비용은 다수가 소수의 재산을 수용하기 위해 정부의 권한을 사용하는 정치적 위험으로 인해 발생하는 비용이며, 보상은 이러한 위험에 대한 공공 보험의 역할을 한다(Blume and Rubinfeld 1984). 그러나 보상은 비도덕화 비용이 합의비용을 초과하는 경우(즉, $D > S$인 경우)에만 지급해야 한다. 이 조건이 충족되지 않으면 보상이 지급되어서는 안된다.

보상의 경제적 유인 효과에 대한 최종 논점은 토지 소유자의 도덕적 해이 문제의 정도는 공공 수용 위험의 크기 p에 달려 있다(특히, p가 클수록 x^*와 x'의 차이가 벌어진다)는 것이다. 실제로 대다수의 토지 소유자에게 p는 0에 가깝다. 그렇다면 도덕적 해이 문제는 중요하지 않은 문제이다. 더욱이 법적 관점에서 보면, 보상이 지급되어야 한다는 요건은 확고하게 확립되어 있다. 그러나 물리적 수용에서 정부 규제로 주제가 넘어가면, 두 요인이 모두 달라진다. 규제 위험은 크며, 보상의 지급 여부에 관한 심각한 논쟁이 존재한다.

3.3. 규제적 수용

사적 개인과 정부 사이의 거래에 관한 지금까지의 논의는 정부의 재산 취득에 초점을 맞추었다. 그러나 정부의 재산의 취득보다 재산의 사용을 제한하는 정부 규제가 훨씬 더 흔하다. 정부 규제의 중요한 경제적 근거는 외부비용의 내부화이다. 예를 들어, 지역지구 조례는 양립하지 않는 토지 사용을 분리해 내고, 환경법은 오염을 유발하는 행위를 제한하며, 안전 규제는 비합리적인 작업장 위험을 줄인다. 또한 정부는 효율성과 관련 없는 이유로 사유 재산을 제한하기도 한다. 장애인의 권리를 보호하거나 불리한 계층에게 동등한 기회를 보장하기 위한 제한 등이 그것이다.

역사적으로 법원은 공공의 이익을 위한 규제를 제정할 수 있는 광범위한 권한을 정부에 부여하였다. 그러나 가끔 정부의 규제가 지나치게 제약적이어서 규제받는 재산의 가치를 심각하게 감소시키는 경우가 발생한다. 이 경우, 규제를 보상이 필요한 공공 수용으로 보아야 하느냐는 의문이 생긴다. 일부 사건에서 법원은 이 질문에 긍정적으로 대답하였다. 그러나 보상할 수 없는 규제와 공공 수용의 수준까지 이른 규제, 소위 규제적 수용(regulatory takings) 사이의 경계선을 어디에서 그을지에 대해 상당한 논쟁이 진행되어 왔다. 3.3은 이 논쟁을 경제적 관점에서 분석한다.

3.3.1. 보상 문제

보상 문제(compensation problem)에 대해서는 상당한 판례법과 법학 연구가 축적되어 있다. 먼저 법원과 학자들이 보상할 수 있는 규제와 보상할 수 없는 규제를 구별하기 위해 사용한 몇 가지 테스트를 검토해 보자. 매우 다양한 관점이 제시되어 있는데, 이는 질문의 어려움과 합의의 부재를 반영하는 것이다. 우리는 통일된 경제적 접근 방식을 제시하는 것을 목표로 설정한다. 이 접근 방식은 토지 소유자의 경제적 유인과 정부 규제자의 경제적 유인 사이의 상충관계에 초점을 맞춘 토지 사용 규제의 경제 모형에 기초하고 있다.

물리적 침해 테스트(Physical Invasion Test). 물리적 침해 테스트에 따르면, 사적 재산을 물리적으로 침해하는 정부의 행위는 침해가 아무리 작더라도 보상의 대상이 된다. 예를 들어, *Loretto v. Teleprompter*(458 U.S. 419, 1982) 사건에서 대법원은 케이블 텔레비전 공급 업체가 전선 및 기타 장비를 개인 건물에 설치할 수 있도록 하는 주법이 보상의 대상이 되는 공공 수용이라고 판결하였다. 그러나 이 테스트는 물리적 침해가 없는 대부분의 정부 규제에 대해서는 아무런 함의도 제시하지 않기 때문에 그 활용성이 제한적이다. 나머지 테스트는 물리적 침해가 없는 규제에 대한 해결책을 제시한다.

유해한 사용 원칙(The Noxious Use Doctrine). *Mugler v. Kansas*(123 U.S. 623, 1887) 사건은 캔자스주의 금주 수정헌법에 따라 통과된 주법에 관한 것이다. 주법은 캔자스주에서의 양조장 운영을 금지하였다. 양조장의 소유자는 손실된 재산 가치에 대한 보상을 요구하는 소송을 제기하였지만, 미국 대법원은 주가 소위 유해한 사용(noxious uses), 즉 지역 사회의 건강, 도덕 또는 안전에 유해하다고 생각되는 행위를 보상 없이 규제할 권리가 있다는 이유로 보상을 부정하는 결정을 내렸다.

가치 감소 테스트(The Diminution of Value Test). 유해한 사용 원칙은 정부가 토지 소유자의 가치 손실에도 불구하고 공공 수용 조항을 어기지 않고 광범위한 행위를 규제하는 것을 명확하게 승인하였다(모든 규제는 결국 건강, 도덕 또는 안전과 관련이 있다고 볼 수 있다). 그러나 가장 유명한 규제적 수용 사건인 *Pennsylvania Coal Co. v. Mahon*(260 U.S. 393, 1922) 사건에서 대법원이 보상에 대한 새로운 테스트를 제시하면서 상황이 바뀌었다. 이 사건은 소위 Kohler Act라고 불리는 펜실베이니아주가 통과시킨 법률에 관한 것이다. 이 법은 굴착으로 인한 지표면 구조의 손상을 방지하기 위해 석탄 회사가 석탄 일정량을 대지에 남겨 둘 것을 요구하였다. 펜실베이니아 석탄 회사는 이 법이 자신의 채굴권에 대한 공공 수용이라는 것을 근거로 보상을 요구하는 소송을 제기하였다. 이 법은 분명 *Mugler* 사건에 명시된 기준을 충족시키지만, 대법원은 석탄 회사가 보상을 받아야 한다는 결정을 내렸다.

다수 의견을 작성한 홈즈(Oliver Wendell Holmes) 판사는 정부가 보상 없이 규제할 권리가 있다고 지적하면서 시작한다. "그렇게 법을 바꿀 때마다 보상을 지급하고 재산의 가치를 어느 정도 감소시킬 수 없다면 정부는 작동하기 어렵다." 이는 분명 지배적인 유해한 사용 원칙을 인정하는 것이다. 하지만 그는 "인간 본성의 자연적 경향을 감안하면" 보상을 지급하지 않는 일반 원칙은 "마지막 사유 재산이 사라질 때까지"

정부의 과도한 개입으로 이어진다. 정부의 과도한 개입 위협을 제한하기 위해 홈즈 판사는 "재산은 어느 정도까지는 제한될 수 있지만, 규제가 지나치면 공공 수용으로 인정될 것이다." 따라서 보상 문제의 결정에서는 규제가 토지 소유자에 미치는 영향(impact of the regulation on the landowner)이 중요하다. 법원은 규제가 '지나치다'(too far)고 생각되는 정확한 지점을 구체적으로 명시하지 않았으며, 대신 그 지점이 개별 사건에 따라 결정되는 것으로 남겨 두었다.

공공 수용법에서 가치 감소 테스트로 알려지게 된 *Pennsylvania Coal* 판결은 명확한 분기점을 형성하였다(Friedman 1986). 다른 유명한 브랜다이스(Louis Brandeis) 판사는 이 점을 *Pennsylvania Coal* 사건의 홈즈 판사에 대한 반대의견으로 적시하였다.

> 경찰력의 행사로 부과된 재산의 사용에 대한 모든 제한은 소유자로부터 그때까지 누렸던 일부 권리를 박탈하는 것이며, 그런 의미에서 국가에 의한 재산권의 보상 없는 축소이다. 그러나 공중 보건, 안전 또는 도덕을 위험으로부터 보호하기 위해 부과된 제한은 수용이 아니다. 여기에서 문제가 된 제한은 단순히 유해한 사용을 금지하는 것이다.

뒤에서 우리는 보상 문제에 대한 경제적 접근을 통해 홈즈 판사와 브랜다이스 판사의 상반된 관점이 조화롭게 해석될 수 있다고 주장할 것이다.

펜 센트럴 기준(The Penn Cental Standard). 규제의 목적과 토지 소유자에게 미치는 규제의 영향을 형량할 필요성은 *Penn Central Transportation Co. v. City of New York*(438 U.S. 104, 1978) 사건에서 명확히 제시되었다. 이 사건은 그랜드 센트럴 터미널(Grand Central Terminal)이 역사적 기념건축물로 지정되어, 기념건축물 보존위원회의 승인 없이는 건물의 구조적 변경이 금지된 것에 관한 것이다. 터미널 위에 사무실 용도의 다층 건물을 짓겠다는 제안이 거절되자, Penn Central은 이 거절이 개발 권한의 공공 수용이라고 주장하며 소송을 제기하였다. 보상이 필요 없다고 결정하면서, 법원은 수용에 대한 세 가지 요건 테스트를 명확히 서술하였다. 처음 두 가지는 유해한 사용 원칙과 가치 감소 테스트를 반영한다. 구체적으로, 규제의 보상 가능성은 (1) 정부 행위의 성격(공중에 유해한 행동을 방지하는가?)과 (2) 가치 감소 정도 사이의 형량에 의존한다.

그러나 세 번째 요건이 새로운 요소로 추가되었다. 규제가 소유자의 '투자에 의해 지지되는 기대'(investment-backed expectations)를 방해하는가? 다시 말해, 소유자는 제안된 토지 용도로 사용할 수 있다는 합리적 기대를 가질 수 있었는가? 만약 그렇다면, 보상의 근거가 강화된다. 우리는 3.3.4에서 이 기준의 적절한 경제적 해석과 적용 문제를 다룰 것이다.

생활방해 예외(The Nuisance Exception). 보상 문제와 관련하여 논의할 마지막 문제는 *Lucas v. South Carolina Coastal Council*(112 S.Ct. 2886, 1992) 사건에서 나타난다. 이 사건은 주거용으로 개발하기 위해 두 개의 해변 토지를 매입한 개발업자에 관한 것이다. 개발업자가 토지를 매입한 이후, 사우스캐롤라이나주는 침식 및 해안선 손상을 방지할 목적으로 해변 개발을 금지하는 법률을 통과시켰다. 개발업자는 자신의 토지 가치가 거의 손실되었다고 주장하면서 보상을 청구하는 소송을 제기하였다.

이 사건은 환경론자와 재산권 옹호자들 사이에 격렬한 논쟁이 벌어지는 시기에 발생하였으며, 큰 대중적 관심을 끌었다. 이 사건은 정부가 환경 보호를 위해 어디까지 규제할 수 있는가에 대한 시험대로 생각되었다. 법원은 가치의 감소 정도에 근거하여 개발업자에게 승소 판결을 내렸다. 하지만 법원은 개발업자의 행동이 주의 지배적 보통법에 따라 생활방해에 해당되고 규제가 이런 개발업자의 행동을 막는다는 것을 입증할 경우 주가 보상하지 않을 수 있는 여지를 남겼다.

이러한 소위 생활방해 예외는 사실상 정부가 사회적으로 유해하다고 판단되는 사적 행위를 금지할 수 있게 한다. 따라서 유해한 사용 원칙을 반영하는 것이다. 그러나 생활방해 예외는 이를 넘어 주의 보통법에 의해 정의된 생활방해법이라는 유해한 사용의 판단 기준을 제공한다. 이 기준은 정부 행위가 사적 당사자에게 적용되는 법 원칙과 동일한 법 원칙에 의해 판단되어야 한다고 주장하는 Epstein(1985, 제9장)에 의해 지지되었다. 따라서 개인이 불법침입법 또는 생활방해법에 따라 유해한 행위에 대한 금지명령을 청구할 수 있는 것처럼, 정부는 규제 권한을 사용하여 공익을 위해 생활방해 행위를 금지할 수 있다. Fischel(1995)도 비슷한 기준을 제안하였다. 그는 "지역 사회에서 나타나는 (토지 사용에 대한) 기준"으로 정의되는 "일상적 행위"(normal behavior)로 보상의 기준을 설정한다.[37] 만약 개발업자가 이 기준에서 벗어난다면 정부가 그 사용을 보상 없이 제한하는 것이 정당화된다. 상업, 산업, 주거 용도를 분리하는 지구지역 조례도 이런 방식으로 정당화될 수 있다.

생활방해 예외와 마찬가지로, 일상적 행위는 유해한 사용 원칙의 실제 적용 기준을 제시한다.[38] 그러나 유해한 사용 원칙을 가치 감소 테스트와 조화시키는 문제는 여전히 해결되지 않고 남아 있다. 특히, 법원은 보상 문제를 결정할 때 규제의 목적과 토지 소유자에게 미치는 영향을 어떻게 형량해야 하는가? 경제 모형을 이용하여 이 근본적 질문을 탐구해 보자.

3.3.2. 규제적 수용의 경제 이론

보상 문제의 분석을 위해 간단한 토지 이용 규제 모형을 만들어 보자(Miceli and Segerson 1994, 1996). 구체적으로, 우리는 *Lucas* 사건의 사실관계를 모형의 기초로 사용한다. 두 가지 용도로 사용할 수 있는 빈 토지를 소유한 개발자가 있다. 용도 A는 개발, 용도 B는 휴양이다. 용도 A로 사용하려면 개발 계획, 현장 준비, 허가 취득 등의 비용을 포함하여 초기에 회수할 수 없는 x의 투자가 필요하다(이 비용은 고정된 금액이라는 점을 제외하고는 앞의 공공 수용 모형에서 토지 소유자의 투자와 비슷하다). x를 지출한 후, 토지 소유자가 용도 A로 사용하면, 순수익은 $V_A - x > 0$이다. 반면에 토지 용도 B는 사전 투자

37 Fischel(1995b, 352)을 참조하라. 이 기준은 Ellickson(1973)에 기초하고 있다. 또한 Wittman(1984)도 참조하라.

38 일상적 행위 기준에 따라 금지된 사용(예를 들어, 주거 지역의 사업체)이 반드시 생활방해는 아니므로, 이 원칙은 생활방해 예외보다 훨씬 제한적일 것이다.

를 요구하지 않으며 토지 소유자에게 $V_B \geq 0$의 사적 수익을 준다. 우리는 $V_A - x > V_B$라고 가정한다. 따라서 규제 위협이 없을 때 토지 소유자는 x를 투자하고 용도 A로 사용함으로써 이익을 극대화할 것이다.

이 모형에서 규제는 개발(용도 A)과 관련된 외부비용 E의 방지를 목적으로 한다. 예를 들어, 해변 개발로 인해 해변 침식, 독성물 유출 또는 야생 생물 서식지 훼손이 발생할 수 있다. 그러나 외부비용이 항상 발생하지는 않는다. 구체적으로, 확률 p로 큰 값의 E가 실현되지만($E = E_H$), 확률 $1 - p$로 외부비용이 발생하지 않는다($E = 0$)고 가정하자. 또한 규제자는 토지 소유자가 개발을 시작하기 전에 그러나 x를 지출하고 난 후에야 비로소 비용이 발생하는지를 알게 된다고 가정하자. 예를 들어, 개발자가 x를 지출하여 개발하겠다는 의사를 표명하면 규제자는 환경영향평가 연구를 수행하고 그 결과에 따라 개발 허용 여부를 결정한다. 개발(용도 A)을 금지하는 경우, 토지 소유자는 용도 B로 토지를 사용할 수 있지만, 투자한 x를 상실한다.

사회적으로 효율적인 행동. 모형의 분석을 통해 효율적 토지 사용 결정 및 규제 결정이 무엇인지 도출해 보자. 먼저 규제 결정을 도출한다. 규제 기관이 E를 알게 되었다고 하자. 만일 외부비용이 0보다 크고 토지 소유자의 손실을 초과한다면, 개발(용도 A)을 금지하는 것이 효율적이다. 즉,

$$E > V_A - V_B. \tag{7.6}$$

x의 지출은 규제 결정 시점에서는 매몰비용이므로 (7.6)의 조건에 포함되지 않는다. 우리는 E_H가 실현될 때 (7.6)이 성립한다고 가정한다. 즉, 외부비용이 클 때는 규제가 효율적이다. $E = 0$일 때는 이 조건이 확실히 성립되지 않는다. 따라서 외부비용의 크기가 알려지기 전 토지 소유자 관점에서 용도 A가 금지될 확률은 p, 즉 $E = E_H$일 확률이다.

이제 효율적 토지 용도 결정을 생각해 보자. 모형에서 이 문제는 규제 결정에 대한

불확실성 하에서 토지 소유자가 x를 지출할 것인가의 결정과 같다. 개발자가 용도 A를 목적으로 x를 지출하면, 기대수익은 $pV_B + (1-p)V_A - x$이다. 즉, 확률 p로 용도 A가 금지되어 $V_B - x$를 얻는다. 그러나 확률 $1-p$로 용도 A가 허락되며 $V_A - x$를 얻는다(외부비용이 0보다 크면 용도 A가 금지되므로 용도 A가 허락된 경우에는 외부비용이 발생하지 않는다). 반면, 토지 소유자가 용도 B를 선택하면 V_B를 얻고 규제자는 관여하지 않는다. 따라서 $pV_B + (1-p)V_A - x > V_B$일 때, 즉

$$(1-p)(V_A - V_B) > x. \tag{7.7}$$

일 때 x를 지출하는 것이 효율적이다. 이 조건에 따르면, 용도 A와 용도 B의 기대이익의 차이에 규제가 없을 확률을 곱한 값이 투자비용보다 클 때 토지 소유자가 x를 지출하는 것이 효율적이다. 이 조건은 p의 크기에 따라 성립하거나 성립하지 않을 수 있다.

실제의 규제 결정 및 토지 사용 결정. 이제 규제자와 토지 소유자의 실제 결정을 살펴보자. 먼저 규제자의 결정을 생각해 보자. 공공 수용에 대한 논의에서처럼, 우리는 규제 당국이 적절한 경제적 유인이 없다면 반드시 사회적 이익을 위해 행동하지는 않는다고 가정한다. 특히 정부는 완전 보상을 할 때만(즉, $C = V_A - V_B$일 때만) 효율적으로 규제하고, 0을 보상할 때는 과도하게 규제하는 경향이 있다고 가정한다.[39] q를 0을 보상할 때의 규제 확률이라고 정의하자. 여기서 $1 \geq q > p$이다.

이제 토지 소유자의 결정을 생각해 보자. 우선 완전 보상(즉, $C = V_A - V_B$)이 이루어진다고 가정하자. 이 경우, x를 지출하여 토지 소유자가 얻는 수익은 다음과 같다.

$$p[V_B + (V_A - V_B)] + (1-p)V_A - x = V_A - x. \tag{7.8}$$

39 보다 일반적으로, 정부는 완전 보상을 하지 않을 때 과잉 규제할 것이다. 그러나 이 모형에서는 0의 보상과 완전 보상만을 상정한다.

따라서 완전 보상을 하면, 토지 소유자는 규제의 영향을 받지 않는다. 따라서 (7.8)이 V_B를 초과하면, 즉

$$V_A - V_B > x, \tag{7.9}$$

이면 x를 지출할 것이다. (7.9)는 가정에 의해 항상 성립한다. 따라서 완전 보상은 토지 소유자가 (7.7)에 의하면 x를 투자하는 것이 효율적이지 않은 때에도 투자하도록 유도한다. 다시 말해, 토지 소유자는 개발에 과다투자한다. 직관적으로 완전 보상은 토지 소유자가 개발로 인해 발생할 수 있는 외부비용을 무시하도록 만든다(공공 수용 모형에서의 완전 보상과 관련된 도덕적 해이 문제와 같다).

이제 보상이 0이라고 가정하자. 이 경우, 토지 소유자가 x를 지출하여 얻는 기대 수익은 $qV_B + (1-q)V_A - x$이다. 여기서 q는 보상이 0일 대의 규제 확률임을 기억하라. 토지 소유자는 이 수익이 V_B를 초과하면, 즉

$$(1-q)(V_A - V_B) > x. \tag{7.10}$$

이면 x를 지출한다. 이 조건을 (7.7)과 비교해 보면 $q > p$이므로 토지 소유자가 x를 투자하는 경우가 너무 적게 발생한다. 즉, 토지 소유자는 개발에 과소투자한다. 토지 소유자에게 도덕적 해이의 문제가 발생하지 않지만, 정부의 과잉 규제 위협은 x의 투자에서 발생하는 토지 소유자의 수익을 사회적 수익 아래로 감소시킨다.

[표 7.3]은 두 가지 보상 원칙에서의 정부와 토지 소유자의 결정을 요약하고 있다. 분명, 어느 원칙도 두 당사자의 효율적인 결정을 유드하지 못한다. 이 결론은 불법행위 모형과 계약 모형 모두에서 드러났던 문제인 두 당사자의 경제적 유인 사이의 근본적 갈등을 반영한다. 이 결론은 법원과 법학자들이 왜 보상 문제의 해결에 어려움을 겪고 있는지도 설명해 준다. 그러나 이 상충관계는 해결될 수 있다. 불법행위법과 계

표 7.3 규제적 수용과 보상 원칙의 효과

	원칙	
	완전 보상	0의 보상
정부	효율적으로 규제한다.	과잉규제한다.
토지 소유자	개발에 과다투자한다.	개발에 과소투자한다.

약법에서 효율적 책임 원칙을 설계하였던 경험이 방법을 제시해 줄 것이다.

효율적 보상 원칙. 우리는 토지 소유자와 규제 당국 사이의 상호 작용이 불법행위에서 가해자와 피해자, 계약에서 약속자와 피약속자 사이의 상호 작용과 같은 쌍방주의 문제의 또 다른 예라는 관점에서 출발한다. 우리는 이 두 상황에서 임계치 원칙이 두 당사자의 효율적 행동을 유도할 수 있다는 점을 밝혔다. 따라서 규제에 대해서도 다음과 같은 보상 원칙을 생각해 볼 수 있다.

$$C = \begin{cases} 0 & \text{if } V_A - V_B < E \\ V_A - V_B & \text{if } V_A - V_B > E. \end{cases} \qquad (7.11)$$

윗줄은 규제로 인한 토지 소유자의 손해가 외부비용의 절감보다 작으면 보상이 지급되지 않는다는 것이다. 즉, 규제가 효율적이면 보상은 0이다. 반대로, 아랫줄은 규제로 인한 손해가 외부비용의 절감을 초과할 경우 완전 보상이 이루어진다. 즉, 규제가 비효율적이면 손해 전부가 보상된다.

이 원칙은 불법행위의 과실책임 원칙처럼 효율적 결과를 달성한다. 먼저, 정부는 효율적으로 규제(즉, $V_A - V_B < E$)할 유인이 있다. 왜냐하면, 불법행위의 가해자처럼 보상을 원치 않기 때문이다. 정부가 효율적 규제를 하면, 토지 소유자는 규제 확률이 효율적 확률 p라고 생각한다. 또한 토지 소유자는 이 경우 보상을 받지 못한다고 예상한

다. 따라서 토지 소유자는 효율적인 트자 결정을 내린다. 따라서 내쉬 균형에서 두 당사자는 효율적으로 행동한다.

3.3.3. 효율적 보상 원칙의 함의

효율적 보상의 임계치 원칙은 규제적 수용에 관한 법을 이해할 수 있는 단서를 제시한다. 첫째, 이 원칙의 일반적 형태는 효율성을 기준으로 언제 규제가 '지나친가'(too far)에 관한 기준을 설정한다는 점에서 *Pennsylvania Coal* 사건의 홈즈 판사에 의해 제시된 가치 감소 기준과 유사하다. 특히, $V_A - V_B > E$이면, 즉 규제가 비효율적이면 규제가 지나치다고 판단되고 보상이 필요하다. 이런 의미에서 가치 감소 테스트는 보상에 대한 일종의 핸드 원칙을 확립한다.

마찬가지로 (7.11)의 보상 원칙은 유해한 사용 원칙의 적용 기준을 제공한다. 특히, 유해한 사용을 효율적으로 규제된 사용이라고 정의하면, 규제에 대한 무보상은 효율성에 부합된다. 이 해석에 따르면, 가치 감소 테스트와 유해한 사용 원칙은 실제로는 같은 동전의 양면이다. 가치 감소 테스트는 어떤 규제가 효율적 임계치를 초과하고 따라서 보상을 해야 하는지를 정의하고((7.11)의 아랫줄), 유해한 사용 원칙은 효율성 기준에 적합한 규제가 무엇인지를 정의한다((7.11)의 윗줄).

이 관점에서 생각해 보면, *Pennsylvania Coal* 사건에서 홈즈 판사와 브랜다이스 판사의 상충되는 의견은 법이 아닌 사실관계에 관한 의견 불일치를 반영하는 것이라고 해석할 수 있다. 특히 두 판사가 (7.11)의 원칙을 사용하여 결정을 내렸다고 가정하면, 그들의 반대되는 결론은 단지 $V_A - V_B > E$가 성립한다(이 경우 규제가 비효율적이다)는 홈즈 판사의 믿음과 $V_A - V_B < E$가 성립한다(이 경우 규제가 효율적이다)는 브랜다이스 판사의 믿음을 반영하는 것이다. 따라서 그들은 (우리의 해석에 따르면) 적용 가능한 법적 기준에 대해서는 같은 의견이었으나, 보상에 대해서는 의견을 달리하였다.

같은 추론은 생활방해 예외 또한 (7.11)의 원칙과 일치한다고 제안한다. 생활방해 예외는 지배적인 보통법에 따라 생활방해로 취급되는 토지 사용을 금지하는 경우 정부가 보상금을 지급하지 않아도 된다는 것이다. 언급한 것처럼, 보통법은 "합리적인 사람이 발생한 피해의 양이 이익보다 크다고 결론을 내리는가"를 질문함으로써 어떤 행위가 생활방해인지 결정한다.[40] 이 정의에 의하면 생활방해 예외는 (7.11)의 원칙과 똑같은 보상의 임계치를 설정한다.

효율적 보상 규칙에 관한 마지막 논점은 1987년 대법원이 결정한 공공 수용 사건인 *Keystone Bituminous Coal Assn. v. DeBenedictus*(480 U.S. 470, 1987) 사건과 관련된 것이다. 이 사건은 사실관계가 *Pennsylvania Coal* 사건의 사실관계와 매우 유사하여 흥미를 자아낸다. 재판에서 다투어진 규제(Subsidence Act, 침하법)는 석탄 회사들이 지표면을 지지하기 위한 충분한 석탄을 대지에 남겨 두도록 요구하는 주법이었다. 하지만 이 사건에서 법원은 정부에게 보상을 명령하지 않았다. 앞선 결정에 대한 명백한 파기를 정당화하기 위해, 다수 의견을 작성한 스티븐스(John Paul Stevens) 판사는 *Pennsylvania Coal* 사건에서 법은 소수의 사적 토지 소유자만을 보호하였지만,

> 여기에서는 대조적으로 정부가 건강, 환경 및 지역의 재정적 안전성에 대한 공공의 이익을 보호하기 위해 행동하고 있다. … 침하법은 "시간이 흘러 상황이 변하면 … 과거에 순수한 사적 관심의 영역이었던 문제가 공공 이익의 옷을 입는" 대표적 예이다.[41]

분명, 규제의 편익은 표면권의 가치 증가로 인해 이전 사건보다 현저히 컸다(즉, *Pennsylvania Coal* 사건보다 이 사건에서 방지된 피해 E가 더 컸다). 동시에, 석탄 회사의 손실은 경제에서의 석탄의 경제적 가치의 감소로 인해 더 작았다. Fischel(1995b, 48)은 "침하법이 통과된 1960년대까지 개인 소득의 전반적 성장으로 인해 주택 수요와 쾌적한 환경에 대한 수요가 증가하였다. 같은 기간 기술 변화로 석탄의 대체재가 많이 개발되었고

40 Keeton et al.(1984, 630). 1.4도 참조하라.

41 *Keystone Bituminous Coal Assn. v. DeBenedictus*(1987). 인용문은 *Block v. Hirsh*, 256 U.S. 135(1921)에서 발췌한 것이다.

이로 인해 석탄 채굴에 대한 관심은 감소하였다." 그 결과 1922년에 (최소한 홈즈가 생각하기에) 비효율적이었던 규제가 1987년에는 효율적 규제가 되었다. 따라서 이 두 사건에서의 상이한 결정은 적용된 법의 변화가 아닌 경제적 가치의 변화에 기인한 것으로 볼 수 있다.

3.3.4. 투자에 의해 지지되는 기대: 시장은 보상의 필요성을 제거하는가?

Penn Central 사건에서 보상을 결정하는 요건은 해당 규제가 청구인의 '투자에 의해 지지되는 기대'(investment-backed expectations)를 방해하는지였다. 경제적 관점에서 보면, 기대는 시장 가치를 결정하기 때문에 중요하다. 예를 들어, 구매자가 미래에 공터를 개발할 수 있다고 기대하고 있다면, 그 공터는 매우 높은 가격에 판매될 수 있다. 마찬가지로 향후 개발을 금지하는 규제의 위협은 재산의 가치를 떨어뜨릴 것이다.

Michelman(1967)은 영향력 있는 논문에서 시장의 가격 조정이 보상 문제에 영향을 미친다고 주장하였다. 특히 마이클만은 개발자가 규제가 제정된 이후 재산을 매입하였다면 개발자는 "정확히 자신이 매입하고자 한 것, 즉 규제의 위험이 가격에 반영된 토지를 획득한 것"이므로 보상을 청구할 근거가 약하다고 주장하였다(Michelman 1967, 1238). 이 경우 구매자에게 보상을 지급하는 것은 당첨되지 않은 복권의 가격을 환불해 주는 것과 같다.

이는 설득력 있는 주장이며, 법에 반영되었다. 예를 들어, *HFH Ltd. v. Superior Court*(542 P.2d 237, 1975) 사건에서 법원은 다음과 같이 판시하였다. "오래전부터 지역지구 규제법(zoning law)이 존재하고 있다는 것은 재산의 구매자가 지역지구 규제법의 변화 가능성을 명백하게 예측할 수 있다는 것을 의미한다. … 구매자는 재산의 가치에 대한 자신의 추정치를 변화의 확률로 할인하였을 것이다." 이 판결의 뚜렷한 함의는 시장이 보상 원칙을 무의미하게 만든다는 것이다. 이 주장을 수학적으로 표현해 보자. 규제의 위험이 p이고, C가 보상 금액일 때, 앞의 토지 사용 규제 모형에서 구매자가 기꺼이 지급하고자 하는 금액은 다음과 같다.

$$p(V_B + C) + (1 - p)\, V_A - x. \tag{7.12}$$

이 식은 규제 시의 기대보상을 포함한 재산의 기댓값을 제시한다. 따라서 완전 보상이 아닌 0의 보상인 경우, 구매자는 토지에 대한 제시액을 $p(V_A - V_B)$만큼 할인하기 때문에 보상되지 않는 규제로 인해 (기대가치로 보면) 피해를 받지 않을 것이다.

그러나 다른 학자들은 이 주장이 공공 수용 문제를 틀린 시점에서 바라보기 때문에 오류가 있다고 주장하였다.[42] 구매자가 보상되지 않는 규제로부터 피해를 보지 않는 것은 맞지만, 판매자는 확실히 피해를 본다. 왜 그런가? 규제 위협이 존재하기 전, 판매자의 재산의 가치는 개발 용도로 사용할 때의 가치인 $V_A - x$((7.12)에서 $p = 0$일 때)이다. 그러나 일단 규제의 위협이 명백해지면, 그 가치는 (7.12)의 금액으로 떨어지고 판매자는 다음의 손해를 본다.

$$p(V_A - V_B - C). \tag{7.13}$$

완전 보상 원칙($C = V_A - V_B$)만이 손실을 제거한다.

위의 내용은 규제가 실행될 때의 토지 소유자는 구매자이지만, 판매자에게 보상이 이루어져야 한다는 주장처럼 들린다. 그러나 구매자에게 보상금이 지급되면 시장가격이 기대보상액만큼 상승하고, 이를 통해 판매자에게 보상이 이전되므로 판매자의 손실도 제거된다.

이 주장의 타당성은 다음 연습 문제에서 확인할 수 있다.

연습 문제 7.5

개발되면 100,000달러의 순가치를 얻을 수 있는 해변가 토지의 소유자가 있다.

42 Fischel and Shapiro(1988, 287-89)와 Epstein(1985, 151-58)을 참조하라.

소유자는 토지를 개발자에게 판매할 계획이었지만, 그전에 정부가 해변가 토지의 개발을 크게 제한하는 법을 통과시킨다. 이 법으로 인해, 개발이 허용될 확률이 0.1로 떨어진다. 미개발 토지의 가치는 10,000달러이다.

(a) 개발이 거부될 때 보상이 지급되지 않는다면, 토지의 판매 가격은 얼마인가? 토지 소유자가 토지를 판매할 때 입는 손실은 얼마인가?

(b) 완전 보상 원칙에 따르면, 보상액은 얼마인가?

(c) 완전 보상이 이루어질 때 판매 가격과 소유자의 손실을 계산하라.

3.3.5. 보상과 개발 시점

보상이 토지 사용 결정에 미치는 영향에 관한 논의에서, 우리는 완전 보상이 경제적 유인을 왜곡하여 과다 개발투자를 유도한다는 것을 입증하였다. 이제 우리는 0의 보상에 수반되는 비효율성, 즉 토지 소유자가 규제의 위협을 방지하기 위해 서둘러 토지를 개발할 가능성에 대해 논의하려고 한다. 예를 들어, 산림 소유자는 멸종 위기에 처한 동물들이 서식할 것을 두려워하여 서둘러 나무를 베어버릴 수 있다. 토지 소유자는 자신의 토지가 습지로 선언되는 것을 막으려 토지를 개립하고 개발할 수 있다.

앞의 단순 모형을 두 기간 모형으로 확장하면 이 문제가 잘 드러난다(Lueck and Michael 2003). 미개발 토지를 소유한 개발자가 있다. V_N은 지금(1기) 개발할 경우의 토지 가치이고, V_L은 나중(2기)에 개발할 경우의 토지 가치이다. $V_L > V_N$이라고 가정하자. 따라서 규제 위협이 없으면 토지 소유자는 나중에 개발한다. 이제 확률 p로 개발과 관련된 외부비용 E가 발생하지만, 이 비용의 실현 여부는 2기에서만 알려진다. $E > V_L$이라고 가정한다. 따라서 외부비용이 실현되면, 1기에 개발하지 않은 토지를 개발하는 것은 비효율적이다. 토지가 1기에서 개발되었다면, 개발된 토지를 원래대로 되돌릴 수 없다고 가정한다(이것이 선제적 개발이 가능한 이유이다).

이 설정에서 지금 개발해서 얻는 사회적 기대수익은 $V_N - pE$이며, 나중에 개발해서 얻는 사회적 기대수익은 $(1-p)V_L$이다. 따라서 $(1-p)V_L > V_N - pE$이면, 즉

$$(1-p)(V_L - V_N) + p(E - V_N) > 0. \qquad (7.14)$$

이면 나중에 개발하는 것이 효율적이다. 두 항 모두 0보다 크므로 (7.14)는 항상 성립한다. 따라서 나중에 개발하는 것이 항상 효율적이다. 나중에 개발하는 것은 개발자에게도 사적으로 유리하고($V_L > V_N$), 외부비용의 발생도 방지할 수 있다.

이제 개발 시기에 관한 토지 소유자의 사적 결정을 생각해 보자. 개발자가 지금 개발하면, 이익은 V_N이며 규제의 위험은 없다. 개발자가 기다려서 나중에 개발하면, 기대이익은 $(1-p)V_L + pC$이다. 여기서 C는 규제가 시행될 때 받는 보상이다. 따라서 개발자는 $(1-p)V_L + pC > V_N$, 즉

$$(1-p)(V_L - V_N) + p(C - V_N) > 0. \qquad (7.15)$$

이면 나중에 개발한다. 만일 $C=0$이면, 이 조건이 성립되지 않을 수 있다. 이 경우 토지 소유자는 서둘러 토지를 개발한다. 또한 이 가능성은 p가 증가함에 따라 더욱 높아진다($p=1$인 극단적인 경우, 조기 개발이 확실하다). 이는 조기 개발을 방지하려면 일정 수준의 보상이 필요함을 보여 준다. 특히 (7.15)에서 $C=E$로 설정하면 사적 목표와 사회적 목표가 완전히 일치한다. 물론 (7.15)를 만족시키는 0보다 큰 C는 모두 조기 개발을 방지할 수 있다.

4. 시장 대 법: 일반적 거래 구조

법은 시장과 함께 효율적 자원 배분을 달성한다. 법경제학을 관통하는 핵심적 주제는 경제적 분석이 효율적 자원 배분과 관련된 법의 역할을 강조하는 통합적 법 이론을 제공할 수 있다는 것이다. 경제적 접근법의 강점은 다양한 법 영역에 내재된 공통

표 7.4 일반적 거래 구조

		권리 부여	
		목장주	농장주
집행 원칙	재산 원칙	(I) 목장주가 자유롭게 피해를 줄 수 있다.	(II) 농장주는 피해에 대한 금지명령을 얻을 수 있다.
	책임 원칙	(III) 목장주는 피해 감소 비용에 대한 손해배상을 청구할 수 있다.	(IV) 농장주는 피해에 대한 손해배상을 청구할 수 있다.

된 원리를 찾아내는 능력이다. 보통법 여러 영역의 검토 과정에서 개발된 분석 도구, 특히 코즈 정리와 그 추론으로서의 재산 원칙과 책임 원칙의 선택을 이용하여, 우리는 일반적 거래 구조(General Transaction Structure)[43]라고 이름 지은 분석 틀을 명시적으로 제시하려고 한다. 그리고 지금까지 논의된 주제들이 이 분석 틀을 통해 종합적으로 이해될 수 있다는 점을 보일 것이다.

[표 7.4]는 일반적 거래 구조를 제시하고 있다. 기본 구조는 권리 부여와 집행 원칙의 두 가지 이분법적 선택으로 구성된다. 예를 들어, 농부와 목장주의 분쟁에서 권리는 목장주(피해를 '만든 사람') 또는 농부(피해를 '받은 사람')에게 배분되며 재산 원칙 또는 책임 원칙에 의해 보호된다.

앞서 분석하였던 사례를 이용하여, 이 네 가지 조합이 방목된 소로 인해 발생하는 외부 피해를 어떻게 내부화하는지를 설명해 보자. 소가 들아다니면, 농부는 120달러의 손해를 보지만, 목장주가 100달러의 비용으로 울타리를 세우면 피해를 방지할 수 있다(이는 효율적인 결과이다). 두 당사자의 초기 자산은 200달러이다.[44] 따라서 효율적인 결과가 달성된 상태에서의 전체 부는 300달러이며, 이는 초기 자산 400달러에서 울

43 Coase(1960)와 Calabresi and Melamed(1972) 외에도 이 접근 방법은 Elevorick(1985)과 Coleman(1988, 제2장)의 작업에 기초하고 있다.

44 이는 두 당사자가 권리를 구매하거나 책임을 지기에 충분한 재산을 가지고 있음을 의미한다. 따라서 자산 부족 문제의 가능성은 배제된다(제2장 3.3 참조).

타리 설치비용을 뺀 것과 같다.

조합 I에서, 목장주는 소를 방목할 권리를 가지며 권리는 재산 원칙에 의해 보호된다. 이 경우, 농부는 목장주와의 협상을 통해서만 방목된 소를 막을 수 있다. 당사자들이 거래로부터의 잉여를 균등하게 나눈다고 가정하자. 따라서 농부는 목장주에게 110달러를 지불하고 목장주는 울타리를 세운다. 이 결과 발생하는 두 당사자의 수익은 다음과 같다.

농부:	200 − 110 = 90달러
목장주:	200 − 100 + 110 = 210달러
합계:	300달러

조합 II에서, 농부는 방목된 소로부터 자유로울 권리를 재산 원칙에 의해 보호받는다. 이 경우 농부는 방목에 대한 금지명령을 얻을 수 있으므로 목장주가 방목할 권리를 구입해야 한다. 그러나 농부는 120달러를 초과하는 금액(방목된 소로 인한 피해)을 요구할 것이므로, 목장주는 간단하게 100달러를 들여 울타리를 세울 것이다. 이 결과 발생하는 두 당사자의 수익은 다음과 같다.

농부:	200달러
목장주:	200 − 100 = 100달러
합계:	300달러

책임 원칙에 의해 보호되는 권리를 목장주에게 부여하는 조합 III을 생각해 보자. 이 경우, 목장주는 가축을 방목할 권리가 있지만, 농부는 100(울타리 설치비용)의 '손해배상'을 함으로써 목장주가 울타리를 세우도록 강제할 수 있다. 이 결과 발생하는 두 당사자의 수익은 다음과 같다.

농부:	200 − 100 = 100달러
목장주:	200달러
합계:	300달러

마지막으로 조합 IV는 책임 원칙에 의해 보호되는 권리를 농부에게 부여한다. 따라서 목장주는 가축을 방목하고 120달러의 손해배상을 하거나 울타리를 세울 수 있다. 울타리를 세우는 것이 비용이 적게 들기 때문에, 목장주는 울타리를 세운다. 이 결과 발생하는 두 당사자의 수익은 다음과 같다.

농부:	200달러
목장주:	200 − 100 = 100달러
합계:	300달러

이 예는 권리 부여와 집행 원칙의 네 가지 조합이 어떻게 효율적 자원 배분을 달성하는지 보여 준다. 조합 I과 II는 당사자 간의 협상에 의존하며(비록 II에는 실제 거래가 이루어지지 않았지만), 따라서 낮은 거래비용을 요구한다. 조합 III과 IV는 법원이 부과하는 손해배상에 의존한다. 코즈 정리의 예측처럼, 자산의 합계는 변하지 않지만 자산의 분배는 권리의 초기 배분에 영향을 받는다. 이 결과가 [그림 7.8]에 제시되어 있다. 이 그림은 네 가지 조합에서의 농부와 목장주의 자산을 보여 준다. 농부는 권리를 부여받을 때(조합 II와 IV) 자산이 크며, 목장주도 권리를 부여받을 때(조합 I과 III) 자산이 크다.

연습 문제 7.6

농부와 목장주 사례에서, 울타리를 세우는 데 드는 비용이 140달러라고 하자. 네 가지 조합 각각에서 어떻게 효율적 결과가 달성되는지를 설명하라.

그림 7.8 네 가지 조합과 부의 분배

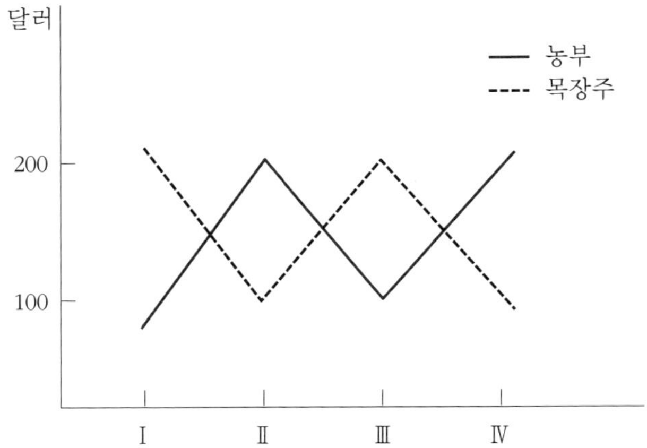

지금 설명한 일반적 거래 구조가 법경제학의 토대를 형성한다. 우리는 불법행위법, 계약법과 재산법에서 이 분석 틀을 적용하였고, 그 일반성을 확인하였다.

외부효과에 대한 피구적 접근은 조합 IV에 해당된다. 외부효과의 생산자는 피해의 원인으로 간주되며, 피해자는 보상을 받는다. 즉, 피해자는 책임 원칙에 의해 보호되는 피해 받지 않을 권리를 가진다. *Boomer* 사건은 이 범주의 예이다. 생활방해법(피해가 심각하다면)과 불법행위법의 모든 책임 원칙도 이 범주에 포함된다. 계약법의 금전적 손해배상도 조합 IV에 해당된다. 계약 파기의 '피해자'는 책임 원칙에 의해 보호되는 이행받을 권리를 가진다.

조합 II는 권리 부여(즉, 피해를 받은 사람에게 권리가 있음)는 조합 IV와 같지만, 재산 원칙으로 보호한다. 따라서 피해의 피해자는 불법침해에서처럼 금지명령의 구제를 받을 수 있다. 예를 들어, *Hadacheck v. Sebastian*(239 U.S. 394, 1915) 사건에서, 법원은 주택개발이 지역에 확산되기 시작하여 주민들이 "그 운영으로 인해 심각하게 불편해지기" 시작하자 벽돌 공장을 폐쇄하라는 명령을 내렸다. 이 사건은 권리의 부여 측면에서 *Boomer* 사건과 유사하지만, 법원은 책임 원칙이 아닌 재산 원칙으로 이를 집행하였다. 이론에 따르면, 이 선택은 벽돌 공장의 소유자와 피해자 사이의 협상비용이 낮을 때(또는 법원이 벽돌 공장을 폐쇄하는 것이 효율적이라고 확신한다면) 효율적이다.

계약법에서 특정 이행의 사용은 조합 II에 해당된다. 이 구제수단에 따라 계약 파기의 피해자는 재산 원칙에 의해 집행되는 권리를 가진다. 따라서 계약 당사자 간의 협상에 의해서만 계약 파기가 이루어질 수 있다. 우리는 협상에 의한 계약 파기가 대부분의 계약 환경에서 가능하다고 주장하였다.

조합 I과 조합 III은 외부비용을 발생시킨 사람에게 권리를 부여한다. 조합 I에서, 외부비용을 발생시킨 사람의 권리는 재산 원칙에 의해 보호된다. 이 조합은 기존의 토지 이용이 새로운 이주자가 제기한 소송으로부터 보호되는 보통법의 '생활방해로의 접근'(coming to the nuisance) 원칙과 부합한다. 예를 들어, *Mahlstadt v. City of Indianola*(251 Ia. 222, 100 N.W. 2d 189, 1959) 사건에서 법원은 주택 개발로 인해 피해의 원인이 된 쓰레기장을 폐쇄하라는 금지명령을 뒤집었다. 이 사건은 *Hadacheck* 사건과 반대이다. 그러나 대다수 주는 생활방해로의 접근 원칙을 부인한다. 높은 거래비용으로 인해 당사자들이 협상을 통해 비용을 내부화하지 못한다고 판단하기 때문이다(Posner 1998a, 70-71). 실제로 미국에서는 생활방해법이 이 이유와 제8장에서 제시하는 다른 이유로 인해 공적 규제로 거의 대체되었다(Merrill 1998, 618).

마지막으로, 조합 III은 외부비용을 발생시킨 사람에게 책임 원칙에 의해 보호되는 권리를 부여한다. 이 조합은 가축 사육장을 토지 개발자가 침범한 *Spur* 사건의 사실관계와 부합한다. 개발자는 생활방해를 이유로 가축 사육장을 폐쇄하려고 하였지만, 법원은 재산 원칙이 아닌 책임 원칙에 의해 보호되는 권리를 가축 사육장에 부여함으로써 생활방해로의 접근 항변을 인정하였다. 따라서 가축 사육장은 폐쇄되어야 하였지만, 개발자는 가축 사육장의 재배치 비용을 지급해야 하였다. 생활방해로의 접근 원칙은 외부 피해와 관련된 사건에서 가해자와 피해자의 상대적 성격(즉, 인과관계의 상호성)을 반영한다. 토지 이용을 침해하는 사건(*Spur* 사건과 *Mahlstadt* 사건)에서, 기존의 이용이 물리적 피해를 발생시킨다고 하더라도 피해자로 취급하는 것이 합리적이다. 그러나 *Spur* 사건과 같이, 생활방해로의 접근을 책임 원칙과 짝 지우는 것이 대다수 생활방해 사건을 특징짓는 높은 거래비용에 대한 효율적인 대응이다.[45]

Spur 사건은 개발자가 보상금을 지급하고 가축 사육장을 폐쇄할 수 있다는 의미에서 일종의 '사적 수용'(private takings)으로 해석될 수도 있다. *Pennsylvania Coal* 사건과 *Lucas* 사건 같은 규제적 수용 사건도 비슷한 형태이며, 따라서 조합 III에 해당된다. 특히 두 사건 모두 사회적으로 유해하다고 생각되는 토지 소유자의 행위를 금지하는 정부 규제에 관한 것이지만, 법원은 소유자에게 상실된 가치를 보상받을 권리가 있다고 결정하였다. *Kelo* 사건의 판결도 정부의 조치가 외부효과의 방지보다는 경제 개발이라는 형태의 '공적 편익'을 부여하는 것을 목표로 한다는 점이 다를 뿐, 이 조합에 해당된다. 정부는 공공 수용한 토지에 대해 보상금을 지급하였다. 반면 *Mugler* 사건과 같이 보상이 이루어지지 않은 사건들은 인지된 '피해'의 생산자(양조장)가 행위를 계속하는 것을 금지하였으므로 조합 II에 해당된다.

5. 결론

경제 이론의 핵심은 시장(합의적) 교환을 통한 효율적 자원 배분의 달성이다. 그러나 외부효과나 높은 거래비용으로 인해 시장이 실패할 경우, 법원이 부과하는 구제수단이나 정부 규제라는 비합의적 교환이 (불완전한) 대안으로 사용될 수 있다. 이 관점에서, 제7장은 표준적인 피구적 접근 방식을 시작으로 이 접근 방식에 대한 코즈적 비판에까지, 외부효과 문제에 대한 다양한 대응 방식을 검토하는 것으로 시작하였다. 코즈 정리는 외부효과를 내부화하기 위해 정부의 개입이 필요하지 않다고 천명한다. 그러

45 그러나 앞서 지적한 것처럼, 개발자와 가축 사육장의 소유자 두 당사자만이 관련되었던 Spur 사건에서 실제로 거래비용이 높았는지에 대해서는 의문이 제기될 수 있다.

나 코즈 정리의 실천적 중요성은 합의된 교환과 강제(즉, 시장과 법) 중 무엇이 최선의 제도적 대응인가를 결정하는 요인들을 제시해 준다는 것이다.

이 장은 또한 사적 개인들 사이의 재산의 강제적 이전(시효 취득 등)과 사적 양도에 대한 제한(상속법)을 검토하였다. 그리고 정부의 사유 재산에 대한 수용과 규제를 분석하였다. 우리는 수용과 관련하여 왜 정부가 사적 시민에게는 부정되는 권한(공공 수용의 권한)을 가져야만 하는가, 그 권한의 적절한 범위는 무엇인가, 그리고 정당한 보상의 척도는 무엇인가를 질문하였다. 또한 보상 원칙이 사적 투자 결정에 미치는 영향도 분석해 보았다.

정부 규제가 규제 대상이 된 재산의 가치를 크게 감소시키면, 공공 수용 문제가 제기될 수 있다. 우리는 보상 문제에 관한 판례법을 검토하고, 보상할 규제와 보상하지 않을 규제의 경계를 설정하기 위해 규제적 수용의 경제 모형을 개발하였다. 그리고 법 이론들을 일관된 경제적 분석 틀로 재구성하기 위해, 모형의 분석 결과를 이용하여 판례법을 재검토하였다.

이 장은 일반적 거래 구조의 제시로 마무리되었다. 일반적 거래 구조는 재산 원칙과 책임 원칙의 이분법이 결합된 외부효과에 대한 코즈적 관점에 입각하고 있다. 우리는 이 구조에 입각하여 시장과 법 사이의 근본적 관계를 이해할 수 있는 분석 틀을 제시하였다. 그리고 이 분석 틀을 사용하여 우리가 다루었던 여러 법 영역에 관한 일관적 견해를 도출하였다.

토론 문제

1. 다음 문장을 논평하라. 코즈 정리는 시장(자발적 교환)과 법(비자발적 교환) 사이의 경계를 정의한다.

2. 주택 개발자는 현재 및 승계 소유자의 행동을 제한하는 제한적 조항을 계약에 포함시키는 경우가 많다. 구매자는 왜 이러한 조항이 포함된 계약을 흔쾌히 받아들이고 높은 가격을 지급하기까지 하는가?

3. 특허 및 저작권에 대한 경제적 근거(아이디어에 대한 한시적 재산권)와 시효 취득(토지에 대한 한시적 재산권)에 대한 경제적 근거를 비교하라.

4. 자선적 기부의 조건이 불법(예를 들어, 백인만 사용하는 도시공원으로 기증된 토지)이거나 실현 불가능하다고 가정하자. 가급적 근사 원칙(doctrine of cy pres)에 따르면, 자선 재단 관리자는 '기증자의 의도의 일반적 범위 내에서' 대체적 용도를 선택할 수 있다(Posner 1998, 557). 이 원칙은 경제적으로 합리적인가?

5. 일부 경제학자들은 장기 기증자의 안정적 공급을 보장하는 방법으로 장기 기증 시장을 만들 것을 주장하였다. 이 시장에서 장기는 시장에서 결정된 가격에 따라 배분되고, 따라서 파레토 효율적 배분이 달성된다. 이 계획에 대한 반대 논거는 무엇인가?

6. 보상에 대한 피해-편익 테스트(harm-benefit test)에 따르면 공공 편익을 제공하는 규제에 대해서는 보상이 지급되어야 하지만, 공공 피해를 방지하는 규제에 대해서는 보상이 지급되어서는 안 된다. 이 차이는 경제적으로 타당한가? 제공된 편익과 방지된 피해 사이에 합리적인 선을 어떻게 그을 수 있는가?

7. 제1장에서 우리는 파레토 효율성과 칼도-힉스 효율성이라는 두 가지 효율성 기준을 검토하였다. 파레토 기준에 따르면 손해를 보는 사람이 완전히 보상된 경우에만 프로젝트가 진행될 수 있다. 반면, 칼도-힉스에 따르면 총편익이 비용을 초과하면, 즉 $B > C$이면(손해를 보는 사람에 대한 보상이 필요하지 않다) 프로젝트가 진행될 수 있다. Michelman(1967)의 기준에 따르면, $B - C > \min(S, D)$이

면 프로젝트가 진행될 수 있다. 여기서 S는 합의비용이고, D는 비도덕화 비용이다. 이 기준을 보고, 마이클만이 파레토보다 관대하지만 칼도-힉스보다 관대하지 않은 이유를 설명하라.

8. 정부가 고속도로 건설을 위해 개인의 토지 일부를 수용하고 보상을 지급해야 한다고 가정하자. 편익 상쇄 원칙(benefit offset principle)에 따르면, 정부는 수용되지 않은 나머지 부분의 토지 가치 증가액만큼 보상액을 감소시킬 수 있다. 이는 경제적으로 타당한가? 만약 수용되지 않은 토지의 가치 증가가 수용된 토지의 가치보다 크다면 어떻게 해야 하는가?

9. 다음 문장을 논평하라. "공공 수용 권한의 행사는 사실상 과세의 한 형태이다. 이는 주관적인 가치를 조세로 징수한다."(Posner 2003, 55).

10. 일부 집주인은 임대료에 상한을 설정하는 임대료 통제가 보상이 필요한 규제적 수용이라고 주장한다. 동의하는가?

11. 다음 각 항목을 재산 원칙 또는 책임 원칙으로 분류하라.
    (a) 과실
    (b) 이행이익 배상
    (c) 특정 이행
    (d) 금지명령
    (e) 공공 수용

단원 문제

1. 한 공장이 매연을 내뿜어 세탁물을 내건 10명의 인근 주민에게 피해를 준다. 손해는 주민당 30달러이다. 두 가지 방법이 매연을 없앨 수 있다. (1) 200달러의 비용으로 매연 차단막을 설치한다. (2) 각 주민이 가격이 25달러인 빨래 건조기를 구입한다.
   (a) 최적의 해결방법은 무엇인가?
   (b) 공장에 피구세를 부과하면 최적의 해결방법이 선택되는가?
   (c) 만일 공장에게 매연을 방출할 권리를 부여한다면 어떤 결과가 발생하는가?
   (d) 어떤 조건이 충족되면 (c)에서 효율적인 결과가 발생하는가?

2. 기차가 농부의 밭에 인접하여 설치된 철로를 하루에 0, 1 또는 2번 운행할 수 있다. 때때로 기차에서 불꽃이 발생하여 농작물에 불이 붙는다. 다음 표는 철도의 총이윤과 농부의 화재로 인한 총피해(달러)를 기차 운행횟수의 함수로 제시하고 있다.

기차 운행횟수	철도회사의 이윤	화재로 인한 농부의 피해
0	0	0
1	150	100
2	200	125

   (a) 사회적으로 최적인 기차 운행횟수는 얼마인가?
   (b) 철도 회사와 농부 간의 거래비용이 0이라고 가정하자. 다음 두 상황에서의 결과를 설명하라.
      (i) 철도 회사는 재산 원칙에 의해 보호되는 원하는 만큼의 횟수로 기차를 운행할 권리가 있다.
      (ii) 농부는 재산 원칙에 의해 보호되는 작물이 피해 받지 않을 권리가 있다.
   (c) 철도 회사와 농부 사이의 거래비용이 크다고 가정하자. 다음의 두 상황에서의 결과를 설명하라.
      (i) 철도 회사는 책임 원칙에 의해 보호되는 원하는 만큼의 횟수로 기차를 운행할 권리가 있다.
      (ii) 농부는 책임 원칙에 의해 보호되는 작물이 피해 받지 않을 권리가 있다.

3. *Pendoley v. Ferreira*(345 Mass. 309, 187 N.E. 2d 142, 1963) 사건은 기존의 돼지 농장 인

근으로 주거지가 확장 개발되어, 거주자들이 불쾌한 냄새를 호소하게 된 사건이다. 주민들은 농장을 폐쇄하라는 금지명령을 청구하였다.

(a) 주민과 농장 간의 거래비용이 적다고 가정하자. 법원의 금지명령의 승인 또는 거부가 효율성에 영향을 미치는가? 설명하라.

(b) 이제 거래비용이 크다고 가정하자. 금지명령의 승인이 효율적 결과를 달성하는지를 판단하기 위해 법원이 파악해야 할 정보는 무엇인가?

(c) 책임 원칙에 입각한 구제수단을 제안하라. 당신이 제안한 구제수단이 효율적 결과를 달성하기 위해 법원이 파악해야 할 정보는 무엇인가?

4. *Goldblatt v. Town of Hempstead*(369 U.S. 590, 1962) 사건은 도시 조례에 의해 지하수면 이하로 내려간 노천광의 계속적 채굴을 금지당한 자갈 채취장의 운영자가 공공 수용을 주장한 사건이다. 법원이 (1) 유해한 사용 원칙, (2) 가치 감소 테스트, (3) 생활방해 예외 또는 (4) 효율적 임계치 원칙에 근거하여 보상 문제를 어떻게 판단할지 논의하라.

5. 개발자는 주거용으로 개발하려고 하는 해변가 토지를 소유하고 있다. 개발자의 사적 수익은 다음과 같다.

개발될 경우의 수익 50,000달러
미개발될 경우의 수익 10,000달러

토지가 개발되면 근처의 세 거주자가 해변 침식으로 인해 피해를 본다고 가정하자. 거주자들의 피해는 다음과 같다.

거주자 1: 20,000달러
거주자 2: 15,000달러
거주자 3: 10,000달러

(a) 토지가 개발되는 것이 효율적인가?

(b) 개발자의 개발권이 재산 원칙으로 보호된다그 가정하자. 개발자와 거주자 간의 거래비용이 0이면, 어떤 결과가 발생하는가?

(c) 세 거주자가 모여서 단체로 행동하는데 총 10,000달러의 비용이 든다면 (b)의 답은 어떻게 변하는가?

(d) 정부가 높은 거래비용 문제를 극복하기 위해 규제 권한을 어떻게 사용할 수 있는지 설명하라.

(e) 개발자의 토지 개발이 금지되고 이것이 공공 수용이라고 판명되면 개발자는 얼마의 보상을 받아야 하는가?

6. 주유소가 주거 지역에 있는 빈 토지에서 영업을 시작하려고 한다. 주유소가 이 장소에서 영업하면 차선의 장소에서 영업할 때보다 500달러의 추가 이익을 얻지만, 인근 100명의 거주자에게 거주자 한 명당 10달러의 외부비용을 부과한다.

(a) 주유소가 주거 지역에 위치하는 것이 효율적인가?

(b) 주유소와 거주자가 외부효과를 해결할 수 있는 두 가지 방법은 (1) 거주자들이 조직화하여 토지를 구입한 후 주거용 사용자에게 재판매하거나, (2) 한 명 또는 여러 명의 거주자가 주유소를 폐쇄해 달라는 생활방해 소송을 제기하는 것이다. 이 사례에서 두 해법이 작동하지 않는 이유를 설명하라.

(c) (b)의 답을 이용하여, 양립하지 않는 토지 사용을 분리하기 위해 도시 대부분이 사용하고 있는 지역지구 조례를 정당화하라.

7. 상업 지구에 가치가 500,000달러인 토지가 있다. 도시가 갑자기 그 토지를 주거용으로 지정하는 계획을 발표한다. 주거용으로 변경되면 이 토지의 가치는 300,000달러로 감소한다. 소유자는 계획 발표 후 지역지구 설정 변경 전에 토지를 판매한다. 토지 구매자는 보상받을 확률을 0.5로 예상한다. 토지 구매자는 얼마를 지불하겠는가? 지역지구 설정의 변경으로 인해 판매자에게 발생하는 손해는 얼마인가?

8. 개발자가 해변가에 여러 개의 미개발 토지를 구입한다. 후에, 주정부는 해안 개발을 크게 제한하는 법을 통과시킨다. 개발자는 개발 허가 요청이 거부되자 토지의 유익한 사용 모두가 거부되었다고 주장하면서 제5차 수정헌법에 따라 보상을 청구한다(*Palazollo v. Rhode Island*, 121 s.ct. 2448, 2001).

(a) 당신은 이 사건을 어떻게 결정할 것인가? 어떤 사건을 인용할 것인가?

(b) 원고가 개발을 제한하는 법 제정 이후에 토지를 구매하였는지가 결정에 영향을 미치는가?

---

chapter 08

형법의 경제학

1. 범죄와 불법행위의 구별
2. 범죄의 경제 모형
3. 범죄의 경제 모형에 대한 경험적 증거
4. 기본 모형의 확장
5. 결론

범죄(crime)는 개인과 재산에 끼치는 손해와 범죄의 예방과 처벌에 드는 비용 두 측면에서 사회에 큰 비용을 부과한다. Anderson(1999)은 범죄의 연간 비용을 총 1조 달러 이상 또는 1인당 4,000달러 이상으로 추정하고 있다. 따라서 경제학자들은 법 집행(law enforcement)에 투입되는 자원의 배분에 관하여 많은 연구를 진행하여 왔다. 그러나 경제학자들은 처벌 위협에 대한 범죄자의 반응에 초점을 맞춘 범죄행위 모형도 만든다. 이는 일부 사람들에게는 놀라운 일로 다가온다. 물론 이런 경제학자들의 두 방향의 노력은 서로 연관되어 있다. 형사처벌의 한 가지 목표(경제적 관점에서 가장 중요한 목표)는 최적 억지 수준(optimal level of deterrence)을 달성하는 것이기 때문이다.

억지 개념은 적어도 일부 범죄자가 합리적인 계산자라는 암묵적인 가정에 기초하고 있다. 즉, 그들은 다른 경제적 결정을 내릴 때와 마찬가지로 예상되는 비용과 편익을 비교하여 범죄를 저지를지 결정한다. 물론 어떤 범죄(예를 들어, 충동 범죄 또는 사이코패스의 범죄)는 의심의 여지없이 비합리적이다. 그러나 일부 범죄자가 합리적이라면, 전체 범죄율은 기대처벌(expected penalty)의 변화에 반응할 것이며, 최적 억지(optimal deterrence) 목표에 관한 논의는 의미를 지닌다.

베커(Becker 1968)의 선구적 연구 이후, 범죄의 경제학은 법경제학의 주요 분야로 자리잡았다. 이 장의 목적은 범죄의 경제학을 소개하는 것이다. 우리는 사고에 의한 피해와는 다르게 취급되는 범죄라는 독립된 범주의 피해가 존재하는 이유를 묻는 것으로 논의를 시작한다. 우리는 이에 관한 몇 가지 설명을 제시할 것이고, 경제학만으로는 결정적인 답을 제공할 수 없다고 결론을 내릴 것이다. 이 장의 나머지 부분은 베커 이후 발전해 온 범죄의 경제 모형을 검토한다. 논의 주제에는 벌금 또는 자유형의 선택, 처벌의 강도와 확률의 영향, 반복 범죄자의 최적 처벌, 사형(사형은 범죄를 억지하는가?), 총기와 범죄의 연관성에 대한 지속적 논쟁, 표현의 자유 등이 포함된다. 비록 포괄적이지는 않지만, 이 주제들은 경제 이론이 형법 체계와 법 집행 구조에 관해 제시하는 새로운 관점을 뚜렷하게 보여 줄 것이다.

이 장에서 제시되는 형법의 경제 분석은 유죄 협상, 보석 제도, 양형에 관한 사법 재량과 피고의 증언거부권(불리한 증언을 하지 않을 권리) 등 실제 형사 소송의 몇 가지 기본적 측면을 생략하고 있다. 이들은 형사처벌을 결정하는 중요한 요소이지만, 범죄에 대한 경제적 접근의 기본 논리를 이해하기 위해 반드시 논의해야 할 주제는 아니다. 우리는 형사 소송의 중요한 주제들을 제9장 소송법에서 논의할 것이다.

1. 범죄와 불법행위의 구별

범죄와 불법행위는 모두 개인 또는 재산에 불법적 피해를 준다. 그러나 형법의 구조는 불법행위법과 매우 다르다. 불법행위법에서는 피해자가 금전적 손해를 보상받기 위해 소송을 제기해야 한다(사적 집행). 반면 형법에서는 국가가 범죄자를 기소하고 심각한 범죄로 유죄 판결을 받은 범죄자를 감금한다(공적 집행). 이런 차이가 존재하는 이유는 무엇인가? 이하에서는 이 질문에 대한 몇 가지 답을 제시한다.

1.1. 범죄는 의도적

법은 사회 구성원에게 타인에게 피해를 주지 않을 의무를 부과한다. 이 의무는 법적 제재(legal sanction)로 뒷받침된다. 사고에 의한 피해의 경우, 법적 제재는 일반적으로 보상적 손해배상 책임으로 제한되며, 이 책임도 과실책임 원칙에서는 가해자에게 과실이 있는 경우로 제한된다. 형사책임을 지는 가해자는 피해를 줄 의도를 가지고 행동했어야 한다. 즉, 범죄자는 '범죄 의도'(mens rea)를 가지고 있어야 한다. 이는 법이 의도적으로 야기된 피해에 더 큰 책임을 부여하고, 따라서 그것을 다른 이름(범죄)으로 부르며 다른 처벌을 부과하기를 원한다는 것을 의미한다.

그러나 의도(intent)는 다른 극단으로서의 과실(실수로 주의를 기울이지 못한 것)과 둘 사이 어딘가에 위치하는 중대한 부주의(recklessness)를 포함하는 연속선상의 한 극단일 뿐이다(Hart 1982, 137). 차이는 가해자의 정신 상태이다. 이는 법원이 관찰할 수 없으며 법적 구분의 좋은 근거가 될 수 없다.[1] 또한 고의의 불법행위(예를 들어, 누군가의 얼굴을 때리는 것)라는 불법행위법의 영역이 존재한다. 불법행위법이 의도적 피해의 비용을 내부화할 수 있다는 것은 의도 자체가 구별의 근거가 될 수 없음을 시사한다. 공적 집행에 대한 보다 완벽한 경제적 정당성은 다른 곳에서 찾아야 한다.

1.2. 공적 집행의 다른 근거

범죄자에 대한 공적 집행과 관련하여, 몇 가지 다른 근거들이 제안되었지만, 이 제안들은 의도의 존재와 직간접적으로 관련되어 있다(Friedman 2000, 제18장). 첫째, 가해자가 의도적으로 피해를 가할 경우, 가해자는 일반적으로 책임을 회피하기 위해 그 행위를 숨기는 조치를 한다. 이로 인해 자원이 제한된 피해자는 범죄자를 식별하고 소송을 제기하기가 매우 어려워진다. 공적 집행은 국가의 자원을 동원하고 피해자의 대리인으로 행동할 검사를 임명함으로써 이 문제를 극복한다. 그러나 예를 들어 기소를 전문으로 하는 사적 대리인에게 손해배상 청구권을 이전하는 것처럼, 이 문제를 시장을 통해 해결하지 못할 이유는 없다. 비록 소송비용 증가라는 상충 효과가 발생하기는 하지만, 제3장의 징벌적 손해배상 논의에서 제안된 불완전한 적발 문제에 대한 다른 해결책은 적발되지 않을 확률을 반영하여 보상적 손해배상액을 증가시키는 것이다.

불완전 적발에 기초한 공적 집행의 필요성에 관한 다른 근거는 가해자의 적발 및 체포와 관련된 규모의 경제가 존재한다는 것이다. 규모의 경제는 경찰력 확립에 높은 고정비용이 든다는 것에서 비롯된다. 이는 일정 범위에서는 운영 규모가 증가함에 따라 평균비용이 감소함을 의미한다. 따라서 자연 독점의 경우와 같이, 일정한 관할 구역 내에 하나의 집행 서비스 제공자를 허용하는 것이 효율적이다. 그러나 독점으로 인

1 Katz(1987, 제3장)는 형사책임 부여의 근거로서 범죄 의도를 사용하는 것과 관련된 문제들을 검토하고 있다.

한 왜곡을 방지하기 위해 제공자는 규제되어야 한다. 하나의 해결책은 집행 기관을 공적 기업으로 구성하는 것이다. 이것이 우리가 실제로 보고 있는 현실이다.

범죄자에 대한 공적 집행에 관한 세 번째 주장은 우리가 범죄로 분류하는 행위가 피해자가 겪는 직접 피해 이외의 공적 피해(public harm)를 발생시킨다는 것이다. 공적 피해에는 잠재적 희생자가 될 수도 있다는 두려움뿐만 아니라 특정 행위와 관련된 "광범위한 사회적 분노와 도덕적 비난"에서 발생하는 비용이 포함된다(Adelstein 1979b, 239). 극단적인 예가 소위 피해자 없는 범죄(예를 들면, 매춘)이며, 이 범죄의 사회적 비용은 전적으로 공적 피해와 관련이 있다(4.7의 추가 논의 참조).

공적 피해가 사적 집행 제도에 야기하는 문제는 개별 피해자가 가해자를 추적하고 기소하기에 불충분한 유인을 가진다는 것이다. 피해의 분산적 성격으로 인해 어느 한 피해자도 필요한 비용을 부담하려고 하지 않는다. 외부효과를 통제하는 한 방법으로서 사적 소송 대신 정부 규제를 사용하자는 주장이 있다는 점을 기억하라.[2] 정부 규제에 상응하는 것이 여기에서는 공적 피해를 발생시킨 범죄자들에 대한 정부의 공적 기소이다.

적발비용과 관련된 사적 집행의 마지막 문제는 Landes and Posner(1975)에 의해 지적되었다. 국가가 다양한 범죄에 대해 벌금을 설정하고 사적 기업에 집행을 위임하는 제도를 생각해 보자. 가해자를 체포하고 유죄를 입증한 첫 번째 기업이 벌금을 획득할 것이다. 다시 말해, 집행은 일종의 경쟁적 현상금 제도를 기반으로 하게 될 것이다(Becker and Stigler 1974). 이 제도가 효율적인 집행 수준을 달성할 수 있는가? Landes and Posner(1975)는 그렇지 않다고 주장한다.

그들의 주장은 다음과 같다. 최적의 범죄 억지는 기대벌금(expected fine) pf를 적절하게 설정함으로써 달성된다. 여기서 p는 체포 확률이고, f는 유죄 판결을 받을 때의 벌금이다(뒤의 최적 처벌에 대한 논의 참조). 현상금 제도의 문제점은 일단 f가 국가에 의

2 제7장의 1.6을 참조하라.

해 설정되면, p는 사적 집행자 간의 경쟁을 통해 결정되며, 그 결과 올바른 수준의 p가 달성되지 못한다는 것이다.[3] 벌금 수준과 집행 수준을 모두 공적으로 통제하는 것만이 최적 조합의 달성을 보장할 수 있다.

1.3. 사적 법 집행의 역사적 예

가해자들에 대한 공적 기소를 지지하는 앞의 주장에도 불구하고, 형법의 집행을 사적 집행에 전적 또는 부분적으로 의존하였던 사회들이 역사적으로 존재한다(사적 집행수단은 공적 집행에 대한 보완책으로 지금도 계속 사용되고 있다. 2.6 참조). 이 역사적 사례들은 공적 집행의 장점을 부각시켜 주지만, 다른 해결책이 가능하다는 것 또한 보여준다.

첫 번째 예는 10세기의 아이슬란드로, 그들은 순수한 사적 법 집행 제도를 만들었다(Friedman 2000, 제17장). 이 사회에서 어떤 개인이 형사 범죄를 저지르던, 손해배상 소송을 제기하는 것은 피해자의 몫이다. 소송을 당한 사람은 법정에 나타나 변호할 의무가 없었으며, 그 사람을 강제로 출석하게 할 경찰력도 없었다. 그러나 소송을 당한 사람이 유죄 판결을 받고 벌금을 지불하지 않으면 피해자는 다시 법원에 가서 그 사람을 무법자(outlaw)로 선고받게 할 수 있었으며, 이렇게 되면 누구나 처벌받지 않고 그 사람을 살해할 수 있었다.

앞서 우리는 공적 집행에서는 발생하지 않는 사법 집행의 몇 가지 잠재적 문제들을 지적하였다. 아이슬란드 제도는 이 문제에 대한 대응책을 마련하고 있었다. 예를 들어, 소송을 제기할 수 없는 피해자는 자신의 청구권을 기소를 잘할 수 있는 사람에게 양도할 수 있었으며, 법원이 결정한 금액을 지불할 능력이 없는 피고는 부채를 갚기 위해 일시적 노예가 될 수 있었다. 마지막으로 적발 문제는 은폐 자체를 형사 범죄

3 특히, Landes and Posner(1975)는 경쟁이 일종의 지대추구 행위긴 법 집행에 대한 과도한 투자로 이어짐을 보여 준다. Polinsky(1980b)도 참조하라.

로 규정하여 해결하려 하였다.

3세기 이상 유지되었던 아이슬란드 제도는 공적 집행이 형법에 대한 실행 가능한 유일한 접근법이 아님을 보여 준다. 이 제도의 궁극적 소멸은 폭력의 증가에 기인한 것으로, 아마도 사적 집행에 기반한 제도의 불가피한 결말일지도 모른다.

사적 집행의 두 번째 예는 18세기 초의 영국이다. 당시 영국에는 우리가 알고 있는 형법은 있었으나, 이를 집행할 경찰이나 공공 검사는 없었다. 대신, 사적 시민(모든 경우라고 할 수는 없지만, 보통은 피해자)이 범죄를 기소할 책임이 있었다. 이 제도에서는 순수한 사적 제도에서와는 달리 피해자인 원고가 손해배상을 범죄자에게 요구할 수 없었기 때문에 심각한 과소집행 문제가 발생하였을 것이다. 그렇다면 피해자는 왜 기소를 하려고 하였을까?

Friedman(2000, 267-68)은 세 가지 가능한 이유를 제시한다. 첫째, 피고가 때로는 더 심각한 형벌을 피하고자 법정 밖에서 합의하려고 하였다. 둘째, (사업주와 같은) 반복 범죄에 취약한 피해자는 범죄자를 기소하는 피해자라는 평판을 확립하는 것이 도움이 되었다. 셋째, 사람들은 자원을 모아 회원에 대한 범죄를 저지른 사람을 추격하는 '기소협회'(prosecution societies)를 결성하였다. 이 협회들은 비록 공적 형태의 더욱 효율적인 규모로 조직될 수도 있었지만, (앞서 언급한 것처럼) 규모의 경제를 활용하였다는 점에서 현대의 경찰력과 유사한 기능을 수행하였다.

1.4. 재산 원칙, 책임 원칙 및 형사 제재

우리는 독립된 범주로서의 형법이 필요한 이유를 공적 집행과 사적 집행의 기술적 차이가 아니라, 효율적 거래 구조(transaction structure)를 유지하는 형사 제재의 기능에 있다는 설명으로 결론을 맺으려고 한다.[4] 제7장 제4절에서 서술한 것처럼, 거래 구조는 재산권 부여 원칙과 부여한 권리의 보호 원칙이 결합된 법적 분석 틀이다. 우리가

4 Calabresi and Melamed(1972), Klevorick(1985), Coleman(1988, 제2장 및 제6장)을 참조하라.

집중한 두 가지 보호 원칙은 재산 원칙과 책임 원칙이었다. 재산 원칙에서 권리 소유자는 받아들일 수 없는 권리 매수 제안을 거부할 수 있다. 반면 책임 원칙에서 권리 소유자는 권리를 취득하려는 자가 법원이 설정한 보상 금액을 지불할 의사가 있는 한 그 제안을 거부할 수 없다.

이것이 도대체 형법과 어떤 관련이 있는가? 다른 사람의 물건을 훔친 도둑을 생각해 보자. 도둑을 체포하고, 왜 우리는 훔친 물건의 가격을 도둑이 벌금으로 지불하는 방법을 사용하지 않는가? 소유자보다 물건을 높게 평가하는 도둑은 기꺼이 벌금을 지불할 것이고, 그렇지 않은 도둑은 물건을 되돌려줄 것이다. 이런 식으로, 물건은 경쟁시장에서와 같이 물건을 가장 높게 평가하는 사람이 보유하게 된다. 이러한 시장 비유의 명백한 문제점은 도둑의 적발이 확실하지 않다는 것이다. 그러나 앞에서 언급하였듯이, 이 문제는 체포 확률을 반영하여 벌금을 높이면 해결된다. 이 확률이 정확하게 측정될 수 있다고 가정하면, 적발 확률을 반영한 기대벌금은 잠재적 도둑이 '효율적 절도'(efficient thefts)만을 저지르게 할 것이다.

이 주장의 진정한 문제점은 거래 구조의 위반을 허용한다는 것이다. 특히, 다른 사람의 재산을 빼앗아 가져간 후 보상금을 지불할 수 있게 함으로써 재산 원칙이 책임 원칙으로 전환되는 것을 허용한다. 이것이 문제인 이유는 거래비용이 낮을 때는 재산 원칙에 따른 시장 교환이 상호 이익을 보장(코즈 정리의 추론 2)하는 바람직한 거래 방식이라는 제7장에서 확립된 원칙 때문이다. 책임 원칙에 따른 강제된 교환은 보상이 너무 높거나 낮게 책정되면 비효율적인 이전을 초래한다.

이 같은 분석이 재산의 절도에 대하여 타당하다면, 신체적 상해에 대해서는 더 큰 설득력을 지닌다. 실제로, 제7장(1.7)의 양도할 수 없는 권리에 관한 논의에 따르면, 사람들은 어떤 상황에서도 자신의 신체적 완전성이나 (표현의 자유나 종교의 자유 같은) 기본적 권리의 거래를 싫어하며, 사회는 이런 거래의 완전한 억지가 바람직하다고 간주한다(Calabresi and Melamed 1972). 이 맥락에서 형법의 역할은 보상적 손해배상에 형벌을 추가하여 할증함으로써 바람직스럽지 않은 재산 원칙과 양도불가능 원칙의 책임 원칙으로의 전환을 막는 것이다. 형벌은 추가 벌금 또는 자유형의 형태를 취할 수 있다. 형법은 합법적 거래에 대한 사후 지불로 해석되는 책임 원칙에서의 보상과는 다른 불법적 거래에 대한 처벌이다(Cooter 1984).

이 견해는 법에 대한 통일된 경제적 접근을 추구하는 우리들에게 매력적으로 들린다. 왜냐하면 불법행위법, 계약법, 재산법의 사법 영역을 연결하기 위해 제7장에서 제안된 분석 틀로 형법이 설명되기 때문이다. 가능할 때에는 시장을 통해 거래를 유도하고 불가능할 때에는 대체적인 거래 구조를 제공함으로써 경제적 거래를 촉진하는 법 제도의 역할에 대한 일관된 시각이 기저에 깔려 있다. 물론 이 주장은 형사처벌을 단순한 가격 체계로 간주하여 법의 도덕적 내용을 사소하게 만들기 때문에, 수긍하지 않을 사람이 많을 것이다(일부는 기분 나빠할 것이다). Coleman(1988, 165)이 지적하듯이, "순수한 범죄의 경제 이론은 범죄의 본질에 대한 우리의 이해를 풍부하게 하지 않고 빈곤하게 만들 뿐이다." 많은 경제학자가 여기에 동의할지도 모른다.

2. 범죄의 경제 모형

체사레 베카리아(Cesare Beccaria)와 제러미 벤담(Jeremy Bentham)과 같은 18세기 학자들도 법 집행의 경제 이론에 관심을 표명하였다. 그러나 최초의 정교한 경제 분석은 게리 베커(Gary Becker)의 1968년 고전적 논문에서 제시되었다. 그 이후 베커의 기본적 통찰력을 확장한 엄청난 양의 연구가 쏟아졌다.[5]

기본적인 범죄의 경제 모형은 두 단계를 거쳐 완성된다. 첫째 단계는 범죄를 저지르는 개별 범죄자의 결정이다. 이 결정을 내릴 때, 범죄자는 범죄행위로부터의 이익과 주어진 것으로 간주되는 기대처벌을 비교한다고 가정한다. 모든 범죄자를 합하면 범

5 Polinsky and Shavell(2000)의 이 분야 연구를 정리한 논문을 참조하라. 본문 내용의 많은 부분이 여기에 기초하고 있다.

죄공급(supply of offenses) 함수가 도출된다. 둘째 단계는 정책 입안자들이 범죄공급 함수를 이용하여 사회적으로 최적인 처벌 체계를 결정하는 것이다. 표준적 경제 모형에서, 최적 처벌 체계의 선택은 사회적 후생함수를 극대화하는 체포 확률과 유죄가 선고되었을 때 받을 처벌의 강도를 결정하는 것이다. 여기서 사회적 후생함수는 (1) 체포비용, (2) 범죄의 사회적 순피해(범죄가 범죄자에게 주는 이익을 포함할 수도 포함하지 않을 수도 있다), (3) 처벌비용의 영향을 받는다. 이하에서 우리는 이 모형을 수학적으로 개발하고 확장한다.

2.1. 범죄자의 범죄 결정과 범죄의 공급

경제학자는 모든 범죄자가 합리적인 비용-편익 계산자로 행동한다고 주장하지 않는다. 그러나 억지 개념은 적어도 일부가 그렇게 행동한다는 것을 전제하고 있다. 이 가정은 주된 목표가 금전적 이익인 내부자 거래 또는 횡령과 같은 소위 화이트칼라 범죄에 대해서는 타당해 보인다. 그러나 감정이나 정신 질환에 의해 유발되는 강간 및 살인과 같은 폭력 범죄에서는 설득력이 떨어진다. 경제학은 후자에 해당하는 개인의 의사 결정에 대해 제시할 것이 많지 않다. 우리의 분석은 전자에 초점을 맞춘다.

개인이 g의 이득을 주는 범죄행위를 계획하고 있다고 가정하자(이득은 반드시 금전적일 필요는 없으며, 개인은 효용 증가에 금전적 가치를 부여할 수 있다고 가정한다). 범죄행위의 비용은 기대처벌이다. 기대처벌은 체포 확률 p에 처벌을 곱한 것이다. 처벌은 벌금 f, 수감 기간 t, 또는 두 가지 모두로 구성된다.[6] c를 단위 시간당 수감이 범죄자에게 부과하는 비용이라고 정의하면, 기대처벌은 $p(f+ct)$이다(물론 $t=0$이면 처벌은 벌금으로만 구성되며, $f=0$이면 처벌은 자유형만으로 구성된다). 범죄자는 이익이 기대비용을 초과하면, 즉

$$g > p(f+ct). \tag{8.1}$$

6 실제로, p는 체포 확률과 유죄 판결 확률을 함께 고려한 확률이다.

그림 8.1 범죄의 공급

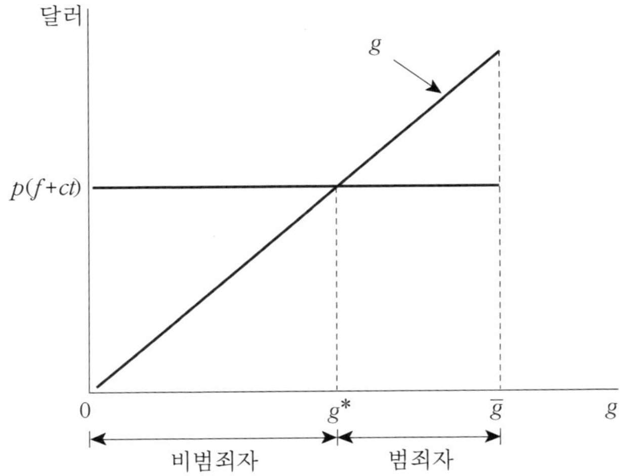

이면 범죄를 저지른다. 이제 잠재적 범죄자가 범죄행위로부터 얻을 수 있는 이익이 범죄자마다 다르다고 가정하자. 구체적으로, g는 0에서 최대 $\bar{g}$까지 분포되어 있다. 그렇다면 부등식 (8.1)이 성립하는 사람은 범죄를 저지르고, 성립하지 않은 사람은 범죄를 저지르지 않는다.

[그림 8.1]은 이 선택을 그래프로 보여 준다. 45도선은 범죄의 이득을 나타내고, 수평선은 기대처벌을 나타낸다. 이 그림을 이용하여, 범죄의 공급 $S(g^*)$를 g가 $g^* = p(f+ct)$로 정의되는 임계치 g^*보다 큰 사람 수로 정의할 수 있다. 따라서 p, f 또는 t의 증가는 기대처벌을 증가시켜 범죄자 수를 감소시킨다.[7] 이는 그림에서 기대처벌 직선의 상향 이동으로 표시되며, 그 결과 임계치 g^*가 상승하고 (8.1)이 성립하는 사람 수가 감소한다.

7 감소의 정확한 크기는 범죄자 이득 g의 확률 분포에 따라 달라진다.

2.2. 최적 처벌

이제 정책 변수 p, f 및 t의 선택과 관련하여 법 집행 당국이 직면한 문제를 살펴보자. 이를 위해서는 사회적 목적 함수의 구성 요소를 명시할 필요가 있다. 앞서 언급한 것처럼, 표준적인 범죄의 경제 모형에서 이들 구성 요소는 체포비용, 사회적 순피해 및 처벌비용(있다면)이다. 이 중 첫째와 셋째 요소는 직접적인 집행비용을 반영하기 때문에 논쟁의 여지가 없다. 그러나 둘째 요소는 베커가 개발한 표준적 모형이 피해자의 피해와 함께 범죄자의 이익을 사회적 후생에 포함시키고 있기 때문에 논쟁적이다. 이는 설명이 필요한 논점이다(Lewin and Trumbull 1990).

스티글러(Stigler 1970, 527)는 이 문제에 대해 최초로 의문을 제기하였으며, 다음과 같이 질문하였다. "사회가 살인, 강간 또는 방화에서 얻는 효용에 긍정적 가치를 부여한다는 증거가 있는가? 사실 사회는 그러한 행위로부터의 효용을 불법적이라고 낙인찍는다." 그러나 이 문제는 그렇게 간단하지 않다. 일부 불법적 행위는 범죄자에게 사회적 효용의 일부가 될 수 있는 편익을 줄 수 있다. 예를 들어, 길을 잃은 등산객이 식량과 대피를 위해 오두막에 침입하는 경우와 남편이 임신한 아내를 병원으로 데려가기 위해 제한 속도를 초과하는 경우가 그것이다.

어떤 편익이 포함되고 어떤 편익이 포함되지 않는지에 관한 질문은 경제학자가 해결하기 어려운 윤리적 문제이다. 더욱이 프리드먼(Friedman)은 일단 범죄자를 '범죄를 저지를 만하였던 자와 그렇지 않았던 자'로 분류하기 시작하면, 범죄자 처벌에 관한 결론을 결과로서 도출하지 않고 '결론을 가정'하는 실수를 저지르게 된다고 주장한다(Friedman 2000, 200). 이 문제를 우회하기 위해, 우리는 사회적 후생에 가해자의 편익을 포함시키는 표준적 관행을 따르되, 이 편익이 사회적 후생에 포함되지 않으면 바람직한 억지 수준이 높아진다는 점에 유의할 것이다(Polinsky and Shavell 2000, 48).

이제 사회적 후생이 특정되었으므로, 최적의 처벌 방식이 도출될 수 있다. 우리는 분석을 단순화하기 위해 단계적으로 접근한다. 먼저 적발에 대한 지출이 고정되어 있어, 적발 확률 p가 일정하다고 가정한다. 다수의 핵심적 결과가 이 단순한 설정에서 도출될 수 있다. 우리는 먼저 벌금만을 사용하는 경우를 분석하고(즉, $t=0$으로 설정), 다음으로 벌금과 자유형을 함께 사용하는 경우를 분석한다. 그 후, 법 집행 당국이 처벌의 유형과 강도는 물론 p도 선택할 수 있는 설정으로 분석을 확장한다.

2.2.1. 최적 벌금

처벌수단을 벌금으로 한정하면, $t=0$이며 (8.1)은 $g > pf$가 된다. p가 이미 일정 수준으로 고정되어 있다고 가정하면 집행 당국이 선택할 수 있는 유일한 변수는 벌금이다. 우리는 당분간 벌금을 부과하고 징수하는 비용이 없다고 가정할 것이므로 f의 크기는 사회적 후생에 직접적인 영향을 미치지 않는다.[8] 따라서 벌금의 크기는 최적 범죄 수준을 달성하기 위해 자유롭게 선택될 수 있다.

최적 범죄 수준을 결정하려면 먼저 범죄 피해자가 받는 피해를 정의해야 한다. h를 범죄로 발생한 피해의 금전적 가치라고 하자.[9] $g > h$인 경우, 즉 범죄자의 이익이 피해자의 피해를 초과할 때에만 범죄가 발생해야 효율성이 달성된다. 범죄에 가장 높은 가치를 부여하는 범죄자의 이익 $\bar{g}$가 h를 초과하는 경우 $g > h$인 범죄자가 존재하기 때문에 일부 범죄는 '효율적'이다. 그러나 $\bar{g} < h$라면, 어떤 범죄자도 범죄의 가치를 범죄의 피해보다 높게 평가하지 않으므로 완전한 억지가 효율적이다(뒤에서 자세히 설명한다). 둘 중 어떤 상황인지는 피해의 크기와 범죄자가 얻는 이익의 분포에 달려 있다.

그러나 법 집행 당국은 이익의 분포를 알지 못해도 효율적 해를 달성할 수 있다. 법 집행 당국은 피해자의 피해만 알면 된다. 구체적으로, 기대벌금을 피해와 같게 설정하면, 즉 $pf=h$로 설정하면 피해를 초과하는 이익을 얻는 범죄자만 범죄를 저지를 것이며, 이것이 바로 효율적 해이다. 이는 최적 벌금이 다음과 같이 설정되어야 함을

8 납부한 벌금은 범죄자가 부담하는 비용이지만 정부의 수입으로 정확히 상쇄된다.

9 불법행위법에서와 같이 필요한 경우 신체적 피해에 금전적 가치를 부여할 수 있다고 가정한다(제2장 3.9 설명 참조).

의미한다.

$$f^* = \frac{h}{p}. \tag{8.2}$$

이 공식에 따르면, 유죄로 결정된 범죄자는 자신이 발생시킨 피해를 초과하는 벌금을 내야 한다. 이 경우 승수는 $1/p$ 이며, 이는 불완전한 적발($p < 1$)을 반영한 것이다. 따라서 최적 벌금의 설정은 불법행위법에서 가해자가 책임을 회피할 수 있을 때 징벌적 손해배상을 사용하는 것과 같은 논리에 기초하고 있다.[10]

2.2.2. 이익 기반 벌금 대 피해 기반 벌금

앞의 최적 벌금은 피해자가 받는 피해의 배수로 설정되었다는 의미에서 피해에 기반한 것이다. 범죄자의 이득은 이 계산에서 무시되었다. 이런 방식으로 벌금을 설정하는 것은 항상 범죄자에게 올바른 유인을 제공한다. 그러나 이득에 기반한 벌금이 기능하는 상황도 있다. 이는 모든 범죄를 억지하는 것이 최적인 때이다(Hylton 2005).

범죄로부터 가장 큰 이익을 얻는 범죄자가 피해자가 받는 피해보다 작은 이익을 얻을 때, 즉 $\bar{g} < h$일 때는 완전한 억지가 최적이다. 이때 법 집행 당국은 벌금을 다음과 같이 설정한다.

$$f_g^* = \frac{g}{p}. \tag{8.3}$$

이 식은 h가 범죄자의 이익 g로 교체된 점을 제외하고는 (8.2)와 같다. 즉, 범죄자는 체포되면 불완전한 적발을 반영한 이익을 벌금으로 내야 한다. 이 벌금에 직면하여, 범죄자들은 $g > pf_g^*$일 때에만 범죄를 저지른다. (8.3)은 범죄자가 범죄로부터 순이익을

10 제2장의 3.4를 참조하라.

기대할 수 없음을 의미한다. 범죄의 이익이 기대벌금과 같은 모든 범죄자가 억지된다고 가정하면, 이득에 기반한 벌금은 효율적인 결과(즉, 범죄 없음)를 달성한다고 결론지을 수 있다.

이 상황에서 피해에 기반한 벌금도 똑같이 잘 기능할 것이다. 그렇다면 왜 이득에 기반한 벌금이 사용되는가? 한 가지 이유는 범죄자의 이익이 피해자의 피해보다 측정하기가 더 쉬울 수 있다는 것이다.[11] 내부자 거래가 그 예이다. 이 경우 내부자가 얻은 이익의 측정이 범죄로 인한 시장 비효율성이라는 피해의 측정보다 쉽다.

연습 문제 8.1

피해자에게 100달러의 피해를 주는 범죄가 있다. 두 명의 잠재적 범죄자가 있다. 한 명은 범죄로부터 40달러를 얻고, 다른 사람은 80달러를 얻는다. 체포 확률은 0.5로 고정되어 있다고 가정하자.

(a) 어느 범죄자가 범죄를 저지르는 것이 효율적인가?

(b) 벌금이 실제 피해와 동일하게 설정되었다고 가정하자(즉, $f = 100$). 범죄자 중 누가 범죄를 저지를 것인가?

(c) 피해에 기반한 최적 벌금을 계산하고, 이 벌금이 효율적인 결과를 달성함을 보여라.

(d) 각 범죄자에 대한 이익에 기반한 최적 벌금을 계산하고, 이 벌금 또한 효율적인 결과를 달성함을 보여라(무차별한 경우, 범죄자는 범죄를 저지르지 않는다고 가정하자).

2.2.3. 벌금과 자유형

지금 우리는 범죄자가 최적 벌금을 낼 수 있는 충분한 자산을 가지고 있다고 암묵적으로 가정하였다. 이는 많은 경우에 사실이 아니며, 벌금이 유일한 처벌이라면 자산 부족 문제로 이어질 수 있다. 이 문제는 추가적 억지를 달성하기 위해 자유형을 이용

11 그러나 Polinsky and Shavell(1994)은 측정 오차로 인해 일반적으로 피해에 근거한 처벌이 선호된다고 주장한다.

그림 8.2 범죄자의 자산이 한정되어 있을 때의 최적 벌금

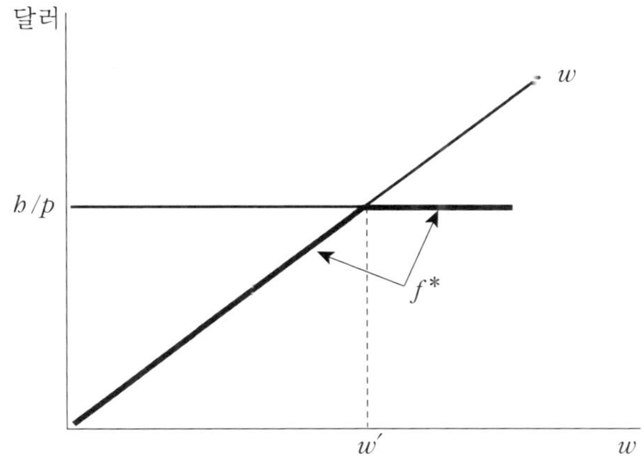

하는 것에 대한 경제적 근거를 제공한다. 그러나 자유형은 비용이 많이 든다는 점에서 벌금과 다르다. 따라서 자유형의 추가(또는 수감 기간의 연장)는 범죄자에게 비용을 부과하지만, 사회에도 비용을 발생시킨다. 이는 자유형이 사용되기 전에 범죄자의 최대 자산까지 벌금을 부과하는 것이 최적이라는 것을 의미한다(Polinsky and Shavell 1984).

이를 수학적으로 표현해 보자. 범죄자의 자산을 w라고 하면, 최적 벌금은 다음과 같이 구체화할 수 있다.

$$f^* = \begin{cases} h/p & \text{if } h/p \le w \\ w & \text{if } h/p > w. \end{cases} \tag{8.4}$$

따라서 범죄자의 자산이 충분하다면 벌금은 h/p로 설정하지만([그림 8.2]에 따름), h/p가 범죄자의 자산을 초과하면 벌금은 최대한 높게 설정된다. 예를 들어, h = 1,000달러, p = 0.5라고 하자. 따라서 최적 벌금은 2,000달러와 범죄자의 자산 중에서 적은 금액이다. [그림 8.2]는 이를 그래프로 보여 주고 있다.

범죄자의 자산이 한정되어 벌금이 b/p 보다 적을 때(즉, [그림 8.2]에서 $w < w'$ 일 때), 자유형에 비용이 든다는 사실은 자유형을 이용하여 추가 억지를 달성하는 것이 최적일 수도 또는 그렇지 않을 수 있음을 의미한다. 억지의 증가로 인한 한계편익이 추가 제재의 사회적 한계비용을 초과하는 경우에만 자유형이 바람직할 것이다. 이 조건은 가장 적은 자산을 가진 범죄자에 대해 성립될 가능성이 가장 크다. 왜냐하면 그들이 가장 과소억지되는 범죄자이기 때문이다(우리는 이 논점을 2.2.6에서 확장한다). 다음 연습문제는 자유형이 사회적으로 바람직하다고 가정하고 벌금과 자유형의 최적 조합을 계산하는 문제이다.

연습 문제 8.2

최적 억지가 범죄자의 기대처벌이 4,000달러가 되도록 벌금과 자유형을 설정하는 것이라고 가정하자(즉, 범죄로부터 4,000달러 미만의 이득을 얻는 범죄자는 범죄를 저지르지 못하도록 억지되어야 한다). 체포 확률은 0.5, 범죄자의 자산은 2,000달러, 감옥에서의 한 달이 범죄자에게 부과하는 비용은 500달러이다. (8.1)의 공식을 사용하여 벌금과 수감 기간(개월)의 최적 조합을 계산하라.

2.2.4. 수감, 보호관찰 및 가석방

자유형이 범죄자에게 부과될 수 있는 비금전적 제재의 유일한 형태는 아니다. [표 8.1]에서 볼 수 있듯이, 2014년 현재 미국에서 교정적 감독을 받는 모든 성인의 3분의 2 이상이 수감이 아닌 가석방(수감 상태로부터의 조기 석방) 또는 보호관찰(수감을 대체하는 석방)과 같은 일정 형태의 감독된 석방 상태에 있다. 감독된 석방의 중요한 사회적 편익은 수감보다 처벌비용이 크게 낮다는 것이다. 예를 들어, 미국 법원행정처는 2012년 연방 교도소의 수감자 1인당 연간 비용이 28,948달러지만, 보호감찰관의 감독을 받는 범죄인의 1인당 연간 비용은 3,347.41달러라고 추정하고 있다.

석방이 처벌의 사회적 비용을 감소시키지만, 범죄자에 대한 처벌을 감소시켜 억

표 8.1 교정적 감독하에 있는 성인(2014년)

	숫자	비율(%)
수감 또는 구치	2,224,400	32.0
가석방	856,900	12.3
보호관찰	3,864,100	55.6

출처: 미국 법무 통계국(www.bis.gov).

지력을 낮출 수 있다. 또한 감독된 석방 상태의 범죄자는 추가 범죄를 저지를 수 있다. 이러한 결점에도 불구하고, 보호관찰과 가석방은 적절하게 사용될 경우 형사처벌의 중요한 수단이 될 수 있다(Miceli 1994b; Polinsky 2015).

예를 들어, 보호관찰은 추가 범죄를 저지를 가능성이 낮고 형사 유죄 판결을 받았다는 낙인만으로도 높은 비용을 치러야 하는 초범에게 효과적인 제재이다.[12] 처벌의 한계비용이 크고 억지의 한계편익이 거의 없으므로 초범의 수감은 비용 효율적이지 않다. 그렇다면 왜 초범에게 벌금 이외에 형벌을 부과하는가? 하나의 이유는 제한된 기간의 보호관찰이 범죄자의 위험에 대한 평가 오류를 수정하는 저비용의 방법을 사법 제도에 제공하기 때문이다. 만약 범죄를 저지르거나 보호관찰의 규칙을 위반하면 범죄자는 정식 재판 없이 수감될 수 있다.

직접비용의 절감 이외의 가석방 또는 조기 석방의 주요 이점은 수감자가 올바르게 행동할 수 있는 유인을 제공하여 수감자 감시비용을 절감한다는 것이다. 결과적으로 가석방 가능성을 줄이거나 없애는 정책(삼진아웃법 등)은 순응하지 않는 수감자를 만드는 부정적 효과를 가져올 수 있다.[13] 그러므로 엄격한 처벌로부터의 억지력 증가가 처벌비용의 증가를 상쇄하는가는 경험적 질문이다(우리는 뒤에서 삼진아웃법에 대한 증거를 살펴볼 것이다).

---

12 낙인 또는 수치심이 범죄 억지에 미치는 영향에 관해서는 Rasmusen(1996)과 Kahan and Posner(1999)를 참조하라.

13 따라서 가석방의 유인 효과는 한계 억지의 개념과 유사하다. 2.2.6을 참조하라.

2.2.5. 변수로서의 체포 확률

지금까지의 분석은 체포 확률을 고정된 것으로 간주하였다. 그러나 정책 입안자는 법 집행(주로 경찰력)에 대한 지출 수준을 선택함으로써 이 변수를 통제할 수 있다. 우리는 벌금만 사용할 때의 p의 최적 선택과 벌금과 자유형을 함께 사용할 때의 p의 최적 선택을 살펴본다.

벌금만 사용하는 경우. 범죄자의 처벌에 벌금만을 사용할 경우, 우리는 기대벌금 pf를 피해자의 피해 h와 같게 설정하여 최적 억지를 달성할 수 있다. p가 고정된 상수인 경우, 최적 벌금 h/p가 도출된다. 그러나 p가 변수라면 결과가 달라진다. 무엇보다도 기대벌금 pf가 일정하게 유지되면 범죄 수준(억지)은 변화하지 않는다.[14] 따라서 바람직한 억지 수준에서(즉, 선택된 pf에서), 법 집행 당국의 문제는 집행비용과 처벌비용의 합을 최소화하는 p와 f의 조합을 선택하는 것이다. 벌금 부과에는 사회적 비용이 수반되지 않지만, 체포에는 비용이 들기 때문에 최적 벌금은 가능한 한 높게 설정되어야 한다(이는 체포 확률이 가능한 한 낮게 설정되어야 함을 의미한다).

[그림 8.3]은 이 결과를 그래프로 보여 준다. 음의 기울기를 가진 곡선은 등억지곡선(iso-deterrence line)으로, pf(따라서 억지 수준)를 일정하게 유지하는 p와 f의 조합을 나타낸다(이 곡선은 직각 쌍곡선이다). p를 높이는 것은 비용이 들지만, f를 증가시키는 것은 비용이 들지 않으므로, 화살표 표시 방향으로 곡선을 따라 내려가면, 즉 p를 낮추고 f를 높이면 집행비용이 낮아진다. 따라서 최적의 전략은 벌금을 가능한 한 높게(범죄자의 자산과 같은 수준으로, 즉 $f^* = w$) 설정한 다음 선택된 등억지곡선에서 이 벌금에 상응하는 체포 확률(p^*)을 설정하는 것이다.

낮은 체포 확률과 높은 벌금이 최적 법 집행 전략이라는 결론은 베커가 처음 제시한 것이며 범죄의 경제 모형의 핵심적 결론 중 하나이다. 뒤에서 우리는 이 전략이 실

---

14 이는 범죄자가 위험 중립적이라고 가정한 것이다. 범죄자가 위험 회피적 또는 위험 선호적이면 이 결론은 달라진다. 2.2.6을 참조하라.

그림 8.3 주어진 억지 수준에서의 최적 벌금과 체포 확률

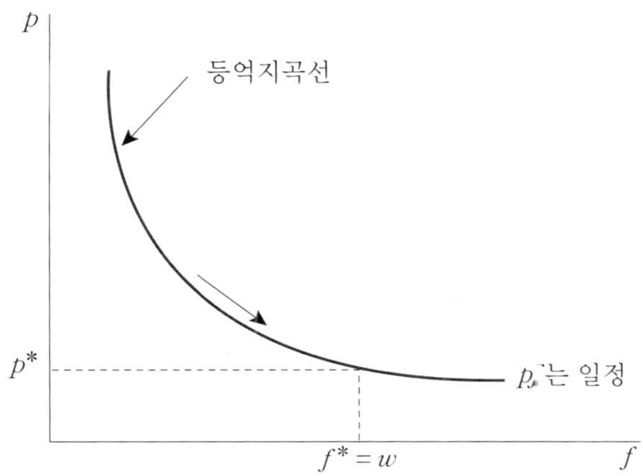

제로 사용되지 않는 몇 가지 이유를 살펴볼 것이다.

최적 법 집행 전략을 세우는 다음 단계는 어떤 등억지곡선이 최적인지를 결정하는 것이다. 일반적으로 사회적 순피해의 한계 감소가 집행비용의 한계 증가와 같은 지점까지 억지 수준을 증가시켜야(즉, 범죄율을 감소시켜야) 한다.[15] 이 결과로 도출되는 p^* 값에 대한 간단한 공식은 없지만, 최적 상태에서 $p^*f^* = p^*w < h$, 즉 기대벌금이 범죄의 사회적 피해보다 적다는 것을 증명할 수 있다. 결과적으로 일부 범죄자들이 사적 이익(g)이 사회적 비용보다 작은 범죄를 저지른다는 의미에서 '과소억지'가 존재한다.[16]

일정한 과소억지가 바람직한 이유를 확인해 보자. 우선 우리가 $pf^* = h$(p가 고정되어 있을 때의 최적)로 설정한다고 가정하자. p를 조금 낮추면 집행비용은 절약되지만, 일

15 이 문제는 주어진 산출량 수준에서 투입비용을 최소화한 다음 이윤을 최대화하는 산출량을 선택하는 기업의 문제와 유사하다. 여기서 p와 f는 기업의 투입물에 해당되고, 범죄율은 산출량에 해당된다.

16 이는 (8.1)에서 한계 범죄자에게 $g = p^*f^* < h$가 성립하기 때문에 사실이다.

부 추가 범죄가 발생한다(f가 이미 w로 설정되어 있으므로, p의 감소를 f의 증가로 상쇄시킬 수 없다). 그러나 가정에 의해 한계 범죄자에게는 $g = pf^* = h$가 성립하여 $h - g = 0$이므로, 늘어난 범죄로 인한 사회적 손실은 작다. 따라서, p를 낮추면 사회적 순이익이 발생한다. 이것이 $p^*f^* = h$가 최적이 아님의 증명이다.[17] 그러나 궁극적으로 늘어나는 범죄는 한계 범죄자의 이익이 h 이하로 떨어짐에 따라 순손실을 초래한다. 이 한계손실이 집행비용의 한계절감과 같아지는 지점에서 최적의 p^*가 결정된다.

벌금과 자유형을 사용하는 경우. 벌금과 수감 기간 및 체포 확률이 모두 변수일 때에도, 벌금을 범죄자의 자산과 같게 설정하는 것이 바람직하다. 남은 두 변수 사이의 선택은 이 변수가 사회적 후생에 미치는 상대적 영향에 따라 달라진다. 이 문제를 예를 통해 살펴보자. 최적의 억지 수준이 기대처벌을 4,000달러로 설정하는 것이라고 하자. 또한, 1개월의 수감이 범죄자에게 발생시키는 비용이 500달러이고 범죄자의 자산이 2,000달러라고 가정하자.

최적 집행은 먼저 벌금을 범죄자의 자산과 같은 2,000달러로 설정한 다음, (8.1)의 최적 억지 방정식을 p와 t의 함수로 표시하여 도출할 수 있다.

$$p(2{,}000 + 500t) = 4{,}000\text{달러}. \tag{8.5}$$

$p = 0.5$로 설정하면, 최적 수감 기간은 12개월이다(연습 문제 8.2 참조). 기대 수감 기간 pt는 $(0.5) \times (12) = 6$개월이다. 이제 체포 확률을 0.5에서 0.4로 낮추면 1,000달러를 절약할 수 있다고 가정하자. 최적의 억지를 유지하기 위해서는 수감 기간이 16개월로 증가해야 하며, 그 결과 기대 수감 기간은 $(0.4) \times (16) = 6.4$개월로 증가한다. 우리는 이 예에서 억지 수준을 일정하게 유지하고 있으므로, p를 낮추는 것이 사회적 후생에 미치는 영

17 이 결과는 Polinsky and Shavell(1984)에 의해 처음 입증되었다.

향은 집행비용의 절감이 기대 수감 기간을 6에서 6.4개월로 증가시킬 때 발생하는 처벌비용의 증가를 충분히 상쇄하는가에 달려 있다.[18] 예를 들어, 수감의 사회적 비용이 한 달에 2,000달러라면 추가비용은 (0.4) × (2,000) = 800달러로 p를 낮추어 절감되는 비용 1,000달러보다 적다. 따라서 이 예에서는 t를 늘리면 순이익이 발생한다.[19]

2.2.6. 벌금을 범죄자의 자산과 같게 설정하지 않는 이유

집행비용을 절감하고 자유형을 사용하지 않기 위해 범죄자의 자산 한도까지 벌금을 부과하는 것이 효율적이라는 처방은 현실과 부합하지 않는 것 같다. 이런 의미에서 경제 이론은 실제 형사처벌을 설명하지 않는다. 여기에서는 벌금이 최대한 높게 설정되지 않는 이유를 생각해 본다. 당연히, 이유 중 일부는 형사 사법 제도의 기본이 되는 효율성 이외의 가치를 반영한다.

1. 벌금 부과는 비용을 발생시킨다. 우리는 벌금의 부과나 벌금액의 변경에 사회적 비용이 발생하지 않는다고 가정하였으나, 실제로는 그렇지 않다. 사회적 비용이 발생하는 첫 번째 이유는 벌금 징수에 비용이 들기 때문이다(Levitt 1997a). 첫째, 범죄자는 자신의 자산에 관한 사적 정보를 가지고 있고 단순히 파산을 주장하면서 납부를 거부할 수 있다. 둘째, 범죄자 자산의 상당 부분이 압수 및 판매에 큰 비용이 드는 물리적 형태의 자산일 수 있다.

금융 자산이 없더라도, 범죄자는 이론적으로 정부가 장기간에 걸쳐 벌금으로 받아낼 수 있는 미래 수입을 창출하는 상당한 인적 자본을 가지고 있을 수 있다. 그러나 열심히 일하여 벌금액만큼의 소득을 창출하도록 범죄자를 강제할 방법이 없으므로 이 방법도 비용이 많이 든다. 징역은 약간의 수입을 만들어 낼 수 있지만, 비용을 충당

18 일반적으로 p와 t를 조정할 때 억지 수준을 고정시키는 것이 최적이라고 할 수 없지만, 이 가정이 일반적 논점에 영향을 미치지는 않는다. 수감의 사회적 비용은 수감이 범죄자에게 발생시키는 비용(이 예에서는 500달러)과 범죄자에게 주거와 식품을 제공하는 사회의 비용을 더한 것이다.

19 t를 늘리는 것의 장점 중 하나는 실제로 체포된 범죄자만이 수감되기 때문에 t가 p로 할인된다는 것이다.

하기에는 충분하지 않을 것이다(Friedman 2000, 237). 이런 비용 때문에, 설정된 벌금을 지불할 수 없는 (또는 지불하기를 원하지 않는) 범죄자의 수감이 최적 형벌일 경우가 많을 것이다.

벌금 징수와 관련된 두 번째 유형의 집행비용은 벌금의 크기가 증가하면 범죄자의 체포 회피 노력 역시 증가한다(예를 들어, 속도위반 벌금이 오르면 사람들이 레이더 탐지기를 설치한다)는 것이다(Malik 1990). 이 주장은 다음과 같이 설명할 수 있다. 체포 확률 $p(x)$가 범죄자의 체포 회피 투자 x의 함수라고 하자.[20] 벌금이 f이면 범죄자는 다음을 최소화하는 x를 선택한다.

$$x + p(x)f. \tag{8.6}$$

체포 회피의 한계편익은 기대벌금 $p(x)f$의 감소이므로, 최적 x는 벌금이 오르면 증가할 것이다. 따라서 벌금 수준을 높이면 범죄자의 체포 회피 투자의 증가(사회적으로 낭비이다)와 체포비용의 증가라는 두 가지 형태의 사회적 비용이 발생할 것이다.

2. 잘못된 유죄 판결은 비용을 발생시킨다. 높은 벌금의 다른 사회적 비용은 무고한 피고를 잘못 처벌할 가능성과 관련이 있다. 제2장에서 보았고 제9장에서 다시 보듯이, 법적 책임(과실 또는 유죄)에 대한 사법적 결정의 불확실성은 잘못된 유죄(1종 오류)와 잘못된 무죄(2종 오류)라는 두 가지 유형의 오류를 발생시킨다. 형사 유죄 판결에 요구되는 높은 수준의 입증은 형사 사건에서 2종 오류보다 1종 오류의 비용이 크다는 것을 반영하고 있다. 그러나 높은 수준의 입증 요구와 기타 절차적 보호조치조차도 잘못된 유죄 판결을 완전히 제거할 수는 없다. 잘못된 처벌로 인한 사회적 손실은 처벌의 심각성에 따라 증가할 가능성이 크다. 따라서 1종 오류로 인한 비용이 사회적 후생에 포

20 이 문제는 최적의 주의 수준을 선택하는 가해자의 문제와 비슷하다.

함되면 최적 벌금은 낮아져야 한다(Harris 1970; Miceli 1991b).

물론, 잘못된 처벌의 비용은 잘못된 자유형의 경우에 훨씬 높으므로, 이 주장은 자유형이 벌금을 대체하는 이유는 설명하지 못한다(사실, 그 반대가 되어야 한다). 그러나 위험한 범죄자의 격리가 형사처벌의 목표라면 자유형이 벌금보다 선호된다(2.4 참조).

3. 처벌은 범죄에 비례해야 한다. 벌금 또는 기타 형사처벌의 강도를 제한하는 가장 중요한 요인은 처벌이 범죄에 적합해야 한다는 많은 사람이 가지고 있는 상식일 것이다. 예를 들어, Adelstein(1981, 7)은 영미 형사 사법 체계를 설명하면서 다음과 같이 말한다. "수백 년 동안 우리의 법질서는 눈에는 눈이라는 비례성의 규범에 의해 완화된 응보적 처벌의 법질서였다." 물론, 비례성의 개념은 로마법, 구약, 코란으로 거슬러 올라가는 훨씬 오래된 것이다.[21]

그러나 최적 억지를 달성하는 벌금 수준에 관한 앞의 논의로부터 비례적 처벌이 범죄를 과소억지한다는 점은 명확하다. 이유는 간단하다. 불완전한 적발이다. 만약 적발이 확실하다면, 비례적 벌금은 최적 억지를 달성할 것이다. (8.2)로부터 $p=1$이면 $f^* = h$이다. 즉, 최적 벌금은 피해와 같다(이는 보상과 억지가 서로 양립할 수 있는 불법행위의 민사 책임에 대한 일반적 가정이다). 그러나 $p<1$이면 비례적 벌금은 너무 낮은 벌금이며, 결과되는 범죄율은 너무 높은 범죄율이다.

비례적 벌금과 최적 억지를 달성하는 벌금 사이의 충돌은 잘못된 처벌에 대한 기피와 밀접한 관련이 있다. 그 이유는 다음과 같다. 최적 억지를 달성하기 위해 승수 $1/p$를 사용하는 것은 적발된 범죄자가 자신의 범죄뿐만 아니라 적발을 모면한 사람들의 범죄에 대해서도 처벌된다는 것을 의미한다. 예를 들어, 3건의 범죄가 발생하고 각각이 1,000달러의 피해를 주지만 한 명의 범죄자만 체포된다고 가정해 보자. 최적 억지 벌금은 3,000달러이며, 세 명의 피해자의 피해가 한 명의 범죄자에게 부과된다. 그러나

21 Posner(1980, 71)을 참조하라. 형사처벌의 근거로서의 보복 또는 복수의 개념은 4.5에서 논의된다.

이 범죄자는 개인적으로 1,000달러의 피해만을 주었다. 그러므로 한 범죄자는 "다른 사람들의 죄를 짊어진다."[22] 그러나 사전적으로 체포될 확률이 같다면 각 범죄자는 1,000달러의 기대벌금에 직면한다. 이 기대벌금은 기대처벌을 사회적 손해와 같게 만들어 최적 억지를 달성한다.

아마도 비례성의 규범이 강조되는 가장 중요한 제도적 요인은 판사와 배심원의 재량과 결합된 형사 재판 과정의 순차적 특성이다. 최적 억지는 본질적으로 미래 범죄의 예방을 목표로 하는 미래지향적(forward-looking) 처벌 이론이다. 따라서 범죄가 발생하기 전에 가장 설득력이 있으며, 범죄자는 얼굴 없는 개인으로 취급된다. 반대로 비례성(또는 응보)은 범죄가 발생한 후 범죄의 세부 사항에 초점을 맞추는 회고적(backward-looking) 이론이다. 형사 재판이 이 단계에 이르면 범죄자는 실제 인물이며, 판사와 배심원은 특정 범죄자가 부과한 구체적 피해에 비해 지나치게 엄격한 선고를 하는 것에 불편함을 느낀다.[23]

이것이 사실이라면, 최적 억지를 달성하는 유일한 방법은 양형에서 사법적 재량을 제거하는 것이다. 최근 의무적 선고(예를 들어, 삼진아웃법)를 위한 입법 노력은 형사처벌에 대한 미래지향적 접근과 회고적 접근 사이의 상호 작용을 반영한다. 그러나 엄격한 의무적 처벌은 배심원이 유죄 평결을 내리기에 앞서 증거 기준을 강화하도록 유도하는 결과만을 초래할 수 있다(Andreoni 1991). 이 전략의 극단적인 예는 소위 배심원에 의한 법의 무시(jury nullification)인데, 증거가 있음에도 불구하고 배심원이 부당하다고 생각되는 처벌을 내리지 않기 위해 피고의 유죄 평결을 거부하는 것이다. 결국, 비용 절감을 위해 벌금을 높이고 집행 노력을 줄이는 경제적 전략은 현재 구조화되어 있는 형사 절차와 충돌한다(제9장 3.3에서 처벌에 대한 사법적 재량을 더 논의한다).

22 Wittman(1974, 217)을 참조하라. 이런 형태의 형벌은 같은 사람들은 같은 취급을 받아야 한다는 수평적 형평성(horizontal equity)의 원칙에 위배된다.

23 이에 관한 증거로는, Dawson(1969, 201), Wittman(1974, 233-34), Mermin(1982, 54)을 참조하라. 비례적 처벌을 지지하는 또는 기각하는 경험적 증거에 관해서는 Snyder(1990)와 Waldfogel(1993)을 참조하라.

4. 부자와 가난한 자는 동등한 대우를 받아야 한다. 최적 벌금이 범죄자의 자산과 같게 설정되어야 한다는 사실은 부자와 가난한 자가 다르게 취급된다는 것을 의미한다. 부자는 높은 벌금을 낼 것이고, 가난한 자는 수감될 것이다. 이러한 처벌 체계에 대해서는 부자가 벌금을 내고 자유형을 벗어나는 것이 허용될 수 있는가라는 질문이 제기된다(Lott 1987). 동등한 대우를 믿는 사람들은 아니라고 말한다. 이는 벌금은 개별 범죄자의 자산에 의해 제한되는 것이 아니라 가장 가난한 범죄자의 자산에 의해 제한되어야 한다는 것을 의미한다.

그러나 부자와 가난한 자에 대해 같은 벌금 및(또는) 수감 기간을 설정하면(두 사람이 같은 범죄를 저질렀다는 가정하에) 억지와 관련한 상반된 효과가 발생한다. 한편으로, 부자의 속도위반과 같은 잘못된 행동을 억지하려면 그 행동이 부자에게 더 큰 가치가 있으므로 더 높은 벌금이 부과되어야 한다(스칸디나비아 국가는 실제로 부유한 범죄자에게 더 높은 벌금을 부과하여 이 문제를 해결하여 왔다). 반면에, 부자의 시간이 가치가 크므로 부자의 수감 기간은 짧아져야 한다(Friedman 2000, 232-34). 더 복잡한 문제는 부자인 피고는 유능한 변호사를 선임하여 처벌받을 확률을 낮출 수 있다는 것이다.

5. 위험 기피. 지금까지 우리는 범죄자들이 범죄의 이익을 기대처벌과 비교하여 범죄를 저지를 것인지 결정한다는 의미에서 위험 중립적이라고 가정하였다. 그러나 범죄자가 위험 기피적이면 처벌의 불확실성 자체가 범죄자에게 비용을 부과한다. 따라서 우리가 범죄자의 효용을 사회적 후생의 일부로 취급하면, 벌금을 올리고 적발 확률을 낮추는 것이 범죄자에게 비효용을 준다. 따라서 이 경우 최적 벌금은 부과할 수 있는 최대 벌금이 아니다. 사실상 벌금의 인상은 사회적 비용을 발생시킨다(Polinsky and Shavell 1979).

반면에 베커(1968, 178)는 "범죄자는 유죄 판결시 받는 처벌보다는 유죄 판결을 받을 확률에 의해 효과적으로 억지된다는 일반적 상식"에 근거하여 범죄자가 위험 선호적 선호를 가지고 있다고 주장한다. 이는 바로 앞의 문장과는 반대되는 정책적 함의를 제시한다. 어쨌든, 범죄자의 위험 선호는 관찰될 수 없으므로, 위험 선호가 최적 형벌을 설계할 때 좋은 근거가 될 수는 없다.

6. 한계 억지. 벌금을 최대로 설정하지 않는 마지막 이유는 한계 억지를 유지하기 위한 것이다.[24] 예를 들어, 자신이 재직하고 있는 기업의 자금을 횡령하려는 사람을 생각해 보자. 횡령에 대한 벌금이 범죄자의 전체 자산으로 설정되는 경우, 무엇으로 직장 동료에게 범죄를 뒤집어씌우는 범죄자의 추가 범죄를 방지할 것인가? 첫 번째 범죄에 대한 벌금이 이미 최대이며, 두 번째 범죄는 자신의 적발 확률을 낮추는 추가적 편익이 있다. 따라서 한계 억지에 따르면 추가적 범죄 또는 더 심각한 범죄를 단념시키기 위해 범죄의 심각성에 따라 벌금(또는 다른 형태의 처벌)이 증가해야 한다. 이는 가장 심각한 범죄를 제외하고는 벌금이 최대가 될 수 없음을 의미하는 것이다.

연습 문제 8.3

속도위반에 대한 벌금을 생각해 보자. 속도위반 운전자는 시간당 75마일 또는 90마일(제한 속도는 시간당 65마일)로 주행할 수 있으며, 어느 속도에서든 적발될 확률이 0.01이라고 가정하자. 또한, 설정 가능한 최대 벌금은 10,000달러이며, 이 금액이 90마일로 운전할 때의 벌금이라고 가정하자.

(a) 어떤 사람이 이미 속도위반을 결정하였다고 가정해 보자. 이 사람이 이익이 50달러를 넘을 때에만 75마일에서 90마일로 속도를 높이도록 억지할 수 있는 75마일에서의 벌금을 계산하라.

(b) 75마일과 90마일로 운전할 때의 벌금을 모두 10,000달러 설정하고 90마일로 운전할 때의 적발 확률을 높여서, (a)와 같은 정도의 한계 억지를 달성할 수 있음을 증명하라.

---

24 '한계 억지'(marginal deterrence)라는 용어를 최초로 사용한 학자는 Stigler(1970)일 것이다. Posner(1998a, 245), Polinsky and Shavell(2000, 63-64), Friedman(2000, 235), Friehe and Miceli(2014)도 참조하라.

2.3. 반복 범죄자

연방 양형 지침과 일부 주의 삼진아웃법은 반복 범죄자를 가중하여 처벌하고 있다. 직관적으로 적절한 정책이라고 생각되지만, 이 정책의 경제적 근거를 제시하는 것은 놀라울 정도로 어렵다. 처벌이 행위의 사회적 피해를 반영하여 설정된다면, 범죄자가 사회적 피해보다 이익이 큰 행위를 저지르는 것은 효율적이다. 범죄자가 반복 범죄자라는 사실은 중요하지 않다. 따라서 반복 범죄자에 대한 가혹한 처벌은 과다억지로 이어질 것이다. 이는 재화와 서비스 시장에서 반복 소비자에게 더 높은 가격을 부과하는 것과 같다.[25]

그러나 보다 일반적 설정에서는 반복 범죄자를 더 무겁게 처벌할 수 있는 몇 가지 경제적 정당성이 존재한다. 첫째, 가해자가 여러 번 체포되었다는 사실은 1종 오류(잘못된 처벌)의 위험이 낮다는 것을 암시한다(무고한 사람이 두 번 이상 체포될 가능성은 낮다). 따라서 잘못된 처벌의 비용이 적다. 둘째, 다수의 범죄를 저지른 범죄자는 자신이 매우 위험하며 억지되려면 더 무거운 처벌에 직면해야 한다는 신호를 사회에 보내는 것이다.[26] 셋째, 범죄를 저지를수록 범죄자의 적발 회피 능력이 향상된다('실행에 의한 학습' [learining by doing] 효과). (8.2)에 따르면 최적 벌금은 적발 확률에 반비례한다. 따라서 적발 확률이 감소하면 반복된 범죄에 대한 최적 벌금은 증가해야 한다.[27]

반복 범죄자를 무겁게 처벌하는 마지막 이유는 형사 유죄 판결과 관련된 낙인 효과 때문이다. 유죄 판결은 범죄자가 합법적 일자리에 고용될 가능성을 낮춘다. 예를 들어, 범죄의 순이익은 $g-pf$(벌금에 의한 처벌을 가정한다)이며, 범죄 기록이 없는 사람이 합법적 일자리에서 벌 수 있는 소득을 w라고 하자. 개인이 범죄와 합법적 고용 중

---

25 Posner(1998a, 250-52), Polinsky and Shavell(2000, 66-67), Shavell(2004, 528-30)을 참조하라.

26 이 논점에 관해서는 Chu et al.(2000)과 Polinsky and Rubinfeld(1991)를 보라.

27 예를 들어, 최초 위반자의 체포 확률은 0.10이고 범죄로 인한 피해가 500달러라고 가정하자. 따라서 최적 벌금은 500 / 0.10 = 5,000달러이다. 그러나 반복 범죄자의 체포 확률은 0.05라고 가정해 보자. 최적 억지가 달성되려면, 반복 범죄자에게 500 / 0.05 = 10,000달러의 벌금이 부과되어야 한다.

에서 선택해야 한다면, $g-pf \leq w$인 사람만이 합법적 고용을 선택할 것이다. 이 부등식의 양변을 같게 놓고 f에 관해 풀면 초범을 억지하는 최소 벌금이 도출된다.

$$f_d = \frac{g-w}{p}. \tag{8.7}$$

이제 유죄 판결을 받은 범죄자가 합법적 일자리에서 최대 $w-s$를 벌 수 있다고 가정하자. 여기서 s는 범죄 기록과 관련된 낙인이다(예를 들어, s는 고용주가 범죄 기록이 있는 사람을 고용할 때 드는 추가비용이다). 범죄로부터의 기대이익이 초범과 같다면, 반복 범죄자는 $g-pf \leq w-s$이면 범죄 대신 합법적 고용을 선택한다. 이제 최소 억지 벌금은 이제 다음과 같다.

$$f_d^r = \frac{g-w+s}{p}. \tag{8.8}$$

이는 (8.7)보다 크다.

직관적으로, 반복 범죄자는 초범자보다 열등한 고용 기회에 직면하기 때문에 기대처벌이 이에 상응하여 증가하지 않으면 범죄를 계속 저지를 것이다. 물론, f만이 아니라 (또는 f 대신에) p를 높여 이 목적을 달성할 수도 있으며, 실제로 집행 당국은 반복 범죄자의 체포에 더 많은 자원을 투입한다. 그러나 범죄자의 과거 기록(있다면)은 체포되기 전까지는 알려지지 않는 경우가 많다. 이때 바람직한 수준의 억지를 달성하는 유일한 방법은 무거운 처벌이다.

2.4. 격리 효과

앞에서 반복 범죄자를 무겁게 처벌하는 이유 중 하나는 반복 범죄자가 다수의 범죄를 저지름으로써 사회에 대한 자신의 위험성을 스스로 드러냈다는 것이었다. 무거운 형벌의 위협이 추가 범죄를 방지할 수 있지만, 억지되지 않는 개인에 대해서는 수감 기간의 증가가 격리(incapacitation. 또는 특정 억지[specific deterrence]라고도 한다. 즉, 특정 개인의 억지)라는 목표의 달성에 도움을 준다. 격리는 위험한 범죄자를 피해가 적게 발생하는 감옥에 수감시켜 범죄자로부터 사회를 보호한다는 의미에서 바람직하다. 이 관점에서 보면, 최적 수감 기간은 단위 수감 기간당 수감의 한계비용과 피해의 한계적 감소가 같아지는 기간에서 결정된다. 한편 범죄자의 석방이 바람직한지는 상충하는 효과에 달려 있다. 한편으로 수감 기간이 길어질수록 범죄자의 위험성이 줄어들 수 있다. 이는 나이가 들수록 위험성이 감소하거나 갱생되기 때문이다. 다른 한편으로, 감옥 안에서의 시간이 길어짐에 따라 수감자의 위험성이 증가할 수도 있다. 이는 감옥에서의 범죄자의 '경화'(hardening) 또는 수감 기간이 길어질수록 수감자의 합법적 기회를 열등하게 만드는 앞서 설명한 낙인 효과의 결과 때문이다. 대부분 범죄자에게는 첫 번째 효과가 두 번째 효과를 압도하며, 따라서 일정 시점에서의 석방이 최적이라고 생각할 수 있다(Shavell 2004, 532).

위의 분석은 격리가 처벌의 위협으로 억지되지 않는 사람에게만 필요하다는 것을 시사한다. 그러나 억지와 격리의 관계는 이보다 더 복잡하다. 실제로, 미래의 억지에 수반되는 높은 집행비용을 절약하기 위해 억지가 가능한 범죄자를 체포하여 격리하는 것이 바람직할 수도 있다. 즉, 반복 범죄자가 될 가능성이 큰 범죄자를 수감시키고 있는 것이 그 범죄자를 다시 체포하는 것보다 비용이 적게 들 수 있다(Miceli 2010; Shavell 2015).

2.5. 법 집행 오류와 억지

앞에서 우리는 법 집행은 반드시 잘못된 유죄(1종 오류)와 잘못된 무죄(2종 오류)의 두 가지 유형의 오류를 수반한다고 언급하였다. 우리는 또한 잘못된 유죄 판결 비용이 벌금을 가능한 최대 수준으로 올리지 못하는 이유 중의 하나라고 주장하였다. 여기서 우리는 오류의 비용과 관계없이 두 가지 유형의 오류가 존재하면 형사처벌의 억지 효과가 감소됨을 보이고자 한다(Png, 1986)(논거는 불법행위법에서 과실 기준 적용의 오류가 억지 효과를 감소시킨다는 제2장에서 제시된 것과 같다).

증명은 다음과 같다. q_I을 1종 오류의 확률, q_{II}를 2종 오류의 확률이라고 정의하자. p는 벌금 f가 부과되는 특정 범죄에 대해 누군가가 체포될 확률이다(처벌이 자유형일 때에도 분석은 같다). 어떤 사람이 실제로 범죄를 저지른다면, 이 사람의 기대 순이익은 $g - p(1 - q_{II})f$이다. 여기서 $1 - q_{II}$는 체포되었을 때 올바른 유죄 판결을 받을 확률이다. 반대로, 이 사람이 범죄를 저지르지 않는다면, 이 사람은 기대벌금 pq_If에 직면한다. 여기서 q_I은 잘못된 유죄 판결을 받을 확률이다. 따라서 이 사람은 $g - p(1 - q_{II})f > pq_If$, 즉

$$g > (1 - q_I - q_{II})pf. \tag{8.9}$$

이면 범죄를 저지르는 것이 유리하다. 이 식을 (8.1)($t = 0$이라 하자)과 비교하면 두 가지 유형의 오류가 벌금의 억지 효과를 낮춘다는 것이 드러난다. 직관적으로, 잘못된 무죄는 기대벌금을 직접적으로 낮추어 억지 효과를 감소시키며, 잘못된 유죄는 법 준수와 법 위반 사이의 이익의 차이를 줄여 억지 효과를 감소시킨다.

마지막으로, $1-q_{II} > q_I$이어서 일부 억지 효과가 남아 있다고 가정하는 것이 보통이다(즉, [8.9]의 우변이 양(+)이다). 즉, 유죄인 사람이 유죄 판결을 받을 가능성이 무죄인 사람이 유죄 판결을 받을 가능성보다 크다. 이 조건이 성립하지 않는다면, 형사 절차는 유죄 또는 무죄를 확인하는 좋은 수단이 될 수 없다.

2.6. 사적 방어

지금까지 우리는 범죄 예방을 목적으로 하는 공적 지출에만 초점을 맞추었다. 그

러나 사적 개인도 경보 시스템, 자동 잠금장치, 개인 경비원 등의 다양한 자기 보호 수단에 투자한다.[28] 이러한 금전적 비용 외에도 개인은 범죄 위험이 큰 상황과 장소를 피하려고 행동을 바꾸기도 한다. 이 모든 것을 합하면, 사적 방어의 총비용은 상당한 수준에 이른다.

경제적 관점에서 범죄에 대한 사적 방어 지출은 사고에 대한 피해자의 예방조치와 매우 유사하다.[29] 예를 들어 보자. 범죄로 인한 피해를 $b(y)$라고 하자. 이 함수는 피해자의 사적 방어 지출 y가 증가하면 감소한다. 예를 들어, b는 강도로 인한 금전적 손실이며, y는 경보 시스템의 설치비용이다. q는 강도가 어떤 개인의 집을 목표로 삼을 확률이다. 피해자는 다음을 최소화하는 y를 선택할 것이다.

$$y + qb(y). \tag{8.10}$$

따라서 개인은 지출한 마지막 1달러가 기대손실을 1달러 감소시킬 때까지 사적 방어에 투자한다.

이 문제에서 피해자는 y가 범죄로 인한 자신의 손실 $b(y)$를 감소시키지만, 범죄 확률 q에는 영향을 미치지 않는 것처럼 행동한다. 이는 두 가지 가정을 반영한 것이다. (1) 범죄자는 범죄 대상자를 결정하기 전에는 개별 피해자의 노력을 관찰할 수 없다. (2) 잠재적 피해자의 수가 너무 많아서 피해자 누구도 자신의 노력이 전체 범죄율에 영향을 주리라고 기대하지 않는다.[30]

그러나 균형 상태에서 피해자의 집단적 노력은 범죄율에 영향을 미친다. 그 이유는 무엇인가? 피해자의 방어의 총효과가 범죄자에게 $c(y)$의 비용을 부과한다고 가정

---

28 범죄에 대한 사적 보호의 경제 모형은 Shavell(1991)과 Hylton(1996)을 참조하라.

29 범죄 피해자는 피해를 보상받지 못하므로 예방조치를 취할 유인이 있다. 이 상황은 불법행위에 대한 무책임 원칙과 비슷하다(제2장 참조). 그러나 범죄 피해자가 불법행위법에 의거하여 별도의 보상 청구를 제기할 수 있는 경우도 많다.

30 Shavell(1991)은 피해자의 노력이 관찰되는 모형을 제시한다.

하자. 여기서 $c(y)$는 y의 증가함수이다. 예를 들어, 경보 시스템은 자동차나 집에 침입하기 어렵게 만든다. 이 비용을 감안하면, 범죄로 인한 순이익은 $g - c(y)$이며, 범죄자가 범죄행위를 저지르는 조건은 다음과 같다(벌금으로 처벌한다고 하자).

$$g - c(y) \geq pf. \tag{8.11}$$

y의 증가는 좌변을 감소시키므로 피해자의 사적 방어의 증가는 범죄율을 감소시킨다. 즉, q는 y의 감소함수이다. 만약 조율된 행동을 할 수 있다면, 피해자들은 집단적 노력이 전체 범죄율에 미치는 영향을 내부화하여 개인적 최적 수준보다 높은 수준의 사적 방어 투자를 할 것이다.[31]

3. 범죄의 경제 모형에 대한 경험적 증거

범죄 경제학에서 성장하고 있는 분야는 경제 모형의 다양한 가설을 검증하는 실증적 연구이다. 여기에서는 최근의 발견, 특히 경제 모형의 중심 가정인 합리적 범죄자 가설에 관한 최근의 연구 결과를 검토한다(우리는 후반부에서 사형과 총기규제법의 억지효과에 대한 경험적 증거를 논의한다).

합리적 범죄자 모형의 근본적 전제는 잠재적으로 범죄자들이 기대처벌의 변화를 인식하고 이에 대응한다는 것이다. 그러나 Anderson(2002)의 연구는 이 가정의 타당성

31 Shavell(1991)이 이 결과를 처음으로 지적하였다. 그러나 반드시 y의 집단적 선택이 개인의 선택보다 효율적이라는 것은 아니다. 논점은 미묘한데, 범죄자의 이익(비용 $c(y)$를 포함한)이 사회적 후생의 일부로 포함되는지에 달려 있다. 만약 범죄자의 이익이 (앞서 가정한 것처럼) 포함된다면, 피해자에 의한 y의 집단적 선택은 (벌금이 $f = h/p$로 최적 설정되어 있다고 가정하면) 최적이 아니다. 그 이유는 집단적으로 행동하는 피해자들은 범죄자의 순이익에 대한 y의 영향을 무시하고 대신 총피해를 최소화하는 y를 선택하기 때문이다. 반대로, 범죄자의 이익이 사회적 후생에 포함되지 않는다면 피해자에 의한 y의 집단적 선택은 최적이다.

에 의문을 제기한다. 278명의 남성 수감자를 대상으로 한 조사에 따르면, 죄수의 76%가 유죄 판결을 받으면서 어떤 처벌을 받는지 알지 못하거나 생각해 보지 않았다고 응답하였다. 가장 폭력적인 범죄자로 대상을 한정하면, 이 비율은 89%로 상승한다. 또한 처벌 가능성을 생각한 범죄자는 그 확률을 과소평가하는 것으로 드러난다. 마지막으로, 범죄자의 상당수는 어떤 형벌의 위협도 자신들이 범죄 실행을 막지 못하였을 것이라고 주장하였다. 이러한 결과는 처벌을 강화하는 정책이 범죄율에 큰 영향을 미치지 않음을 시사한다.

그러나 범죄의 경제 이론은 모든 범죄자가 체포 확률이나 유죄 판결에 따른 처벌 확률을 정확하게 예측한다고 주장하지 않는다. 필요한 것은 범죄자, 특히 한계적 범죄자가 범죄 실행을 결정할 때 기대처벌을 생각한다는 것이다. 그리고 여러 연구에서 처벌과 범죄 사이의 역의 관계의 형태로 기대처벌에 반응하는 행동의 증거가 발견된다(Eide 1994). 그러나 강화된 법 집행을 낮은 범죄율과 연결하려는 시도를 어렵게 만드는 문제가 있다. 바로 동시성 편의(simultaneous bias)이다. 실제로 강력한 집행이 범죄를 억지한다면 경찰력에 큰 비용을 지출한 도시는 범죄율이 낮아야 한다. 그러나 범죄율이 높은 도시는 범죄율을 낮추기 위해 경찰력에 큰 비용을 지출하는 경향이 있으며, 따라서 경찰력에 대한 큰 지출이 높은 범죄율과 연결되는 거짓된 인과관계를 발생시킨다. 억지의 경제 이론을 엄밀하게 검증하려면, 이 두 효과를 분리해야 한다.

Levitt(1997b)는 현 시장이 다시 출마한 도시를 연구함으로써 두 효과의 분리를 시도하였다. 아이디어는 현 시장이 높을 범죄율에 대응하기 위해서라기보다 순전히 정치적 이유로 경찰력에 많은 지출을 한다는 것이다. 1970년에서 1992년까지 49개 도시를 이용한 Levitt의 분석 결과에 따르면, 시장 선거 후 몇 년간 비록 작기는 하지만 범죄가 감소한다. Lin(2009)도 1970-2000년 동안 판매세를 인상한 주에서 범죄율이 감소한 것을 발견하였다. 여기서 논리는 범죄율과 관련이 없는 이유로 주 수준에서 세율이 증가하였지만, 주 수입 증가가 지방 예산으로의 낙수 효과로 이어져 지방 수준에서 경찰관 채용이 증가하였으며, 이에 따라 범죄율이 감소하였다는 것이다.

자유형에 근거한 억지 연구에서 발생하는 문제는 긴 형량이 억지보다는 격리의 결과로 범죄를 줄일 수 있다는 것이다. 억지 효과를 분리하기 위해 Kessler and Levitt(1999)는 특정 범죄에 대한 형벌을 높인 형량상향법(sentence enhancement laws) 제정 직후의 범죄율 변화를 조사하였다. 만일 형량이 증가한 범죄의 범죄율이 하락하면, 늘어난 형기는 제소자에게는 적용되지 않으므로(따라서 격리 효과는 없다) 이 효과는 순수한 억지 효과이다. 1982년 캘리포니아의 자료를 사용하여 그들은 형기가 늘어난 범죄의 범죄율은 감소하였지만 새로운 법률이 적용되지 않는 범죄의 범죄율에는 변화가 없음을 발견하였다. 이는 억지 가설을 강력하게 지지하는 결과이다.

Katz et al.(2003)은 억지와 격리를 분리하는 다른 접근 방식을 선택하였다. 그들은 다른 감옥에서 똑같은 형기를 산 범죄자들을 조사하였다. 따라서 두 형기의 격리 효과는 같아야 하지만 감옥마다 감옥에서의 삶의 질이 다르다면 억지 효과가 달라질 수 있다. 저자들은 나쁜 환경의 척도로서의 수감 시설에서의 사망률이 폭력과 재산 범죄의 범죄율 감소와 관련이 있음을 발견하였으며, 나쁜 수감 환경에서 주어진 형량이 더 큰 억지력을 가진다는 것을 보여 주었다. 마지막으로, Drago et al.(2009)은 이탈리아의 독특한 자연 실험 상황을 이용하여 감옥의 억지 효과를 분리하였다. 형기가 만료되기 전에 일부 재소자를 석방하는 이탈리아 법에 따르면, 석방된 재소자가 5년 이내에 다시 범죄를 저지를 경우 새 범죄의 형기는 이전에 집행되지 않았던 형기만큼 증가된다. 이는 일정한 범죄자 집단에 대해 격리와는 관계없는 형량의 변화를 가져온다. 분석 결과는 긴 형량이 상당한 억지 효과가 있음을 보여 준다.

1990년대 몇몇 주에서의 삼진아웃법 제정은 억지 가설을 검증할 다른 기회를 제공하였다. 삼진아웃법은 반복 범죄에 대한 처벌을 강화하였으며, 세 번째 범죄를 저지른 자에게는 최대 처벌(종신형)을 부과하였다. 주(state) 단위의 횡단면 연구에서 Marvell and Moody(2001)는 이 법이 실제로 살인율을 장기적으로 30%까지 증가시켰음을 발견하였다. 이 결과는 합리적 범죄 모형과 상충되는 것처럼 보인다. 그러나 범죄에 대한 최대 처벌에 직면한 범죄자는 체포를 피하기 위해 추가 범죄(예를 들면, 목격자 살해)를 저지를 유인이 있다는 한계 억지의 문제를 상기하라. 따라서 이 연구 결과는 사실 합리적 범죄자의 행동과 일치한다.

그러나 Shepherd(2002)는 Marvell and Moody(2001)의 연구에 몇 가지 실수가 있다고 주장하였다. 가장 중요한 것은 삼진아웃법의 통과는 그 주의 높은 살인율이 원인이 아니라 높은 살인율에 대한 주의 대응일 수 있다는 점이다(동시성 편의의 또 다른 예이다). 이 문제와 다른 문제를 교정한 후, Shepherd는 캘리포니아에서 삼진아웃의 통과는 법이 적용되는 범죄에 대한 범죄율을 감소시켰음을 발견하였다. 비록 일부 범죄자가 삼진아웃법이 적용되는 범죄 대신 법이 적용되지 않는 범죄를 저질렀다는 증거가 있긴 하지만(이 자체가 합리적 범죄행위를 지지하는 증거이다), 범죄율 감소는 최대 처벌에 직면한 두 번 범죄를 저지른 범죄자뿐만 아니라 한 번 범죄를 저지른 범죄자에게서도 확인된다. Helland and Tabarrok(2007) 또한 삼진아웃법의 억지 효과를 발견하였지만, 범죄율 감소로 인한 비용 절감은 삼진아웃법으로 인한 추가적 수감비용보다 작았다. 따라서 그들의 결과에 의하면, 삼진아웃 정책은 비용-편익 테스트를 통과하지 못한다.

뒤에서 우리는 범죄의 경제학과 관련된 다른 문제, 즉 사형의 억지 효과(4.2), 범죄와 경기순환의 관계(4.3), 총기규제법이 범죄에 미치는 영향(4.4)에 관한 실증적 증거를 살펴볼 것이다.

4. 기본 모형의 확장

이 절에서는 범죄의 기본 경제 모형을 몇 가지 방향으로 확장한다.

4.1. 법 집행자의 부패

여기서는 경찰 부패에 초점을 맞춘다. 우선, 우리는 경찰이 범죄를 눈감아 주는 대가로 뇌물을 받을 수 있으며, 범죄를 날조하여 무고한 사람을 체포하지 않는 대가로 돈을 요구할 수도 있다고 가정한다(Polinsky and Shavell, 2001). 경제적 관점에서, 부패행위가 바람직하지 않은 이유는 이것이 법의 억지 기능을 약화시키기 때문이다. 특히, 뇌물 수수는 범죄자가 체포되면 지불할 것으로 예상하는 금액을 줄임으로써 억지 효과를 감소시키는 반면, 날조는 합법적 활동에 참여하는 가치를 줄임으로써 범죄의 기회비용을 낮추어 억지 효과를 감소시킨다. 이런 의미에서 날조는 낙인 및 법적 오류와 비슷한 억지 감소 효과가 있다.

경찰의 다른 형태의 부정행위는 함정수사(entrapment)이다. 이는 형사 피고가 비밀경찰관의 권유로 저지르지 않았을 범죄를 저질렀다고 주장하는 상황을 말한다. 피고가 결백을 주장하지 않기 때문에 이것은 날조와 다르다. 오히려 피고는 경찰의 행동이 자신의 유죄에 부당하게 기여하였다고 주장하고 있다. 억지의 관점에서, 함정수사의 항변은 경찰의 과도한 법 집행을 방지하기 위한 것이다. 함정수사는 범죄행위에 관여할 의도가 없고 따라서 억지될 필요가 없는 사람을 대상으로 삼는 집행 노력이다. 그러나 피고가 범죄를 저지른 것은 사실이므로 항변의 실제 적용에는 문제가 따른다.

범죄의 경제 이론은 함정수사의 항변에 대한 두 가지 가능한 정당성을 제공한다. 첫째, 피고는 비록 예를 들어 마약 구매나 매춘 등의 범죄 기회를 찾고 있었지만, 비밀경찰관의 권유가 없었다면 기회를 발견하지 못하였을 것이라고 주장할 수 있다. 그러나 범죄 기회를 찾기로 마음먹은 범죄자는 범죄 의도를 드러낸 것이며 처벌을 받을 만하므로, 이 주장은 설득력이 크지 않다. 이런 의미에서 함정수사로 체포된 범죄자를 처벌하는 것은 과속하는 운전자나 다른 사람에게 총을 발사하였지만 맞추지 못한 사람을 처벌하는 것과 같다(Shavell 2004, 556-59). 이들이 실제로 피해를 주지 않았다는 사실은 우연일 뿐이며 따라서 이들의 죄를 용서할 이유가 되지 못한다. 사회에 대한 기대위험 측면에서 이들은 성공적인 범죄자만큼이나 위협적이다.

함정수사의 항변에 대한 두 번째 정당화는 피고가 함정수사로 체포되었지만 잠복경찰의 유도가 없었다면 그 행위를 하지 않았을 것이라는 주장이다. 다시 말해, 경찰이 통상적 범죄 기회보다 매우 '달콤한 기회를 만들어' 범죄자가 미끼를 물도록 유도하였다고 주장할 수 있다. 이는 피고가 경찰의 유혹이 없었다면 범죄를 저지르지 않았다는 주장에 의존하기 때문에 더 나은 주장이다. 그러나 문제는 이 주장이 범죄를 저질렀을 당시 범죄자의 마음 상태라는 법원이 파악할 수 없는 것에 의존한다는 것이다. 이 문제 때문에, Stevenson(2004)은 법원이 정황이나 피해자의 마음 상태보다는 관찰할 수 있는 경찰의 행동(예를 들면, 경찰이 지나치게 열성적으로 보인다)에 기초하여 함정수사를 판단하는 방향으로 움직이고 있다고 주장한다. 이는 경제적 관점에서 보면 바람직한 전개이다(Miceli 2007).

4.2. 사형

사형은 유죄 판결을 받은 범죄자에게 부과될 수 있는 가장 강하고 논쟁의 여지가 많은 처벌이다. 대부분의 서구 민주주의 국가가 사형을 폐지하였지만, 미국에서는 1967년부터 1977년까지의 중단 이후 다시 증가하는 양상을 보이고 있다([표 8.2] 참조).

경제 이론은 사형에 대한 윤리적, 도덕적 차원의 함의를 제공하지 못한다. 따라서 여기에서는 두 가지 문제로 관심을 제한한다. 하나는 사형의 범죄 억지 효과이고, 다른 하나는 사형의 위헌성 문제이다.

4.2.1. 사형의 경제학

사형의 억지 효과에 대한 최초의 경제적 연구는 1970년대 Isaac Ehrlich(Ehrlich 1975, 1977)에 의해 수행되었다. 베커의 모형에 근거하여, 에를리히(Ehrlich)는 형사 사법 제도의 다른 모든 요소가 일정하다고 가정할 때 사형 제도의 이용이 증가하면 살인율이 줄어든다는 가설을 수립하였다. 그는 이 가설을 미국의 시계열(1935년부터 1969년까지) 자료 및 주(1940년과 1950년) 단위의 횡단면 자료를 가지고 검증하였다. 일반적으로 그의 결과는 억지 모형의 예측을 지지하였다. 특히, 그는 연간 한 건의 추가 처형이 살인 건

표 8.2 미국의 사형 집행 건수: 1930-2015(10년 단위)

시기(10년)	사형 집행 건수	연간 평균
1930-1939	1,667	166.7
1940-1949	1,284	128.4
1950-1959	717	71.7
1960-1969	191	19.1
1970-1979	3	0.3
1980-1989	117	11.7
1990-1999	478	47.8
2000-2009	590	59.0
2010-2015	234	39.0

출처: Statistical Abstract of the United States; Death Penalty Information Center(www.deathpenaltyinfo.org).

수를 7-8건 줄인다는 것을 발견하였다(그는 또한 체포 확률과 유죄 판결 확률이 증가하면 살인율이 감소함을 발견하였다).

에를리히의 결론은 논쟁적이었다. 따라서 당연히 그의 이론적 토대와 방법론에 대한 많은 비판이 제기되었다. 그러나 그 후의 연구들 역시 계속하여 억지 효과를 발견하고 있다.[32] Avio(1998, 204)는 이 논쟁의 상황을 다음과 같이 요약한다. "에를리히의 두 논문의 검토와 이것이 촉발한 논쟁으로부터 받은 인상은 억지 효과를 지지하는 증거는 일부가 열광하는 것처럼 그렇게 강하지 않고, 다른 사람들이 혐오하는 것처럼 그렇게 약하지도 않다." 분명 추가 연구가 필요하다. 그러나 추가 연구가 사형이 범죄를 억지한다는 사실을 확립한다고 해도, 사형과 관련한 잘못된 처벌(1종 오류)의 비용은 매우 크다. 따라서 억지의 목표를 받아들이는 사람조차도 여전히 사형에 반대하거나 적어도 그 사용에 대한 엄격한 제한을 선호할 수 있다.

오류비용에 추가하여 실제로 사형에는 높은 비용이 수반된다. 여기에는 몇 가지

32 예를 들어, Dezhbakhsh et al.(2008)과 Shepherd(2004)를 참조하라. 반면, 사형 집행률의 억지 효과가 거의 없다는 Katz et al.(2003)과 Hjalmarsson(2009)도 참조하라. 억지 연구에 대한 일반적 비판은 Donahue and Wolfers(2005)를 참조하라.

이유가 있다(Cooter and Ulen 1988, 566-67). 첫째, 사형 재판은 다른 재판보다 중대한 사건이기 때문에 사형 재판의 비용은 통상적 재판의 비용보다 크다. 더욱이 사형 사건의 재판은 유죄 판단과 처벌 결정의 단계로 나누어지는 경우가 많아, 재판 기간이 길다. 둘째, 유죄 판결을 받은 사람의 권리를 최대한 보호하기 위해 사형 사건에 대한 항소 절차는 필수적이다. 이 절차도 길고 비용이 많이 든다. 마지막으로, 사형수의 수감비용은 다른 수감자의 수감비용보다 크다. 교도소 수감 중 통제를 벗어나거나 다른 범죄를 저지르는 것을 막을 수 있는 더 큰 제재가 없기 때문이다(즉, 최대의 처벌을 받았으므로 한계 억지가 불가능하다).

4.2.2. 헌법상의 문제

사형은 다양한 이유로 위헌 소송의 대상이 되어 왔다(Adelstein 1979a). 20세기 동안 사형 제도의 사용이 꾸준히 감소한 후([표 8.2] 참조), 대법원은 1972년 5 대 4의 근소한 차이로 사형이 위헌이라고 판결하였다. 두 판사는 '잔인하고 비정상적인 형벌'을 금지한 제8차 수정헌법을 언급한 반면, 다수 의견의 다른 세 명은 제14차 수정헌법의 '평등한 보호'의 요건에 초점을 맞추었다.[33] 그들 주장의 요점은 입법부가 사형 제도 사용에 관해 법원에 충분한 지침을 제공하지 못하였으며, 이로 인해 가난한 그리고 소수자(특히 흑인) 피고를 불균형적으로 처벌하는 실제 효과가 있었다는 것이다.

주 의회들은 대법원의 요구를 받아들여 사형 제도의 '변덕스러운' 사용을 방지하는 절차를 수립한 법을 제정하였다. 대법원은 개별 피고에 대한 처벌을 조정할 수 있는 충분한 사후적 재량 유지와 사형 부과에 대한 명확한 사전적 기준 설정 사이의 신중한 균형을 요구하였기 때문에, 이 요구의 충족은 매우 까다로웠다. 새로운 절차를 규정한 법들은 법원에서 바로 다투어졌으며, 1976년 일련의 대법원 사건에서 지지되었다. 예를 들어, 한 사건에서 대법원은 유죄 판단과 처벌 단계의 분리(두 단계로 구분된

33 *Furman v. Georgia*, 408 U.S. 238(1972) 참조.

재판)를 승인하였으며, 처벌 단계에서의 소위 경감 요소와 가중 요소 사용을 도입하였다.[34]

사형 제도의 상대적 비용과 편익에 관한 논쟁은 의심의 여지없이 앞으로도 계속될 것이다. 경제학은 이 논쟁에 정보를 제공할 수 있다. 그러나 논쟁의 결과는 궁극적으로 경제 분석 범위를 벗어난 요인에 의해 결정될 것이다.

4.3. 범죄와 경기순환

합리적 범죄자 모형에 따르면, 금전적 이익을 주요 목적으로 하는 범죄는 경제 상황에 민감하게 반응해야 한다. 경제가 나빠지고 합법적 고용 기회가 감소함에 따라 범죄행위는 소득원으로서의 매력이 커진다. 이것은 범죄율이 경기 역행적(countercyclical)이라는 예측으로 이어진다. 즉, 실업률이 감소하면 범죄율은 낮아질 것이다.

이를 분석적으로 확인해 보자. 범죄로부터의 순기대이익은 $g-pf$(벌금에 의한 처벌을 가정)이다. 여기에서 이익 g는 범죄자마다 차이가 있다(g는 범죄 기회 사이의 차이를 반영한다). 합법적 고용은 w의 기대수익을 보장하는데, 경제의 일반적 조건에 따라 변동한다. 이전과 같이 개인이 범죄와 합법적 고용 중에서 선택해야 한다고 가정하면, $g-pf>w$인 사람은 범죄를 선택하고 $g-pf<w$인 사람은 합법적 고용을 선택한다.[35] 선택이 [그림 8.1]을 수정한 [그림 8.4]에 제시되어 있다([그림 8.1]은 $w=0$을 암묵적으로 가정하고 있다).

그래프에 따르면, 합법적 고용으로부터의 소득이 w일 때 $g>g^*$인 사람은 범죄를 선택한다. 그러나 실업률이 높아져 소득이 w'로 떨어지면 $g>g'$인 사람이 범죄를 선택하고 범죄율은 상승한다.[36] 문제는 경기순환에 따른 범죄율에 관한 증거가 이 예측

34 *Gregg v. Georgia*, 428 U.S. 153(1976) 참조.

35 개인이 합법적 활동과 불법적 활동으로 시간을 나눌 수 있는 보다 일반적인 모형에 관해서는 Raphael and Winter-Ebmer(2001)를 참조하라.

그림 8.4 실업률이 범죄율에 미치는 영향

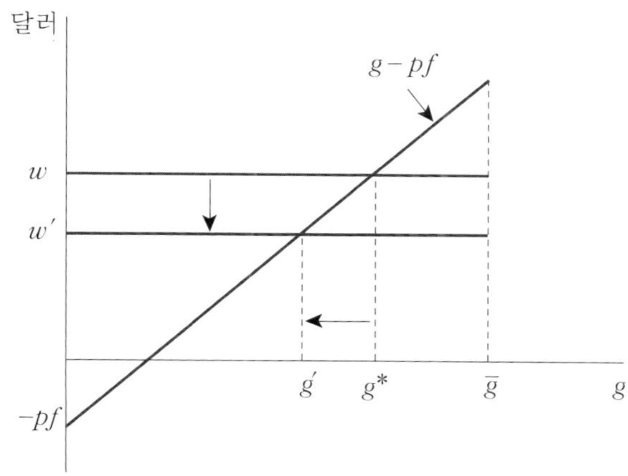

을 지지하는가이다.

1981년부터 2014년 기간의 실업률과 재산 범죄(경제적 이익을 목적으로 한 범죄)율의 관계를 보여 주는 [그림 8.5]는 일부 증거를 제공한다. (1990년대 같은) 짧은 기간을 제외하면, 실업률과 범죄율 사이에 눈에 띄는 상관관계가 발견되지 않는다. 실업률이 경기 순환에 따라 오르내리지만, 재산 범죄율(인구 100명당 재산범죄 건수)은 최근 수십 년 동안 이 기간의 일반 범죄율 하락을 반영하여 꾸준한 하락 추세를 보인다. 물론 이 간단한 비교는 두 변수에 영향을 미치는 여러 요인을 통제하지 않은 것이다.

두 연구가 1949년에서 1997년 사이의 실업과 범죄의 관계에 관한 보다 엄밀한 통계적 증거를 제시한다.[37] 두 연구 모두 실업률은 전체 재산 범죄율을 증가시키는 통계적으로 유의한 결정요인이라는 명백한 증거를 발견하였다. 특히, 실업률이 1% 하락하면 재산 범죄율이 1.6-5.0% 감소하는 것으로 나타난다. 이와는 대조적으로, 실업이 폭

36 이는 정부예산 삭감으로 인해 발생할 수 있는 기대처벌의 반대 방향으로의 변화가 없다고 가정한 것이다.
37 분석 기간이 1949-1979년인 Cook and Zarkin(1985)과 분석 기간이 1971-1997년인 Raphael and Winter-Ebmer(2001)를 참조하라.

그림 8.5 실업률 및 재산 범죄율: 1981–2014

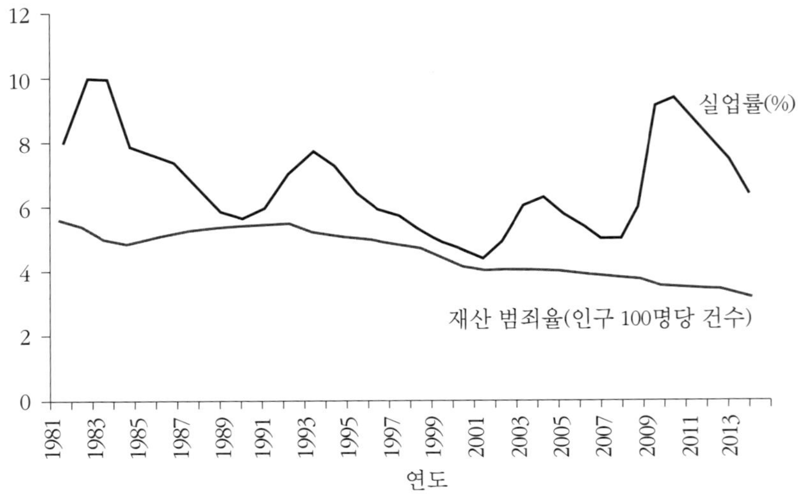

력 범죄에 미치는 영향에 대한 증거는 거의 없다. 이는 강도와 절도 같은 재산 범죄는 경제적 동기에 의해 발생하지만, 살인이나 강간과 같은 폭력 범죄는 경제적 동기와 무관하다는 주장과 일치하는 것이다.[38]

4.4. 총기규제법과 범죄

범죄와 관련하여 가장 논란이 많은 정책 이슈 중 하나는 총기 규제이다. 격렬한 논쟁이 진행되고 있다. 한편은 총기 규제 옹호자이고, 상대편은 무기 소지를 주장하는 제2차 수정헌법상의 권리 옹호자이다. 위험이 내재되어 있는 제조물과 마찬가지로, 경제적 관점에서의 문제는 총기의 합법적 사용(스포츠, 방어)과 총기의 위험 사이의 균

38 폭력 범죄로 분류되지만 경제적 이익에 의해 유발될 수 있는 강도에 관한 증거는 혼합되어 있다.

형을 어떻게 맞출 것인가이다. 이상적인 총기 규제 정책은 전자를 침해하지 않으면서 후자를 감소시키는 것이다. 그러나 현실의 규제는 법을 준수하는 시민들에게 불리하게 작용할 가능성이 크다. 범죄자는 법을 우회하거나 총기를 다른 위험한 무기로 대체할 것이다. 총기규제법의 전반적 효과는 데이터를 검토해야만 대답할 수 있는 경험적 질문이다. 경제 이론이 토론에 영향을 줄 수 있는 지점이 바로 이 부분이다.

총기규제법이 범죄에 미치는 영향은 두 가지 방식으로 검증할 수 있다.[39] 첫째는 여러 도시 또는 주의 횡단면 자료를 보고 특정 시점에서 총기규제법의 차이가 범죄율의 차이로 나타나는지를 확인하는 것이다. 둘째는 법이 제정되기 전후의 특정 도시나 주의 범죄율을 살펴보는 것이다. 그러나 두 유형의 연구 모두 결과를 왜곡할 수 있는 일정한 편의(bias)가 발생한다. 예를 들어, 횡단면 연구에서 범죄율이 가장 낮은 지역이 엄격한 총기규제법을 제정할 가능성이 가장 크다고 가정해 보자. 그러면 법의 억지 효과가 없다고 하더라도 범죄율의 횡단면 분석은 법이 범죄율을 감소시킨다는 잘못된 결론을 끌어낼 수 있다.

이 문제는 시간의 경과에 따른 법의 변화가 범죄율에 미치는 영향을 추적함으로써 극복할 수 있지만, 시계열 연구에도 한계가 있다. 예를 들어, 하나의 지역에만 초점을 맞추면 범죄율에 영향을 미치는 다른 변수들이 변하는 경우 법의 변화로 인한 효과를 분리하지 못할 수 있다. 따라서 이상적인 연구는 시계열 및 횡단면 자료의 성격을 모두 가지는 패널 자료(panel data)를 사용하여 시간 경과에 따른 총기규제법의 영향을 검토함과 동시에 범죄율에 영향을 미치는 다른 변수를 통제하는 것이다.

패널 연구방법론에 입각하여, Lott(1998)는 1977-1992년 미국의 3,054개 카운티의 자료를 사용하여 은폐권총법(concealed-handgun laws), 즉 면허가 있는 시민이 권총을 은폐하여 휴대할 수 있게 하는 법이 범죄율에 미친 효과를 검토하였다.[40] 이론은 이 법이 범죄를 수행하는 비용을 증가시켜 범죄율을 낮춘다고 예측한다. 롯(Lott)의 증거는 이

39 Lott(1998, 제2장)와 Cook and Leitzel(1998)을 참조하라.
40 Lott(1998)와 Lott and Mustard(1997)를 참조하라.

예측을 뒷받침하는 것으로 보인다. 예를 들어, 1992년의 폭력 및 재산 범죄율은 자격을 갖춘 지원자 모두(비재량법)에게 은폐된 권총면허를 발행한 주에서 가장 낮았고, 재량에 따라('강한 필요성'에 따라) 면허를 발행한 주에서 다음으로 낮았으며, 권총의 소지가 금지된 주에서 가장 높았다.

물론, 이 결과는 앞서 언급한 '횡단면' 편의에서 자유롭지 못하지만, 전체 표본 기간에 대한 엄격한 통계적 분석은 롯의 결론을 대부분 확인해 준다. 특히 은폐권총법은 폭력 범죄율을 낮추었다. 물론 범죄자가 피해자와 직접적으로 대면할 가능성이 적은 재산 범죄율이 대신 증가하였을 수는 있다. 더욱이 관대한 총기규제법은 반대자들의 주요 관심사인 우발적 총기 사망이나 자살 건수를 크게 늘리지 않았다. 마지막으로 롯의 결과는 범죄의 경제 모형의 다른 측면에 대한 증거, 예를 들어 높은 체포율과 유죄판결률이 범죄를 억지한다는 증거도 제시하였다.

그러나 롯의 결론은 도전받아 왔다. Mocan and Tekin(2006)은 가정의 총기 보유가 청소년의 범죄 성향을 증가시키지만, 범죄 희생자가 될 확률을 감소시키지 않는다는 사실을 발견하였다. Ayres and Donahue(1999, 466)는 이론 및 실증분석 방법론 측면에서 롯의 연구에 대해 제기된 다양한 비판을 요약하고 있다. 다수의 학자가 정당한 우려를 표명하였으며, 이를 근거로 저자들은 문제의 심각성을 고려할 때 "법 제정을 추진하는 것보다는 연구를 더 하는 것이 현명할 수도 있다"는 결론을 내리고 있다.

4.5. 원시적 법 집행

우리는 앞서 응보(피해에 비례하는 처벌 개념)가 영미 형사법 체계의 중요한 특징이라고 언급하였다. 우리는 보통 이 개념이 적절한 형벌에 대한 현대적 태도와 관련이 있다고 생각하지만, 실제로는 보복과 복수라는 원시적 관념에서 유래한 것이다.[41] 우

41 이 논의가 근거하고 있는 Posner(1983, 제7장 및 제8장)를 참조하라. 또한 "초기 형태의 법적 절차는 복수에 근거한 것으로 알려져 있다"는 Holmes(1881, 6)도 참조하라.

리는 보복과 복수의 충동을 비이성적인 것으로 보는 경향이 있다. 그러나 보복과 복수는 공식적인 법 집행 기관이 없는 사회에서 중요한 기능을 수행하였다.

현대 사회에서는 정부가 형사처벌에 대한 독점권을 가지고 있지만, 공적 법 집행 기관이 없는 원시 사회에서 법 집행은 개인의 몫이었다. 처벌이 이루어지는 기본 메커니즘은 피해자나 피해자의 친족 집단에 의한 보복이었다. 그러나 피해자와 그 친족이 감수하는 위험과 싸움이 일어날 높은 확률이 예상되는 편익보다 클 것이 분명하므로, 이 관행이 합리적이라고 보기는 어렵다. 그러나 때로는 비합리성의 인식이 도움이 될 수도 있다. 예를 들어, 잠재적 범죄자가 범죄 대상으로 삼은 피해자와 그 친족이

> 공격을 받을 때마다 재검토되거나 변경되지 않는 흔들리지 않는 보복 정책을 취한다는 것을 알고 있다고 가정하자. 피해자가 새로운 비용–편익 분석 없이 공격을 당하였을 때 보복할 것이라는 사실은, 피해자가 보복하고자 할 때 비용과 편익을 비교하고 각 공격행위에 '합리적으로' 대응할 것이라는 사실보다 공격을 효과적으로 단념시킬 수 있다(Posner 1983, 210).

이와 비슷하게, 냉전 기간 미국과 소련의 상호 확증 파괴(mutually assured destruction) 정책은 그 행동이 사후적으로는 비합리적일 수 있지만, 먼저 공격당하면 무조건 보복한다는 양쪽의 공약(commitment)에 의존하였다(Schell 1982, 195-208).

현대 사회는 범죄자를 체포하고 처벌한다는 공공 정책을 확립하여 공약 문제를 해결한다. 이 상황에서, 응보의 개념은 원래 복수의 충동에 근거를 두고 있지만, 비례성의 규범으로 재포장되면 실제로는 처벌의 강도를 제한하는 역할을 한다. 특히 앞에서 언급한 것처럼 비례성은 경제 이론에 의해 제안되는 강도가 높고 확률이 낮은 처벌 체계의 사용을 방해한다.

원시적 법 집행의 또 다른 주목할 만한 속성은 보복이 범죄자에게만 국한되지 않고 친족 집단으로 확대되었다는 것이다. 복수의 관념과 마찬가지로, 이 관행은 유죄와 책임의 연결을 끊어버리기 때문에 현대의 감성에 맞지 않다. 그러나 이 또한 공적 집

행의 부재에 대한 효율적인 대응으로 해석될 수 있다. 이는 친족들에게 피해를 주는 행위를 저지르기 이전에 범죄자를 단속할 유인과 사후에 범죄자를 인도할 유인을 제공하기 때문이다. 더욱이, 집행비용을 절약하기 위한 이 같은 '집단책임'(group responsibility)에의 의존은 개별 회원의 비행을 이유로 한 대학 동아리 제재로부터 테러리스트 보호 국가에 대한 군사 작전에 이르기까지 현대에도 존재하고 있다.[42]

4.6. 자산 몰수법

자산 몰수법은 범죄자 이외의 사람이 소유한 자산을 포함하여 범죄에 사용된 자산을 정부가 몰수할 수 있게 하는 법이다. 자산 몰수는 처음에는 해상법에서 밀수의 통제에 사용되었으나, 최근에는 마약과의 전쟁에서 사용되고 있다. 재산은 민법과 형법에 의거하여 몰수될 수 있다. 형법에서 재산 소유자가 범죄로 유죄 판결을 받으면, 자신의 재산을 몰수당할 수 있다. 반면 민법에서는 법이 재산 자체가 범죄자라는 법적 허구에 따라 작동하므로 형사 유죄 판결이 필요하지 않다. 민법과 같은 방식으로 몰수를 형법의 절차적 보호로부터 분리하면, 몰수는 쉬워지지만 법 집행 기관의 남용 위험도 커진다.

경제적 관점에서의 질문은 몰수가 억지를 강화하는가이다. 언뜻 보기에 몰수된 자산이 범죄자의 재산이 아니므로 몰수가 억지를 강화하지 못할 것 같다(몰수는 범죄로부터의 범죄자 이익을 환수하는 것과 다르다). 그러나 자동차나 건물 같은 자본 투입이 요구되는 범죄의 경우, 잠재적 범죄자는 이러한 자본을 임대해야 하며, 자산 소유자의 몰수 위험은 임대료에 위험 프리미엄의 형태로 반영된다. 따라서 몰수의 비용이 범죄자에게 전가되고, 범죄자의 범죄비용이 증가한다. 그러나 이 정책은 완벽하지 않다. 범죄에 사용될 수 있는 자본의 소유자는 합법적 자산 사용자와 불법적 자산 사용자를 구

42 이는 또한 제3장의 2.1에서 논의된 사용자 책임 등의 대위책임과도 관련이 있다. 집단 처벌에 대한 수학적 분석은 Miceli and Segerson(2007)을 참조하라.

별할 수 없으므로, 위험비용이 임대료 프리미엄의 형태로 범죄자에게 전부 전가되지 못하며, 시장의 왜곡이 발생한다. 따라서 최적의 몰수법은 억지라는 편익과 자산 임대 시장의 사중손실 사이의 균형을 유지해야 한다. 또한, 가치 있는 자산의 압류를 잠재적 수입원으로 생각하는 법 집행자의 남용 위험은 항상 존재한다(Miceli and Johnson 2015).

4.7. 피해자 없는 범죄

도박, 매춘, 마약 판매와 사용 등의 범죄는 관련 당사자가 상호 이익이 되는 행위에 참여하고 명백한 사회적 피해가 발생하지 않기 때문에 피해자 없는 범죄(victimless crime)라고 불린다. 만일 이것이 사실이라면, 이 행위를 금지하고 범죄자를 처벌할 경제적 정당성은 없다. 그러나 어떤 사람들은 사회의 질을 낮추는 이런 행위가 도덕적 비용을 발생시킨다고 주장할 것이다(Adelstein 1979b). 그러나 이 관점의 타당성은 분명 시간과 장소에 따라 달라진다. 예를 들어, 쾌락 목적의 약물 사용의 합법성에 대한 견해는 과거 알코올 소비에 대한 견해가 달라진 것처럼, 변화하고 있는 것 같다. 요점은 특정 행위를 금지하는 법은 그 법을 제정한 공동체의 선호를 진정으로 반영하고 공동체의 구성원이 해당 법의 집행에 자원을 투자할 용의가 있을 때 정당성을 획득한다는 것이다. 어떤 의미에서, 범죄는 보는 사람의 눈에 달려 있다. 실제로 공동체의 변화된 선호는 구성원들이 더는 집행하지 않는 오래된 법으로 측정될 수도 있다.

마지막 논점은 어떤 피해도 주지 않는 것으로 보이는 일부 행동이 간접적으로는 피해를 발생시킨다는 것이다. 예를 들어, 음주나 약물 사용은 합리적 의사 결정 능력을 일시적 또는 영구적으로 박탈하는 정신적 장애를 초래할 수 있으며, 이로 인해 자신이나 다른 사람에게 실질적 피해를 줄 수 있다. 이 경우 범죄는 피해자 없는 범죄가 아니며 처벌될 수 있다.

4.8. 표현의 자유

경제학자는 일반적인 시장 규제를 분석하는 것과 같은 방식으로 표현에 대한 제한을 분석한다. 과연 문제가 되는 표현의 제한이 '아이디어 시장'(market for ideas)의 효율성을 증대시키는가?[43] 이 견해는 제1차 수정헌법의 표현의 자유 보장에 위배되는 것처럼 보인다. 그러나 법원의 해석에 따르면, 수정헌법의 보호는 절대적이지 않다. 이는 비용과 편익의 균형을 잡는 해석이 표현의 자유의 한계를 생각하는 유용한 방법일 수 있음을 시사한다. 예를 들어, *Schenk v. United States*(1919 U.S. 47, 1919) 사건에서 대법원은 전쟁 노력에 '명확하고 현존하는 위험'(clear and present danger)을 초래하였기 때문에 전쟁 반대 선전을 퍼뜨린 사람에 대한 처벌을 지지하였다. 이 사건에서 다수 의견을 작성한 홈즈 판사는 헌법이 관객이 꽉 찬 극장에서 거짓으로 "불이야!"를 외치는 개인의 권리를 보호하지 않는다는 유명한 예를 들었다.

이 판결은 표현의 편익이 기대피해와 비교되어야 한다는 것을 의미한다. 편익은 아이디어의 소통에서 나온다. 제6장의 지적 재산권 논의에서 보았듯이, 아이디어는 가치가 감소되지 않으면서 많은 사람이 동시에 소비할 수 있다는 점에서 공공재의 특성을 가진다. 따라서 효율성에 따르면 아이디어는 널리 확산되어야 한다. 그러나 표현자는 아이디어의 가치를 거두어들일 수 없으므로, '시장'(market)에는 아이디어가 과소공급되는 경향이 있다. 표현의 자유의 제한은 과소공급 문제를 악화시키므로, 이는 제한에 반대하는 논리를 제공한다.

그러나 모든 표현이 순수하게 유익한 것은 아니며, 일부는 해롭거나(욕설 또는 거짓으로 "불이야!" 외치는 것) 불쾌감을 줄 수 있다(혐오 발언 또는 음란물). 이런 측면은 표현을 규제하는 방향으로 작용한다. 이는 공해와 같은 부정적 외부효과가 있는 시장을 규제하는 것이 효율적인 것과 같다. 표현의 자유 제한에 대한 효율성 테스트는 제한의 편

43 표현의 자유에 관한 일반적 논의는 Spitzer(1998), Cooter(2000, 제13장), Posner(2001, 제2장)를 참조하라.

익(피해 방지)을 제한의 비용(아이디어 억지)과 비교하는 것이다. 수학적으로 표현의 제한은 다음과 같은 경우에만 효율적이다.

$$B < pH + O. \tag{8.12}$$

여기서 B는 표현의 편익, H는 확률 p로 발생할 수 있는 피해, O는 모욕성이다(O는 모욕적 표현이 이루어짐과 동시에 발생한다고 가정하기 때문에 p를 곱하지 않는다)(Posner 2001, 67).

대법원의 '명백하고 현존하는 위험' 기준을 공식화한(그리고 과실에 대한 핸드 테스트와 유사한) 이 조건을 이용하여 특정 종류의 표현을 제한하는 것이 바람직한지를 검토할 수 있다. 정치적 표현은 정부에 관한 경쟁적 아이디어의 광범위한 보급이 활력 있는 민주주의의 유지에 필수적이기 때문에 헌법적 보호의 정도가 가장 높다. (8.12)로 보면, B가 매우 크다. 이는 정치적 표현의 비용이 0이라고 하는 것이 아니다. 정치적 표현이 폭력을 유발하거나 모욕적일 수 있지만, 평균적으로 정치적 표현의 편익이 비용보다 훨씬 크다고 추정하는 것이다.

이에 대한 극단적인 예가 국기 소각이다(Rashmusen 1998a). 1989년 대법원은 국기 소각을 범죄로 규정한 텍사스 주법을 위헌으로 판정하였다.[44] 이 법의 반대자는 국기 모독이 중요한 정치적 메시지를 전달하므로 최고 수준의 보호를 받아야 한다고 주장한다. 국기 소각 금지법의 찬성자는 다른 형태의 표현이 제한되지 않는 한, 행동의 근간이 되는 아이디어는 거의 같은 효과가 있지만 덜 모욕적인 방식으로 소통될 수 있다고 반박한다. 이는 (다른 형태의 정치적 표현과 비교하여) 국기 소각의 편익이 비용보다 적을 수 있음을 시사하며, 국기 소각 금지법이 일반적 정치적 표현에 대한 제한보다 더 쉽게 수용될 수 있는 이유를 설명해 준다.

선거 기부금에 대한 법률적 제한도 헌법적 보호가 아이디어의 내용이 아닌 아이

44 *Texas v. Johnson*, 491 U.S. 397(1989) 참조.

디어를 전달하는 방식(manner)으로 확장되는지에 관한 문제를 제기한다. 부유한 사람이 여론에 영향을 미치는 다양한 수단에 쉽게 접근할 수 있다는 것은 분명하지만, 어떤 지점까지 경기장을 평평하게 만들기 위한 규제가 정당화되는가? 상반되는 효과가 존재한다. 한편으로 지출 한도의 설정은 표현의 총량을 감소시키지만, 다른 한편으로는 부유한 사람의 이익에 주어지는 가중치를 감소시킨다. 여기에서도 경제 이론은 이 문제가 매우 결정하기 어려운 문제임을 알려준다.

마지막으로, 허위의 명예 훼손적 주장으로 인해 입은 사람이 손해를 배상받을 수 있는 명예 훼손 금지법을 생각해 보자. 일반적으로 개인에 대한 진술은 사회적 편익(진술이 참일 확률 × 참일 경우의 가치)이 그 비용(진술이 거짓일 확률 × 거짓일 경우의 비용)을 초과하는 경우 효율적이다. 허위 주장에 대한 책임을 부과하는 것은 표현자가 표현의 기대피해를 내부화하도록 만들기 때문에 의미가 있다. 그러나 표현의 대상이 정치인이나 연예인과 같은 공적 인물인 경우, 표현자는 전체 편익을 내부화하지 못한다. 이 경우 엄격책임 원칙은 공적 인물에 대한 표현을 지나치게 억지한다. 이 논리에 근거하여, 법원은 공적 인물에 대한 명예 훼손에 대해 손해배상을 쉽게 허용하지 않고 있다(예를 들어, 공적 인물은 표현자의 악의를 입증해야 하지만, 사적 인물은 이를 입증할 필요가 없다)(Cooter 2000, 326-27).

4.9. 공갈

공갈(blackmail)은 법학자와 경제학자가 불법성 판단에 어려움을 겪어 온 범죄이다. 공갈의 전형적 사례는 어떤 사람이 다른 사람의 평판을 저해하는 정보나 당혹스러운 정보(예를 들면, 불륜)를 획득하고 금전적 지급을 대가로 그 정보를 공개하지 않는 경우이다. 언뜻 보기에, 이 거래의 범죄성은 설명하기가 어렵다. 왜냐하면 공갈은 두 당사자에게 상호 이익을 가져다주는 거래를 불법으로 만드는 것이기 때문이다. 더구나 정보 공개는 불법이 아니다. 그러나 자세히 분석해 보면, 공갈은 시장실패와 관련이 있다.

그 이유를 확인해 보자. 구매자 *B*와 판매자 *S*, 두 당사자 사이에 제안된 '거래'(transaction)를 생각해 보자(그들은 잠재적 배우자일 수 있다). 자신이 가지고 있는 정보를 바탕으로 *B*는 자신이 구매하는 '재화'(good)는 높은 품질이며 V_H의 가치가 있다고 믿고 있다. 그런데 실제로 *S*는 재화의 품질이 낮고 $V_L < V_H$의 가치가 있음을 알고 있다(예를 들어, *S*는 바람둥이다). 이제 제3자인 *T*가 재화의 진정한 품질을 알고 있다고 가정하자. *T*는 이 정보로부터 두 가지 방법으로 이윤을 얻을 수 있다. 하나는 정보를 *B*에게 팔아서 *S*와 계약을 파기하도록(또는 재협상하게) 할 수 있다. 다른 하나는 *S*에게 침묵의 대가를 청구할 수 있다. 두 경우 모두 정보의 가격은 $V_H - V_L$가 될 것이며 *T*는 두 거래에 대해 무차별하다.

그러나 *B*에게 정보를 판매하는 것에는 어려움이 따른다. 대가를 지급하기 전, *B*는 당연히 재화의 품질이 낮다는 증거를 요구할 것이다. 그러나 일단 *B*가 증거를 본 다음에는 자신이 그것을 이미 알고 있었다고 주장하고 대가의 지급을 거부할 수 있다. 따라서 *T*는 *B*와의 거래에서 정보의 가치를 받아내기 힘들다. 그러나 *S*와의 거래에서는 *S*가 이미 자신이 판매하는 재화의 진정한 품질을 알고 있고 정보가 감추어지기를 원하기 때문에 이런 문제가 존재하지 않는다. 이러한 이유로 *T*는 *S*와의 거래를 선호할 것이다.[45]

그러나 왜 *T*와 *S* 사이의 거래가 불법인가? 효율성의 관점에서 문제를 생각해 보자. *B*와 *S*의 최초 거래에는 거래되는 재화의 품질에 관한 비대칭적 정보 문제가 관련되어 있으며, 이는 잠재적 시장실패의 원인이다. *T*가 정보를 *B*에 판매할 때와 같이 정

45 그러나 *T*와 *S* 사이의 거래에는 "무엇이 *S*가 비용을 지불하지 않을 때 정보를 공개하겠다는 *T*의 위협을 신뢰할 만하게 만드는가?"와 "무엇이 공갈자(blackmailer)가 여러 번 위협을 반복하지 못하게 만드는가?"와 같은 다른 문제가 있다. 전자에 관해 셜록 홈즈의 이야기 "찰스 아우구스투스 밀버턴의 모험"의 공갈자는 이러한 위협이 효과적인 이유를 다음과 같이 설명한다. "폭로가 나에게 상당한 간접적 이익을 줄 것이다. 나는 8개에서 10개의 공들인 비슷한 사건이 있다. 내가 그중에서 에바 부인을 심각한 예로 삼았다는 것이 그들 사이에 퍼진다면, 그들 모두가 훨씬 이성적으로 변할 것이다 알겠지?"(Doyle 1986). 즉, 폭로는 공갈자에게 위협을 실행한다는 평판을 준다. 협박의 이러한 측면에 대한 경제 분석은 Shavell(1993a)과 Posner(1998b, 107)를 참조하라.

보가 없는 당사자의 정보의 양을 증가시키는 것은 재화의 가격이 올바른 수준에서 결정되게 하여 효율성을 향상시킨다. 반대로 정보의 공개를 막는 거래(예를 들어, *T*와 *S* 사이의 거래)는 효율성을 저해한다. 지적한 것처럼 당사자 사이에서는 후자의 거래가 발생할 가능성이 크므로, 정보가 공개된 거래를 장려하기 위해 이 거래를 범죄화해야 한다(Miceli 2011). 이 같은 논리는 제3자가 재화의 품질에 관한 정보를 수집하여 소비자에게 판매하는 것은 합법적이지만(예를 들면, *Consumer Reports* 같은 소비자 잡지), 제3자가 이 정보를 공개하지 않기로 동의한 대가로 기업으로부터 돈을 받는 것이 불법인 이유를 설명해 준다.

5. 결론

이 장은 형법의 경제 모형을 검토하였다. 우리는 유해한 행위를 방지하려 할 때, 형법(공적 집행)이 불법행위법(사적 집행)보다 선호될 수 있는 몇 가지 이유를 제시하는 것으로 논의를 시작하였다. 함축적이긴 하지만, 우리의 결론은 범죄와 불법행위를 완벽하게 구분해 줄 수 있는 만족스러운 이론이 없다는 것이었다.

우리는 범죄의 경제 모형을 다루었다. 이 모형은 범죄자가 범죄를 저지르기 전에 비용과 편익을 계산하는 합리적 계산자라는 가정에 근거한다. 이 합리적 범죄자 모형을 가지고, 우리는 억지 목표에 근거한 최적의 처벌 체계를 도출하였다. 그러나 실제 처벌은 최소한 세 가지 방식으로 경제 이론이 규정하는 처벌에서 벗어나는 경향이 있다. 벌금은 최대로 설정되지 않고, 처벌이 불완전한 체포 확률을 반영하기 위해 상향되지 않으며, 자유형이 과도하게 사용된다. 이러한 불일치는 형사 사법 제도의 실제 운영에서 구현되고 있는 효율성 이외의 가치가 어느 정도인지에 관한 중요한 단서를 제공한다.

최적의 형벌 체계를 도출하는 것 외에도, 우리는 경제 이론을 사용하여 법 집행 기관의 부패 문제, 사형 제도, 총기규제법, 표현의 자유, 공갈 등 형법과 관련된 다양한 정책 문제를 이해하려고 하였다. 언급한 것처럼, 이 장은 법 집행 정책의 실제 실행에 결정적 영향을 미치는 형사 사법 제도의 절차적 측면에 관해서는 다루지 않았다. 이 문제는 제9장 소송법에서 검토할 것이다.

토론 문제

1. 형벌은 '효율적' 범죄 수준을 달성하기 위해 설정된 '가격'이다. 의미를 설명하라.

2. Watson은 100달러 가치가 있다고 생각하는 자전거를 소유하고 있다. 자전거의 가치를 150달러로 평가하는 친구 Holmes가 자전거를 훔쳤다고 가정하자. 절도는 효율적인가? 그렇다면 절도는 왜 범죄이어야 하는가?

3. 실패한 범죄 시도는 처벌되어야 하는가? 그렇다면 이유는?

4. 경찰은 때로 비밀 요원을 이용하여 개인이 범죄를 저지르도록(마약 거래, 성매매 요구) 유도하고 체포한다. 그러나 이런 경우 피고는 함정수사를 주장함으로써 기소를 피할 수 있다. 함정수사의 항변이 언제 허용되어야 하는지에 대한 경제적 주장을 제시할 수 있는가?

5. 공모한 범죄는 보통 한 사람이 같은 범죄를 저지른 경우보다 무겁게 처벌된다. 왜 이것이 경제적으로 의미가 있는가?

6. 어떤 사람이 다른 사람의 직원으로 일하면서 범죄를 저지른다고 가정하자. 어떤 조건에서 직원 대신(또는 직원과 함께) 고용주에게 처벌을 가하는 정책이 최적 억지를 달성할 것인가?

7. 왜 법 집행자에게 형사 벌금의 일부를 나누어 주면 억지가 강화될 수 있는가? 이런 보상 제도는 어떤 문제를 일으킬 수 있는가?

단원 문제

1. 범죄의 사회적 비용 $C(L)$이 고용된 경찰관 수 L의 감소함수라고 가정하자. 경찰력을 유지하는 비용은 wL이다. 여기서 w는 임금이다.
   (a) 경찰력의 효율적 규모를 어떻게 선택할지 그래프로 보여라(함수 $C(L)$은 체감적으로 감소한다고 가정하라).
   (b) 경찰관의 임금이 오르면 어떤 효과가 발생하는가?

2. 휴일 동안 어떤 고속도로에서 제한 속도를 단속하면서 다음과 같은 정보가 수집되었다고 가정하자.

집행비용(달러)	체포 확률(p)	기대벌금(pf)	속도 위반자 수
0	0	0	1,000
1,000	0.1	50	500
10,000	0.5	100	100
100,000	0.9	1,000	5

   (a) 목표가 속도 위반자 수를 500명으로 제한하는 것이라고 가정하자. 어떤 벌금 f와 체포 확률 p가 이 목표를 달성하는 비용을 최소화하는가?
   (b) 과속에 대한 벌금의 법적 상한이 100달러로 설정되어 있다고 가정하자. 이제 500명의 속도 위반자 수 목표를 달성하는 최소 집행비용은 얼마인가?

3. 마약 상인이 마약을 불법적으로 판매하여 1,000달러를 벌 수 있으며 체포될 확률이 0.25라고 가정하자.
   (a) 유죄 판결을 받으면 이익을 환수하는 형벌은 이 범죄를 억지하지 못함을 보여라.
   (b) 마약 상인을 억지하는 가장 낮은 벌금은 무엇인가?

4. 잠재적 범죄자는 두 지역 중 한 곳에서 강도를 저지를 계획이다. 만약 체포되면 범죄를 저지른 장소와 관계없이 5,000달러의 벌금이 부과된다(범죄자가 벌금을 지불할 능력이 있다고 가정한다). 범죄로부터의 이익 g와 체포 확률 p는 다음과 같이 지역에 따라 다르다.

	g	p
지역 1	1,000달러	0.10
지역 2	2,000달러	0.25

(a) 각 지역에서 범죄의 순기대수익은 얼마인가?

(b) 범죄자가 700달러를 받고 합법적으로 일하거나 두 지역 중 한 곳에서 범죄를 저지를 수 있다고 가정하자. 범죄자의 최적 전략은 무엇인가?

(c) 범죄자가 어떤 범죄도 저지르지 못하게 억지하는 가장 낮은 벌금은 얼마인가?

5. 특정 범죄를 최적으로 억지하려면 기대처벌을 2,000달러로 설정해야 한다고 가정하자. 체포 확률은 0.2로 고정되어 있다.

(a) 범죄자의 자산이 5,000달러이며, 감옥에 1개월 수감하는 비용이 1,000달러라고 가정하자. 벌금과 수감 기간의 어떤 조합이 가장 낮은 비용으로 최적 억지를 달성하는가?

(b) 7,000달러의 자산을 가진 범죄자에게는 벌금과 수감 기간의 어떤 조합이 최적인가? (수감비용은 같다고 가정한다.)

(c) 형평성 요구에 따라, 같은 범죄를 저지른 위의 두 범죄자들의 수감 기간이 같아야 한다는 제약조건이 있다고 가정하자. 최적 억지를 유지하기 위해 두 범죄자에게 어떤 벌금과 수감 기간을 설정해야 하는가? 어떤 의미에서 이 정책이 형평성과 효율성 간의 상충관계를 반영하는지 설명하라.

chapter 09

소송법의 경제학

1. 민사 소송
2. 재판의 입법 기능
3. 형사 소송
4. 결론

실체법에 대한 지금까지의 분석은 행정비용, 입증 기준 등 일부 소송법적 문제를 다루기는 하였으나, 법적 분쟁이 실제로 해결되는 과정에 주목하지는 않았다. 이 장은 소송과 분쟁 해결에 관한 체계적 분석을 통해 미진하였던 점들을 보완하고자 한다. 민사 및 형사 사건에 대한 규칙과 절차는 중요한 측면에서 서르 다르므로, 이 둘을 분리하여 분석한다. 그러나 기본적 접근 방식은 같다. 가장 정확한 판단을 그것도 가장 적은 비용으로 내린다는 두 제도의 목표가 같기 때문이다. 이는 재판이란 불확실성 하에서 판결에 도달하는 수단이며, 정확한 결과에 도달하려면 더 많은 자원이 필요하다는 사실을 반영한다.

정확성과 비용 절감 이외에, 우리는 분쟁 해결 절차가 법, 특히 성문법이 아닌 (판사가 만든) 보통법 원칙에 의해 규율되는 법의 전반적 구성에 미치는 영향에도 주목할 것이다. 보통법은 결국 과거 분쟁에서의 사법적 결정(선례)의 축적에 지나지 않으며, 실체법의 분석에서 알 수 있듯이 보통법의 원칙은 현재의 행동에 대한 특정한 경제적 유인을 창출한다. 보통법에 경제적 논리가 내재되어 있다고 주장하는 경제학자들은 소송의 입법 기능(lawmaking function) 연구에 큰 관심을 보인다. 법에 대한 실증 경제학적 분석의 중요한 질문이자 우리가 검토할 문제는 왜 보통법이 효율성이라는 특성을 보유하게 되는가이다.

소송법에 대한 우리의 분석은 민사 소송법의 분석에서 출발한다. 우리는 먼저 원고의 소송 제기 결정에서 시작하여 합의 또는 재판을 통해 분쟁이 해결되는 것으로 종결되는 법적 분쟁의 기본 구조를 설명한다. 대다수 사건이 합의로 해결된다는 점을 감안하여, 우리는 합의할 것인가 또는 재판할 것인가의 선택에 초점을 맞춘다. 사실, 재판비용이 많이 든다면 대부분 사건이 합의로 해결된다는 것을 설명하기는 쉽다. 어려운 문제는 왜 재판으로 진행되는 사건이 존재하는지를 설명하는 것이다(같은 역설이 형사 재판과 유죄 협상의 선택에서도 나타난다). 사건이 어떻게 그리고 왜 합의로 해결되는지를 이해한 후, 우리는 경제 모형을 이용하여 입증책임, 재판 전 개시 절차, 재판비용의 부담 등 여러 민사 소송 원칙의 경제적 기능을 검토한다. 그리고 법 정책 또는 법의 효율적 기능과 관련된 몇 가지 주제를 추가로 분석하고, 재판의 입법 기능을 검토하는 것으로 결론을 맺는다.

우리는 또한 형사 소송법을 분석한다. 집중적으로 분석될 주제는 유죄 협상의 관행이며, 이는 민사 소송의 법정 밖에서의 합의에 상응하는 형사 소송 제도이다. 분석에서 고려되는 사항은 거의 비슷하지만(예를 들어, 비용이 많이 드는 재판을 피하려는 욕구 등), 유죄 협상은 민사 합의에서 일반적으로 존재하지 않는 문제, 특히 유죄 협상이 무죄인 피고가 유죄를 인정할 과도한 유혹을 만들어 내는가의 문제를 제기한다. 우리는 보석 제도, 양형 재량과 같은 형사 소송의 몇 가지 다른 주제를 검토하고, 불리한 진술을 강요받지 않을 권리와 비합리적 압수수색을 받지 않을 권리에 대한 헌법적 논의로 이 장을 끝맺을 것이다.

1. 민사 소송

민사 소송은 피고에게서 법적 보상, 대개는 피고가 발생시킨 손해에 대한 금전적 보상을 얻어 내려는 원고의 소송 제기에서 시작되어 여러 단계의 과정을 거쳐 해결된다. 미국인들은 사람들이 점점 더 소송을 많이 제기한다는 공통된 인식을 가지고 있는데, 이용 가능한 소송 건수 자료는 이 같은 인식이 어느 정도 맞음을 보여 준다. [그림 9.1]에서 알 수 있듯이 1980년대 초 미국 연방 지방법원의 인구 1인당 민사 소송 건수가 급격히 증가하였으며,[1] 이는 1960년대 후반에 시작된 장기 추세의 정점을 찍은 것이다. 그러나 소송 건수는 1980년대 후반에 감소하다가 그 이후에는 안정화되었다. Rosen(1992)은 1970년대와 1980년대의 '소송 폭발'(litigation explosion)로 1967년에서 1979년 사이에 변호사 수가 두 배로 증가하였으며, 1979년에서 1987년 사이에 또 50%가 증가

1 예를 들어, Olson(1991)과 Howard(1994)를 참조하라.

그림 9.1 미국 연방 지방법원에 제기된 주민 1,000명당 민사 소송 건수: 1980-2015

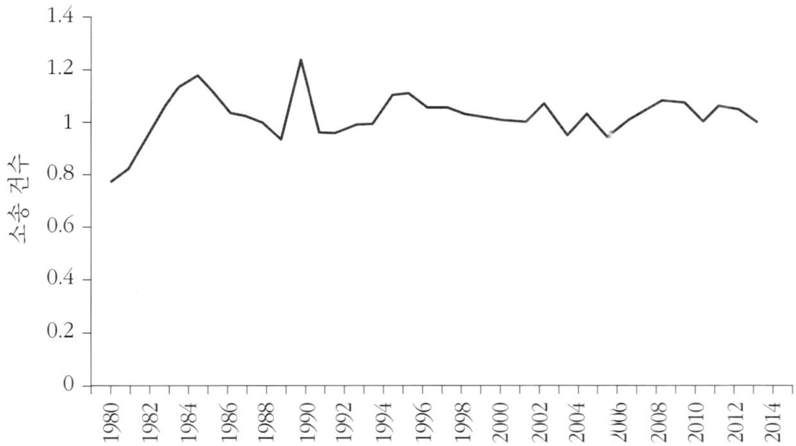

출처: Administration Office of U.S. Courts(www.sescourts.gov).

하였다는 예상되는 결과를 제시하였다. 로젠(Rosen)은 변호사의 소득은 1980년대에 대체로 일정하게 유지되었음도 발견하였다. 이는 법률가의 시장 진입이 법률 서비스에 대한 수요를 충족시켰음을 시사한다. 이 시장 테스트에 따르면 적어도 그 당시에는 변호사가 너무 많지는 않았다고 할 수 있다.

물론 변호사 비용은 법 제도 운영에 드는 전체 비용의 일부일 뿐이다. 여기에 판사 및 기타 법원 직원의 급여와 법원 시설 운영비용으로 구성된 공적 비용이 추가된다. 랜드(Rand) 연구소의 연구는 이 비용이 1982년 주 및 연방 법원에서 처리된 모든 민사 소송을 기준으로 22억 달러 이상이라고 추정하였다(Kakalik and Ross 1983). 이 비용은 틀림없이 최근 수십 년 동안 계속 증가하였을 것이다.

공적 비용과 사적 비용의 합으로 정의되는 분쟁 해결의 사회적 총비용은 거래비용의 한 형태이다. 따라서 법적 분쟁에 대한 경제 분석의 한 가지 목표는 이 비용을 줄여 제도가 보다 효율적으로 운영되도록 하는 것이다. 여기에는 보통 법정 밖에서의 합

표 9.1 미국 연방 지방법원에서 민사 사건 재판율: 2006-2015

	2006	2007	2008	2009	2010	2011	2012	2013	2014	2015
시작된 사건 (1천 건)	272.8	238.3	233.8	263.0	308.4	302.9	271.4	255.1	258.3	274.4
재판 도달률 (%)	1.3	4.1	2.0	1.2	1.1	1.1	1.2	1.2	1.1	1.1

출처: Administration Office of U.S. Courts(www.sescourts.gov).

의를 촉진하는 방안이 포함된다. 그러나 놀랍게도 대부분 사건은 재판에 도달하기 전에 합의된다. [표 9.1]에서 볼 수 있듯이 2006년에서 2015년 사이에 미국 연방 지방법원에 제기된 모든 민사 사건 중 1%에서 2% 사이의 작은 비율만이 재판에 도달하였다. 이 비율은 주 법원 사건에서도 비슷하게 나타난다.

이처럼 높은 합의율이 의외라고 생각될 수 있다. 그러나 경제 이론을 사용하면 매우 쉽게 설명된다. 사실, 진정한 질문은 왜 사건이 합의로 끝나지 않고 재판으로 진행되는가이다. 이 질문에 대답하는 것이 이 장의 첫 번째 과제이다.

1.1. 재판으로 진행되는 이유는 무엇인가?

왜 재판으로 진행되는가를 질문하는 것이 처음에는 이상하게 느껴질 수 있다. 그러나 극소수의 사건만이 재판으로 끝을 맺는다. 조금만 생각해 보면, 왜 재판으로 진행되는 경우가 드문지를 알 수 있다. 소송 당사자가 합리적이고 재판의 결과에 대해 대칭적 신념(symmetric belief)을 가지고 있다면, 그들은 금전적 합의의 형태로 (기대가치 기준으로) 재판 결과를 항상 복제할 수 있으며, 따라서 실제 재판을 지속하는 비용과 불확실성을 감소시킬 수 있다. 그러므로 불합리성을 가정하지 않고 재판으로의 진행을 설명하기 위해서는, 대칭적 신념의 가정을 완화해야 한다.

논의를 진행하기 전에 우리는 소송의 기본 구조를 명확히 해둘 필요가 있다. 이 구

그림 9.2 **법적 분쟁의 구조**

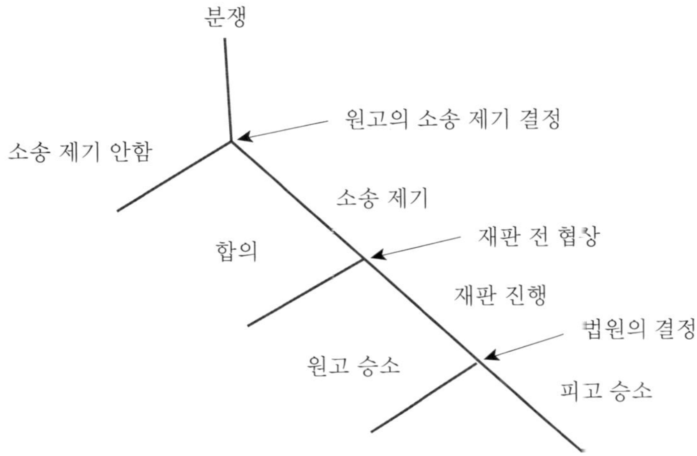

조는 [그림 9.2]에 개략적으로 제시되어 있다. 이 과정은 두 당사자 간의 분쟁으로 시작된다. 분쟁은 사고, 계약 위반, 재산권에 대한 의견 다툼, 한 당사자인 피해자가 다른 당사자인 가해자 때문에 손해를 입었다고 주장하는 분쟁 등이 포함될 수 있다. 피해자는 소송을 제기할지 결정한다. 소송은 비용이 많이 들기 때문에 모든 분쟁이 소송으로 이어지지는 않는다. 실제로 랜드 연구소의 연구에 따르면, 대중의 인식과는 달리 신체적 상해의 피해자가 보상을 받기 위해 불법행위 제도에 무조건 의존하지 않는다. 실제로, "자동차 사고 피해자를 제외하고, 심각한 상해를 입은 사람 중에서도 소수만이 소송 제기를 고민한다. 그리고 그들 중 일부만이 법적 메커니즘을 사용한다"(Hensler et al. 1991, 110).

피해자의 일부가 소송을 제기한다. 이 시점부터 피해자는 피고인 가해자로부터 금전적 보상을 요구하는 소송의 원고가 된다.[2] 소송이 접수되면 재판 전 협상 절차가

2 원고가 비금전적 판결을 요구하는 분쟁에 관한 분석은 Shavell(1993c)을 참조하라.

시작된다. 이 단계는 당사자들이 개시 절차(곧 논의된다) 중에 정보를 교환하고, 분쟁을 법정 밖에서의 합의로 해결하기 위해 제안 및 반대 제안을 하는 단계이다. 앞에서 살펴본 것처럼, 이 단계에서 민사 분쟁의 90% 이상이 해결된다. 왜 이런 현상이 발생하는지는 쉽게 밝힐 수 있다.

과실이 있는 가해자가 과실이 없는 피해자에게 50,000달러의 손해를 끼쳤으며, 재판을 진행하는 비용은 각각 10,000달러라고 가정한다. 따라서 피해자는 법정 밖에서 합의하기 위해 40,000달러 이상의 제안을 수락할 것이며, 피고는 60,000달러까지 지불할 용의가 있다. 둘 사이의 차이인 20,000달러(두 당사자의 재판비용의 합계)가 합의로부터의 공동 이익이다. 당사자가 이익을 공유하는 방법에 동의할 수 있다고 가정하면 항상 합의가 이루어져야 한다. 소송 당사자가 위험 기피적이면, 당사자들이 불확실한 재판 결과보다 확실한 합의 결과를 선호하기 때문에 합의로부터의 이익은 더욱 커진다.

그러나 합의가 항상 이루어지지는 않는다. (비록 일부지만) 사건이 재판으로 진행되는 이유는 무엇인가? 한 가지 중요한 요소는 신념(belief)이다. 앞의 예는 당사자들이 재판의 결과에 대해 대칭적 신념을 가지고 있다고 가정한 것이다. 실제로 그렇지 않을 수 있는 두 가지 이유가 있다. 당사자들이 재판 결과에 대해 다른 의견(opinions)을 가지고 있거나, 당사자들이 사건의 관련 사실에 대한 사적 정보(private information)를 가지고 있을 수 있다. 중요한 소송의 경제 모형인 낙관주의(또는 상이한 인식) 모형과 비대칭 정보 모형은 각각 이 두 가지 불일치 사유를 기반으로 한다. 이제부터 우리는 이 모형들을 차례로 검토한다.

1.1.1. 낙관주의 모형 (또는 상이한 인식 모형)

합의 또는 재판 결정을 설명하기 위한 첫 번째 모형은 낙관주의 모형(optimism model) 또는 상이한 인식 모형(differing perception model)이다.[3] 이 모형에 따르면, 소송 당사

3 이 모형은 Landes(1971)와 Gould(1973)에 의해 처음 개발되었다. 또한 Shavell(1982b), Cooter and Rubinfeld(1989), Baird et al.(1994)도 참조하라.

자들은 예를 들어 관련된 법 또는 그 적용 방법에 관한 다른 견해에 근거하여 재판 결과를 상이하게 인식한다. 앞의 예에서 당사자들이 피해자의 손실이 50,000달러라는 것에는 동의하지만, 원고의 승소 가능성에 대해서는 동의하지 않는다고 가정하자. 다음 연습 문제에서 알 수 있듯이, 승소 가능성에 관한 다른 인식은 합의가 더는 불가능한 상황을 만들어 낸다.

연습 문제 9.1

피해자는 자신의 승소 확률이 90%라고 믿고 있지만, 가해자는 원고의 승소 확률이 40%에 불과하다고 믿고 있다. 피해자의 손해가 50,000달러이고 자신들의 재판비용이 각각 10,000달러라는 것에는 생각이 같다. 이 경우 합의가 불가능하다는 것을 보여라.

낙관주의 모형의 의미를 보다 일반적으로 설명해 보자. P_p를 원고가 평가하는 자신의 재판 승소 확률, P_d를 피고가 평가하는 원고의 재판 승소 확률이라고 정의하자(즉, P_d는 자신의 재판 패소 확률에 대한 피고의 평가이다). J는 원고가 승소할 경우 원고가 받을 판결 금액(두 당사자가 이 액수에 관해서는 견해가 일치한다)이며, C_p와 C_d는 각각 원고와 피고의 소송비용이라고 하자.[4] 논의를 단순화하기 위해, 합의에는 비용이 들지 않는다고 가정한다. 우리의 결론은 합의가 재판보다 비용이 적게 드는 한 유지된다(Cooter and Rubinfeld 1989; 단원 문제 3 참조).

이 변수들을 사용하여, 원고의 재판의 기대가치를 계산하면 $P_p J - C_p$이다. 이는 재판의 기대 판결 금액에서 소송비용을 뺀 것이다. 우리는 이 금액이 양(+)이라고 가정한다. 따라서 합의 협상이 실패하면 원고는 항상 재판을 진행한다(우리는 뒤에서 협박 소송을 논의할 때 이 값이 음수인 경우를 살펴본다). 그러나 원고는 $S \geq P_p J - C_p$를 만족시키는

4 당사자들이 J에 관해 일치된 생각을 하는 것이 필수적인 것은 아니다. 단원 문제 1을 참조하라.

제안 S를 받으면 합의하는 것을 선호한다.

마찬가지로 피고의 재판의 기대비용은 $P_d J + C_d$이다. 따라서 피고는 $S \le P_d J + C_d$를 만족시키는 S를 주고 합의하려 할 것이다. 두 당사자 모두에게 재판 진행보다 유리한 합의 금액이 존재하면, 합의가 이루어질 수 있다. 즉, 다음과 같은 S가 있다면, 합의가 가능하다.

$$P_p J - C_p \le S \le P_d J + C_d. \tag{9.1}$$

또는

$$P_p J - C_p \le P_d J + C_d.$$

따라서 피고가 제시할 최대 금액이 원고가 수락할 최소 금액보다 크면, 합의가 가능하다. 합의 조건을 다른 방식으로 해석할 수도 있다. 재판을 진행하면 원고는 $P_p J - C_p$의 가치가 있는 자산을 소유한다. 피고는 이 자산의 가치를 재판의 기대비용인 $P_d J + C_d$로 평가한다. 따라서 피고의 가치가 원고의 가치를 초과한다면, 즉 (9.1)이 성립하면, 피고는 이 자산을 '매수'하려고 하며, 합의가 이루어진다.[5]

합의 조건을 정리하면 다음의 식이 도출된다.

$$(P_p - P_d)J \le C_p + C_d. \tag{9.2}$$

만일 $P_p = P_d$이면, (9.2)는

$$C_p + C_d \ge 0.$$

5 합의 협상에 대한 이 해석을 제안해 준 Roger Blair에게 감사한다.

이 되며, 이 조건은 항상 성립한다. 당사자들이 대칭적 신념을 갖는 경우, 소송비용을 지출하지 않는 것에 공동의 이해가 있으므로 합의가 항상 가능하다는 앞의 주장은 여기에 근거한 것이다.

그러나 (9.2)가 성립한다고 항상 합의가 이루어지는 것은 아니다. 당사자들이 잉여를 어떻게 나눌지에 대해 합의하기 어려울 수 있기 때문이다. 따라서 이 모형에서 재판으로 진행하는 하나의 원인은 합의로부터 얻은 이익의 분배에 관한 협상의 결렬이다(Cooter et al. 1982). 그러나 이는 사소한 설명이며, 왜 재판으로 진행하는가에 대한 기본 설명으로서 그다지 설득력이 있지는 않다. 좀 더 일반적인 설명은 (9.2)가 어떤 경우에는 성립되지 않을 수 있다는 것이다. 즉, 재판으로 진행할 조건은 (9.2)의 부등호를 바꾸면 도출된다.

$$(P_p - P_d)J > C_p + C_d. \tag{9.3}$$

몇 가지 함의가 (9.3)에서 도출된다: 첫째, 소송비용이 많이 들수록 재판이 진행될 가능성은 작아진다. 이는 매우 직관적인 결과이다. 둘째, $P_p - P_d$의 차이가 클수록 재판으로 진행할 가능성은 커진다. 이것은 재판으로의 진행을 촉진하는 낙관주의의 역할을 반영한다. 구체적으로, 재판이 진행될 확률은 원고가 자신의 승소 확률을 높게 평가할수록 그리고 피고가 자신의 패소 확률을 낮게 평가할수록 높다. 큰 $P_p - P_d$는 상호 낙관주의(mutual optimism)를 나타낸다. 마지막으로, $P_p - P_d > 0$을 전제하면, 재판으로부터의 기대 판결 금액인 J가 클수록 재판으로 진행될 확률이 더 높다. 이는 사건의 금액이 커질수록 재판으로 진행할 가능성이 커짐을 의미한다. 우리는 뒤에서 이 함의들을 다시 논의할 것이다.

낙관주의 모형에서 재판이 진행되는 주된 이유는 $P_p > P_d$이므로 이 조건이 실제로 성립하는지를 질문할 필요가 있다. 실험적 증거는 조건의 성립이 자기 고양 편의(self-serving bias), 즉 사람들이 법적 분쟁이나 적대적 상황 또는 교섭 상황에서 자신의 이익에 가장 잘 부합하는 결과가 올바른(또는 공정한) 결과라고 생각하는 경향(Babcock and Loewenstein 2000)에 기인할 수 있음을 시사한다(이 개념은 제3장의 위험 인식과 관련하여 논의된 '비현실적 낙관주의'와 유사하다). 이 편의가 존재하면, 협상은 전통적인 합리적 선택 모형이 예측하는 것보다 더 자주 실패할 것이다.

그러나 대다수 경제학자는 사람들이 지닌 신념에 대한 체계적인 편의에 근거한 모형에 회의적이다. 예를 들어, 법률 조언을 동등하게 받을 수 있는 합리적 당사자가 재판의 예상 결과에 대해 일치된 견해를 갖지 못하는 이유는 무엇인가? 이 비판은 당사자들이 법원의 행동을 확실하게 예측할 수 있다는 주장에 근거한 것이 아니다. 오히려 당사자들이 같은 정보에 접근할 수 있으므로 당사자의 예측에 차이가 있을 수 없다는 주장이다.

1.1.2. 비대칭 정보 모형

최근의 합의 또는 재판 결정 모형은 편의된 인식이 아니라 정보의 차이로 인해 재판이 진행된다고 제안함으로써 비판을 비껴간다.[6] 예를 들어, 사고가 관련된 사건에서 피고가 자신에게 과실이 있는지에 관한 사적 정보를 가지고 있을 수 있고 또는 원고가 자신에게 기여과실이 있는지에 대한 사적 정보를 가지고 있을 수 있다. 이 정보의 비대칭성은 왜 일부 사건이 재판으로 진행되는지를 설명할 수 있는 상이한 신념의 두 번째 근거를 제공한다.

간단한 비대칭 정보 모형을 검토해 보자. 원고가 자신이 재판 승소 확률에 대한 사적 정보를 가지고 있다고 가정하자. 구체적으로, 두 유형의 권고가 존재한다. 하나는 재판 승소 확률이 P_h로 높은 유형(기여과실이 없는 원고)이고, 다른 하나는 재판 승소 확률이 P_l로 낮은 유형(기여과실이 있는 원고)이다. 여기서 $P_h > P_l > 0$이다. 원고는 자신의 승소 확률을 알고 있으므로 (자신의 사적 정보가 공개되는) 재판의 기대수익을 계산할 수

6 Bebchuk(1984)과 Nalebuff(1987)를 참조하라. Baird et al.(1994, 제8장)은 낙관주의와 비대칭 정보 모형을 비교한다.

있다. '높은' 유형의 기대수익은 $P_hJ - C_p$이고, '낮은' 유형의 기대수익은 $P_lJ - C_p$이다. 여기서 $P_hJ - C_p > P_lJ - C_p$이다.

그러나 피고는 각 유형의 비율을 알고 있지만, 재판 전에는 개별 원고의 유형을 관찰할 수 없다. 승소 확률이 높은 유형의 비율을 a라고 하자. 따라서 특정 원고를 상대할 때 피고는 다음과 같이 원고의 승소 확률의 평균만 계산할 수 있다.

$$\bar{P} = aP_h + (1-a)P_l. \tag{9.4}$$

따라서 임의의 원고와의 재판이 진행될 때, 피고의 기대비용은 $\bar{P}J + C_d$($\bar{P}$가 낙관주의 모형의 P_d를 대체한다)이다. 앞의 모형과 같이, 원고가 재판을 진행하지 않는 대가로 받고자 하는 금액 S를 피고가 제안할 용의가 있다면 합의가 이루어진다.

피고가 승소 확률이 높은 유형의 원고가 재판을 진행하는 가치인 $P_hJ - C_p$와 같거나 큰 금액을 제시하면, 두 유형의 원고 모두가 제안을 수락하고 어떤 사건도 재판으로 진행되지 않는다. 피고가 두 유형의 원고를 같게 취급한다는 의미에서 이 전략을 공용 전략(pooling strategy)이라고 한다. 피고가 이 전략을 사용할 때, 피고는 정확히 승소 확률이 높은 유형의 원고가 받아들일 수 있는 최저 금액인 $S_h = P_hJ - C_p$를 제시한다고 가정한다. 이 전략에서, 피고의 소송 1건당 평균비용은 $P_hJ - C_p$이며, 재판은 진행되지 않는다.

그러나 피고는 다른 전략을 채택하여 기대비용을 낮출 수 있다. 피고가 $S_l = P_lJ - C_p$를 제시한다고 가정하자. 승소 확률이 낮은 유형의 원고는 이 금액을 받아들이지만, 승소 확률이 높은 유형의 원고는 이 금액을 거절하고 재판을 진행한다. 이 전략은 두 가지 유형의 원고를 다르게 취급하므로 분리 전략(separating strategy)이라고 한다(승소 확률이 낮은 유형은 합의하고, 승소 확률이 높은 유형은 재판을 진행한다). 피고는 제안할 때 어떤 유형의 원고를 상대하고 있는지를 모르므로 이 전략의 기대비용은 다음과 같다.

$$a(P_b J + C_d) + (1-a)(P_l J - C_p). \tag{9.5}$$

세 번째 가능한 전략은 피고가 S_l보다 적은 금액을 제시하는 것이다. 이 경우 두 가지 유형의 원고가 모두 제안을 거부하고 재판을 진행한다(이 또한 공용 전략이다). 이 경우 피고의 기대비용은 $\bar{P}J + C_d$이다. 그러나 이 전략은 피고의 비용을 최소화하지 못한다.[7] 직관적으로, 적어도 한 유형의 원고와는 합의하는 것이 그 유형과의 재판비용을 절약하므로 항상 비용이 적게 든다.

비대칭 정보 모형에서는 피고가 공용 전략이 아닌 분리 전략을 선택할 때에만 승소 확률이 높은 유형의 원고에 의해 재판이 진행된다. 피고는 (9.5)의 분리 전략의 기대비용이 공용 전략의 기대비용 $P_b J - C_p$보다 작으면 분리 전략을 선호한다. 이 조건을 정리하면 다음과 같다.

$$\frac{1-a}{a}(P_b - P_l)J > C_p + C_d. \tag{9.6}$$[8]

이는 낙관주의 모형 (9.3)의 재판 진행 조건과 매우 유사하며, 따라서 부분적으로 같은 함의를 제시한다. 두 모형은 모두 소송비용이 증가할수록 재판이 진행될 가능성이 줄어들고, 판결 금액이 높을수록 재판이 진행될 가능성이 커진다고 예측한다. 또한 재판 전의 정보 공유가 (비록 정보의 성격이 다를 수는 있지만) 합의율에 영향을 미친다는 것을 함축하고 있다. 그러나 두 모형은 재판으로 진행되는 사건의 유형에 관하여 다른 함의를 제시한다. 우리는 뒤에서 이 마지막 두 가지 논점을 자세하게 다룰 것이다(2.2.1 참조).

7 이를 증명해 보자. 두 가지 유형의 원고 모두가 재판을 진행하게 만드는 전략을 취하면 피고의 기대비용은 $\bar{P}J + C_d$이며, 이는 $a(P_b J + C_d) + (1-a)(P_l J + C_d)$로 다시 쓸 수 있다. 이 식에서 (9.5)를 빼면 $(1-a)(C_p + C_d)$가 되고, 이는 0보다 크다. 따라서 분리 전략이 이 전략보다 항상 비용이 적게 든다.

8 Shavell(1996)과 Miceli(1998)를 참조하라.

1.1.3. 합의에 영향을 미치는 기타 요인

합의 또는 재판 결정에 영향을 미칠 수 있는 다른 두 가지 요인은 당사자의 위험 선호(risk preference)와 비대칭적 이익(asymmetric stakes)이다. 먼저 위험 선호 문제를 살펴보자. 앞의 모형은 당사자의 위험 중립성을 가정하였다. 그러나 대부분의 소송 당사자는 그리고 확실히 대부분의 (기업과 반대되는 의미로서의) 일반 시민은 위험 기피적이다. 재판 진행과 관련된 불확실성이 존재하면 위험 기피는 두 가지 모형 모두에서 합의를 촉진하는 경향이 있다.

다른 방향으로 작용하는 요인은 비대칭적 이익의 가능성이다. 위의 모형에서 J로 표시된 이익은 원고의 피해를 반영하며, 이는 피고가 부담하는 책임과 정확하게 일치한다. 다시 말해, 두 당사자의 재판의 이익은 같다(또는 대칭적이다). 즉, 재판의 결과는 단순한 금전의 이전이다. 그러나 기업이 피고인 사건에서는 피고에 대한 유리한 재판 결과는 미래 원고의 소송 제기를 방지하여, 피고에게 일회성 배상 금액보다 훨씬 큰 비용을 절감해 줄 수 있다. 따라서 소송 과정에 반복 참여하는 경기자가 관련된 사건은 일회성 경기자가 참여하는 사건보다 재판으로 진행되는 비율이 더 높을 수 있다.

1.2. 절차적 원칙 및 소송비용

분쟁 해결에 관한 경제 분석의 중요한 정책적 목표는 법 제도의 운영비용을 줄일 수 있는 방안을 찾아내는 것이다. 1.2에서는 다양한 절차적 원칙이 합의 또는 재판 결정에 어떤 영향을 미치는지를 분석한다.

1.2.1. 입증책임

입증책임(burden of proof)은 원고 또는 피고 중 누가 자신이 이겨야 한다고 법원을 설득해야 하는지를 결정한다. 이 책임은 두 부분으로 구성된다. 하나는 자신에게 유리한 증거를 만들어 내는 것(생산책임, burden of production)이고, 다른 하나는 제시한 증거가 요구되는 입증 기준을 충족시킨다고 법원을 설득하는 것(설득책임, burden of persuation)이다.

일반적으로 입증책임의 목적은 증거가 제시되지 않은 사건을 결정하는 기본 원칙을 설정하는 것이다. 민사 소송에서 원고에게 입증책임을 부여하는 것은 소송비용을 줄이는 하나의 방법으로서 경제적 의미가 있다. 이는 원고의 근거 없는 소송 제기를 막기 때문이다(Hay 1997). 예를 들어, 피고에게 입증책임이 있다고 가정하자. 이 경우, '잘못이 없는' 피고로부터 보상을 받으려는 원고가 제기하는 소송이 범람할 것이다. 피고는 자신을 방어하기 위해 자원을 지출해야 하고, 따라서 이 지출을 피하고자 원고에게 최대 자신의 방어비용에 해당하는 금액을 제시하고 합의하려고 할 수도 있다. 원고에게 증거의 생산책임이 부여되면 (비록 뒤에서 보는 것처럼 완전히 억지되지는 않지만) 이 같은 무익한 '낚시질'은 사라질 것이다. 우리는 설득책임을 형사 소송에서의 유죄에 대한 입증 기준(standard of proof)의 맥락에서 논의할 것이다. 민사 소송에서의 입증 기준은 증거의 우월(preponderance of evidence), 즉 그럴 가능성이 그렇지 않을 가능성보다 크다(more likely than not)는 기준이다.

1.2.2. 개시 절차

개시 절차(discovery) 규칙에 따라 소송 당사자는 재판이 개시되기 전 상대방에게 정보를 요구할 수 있다. 정보 교환은 문서 요청, 준비된 질문 목록(질문서라고 함)에 대한 답변, 증인의 진술 녹취 등의 형태를 취할 수 있다. 개시 절차의 중요한 목적은 재판 결과에 대한 당사자들의 불확실성을 줄임으로써 법정 밖에서의 분쟁 합의를 촉진하는 것이다. 이 효과는 낙관주의 모형과 비대칭 정보 모형 모두에서 확인될 수 있다.

낙관주의 모형에서, 재판이 진행될 조건은 (9.3)이며, '불일치' 항인 $P_p - P_d$가 클수록 이 조건이 충족될 가능성이 커진다. 낙관주의 모형은 의견 불일치의 정확한 원인을 명확히 제시하지 않지만, 불일치가 당사자의 사적 정보에 기인한 것이라면, 개시 절차는 합의의 가능성을 높인다(Cooter and Rubinfeld 1994). 비대칭 정보 모형에서, 재판이

진행되는 이유는 전적으로 사적 정보에 기인한 것이므로, 개시 절차는 합의를 촉진시킨다.[9]

개시 절차는 합의 가능성뿐만 아니라 합의 금액에도 영향을 미칠 수 있다. 합의 금액은 당사자의 협상 능력에 따라 달라지므로 정확하게 특정하기가 어렵다. 그럴듯한 한 가지 가정은 합의가 이루어질 때 당사자들이 그 이익을 균등하게 나눈다는 것이다. 낙관주의 모형에서, 이는 S가 (9.1)의 경계 중간에 정확히 위치함을 의미한다.

$$S = \frac{(P_p + P_d)J + (C_d - C_p)}{2}. \qquad (9.7)$$

당사자가 소송비용이 거의 같다면 $C_d - C_p$항은 사라진다 개시 절차가 두 당사자의 신념을 사건의 진정한 실체에 일치시킨다면(즉, $P_p = P_d = P$) 균형 합의 금액은 분쟁의 '공정한' 해결을 반영한 금액으로 결정될 것이다(즉, (9.7)은 $S = PJ$가 된다).

그러나 정보 요구에는 비용이 수반되므로 개시 절차에도 단점이 있다. 당사자는 상대방의 비용을 증가시켜 유리한 위치를 차지하기 위해 개시 절차를 전략적으로 이용할 수 있다. 예를 들어, 기대 판결 금액이 10,000달러인 원고가 있다고 하자. 따라서 원고는 이보다 적은 금액에는 합의하지 않는다. 그러나 피고가 원고에게 1,000달러의 비용이 드는 정보 요구를 한다고 하자. 이제 원고는 정보 요구에 따르기보다 9,000달러만 받고 합의하려고 한다. 결과적으로 피고는 얻어 내는 정보 내용과 관계없이 정보 요구(피고의 정보 요구 비용은 1,000달러보다 작다고 가정)를 통해 전략적 우위를 확보한다.

1.2.3. 영국 원칙 대 미국 원칙

소송법 개혁 요구 중에는 소송비용 부담 원칙을 재판 결과에 관계없이 자신의 비용을 자신이 부담하는 미국 원칙(American rule)에서, 패자가 자신의 비용과 승자의 비용

9 Shavell(1989)과 Baird et al.(1994, 제8장)을 참조하라.

을 부담하는 영국 원칙(English rule)으로 변경하자는 제안이 포함되어 있다. 영국(또는 "패자가 부담한다.") 원칙의 옹호자들은 두 가지 이유로 영국 원칙이 전체 소송비용을 낮춘다고 주장한다. 첫째, 패자에게 부과되는 높은 비용이 원고의 근거 없는 소송 제기를 억지할 것이다. 둘째, 재판과 관련된 증가된 위험이 제기된 사건의 합의 가능성을 높일 것이다. 여기에서는 앞에서 제시한 소송 모형을 사용하여 이 주장을 이론적으로 평가하고, 이 질문에 관한 실증적 및 실험적 증거를 제시한다.

영국 원칙과 합의 유인. 먼저 미국 원칙에서 영국 원칙으로의 전환이 합의 가능성에 어떤 영향을 미치는지 분석해 보자. 낙관주의 모형(Shavell 1982b; Cooter and Rubinfeld 1989)에 따르면, 영국 원칙에서 원고의 재판의 기대가치는 다음과 같다.

$$P_pJ - (1 - P_p)(C_p + C_d). \tag{9.8}$$

따라서 원고는 이기면 판결 금액 J를 받고 소송비용을 배상받지만, 지면 아무것도 받지 못하며 자신과 피고의 소송비용을 부담해야 한다. 미국 원칙에서 원고의 재판의 기대가치는 $P_pJ - C_p$이다.

영국 원칙에서 피고의 재판의 기대비용은 다음과 같다.

$$P_d(J + C_p + C_d). \tag{9.9}$$

따라서 피고는 지면 판결 금액 J와 두 당사자의 소송비용을 부담하지만, 이기면 어떤 비용도 부담하지 않는다. 미국 원칙에서 피고의 기대비용은 $P_dJ + C_d$이다.

앞서 말하였듯이, 피고가 재판을 피하려고 지불하는 최대 금액인 (9.9)가 원고가 받아들일 수 있는 최소 금액인 (9.8)을 초과하면 합의가 이루어질 수 있다. 이 조건을 정리하면 다음이 도출된다.

$$(P_p - P_d)(J + C_p + C_d) \le C_p + C_d. \tag{9.10}$$

이제 이 조건을 미국 원칙에서의 합의 조건인 (9.2)와 비교해 보자. 우변은 같지만, 좌변은 (9.10)이 더 크다. 이는 영국 원칙에서 합의 범위가 더 작아서 합의 가능성이 작음을 의미한다. 직관적으로, 재판의 결과가 피고의 책임뿐만 아니라 소송비용의 부담도 결정하므로 재판에 걸린 금액은 영국 원칙에서 더 크다. 따라서 영국 원칙으로의 전환 효과는 판결 금액 J의 증가와 유사하다. 비대칭 정보 모형에서도 J가 증가하면 재판이 진행될 가능성이 더 커지므로, 비대칭 정보 모형도 다른 요인들이 일정하다면 영국 원칙에서 더 많은 재판이 진행된다고 예측한다.

그러나 다른 요인들이 일정하게 유지되지 않을 수 있다. 예를 들어, 당사자들이 소송비용을 선택할 수 있다면, 그들은 재판에 걸린 금액이 큰 영국 원칙에서 더 많은 소송비용을 지출할 것이다(Hause 1989). 그리고 그 결과 인식된 승소 확률의 차이인 $P_p - P_d$가 크게 변하지 않으면(그리고 작으면), $C_p + C_d$의 증가는 영국 원칙에서 합의가 이루어질 가능성을 높일 것이다.

위험 기피 또한 영국 원칙에서 더 많은 합의를 촉진할 것이다. 그 이유는 재판 결과의 범위가 증가하고 따라서 재판의 위험이 증가하기 때문이다(Posner 1998a, 630). 예를 들어, 미국 원칙에서 원고가 이기면 $J - C_p$를 얻지만, 지면 C_p를 잃는다. 따라서 범위는 $J - C_p - (-C_p) = J$이다. 영국 원칙으로 전환되면, 이 범위가 $J - (-C_p - C_d) = J + C_p + C_d$로 증가한다. 영국 원칙에서는 이와 비슷한 범위의 증가가 피고에 대해서도 발생한다.

마지막으로 Donahue(1991b)는 영국 원칙과 미국 원칙에서의 합의율이 같아야 한다고 주장하였다. 그는 코즈 정리의 논리를 사용하여 실제로 어떤 비용 부담 원칙이 적용되더라도 당사자들은 사적 계약을 통해 공동 이익을 극대화하는 원칙을 채택할 것임을 증명하였다. 물론 이는 당사자들이 기존 규칙을 무시할 수 있으며, 협상비용이 이익에 비해 작아서 실제로 필요한 협상이 이루어진다는 것을 전제로 한다. 그러나 뒤에 소개하는 경험적 증거는 이 전제가 성립하지 않음을 시사한다.

이상의 결과들은 영국 원칙이 합의율에 미치는 영향에 대한 확실한 예측을 제공하지 못한다. 그러므로 상충되는 효과 중 어느 효과가 지배적인가는 실증적으로 확인되어야 할 문제이다.

영국 원칙과 소송 제기 유인. 영국 원칙의 또 다른 장점으로 주장되는 것은 영국 원칙이 원고의 근거 없는 소송 제기를 막는다는 것이다. 우리는 이 주장을 원고의 두 원칙에서의 재판의 기대가치를 비교함으로써 평가할 수 있다. 구체적으로 우리는 (다른 모든 요인이 같을 경우) 다음의 조건이 충족되면 미국 원칙보다 영국 원칙에서 소송의 가치가 낮다고 결론 내릴 수 있다.

$$P_P J - (1 - P_P)(C_P + C_d) < P_P J - C_P.$$

식을 정리하면

$$P_p < \frac{C_d}{C_p + C_d}. \tag{9.11}$$

따라서 재판에서 승리 확률이 낮은 원고는 영국 원칙에서 소송의 가치가 더 작다. 반면 $P_p > C_d / (C_P + C_d)$인 원고는 영국 원칙에서 소송의 가치가 더 크다.

원고의 소송 제기 결정에 대한 함의는 [그림 9.3]에 제시되어 있다. 그래프는 두 원칙에서의 P_p의 값에 상응하는 소송의 가치를 보여 준다(Donahue 1991b). 먼저 소송 제기 비용이 f_1이라고 가정하자. 이 경우 영국 원칙으로의 전환은 소송이 이익이 되는 P_p의 임계치를 높여 소송 건수를 감소시킨다. 반대로 소송 제기 비용이 f_2일 때에는 영국 원칙은 임계치를 낮추어 소송 건수를 증가시킨다. 이 결과는 모두 영국 원칙이 가치가 낮은 소송을 억지하고, 가치가 높은 소송을 장려하는 경향이 있다는 주장을 지지하는 것이다.

그림 9.3 영국 원칙이 원고의 소송 제기 결정에 미치는 영향

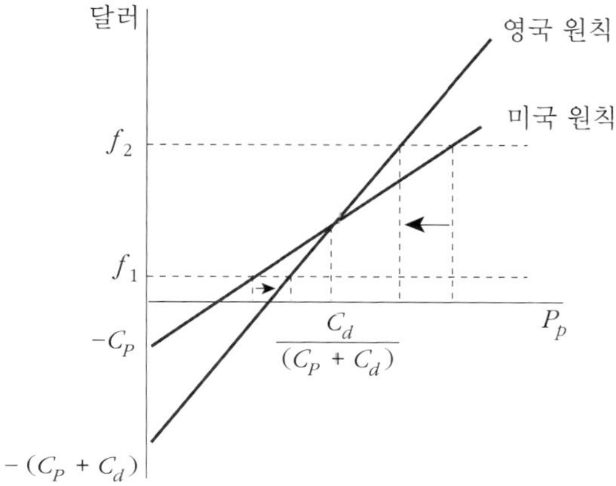

연습 문제 9.2

J = 1,000달러, $C_p = C_d$ = 200달러, $P_p = 0.7$, $P_d = 0.4$라고 하자.

(a) 미국 원칙과 영국 원칙에서 원고의 재판의 기대가치와 피고의 재판의 기대비용을 계산하라. 어느 원칙에서 합의가 가능한가?

(b) (a)에서 영국 원칙은 원고의 재판의 가치에 어떤 영향을 미치는가? 만일 P_p = 0.45라면 영국 원칙은 원고의 재판의 가치에 어떤 영향을 미치는가? 다른 결과가 도출되는 이유를 설명하라.

영국 원칙의 영향에 관한 증거. 영국 원칙의 영향은 원칙적으로 미국과 영국의 소송 및 합의 데이터의 통계 분석을 통해 검증될 수 있다. 그러나 이 검증은 실제로 매우 까다롭다. 소송 제기 또는 합의 결정에 영향을 줄 수 있는 미국과 영국의 모든 차이를 통제하는 것이 매우 어려우므로, 연구자가 비용 부담 원칙의 효과를 분리해 낼 수 없기 때문이다.[10]

10 두 국가의 법 제도의 차이에 관해서는 Posner(1996)를 참조하라.

다행스럽게도, 1980년과 1985년 기간 동안 의료 과실 사건에 대해 영국 원칙의 사용을 의무화한 미국 플로리다주의 '자연 실험'(natural experiment)이 제한적인 경험적 증거를 제공한다. 두 연구에서, Snyder and Hughes(1990)와 Hughes and Snyder(1995)는 영국 원칙의 영향을 검증하기 위해 1만 개 이상의 사건 자료를 분석하였다. 그들의 결과는 다음과 같다. 첫째, 영국 원칙은 단순한 낙관주의 모형이 예측하는 것처럼 당사자들이 합의보다는 오히려 소송을 제기할 가능성을 높였다. 이는 사건당 방어비용이 증가하였음에도 불구하고 나타났다. 둘째, 영국 원칙은 소송을 취하할 확률을 증가시킨다. 이는 영국 원칙이 승소 가능성이 낮은 소송을 억지한다는 견해를 지지하는 것이다.[11] 셋째, 영국 원칙은 원고의 승소 확률을 증가시켰으며, 판결 금액과 합의된 사건의 합의 금액을 증가시켰다. 이 같은 발견은 영국 원칙이 원고가 기대가치가 큰 소송을 제기하도록 유도한다는 추가적인 증거를 제공한다.

영국 원칙의 효과에 관한 증거는 Coursey and Stanley(1988)가 수행한 소송 절차에 관한 '가상 실험'(true experiment)에서도 얻을 수 있다. 그들은 영국 원칙이 합의율을 증가시켰으며, 이는 소송 당사자의 위험 기피에 기인한 결과라는 사실을 발견하였다. 그러나 실험대상자가 실제 사건에 관여하지 않았고 법률가의 자문을 받지도 않았기 때문에 이 결과에 어느 정도의 의미를 부여해야 할지 가늠하기 어렵다.

1.2.4. 규칙 68

소송비용을 줄이기 위한 또 다른 비용 부담 원칙은 연방 민사 절차 규칙(Federal Rules of Civil Procedure) 제68조이다. 이 규칙에 따라, "피고의 정식 합의 제안을 거부하고 그 제안보다 호의적이지 않은 판결을 얻는 원고는 피고의 제안 이후 비용을 지불해야 한다"(Miller 1986, 93). 이 규칙은 '합리적인 제안'을 거부하는 원고에게 불이익을 가함으로써 합의를 촉진하기 위해 설계된 것이 분명하다. 여기에서는 간단한 낙관주의 모형

11 이 선택 효과를 감안하면, 영국 원칙에서 사실상 합의 사건의 확률이 증가하였다. 분명 취하되지 않은 사건에서는 훨씬 더 많은 합의가 이루어졌다.

을 사용하여 이 규칙이 정말 그러한 효과가 있는지 확인한다[12](법적 비용 부담의 기본 원칙은 미국 원칙이라고 가정한다).

재판에서 원고가 받는 금액이 피고의 최고 합의 제안인 S보다 작을 가능성을 허용하기 위해, 우리는 다음과 같이 모형을 수정한다. 재판에서 승리하는 경우 판결 금액은 큰 값(J_H) 또는 작은 값(J_L)을 취할 수 있는 확률 변수라고 가정한다. 여기서 $J_L < S < J_H$이다. 따라서 원고가 이기고 J_L만 받으면 규칙 68에 따라 자신과 피고의 재판비용을 지불해야 한다. 그러나 원고가 이기고 J_H를 받거나 원고가 지면, 두 당사자는 각자 비용을 부담한다. 원고의 승리를 조건으로, 재판에서의 판결 금액이 J_L일 확률을 a라고 하자(따라서 재판의 기대 판결 금액은 $J = aJ_L + (1-a)J_H$이며, 두 당사자가 이에 관해 같은 생각을 가지고 있다).

이제 규칙 68에서의 원고의 재판의 기대가치를 다음과 같이 계산할 수 있다.

$$P_p J - C_p - P_p a C_d. \tag{9.12}$$

여기서 마지막 항은 규칙 68의 기대제재이다. 마찬가지로 피고의 재판의 기대비용은 다음과 같다.

$$P_d J + C_d - P_d a C_d. \tag{9.13}$$

여기서 마지막 항은 규칙 68의 기대 환급비용이다(당사자들이 원고의 승리 확률을 다르게 평가하기 때문에 두 표현에서 기대 이전 금액이 다르다는 점에 주목하라). 앞에서와 같이, (9.13)이 (9.12)보다 같거나 크면 합의가 이루어질 수 있다. 여기에서 다음의 합의 조건이 도출된다.

12 Miller(1986)와 Chung(1996)을 참조하라. Spier(1994)는 비대칭 정보 모형의 맥락에서 이 문제를 검토하였다.

그림 9.4 규칙 68이 합의에 미치는 영향

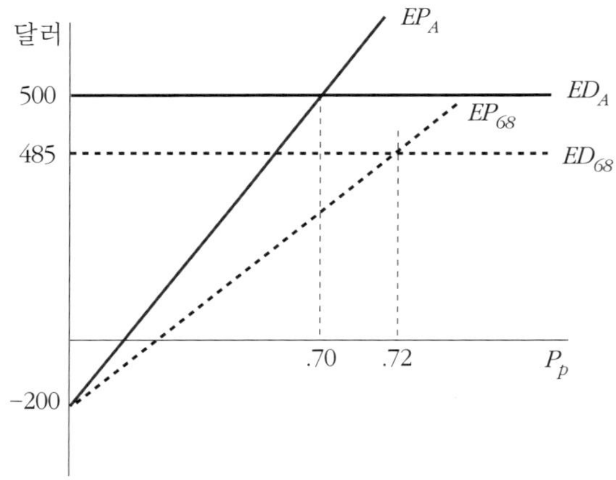

$$(P_p - P_d)J - (P_p - P_d)aC_d \le C_P + C_d. \tag{9.14}$$

(9.2)의 합의 조건과 비교하면, 이 조건은 우변은 같고, 좌변은 양(+)의 항을 빼므로 더 쉽게 성립된다. 이는 소송 당사자들이 재판에 대해 낙관적일 때(즉, $P_p > P_d$일 때), 합의는 규칙 68에서 더 잘 이루어진다. 직관적으로 기대제재는 피고의 비용을 감소시키는 것보다 원고의 재판비용을 더 큰 폭으로 증가시켜, 합의 범위를 넓힌다.

규칙 68의 영향을 설명하는 다음의 예를 생각해 보자. J = 1,000달러, $C_P = C_d$ = 200달러, P_d = 0.3 그리고 a = 0.25라고 하자. 따라서 피고의 재판의 기대비용은 미국 원칙에 따르면 ED_A = 500달러이며, 규칙 68에 따르면 ED_{68} = 485달러이다. 이 값들은 [그림 9.4]에서 실선과 점선으로 각각 표시되어 있다. 그림은 또한 미국 원칙(EP_A)과 규칙 68(EP_{68})에서의 원고의 재판의 기대가치를 P_p의 함수로 표시하고 있다. 두 원칙에서 피고의 비용이 원고의 가치를 초과하면 합의가 이루어질 수 있다. 따라서 미국 원칙에 따르면 $P_p \le 0.70$, 규칙 68에 따르면 $P_p \le 0.72$일 때 합의가 가능하다. 따라서 합의 범위는 규칙 68에 따를 때 확장된다.

합의를 촉진함으로써, 규칙 68은 비용을 영국 원칙과는 반대 방향으로 귀착시킨다. 두 원칙은 분배 효과가 다르다. 영국 원칙은 원고와 피고를 대칭적으로 처벌하지만, 규칙 68은 원고만 처벌한다. 이런 의미에서 '피고 친화적'이다. 이 효과를 확인해 보자. 전과 같이 합의가 발생하면 당사자들이 잉여를 균등하게 분할한다고 가정하자. 따라서 균형 합의 금액은 (9.12)와 (9.13)의 평균이다. 즉,

$$\frac{(P_p+P_d)J+(C_d-C_p)-(P_p+P_d)aC_d}{2}. \tag{9.15}$$

이 식을 (9.7)의 미국 원칙에서의 균형 합의 금액과 비교해 보자. 규칙 68이 원고의 재판의 기대가치와 피고의 재판의 기대비용을 모두 낮추기 때문에, (9.15)의 합의 금액이 더 작다. 규칙 68에서 원고의 소송 가치는 감소하며, 원고의 소송 제기도 감소한다. 이 결과가 바람직한 것처럼 보이지만, 분쟁 방지를 위해 예방조치를 취할 피고의 유인을 감소시키는 효과도 가지고 있으므로 소송 건수가 오히려 증가할 수도 있다(Spier 1994). 따라서 소송 건수에 대한 순효과는 모호하다.

소송 절차에 대한 실험 분석에서 Coursey and Stanley(1988)는 규칙 68의 영향도 평가하였다. 그들은 규칙 68이 모두 미국 원칙보다 합의율을 높이며, 피고에 유리한 합의 금액을 끌어낸다는 것을 발견하였다. 이는 모두 이론적 예측과 일치하는 결과이다.

1.3. 변호사의 성공보수

지금까지, 우리는 원고와 피고 사이에 법적 비용을 배분하는 원칙을 생각하였다. 그러나 원고와 원고의 변호사 사이에 비용을 배분하는 원칙 또한 소송의 결과에 영향을 줄 수 있다. 여기에서는 고정보수(fixed fee)와 성공보수(contingent fee)를 비교한다. 고

정보수에서는 원고가 변호사에게 사건의 결과와 관계없이 정액 또는 시간당 보수를 지급하는 반면, 성공보수에서는 원고가 변호사에게 받은 판결 금액의 일정 비율(보통 1/3)을 지급한다. 성공보수는 미국에서 널리 사용되고 있으며, 특히 불법행위 소송에서 많이 사용되고 있다. 예를 들어, 1991년 랜드 연구소의 연구에 따르면 불법행위 사건의 87%가 성공보수로 수임된 사건이었다(Hensler et al. 1991). 미국과는 대조적으로, 영국은 성공보수를 최근까지 금지하였으며, 많은 나라가 성공보수를 금지하고 있다. 성공보수는 잠재적 소송자에게 몇 가지 이점을 제공한다.[13] 우리는 성공보수의 이점이 무엇인지 분석하고, 이어서 성공보수에 대한 비판을 검토하고자 한다.

1.3.1. 성공보수의 이점

변호사의 시간과 노력이야말로 소송에서 가장 중요한 투입 요소일 것이다. 그러나 대부분의 의뢰인은 변호사의 투입 요소를 평가할 수 있는 지식을 가지고 있지 않다. 따라서 성공보수의 이점에 대한 가장 일반적 주장은 변호사에게 사건의 결과에 대한 지분을 제공함으로써 변호사가 의뢰인을 위해 열심히 일할 유인을 제공한다는 것이다.

이 주장을 입증해 보자. 원고의 승소 확률은 변호사가 사건에 얼마나 많은 노력을 기울이는지에 달려 있다고 가정하자. 변호사의 노력을 x라 하면 재판의 기대가치는 다음과 같다.

$$P_p(x)J - C_p(x). \tag{9.16}$$

여기에서 $P_p(x)$와 $C_p(x)$는 x의 증가함수이다(이는 재판에서 유일하게 발생하는 비용이 변호사 비용이라고 가정한 것이다). 사회적으로 최적인 노력 수준(즉, 원고와 변호사가 같은 사람일

13 성공보수에 관한 문헌은 매우 많다. 이들 문헌에 관한 소개는 Rubinfeld and Scotchmer(1998)와 Gravelle(1998)을 참조하라.

그림 9.5 성공보수가 변호사 노력에 미치는 영향

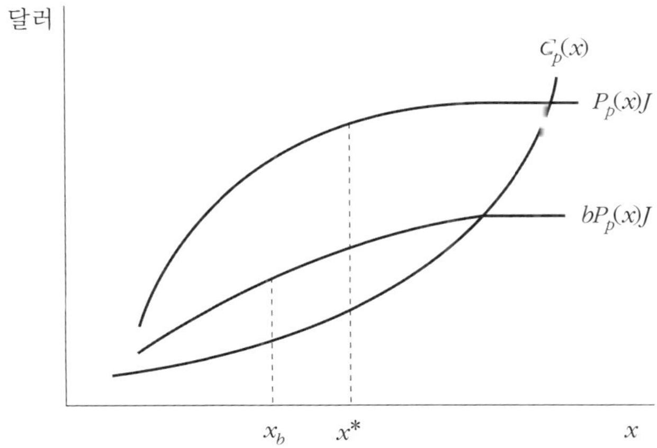

때 가장 최적인 수준)은 (9.16)을 극대화하는 수준이며, 이는 [그림 9.5]에 x^*로 표시되어 있다.[14]

그러나 변호사는 자신의 이익을 극대화하는 노력 수준을 선택하며, 이 수준은 보수 약정에 따라 달라진다. 시간당 보수 또는 고정보수에서 변호사는 노력의 비용은 내부화하지만 노력의 편익은 내부화하지 못하므로 열심히 일할 유인이 거의 없다. 성공보수는 변호사가 재판의 판결 금액의 일정 비율 b를 보유하게 하여, 노력을 유도한다. 변호사는 다음을 극대화한다.

$$P_p(x)bJ - C_p(x). \tag{9.17}$$

이 문제를 풀면, $b < 1$이어서 최적 수준보다는 낮지만 0보다 큰 노력 수준인 x_b가 도출

14 노력의 한계편익은 체감하고 노력의 한계비용은 체증한다고 가정한다.

된다([그림 9.5] 참조).[15] 성공보수 계약은 변호사와 의뢰인 간의 대리인 문제를 완화하지만, 완전히 제거하지는 못한다.

성공보수의 두 번째 이점은 위험 분담(risk sharing)이다. 고정보수 계약에서는 원고는 사건의 결과에 대한 모든 위험을 떠안는다. 반면, 성공보수는 이 위험을 원고와 변호사에게 분담시킨다(제6장에서 우리는 농업 소작 계약에 대해 비슷한 주장을 하였다). 변호사가 의뢰인보다 더 나은 위험 부담자라고 믿을 수 있는 충분한 근거가 있다. 첫째, 변호사는 성공 가능성을 더 정확하게 예측할 수 있으므로 승산 없는 소송을 단념시킬 수 있으며(시간당 보수를 받는 변호사는 이런 소송을 수임할 수도 있다), 둘째 자신이 수임한 사건 전체로 패소의 위험을 분산시킬 수 있다.

노력 유인 및 위험 분담에 관한 앞의 결론은 변호사가 의뢰인의 청구권을 '매입'하는 계약이 변호사와 의뢰인 간의 가장 효율적인 계약임을 시사한다. 즉, 변호사가 원고에게 고정 금액(사건의 기대가치와 동일한 금액)을 미리 지급하고, 그 후 판결 금액 또는 합의 금액을 모두 자신이 갖는 것이다. 이 계약은 모든 위험을 변호사에게 배분하면서도 대리인 문제를 완벽하게 해결하여($b=1$이므로) 효율적 노력 유인을 창출하는 이중의 이점이 있다. 그러나 이 같은 이점에도 불구하고 법은 이런 계약을 금지하고 있다. 그 이유는 무엇인가? 첫째 이유는 변호사에 의한 소송 남발을 방지하기 위한 것이다(이 점은 협박 소송과 관련하여 뒤에서 논의한다). 둘째 이유는 원고가 자신의 청구권을 평가할 정보가 충분하지 않아, 법률 서비스 시장에서의 시장실패가 발생할 수 있다는 우려이다(Cooter 1998). 셋째 이유는 청구권을 매각하면 원고가 분쟁 해결에 참여할 유인이 사라진다는 것이다.

성공보수의 마지막 이점은 자산이 제한된 원고가 소송을 진행할 수 있게 해준다는 것이다. 원고는 소송의 가치를 담보로 사용하여 변호사 서비스를 '대출' 받을 수 있다. 이 경우 표준적 신용 대출 시장은 실패한다. 대출 가격을 적절하게 설정할 수 있는

15 그러나 Danzon(1983)은 변호사가 비율 b를 고정된 것으로 간주하지 않고 이 비율을 조정하여 의뢰인을 얻기 위해 경쟁한다면 최적 수준의 노력을 선택할 것이라고 주장한다.

지식이나 경험을 갖춘 대출자가 존재하지 않기 때문이다(Posner 1998a, 624).

1.3.2. 성공보수와 합의

다음으로 성공보수가 합의에 미치는 영향을 생각해 보자(Miller 1987; Donahue 1991a). 우리는 원고의 합의 조건이 다음과 같다는 것을 알고 있다.

$$S \geq P_p J - C_P. \tag{9.18}$$

그러나 성공보수 계약에서는 원고와 변호사의 유인이 충돌한다. 법적으로는 원고가 합의 결정을 통제한다. 따라서 합의는 $(1-b)S \geq P_p(1-b)J$일 때 이루어진다. 즉, 원고의 합의 조건은 다음과 같다.

$$S \geq P_p J.^{16} \tag{9.19}$$

이를 (9.18)과 비교해 보자. 성공보수에서 원고는 변호사가 부담하는 재판비용을 고려하지 않는다. 따라서 원고가 재판을 선택하는 경우가 증가한다는 것을 의미한다.

실제로는, 변호사가 합의 결정에 대해 상당한 통제권을 행사한다. 성공보수에서 변호사는 $bS \geq P_p bJ - C_P$이면 합의를 선호할 것이다. 즉, 변호사의 합의 조건은 다음과 같다.

$$S \geq P_p J - \frac{C_P}{b}. \tag{9.20}$$

이를 (9.18)과 비교해 보자. $b < 1$이므로 (9.20)은 성공보수에서 변호사가 합의를 선택

16 이는 사건이 합의되든 재판으로 진행되든 비율 b가 같다고 가정한 것이다. 그러나 일부 변호사는 합의에 대해 더 낮은 비율을 청구한다(이 장 끝에 있는 단원 문제 4를 참조하라).

하는 경우가 증가한다는 것을 의미한다. 이는 성공보수에서 변호사가 재판비용 전체를 부담하지만, 판결 금액은 일부만을 갖기 때문이다.

구체적인 숫자로 예를 들어 보자. $P_p J = 50{,}000$달러, $C_p = 10{,}000$달러, $b = 1/3$이라고 하자. 원고와 변호사가 동일인이라면 재판의 가치보다 큰 금액이 제시되면 합의할 것이다. 그 금액은 $50{,}000 - 10{,}000 = 40{,}000$달러이다. 그러나 성공보수에서 원고가 수용할 수 있는 최소 합의 금액은 50,000달러이지만, 변호사는 $50{,}000 - (10{,}000 \times 3) = 20{,}000$보다 큰 금액이 제시되면 합의할 것이다. 이 예에서 드러나듯이 당사자 간의 이해 상충 정도는 매우 클 수 있다.

1.3.3. 성공보수는 협박 소송을 촉진하는가?

성공보수에 대한 두 번째 비판은 성공보수가 원고의 소위 협박 소송(frivolous suits)이라는 승산 없는 소송을 부추긴다는 것이다(Miceli 1994a). 이 비판의 근거는 원고가 재판비용을 무시하고, 따라서 재판의 기대가치가 0보다 작은 청구(즉, $P_p J - C_p < 0$인 청구)를 한다는 것이다. 이 비판이 간과하고 있는 것은 변호사가 이익이 되지 않는 사건은 수임하지 않는다는 것이다. 특히, 성공보수율 b가 주어졌을 때, 변호사는 $P_p bJ - C_p < 0$인 사건의 수임을 거부할 것이다. 즉, 변호사의 수임 거부 조건은 다음과 같다.

$$P_p J - \frac{C_p}{b} < 0. \tag{9.21}$$

이는 변호사가 사실상 실제로 $P_p J - C_p > 0$인 일부 사건 수임을 거절할 것임을 의미하며, 또한 $P_p J - C_p < 0$인 사건은 분명 수임을 거부할 것임을 의미한다. 변호사의 소송 선별 역할을 전제하면, 협박 소송의 일반적 문제는 과장된 것일 수 있다. 그러나 다음에서 살펴보듯이, 이 같은 결론은 성급한 결론일 수 있다.

1.4. 협박 소송

협박 소송은 재판에서 이길 가능성이 거의 없거나 전혀 없는 소송으로 정의된다.[17] 즉, P_pJ가 거의 영에 가깝다(또는 적어도 P_pJ가 재판비용보다 작다). 원고(그리고 원고의 변호사)가 합리적이라면, 이러한 소송의 가치는 전적으로 합의 가치에 달려 있다. 그러나 과연 피고가 소송 가치가 없는 사건을 합의로 해결하려고 할까?

낙관주의 모형은 하나의 답을 제공한다(Cooter and Rubinfeld 1989, 1084). 우리는 당사자들이 합의의 잉여를 균등하게 나누면, 미국 원칙에 따른 균형 합의 금액이 (9.7)로 주어진다는 것을 앞에서 보았다. 이제 당사자들이 사건이 승산이 없어서 $P_pJ = P_dJ = 0$이라고 동의한다고 가정하자. 이때 합의 금액은 다음과 같이 도출된다.

$$S = \frac{C_d - C_p}{2}. \tag{9.22}$$

따라서 피고가 원고보다 재판비용이 높은 경우에만 0보다 큰 금액으로 합의가 이루어진다.

(9.22)는 피고가 원고보다 재판에서 잃을 것이 더 많으면 피고가 승산 없는 주장에 합의함을 의미하므로 어떤 의미에서는 매력적인 결과라고 할 수도 있다. 그러나 이 모형이 고려하지 못한 것은 원고의 재판 진행 위협에 신뢰성이 없다는 것이다. 예를 들어, 피고가 (9.22)의 금액 대신 어떤 금액도 주지 않는다고 가정하자. 합리적 원고는 사건의 기대가치가 0보다 작다면 재판을 진행하기보다는 소송을 취하할 것이다. 요점은 협박 소송의 성공은 소송을 취하하지 않고 재판을 진행한다는 원고의 위협이 신뢰성(credibility)을 가지고 있는가에 달려 있다는 것이다.

다른 합의 모형들은 신뢰성 문제를 우회하여 협박 소송의 가능성을 도출한다. 먼

---

17 협박 소송에 관한 문헌 연구는 Rasmusen(1998b)을 참조하라.

저 비대칭 정보 모형(asymmetric information model)을 생각해 보자(Bebchuk 1988; Katz 1990). 두 가지 유형의 원고가 있다. 하나는 승리 확률이 P (>0)인 원고이며, 다른 하나는 승리 확률이 0인 원고이다. 또한 $PJ - C_p > 0$이어서 0보다 큰 승소 확률을 가진 원고는 합의가 제안되지 않으면 재판으로 가고, 0의 승소 확률을 가진 원고는 소송을 취하한다고 가정한다. 마지막으로, 피고가 개별 원고의 유형을 관찰할 수 없다고 가정한다. 다만 피고는 첫 번째 유형의 원고의 비율이 a라는 것을 알고 있다. 피고의 최적 전략은 과연 무엇인가?

피고에게는 두 가지 선택지가 있다. 먼저, 피고는 $S = PJ - C_p$의 0보다 큰 금액을 제안할 수 있으며, 두 유형의 피고가 모두 수락한다. 이 경우 협박 소송을 제기한 원고는 가치 있는 소송을 하는 원고와 똑같은 합의 금액을 받는다. 이 공용 전략에서의 피고의 기대비용은 $PJ - C_p$이다. 반대로 피고는 아무것도 제안하지 않을 수 있다. 이 경우 가치 있는 소송을 제기한 원고는 재판을 진행하고, 협박 소송을 제기한 원고는 소송을 취하한다. 따라서 이 분리 전략의 기대비용은 $a(PJ + C_d)$이다. 피고는 $PJ - C_p < a(PJ + C_d)$이면 분리 전략보다 공용 전략을 선호할 것이다. 이 조건을 정리하면 다음과 같다.

$$a > \frac{PJ - C_p}{PJ + C_d}. \tag{9.23}$$

따라서 가치 있는 소송이 전체 소송에서 차지하는 비중이 충분히 크면 협박 소송의 분리가 피고에게 유리하지 않으며, 따라서 협박 소송이 합의를 끌어낼 수 있다.

예를 들어, $P = 0.7$, $J = 50{,}000$달러, $C_p = C_d = 10{,}000$달러라고 하자. (9.23)에 따르면 피고는 $a > 0.56$이면 25,000달러의 합의를 제안하고, $a < 0.56$이면 합의를 제안하지 않는다.

협박 소송이 성공하는 또 다른 모형은 원고와 피고가 비용을 순차적으로 지출하는 모형이다(Rosenberg and Shavell 1985). 원고가 f의 비용으로 소송을 제기하고, 소송이 제기되면 피고가 자신을 방어하기 위해 초기 비용 d를 지출해야 한다(예를 들어, 변호사를 고용한다)고 가정하자. 방어하지 않으면, 피고는 J의 판결 금액을 잃게 된다. 만일 피고가 d를 지출하면, 원고는 소송을 철회할 것인지 아니면 재판을 진행할 것인지 결정해야 한다. 재판의 기대가치가 0보다 작으므로 협박 소송을 제기한 원고는 이 시점에서 소송을 취하할 것이며, 가치 있는 소송을 제기한 원고는 재판을 진행할 것이다. 그러나 어떤 유형의 원고에 직면하든 피고는 소송이 제기되면 방어보다는 $S < d$의 금액으로 합의하는 것을 선호한다. 이를 예상하여 원고는 예상 합의 금액이 소송 제기 비용을 초과하는 한 협박 소송을 제기할 것이다. 따라서 이 모형의 균형 합의 금액은 $f < S < d$를 만족시켜야 하며, 이 합의 금액은 원고의 소송의 가치와 관련이 없다.

Bebchuk(1996)도 비슷하게 소송비용의 지출 시점으로 인해 가치 없는 소송이 가능할 수 있다고 주장한다. 그는 소송 진행 중의 법적 비용의 분할 가능성(divisibility)을 구체적으로 지적하며, 사건이 소송이 제기된 시점에서는 법적 가치가 없더라도, 사건이 '법원 계단'에 도달하였을 때 앞으로 지출해야 하는 비용이 기대 판결 금액보다 작다면 협박 소송이 여전히 합의를 끌어낼 수 있음을 보여 준다. 그 이유는 이전의 모든 법적 비용은 매몰된 비용이고, 따라서 그 시점에서 재판을 진행하려는 원고의 위협은 신뢰할 만하기 때문이다. 그런 다음 벱척(Bebchuk)은 역진 귀납법(backward induction)을 사용하여 소송이 제기되는 즉시 피고가 합의하는 것이 합리적임을 보여 준다.

협박 소송을 저지하기 위한 절차 규칙들이 존재한다. 예를 들어, 연방 민사 절차 규칙(Federal Rules of Civil Procedure) 제11조는 협박 소송이라고 판결받은 원고에 대한 금전적 제재를 규정하고 있다(Polinsky and Rubinfeld 1993). 보험회사와 같은 반복적 피고가 사용할 수 있는 또 다른 억지책은 개별 사건에서 최적이 아니어도 합의하지 않고 재판을 진행한다는 평판을 수립하는 것이다(Miceli 1993). 이 전략은 합의하지 않고 재판을 진행한다는 피고의 위협의 신뢰성을 높인다. 이 전략은 일련의 사건들에 대한 전체적 행동 패턴의 일부로서 확립될 수 있다.

1.5. 재판 지연

소송 절차를 주의 깊게 관찰해 온 사람들의 오랜 관심사 중 하나는 사건 처리의 지연이다. 이 우려는 1970년대와 1980년대의 '소송 폭발' 절정기에 법원에 계류된 사건이 증가하면서 특히 첨예화되었다. 그러나 연방 법원의 민사 사건에 대한 랜드 연구소의 연구에 따르면, 계류된 사건의 증가는 거의 소송 제기율의 증가로 인한 것이며, 소송 종료율의 지연 때문이 아니다(Dungworth and Pace 1990). [그림 9.6]이 보여 주듯이, 민사 사건의 '종결 기간'의 분포는 이 기간 안정적으로 유지되었으며, 이는 법원이 증가한 소송 건수에 잘 적응하였음을 의미하는 것이다.

하지만 40%의 사건이 해결되기까지 1년 또는 그 이상이 걸린다는 사실은 놀라운 일이다. 이는 사법 행정비용에 대한 명백한 함의를 제시한다. 또한 "지연된 정의는 정의가 아니다"(justice delayed is justice denied)라는 자주 천명되는 우려를 자아낸다. 소송의 95% 이상이 합의된다는 사실은 재판 지연이 재판으로 진행된 소수 사건에 한정된 문

그림 9.6 1971년과 1986년 민사 사건 종결 기간의 분포

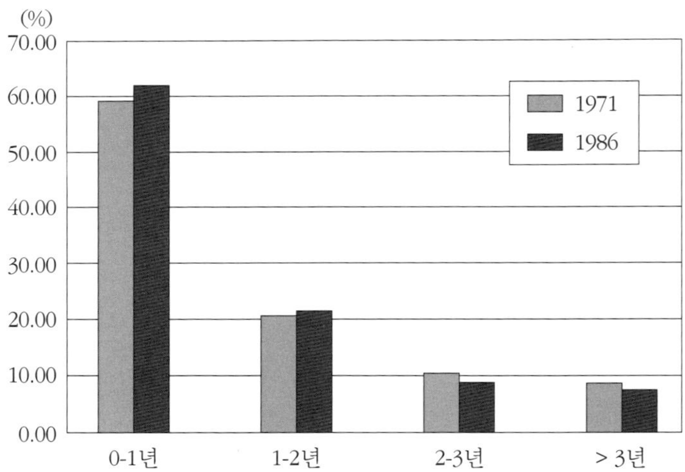

출처: Dungworth and Pace(1990).

제일 수 있음을 시사한다. Kessler(1996)는 법정 지연이 합의 지연의 중요한 결정요인임을 발견하였다. 우리는 이 결과가 사실일 수 있는 두 가지 이유를 제안한다.

첫째, 재판 전 협상의 동학에 대한 이론적 분석에서 Spier(1992)는 대부분의 합의가 재판 직전('법원 계단')에 이루어지는 것을 보여 주었다. 이 '마감기한 효과'(deadline effect)의 존재는 재판 개시까지의 기간이 증가하면 합의까지의 평균 기간도 증가할 것임을 의미한다.

관찰된 합의 유형에 대한 두 번째 설명은 피고가 전략적으로 지연 전략을 사용하여 자신의 비용을 낮출 수 있다는 것이다(Miceli 1999). 원고들이 시간의 가치를 다르게 평가한다고 가정하자. 구체적으로, 일부 원고는 미래 소득의 할인율이 5%, 다른 원고는 할인율이 10%라고 가정한다. 1년 후 재판에서 10,000달러의 가치가 있는 사건의 현재 가치는 첫 번째 유형에서는 9,524 = (10,000/1.05)달러의 가치이지만, 두 번째 유형에서는 9,091 = (10,000/1.1)에 불과하다.

이제 자신이 직면하고 있는 원고의 유형을 모르는 피고가 있다고 하자. 단, 피고는 두 유형의 비율이 같다는 것을 알고 있다. 피고의 전략 중 하나는 9,524달러를 제안하는 것이며, 이 경우 두 가지 유형 모두 즉시 수락할 것이다. 이 공용 전략에서 합의는 지연 없이 이루어지며 피고의 비용은 9,524달러이다. 그러나 피고는 이보다 9,091달러를 제안하는 것이 유리할 수 있다. 할인율이 높은 원고는 이 금액을 즉시 수락하지만, 할인율이 낮은 원고는 합의를 거부하고 재판을 기다릴 것이다. 따라서 피고는 1년 후 법원 계단에서 할인율이 낮은 원고와 10,000달러에 합의할 것이다.[18]

이 분리 전략의 기대비용을 현재 가치로 계산하면 다음과 같다.

$$0.5 \times 9{,}091 + \frac{0.5 \times 10{,}000}{1 + r}.$$

18 지연이 이 전략에서 핵심적인 요소이다. 만약 할인율이 높은 원고가 자신이 낮은 제안을 거절하면(따라서 자신이 할인율이 낮은 원고라고 거짓으로 드러내면) 피고가 합의를 늦추지 않고 즉시 9,524달러를 제안할 것이라고 예상한다면, 할인율이 높은 원고도 제안을 거절할 것이다.

여기서 r은 피고의 할인율이다. 이 비용이 9,524달러보다 적으면 피고는 지연 전략을 선호할 것이다. $r > 0.0043$이면, 이 조건이 성립된다.[19]

이는 피고가 일정 수준 이상의 할인율을 가지고 있으면 기대비용을 낮추는 방법의 하나로 합의 지연을 사용할 수 있음을 보여 준다. 피고의 합의 과정에 관한 연구에서 로스(Ross)는 피고가 이런 방식으로 행동하며, 특히 피고가 반복적 참가자일 때가 이 전략을 사용한다는 증거를 발견하였다. 로스의 연구에서 한 응답자는 다음과 같이 진술하였다: "일부 선택적 사건에서, 지연은 상당한 힘을 지닌 도구일 수 있으며, 때로는 합의 금액을 낮추기 위해 의식적으로 사용될 수 있다"(Ross 1970, 85).

1.6. 대안적 분쟁 해결

큰 소송 비용과 긴 재판 지연이 문제로 대두되자, 법원과 입법부는 분쟁 해결을 위한 소송 이외의 대안을 찾기 시작하였다. 이에 대한 반응으로, 다양한 대안적 분쟁 해결 방법(alternative dispute resolution: ADR)이 등장하였다.[20] 이 중 가장 널리 이용되는 방법은 중재(arbitration)와 조정(mediation)이다.

중재에서는 제3자가 판사처럼 분쟁 해결을 주관한다. 그러나 판사와 달리, 중재자는 대개 분쟁의 쟁점에 대한 전문 지식을 갖추고 있기 때문에 당사자에 의해 선택된다. 그러나 중재자의 결정은 당사자들에게 구속력이 있으며 법원에 의해 집행된다. 가장 흔한 형태는 당사자들이 사전에 미래의 분쟁을 해결하는 방법으로 중재를 사용한다는 계약을 체결하는 것이다. 예를 들어, 프로 야구의 계약 분쟁은 대부분 '최종 제안 중재'(final offer arbitration) 방식으로 해결된다. 최종 제안 중재에서 중재자는 당사자가 제출한 최종 제안 중 하나를 선택한다.

---

19 $r > 0.10$이면, 피고는 재판 직전까지 두 유형 모두에 대해 합의를 지연할 것이다. 이 분석은 피고에게 재판 진행 비용이 발생하지 않는다는 가정에 입각하고 있다.

20 문헌 연구는 Mnookin(1998), 수학적 경제 분석은 Shavell(1995a)을 참조하라.

중재는 재판을 통한 해결과 비교되는 몇 가지 장점이 있다. 첫째, 중재자의 전문지식은 간결한 사실 발견과 분쟁의 정확한 해결로 이어질 것이다. 둘째, 덜 공식적인 절차 규칙은 절차 완료의 시간과 비용을 줄인다. 셋째, 중재 결정의 구속성은 긴 상소 절차의 가능성을 제거한다(물론 이로 인해 잘못된 결정이 유지될 수 있다는 결점도 가지고 있다. 뒤의 상소에 관한 논의를 참조하라).

중재의 이점은 당사자들이 사전에 중재로 분쟁을 해결한다고 약속할 때 완전히 실현된다. 그러나 사전적 관계가 없는 분쟁 당사자들도 분쟁이 발생한 후 재판을 대체하는 저렴한 대안으로 중재를 사용할 수 있다. 물론 단점도 있다. 이런 유형의 사후적 중재는 분쟁 해결 비용을 낮추어 소송의 가치를 증가시킨다. 그 결과 실제로 소송 제기 건수가 늘어날 수 있다. 더욱이 당사자들이 합의로 해결할 수 있는 분쟁을 중재로 해결하려 할 수도 있다. 따라서 소송비용에 대한 순효과는 모호하다.

또 다른 일반적 형태의 대안적 분쟁 해결 방법은 조정이다. 중재와 다찬가지로 조정은 분쟁 해결을 촉진하는 제3자를 사용하지만, 중재자와 달리 조정자는 결정을 내릴 권한이 없다. 오히려 조정자의 주요 목표는 합의를 촉진하는 것이다. 따라서 앞의 소송 모형에 따르면, 조정자는 재판 결과에 대한 엇갈린 기대를 줄이거나, 정보의 비대칭성을 제거하는 기능을 수행해야 성공적으로 분쟁을 해결할 수 있다.

대안적 분쟁 해결 방법(ADR)에 대한 기존의 경험적 증거는 특별히 고무적이지 않았다. 예를 들어, 1990년의 민사 재판 개정법(Civil Justice Reform Act)에 의해 확립된 6가지 실험 프로그램에 대한 랜드 연구소의 연구에 따르면, 연방 법원에서의 ADR 사용이 (1) 분쟁 해결 시간, (2) 변호사의 근로 시간, (3) (변호사에 의해 평가된) 결과의 공정성에 통계적으로 유의한 효과를 미치지 못한다(Kakalik et al. 1996). 이 결과는 예비적이지만 ADR이 과연 약속된 편익을 제공할 수 있는가라는 의문을 제기한다.

1.7. 법적 오류에 대한 절차적 대응

이 절에서는 법적 오류 문제에 대한 두 가지 대응, 즉 입증 기준과 상소 제도를 검토한다.

1.7.1. 입증 기준

재판은 불확실성하에서 결정을 내리는 절차이다. 당사자주의에서 분쟁의 양측은 최선의 주장을 법원에 제시하고, 법원은 한쪽 또는 다른 쪽에 유리한 결정을 내린다. 그러나 올바른 결정이 명확한 경우는 드물다. 만약 명확하였다면 당사자들이 재판에 이르지 않고 합의하였을 것이다. 법원이 할 수 있는 최선의 방법은 양측이 주장하는 사실이 진실일 확률을 평가하는 것이다. 입증 기준(standard of proof, 앞에서는 설득 기준이라고 표현을 사용하였다)은 법원이 확률적 평가를 결정으로 바꿀 수 있는 임계치를 설정한다. 본질적으로, 입증 기준은 유책(guilty) 판결을 내리기 전에 법원(특히 재판관 또는 배심원 등의 사실 심판자)이 도달해야 하는 최소한의 확실성을 의미한다.

예를 들어 보자. 어떤 불법행위 사건에서 원고는 피고에게 과실이 있다고, 피고는 과실이 없다고 주장하고 있다고 가정하자. 양측의 증거를 들은 후, 법원은 피고가 사실상 p의 확률로 과실이 있다고 평가한다. 그러므로 법원은 p가 법적 입증 기준을 초과하면 피고에게 과실이 있다고 결정한다. 민사 소송에서 증거의 기준은 '증거의 우위' (preponderance of evidence)이며, 이는 법원이 원고의 주장이 피고의 주장보다 진실에 가깝다고 믿어야 한다는 것을 의미한다. 즉, $p = 0.5$이다.

이 기준은 어떻게 결정되는가? 경제적 관점에서, 입증 기준은 1종 오류와 2종 오류의 기대비용을 최소화하는 수준에서 설정되어야 한다.[21] 과실의 예에서, 우리는 1종 오류를 잘못된 과실 발견(잘못된 유죄)으로 정의하고 2종 오류를 잘못된 무과실 발견(잘

21 Posner(1998a, 602-605)와 Miceli(1990)를 참조하라.

못된 무죄)으로 정의한다. 입증 기준이 높아지면 2종 오류가 증가하고 1종 오류가 감소한다. 이는 입증 기준이 높아지면 과실 판결이 줄어들기 때문이다. 따라서 낮은 기준이라면 올바른 과실 판결을 받았을 과실이 있는 피고의 일브가 이제 무과실이 된다. 동시에, 낮은 기준이라면 잘못된 과실 판결을 받았을 과실 없는 피고의 일부가 이제 무과실이 된다. 입증 기준을 낮추면 반대의 효과가 발생한다. 입증 기준의 조정만으로는 두 가지 유형의 오류를 동시에 줄일 수는 없다. 두 가지 오류를 동시에 줄일 수 있는 유일한 방법은 더 많은 증거를 수집하거나 DNA 테스트와 같은 개선된 증거 수집 기술을 개발하는 것이다.

기준을 0.5로 설정하므로, 증거의 우위 기준은 민사 소송에서 두 가지 오류의 발생 빈도를 거의 비슷하게 만든다. 이는 1종 오류와 2종 오류의 비용이 비슷하다는 것을 함축하고 있다(그렇지 않다면, 기준을 조정하여 비용이 큰 오류의 빈도를 줄여 총비용을 낮출 수 있다). 민사 사건이 대부분 금전에 대한 분쟁이라는 점을 그려하면, 이 가정은 합리적 가정으로 보인다. 일정한 금액 손실에 대해 원고 또는 피고가 체계적으로 높은 가치를 부여한다고 믿을 만한 근거는 없다.

두 가지 유형의 오류가 거의 같은 비용을 부과한다는 결론은 형사 사건에 적합하지 않을 수 있다. 잘못된 유죄(1종 오류)는 잘못된 무죄(2종 오류)보다 확실히 높은 비용을 부과할 것이다. 형사 유죄 판결은 자유형을 수반하는 경우가 많고, 자유형이 부과되지 않아도 민사책임과는 달리 낙인(stigma) 효과를 발생시킨다. 이런 이유로, 형사 사건의 입증 기준은 훨씬 높다. 유죄 판결에는 '합리적인 의심의 여지를 넘어서는'(beyond a reasonable doubt) 입증이 요구된다.

그러나 형사 사건에 대한 높은 입증 기준이 반드시 유죄인 피고의 상당수가 처벌받지 않는다는 것을 의미하지는 않는다. 국가를 대표하는 형사 소추자는 민사 사건의 일반 원고보다 유죄 판결에 투자할 자원을 훨씬 더 많이 가지고 있다. 따라서 몇 가지 주목할 만한 예외가 있지만, 운동장은 형사 피고인에게 크게 불리하게 기울어져 있으며, 높은 입증 기준에도 불구하고 피고인 대부분이 유죄를 인정한다(우리는 3.1에서 유죄 협상 관행을 검토한다).

1.7.2. 오류 수정 수단으로 상소

소송에서 패한 당사자는 항상 상급 법원에 상소할 수 있다. 상소 법원의 경제 이론은 상급 법원이 하급 법원의 오류를 수정한다고 가정한다(Shavell 1995b). 이와 관련하여, 우리는 두 가지 질문을 던진다. 첫째, 행정비용이 한 번 더 발생한다는 점을 전제로 할 때, 오류 수정 수단으로서 상소를 허락하는 것은 항상 최적인가? 둘째, 상소 법원이 재검토하기를 원하는 사건을 선택하는 것이 아니라, 당사자가 상소할 권리를 가지는 이유는 무엇인가?[22]

두 번째 질문에 답해 보자. 사실심 법원이 먼저 판결을 내리고, 패한 소송 당사자가 비용은 들지만 상소할 수 있는 2단계 법원 제도를 생각해 보자. 소송 당사자는 사실심 법원 결정의 오류 여부를 관찰할 수 있다고 가정한다. 이 가정은 중요하다(그리고 소송 당사자들이 증명하기 어려운 사적 정보를 가지고 있다면 합리적이다). 왜냐하면 이 가정으로 인해 상소 단계에서 소송 당사자의 선별 또는 분리가 일어나기 때문이다. 특히, 잘못 결정된 사건의 소송 당사자는 이길 확률이 높으므로 비용을 감수하고 상소할 가능성이 크다. 이런 분리는 상소 법원의 사건을 잘못 결정되었을 가능성이 큰 사건으로 제한하므로 사회적으로 바람직하다. 만일 법원이 상소 사건을 선별한다면, 이러한 분리가 덜 효과적으로 이루어진다. 소송 당사자에게는 알려진 정보를 법원은 가지고 있지 않기 때문이다.

위의 주장은 상소 법원이 잘못 결정된 사건을 불균형적으로 많이 다룬다는 것을 암시한다. 상소가 없다면 오류는 수정되지 않는다. 따라서 파기 가능성에서 얻는 편익이 추가적 소송비용을 초과한다면, 상소는 오류 수정 수단으로서 사회적으로 바람직하다. 다음의 예를 생각해 보자(Shavell 1995b, 386). 법적 오류의 비용이 수정되지 않는 경

---

22 최고 상소 법원(미국 연방 대법원과 주 대법원)만이 검토할 사건에 대해 재량권을 갖는다.

우 500,000달러이고, 상소비용은 150,000달러이며, 상소 법원이 오류를 되돌릴 확률이 80%라고 가정하자. 따라서 상소에서 예상되는 이익은 400,000달러 = (0.8) × (500,000)이며, 이는 소송비용 150,000달러를 초과한다. 따라서 상소 절차는 효율적이다.

상소 법원은 오류 수정 외에도 '단일한 법 원칙을 만들고 유지'함으로써 입법(lawmaking) 기능을 수행한다(Posner 1998a, 643). 다음 절에서는 이러한 상소 판결의 입법 기능을 생각해 본다.

2. 재판의 입법 기능

이 절은 법을 형성하는 소송의 역할을 다룬다. 실체법에 관한 앞장들의 분석이 보여 주듯이, 법 원칙은 위험한 활동, 계약 체결 또는 재산에 대한 투자 등에서 사람들이 사회적으로 바람직한 특정한 방식으로 행동할 경제적 유인을 확립한다. 이 장이 주장하는 것처럼, 보통법 원칙은 소송의 산물이다. 따라서 소송 과정에 관한 연구는 보통법 원칙이 어디에서 왔으며, 왜 법경제학자가 보통법이 경제적 논리를 구현하고 있다고 주장하는지를 밝힐 수 있다.

2.1. 소송의 사회적 유인과 사적 유인

재판의 입법 기능을 이해하는 첫걸음은 소송의 사적 가치와 사회적 가치를 구별하는 것이다. 사적 가치는 원고의 기대이익을 반영한다. 잘 알고 있듯이, 이는 소송의 해결 방식에 달려 있다. 재판을 진행한다고 예상하는 원고는 재판의 기대이익 $P_pJ - C_p$가 소송 제기 비용 f보다 크면 소송을 제기하고, 합의를 예상하는 원고는 균형 합의 금액 S가 f를 초과하면 소송을 제기할 것이다. 균형 합의 금액은 원고와 피고 사이의 협상 내용에 따라 달라지지만, 원고는 재판의 기대이익보다 적은 금액에는 합의를 수용하지 않을 것이다(즉, $S \geq P_p J - C_p$; [9.1] 참조). 따라서 합의의 전망은 원고의 소송 제기 유인을 강화한다.

이와는 대조적으로, 실체법 분석에서 제시된 것처럼, 소송의 사회적 기능은 사람들이 사회적으로 바람직한 특정한 방식으로 행동할 경제적 유인을 제공하는 것이다. 예를 들어, 불법행위법에서 소송의 위협은 가해자들이 사고를 효과적으로 예방하도록 유도한다. 그러나 피해자가 이 편익을 생각해서 소송을 제기하는 것은 아니므로, 일반적으로 피해자의 소송 제기 결정은 사회적 최적 결정과 일치하지 않을 것이다.

예를 들어, 가해자가 주의를 기울이는 것과 기울이지 않는 것을 선택하는 간단한 사고 모형을 생각해 보자(Shavell 1982a). 가해자가 주의를 기울이지 않으면 사고의 확률은 P_n이지만, x의 비용으로 주의를 기울이면 사고 확률은 $P_c < P_n$로 떨어진다. 사고 발생 시 피해자의 손해는 D이며, 피해자(원고)와 가해자(피고)의 소송비용은 각각 C_p와 C_d이다(이 예의 목적상, 재판과 합의가 가해자 주의 유인에 미치는 영향을 구분하지 않을 것이다)(Polinsky and Rubinfeld 1988 참조). 마지막으로 책임 원칙은 엄격책임 원칙이라고 가정한다(과실책임 원칙에서도 결과는 비슷하다).

먼저 소송의 사회적 가치를 알아보자. 피해자가 소송을 제기하면, 가해자가 주의를 기울이고 사회적 비용은 다음과 같다.

$$x + P_c(D + C_p + C_d). \tag{9.24}$$

사회적 비용에는 주의비용, 손해 및 소송비용이 포함된다. 반면, 피해자가 소송을 제기하지 않으면, 가해자는 주의를 기울이지 않을 것이며, 이 경우 사회적 비용은 다음과 같다.

$$P_n D. \tag{9.25}$$

그러므로 소송은 (9.24)가 (9.25)보다 작을 때 사회적으로 바람직하다. 즉,

$$x + P_c(C_p + C_d) < (P_n - P_c)D. \tag{9.26}$$

이 조건의 해석은 주의비용과 기대 소송비용을 더한 것(좌변)이 기대손해의 감소(우변)보다 작을 때 소송이 바람직하다는 것이다. 소송 위협만이 가해자가 주의를 기울일 유인을 제공하므로, 소송비용이 존재하는 현실에서는 소송비용이 0인 세계보다 주의를 기울이는 것이 사회적으로 바람직하지 않을 가능성이 증가한다.

앞서 언급한 것처럼 피해자가 소송을 제기하는 사적 조건은 재판에서의 기대 판결 금액이 소송비용을 초과하는 경우이다. 현재 모형에서 피해자는 $D > C_p$이면 소송을 제기한다. 분명히 이 조건은 (9.26)의 재판의 사회적 조건과 일치하지 않는다. 소송 제기의 사적 유인과 사회적 유인의 차이는 두 가지 효과에서 비롯된다. 첫째, 원고는 피고가 부담하는 소송비용을 무시한다. 둘째, 원고는 소송이 사고 예방을 위한 투자 유인을 만들어 낸다는 것을 무시한다. 이들 효과로 인해 피해자는, 다음 연습 문제에서 설명하는 것처럼, 너무 많은 또는 너무 적은 소송을 제기할 수 있다.

연습 문제 9.3

소송 제기와 관련된 다음의 예를 생각해 보자. $x = 1$, $P_n = 0.07$, $P_c = 0.02$, $C_p = C_d = 200$달러이다.

(a) $D = 210$달러면, 피해자가 소송을 제기하는 것이 사회적으로 그리고 사적으로 바람직하다는 것을 보여라.

(b) $D = 190$달러면, 피해자가 소송을 제기하는 것이 사회적으로 바람직하지만, 사적으로는 바람직하지 않다는 것을 보여라.

(c) 이제 $P_n = 0.04$라고 하자. 이제 D가 210달러 또는 190달러일 때 피해자가 소송을 제기하는 것이 사회적으로 바람직하지 않다는 것을 보여라. 이 변화는 피해자의 사적 소송 제기 결정에 영향을 미치는가?

앞의 분석은 책임 원칙(엄격책임)이 주어져 있으며, 소송의 유일한 기능은 이 원칙을 집행하는 것이라고 가정하였다. 이는 정적 효율성(static efficiency)을 의미하는 것이다. 소송이 궁극적으로 더 나은(더 효율적인) 원칙이 적용되게 만들 가능성(동적 효율성: dynamic efficiency)은 원고가 내부화하지 않는 소송의 편익이며, 따라서 너무 적은 수의 소송이 제기되는 또 다른 이유이다. 우리의 다음 논의 주제는 법적 절차의 동적 입법 기능이다.

2.2. 법의 진화

법의 경제 분석에서 가장 강력하고 논쟁의 여지가 있는 명제 중 하나는 사법적 결정으로 형성된 법인 보통법이 고유한 경제 논리를 가지고 있다는 것이다. 앞에서 우리는 불법행위법, 계약법 및 재산법에 구현된 경제적 논리를 제시하였으나, 그것이 어떻게 출현할 수 있었는지에 관한 질문은 제기하지 않았다. 판사와 소송 당사자는 비효율적 원칙을 뒤집고 효율적 원칙을 만들 명시적인 선호가 있는가? 아니면 더 미묘한 기제가 존재하는가(만약 존재한다면)? 2.2에서 우리는 분쟁 해결의 경제 모형을 이용하여 법 변화의 본질을 검토함으로써 이 질문에 관한 탐구를 시작한다.

먼저 우리는 판사의 역할을 무시하고 소송 당사자(원고 및 피고)의 행동이 법의 진화에 어떤 영향을 미치는지에 초점을 맞춘다. 재판으로 해결되는 사건만이 법적 변화를 가져올 수 있으므로, 문제의 핵심은 소송 당사자들의 소송 제기 및 합의 결정이 어떻게 어떤 분쟁이 재판으로 해결될지를 결정하는가이다. 2.3에서 우리는 법을 만드는 판사의 역할을 검토한다.

2.2.1. 재판이 진행되는 분쟁의 선택

비록 전체 소송의 5% 미만만이 재판으로 해결됨에도 불구하고, 우리가 알고 있는 거의 모든 보통법의 내용은 사실심 판결과 이 판결에 대한 상소 법원의 검토(review)에서 얻어지는 정보에 기초하고 있다. 그러므로 재판으로 해결되는 분쟁이 전체 분쟁 모집단을 대표하는지, 또는 합의되는 분쟁 사건과 재판으로 해결되는 사건 사이에 체계적 차이(선택 편의: selection bias)가 있는지 질문해 보는 것이 중요하다. 이 문제는 상정하고 있는 소송 모형에 따라 질문의 답이 달라질 수 있는 이론적인 문제이다(Baird et al. 1994, 260-261).

Priest and Klein(1984)은 낙관주의 모형의 관점에서 처음으로 답을 제시하였다.[23] 그들은 원고와 피고가 법원에 의해 적용되는 법적 기준에 입각하여 원고 주장의 질을 추정함으로써 재판의 결과를 평가한다고 주장한다. 예를 들어, 불법행위의 경우 각 당사자는 피고가 과실로 판단될 가능성을 추정한다. 그러나 추정치에 오류가 있으므로, 당사자들은 원고 승소 확률에 대한 다른 평가에 도달할 것이다. 우리가 보았듯이 양측이 낙관적이라면 사건은 재판으로 진행된다.

낙관주의 모형에 따르면, 원고는 승소 확률을 높게 평가하고 피고는 원고의 승소 확률을 낮게 평가해야 재판이 진행된다. 다시 말해, 당사자들의 원고의 승소 확률에 대한 평가가 어긋나야 한다. 프리스트(Priest)와 클라인(Klein)은 원고가 이길 수도 질 수도 있는 경우, 즉 원고 주장의 질이 법적 기준에 근접한 경우 이 가능성이 가장 크다고 주장한다. 이는 재판으로 해결되는 사건이 합의되는 사건과 체계적으로 다름을 의미한다. 특히, 재판으로 해결되는 사건들은 적용되는 법이나 사건의 사실관계와 관계없이 원고의 승소 확률이 약 50%인 사건들일 것이다.

비대칭 정보 모형은 재판으로 해결되는 사건의 선택과 관련하여 매우 다른 예측을 한다.[24] 앞서 살펴본 것처럼, 원고가 자신의 승리 확률에 대한 사적 정보를 가지고 있다면, 정보가 없는 피고는 승리 확률이 낮은 원고가 받아들일 합의 금액을 제시할 것이며, 승소 확률이 높은 원고는 거절할 것이다. 따라서 재판에서는 상대적으로 원고

23 이후 상당히 많은 연구가 진행되었다. 후속 연구는 Hersch(2006)를 참조하라. 자세한 문헌 정리는 Waldfogel(1998)을 참조하라.

24 Hylton(1993), Baird et al.(1994, 1260-1261), Shavell(1996)을 참조하라.

의 승소 확률이 높아야 한다. 그러나 정보 비대칭이 역전되어 피고가 사적 정보를 가지고 있다면, 예를 들어 피고가 자신에게 과실이 있는지 알고 있다면, 반대의 결과가 나타난다. 즉, 원고는 과실이 있는 피고(재판에서 질 가능성이 큰 피고)가 수락하고, 과실이 없는 피고(재판에서 이길 가능성이 큰 피고)는 거부할 금액을 요구한다. 이 경우에는 재판에서 원고의 승리 확률이 낮을 것이다. 특정한 정보 구조는 사건마다 다를 수 있으므로 비대칭 정보 모형은 재판에서 원고의 승리 확률이 높을 수도 낮을 수도 있다고 예측한다(Shavell 1996).

최근 Klerman and Lee(2016)는 앞의 결론들을 재검토하였다. 그들의 결과는 선택 효과가 낙관주의와 비대칭 정보 모형 모두에서 중요한 요소이지만, 법 원칙 또는 재판부의 선호가 관찰된 원고의 승소 확률에 미치는 영향을 완전히 배제할 수는 없음을 보여준다. 따라서 그들은 실증 연구가 이론을 적절하게 반영하여 주의 깊게 설계되어야 한다고 주장한다. 즉, 실증 연구는 재판 자료로부터 법적 기준, 사건의 특성, 재판부의 편의 등에 대한 추론을 끌어낼 수 있어야 한다. 이는 중요한 향후 연구 분야 중 하나이다.

2.2.2. 보통법은 효율성을 향해 진화하는가?

리처드 포즈너(Richard Posner)는 처음으로 보통법의 기저에 경제적 논리가 있다는 명제를 제시하였다. 그러나 그는 이 명제의 분명한 근거를 제시하지는 않았다. 판사들이 의식적으로 효율성을 추구한다는 증거가 없는 상태에서, 경제학자들은 시장의 효율성에 대한 애덤 스미스의 논리를 따라 '보이지 않는 손'에 입각한 설명을 제공하고자 하였다. 앞서 언급한 것처럼, 법 원칙의 변경은 재판의 결과로만 발생할 수 있으므로 이런 설명은 소송 당사자들의 합의 또는 재판 선택을 설명해야만 한다.

Rubin(1977)과 Priest(1977)는 오로지 재판으로 진행되는 사건의 선택에 기초하여, 보통법의 효율성에 대한 최초의 보이지 않는 손에 입각한 설명을 제시하였다(이 모형에서 판사들은 재판으로 진행된 사건을 효율성을 고려하지 않고 결정한다는 의미에서 수동적이다). 이 모형이 어떻게 작동하는지 살펴보자. 보통법 원칙(선례: precedents)을 효율적 원칙과 비효율적인 원칙으로 분류할 수 있다고 가정하자. 예를 들어, 가해자 또는 피해자 어느 한 쪽의 주의가 사고의 위험을 완전히 제거할 수 있는 쌍방주의 사고(소위 대체적 주의 사고) 모형을 생각해 보자. 이 모형에서는 한 당사자만, 즉 주의비용이 낮은 당사자만 주의를 기울이는 것이 효율적이다. 가해자의 주의비용이 적으면 엄격책임 원칙이 효율적 원칙이며, 피해자의 주의비용이 적으면 무책임 원칙이 효율적인 원칙이다. 설명의 진행을 위해, 현재 적용되는 원칙은 무책임 원칙이며, 효율적 원칙은 엄격책임 원칙이라고 가정하자.

법이 효율적으로 바뀌려면 사고 피해자가 소송을 제기해야 하고, 그중 일부 사건이 재판으로 진행되어 판사들에게 기존의 비효율적 원칙을 효율적 원칙으로 바꿀 기회가 주어져야 한다(따라서 100%의 합의율은 사회적으로 바람직하지 않을 것이다). 앞서 분석한 것처럼, 재판은 드물기는 하지만, 당사자들이 다른 인식 또는 비대칭적 정보로 인해 재판 결과에 대한 상당한 의견 불일치를 보일 때 진행된다.[25] 또한 의견의 불일치를 전제하는 경우, 낙관주의 모형과 비대칭 정보 모형 모두 재판 금액이 큰(즉, J값이 큰) 사건에서 재판이 진행된다고 예측한다. 따라서 Priest(1977, 67)는 다음과 같이 추론한다.

> 모든 법적 분쟁에서, 효율적 원칙보다 비효율적 원칙에서 발생하는 분쟁의 재판 금액이 더 클 것이다. 정의상, 비효율적 책임 배분은 효율적 책임 배분보다 당사자들에게 더 큰 비용을 부과한다. … 따라서 다른 요인들이 일정하다면, 효율적 원칙에서 발생하는 분쟁보다는 비효율적 원칙에서 발생하는 분쟁에서 재판이 진행될 가능성이 크다.

판사가 효율적 규칙보다 비효율적 원칙을 체계적으로 선호하지 않는다고 가정하면, 이 선택적 소송 결과는 보통법이 효율성을 향해 진화한다는 것을 증명하기에 충분하

25 Rubin(1977) 모형에서는 재판은 의견 불일치 때문이 아니라 소송 당사자 중 하나 또는 모두가 법 원칙에 대한 장기적 이해관계를 갖기 때문에 발생한다(즉, 재판의 영향이 비대칭적이다). 이런 점에서 Rubin의 모형은 Priest(1977)의 모형보다 덜 일반적이다.

다. 우리는 이 주장을 다음과 같이 증명할 수 있다.

주어진 시점에서 법이 두 가지 원칙, 즉 효율적 원칙과 비효율적 원칙으로 구성되어 있다고 가정하자. 그리고 소송은 주어진 일정 기간 동안 발생한다. 효율적 원칙에 대한 소송이 제기될 확률은 a, 비효율적 원칙에 대한 소송이 제기될 확률을 b라고 하자. 마지막으로 판사들이 사건을 무작위적으로 결정한다고 가정한다. 즉, 주어진 사건에서 판사들은 법 원칙의 효율성과 관계없이 1/2의 확률로 현행 원칙을 유지하고, 1/2의 확률로 현행 원칙을 뒤집는다.[26] 질문은 만약 새로운 원칙이 형성되지 않는다고 가정할 때, 이러한 소송 과정이 끝까지 진행되면 법이 어떤 모습을 띠게 될 것인가이다.

N을 소송 후 예상되는 효율적 원칙의 수로 정의하자(따라서 비효율적 원칙의 수는 $2 - N$이어야 한다). 앞의 가정에 근거하여, N은 다음과 같이 쓸 수 있다.

$$N = (1 - a) + \frac{a}{2} + \frac{b}{2}. \tag{9.27}$$

이 식의 세 항은 효율적 원칙의 세 가지 가능한 원인을 보여 준다. 첫째, $1 - a$는 효율적 원칙에 대한 소송이 제기되지 않고 그대로 유지될 확률이다. 둘째, $a/2$는 효율적 원칙에 대한 소송이 제기되고 유지될 확률이다. 셋째, $b/2$는 비효율적 원칙에 대한 소송이 제기되고 뒤집힐 확률이다. 법 원칙의 전체 수는 변하지 않았지만, $N > 1$이면 소송으로 인해 효율적 원칙의 수가 증가한다. (9.27)로부터, 이 조건은 다음과 같이 축약된다.

$$b > a. \tag{9.28}$$

이것은 바로 효율적 원칙보다 비효율적 원칙에 대해 소송을 더 많이 제기된다는 가정

26 예를 들어, 판사가 효율성에 대해 중립적인 정의 또는 공정성 등의 기준에 따라 사건을 결정한다고 가정한다.

이다.

이 모형은 선택적 소송과 효율성에 대한 사법적 무관심이 법의 효율성을 향한 진화의 충분조건임을 보여 준다. 이 결론은 출발점이 되는 각 유형의 원칙의 수 또는 판사가 기존 원칙을 뒤집거나 유지할 확률과 관계없이 성립한다. 따라서 매우 일반적인 결과이다. 하지만 다음과 같은 몇 가지 점에서 제한적이다(Posner 1998a, 614).

첫째, 만일 비효율적 원칙의 비용이 분산되면, 그 비용을 부담하는 사람이 원칙을 뒤집기 위해 소송을 제기할 충분한 유인을 갖지 않을 수 있다. 마찬가지로, 만일 효율적 원칙의 비용이 집중되거나 비용 부담자들이 잘 조직되어 있으면, 원칙을 변경하기 위한 공동 노력이 이루어질 수 있다. 전체적으로, 이러한 소위 지대추구 효과는 효율적 원칙보다 비효율적 원칙에 대한 소송이 자주 제기되는 것과는 반대 방향으로 작용한다. 둘째, 만일 선례의 준수가 중요한 사법적 가치라면, 비효율적인 법에 대한 선택적 소송은 실제로 비효율적인 법을 더욱 강화시킬 수 있다(Landes and Posner 1979, 262). 그러나 선례의 준수가 효율성과 독립적이라면, 선례의 준수가 효율성을 향한 진전을 늦출 뿐 편의를 발생시키지는 않는다(Miceli 2009).

마지막으로, 이 모형은 재판에서의 소송 당사자들의 노력이 판사의 결정에 영향을 미칠 가능성을 무시한다. 예를 들어, 원고의 승소 확률이 원고의 노력에 비례하고, 피고의 노력에 반비례한다고 가정하자(Goodman 1978; Hause 1989). 만일 당사자들이 자신의 수익을 극대화하는 노력 수준을 선택한다면, 재판 금액이 큰 당사자는 더 큰 노력을 기울일 것이고 유리한 판결을 얻을 확률이 높아진다. 법 전체에 대한 함의는 법이 재판 금액이 큰 당사자를 선호하는 원칙을 향해 진화하게 된다는 것이다. 만일 당사자의 이익이 사회적 이익을 반영한다면, 이는 효율성을 향한 법의 진화를 강화할 것이다. 그러나 사적 이익과 사회적 이익이 상충한다면 반드시 바람직한 결과가 발생하지는 않는다. 예를 들어, 위험한 제품의 제조업자들이 소비자 집단보다 잘 조직화되어 있다면, 제조업자들은 제한된 생산자 책임을 적극적으로 주장할 것이다. 만일 엄격책임이 효율적 원칙이라면, 이는 효율성에 어긋나는 방향으로 작용할 것이다.

2.2.3. 법 변화에 대한 실증적 증거

앞의 법 진화 모형은 전적으로 소송 당사자의 행동에 의존한다. 특히 소송 당사자들의 불일치가 재판으로 이어져 새로운 원칙이 만들어진다는 주장에 의존하고 있다. 따라서 만일 이론이 맞는다면, 불일치가 법이 효율성을 향해 진화하는 변화를 일으킨다. 과연 불일치의 원인은 무엇인가? 법 변화로 인해 발생하는 법의 불확실성이 원인일 수 있다. 그렇다면 인과 관계는 역전되며, 법 변화가 불일치를 일으킨다(그리고 소송을 증가시킨다).

Priest(1987)와 Cooter(1987b)는 이 경쟁적 가설을 검정하여 법 변화와 소송률 사이의 통계적 상관관계를 발견하였다. 그러나 이 증거를 가지고 인과 관계의 방향을 결정하지는 못하였다. 그들의 결과는 법 변화와 증가된 소송이 되먹임 관계로 작용할 가능성과 일치한다. 특히, 법 변화는 불확실성과 소송의 증가로 이어지며, 이는 다시 법 변화의 요인으로 작용한다.

2.3. 사법적 의사 결정 및 법 변화

지금까지 우리는 법을 형성하는 판사의 역할을 명시적으로 검토하지 않으려고 최선을 다하였다. 이유는 개별적 소송 당사자나 판사의 의식적 선택에 의존하지 않는 보이지 않는 손의 논리가 경제학자에게 호소력이 있기 때문이다. 또한 경제학자가 판사들의 행동 방식을 아직 잘 이해하지 못하고 있기 때문이기도 하다. 그러나 보통법 체계에서의 판사의 중요성이 부인될 수는 없으므로, 이는 법경제학의 중대한 약점이 될 수 있다. 2.3에서 우리는 사법적 의사 결정의 본질과 효과에 대한 이해를 높이기 위해 경제학자들이 최근 어떤 노력을 기울이고 있는지 살펴보고자 한다.

기존의 판사 모형은 두 가지 접근 방식을 취하고 있다. 첫 번째 접근은 선례에 의한 결정(decision by precedents), 즉 이전의 유사한 사건들의 원칙을 적용하여 판결을 내리는 관행을 판사가 왜 따르는지를 명시적으로 묻지 않고 검토하는 것이다. 다음 절에서는 이러한 종류의 경제 모형을 살펴본다. 두 번째 접근은 판사들이 다른 경제 주체와 같이 효용을 극대화하기 위해 행동한다고 보는 것이다. 여기서 중요한 질문은 판사의 효용함수가 어떻게 구성되는가이다. 우리는 모형의 함의와 함께 다양한 가능성을 검토할 것이다.

2.3.1. 선례에 의한 결정

보통법의 원칙은 주로 선례 구속성의 원칙(stare decisis), 즉 선례에 의한 결정을 통해 이루어졌다. 이는 판사들이 사건이 발생할 때마다 특정 사건의 문제를 재검토하기보다는 과거의 사례를 유추하여 추론함을 의미한다. 이 전략의 확실한 장점은 의사 결정 비용을 절약한다는 것이다. 단점은 주어진 선례가 잘못 적용되거나 같은 유형의 사건이 마지막으로 발생한 이후 사정이 변경된 경우 오류가 발생할 수 있다는 것이다. 선례에 의한 결정 및 기타 경험 법칙에 의한 결정은 완벽하게 합리적인 의사 결정을 내릴 수 없는 한계를 극복하고자 하는 사람들의 의식적 노력을 반영한다. 사람들은 소위 차선의 결정(second-order decisions), 즉 '최선의 결정(first-order decisions)과 관련된 문제를 줄이는 적절한 전략에 관한 결정'을 채택하여 한계에 대응한다(Sunstein and Ullmann-Marglit 2000, 187). 다음에 소개되는 선례 이론은 의사 결정에 대한 차선의 접근 방식에 기반하고 있다.[27]

선례의 경제 모형. 완전 정보의 세계에서 판사는 개별 사건의 특징에 따라 각 사건을 결정할 수 있는 무제한의 재량(discretion)을 갖는다. 그러나 실제 세계에서 재량은 높은 의사 결정 비용을 발생시킬 수 있으며 판사가 오류를 범하기 쉽다면 잘못된 원칙으로 이끌 수 있다. 선례에 의한 결정은 재량과 관련된 비용을 줄이지만, 환경이 빠르게 변화하고 새로운 원칙을 만드는 것이 바람직할 때에는 의사 결정자를 지나치게 제

27 여기에 제시된 분석은 Heiner(1986)를 기반으로 한다. 또한 Blume and Rubinfeld(1982), Kornhauser (1989), Macey(1989)를 참조하라.

약할 수 있다. 원칙(선례)과 재량 사이의 최적 선택은 결정비용과 오류비용의 합계를 최소화하는 것이다.

판사가 현재 사건의 상황에 맞는 '최선'의 원칙을 자유롭게 선택할 수 있는 완전히 유연한 체제와 판사가 선례에 따라야만 하는 유연성 없는 체제 중에서 하나를 선택한다고 가정해 보자. 모형을 단순하게 유지하기 위해, 기존 원칙(또는 선례) R이 과거에는 효율적이었으나 환경이 바뀌어 현재 사건에서는 새로운 원칙 N이 더 효율적일 수도 있다고 가정하자. 이전의 예로 돌아가서, 기존 원칙이 위험한 제품의 생산자에 대한 무책임 원칙이라고 가정하자. 이는 과거에는 소비자가 낮은 비용으로 사고를 피할 수 있었다는 사실을 반영한 것이다. 그러나 시간이 지남에 따라 제품의 복잡성이 증가하여 엄격책임 원칙으로 전환하면 비용이 줄어들 가능성이 있다.

이 설정에서 완벽한 판사는 환경이 바뀌면 새로운 원칙을 적용하고 그렇지 않으면 이전의 원칙을 유지한다. 그러나 환경이 언제 바뀌었는지 완벽하게 판단할 수 없는 판사는 두 가지 유형의 오류를 범할 수 있다. 새로운 원칙이 효율적이지만 기존 원칙을 유지할 수 있고(1종 오류), 기존 원칙이 여전히 효율적이지만 새로운 원칙을 적용할 수 있다(2종 오류). [그림 9.7]은 가능한 네 가지 결과와 각각의 확률을 보여 주고 있다.

그림 9.7 완전히 유연한 의사 결정 체제에서의 결과

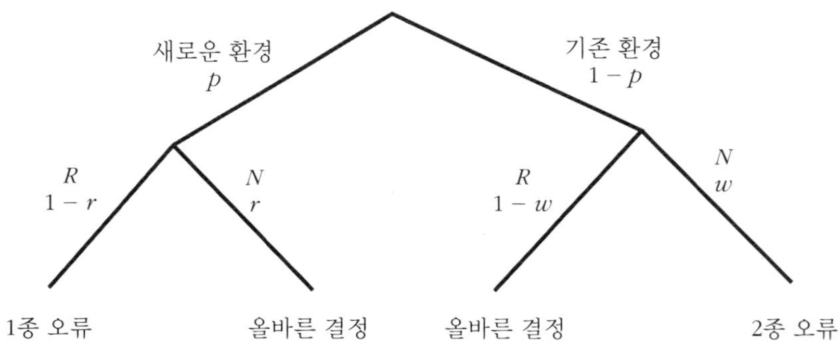

p가 환경이 변하였을 확률이고, $1-p$가 환경이 변하지 않았을 확률이라고 가정하자. 또한, 판사가 새로운 규칙 N을 적용함으로써 환경의 변화에 정확하게 대응할 조건부 확률을 r이라고 하자. 따라서 $1-r$은 판사가 새로운 환경에서 기존 원칙을 잘못 유지할 확률이다(1종 오류). 마찬가지로 환경이 변하지 않았을 때 판사가 새로운 원칙을 만들 조건부 확률을 w라고 하자(2종 오류). 따라서 $1-w$는 판사가 바뀌지 않은 환경에서 기존 원칙을 올바르게 유지할 확률이다.

마지막으로 C_I과 C_{II}를 1종 오류와 2종 오류의 사회적 비용이라고 하자. 제조물 책임의 예에서, C_I은 소비자가 비효율적으로 예방조치를 하게 될 때 최적 수준을 초과하는 사고비용을 의미하며, C_{II}는 생산자가 비효율적으로 예방조치를 하게 될 때 최적 수준을 초과하는 사고비용을 의미한다. 이 비용을 앞의 확률과 결합하면 완전히 유연한 체제와 관련된 사회적 기대비용이 산출된다.

$$EC_F = p(1-r)C_I + (1-p)wC_{II}. \tag{9.29}$$

이제 판사가 선례를 따라야 하는 체제를 생각해 보자. 이 경우 두 가지 결과만이

그림 9.8 선례에 의한 결정에서의 결과

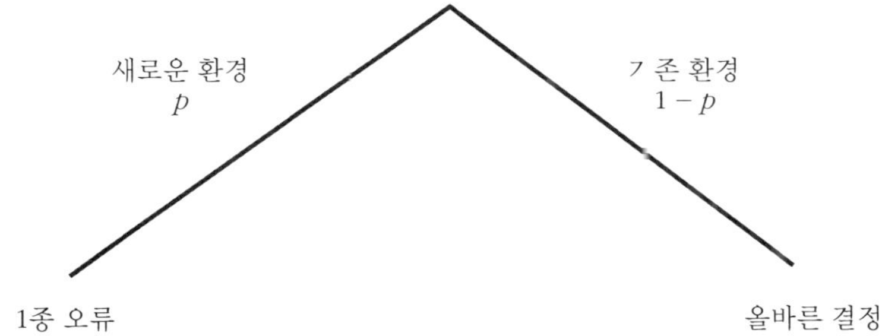

가능하다. 환경이 바뀌지 않았을 때 R을 올바르게 유지하는 것과 환경이 바뀌었을 때 R을 잘못 유지하는 것(1종 오류)이다. [그림 9.8]은 이 결과를 보여 준다. 선례를 따르는 의사 결정 체제와 관련된 사회적 기대비용은 다음과 같다.

$$EC_P = pC_1 . \tag{9.30}$$

판사는 원칙에 대한 재량권이 없으므로, 두 가지 유형의 오류 확률(r과 w)은 사회적 기대비용에 영향을 미치지 않는다. 같은 이유로, 1종 오류만이 발생할 수 있다.

만약 $EC_P < EC_F$이면, 선례에 의한 결정에서 오류의 기대비용이 낮다. 즉,

$$\frac{r}{w} < \frac{1-p}{p} \cdot \frac{C_{II}}{C_I} . \tag{9.31}$$

이 조건에 따르면, 선례에 의한 결정이 바람직할지는 세 가지 비율에 달려 있다. 첫째, r/w는 환경 변화에 대응하는 판사의 능력의 신뢰성을 반영한다. 이 비율이 낮을수록 환경이 변화된 경우에만 새로운 원칙을 만드는 판사의 능력은 떨어진다고 볼 수 있다. 따라서 이 비율이 낮을수록 선례에 의한 결정이 바람직하다. 둘째, 비율 $(1-p)/p$는 환경의 안정성을 반영한다. 이 비율이 증가(즉, p의 감소)하면 환경이 변화될 가능성이 작아지고 기존 원칙을 유지하는 기대비용이 낮아지므로 선례에 의한 결정이 선호된다. 셋째, 1종 오류의 비용보다 2종 오류의 비용이 클수록 선례에 의한 결정이 적은 비용이 든다. 이는 선례에 의한 결정이 2종 오류의 가능성을 제거하기 때문이다.

연습 문제 9.4

(a) 판사를 완벽하게 신뢰할 수 있는 경우, 선례에 의한 결정이 결코 최적이 아님을 보여라.

(b) 빠르게 변화하는 환경이 사법적 의사 결정의 신뢰도를 낮추는 효과를 동시에

가지고 있다고 가정하자(즉, 비율 $(1-p)/p$와 r/w는 서로 관련되어 있다). 이러한 결합된 효과가 선례에 의한 결정의 바람직함에 모호한 영향을 미친다는 것을 보여라.

지식의 창고로서의 선례. 앞의 분석은 선례에 의한 결정을 판사의 불완전한 의사결정에 대한 효율적 대응이라는 관점에서 보았다. 선례에 의한 결정을 지지하는 또 다른 주장은 이것이 법의 예측 가능성(predictability)을 높인다는 것이다. 포즈너가 지적한 것처럼, 특정한 법적 문제에 대한 선례의 축적이 법령(statute)의 힘을 획득하는 경우가 많다. 이런 일이 발생하면, 선례는 "법적 의무에 관한 정보의 형태로 잠재적 분쟁 당사자들에게 오랜 기간 서비스를 제공하는 지식의 창고" 역할을 담당한다.[28]

그러나 특정 선례의 적합성은 환경이 변화함에 따라 시간이 지나면서 떨어진다.[29] 한때 효율적이었던 원칙도 종국적으로는 비효율적이 된다. 그러나 이 자체가 반드시 비효율적 행동을 유도하지는 않는다. 실제로, 일부 학자는 보통법의 안정성이 그 내용만큼이나 중요하다고 주장하였다. 안정성은 코즈식의 교섭을 활성화하고, 이러한 교섭은 지배적인 법 원칙이 무엇이건 효율적 결과를 가져오기 때문이다(Rizzo 1987).

그러나 대부분의 법적 문제에서, 거래비용은 비효율적 원칙을 우회하는 교섭을 불가능하게 만든다. 따라서 법 원칙의 내용이 중요하다(제조물 책임은 좋은 예이다). 다행히도, 앞에서 제시한 소송 절차 모형은 법에 회복력이 있음을 시사한다. 선례의 효율성이 떨어지면(즉, 선례의 정보 가치가 떨어지면) 당사자들의 비용이 최소화되지 못한다. 따라서 법적 분쟁에 걸린 재판 금액이 커지고 소송이 증가한다. 그 결과 법적 선례의 생산이 증가하여 지식의 창고가 보충되고, 사법적 편견이나 오류가 없다면 법은 효율성을 향해 움직인다(Miceli 2009).

---

28 Posner(1998a, 587). 또한 Macey(1989)를 참조하라.

29 Landes and Posner(1976)는 특정 결정에 대한 인용 횟수를 선례적 가치의 척도로 사용하여 가치 감소율을 실제로 추정하였다.

2.3.2. 판사는 무엇을 극대화하는가?

우리의 마지막 질문을 제기해 보자. 판사들이 선례에 구속되지 않는다면, 사건에서 판사들에게 동기를 부여하는 것은 무엇인가? 명백한 출발점은 다른 경제 주체와 마찬가지로 판사들이 효용을 극대화한다고 가정하는 것이다. 그러나 이 가정은 판사의 효용함수에 어떤 것이 포함되어야 하는가에 대한 의문을 다시 제기한다. 대부분 판사가 임기를 보장받고 있고 보수가 성과와 연계되지 않기 때문에 문제가 더 복잡해진다(연계된다고 해도 사법 성과를 평가하기가 어려우며, 이 점이 드물게 사용되고 있는 판사 선거가 책임을 묻는 효과적인 방법이 아닌 이유이기도 하다). 이 모든 요인 때문에 법경제학자이자 연방 항소법원 판사인 포즈너가 "연방 항소법원 판사들의 행동이 법경제학의 난제가 된 것은 바로 책임으로부터 특별한 보호이다"라고 결론짓게 하였다(1995, 112).

판사의 신중한 선발은 최소한의 판사의 질을 보장하는 한 가지 방법이지만, 판사가 선발된 후에도 열심히 일한다는 것을 보장하지는 않는다.[30] 또한 선발 과정의 정치적 성격이 사법 능력에 대한 고려를 압도할 때가 많다. 그렇다면 판사의 결정에 실제로 영향을 미치는 요인에 대해 우리가 말할 수 있는 것은 무엇인가?

일부 학자들은 평판이 판사의 행동에 영향을 미치는 중요한 요인이라고 제안하였다.[31] 특히, 그들은 판사가 자신의 개인적 선호와 일치하는 방식으로 사건을 결정하는 것으로부터 그리고 미래 판사들이 자신의 결정을 따르도록 하는 것으로부터 효용을 얻는다고 주장한다. 동시에 그들은 자신의 결정이 파기되면 비효용을 얻는다. 이 이론에서 선례에 의한 결정 관행은 어떤 판사의 결정이 다른 판사들에 의해 영구화되는 기제로서 그리고 파기로부터의 보호 기제로서 중요한 이중적 역할을 한다. 따라서, 평판의 확립에 관심이 있는 판사와 파기를 피하려고 하는 판사(다른 시점에 있는 동일한 판사일 수 있음)는 선례에 의한 결정 관행을 소중히 여길 것이다.

30 낮은 임금은 금전적 이익보다 판결행위를 중요하게 생각하는 사람들만이 판사가 되도록 유도한다고 주장한 Greenberg and Haley(1986)를 참조하라.

31 예를 들어, Higgins and Rubin(1980), Cooter(1988), Miceli and Cosgel(1994)을 참조하라.

이 이론은 판사들이 자신이 동의하지 않는 선례에 따르는 비효용이 증가함에 따라, 파기에 대한 기피성이 감소함에 다라, 그리고 미래의 판사가 자신의 결정을 파기할 확률이 낮아짐에 따라 선례에서 벗어나려고('적극주의자'[activist]가 되려고) 한다는 것을 의미한다. 마지막 결과에 따르면, 파기에 무관심한 판사조차도 선례를 가치 있게 생각할 것이다. Posner(1995, 121)가 지적하였듯이 "전임자의 판결을 따르지 않아 선례에 따른 결정 관행이 약화되면, 후임자가 자신의 판결을 따를 가능성이 감소"하기 때문이다. 그러므로 적극주의 판사조차 선례에서 벗어나는 것을 삼가할 것이다.

사법적 자기 이익 추구(judicial self-interest)에 대한 경험적 증거는 확실하지 않다. Higgins and Rubin(1980)은 파기의 위협이 사법 재량에 중요한 제약이라는 증거를 발견하지 못하였지만, M. Cohen(1991)은 승진에 대한 욕구가 중요한 요인이라는 것을 발견하였다. 판사들이 무엇을 극대화하느냐는 질문에 결정적으로 대답하기 위해서는 분명 추가 연구가 필요하다.

사법적 자기 이익 추구 이론과 법의 본질 사이에는 어떤 관련이 있는가? 이 질문의 중요성에도 불구하고, 경제학자는 최근까지 여기에 대해 할 말이 거의 없었다. 특히, 핵심적 문제는 자기 이익을 추구하는 판사가 법 변화의 방향에 체계적으로 영향을 미치는지의 여부이다.

한 가지 가능성은 판사들이 효율성을 적극적으로 추구하는 것이다. 예를 들어, Posner(1995, 132)는 다음과 같이 말한다.

> 효율성은 반드시 그 용어로 지칭되지는 않아도 중요한 사회적 가치이고, 따라서 대부분 판사에 의해 내재화된 가치이며, 제한된 개선 능력과 우리 사회의 가치 다원주의를 고려할 때 판사가 효과적으로 촉진할 수 있는 유일한 사회적 가치일지도 모른다. 따라서 효율성은 판사들이 입법 기능을 행사하도록 요청받을 때 사법적 의사 결정에 큰 영향을 미친다. 정말로 새로운 사건의 결정은 미래의 사건을 안내하는 선례를 확립하며, 사법 게임의 규칙은 판사에게 각 미래의 사건을 처음부터 새로 결정하지 말고 … 선례에 따르도록 요구한다. 후속

> 사건에 눈에 띄는 경제적 사고의 흔적이 없을지 몰라도, 선례가 명시적 또는 묵시적으로 효율성을 증진하려는 바램에 기초하고 있다면, 그 사건들은 효율적으로 결정될 것이다. 따라서 소수의 사건만이 효율성에 관심을 가진다고 하더라도 법은 효율적일 수 있다.

앞의 보이지 않는 손 주장에 가정되어 있는 또 다른 가능성은 사법적 자기 이익 추구가 효율성과 양립할 수 있다는 것이다. 예를 들어, 공정성과 정의와 같은 사법적 가치가 효율적 결정과 일치한다면 이 주장은 성립된다(실제로 Posner[1998a, 30]는 정의의 한 가지 의미는 효율성이라고 주장한다).

그러나 보다 현실적으로 제약이 없으면 판사들은 법에 자신의 편의(bias)를 투영할 것이다. 이로 인해 두 가지 부정적 효과가 발생한다. 첫째, 법이 체계적으로 효율성에서 벗어날 수 있다. 둘째, 다양한 선호를 가진 판사가 서로 결정을 계속 파기함에 따라 법이 불안정해진다(Gennaioli and Shleifer 2007a, 2007b). 두 가지 완화 요소는 선례 및 선택적 소송이다. 선례는 안정화 요인으로 작용하지만, 법 변화의 방향이 아닌 법 변화의 속도에만 영향을 줄 수 있다. 앞서 살펴본 것처럼, 선택적 소송은 비효율적 법에 대한 소송 제기를 증가시켜 법이 효율성의 방향으로 진화하게 할 수 있지만, 아주 강한 판사의 편의는 이 효과를 압도할 수 있다(Miceli 2009).

따라서 사법 적극주의는 양날의 검이다. 판사가 비효율적 선례를 대체하여 변화하는 환경에 대응할 수 있게 하지만, 판사가 법에 자신의 편의를 반영할 여지도 준다. 불가피한 결론은 법 변화의 방향이 적어도 부분적으로 사법적 선호의 성격에 달려 있다는 것이다. 경제학자는 이 중요한 문제를 아직 명확하게 설명하지 못하고 있다.

2.3.3. 사법 독립의 최적 수준

앞의 논의는 판사에게 얼마나 많은 독립성을 주어야 하느냐는 규범적 질문을 제기한다. 독립된 사법부의 장점은 판사를 다른 정부 기구와 로비스트들의 정치적 영향으로부터 단절시킨다는 것이고, 단점은 언급한 것처럼 판사가 법에 자신의 편의를 반영할 수 있는 여지를 준다는 것이다. 이 논리는 최적의 사법 독립 수준이 있음을 시사한다(Hanssen 2004).

판사 교체의 용이성으로 평가한 사법 독립 정도는 미국의 주마다 다르다. 예를 들어, 일부 주에서는 판사가 연임하려면 재선되어야 하고, 어떤 주에서는 주지사나 입법부에 의해 임명(그리고 재임명)되어야 하며, 다른 주에서는 상대방 없이 계속 재직 또는 해임을 묻는 찬반 투표를 거쳐야 한다. Hanssen(2004)은 제시된 방식의 순서대로 사법 독립의 정도가 증가한다고 평가한다. 1950년부터 1990년까지의 주 데이터를 사용하여 그는 사법부의 독립성은 정당 간의 치열한 경쟁과 정치 플랫폼의 큰 차이와 관련있다는, 즉 경쟁적 정치 분위기가 증가할수록 높아진다는 결과를 보여 준다. 이 결과는 합리적이다. 불확실한 정치 환경에서 입법부는 집권당이 편의적일 수 있는 판사에 대해 과도한 영향력을 행사할 수 있는 교체 방식을 원하지 않을 것이다.

Berkowitz and Clay(2006)는 역사적 요인이 사법적 독립의 주 사이의 차이에 영향을 미친다는 것을 보여 준다. 특히, 시민법 국가(프랑스, 스페인 및 멕시코)에 의해 정착된 주와 이전 남부 연방에 있던 주들은 사법부의 독립성이 약한 경향이 있다. 저자들은 또한 사법부 독립성이 낮을수록 법원의 성과에 대한 변호사의 평점으로 측정되는 법원 품질이 낮아짐을 보여 준다. 따라서 법원의 성과가 저조한 주는 당파성이 적은 방식으로 판사 연임 방식을 전환하여 성과를 개선할 수 있다.

2.3.4. 실용주의와 법경제학

우리는 법철학에 관한 간단한 언급으로 사법 결정에 대한 논의를 종결하고자 한다. 법경제학은 비교적 최근의 법학 사조로 현재 많은 법학전문대학원에 과목이 개설되어 있지만, 실용주의(pragmatism)라고 불리는 오래된 학파와 밀접한 관련이 있다. 실제로, 실용주의의 가장 유명한 지지자는 포즈너이며, 그는 지금의 법경제학 운동의 창시자 중 한 사람이기도 하다. Posner(1995, 4)는 실용주의를 다음과 같이 정의한다.

> 실용주의는 무엇이 '진실'인가보다 어떤 효과가 있고 무엇이 유용한지에 대해 관심이 있는 근본적이 아닌 실용적이고 도구적인 접근이다. 그러므로 미래지향적(forward looking)이며, 과거와의 연속성을 현재와 미래 문제의 해결에 도움이 될 수 있는 한도에서만 존중한다.

따라서 실용주의자는 더 좋은 해결책이 있을 때 과거의 선례(소위 오래된 법 원칙)에 무조건 집착하지 않는다(물론, 판사가 더 좋은 해결책을 찾는 데 능숙하지 않다면 선례를 따르는 것 자체가 더 나은 방법이 될 수 있다). 또한 법 원칙이 이상적 사건(ideal case)에 근거하여 만들어질 수 있지만, 법이 현재 사건의 특수한 측면을 사상한 논리(logic)에 기반하여 발전해야 한다고 생각하지 않는다. 실용주의와 경제학은 공통점이 많다. 백여 년 전, 가장 유명한 미국 판사이자 실용주의자인 홈즈는 법적 추론의 지침으로서의 논리와 역사를 검토하였다. 그는 둘 모두를 부정하면서 다음과 같이 말하였다.

> 나는 법 원칙에 대한 설명에서 역사가 담당하는 부분이 매우 작고, 기발한 연구 대신 우리가 달성하고자 하는 목적과 그것을 바라는 이유에 관한 연구에 힘을 쏟는 날이 오기를 고대할 것이다. 그 이상을 향한 발걸음으로, 모든 법률가는 경제학을 이해하려고 노력해야 할 것이다(Holmes 1897, 474).

현대 법경제학은 홈즈의 희망을 충족시킬 수 있는 방법론을 제공하고 있으며, 그런 방향으로 머나먼 길을 걸어왔다.

그러나 홈즈의 법 개념은 법 발전에 경제학이 담당해야 하는 역할에 관한 규범적 관점을 넘어선 것이었다. 보통법에 대한 고전적 논문에서, 홈즈는 시대에 뒤처져 따라가기는 하지만 현재의 필요에 맞추기 위해 오래된 선례를 계속 재구성함으로써 기능적 원칙을 형성해 가는 기본적 경향이 보통법에 존재한다고 주장하였다.[32] 예를 들어,

32 Holmes(1881). 특히 강의 1을 참조하라. 생물학적 진화의 비유에 대해서는 Gould(2002, 제11장)를 참조하라.

그는 고대의 책임 원칙이 복수에 대한 원시적 욕구(제8장 참조)에서 비롯되었지만, 피해자를 보상하고 가해자에게 자신의 행동에 대한 책임을 부담시키는 수단으로 현대 사회에서 계속 기능을 수행한다고 주장하였다. 물론 이 견해는 법이 의도와는 관계없이 효율성을 향해 발전한다는 이론을 떠올리게 한다.

3. 형사 소송

이제 주제를 바꾸어 형사 소송을 분석해 보자. 형사 소송은 형사 사건 피고인의 유죄 또는 무죄가 결정되는 절차이다. 따라서 체포 시점부터 형벌 부과 또는 면죄에 이르기까지 피고에게 적용되는 일련의 절차적 규칙을 포괄한다. 형사 소송의 경제 분석은 민사 소송의 경제 분석과 많은 점에서 유사하므로, 이 절의 논의는 형사 소송에 고유한 특징에 초점을 맞출 것이다. 첫 번째 주제는 유죄 협상이다.

3.1. 유죄 협상

형사 사건에서의 유죄 협상(plea bargaining)은 민사 사건에서의 합의와 유사하며, 합의만큼 자주 이루어지고 있다. [표 9.2]의 (c)열에서 볼 수 있듯이, 2015년 미국 연방 지방법원에서 유죄 인정으로 유죄 판결을 받은 비율은 범죄에 따라 평균 79%에서 98%이었으며, 전체 평균은 97.5%였다. 그러나 보통 장려되는 민사 사건의 합의와는 달리, 협상에 의한 유죄 인정은 상당한 논쟁거리였다. 가장 우려되는 점은 재판의 불확실한 결과에 직면한 무죄인 피고가 유죄를 인정하게 된다는 것이다. 그러나 사법 자원이 제한된 현실을 감안하면, 유죄 인정이 필요하다. 유죄 협상의 관행에 대한 평가에서 대법원은 이러한 상충관계를 강조하였다(Adelstein 1998).

예를 들어, *Santobello v. New York*(404 U.S. 257, 1971) 사건에서 법원은 이 관행의 필요

표 9.2 미국 연방 지방법원의 범죄 유형별 유죄 판결, 유죄 인정과 형량(2015년)

	(a)	(b)	(c)	(d)	(e)
	유죄 판결	유죄 판결 비율(%)	유죄 인정에 의한 비율(%)	평균 형량 (개월)	기대 형량 = b × d
합계	73,125	90.3	97.5	30	27.1
살인	101	87.8	84.2	120	105.4
강도	731	97.2	96.2	71	69.0
폭행	731	72.7	93.0	24	17.4
납치	61	82.4	78.7	192	158.2
공갈	601	96.8	90.5	78	75.5
차량 절도	84	85.7	94.0	115	98.6
테러	52	94.5	82.7	144	136.1
기타 폭력범죄	101	90.2	95.0	36	32.5
절도	31	93.9	93.5	30	28.2
방화	1,700	67.7	97.6	15	10.2

출처: Administrative Office of U.S. Courts(www.uscourts.gov); 저자의 계산.

성을 인정하면서, "제대로 관리되면 유죄 협상은 장려되어야 한다. 모든 형사 고발이 전면적 재판으로 이어지면 주와 연방 정부는 판사와 법원 시설을 여러 배로 늘려야 한다"고 주장하였다. 법원은 비용 고려가 유죄인 자를 신속하게 처벌하고 무죄인 자를 처벌하지 않는다는 형사 사법 제도의 주요 목표보다 우선시될 수 없다고 강조하였다. 그러나 *Brady v. United States*(397 U.S. 742, 1970) 사건에서 법원은 유죄 협상이 실제로 처벌의 목적을 촉진할 수 있다고 지적하였다. "유죄 인정 후의 신속한 처벌을 통해, 처벌이라는 목적이 더 효과적으로 달성될 수도 있다."

따라서 고민되는 점은 대부분의 유죄 협상에서 제안되는 감형이 무죄인 피고가 유죄를 인정하게 만들 수 있다는 위험이다. *Brady* 사건의 법원이 경고한 것처럼, "만일 감형 제안에 의한 유죄 판결의 장려가 유능한 변호인의 조력을 받는 피고인이 자신이 짓지 않은 죄를 인정할 개연성을 크게 높인다면, 이 사건에 대해 심각한 의구심을 갖게 될 것이다." 이는 형사 사법 제도가 1종 오류의 축소에 상당한 무게를 둔다는 주장을 상기시킨다. 그러나 이 사건에서 법원은 그 위험이 크지 않다고 또는 적어도 유죄 협상이 허용할 만한 가치가 있는 상쇄하는 이점을 가지고 있다고 판단하였다.

3.1.1. 유죄 협상의 경제 모형

유죄 협상의 경제 모형은 재판 시작 전 검사와 피고 간의 협상 결과에 주로 초점을 맞추고 있다. Landes(1971)가 개발한 최초의 모형은 유죄 협상과 민사 합의 사이의 기본적 유사성에 기초하고 있지만, 이후의 모형은 사적인 법적 분쟁에서는 존재하지 않는 대법원이 강조한 광범위한 사회적 우려를 포함하고 있다. 우리는 이 모형들을 차례로 검토하고자 한다.

랜디스(Landes)의 모형은 검사가 예산제약의 조건 하에서 피고에게 부과되는 기대처벌의 합을 극대화한다고 본다.[33] 사회적 관점에서 이 목적은 범죄의 최대 억지를 촉진한다는 의미에서 정당화될 수 있지만, 자신의 평판 및(또는) 재선 확률을 극대화하는 자기 이익을 추구하는 검사와도 잘 어울리는 목적이다. 정당화가 무엇이든, 이 목표는 유죄 협상이 검사에게 주는 이익이 두 가지임을 시사한다 유죄 판결을 얻어 내는 것과 재판비용을 절약한다는 것이 그것이다. 이 목표를 달성하기 위해 검사는 피고에게 유죄 인정의 대가로 '형량 할인'(sentence discount)을 제공한다.

랜디스의 모형은 앞에서 개발된 합의 또는 재판의 낙관주의 모형과 거의 동일하며, 비슷한 함의를 갖는다(1.1.1 참조). 특히, 재판은 상호 낙관주의의 결과로만 발생할 수 있으며(즉, 각 당사자가 재판에서 이길 확률이 높다고 평가해야 함), 일단 낙관주의 조건이 성립되면 사건에 걸린 '판돈'(stake)이 클수록 재판으로 진행될 가능성이 크다. 랜디스는 주 및 연방 법원 자료를 사용하여 평균 형량이 높은 법원에서 재판이 진행될 가능성이 큼을 보여 줌으로써 후자의 예측을 뒷받침하는 경험적 증거를 제공하였다.

[표 9.2]의 자료에서도, 이 결과를 확인할 수 있다. 각 범죄에 대한 유죄 판결 건수 이외에도 이 표에는 유죄 판결 비율([b] 열), 유죄 판결에 대한 평균 형량(개월)([d] 열) 및

33 또한 Frost and Brosi(1977)를 참조하라.

그림 9.9 유죄 협상 비율과 기대형량의 상관관계

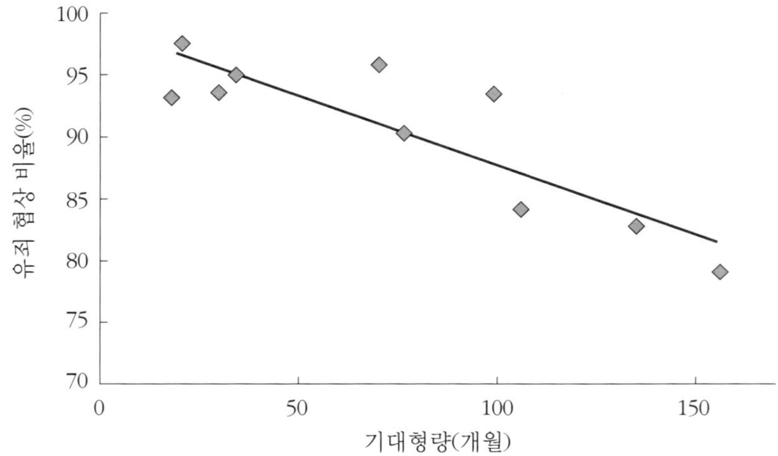

기대형량([b]×[d], [e]열)이 제시되어 있다. 경제 모형에 따르면, 기대형량이 높은 범죄는 유죄 협상 비율이 낮아야 한다. 실제로 상관관계의 통계적 척도인 기대형량과 유죄 협상률 사이의 상관계수(correlation coefficient)는 −0.855로, 음(−)의 큰 상관관계를 보인다.[34] [그림 9.9]는 가로축을 기대형량, 세로축을 유죄 협상 비율을 표시한 결과를 보여 준다. 회귀선은 명확한 음(−)의 기울기를 보인다. 이 결과는 유죄 협상 비율과 기대형량에 영향을 미치는 여러 가지 다른 요인을 통제하지 않았다는 점에서 엄격한 검증이라고 볼 수 없지만, 경제 모형을 강력하게 지지해 준다.

랜디스 모형은 유죄 협상을 사법 자원의 절약이라는 관점에서 정당화하고 있는데, 이는 민사 합의를 장려하는 이유와 같다. 그러나 특정 조건에서, 이 관행은 법원에 의해 천명된 다른 목표, 즉 유죄인 자를 적절하게 처벌하고 무죄인 자를 처벌하지 않는다는 목표의 추구에도 도움이 될 수 있다(Grossman and Katz 1983; Reinganum 1988). 그 이

34 상관계수가 −1이면 완벽한 음(−)의 상관관계를 의미하고, 상관계수가 0이면 상관관계가 없음을 의미한다.

유를 살펴보자. 진실로 유죄인 피고에 대한 유죄 판결 확률이 무죄인 피고에 대한 유죄 판결 확률보다 항상 높다고 가정하자. 즉, $P_G > P_I$이다. 또한 검사와 피고 모두 (랜디스 모형과 달리) 이 확률을 동일하게 추정한다고 가정한다. 따라서 무죄인 피고의 재판비용보다 유죄인 피고의 재판의 기대비용이 크다.

$$P_G S + C_d > P_I S + C_d. \tag{9.32}$$

여기서 S는 처벌이고 C_d는 피고의 재판비용이다. 이 상황에서, 검사는 다음 세 가지 전략 중 하나를 추구할 수 있다. (1) 두 유형의 피고 모두에 대해 재판을 진행한다. (2) 유죄인 피고만이 받아들일 수 있는 S_o의 유죄 협상 제안을 한다(즉, $P_G S + C_d > S_o > P_I S + C_d$가 성립하도록 S_o를 설정한다). 또는 (3) 두 유형이 모두 수용할 수 있는 유죄 협상 제안을 한다(즉, $S_o < P_I S + C_d$가 성립하도록 S_o를 설정한다). 검사가 무죄인 피고와 유죄인 피고를 구별하지 않으므로 전략 (1)과 (3)은 공용 전략(pooling strategy)이다. 반면, 전략 (2)는 유죄 협상 단계에서 유죄인 피고가 자신을 드러내도록 유도하므로 분리 전략(separating strategy)이다.

전략 (1)은 사회적 최적이 될 수 없다. 검사가 유죄인 피고만이 수락할 수 있는 가장 높은 유죄 협상 제안을 함으로써(즉, $S_o = P_G S + C_d$을 제안함으로써) 재판비용을 들이지 않고도 유죄인 피고인에게 같은 비용을 부과할 수 있기 때문이다.[35] 그리고 무죄인 피고는 두 전략에서 모두 재판을 받게 되므로, 잘못된 처벌로 인한 비용에는 변화가 없다. 따라서 사회적 최적은 전략 (2)와 전략 (3) 중에서 선택되어야 한다. 어느 전략이 최적일지는 두 가지 상충하는 효과의 크기에 따라 다르다. 전략 (2)는 유죄인 피고에게 더 높은 비용을 부과함으로써 억지를 촉진할 수 있다는 장점이 있지만, 전략 (3)은 무죄인 피고가 유죄를 인정함으로써 재판의 기대비용보다 적은 형벌을 받기 때문에 잘

35 유죄 협상과 재판이 무차별한 경우, 피고는 재판의 불확실성을 회피하기 위해 유죄 협상을 선택한다고 가정한다.

그림 9.10 무죄인 피고와 유죄인 피고의 유죄 판결 확률의 분포

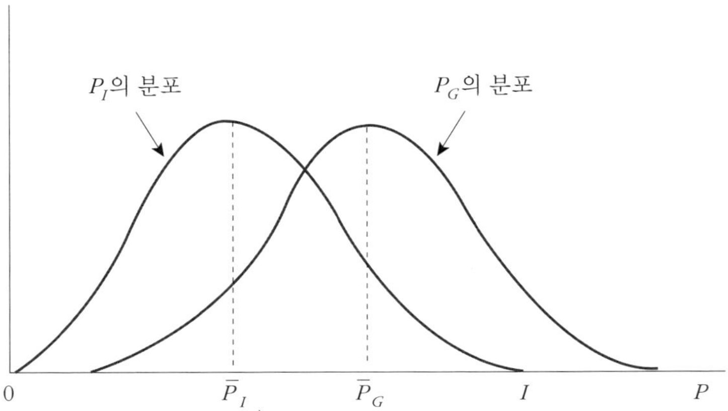

못된 처벌로 인한 비용을 낮춘다(즉, 전략 [3]에서 $S_o < P_I S + C_d$). 전략 (3)은 또한 무죄인 피고의 재판비용을 절약한다. 일반적으로 무죄인 피고의 비율이 낮을수록 그리고 잘못된 처벌(1종 오류)의 비용이 적을수록, 분리된 유죄 협상(전략 [2])이 선호된다.

여기에서 다음과 같은 분리 전략의 특징이 발견된다. 무죄인 피고만 재판을 받으며, 이는 재판에서 모든 유죄 판결이 잘못되었음을 암시한다.[36] 물론 이는 모든 유죄인 피고의 유죄 판결 확률이 모든 무죄인 피고의 유죄 판결 확률보다 높다는 $P_G > P_I$의 가정의 산물이다. 현실적으로는, 증거 수집의 불확실성으로 인해 유죄 판결 확률이 두 유형의 피고마다 달라질 수 있다. 이 상황이 [그림 9.10]에 제시되어 있다. 이 그림은 무죄인 피고와 유죄인 피고의 유죄 판결 확률의 분포를 보여 준다. 유죄인 피고에 대한 분포는 무죄인 피고에 대한 분포보다 오른쪽으로 위치하여 평균 유죄 판결 확률이 더 높지만(즉, $\bar{P}_G > \bar{P}_I$), 무죄인 특정 피고가 높은 유죄 판결 확률에 직면할 수도 있고,

36 따라서 검사는 전략 (2)에서 유죄 제안을 거절하는 모든 피고에 대한 사건을 철회해야 할 것이다. 그러나 이 같은 전략이 예상된다면, 유죄인 피고도 유죄 협상을 거절할 것이며 균형은 무너질 것이다.

유죄인 특정 피고가 낮은 유죄 판결 확률에 직면할 수도 있다.

이 같은 보다 현실적인 설정에서는, 검사와 피고 사이의 유죄 협상으로 무죄인 피고가 유죄를 인정하거나 유죄인 피고가 유죄 협상을 거부하여 재판이 진행되는 결과가 발생할 수 있다. 물론 평균적으로는 유죄인 피고가 유죄 협상을 수락할 확률이 높을 것이다.

3.1.2. 유죄 협상 및 억지

지금까지의 유죄 협상 논의는 범죄가 발생한 후의 검사와 피고 사이의 협상 결과에 주목하였다. 그러나 실제의 형사 처벌은 주로 범죄 억지 목적에 따라 결정된다. 따라서 유죄 협상이 범죄 억지에 미치는 효과를 분석하는 것 역시 중요하다. 이를 위해, 우리는 한 걸음 뒤로 물러서서 유죄 협상이 잠재적 범죄자들이 직면한 기대처벌에 어떤 영향을 미치는지 질문할 필요가 있다.

우리가 제8장에서 개발한 범죄 억지의 경제 모형은 처벌 당국을 범죄 발생 전에 결정된 특정한 처벌 구조를 충실하게 지키는 단일한 주체로 취급하였다. 이 구조는 억지의 경제 모형에는 잘 맞지만, 실제의 처벌은 목표가 다를 수 있는 여러 의사 결정자에 의해 순차적으로 결정된다. 가장 간단하게 생각하면, 처벌은 2단계 절차로 결정된다. 첫 단계는 범죄 발생 전 여러 범죄에 대한 처벌 지침(punishment guidelines)을 입법적으로 확립하는 것이다. 이 단계에서는 억지가 가장 중요한 고려 사항이다. 그러나 범죄가 발생하고 용의자가 체포되면 실제 형벌을 부과하는 임무는 사법 절차가 담당한다. 우리가 보았듯이, 이 단계에서 유죄 협상이 가장 중요한 역할을 담당하며 검사의 목표가 입법부의 목표를 압도할 때가 많다. 따라서 유죄 협상의 관행이 억지를 촉진하는지 아니면 방해하는지의 문제가 제기된다.[37]

검사의 목표에 대한 우리의 논의(대법원의 판결에 근거한)에 따르면, 검사는 무죄인

37 이 논의의 기반이 되는 Miceli(1996b)와 Reinganum(1993)을 참조하라. 민사 소송에서 합의가 억지에 미치는 영향은 Polinsky and Rubinfeld(1988)에 의해 검토되었다.

사람을 잘못 처벌하는 비용을 최소화하고 유죄인 범죄자에게 처벌과 범죄 사이의 비례성을 유지하기 위해 지나치게 가혹한 처벌을 내리는 것을 주저할 것이다. 제8장에서 제안한 것처럼, 이 사후적 목표는 범죄의 표준적 경제 모형이 제시하는 높은 벌금, 낮은 확률의 집행 전략을 추구하는 데 큰 걸림돌이 된다. 이런 관점에서, 미국의 검사에게 주어진 재량(앞에서 논의된 판사에게 주어진 재량과 같이)은 억지의 사전 목표와 비례성의 사후 목표 사이의 균형을 유지하도록 설계된 제도적 기제로 볼 수 있다.

3.1.3. 비교법적 관점

유죄 협상은 미국에서 널리 활용되고는 있으나, 유럽 대륙의 심문주의 제도(inquisitorial system)에서는 원칙적으로 금지되고 있다. 따라서 유죄 협상은 형사 사법 제도의 필수적 구성 요소가 아니다(Adelstein 1998). 심문주의에서 검사는 강제 기소 원칙(compulsory prosecution)에 구속되어 있어서, 증거에 의해 뒷받침되는 최대 혐의로 모든 사건을 기소해야 한다. 유죄 인정을 통해 재판을 생략할 수 없으므로, 심문주의는 재판을 단순화하고 피고의 권리에 대한 절차적 보호를 약화시킴으로써 사법 자원의 희소성 문제에 대응한다(Langbein 1979). 여기에서는 경제 이론이 형사 사법 제도가 직면한 공통적 문제, 즉 희소한 자원과 불완전한 판결의 세계에서 범죄자를 어떻게 처벌하는 것이 최선인가에 대한 매우 다른 제도적 대응을 어떻게 설명하는지 생각해 보고자 한다(Adelstein and Miceli 2001).

흥미로운 질문은 다음과 같이 간단하게 서술될 수 있다. 강제 기소 체제는 무제한 유죄 협상 체제보다 형사 사법 제도의 목적에 더 잘 부합하는가? 답은 체제가 구현하는 특정한 사회적 가치에 달려 있다. 먼저 무죄인 사람의 처벌에 대한 기피를 생각해 보자. 실체적 유죄 여부가 아닌 피고에게 불리한 증거에 의해 유죄 결정이 이루어진다는 현실을 감안하면([그림 9.10]에 제시된 것처럼), 유죄 협상은 무죄인 사람의 처벌로 발생하는 비용이 증가함에 따라 정당성이 증가한다. 이는 불리한 증거가 강한 무죄인 피고가 재판의 불확실한 전망에 직면하는 것보다는 유죄를 인정함으로써 훨씬 가벼운 형벌을 받을 수 있다는 단순한 이유 때문이다. 연방판사인 Easterbrook(1983, 320)은 다음과 같이 주장한다. "무죄인 피고가 유리한 거래를 하는 것을 막을 이유가 없다. 여기에 부정의가 존재한다면, 그 원인은 유죄 협상이 아니다. 오히려 무고한 사람이 재판에서 유죄 판결을 받을 수 있다는 것이다."

반대로, 체제가 유죄인 사람을 처벌하는 데 높은 가치를 부여한다면, 강제 기소가 선호되는 경로일 수 있다. 진실로 유죄인 사람이 완화된 처벌을 받는 방법으로 유죄 협상을 사용하는 것을 허용해서는 안 되기 때문이다. 이상의 논의를 종합하면, "유죄 협상은 무죄인 피고의 보호를 강조하는 체제에서 발생할 가능성이 크며, 강제 기소 체제는 유죄인 사람의 처벌을 강조하는 체제에서 유지될 가능성이 크다"(Adelstein and Miceli 2001, 60)는 것을 의미한다. 이 추론이 맞다면, 미국 체제는 무죄인 사람의 보호에 상대적으로 더 큰 비중을 두는 반면 유럽 체제는 유죄인 사람의 처벌에 더 큰 비중을 두고 있다고 할 수 있다.

그러나 제도가 추구하는 가치도 때로는 제한된 자원의 제약에 직면하여 수정되어야 한다. 유럽 체제는 강제 기소라는 목표를 추구하면서도 비용이 많이 드는 재판을 우회하는 방법을 개발해야만 하였다. 따라서 대부분 국가는 재판 없이 결정되는 경범죄라는 범주를 마련하였는데, 이는 얇은 베일로 가려진 유죄 협상이라고 할 수 있다(Langbein 1979). Adelstein(1998, 50)에 따르면, 유럽과 미국 체제는 다른 가치에도 불구하고 "간결한 재판과 적절한 경우 재판을 우회하는 효과적 절차에 대한 열망으로 인해 수렴해 가고 있는지도 모른다."

3.2. 보석 제도

범죄로 기소된 피고는 재판을 받기 전까지 오랜 시간을 기다린다. 이로 인해, 체포와 재판 사이의 기간에 피고를 어떻게 취급해야 하느냐는 의문이 제기된다. 무죄 추정 원칙에 따르면 피고가 자유로운 상태에 있어야 하지만, 피고가 도주하여 다른 범죄를 저지를 수 있다는 위험을 생각하면 구속되어야 한다. 이 상충관계에 대한 현실적 해결책이 보석 제도(bail system)이다. 보석 제도는 재판을 받기 위해 구속 중인 피고가 석방되기 위해 공탁해야 할 금액을 설정한다. 보석 제도의 경제 모형은 보석금 수준이 재판 전 석방의 이득에서 그 비용을 뺀 것을 극대화하도록 설정된다고 설명한다(Landes 1973).

예를 들어, 보석으로 석방된 피고의 수를 $n(b)$라고 하자. 이는 보석금 수준 b의 감소함수이다. 함수 $n(b)$는 실제로 재판 전 석방에 대한 수요를 의미하며, 보석금 수준은 석방의 가격이다. 석방으로 얻는 이익은 피고 1인당 억류비용 d의 절감과 피고의 사적 이익 g이다. 피고의 사적 이익은 자유의 직접적 편익, 획득할 수 있는 소득 및 방어에 도움이 될 조력을 받을 수 있다는 편익으로 구성된다. 따라서 석방으로 인한 총이익은 $n(b)(g+d)$이다.

피고가 보석 중 종적을 감추면 석방비용이 발생한다. 이 상황이 $p(b)$의 확률로 발생한다고 하자. $p(b)$ 역시 b의 감소함수이다. 보석 중에 도주하는 피고로 인해 두 가지 비용이 발생한다. 피고가 저지를지 모르는 추가 범죄로 인한 잠재적 피해 h와 다시 체포하는 데 드는 비용 c이다. 석방의 총기대비용은 $n(b)p(b)(h+c)$이다. 법원의 문제는 편익에서 비용을 뺀 값을 극대화하는 보석금 수준을 설정하는 것이다.

$$\max_{b}\, n(b)(g+d) - n(b)p(b)(h+c). \tag{9.33}$$

b가 증가하면 보석으로 풀려나는 피고의 수가 감소하여 편익이 감소하지만, 보석 중 도주하는 피고의 수가 감소하여 비용 또한 감소하므로(석방되는 수와 도주하는 수가 모두 감소하기 때문이다) 상충관계가 존재한다. 최적 보석금 b^*는 편익의 한계 감소가 비용의 한계 감소와 같아지는 점에서 결정된다.

일반적으로 최적 보석금은 사람에 따라 다르다. 주로 석방된 피고가 부과하는 기대피해와 (b가 같다고 할 때) 보석 중 종적을 감출 개연성이 사람마다 다르기 때문이다.

실제 관행과 일치하게, 이 모형에서는 피해를 발생시킬 가능성이 큰 사람과 주어진 보석금 수준에서 도주할 가능성이 큰 사람에게 더 높은 보석금이 설정되어야 한다는 결론이 도출된다.

보석 제도에 대한 비판 중 하나는 보석 제도가 부유한 피고에게 유리하다는 것이다. 부유한 피고는 더 쉽게 석방될 수 있다. 이 문제는 보석금을 지불할 수 없는 사람들을 위해 일정한 수수료를 받고 보석금을 기탁하는 보석금 대출업자(bail bondsmen)가 있다면 부분적으로 해결된다. 그러나 보석금이 기탁되고 나면 비록 보석금 대출업자가 자신의 투자를 보호하기 위해 최선의 노력을 다한다고 하더라도 (도덕적 해이 문제 때문에) 피고가 도주할 가능성이 증가할 것이다.

보석 제도에 대한 또 다른 비판은 다른 요인이 일정할 대 소수자 피고의 보석금이 백인 피고의 보석금보다 높게 설정된다는 것이다. Ayres and Waldfogel(1994)은 소수자 피고와 백인 피고에 대한 보석금 비율의 관찰된 차이에 근거하여 이 주장을 지지하는 몇 가지 증거를 제시하고 있다. 그들은 보석금 시장이 경쟁적이면 보석금 대출업자가 부과하는 수수료를 보석금 액수로 나눈 값인 보석금 요율이 피고가 도주할 확률과 거의 같아야 한다.[38] 따라서 (보석금 대출업자에 의해 평가된) 도주 위험이 같은 피고는 보석금 요율이 같아야 한다. 실제로 Ayres and Waldfogel(1994, 993)은 소수자 피고가 비교 가능한 백인 피고보다 보석금 요율이 낮다는 것을 발견하였다. 이는 “판사들이 보석금을 설정할 때 소수자 피고에게 더 낮은 도주 확률을 요구한다”는 것을 암시한다. 다시 말해, 판사는 이용 가능한 시장 증거에서 도출되는 위험을 초과하는 도주 위험을 소수자 피고에게 부여하고 있다.

38 F를 보증인의 수수료라고 하자. 따라서 보증인의 기대이윤은 $F-pb$이다. 여기서 p와 b는 본문과 같이 정의된다. 경쟁시장에서 기대이익은 0과 같으며, 따라서 $F/b=p$이다.

3.3. 양형 지침 및 사법 재량

역사적으로 판사는 소위 불확정 형기(indeterminate sentencing) 하에서 양형 결정에 상당한 재량권을 가지고 있었다. 그러나 1987년에 제정된 연방 양형 지침(federal sentencing guidelines)은 판사의 재량권을 크게 축소시켰다. 1970년대와 1980년대 초에 많은 주에서 시행된 개혁 내용을 반영한 이 지침은 판사의 재량에 훨씬 엄격한 제한을 설정하였다. 이 지침에 따르면, 한 축에는 범죄의 심각성, 다른 축에는 범죄자의 범죄 이력이 나열된 교차표에 의해 형량이 결정된다. 평균 형량은 범죄의 심각성과 범죄자의 범죄 이력에 따라 증가한다. 이 밖의 다른 요인들은 고려되지 않는 것으로 되어 있다.

이 개혁은 왜 추진되었는가? 정치적으로, 형량 지침은 형량 결정에 관한 사법적 재량을 제한할 필요가 있다는 공통의 근거를 찾은 진보주의자와 보수주의자의 연합에 의해 지지되었다. 진보주의자는 재량을 줄이면 사건의 관찰 가능한 사실보다는 판사 자신의 선호를 반영한 형량의 부당한 차이가 제거되어 공정한 처벌이 이루어질 것이라고 믿었다. 보수주의자는 느슨한 처벌을 방지하여 억지력을 강화하기 위해 형량 지침이 필요하다고 느꼈다(Shepherd 2007). 경제 이론은 이처럼 상충되는 형량 개혁의 목표에 어떤 시사점을 줄 수 있는가?

공정성 측면에서, 개혁의 목표는 같은 범죄를 저지르고 유사한 범죄 기록을 가진 범죄자들에 대한 형량의 차이를 제거하는 것이었다. 이는 수평적 평등(horizontal equity)의 개념을 반영하며, 모든 관련된 측면에서 똑같은 개인을 동등하게 대우해야 한다는 것이다. 이 공정성 개념이 가지는 문제점은 관련된 측면을 어떻게 정의하는가이다. 즉, 형량의 차이를 정당화하는 요소와 그렇지 않은 요소는 무엇인가? 형량 결정에 재량권을 가지고 있으면, 판사는 이상적으로 가해자 특수적 정보를 바탕으로 결정을 내릴 수 있어 사후적으로 개별 사건에 맞게 형량을 조정할 수 있다. 반면, 일부 비판자들은 이 재량으로 인해 사건 특수적 요인이 아닌 판사의 선호 차이에 따라 부당한 형량의 차이가 발생한다고 주장한다.

억지에 관점에서, 범죄의 경제 이론은, 최적의 억지를 위해 고려해야 하는 것은 범죄로 인한 사회적 피해뿐이라고 주장한다. 범죄자의 범죄 기록 또는 기타 개인 특성은 중요하지 않다. 이 관점에서 양형의 재량권은 최적 억지를 달성하는 처벌과는 다른 처벌을 허용함으로써 억지력을 약화시킨다. 양형 지침이 실제로 처벌의 범의를 설정하고 있다는 사실은 양형 지침이 경쟁적 목표들 사이의 균형을 잡기 위해 제정된 것임을 시사한다. 즉, 좁게 설정된 범위는 억지를 촉진함과 동시에 약간의 사후적 재량을 허용하기 위한 것이다(Miceli 2007).

재량을 가지고 있는 배심원이 형량을 결정하는 경우, 양형 지침은 배심원의 결정에 영향을 미치지 못한다. 제8장(2.2.6)에서 언급된 것처럼, 배심원은 증거가 충분하더라도 처벌이 너무 가혹하다고 판단될 경우 피고에게 유죄 평결을 내리지 않거나(소위 배심원에 의한 법의 무시[jury nullification]) 또는 유죄 평결을 내리지만 일종의 타협에 의한 평결(compromise verdict)로서 가벼운 형량을 부과할 수 있다(Lundberg 2016).

양형 지침의 효과를 측정하기 위해 여러 경험적 연구가 이루어졌다. 공정성과 관련하여, Anderson et al.(1999)은 1981년과 1993년 사이에 결정된 형사 사건을 검토하였다. 그들은 지침 제정 이후 판사 간 형량의 차이(즉, 순전히 판사 개인에 기인한 차이)가 줄어든 것을 발견하였다. 이와는 반대로, 1981년에서 1995년 사이의 사건을 검토한 LaCasse and Payne(1999)은 판사에 기인한 형량 변동이 지침 이후에 증가한 것을 발견하였다. Mustard(2001)도 비슷하게 범죄의 심각성과 범죄자의 기록이 대부분의 형량 변동을 설명하지만, 흑인 범죄자에 대한 무거운 형량의 형태로 일부 잔존하는 인종적 편의가 존재함을 발견하였다. Sorensen et al.(2014)의 연구도 비슷한 결론에 도달하였다.

억지와 관련하여, Shepherd(2007)는 주 차원에서 양형 지침이 범죄율의 증가와 관련이 있음을 발견하였다. 이 연구는 1960년부터 2000년까지의 자료를 사용하여 다른 요인들을 통제하면 폭력 범죄가 8% 증가하였고 재산 범죄는 7% 증가함을 발견하였다. 증거에 비추어 볼 때, 양형 지침은 정치적 스펙트럼의 양극단에 있는 옹호자들의 기대에 부응하지 못한 것으로 보인다.

2005년 미국 대법원은 양형 지침이 더 이상 판사를 구속하지 않으며, 단지 권고적 성격을 가진다고 판결하였다.[39] 지침의 완화가 형량의 인종적 차이를 감소시킬 것이라는 희망적 예측이 있었지만, Starr and Rehavi(2013)의 최근 연구에 따르면 그 차이가 감소하지 않은 것으로 나타난다.

3.4. 형사 소송에 관한 헌법 문제

이하에서는 형사 소송과 관련하여 발생하는 두 가지 헌법적 문제, 즉 불리한 진술을 거부할 권리와 불합리한 압수·수색에 대한 보호를 살펴보고자 한다.

3.4.1. 진술 거부권

높은 비율의 형사 피고가 감형의 대가로 유죄를 인정하고 있지만, 미국 제5차 수정헌법은 자신에게 불리한 진술을 거부할 권리를 피고에게 부여하고 있다. 어떤 사람은 이 보호가 주로 유죄인 사람을 보호한다는 이유로 비난한다. 그러나 경제 분석에 따르면, 어떤 상황에서는 침묵의 권리가 무죄인 피고의 유죄 부인을 보다 신빙성 있게 만들어 무죄인 피고에게 도움을 줄 수 있다(Seidmann and Stein 2000).

그 이유를 확인해 보자. 먼저 침묵할 권리가 없다고 가정하자. 배심원은 피고가 증언하지 않으려 한다는 것에서 유죄를 추론할 수 있다. 왜냐하면 진실로 무죄인 피고는 항상 자신의 결백을 주장하려고 할 것이기 때문이다. 이것을 알고 있는 유죄인 피고는 자신이 결백하다고 주장할 강한 유인을 갖게 된다. 거짓말임이 밝혀질 수도 있지만, 유죄인 피고는 부정적 추론을 피하기 위해 진실로 무죄인 피고의 행동을 모방하는 전략을 선택하는 것이 유리하다. 그러나 이 공용 균형은 모든 피고의 증언의 신뢰성을 감소시키기 때문에, 무죄인 피고에게 불리하게 작용한다(사실상 유죄인 피고의 행동이 무

39 *United States v. Booker*, 543 U.S. 220(2005) 참조.

죄인 피고에게 부정적 외부효과를 미친다).

이와는 대조적으로, 침묵할 권리가 있다고 가정하자. 유죄인 피고는 유죄 추정을 받지 않고 자신을 범죄에 연루시킬지도 모르는 진술을 거부할 수 있다. 진술을 거부함으로써, 유죄인 피고는 (침묵할 유인이 없는) 무죄인 피고와 스스로 분리되며, 무죄인 피고의 유죄 부인의 신뢰성은 증가한다.

간단한 모형이 이 주장을 명확히 입증해 준다. 피고가 체포되었고, 피고는 자신에게 불리한 증거에 근거하여 p의 확률로 유죄 판결을 받는다고 가정하자. a를 피고가 무죄일 확률, $1-a$를 피고가 유죄일 확률이라고 하자. 이미 언급한 것처럼, 무죄인 피고는 항상 증거를 반박하기 위해 증언할 유인이 있지만, 유죄인 피고는 법원이 자신의 침묵을 어떻게 해석할지에 따라 증언할 수도 증언하지 않을 수도 있다.

먼저 침묵할 권리가 없고, 법원이 침묵으로부터 유죄를 추론할 수 있다고 가정하자. 이 경우, 모든 유죄인 피고는 증언한다. 왜냐하면, 비록 증언하면 자신의 유죄가 드러날지도 모르지만, 침묵하면 확실히 유죄로 추론되기 때문이다. 결과적으로 법원은 피고의 단순한 증언 행위로 유죄 또는 무죄의 추론을 할 수 없다. 구체적으로, 피고가 증언하였을 때 피고가 무죄인 확률은 사전적 무죄 확률과 같다. 즉, a이다.

이제 피고에게 침묵할 권리가 있다고 가정하자. 이제 법원은 피고의 증언 거부로부터 유죄의 추론을 끌어낼 수 없다. 무죄인 피고는 여전히 증언한다. 하지만, 일부 유죄인 피고는 자신에게 불리한 증거에 기반하여 유죄 판결을 받을 가능성보다 증언으로 자신의 유죄가 드러날 가능성이 크기 때문에 증언을 거부할 것이다. $g<1$을 유죄인 피고가 증언할 확률이라고 하자. 이 경우 피고가 증언하였을 때 무죄일 조건부 확률은 다음과 같다.

$$\Pr(\text{무죄} \mid \text{증언}) = \frac{a}{a+(1-a)g}. \tag{9.34}$$

$g<1$이므로 이 확률이 a보다 크다는 것을 쉽게 알 수 있다. 따라서 법원은 침묵할 권

리가 없을 때보다 피고의 증언에 더 큰 신뢰를 줄 수 있다($g = 0$인 극단적인 경우, (9.34)는 1이며, 증언은 무죄의 확실한 신호이다). 결국 침묵할 권리는 무죄인 피고의 혐의 거부를 더욱 믿을 수 있게 만듦으로써 무죄인 피고를 돕는다.

구체적 이해를 위해 다음의 예를 생각해 보자. 피고의 10%가 무죄이고($a = 0.1$), 침묵할 권리가 있을 때 유죄인 피고의 15%가 증언을 선택한다($g = 0.15$)고 가정하자. (9.34)의 확률은 약 0.43이다. 따라서 침묵할 권리는 피고가 증언하였을 때 무죄일 확률을 4배 증가시킨다.

3.4.2. 불합리한 압수·수색의 금지

미국 제4차 수정헌법은 범죄 수사와 관련된 불합리한 압수와 수색으로부터 사람들을 보호한다. 그러나 합리성 기준을 적용하고 있다는 것은 비용과 편익의 균형에 기초하여 일부는 허용되고 다른 일부는 금지된다는 것을 의미한다(Posner 1998a, 제28장).

어떤 사람이 범죄를 저지른 것으로 의심되지만 증거 없이는 유죄 판결을 받을 수 없다고 하자. 수색의 기대편익은 유죄 판결을 얻을 만한 증거가 발견될 확률 P와 수색의 사회적 편익 B를 곱한 값이다. 수색의 비용 C는 용의자 사생활의 침해로 인한 비용으로, 범죄 수사 대상에 대한 의혹에서 발생하는 무죄인 사람의 평판 상실이 큰 부분을 구성한다. 이 요인들을 감안하면, 수색은 다음과 같은 경우 합리적이다.

$$C < PB. \tag{9.35}$$

법은 이 기준을 두 가지 방식으로 집행한다. 첫 번째는 경찰이 수색을 시작하기 전에 영장을 얻어야 한다는 요건이다. 이는 공정한 판사에게 (9.35)의 부등식을 평가할 기회를 준다. 두 번째는 위헌인 수색을 통해 획득된 증거의 사용을 허용하지 않는 '배제 원칙'(exclusionary rule)이다. 배제 원칙의 목적은 위헌적 수색을 저지하는 것이다. 그러나 이 원칙이 유죄인 피고에게 유리하고 수색을 과도하게 억지한다는 주장도 제기되고 있다.

배제 원칙의 대안은 불합리한 수색에 대한 불법행위 책임이다. 옹호자들은 이것이 "증거적 편익이 수색 피해자의 비용을 초과한" 경우에만 경찰이 지불하게 되는 불법적으로 획득된 증거에 대한 '가격'(price)을 설정하기 때문에 우월한 방법이라고 주장한다(Posner 2001, 398). 따라서 이 대안에서는 효율적인 양의 증거가 획득된다. 그러나 이 해결책은 경찰이 어떻게 자산 부족에 직면할 수 있는 개별 경찰관들에게 불법행위 책임의 유인 효과를 부여할 것인가 하는 대리인 문제를 간과하고 있다. 또한, 이 방법에서는 배심원이 유죄로 판명된 피고에게 손해배상의 권리를 잘 인정해 주지 않을 개연성도 있다. 한편, 수색 영장의 필요성과 결합된 배제 원칙에 따르면, 경찰은 수색에 앞서 공정한 판사에게 일정한 유죄의 증거를 제시해야 한다. 이 원칙은 경찰의 위헌적 수색 가능성을 크게 낮춘다.

4. 결론

다음과 같은 몇 가지 이유에서 소송법의 경제 분석은 중요하다. 첫째, 경제 분석을 통해 당사자들의 분쟁 해결 과정을 이해하고 중요한 정책 목표인 법 제도의 운영비용을 낮추는 방법을 제안할 수 있다. 이 목적을 달성하기 위해, 경제학자는 게임이론의 도구를 사용하여 정교한 분쟁 해결 모형을 개발하였다. 둘째, 경제 모형은 재판이 진행되는 사건의 집합이 모든 법적 분쟁으로 구성된 도집단의 대표 표본이 아님을 보여준다. 따라서 재판 자료의 실증적 분석을 수행하는 연구자가 모든 분쟁에 관한 추론을 제시하려면 이 같은 선택 편의를 통제해야 한다. 셋째, 소송 모형은 소송 당사자의 자기 이익에 따른 행동의 결과로 보통법이 어떻게 진화하는지 알려준다. 이 진화 과정에 관한 연구는 실증적 법경제학 이론에 중요한 함의를 제시한다.

형사 소송의 경제 분석은 절차적 원칙이 재판비용을 절약하려는 노력, 잘못된 유죄 판결에 대한 강력한 기피, 잠재적 범죄자에게 행동의 결과에 대한 명확한 신호 보내기 등 여러 요소의 균형을 맞춘 결과임을 보여 준다. 이런 요소들은 서로 상충될 때가 많다. 이것이 형사 소송 원칙이 복잡하고, 유죄 선고를 어렵게 만들어 유죄인 피고를 보호하는 것처럼 보이기도 하는 이유이다.

토론 문제

1. 개시 절차에서 소송 당사자들은 재판 전에 사적 정보를 공개해야 한다. 강제 공개가 요구되지 않아도, 소송 당사자들이 자신에게 불리한 정보까지도 자발적으로 공개하는 이유는 무엇인가?

2. 소송비용을 낮추는 절차적 수단은 책임 문제와 손해배상 문제를 별도의 재판으로 분리하는 것이다. 이 분리를 통해 사회는 피고 승소 사건에서의 재판비용을 절약할 수 있다. 왜 이 방법이 소송률을 높이는 원하지 않는 효과를 가져올 수 있는지 설명하라.

3. 법적 실체가 없는 소송과 실체는 있으나 소송 피해자의 손해가 소송비용보다 작은 소송은 다르다(후자는 기대가치가 음(−)인 소송이라고 불리기도 한다). 이러한 소송이 존재한다고 할 때, 실체가 있는 기대가치가 작은 소송들을 묶는 집단 소송이 왜 중요한 경제 기능을 수행하는지 설명하라.

4. 판사나 소송 당사자의 의식적인 도움 없이 보통법이 효율성을 향해 진화하기 위해 충족되어야 하는 조건을 설명하라. 무엇이 이 과정의 방해 요인으로 작용하는가?

5. 분쟁을 해결하기 위한 수단으로서 합의가 항상 재판보다 비용이 적게 든다고 하자. 모든 사건이 합의로 해결되는 것이 사회적으로 바람직하지 않은 이유는 무엇인가?

6. 판사가 선례에 의해 사건을 결정한다는 것은 무엇을 의미하는가? 이 사법적 의사 결정 방식의 비용과 편익을 설명하라.

7. 폭행으로 고소된 어떤 사람이 있다. 주어진 증거를 감안하면, 그 사람은 형사 재판에서 무죄가 된다고 가정하자. 이것이 반드시 폭행의 피해자가 같은 증거에 근거한 손해배상 소송에서 이길 가능성이 전혀 없음을 의미하는가? 설명하라.

8. 판사와 입법자의 선출 방식의 차이(판사가 재선을 치러야 하는 경우는 거의 없음)가 법 원칙을 만드는 방식에 어떤 영향을 미친다고 생각하는가?

9. 변화하는 법 영역에서는 재판의 결과에 대한 소송 당사자들의 불확실성이 증가한다.

동시에 재판의 기대비용도 증가할 것이다. 합의율은 어떻게 변하는가?

10. 민사 사건에서 원고와 피고는 재판에서 패소하면 상소할 수 있지만, 형사 사건에서는 이중위험 금지 원칙(rule against double jeopardy)에 따라 피고만이 상소할 수 있다. 이 차이점을 어떻게 설명할 수 있는가?

단원 문제

1. 원고와 피고가 재판에서 원고가 승리할 확률이 P라고 동일하게 추정하고 있지만, 승리한 원고가 보상받을 금액에 관해서는 의견이 다르다고 가정하자. 원고는 이 금액을 J_p로 추정하고 피고는 이를 J_d로 추정한다. 합의 및 재판의 조건을 도출하라. 재판으로 진행되려면 J_p와 J_d는 어떠해야 하는가?

2. A는 번화한 거리의 보행자이다. A가 교차로에 도착하여 신호를 기다려 길을 건너다 B의 차에 치인다. A는 의료비 6,000달러와 육체적 및 정신적 고통 4,000달러를 청구하고, A의 변호사 C는 재판에서 승리할 확률이 0.75라고 추정한다. B의 변호사 D는 A의 손실은 6,000달러에 불과하며, 증인이 없었기 때문에 B가 재판에서 승리할 확률이 0.40이라고 추정한다. A의 재판비용은 2,000달러이고 B의 재판비용은 3,000달러라고 가정하자.
   (a) A는 소송을 제기하는 것이 이익이 된다고 생각하는가?
   (b) 소송이 제기되면, 합의가 이루어지는가 아니면 재판으로 진행되는가?

3. 합의에 비용이 든다고 가정하자. S_p와 S_d는 각각 원고와 피고의 합의비용이다.
   (a) 합의 조건을 도출하라.
   (b) 원고와 피고가 원고의 승소 확률과 판결 금액을 똑같이 추정하고 있다고 가정하자. 이 경우 합의 조건은 무엇인가?

4. 본문에 따르면, 원고가 합의 결정을 통제할 경우, 성공보수는 원고와 변호사가 동일인인 경우와 비교하여 재판이 진행될 확률을 높인다(1.3.2 참조). 그러나 거기에서는 합의 성립 또는 재판 진행과 관계없이 성공 보수율 b가 같다고 가정하였다. 이제 성공 보수율이 다르다고 가정하자. 구체적으로, b_s는 합의될 경우의 성공 보수율이며, b_t는 재판이 진행될 경우의 성공 보수율이다.
   (a) 원고의 합의 조건을 적어라. 합의된 사건에서 변호사의 수익은 b_sS-R이다. 여기서 R은 변호사의 재판 진행 전에 지출한 비용이다. 재판으로 진행된 사건에서 변호사의 기대수익은 $P_pb_tJ-R-C_p$이다.
   (b) 두 유형의 사건 모두에 대하여 기대이윤이 0이 되는 b_s와 b_t의 값을 도출하라.
   (c) 이 b_s와 b_t의 값을 이용하여 이 '가변적 성공보수 계약'(variable contingency contract)에 따른 원고의 합의 조건이 원고와 변호사가 동일인일 경우의 합의 조건과 같다는 것을 보여라.

5. 자주 소송을 제기당하는 피고(반복적 피고)는 사건이 발생할 때마다 변호사를 시간제로 고용하는 대신 상근('사내' [in-house]) 변호사를 고용하는 경우가 많다. 상근 변호사의 효과는 피고의 재판의 가변비용을 낮추는 것이다. 왜냐하면 사건이 합의되더라도 상근 변호사에게는 보수가 지급되어야 하기 때문이다. 본문의 합의 모형의 관점에서 이는 $C_d^f < C_d^b$임을 의미한다. C_d^f는 상근 변호사를 고용한 피고의 재판비용이며, C_d^b는 시간제로 변호사를 고용한 피고의 재판비용이다.

(a) 합의 또는 재판의 낙관주의 모형을 사용하여 피고의 상근 변호사 사용이 합의 가능성을 낮춤을 보여라. 이 결과를 직관적으로 설명하라.

(b) 합의가 이루어질 때, 균형 합의 금액은 상근 변호사를 고용한 경우가 더 낮음을 보여라(당사자들이 (9.7)에서와 같이 합의의 잉여를 균등하게 분할한다고 가정한다).

6. 많은 주가 불법행위 소송에서 손해배상액의 상한을 설정하였다. 상한 설정은 불법행위 사건에서 받을 수 있는 평균 금액을 낮추는 효과가 있다. 상한 설정은 불법행위 소송의 합의율에는 어떤 영향을 미치는가?

7. 검사는 피고가 0.5의 확률로 유죄 판결을 받을 것이라고 예측하며, 유죄 판결 시 형량은 10년 징역이라고 가정하자. 검사는 교도소에서의 수감 시간의 가치를 연간 1,000달러(범죄 억지력으로서의 가치)로 평가하고 있으며, 2,000달러 재판비용이 발생한다고 가정하자.

(a) 검사의 목표가 부과된 형량의 기대가치에서 재판비용을 뺀 값을 극대화하는 것이라면, 검사는 유죄 협상에서 얼마의 최소 형량을 제시할 것인가?

(b) 피고가 자신이 유죄 판결을 받을 확률이 0.30이고, 자신의 수감 시간의 비용이 연간 5,000달러이며, 재판비용은 1,000달러라고 생각한다고 가정해 보자. 피고는 (a)에서 유죄 협상 제안을 수락하는가?

8. 범죄가 발생하고 용의자가 체포되었다고 가정하자. 검찰은 유죄 판결을 받을 확률이 무죄인 피고의 경우에는 0.3, 유죄인 피고의 경우에는 0.4라고 추정한다. 재판에서 유죄 판결이 날 때의 법이 정한 처벌은 피고 유형과 관계없이 1,000달러의 비용을 부과하는 처벌이며, 재판비용은 두 피고 유형 모두 50달러라고 가정하자.

(a) 다음의 각 유죄 협상 제안에 대해 각 유형의 피고가 제안을 수락할지 거부할지 명시하라.

(i) 300달러

(ii) 400달러

(iii) 500달러

(b) 무죄인 피고와 유죄인 피고를 다르게 취급하게 되는 제안은 무엇인가? 무죄인 피고는 수락하지만, 유죄인 피고는 거부하는 제안은 가능한가? 설명하라.

chapter 10

독점금지법의 경제학

이 장은 독점금지법의 경제적 근거를 검토한다. 독점금지법은 기업의 반경쟁적 행위를 방지할 목적을 지닌 법령 및 판례로 구성되어 있다. 경제학자는 독점금지법을 오랫동안 연구해 왔으며, 이런 이유로 독점금지법은 (지금까지 다루었던, 시장과 명시적으로 관련되지 않은 법 영역의 경제적 연구를 지칭하는 '신'[new] 법경제학과 대비되는 의미로) '구'(old) 법경제학으로 불리기도 한다. 하지만 독점금지법은 여전히 법경제학의 활발한 연구 영역으로 남아 있다. 왜냐하면, 독점금지법은 경제학자가 연구한 다른 어떤 법 영역보다 시장의 효율적 작동에 관한 이해 증진에 경제 이론이 크게 이바지할 수 있는 분야이기 때문이다.

시장 규제에 관한 탐구의 출발점은 보이지 않는 손 정리(invisible hand theorem)이다. 이 정리는 그대로 놓아두면 경쟁시장이 효율적인 자원 배분을 달성한다는 것이다. 이는 규제에 대한 자유방임적 입장으로 이어질 수도 있다. 그러나 실제로 완전경쟁의 조건이 충족되는 경우는 매우 드물다. 독점력을 행사하는 단일 기업 또는 보조를 맞춘 기업들의 행위로 인해 시장이 경쟁시장과 어긋나게 되면, 자원의 비효율적 배분이 발생한다. 따라서 정부의 개입이 정당화될 수 있다. 이것이 독점금지법의 경제적 존재 근거이다.

독점금지에 관해서는 방대한 연구가 축적되어 있다. 이 장은 그중 몇 가지 중요한 주제를 간략히 살펴본다. 우리는 경제 이론이 제시하는 새로운 관점을 강조할 것이다. 우리는 먼저 독점으로 발생하는 효율성 손실(efficiency losses)의 측정 준거가 되는 완전경쟁(perfect competition)의 경제 이론을 복습한다. 그리고 이어서 경쟁을 촉진하는 법의 역할을 검토한다.

1. 완전경쟁과 독점

독점(monopoly)은 판매자가 하나인 시장이다. 독점의 문제 및 이를 방지하기 위한 법적 개입의 경제적 정당성은 독점 기업이 비효율적인 가격 수준과 생산량 수준을 설정하여 후생 손실을 발생시킨다는 점에 있다. 이 손실의 본질은 자원을 효율적으로 배분하여 사회적 후생을 극대화하는 완전경쟁시장과의 관계에서 가장 잘 드러난다.

1.1. 경쟁시장과 후생

경쟁시장의 특징은 시장에 수많은 기업이 존재하며, 그중 어떤 기업도 시장 가격에 영향을 줄 수 없다는 것이다. 따라서 기업들은 가격 수용자(price taker)이다. [그림 10.1]은 경쟁시장에서 균형 가격 및 산출량이 어떻게 결정되는지 보여 준다. 왼쪽 그림은 수요곡선과 공급곡선의 만나는 점에서 결정되는 시장 산출량과 가격을 보여 준다. 이 점에서는 소비자가 시장 가격에서 구매하려는 재화의 총량과 생산자가 시장 가격으로 공급하려는 재화의 총량이 정확히 일치한다. [그림 10.1]의 오른쪽 그림은 시장균형 상태에서의 개별 기업의 산출량 q^*를 보여 준다. q^*는 재화의 균형시장 가격(개별 기업이 주어진 것으로 받아들이는 기업의 한계수입)이 한계비용과 같아지는 점, 즉 $P^* = MC$인 점에서 결정된다.[1]

[그림 10.1]에 제시된 경쟁시장의 균형 상태는 소비자나 생산자가 주어진 가격에서 행동을 변화시킬 유인이 없다는 의미에서 균형이다. 개별 기업은 이윤을 극대화하는 산출량을 공급하고 있으며, 공급되는 총량은 그 가격에서의 소비자의 수요를 정확히 충족시킨다. 더욱이 이 결과는 마지막 산출물의 생산비용이 한계 소비자가 평가한 마지막 산출물의 가치와 같다는 점에서 효율적이다. 경쟁시장의 균형은 소비자와 생산자 사이의 상호 이익이 되는 모든 거래가 이루어진 상태이다.

거래로 인해 발생하는 이익은 [그림 10.1]의 왼쪽 그림에서 수요곡선과 공급곡선

1 여기에서 우리는 단기와 장기를 구분하지 않는다. 단기에는 기업이 경제적 이윤을 얻을 수 있다(즉, 가격이 평균비용을 초과할 수 있다). 반면 장기에는 기업의 진입이 경제적 이윤을 0으로 만든다(즉, 가격은 장기 평균비용과 같다).

그림 10.1 경쟁시장에서의 산출량과 가격: 시장과 개별 기업

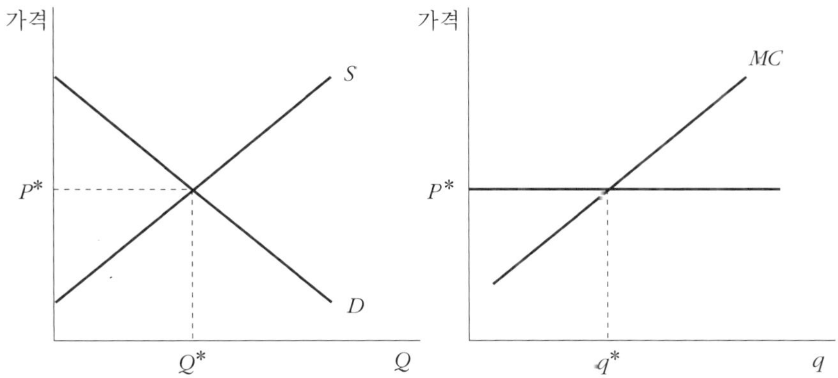

사이의 거리를 균형 산출량 Q^*까지 더하여 측정할 수 있다. 이 영역 중 수요곡선 아래와 가격 위의 삼각형을 소비자 잉여(consumer surplus)라고 한다. 소비자 잉여는 거래로부터 소비자가 얻는 순이익이다. 마찬가지로 공급곡선 위와 가격 아래의 삼각형을 생산자 잉여(producer surplus)라고 한다. 생산자 잉여는 거래로부터 생산자가 얻는 순이익이다.[2] 보이지 않는 손 정리라고 불리는 경쟁시장의 기본 결과는 경쟁시장이 소비자 잉여와 생산자 잉여의 합을 극대화한다는 것이다. 따라서 경쟁시장은 독점과 관련된 후생 손실을 평가하는 기준이 될 수 있다.

1.2. 독점

독점 기업은 경쟁 기업과 마찬가지로 이윤을 극대화한다. 그러나 전체 시장을 통

2 생산자의 잉여는 이윤과 관련이 있지만, 기업의 고정비용만큼 이윤과 차이가 난다. 구체적으로, 생산자 잉여는 고정비용이 차감되기 이전의 이윤과 같다. 기업이 0의 이윤을 얻는 장기에서, 생산자 잉여는 생산 요소의 소유자에게 최소 공급 가격보다 높게 지급한 금액이다.

제하고 있어, 산출량과 가격을 다르게 결정한다. 독점 기업은 경쟁 기업처럼 한계수입과 한계비용이 일치하는 점에서 산출량을 결정하지만, 독점 기업의 한계수입은 경쟁 기업의 한계수입과 다르다. 가격을 주어진 것으로 받아들이는 경쟁 기업의 한계수입은 가격과 같다. 모든 단위가 같은 가격으로 판매되기 때문이다. 그러나 시장수요곡선에 직면하고 있는 독점 기업의 한계수입은 가격보다 적다. 이유는 시장수요곡선이 우하향하기 때문이다. 즉, 재화 한 단위를 더 판매하려면 독점 기업은 그 단위는 물론 모든 이전 단위의 가격을 낮추어야 한다(독점 기업이 소비자들에게 다른 가격을 설정하는 가격차별을 할 수 없다고 가정한다).

구체적인 예를 들어 설명해 보자. 독점 기업이 10개의 재화를 50달러에 판매할 수 있다고 하자. 총수입은 500달러이다. 그러나 11개를 판매하려면 가격을 48달러로 낮추어야 한다고 하자. 총수입은 528달러가 된다. 따라서 11번째 단위의 한계수입은 28달러로 가격보다 낮다. 한계수입은 실제로 두 부분으로 구성된다. 마지막 단위를 판매하여 얻는 48달러의 수입과 이전의 10단위를 2달러 낮게 팔아서 발생하는 20달러의 손해이다. 결국, 순이득은 28달러이다.

[그림 10.2]는 독점 기업의 수요곡선(D)과 한계수입곡선(MR)을 보여 준다. 또한, 한계비용이 일정한 (따라서 $AC = MC$인) 독점 기업의 이윤 극대화 산출량과 가격도 표시되어 있다. 산출량 Q_m은 한계수입과 한계비용이 교차하는 점에서 결정되고, 가격 P_m은 이윤 극대화 산출량에 대응하는 수요곡선상의 점에서 결정된다. 이 가격은 소비자가 해당 수준의 산출량 단위에 대해 지불하고자 하는 최고 가격을 나타낸다. 따라서 독점 기업의 생산자 잉여(이윤)는 직사각형 $P_m abP_c$의 면적이다.

비교를 위해, [그림 10.2]는 독점시장과 수요곡선과 비용이 동일한 경쟁시장의 결과도 제시하고 있다. 경쟁시장의 산출량(Q_c)과 가격(P_c)은 수요곡선과 한계비용이 교차하는 점에서 결정되므로, 독점보다 산출량은 크고 가격은 낮다. 독점의 후생 손실은 Q_c에서 Q_m으로 산출량이 감소하기 때문에 발생한다. 즉, 줄어든 산출량만큼 실현될 수 있는 교환의 이익이 사라진다. 이 손실은 [그림 10.2]에서 삼각형 abc로 정량화될 수

그림 10.2 한계비용이 일정한 독점 기업의 산출량과 가격

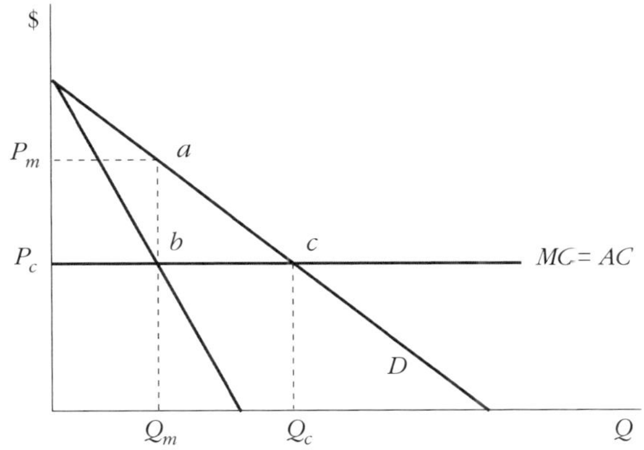

있다. 이는 경쟁시장과 비교한 소비자 잉여의 감소분이다.[3] 이 사중손실(deadweight loss)에 더하여, 소비자는 $P_m abP_c$의 손실을 본다. 이만큼의 소비 자 잉여가 기업의 이윤(또는 생산자 잉여)으로 바뀐다. 이들 손실의 규모는 독점 기업이 직면한 수요곡선의 탄력성에 따라 달라진다. 소비자가 독점 기업이 판매하는 재화의 대체재를 찾기 어려울수록, 수요가 비탄력적으로 되고(즉, 수요곡선이 가파르게 되고), 독점으로 인한 손실은 증가할 것이다.

1.3. 카르텔

독점의 결과가 기업이 하나일 때만 발생하는 것은 아니다. 독점의 결과는 시장 가격과 산출량을 설정하기 위해 여러 기업이 담합(collude)할 대도 발생할 수 있다. 따라서 독점금지법은 가격 담합 또는 경쟁적 결과의 달성을 크게 방해하는 관행들 역시 금지

3 한계비용이 변하지 않고 일정하면 생산자 잉여의 손실은 발생하지 않는다.

하려고 한다. 그러나 경제 이론에 따르면, 담합의 잠재적 이익에도 불구하고, 담합은 실제로 깨지기 쉽다.

구체적 예를 들어 보자. 특정 시장을 공유하는 두 기업이 있다고 하자. 두 기업이 독점 가격과 산출량을 담합하여 설정하면, 총 16달러의 이윤을 얻고 이를 공평하게 나누어 가진다고 하자. 앞서 보았던 것처럼, 독점과 같은 결과를 유지하려면 각 기업은 한계비용보다 높은 가격을 설정해야 한다. 그러나 각 기업은 담합을 위반할 유인이 있다. 즉, 한 기업이 가격을 조금 낮추어 시장 점유율을 높이면 (비록 두 기업의 이윤의 합은 감소하지만) 자신의 이윤이 증가한다. '위반자'(cheater)가 이렇게 행동하여 시장 전체를 점유하면, 위반자는 12달러의 이윤을 얻고 다른 기업은 0의 이윤을 얻는다. 그러나 만일 두 기업 모두 담합을 위반하면, 두 기업은 다시 시장을 나누어 차지하고, 각각 6달러의 이윤을 얻는다.

각 기업이 '위반' 또는 '준수'의 두 가지 전략을 가지고 있다고 가정하면, 이상에서 설명한 기업의 이윤은 [표 10.1]과 같이 요약된다. 전략적 상호 작용의 결과로 성립되는 균형은 무엇인가? 기업 1의 최적 행동을 생각해 보자. 기업 1은 기업 2가 어떤 전략을 선택할지 모르기 때문에, 기업 2의 각 전략에 대한 최적의 반응이 무엇일지 생각할 것이다. 첫째, 기업 2가 위반하면([표 10.1]의 맨 윗줄), 기업 1은 위반하면 6달러, 준수하면 0달러를 얻기 때문에 위반하는 것이 최선이다. 둘째, 기업 2가 준수하면([표 10.1]의 두 번째 줄), 기업 1은 위반하면 12달러, 준수하면 8달러를 얻기 때문에 위반하는 것이 역시 최선이다. 기업 2의 선택이 무엇이든 기업 1은 위반하는 것이 유리하다. 따라서 위반

표 10.1 카르텔에서의 보수

		기업 1	
		위반	준수
기업 2	위반	6, 6	0, 12
	준수	12, 0	8, 8

역자 주: 각 칸의 첫 번째 숫자는 기업 1의 이윤, 두 번째 숫자는 기업 2의 이윤이다.

은 우월 전략(dominant strategy)이다. 같은 논리가 기업 2의 최적 행동에도 적용된다. 결국, 유일한 내쉬 균형 두 기업 모두 위반하는 것이다.[4] 이 결과는 다른 기업의 행동이 주어졌을 때 어느 기업도 행동을 바꾸려고 하지 않기 때문에 균형이다.

위의 분석은 카르텔 협정에 내재된 불안정성을 보여 준다. 그리고 독점금지법이 가격 담합을 방지하는 데 지나친 관심을 기울일 필요가 없음을 함의하는 것처럼 보인다. 그러나 이는 너무 성급한 결론이다. 이 결론은 기업이 담합을 유지하기 위해 사용하는 다양한 집행 전략을 고려하지 않는 간단한 모형에 의존하고 있다. 예를 들어, 기업들이 장기 또는 '반복'(repeated) 게임을 하고 있다고 인식하면, 담합은 성공적으로 유지될 수 있다. 반복 게임에서는 방금 설명한 '일회성'(one shot) 게임에서보다 위반에 따른 비용이 매우 크다. 이 설정에서는 어떤 기업이 담합 전략에서 이탈(예를 들면, 카르텔 가격을 인하)하면 오랜 기간 카르텔 이윤의 몫을 가져가지 못한다. 이 기간이 길어질수록 위반의 비용이 커지며, 처벌의 담합 유지 효과는 증가한다.[5]

1.4. 과점 모형

카르텔의 유지가 어렵다는 증명 자체가 소수의 판매자만 존재하는 과점(oligopoly) 시장에서 어떤 균형이 성립하는지를 알려 주지는 않는다. 균형의 성격은 기업들의 상호 작용 방식에 관한 가정에 따라 달라진다. 우리는 수량 경쟁(quantity competition)과 가격 경쟁(price competition)에서 발생하는 상이한 결과에 초점을 맞춘다.

4 독자들은 이 게임의 구조가 죄수의 딜레마(Poundstone 1992)의 구조라는 것을 알고 있을 것이다. 경제학자는 공동 이익이 존재하지만, 협력이 이루어지지 않는 다양한 사회적, 경제적 상황을 설명할 때 죄수의 딜레마를 사용한다.

5 Dick(1998)의 논의를 참조하라. 이러한 자기 집행적 합의(self-enforcing agreement)에 대한 보다 일반적 논의는 Telser(1980)를 참조하라.

1.4.1. 수량 경쟁

시장을 나누어 점유하는 두 기업이 있다고 하자(분석은 기업 수가 $n \geq 2$인 경우로 쉽게 일반화할 수 있다). 쿠르노(Cournot) 모형은 두 기업의 상호 작용 방식에 대한 가장 보편적인 가정에 입각하고 있다. 두 기업은 다른 기업의 산출량과 시장수요곡선을 주어진 것으로 받아들이고, 자신의 이윤이 극대화되는 산출량 수준을 동시에 선택한다. 내쉬 균형은 다른 기업의 산출량 선택에 대한 두 기업의 기대가 서로 일치하는 점에서 발생한다. 이 결과 도출되는 균형 산출량과 균형 가격은 독점시장의 결과와 완전경쟁시장의 결과 사이에서 결정된다. 예를 들어, [그림 10.2]에서 쿠르노 균형은 수요곡선의 a와 c 사이에 위치한다. 기업 수가 많을수록 결과는 c에 가까워질 것이고, n이 무한대로 접근하면 쿠르노 균형은 경쟁시장의 결과와 일치할 것이다. 경쟁시장이 하나의 특별한 경우로 포함된다는 점이 쿠르노 모형의 매력적인 특징이다.

다른 수량 경쟁 모형인 슈타켈베르크(Stackelberg) 모형은 두 기업 중 한 기업이 먼저 움직여 산출량을 설정한다고 가정한다. 그 밖의 모든 측면에서는 두 기업이 같다. 선도 기업은 선도자의 이점(first-mover advantage)을 이용하여 더 큰 시장을 점유하고 더 많은 이윤을 얻는다. 그러나 전체적으로 (다른 모든 조건이 같다면) 쿠르노 모형보다 시장가격은 낮고 산출량은 많다. 따라서 수량 선도 기업이 있는 경우가 없는 경우보다 소비자에게 유리하다.

1.4.2. 가격 경쟁

이제 기업들이 수량보다는 가격으로 경쟁한다고 생각해 보자. 사실 경쟁자는 다른 경쟁자의 가격을 쉽게 관찰할 수 있으므로, 이 가정이 좀 더 자연스럽게 느껴진다(경쟁하고 있는 주유소들을 생각하라). 그러나 가정의 변화는 예측되는 시장 결과에 극적인 영향을 미친다. 베르트랑(Bertrand) 모형은 이 같은 결과를 잘 보여 준다. 베르트랑 모형은 동일한 한계비용을 가진 두 기업 사이의 가격 경쟁을 묘사한다. 놀랍게도, 베르트랑 모형의 유일한 내쉬 균형은 각 기업의 가격이 한계비용과 같게 설정되는 경쟁시장의 결과이다. 그리고 이 결과는 단지 두 개의 기업만이 경쟁할 때에도 성립한다! 이 결과에 대한 직관적 해석은 어느 한 기업이 가격을 한계비용보다 높게 설정하면 다른 기업이 가격을 약간 낮추어 전체 시장을 점유할 수 있다는 것이다. 결국, 두 기업 모두 가격을 한계비용과 같아질 때까지 낮춘다. 이는 쿠르노 모형이나 슈타켈베르크 모형에서 도출된 결과와 매우 다르다. 두 모형의 결과는 기업 수가 매우 많은 극한적인 경우를 제외하면 완전경쟁의 결과와 일치하지 않는다.

한 기업이 다른 기업보다 비용 우위를 가지고 있고 따라서 지배적이라면, 가격 경쟁에서 다른 결과가 발생한다. 이 경우 지배적 기업은 자신이 점유하는 시장에서 선도적으로 독점 가격을 설정하고, 나머지 기업들(경쟁적인 주변 기업들)은 이 가격을 주어진 것으로 받아들이고 자신의 한계비용이 지배적 기업이 설정한 가격과 일치하는 점에서 생산한다. 균형 가격은 경쟁 가격보다 높지만, 지배 기업이 전체 시장을 통제할 경우 설정하는 가격보다는 낮다.

이상의 요약에서 드러나듯이, 완전경쟁의 조건이 충족되지 않는 시장에서 기업의 전략적 상호 작용이 소비자 후생에 미치는 영향을 확정하는 것은 매우 어렵다. 과점균형의 결과가 경쟁시장의 이상적 결과에서 벗어나는 정도는 검토하는 시장을 설명하기 위해 사용된 특정 모형에 따라 달라진다.

2. 독점금지법

미국 의회가 통과시킨 최초의 독점금지법은 셔먼법(Sherman Act, 1890)이다. 이 법은 "거래와 통상을 제한하는 모든 계약, 트러스트 또는 다른 형태의 결합, 공모"(every contract, combination in the form of trust or otherwise, or conspiracy, in the restraint of trade or commerce)를 금지하며(제1조), "여러 주 사이 또는 외국과의 거래나 통상을 독점화하거나, 독점화를 시도하거나, 독점화하기 위해 타인과 결합 또는 공모하는"(monopolize, or attempt to monopolize, or combine or conspire with any person or persons, to monopolize any part of the trade or commerce among the several States, or foreign nations) 것을 불법으로 규정한다(제2조). 뒤에서 설명하듯이, 이들 조항의 위반에 대한 벌칙은 형사 제재와 민사 제재 모두를 포함한다.

그러나 셔먼법(Sherman Act)은 무엇이 금지되는 거래 제한인가를 구체적으로 특정하지 않았고, "독점의 결과라고 볼 수는 없지만, 수용할 수 없는 수준의 시장 지배력을 만들 가능성이 있는" 특정 관행들을 명시하지 않았다는 비판을 받았다(Gilbert and Williamson 1998, 82-83). 이 비판을 수용하여 의회는 클레이턴법(Clayton Act, 1914)을 통과시켰다. 이 법은 반경쟁적이라고 간주되는 일련의 특정 행위들을 불법화하였다. 여기에는 가격차별(price discrimination, 같은 상품에 대해 소비자마다 다른 가격을 부과하는 관행), 끼워팔기(tie-in sales), 배타조건부 거래(exclusive dealing, 구매자의 선택을 제한하는 합의) 및 독점으로 이어질 수 있는 합병(merger)이 포함된다(Hylton 2003, 30). 그러나 경쟁을 '상당히'(substantially) 저해할 때에만 이 관행들을 불법으로 본다는 점에서 클레이턴법 역시 모호한 점을 남겨놓았다.

1914년에는 독점금지법을 집행하기 위해 연방거래위원회(Federal Trade Commission: FTC)가 설립되었다. 연방거래위원회는 "증거 요건이 충족되지 않아 셔먼법 또는 클레이턴법으로 처벌할 수 없는 반경쟁적 관행을 기소"할 수 있는 권한을 부여받았다(Hylton 2003, 40). 그러나 거의 백 년 이상이 지난 지금에도 법원과 정책 결정자들은 독점금지법의 정확한 의미와 집행 방법을 놓고 계속 씨름하고 있다. 그 이유 중 하나는 정치적인 이유로서, 경제에서 정부의 적절한 역할이 무엇인지에 관한 법원과 정책 결정자들의 다른 생각을 반영하고 있다. 다른 이유는 실무적인 이유로서, 진정한 독점적 행동과 시장의 불완전성이 존재할 때 효율성을 높일 수 있는 무해한 사업 관행을 구별하기 어렵다는 것이다(제3절과 제4절에서 자세히 설명한다).

2.1. 집행 및 구제 수단

독점금지법의 집행은 공적 및 사적 방법을 통해 이루어진다. 연방거래위원회 외에도, 법무부의 독점금지국(antitrust division of the Justice Department)은 민사 또는 형사 기소를 통해 셔먼법과 클레이턴법을 집행할 수 있다. 클레이턴법은 독점금지법을 위반한 행위로 발생한 손해의 배상을 요구하는 개인이나 사업체에 의해 집행될 수도 있다. 승소한 원고는 3배의 손해배상(발생한 손해의 3배)과 소송비용 및 합리적 수준의 변호사 비용을 받을 수 있다(최적 벌금에 관해서는 뒤에서 논의한다). 마지막으로 주 검사는 클레이턴법에 따라 해당 주의 주민을 대신하여 소송을 제기할 수 있다(Hylton 2003, 47-49).

2.2. 당연위법의 원칙과 합리성의 원칙

이처럼 여러 구제 수단이 마련되어 있지만, 법의 모호한 표현으로 인해 독점금지법의 집행은 용이하지 않다. 결국, 법원이 금지된 행위의 본질을 명확하게 밝히는 수밖에 없다. 미국 대법원은 초기에 셔먼법이 모든 거래의 제한을 금지한 것이 아니라 '비합리적'(unreasonable)인 거래의 제한만을 금지한다고 판결하였다. 이 합리성의 원칙(rule of reason)은 "거래의 제한으로 인해 경쟁이 저해되는 피해와 그것으로 인해 경쟁이 촉진되는 편익의 형량"에 기초한다(Gilbert and Williamson 1998, 83).

이 개념을 확립한 최초의 사건은 *Standard Oil Co. v. United States*(221 U.S. 1, 1912) 사건이다. 정부의 독점금지 조사가 시작되기 전, 뉴저지의 스탠더드 오일(Standard Oil)은 미국 정유 시설의 80% 이상을 장악하고 있었다. 그러나 대법원은 독점력의 존재 자체가 셔먼법 위반은 아니라고 판결하였다. 기업이 독점력을 과도하게 또는 비합리적으로 사용해야 한다. 법원은 스탠더드 오일이 실제로 독점력을 그렇게 사용하였다는 것을 발견하고, 기업을 여러 개의 독립된 기업으로 분할하라고 명령하였다.

합리성의 원칙은 두 요소로 구성된다. 첫째, 법원이 셔먼법을 위반한 행위(conduct)

를 식별해야 하며, 둘째 법원이 독점화하려는 의도(intent to monopolize)를 발견해야 한다. 이 의도는 대개 문제의 행위가 효율성 측면에서 정당화되지 않는다는 것으로부터 추론된다(Hylton 2003, 187). 이 원칙은 소위 당연위법의 원칙(per se rule)과 대비된다. 당연위법의 원칙은 경쟁에 미치는 영향을 묻지 않고 특정 행동이나 사업 관행을 금지한다.

법원은 *United States v. U.S. Steel Corp.*(251 U.S. 417, 1920) 사건에서 US 스틸(U.S. Steel Corp.)이 높은 시장 점유율에도 불구하고 셔먼법을 위반하지 않았다고 판결하여 합리성의 원칙을 확인하였다. 이 사건의 판결 이유에서, 법원은 "법은 단순한 규모를 범죄로 만들지 않는다"라는 명제를 되풀이하였다. 법원은 스탠더드 오일에서 표명한 합리성의 원칙의 두 번째 요소에 근거하여 "US 스틸의 성장은 경쟁을 억압하는 전술이 아니라 우월한 효율성을 통해 이루어졌다"라고 결론을 내렸다(Hylton 2003, 188).

합리성의 원칙과 당연위법의 원칙 사이의 관계는 불법행위법의 과실책임과 엄격책임 사이의 관계와 비슷하다(제2장의 2.1.3 참조). 전자는 특정 관행의 비용과 편익을 비교하지만(핸드 테스트와 유사하다), 후자는 특정 관행이 금지된 관행의 법률적 정의에 부합되면 불법으로 판단한다. 앞서 논의한 것처럼, 법 원칙에 대한 이 두 가지 접근 방식 중 최적의 선택은 예상되는 법적 오류비용과 행정비용의 합을 최소화하는 방법이 무엇인가에 달려 있다. 일반적으로, 당연위법의 원칙은 경직성 때문에 법적 오류의 위험이 크고, 합리성의 원칙은 그 적용에 필요한 많은 사법적 사실 발견 때문에 행정비용이 상당히 높다(Hylton 2003, 제6장) (우리는 엄격책임 원칙보다 과실책임 원칙의 행정비용이 높다는 점과 관련하여 비슷한 주장을 하였다). 따라서 두 원칙 사이의 선택은 법적 오류비용과 행정비용의 비교에 달려 있다.

그러나 합리성의 원칙에서 오류가 발생하지 않는 것은 아니다. 이는 주로 합리성의 원칙이 법원에게 여러 사업 관행의 시장 효과를 평가해야 하는 적지 않은 부담을 주기 때문이다. 하나의 예로, *United States v. Alcoa of America (Alcoa)* (148 F.2d 416, 1945) 사건에서 (핸드 원칙을 만든) 핸드(Hand) 판사는 알코아(Alcoa)가 알루미늄 시장의 90%를 장악하고 있다는 것을 이유로, 이 독점력이 기업의 초과 이윤으로 이어지지 않았다는 사실에도 불구하고, 분할을 명령하였다. 핸드 판사는 알코아가 독점의 지위를 수요의 충족보다는 진입 차단 능력의 확대를 통해 획득하였기 때문에 불법이라고 주장하였다. 그러나 Hylton(2003, 191)에 따르면, "핸드 판사가 묘사한 대부분의 진입 차단 행위는 우월적 기술, 선견지명과 근면성의", 즉 기업 확장의 정당한 경제적 이유의 "예시로 볼 수 있다." 특정 행동이 그 자체로 반경쟁적일 것이라는 가정은, 불법행위법에서 과실 추정 원칙(res ipsa loquitur)이 과실책임 원칙을 엄격책임 원칙으로 바꾸는 것처럼, 사실상 합리성의 원칙을 당연위법의 원칙으로 변형시킨다(제2장 3.3.3 참조).

2.3. 최적 벌금

법원이 독점금지 소송에서 유죄 판결을 내린다고 하자. 벌금의 최적 금액은 얼마로 설정해야 하는가?[6] 만약 사회적으로 유해한 관행을 저지하는 것이 목표라면, 제2장의 불법행위법에 관한 분석에 근거하여 벌금이 설정될 수 있다. 즉, 피고에게 피해자, 여기에서는 소비자가 받은 피해와 같은 금액의 벌금이 부과되어야 한다(이론상 벌금으로 소비자를 보상하는 것이 가능하나, 실행은 거의 불가능하다).

먼저 법 집행 비용이 없는 경우(즉, 위반자가 확실하게 적발되고 소송비용이 들지 않는)를 생각해 보자. 최적 벌금은 독점으로부터의 사중손실과 생산자 잉여로 이전된 소비자 잉여를 합한 것과 같다. [그림 10.2]에서 사중손실은 삼각형 abc의 면적이며, 독점으로의 이전된 소비자 잉여는 직사각형 $P_m abP_c$의 면적이다. 이를 각각 D와 T로 표시하면, 최적의 벌금은 다음과 같다.

$$f = D + T. \tag{10.1}$$

6 이 부분은 Hylton(2003, 43-47)에 기초하고 있다.

그러나 독점금지법의 집행은 어렵다. 법 집행에는 위반을 적발하고 입증하는 비용(따라서 위반자가 처벌을 받을지 확실하지 않다)과 소송비용이 수반된다. 처벌의 불확실성을 반영하기 위해, 위반자가 적발되어 유죄 판결을 받을 확률을 p라고 하고, 원고의 소송비용을 C라고 하자. 이 경우 최적의 벌금은

$$f = \frac{D+T}{p} + C. \qquad (10.2)$$

여기서 승수 $1/p$는 유죄 판결의 불확실성을 반영하며, C를 더하는 것은 피고가 원고의 법적 비용을 내부화하도록 하기 위함이다. (10.2)는 제2장(3.4)의 징벌적 손해배상과 제8장(2.2.1)의 최적 형사 벌금과 똑같은 경제적 이유에 근거하고 있다.

앞서 언급한 것처럼, 개인은 독점금지법에 따른 배상을 청구할 수 있으며, 독점금지 소송의 대부분은 정부가 아닌 개인에 의해 제기된 것이다. 클레이턴법에 따르면, 이 소송의 승자는 3배 배상에 소송비용을 합한 금액을 받을 수 있다. 이 원칙은 (10.2)에서 도출된 최적 벌금과 일치하는가? 우선 법원이 총피해 $D+T$와 같은 수준으로 손해배상액을 설정한다고 가정하자. 따라서 $f = 3(D+T)+C$ 이다. 이 표현을 (10.2)와 비교하면 $p = 1/3$이다. 즉, 유죄 판결을 받을 확률이 정확히 1/3이면 두 표현이 같아진다. 따라서 3배 배상은 $p < 1/3$이면 과소억지하고, $p > 1/3$이면 과다억지한다.

현실적으로 법원은 D를 측정할 수 없다. 따라서 이전된 소비자 잉여 T의 보상만 가능할 것이다. 이 경우 3배 배상 원칙은 $f = 3T + C$를 의미한다. 이를 (10.2)와 같게 놓으면 다음 식이 도출된다.

$$3T = \frac{D+T}{p}. \qquad (10.3)$$

이 조건을 평가하기 위해 [그림 10.2]와 같이 수요곡선이 직선이고 한계비용이 일정한 경우를 생각해 보자. 이 가정에서 $D = T/2$임을 쉽게 증명할 수 있다. 즉, 사중손실

의 크기는 이전된 소비자 잉여의 절반과 정확히 같다.[7] 이를 (10.3)에 대입하면 $p = 1/2$이 된다. 즉, 3배 배상은 $p = 1/2$인 경우에만 최적이다(따라서 $p < 1/2$이면 과소억지하고, $p > 1/2$이면 과다억지한다).

실제 독점 금지 사건의 p값에 관한 정보가 없으므로, 3배 배상 원칙 중 어떤 방법이 최적의 벌금에 접근하는지 알 수 없다. 하지만 법이 마치 과소적발(underdetection) 문제를 교정하려는 것처럼 설계되었다는 점은 주목할 가치가 있다.

연습 문제 10.1

특정 재화에 대한 수요곡선이 $P = 60 - Q$이고, 한계수입이 $MR = 60 - 2Q$이며, 한계비용이 $MC = 10$으로 일정하다고 가정하자(단위: 달러).

(a) 독점 기업의 이윤을 극대화하는 가격과 산출량을 도출하라.

(b) 이 경우 이윤과 사중손실을 계산하라.

(c) 비용 없이 확실한 법 집행이 가능한 경우 최적의 벌금은 얼마인가?

(d) 적발 확률이 0.25이고 소송비용이 100달러인 경우 최적의 벌금은 얼마인가? 손해가 $D + T$로 설정될 때 3배 배상 원칙에 따른 벌금을 계산하고 최적 벌금과 비교하라. 손해가 T로 한정될 때 3배 배상 원칙에 따른 벌금을 계산하고 최적 벌금과 비교하라.

3. '신'(New) 독점금지 법경제학

경쟁을 촉진한다는 독점금지법의 목적은 이론적으로는 단순하지만 실제로는 복잡하다. 전통적 관점은 비표준적이거나 익숙하지 않은 사업 관행 등 표준적 경쟁 모형

7 이 주장을 증명해 보자. 수요곡선이 직선이면, 항상 한계수입곡선은 수요곡선과 같은 절편을 가지며, 두 배의 기울기를 갖는다. 따라서 [그림 10.2]에서 $Q_c = 2Q_m$ 또는 $Q_c - Q_m = Q_m$이다. 이제 이전된 소비자 잉여 T의 면적이 $(P_m - P_c)Q_m$이고, 사중손실 D의 면적은 $(P_m - P_c)(Q_c - Q_m)/2$이다. 따라서 $D = T/2$가 바로 도출된다.

에서 벗어나는 관행을 의심의 눈으로 바라본다. 그러나 시카고학파(Chicago School)와 자주 연결되는 최근의 관점은 과거 독점을 촉진한다고 보았던 많은 관행이 효율성 측면에서 정당화될 수 있다는 개방적 태도를 보인다. 이 절에서는 이 '새로운' 관점이 제시하는 통찰력을 소개한다.[8]

3.1. 경합가능시장

독점력에 대한 전통적 테스트는 어떤 산업에서 개별 기업이 차지하고 있는 시장점유율을 측정한다. 개별 기업의 시장 점유율이 높을수록 시장 지배력이 크다고 추정된다. 하나 또는 소수의 기업이 상당한 시장 점유율을 보유하고 있는 시장은 고도로 집중된 시장이라고 불리고, 따라서 독점금지법의 감시 대상이 된다. 그러나 보몰 등(Baumol et al. 1982)은 높은 시장 집중도가 독점의 필요조건이지, 충분조건은 아니라고 지적하였다. 그들은 시장의 진입과 이탈이 자유롭다면, 기존 기업(들)이 가격을 경쟁 수준보다 높게 설정하자마자 새로운 기업이 진입할 것이라고 주장한다. 따라서 고도로 집중된 산업의 기업도 잠재적 경쟁업체의 진입을 막기 위해 경쟁적으로 행동할 것이다. 이러한 특성을 가진 시장이 경합가능시장(contestable market)이다. 경합가능시장 이론은 집중된 시장을 규제해서는 안된다고 주장하지 않는다. 다만 높은 집중도 자체가 반드시 반경쟁적 행동을 가져오지는 않는다는 점을 강조한다.

3.2. 거래비용의 경제학

거래비용의 경제학(transaction cost economics)은 코즈(Coase 1937)가 처음 제안한 발상, 즉 시장을 이용하는 비용이 너무 크면, 경제적 거래를 조정하기 위해 기업이 출현한다

8 이 견해는 Gilbert and Williamson(1998)에 제시되어 있다.

는 아이디어에 기초하고 있다. 윌리엄슨(Williamson 1968, 1985)에 의해 구체화된 이 관점은 특히 장기 계약 및 합병의 해석과 관련하여 독점금지법에 큰 영향을 미쳤다. 특히, 이 이론은 전통적으로 비경쟁적이라고 여겨지는 많은 관행이 실제로는 특정한 시장 실패에 대응하는 효율성을 높이려는 노력으로 해석될 수 있다고 제안한다.

장기 계약(long-term contracts). 전통적 독점금지법은 기업을 생산함수로 보고, 시장 결과를 경쟁시장의 이상적 결과와 비교함으로써 시장실패를 식별할 수 있다고 가정하였다. 이 관점은 비표준적 사업 관행을 독점력을 획득하기 위한 노력으로 간주하였다. 계약자의 선택을 제한하는 것처럼 보이는 장기 계약이 대표적 예이다. 그러나 장기 계약은 효율성을 증대시킬 수 있다. 제5장(3.3)의 메이저 리그 야구의 보유 조항에 대한 논의를 기억해 보자. 보유 조항은 전통적으로 선수가 다른 팀과 협상하는 것을 막기 위한 구단주들의 담합적 행동의 증거로 여겨졌다.[9] 그러나 훈련으로 축적된 인적 자본의 이전 가능성을 감안하면, 보유 조항은 구단주가 선수 개발에 장기 투자할 유인을 창출한다는 효율성 측면에서의 타당한 근거도 가지고 있다. 선수는 분명 보유 조항으로부터 편익을 얻으며, 이는 제한된 형태의 선수 보수가 선수의 권리가 강해진 시대에도 지속되고 있는 이유를 설명해 준다(Miceli 2004). 장기 계약이 실제로 장기 투자를 촉진함으로써 효율성을 증진할 수 있다는 생각은 거래비용 경제학의 핵심적인 발견 중 하나이다.

수직적 합병(vertical mergers). 수직적 합병(즉, 서로 다른 수준의 생산 과정에 위치하고 있는 기업 간의 합병)은 경쟁업체의 비용을 높여 경쟁업체의 진입을 막거나 불리하게 만들 수 있으므로 독점금지의 문제를 제기한다. 예를 들어, 제조업체는 좋은 판매점 위치를

9 야구는 주 사이의 통상이 아니라 '공적 공연'(public exhibition)이기 때문에 독점금지법의 대상에서 제외된다고 판결한 대법원의 *Federal Baseball Club of Baltimore, Inc. v. National League of Professional Baseball Clubs*, 259 U.S. 200(1922) 사건에 근거하여 구단주들은 독점금지법의 심사를 모면하였다.

독점하기 위해 소매업체와 합병하거나(전방 통합 forward integration), 경쟁업체의 핵심적 투입 요소에 대한 접근을 제한하기 위해 공급업체와 합병할 수 있다(후방 통합 backward integration) (Hylton 2003, 335).

그러나 거래비용 경제학의 관점에서 수직적 합병은 장기 계약과 같은 기능을 수행하는 경우가 많다. 특히, 계약 관계를 계속 유지하고 있는 두 기업은 시장을 이용하는 비용이 너무 크면, 시장 교환 대신 자신들의 거래를 하나의 기업 안에서 조직화하여 비용을 줄일 수 있다.[10] 예를 들어, 제4장에서 얼음 공장과 양조장 사이의 계약을 기억해 보자.[11] 그 계약은 맥주의 부패를 막기 위해 얼음 공장이 여름 동안 양조장에 얼음을 공급하는 계약이었다. 그러나 이례적으로 따뜻한 겨울 날씨로 인해 얼음의 공급이 부족해졌고, 얼음 공장이 가격 인상을 요구하자 분쟁이 발생하였다. 법정에서 이런 분쟁을 해결하는 비용은 시장거래에 수반되는 비용이다. 따라서 분쟁이 자주 발생하거나 (거래 특수적 투자로 인해) 분쟁의 비용이 큰 거래 관계에서는, 기업을 합병하는 것이 시장을 이용하는 것보다 비용이 적게 들 수 있다. 요점은 수직적 합병이 반드시 시장 지배력의 강화를 목적으로 하지는 않는다는 것이다. 수직적 합병은 거래비용을 낮추어 효율성을 높일 수 있으며, 이로부터 발생한 혜택이 소비자에게 이전되는 경우도 많다.

수평적 합병(horizontal mergers). 수평적 합병, 즉 경쟁 기업 간의 합병은 시장 집중도를 높이고 카르텔의 망령을 불러내기 때문에 수직적 합병보다 경쟁에 큰 위협이 된다. 그러나 수직적 합병의 경우와 같이, 규모의 경제로 인해 합병된 기업의 효율성이 증가하면 경쟁 제한을 상쇄하는 효율성 이득이 존재할 수 있다.[12]

수평적 합병의 상반된 효과를 살펴보자. 두 기업이 경쟁하고 있는 시장이 있다. 두

10 기업에 대한 이 관점은 Coase(1937)에서 시작하여 많은 학자, 특히 Williamson(1985)에 의해 구체화되었다.
11 제4장 3.2에서 밝힌 것처럼 이 사건은 *Goebel V. Linn*(47 Mich. 489, N.W. 284, 1882)이다.
12 Williamson(1968)을 인용한 Hylton(2003, 315-17)을 참조하라.

그림 10.3 **비용을 절감하는 수평적 합병의 효과**

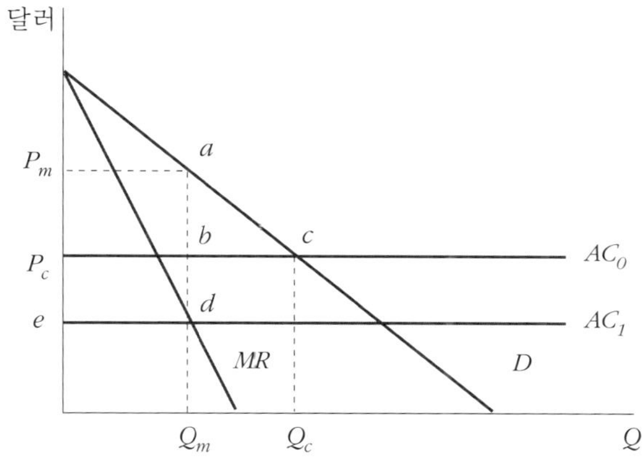

기업의 합병으로 독점이 발생한다. 합병하면, 하나가 된 기업의 평균비용이 두 기업이 각자 운영할 때의 평균비용보다 낮아진다고 가정하자. 이 상황이 [그림 10.3]에 제시되어 있다. 여기서 AC_0는 개별 기업의 평균비용이고 AC_1은 합병된 기업의 평균비용이다(단순화를 위해, AC가 일정하다고 가정하며, 따라서 $AC = MC$이다). 기업들이 경쟁적이라고 가정하면, 각 기업은 합병 이전 $P_c = AC_0$로 가격을 설정한다. 그러나 합병 이후의 단일 기업은 독점력을 행사하고, 그림과 같이 $P_m > AC_1$로 가격을 설정한다. 경제적 후생 측면에서, 합병의 효과는 기업의 이윤으로 실현된 낮은 비용으로부터의 이익(사각형 P_cbde)과 감소한 생산량으로 인한 사중손실(삼각형 abc)로 구성된다. 순효과는 이들 상반된 효과의 상대적 크기에 따라 달라진다. 따라서 수평적 합병이 효율성 측면에서 항상 나쁜 것은 아니다.

이상의 논의는 독점금지 정책과 관련하여 다음과 같은 함의를 제시한다. 수직적이건 수평적이건, 합병을 금지하는 당연위법의 원칙을 적용하는 것은 경제 이론에 의해 뒷받침되지 않는다. 오히려 제안된 합병으로 발생하는 효율성 향상(만약 있다면)에 근거한 방어를 허용하는 합리성의 원칙이 법원에 의해 사용되어야 한다. 물론, 합리성의 원칙은 법원에게 상반되는 이득과 손실을 평가하는 정보 부담을 주므로, 실제 적용에는 비용이 수반된다.

3.3. 네트워크 효과

독점금지법의 집행을 복잡하게 만드는 또 다른 문제는 특정 산업에 소위 네트워크 효과(network effect)가 존재한다는 것이다. 네트워크 효과는 특정 제품이 소비자에게 주는 가치가 부분적으로 얼마나 많은 소비자가 같은 제품이나 보완적 제품을 구매하는가에 좌우될 때 존재한다. 이 효과는 보통 첨단 산업에서 나타난다. 예를 들어, 특정 컴퓨터 운영 체제 또는 비디오 녹화 시스템을 채택하는 사람이 많을수록, 다른 사용자와의 상호 작용이 쉬워지므로 그 시스템이 소비자에게 주는 유용성은 증가한다. 부정적 측면은 이 효과로 인해 지배적 시스템보다 우월한 경쟁 시스템의 시장 진입이 막힐 수 있다는 것이다.

미국 법무부가 20년 전 마이크로소프트(Microsoft)를 상대로 제기한 독점금지 소송은 독점금지 정책에 대한 네트워크 효과의 상충적 함의를 보여 준다. 처음에는 경쟁하는 PC 운영 체제들이 있었으나, Windows 시스템이 결국 시장을 지배하게 되었다. 그러나 법무부에 따르면, 마이크로소프트는 운영 체제의 시장 지배력을 이용하여 운영 체제를 웹 브라우저와 묶어서 판매함으로써 소위 두 제품의 끼워팔기(tie-ins)에 해당하는 불법적 행위를 하였다. 끼워팔기는 클레이턴법에서 특별히 금지된다. 그러나 끼워팔기는 소비자의 검색비용을 절약하거나, (범위의 경제로 인해) 생산비용을 낮추거나 품질 보증 장치로 기능한다(다음 절에서 자세히 설명한다). 따라서 끼워팔기가 효율성을 줄일 수도 있지만 높일 수도 있다.

마이크로소프트 사건(*United States v. Microsoft*, 84 F.Supp.2d 9, 1999)에서, 연방 지방법원은 마이크로소프트가 웹 브라우저를 운영 체제와 함께 묶어 제공하여 경쟁 웹 브라우저가 효과적으로 시장에 진입하는 것을 막았으며 소비자가 피해를 보았다고 판결하였다. 그러나 이 판결은 많은 논쟁을 불러일으켰다(일부 판결 내용은 이후 항소심에서 뒤집혔다). 이 사건을 둘러싼 논쟁은 법원이 네트워크 효과가 있는 산업에서의 다양한 판매방식의 상반된 후생 효과를 분리해 내지 못하고 있음을 보여 주는 것이다.

3.4. 불완전 정보

완전경쟁의 표준적 가정은 모든 시장 참여자가 제품 품질에 대한 완전한 정보를 가지고 있다는 것이다. 그러나 제품 구매 시 소비자가 제품의 품질을 알 수 없는 경우가 많다. 이 경우 품질 높은 제품의 생산자는 추가비용을 보전하기에 충분한 높은 가격을 받지 못할 수 있다. 품질을 구별할 수 있는 신뢰할 만한 수단이 없다면, 품질 높은 제품의 생산자들은 시장에서 이탈할 수밖에 없고, 품질 낮은 제품만 시장에 남게 된다(소위 레몬 문제[lemon problem]).[13] 경제학자들은 기업이 소비자에게 제품의 품질에 관한 정보를 전달하는 방법들을 연구하였다. 아래에서 드러나듯이, 이 방법 중 일부는 반경쟁적인 관행으로 법원에서 다투어졌다.

끼워팔기(Tying). 끼워팔기는 반경쟁적인 관행으로 금지되어 있다. 마이크로소프트 사건에서 주장된 것처럼, 끼워팔기는 흔히 경쟁 제품에 대한 진입 장벽으로 생각되었으며, 가격 차별을 원활하게 하는 장치로도 여겨졌다. 예를 들어, 복사기 생산자는 기계를 유지 보수할 독점적 권한을 자신이 갖겠다고 복사기 구매자에게 요구할 수 있다. 이러한 끼워팔기는 가격 차별을 촉진한다. 대량 사용자는 일반적으로 소량 사용자보다 유지 보수의 필요성이 크고, 따라서 대량 사용자가 복사기와 유지 보수 서비스를 합한 전체 대가로 소량 사용자보다 더 큰 금액을 지불하게 된다.

이와는 달리, 끼워팔기가 정보 없는 구매자가 존재하는 시장에서 품질 보증 장치

13 이를 역선택(adverse selection) 문제라고도 한다. Akerlof(1970)를 참조하라.

의 역할을 할 수도 있다는 주장이 있다. 예를 들어, *IBM v. United States*(293 U.S. 131, 1936) 사건은 IBM 펀치 카드를 구매한다는 조건으로 IBM이 컴퓨터를 고객에게 임대하는 관행을 다툰 사건이었다. 법원은 이 관행이 클레이턴법을 위반하였다고 판결하였으나, IBM은 이 관행이 정당한 경제적 목적인 기업에 대한 호의적 평판을 보호하기 위한 것이라고 주장하였다. 끼워팔기의 효율적 활용의 다른 예는 개인 소유 가맹점이 제품을 반드시 프랜차이즈업체로부터 구매해야 한다는 프랜차이즈 계약이다. 이 계약은 경쟁하는 다른 공급업체를 배제시킨다. 그러나 이 계약은 프랜차이즈의 평판을 해치는 가맹점의 행위를 방지한다. 개별 가맹점은 낮은 품질의 제품을 다른 공급업체로부터 구매하고, 프랜차이즈 브랜드 이름으로 제품을 판매하는 방식으로 이윤을 획득할 수 있다. 이 두 가지 시나리오는 법원에 어려운 질문을 던진다. 문제가 되는 끼워팔기는 (피고가 늘 주장하듯이) 효율성을 촉진하는가? 아니면 독점력을 이용하기 위한 장치에 불과한가? (Hylton 2003, 제14장)

품질보증 가격(Product-Assuring Price). 생산자가 높은 품질의 재화를 공급한다는 평판을 유지할 수 있는 또 다른 방법은 가격을 생산비용보다 높게 책정하는 것이다. 높은 가격은 소비자가 품질 저하를 감지하면 상실되는 이윤의 흐름을 창출한다. 사실상, 상실되는 미래의 이윤은 기업의 암묵적 약속 위반에 대한 잠재적 처벌이다(Klein and Leffler 1981). 수학적으로, 이 메커니즘은 2.3에 설명된 반복 게임 설정에서 카르텔 회원의 위반 행위를 방지하는 메커니즘과 같다. 실제로 기업은 높은 가격을 설정하여 얻은 이윤을 브랜드 이름(brand name)의 광고에 투자하는 경우가 많다. 브랜드 이름의 가치는 기업이 높은 품질에 대한 평판을 유지하지 못하면 사라진다(따라서 이 메커니즘이 성립하려면 소비자가 낮은 품질을 식별할 수 있어야 한다). 요점은 한계 생산비용보다 높은 가격이 관찰된다고 해서 반드시 기업이 비경쟁적인 행위에 관여하고 있다고 보아서는 안 된다는 것이다.

재판매 가격 유지(Retail Price Maintenance). 재판매 가격 유지는 재화의 공급자와 판매자 사이의 계약으로, 판매자가 어떤 가격 미만으로 재화를 판매하지 못하게 하는 계약이다. 표면적으로, 이 관행(수직적 가격 고정이라고도 함)은 경쟁 제한적으로 보인다. 공급자가 이 관행을 통해 판매자 사이의 카르텔 계약을 가능하게 만든다고 주장되어 왔다. 따라서 대법원은 재판매 가격 유지가 독점금지법 위반이라고 판결하였다(*Dr. Miles Medical Co. v. John D. Park & Sons Co.*, 220 U.S. 373, 1911 참조).

그러나 재판매 가격 유지는 효율성 측면에서 정당화될 수 있다. 특정한 재화의 소비자가 판매자가 제공하는 구매에 앞선 특별한 서비스, 예를 들면 사용 방법에 대한 설명에 가치를 부여한다고 가정하자. 컴퓨터나 휴대 전화와 같은 첨단 제품이 여기에 해당될 것이다. 공급자가 이 서비스의 제공을 감독하기 어렵고 모든 소비자가 이 서비스를 원하는 것도 아니므로, 일부 판매자는 서비스를 제공하지 않고 가격을 낮출 유인이 있다(할인 판매자). 이로 인해 다음과 같은 문제가 발생한다. 서비스가 필요한 소비자가 사용 방법에 대한 설명은 고가(완전 서비스) 판매자에게서 듣고, 재화의 구매는 할인 판매자에게서 한다. 결국, 고가 판매자는 시장에서 퇴출된다. 공급자는 최저 가격을 설정함으로써 소비자에게 사용 방법에 대한 설명을 제공하고자 하는 판매자가 적어도 일부는 존재하게 만들 수 있다.[14] 이 주장은 재판매 가격 유지 자체가 독점금지법 위반으로 판단되어서는 안된다는 것을 의미한다.

직업 자격(Occupational License). 정보가 없는 소비자를 위한 최종 대응 방안은 특정 서비스 제공자가 사업 자격을 취득하려면 최소한의 교육을 받아야 한다는 요건을 부과하는 것이다. 이 요건은 정부에 의해 부과되기도 한다. 법률, 의학, 부동산 중개를 포함한 여러 직업이 자격을 요구한다. 효율성 측면에서, 자격은 저품질 공급자의 진입을 막아 레몬 문제가 발생하지 않게 한다는 점에서 정당화될 수 있다(Leland 1979). 그러나

14 Hylton(2003, 252-62)을 참조하라. Blair et al.(2000)도 참조하라.

상충되는 비용도 발생한다. 진입이 제한되어 자격 소지자가 초과(독점) 이윤을 얻을 수 있다. 그러나 초과 이윤은 중요한 역할을 담당한다. 의학과 같은 일부 직종에서는 서비스 제공자가 교육에 대한 큰 선행 투자를 해야 한다. 큰 선행 투자를 유도할 수 있는 것은 투자에 대한 수익으로서의 미래의 이윤에 대한 약속밖에 없다. 이 논리는 정부가 만든 독점인 특허를 정당화하는 논리와 유사하다(제6장 4.1 참조).

4. 자연독점

일부 산업은 하나의 기업이 전체 시장에 재화나 서비스를 공급할 때 평균 생산비용이 최소화되는 특징을 가지고 있다. 이런 산업을 자연독점(natural monopoly)이라고 한다.[15] 발전 산업은 전형적인 예이다(제8장 1.2는 법 집행이 자연독점의 특징을 가지고 있다고 주장하였다). 자연독점이 발생하는 근본적 이유는 기술과 관련이 있다. 재화나 서비스의 생산에 고정비용이 차지하는 비중이 매우 크거나 규모의 경제가 있을 때 자연독점이 발생한다. 이 두 가지 모두 (앞의 수평적 합병과 같이) 일정한 생산량 범위에서 평균비용이 감소하게 만든다. [그림 10.4]는 자연독점 산업의 평균 및 한계비용곡선을 보여 주고 있다. 모든 생산량 수준에서 한계비용곡선은 평균비용곡선보다 아래에 위치한다. 이는 평균비용이 감소할 때 반드시 성립하는 현상이다.

정책적 관점에서 자연독점이 제기하는 문제는 다음과 같다. 사회가 기업의 독점력 행사를 허용하지 않으면서도, 독점에서 발생하는 비용 절감의 편익을 누릴 수 있는 방법은 무엇인가? 한 가지 접근방법은 아무것도 하지 않는 것이다. 이 방법은 밀접한 대체재가 있는 경우처럼 독점적 가격 책정으로 인한 사중손실이 크지 않다고 예상될 때 적절한 방안이다. 그러나 사중손실이 상당히 크다고 예상될 때에는 일정 형태의 규

15 이 절은 Viscusi et al.에 기초하고 있다(2005, 제11장).

그림 10.4 자연독점에서의 가격 규제

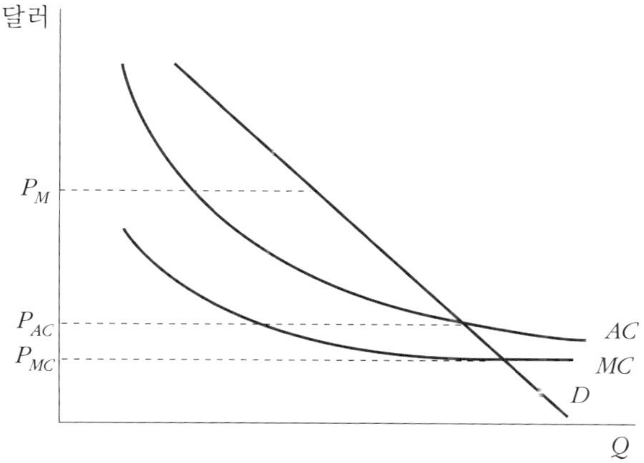

제가 필요할 수 있다. 대표적 규제 방식은 가격 규제와 정부 소유(공기업)이다.

4.1. 가격 규제

이상적으로, 자연독점에서의 가격은 효율적(경쟁적) 결과를 재현하도록 설정되어야 한다. 이 목적을 달성하려면, 가격이 한계비용과 같게 설정되어야 한다. 그러나 문제는 [그림 10.4]에서 P_{MC}로 표시된 이 가격이 평균비용보다 낮다는 것이다. 따라서 기업은 손해를 본다. 세 가지 대응이 가능하다. 첫째, 수입과 비용과 정확히 일치하도록 가격을 간단히 조정할 수 있다. 이는 [그림 10.4]에서 가격을 P_{AC}, 즉 수요곡선이 평균비용곡선과 교차하는 수준으로 높이는 것을 의미한다. 이 방법은 불충분한 수입 문제를 해결하지만, ($P_{AC} > MC$이므로) 생산량 수준이 비효율적이고 (비록 독점 가격에서보다는 적지만) 후생 손실을 발생시킨다.

두 번째 가능성은 효율적 단위 가격인 P_{MC}를 복원하고 정부가 손실을 보상하는 보조금을 기업에 지급하는 것이다. 그러나 이 접근법은 조세 부과가 요구되며, 따라서 경제의 다른 부문에서 왜곡을 일으킬 수 있다. 마지막 가능성은 소비자에게 '이부가격'(two-part price)을 부과하는 것이다. 이부가격은 구매한 재화의 수량과 관계없는 (그리고 한계 소비 결정에 영향을 미치지 않는) 고정 요금 그리고 한계비용과 동일하게 설정된 단위당 요금으로 구성된다. 고정 요금은 기업의 손실을 소비자 수로 나눈 액수로 설정되며, 따라서 총고정 요금이 손실을 정확히 보전한다. 이부가격제는 대규모 공공 산업에서 자주 사용되고 있다.

연습 문제 10.2

연습 문제 10.1로 되돌아가자. 수요곡선이 $P = 60 - Q$이고, 한계수입이 $MR = 60 - 2Q$이며, 한계비용이 $MC = 10$이다. 이제 여기에 고정비용 $F = 400$을 추가한다(단위: 달러).

(a) 기업의 평균 총비용을 쓰고, 이것이 우하향한다는 것을 보여라.

(b) 가격이 한계비용과 같게 설정된다고 하자. 기업이 손실을 본다는 것을 보여라.

(c) 가격이 평균비용과 같게 설정된다고 하자. 가격과 산출량을 도출하라(힌트: Q에 대해 두 개의 근이 있는 2차 방정식을 풀게 된다. 두 개의 근 중 큰 것을 사용하라).

(d) 독점, 가격을 한계비용과 같게 책정한 경우, 가격을 평균비용과 같게 책정한 경우의 결과를 비교하라.

4.2. 공기업

자연독점에 대한 가격 규제의 대안은 정부가 기업을 통제하고 공기업으로 운영하는 것이다. 미국 우편 서비스가 그 예이다. 이 방안은 규제받는 기업을 감독하는 문제를 해결할 수 있지만, 사업을 운영하는 조직비용을 발생시킨다. 더욱이, 공기업은 이윤 극대화가 아니라 비용 보전(또는 다른 목적)을 추구하므로 민간 기업만큼 효율적으로 운영되지는 않을 것이다.

결국 방임하거나, 가격을 규제하거나, 공기업을 조직하는 자연독점의 해결 방식은 모두 어느 정도의 비효율성을 내포하고 있다. 따라서 다른 경우와 마찬가지로 최선의 방식은 각각의 비용을 비교하여 결정되어야 한다.

5. 결론

이 장에서는 독점금지법의 경제학을 간략하게 살펴보았다. 경제 이론은 독점시장의 규제에 대한 확고한 근거를 제공하여 왔다. 그러나 최근의 연구 결과는 과거 경쟁제한적이라고 생각되었던 많은 관행이 효율성을 촉진할 수 있다고 주장한다. 그 결과, 정부의 개입이 어느 경우에 후생을 증가시키는가에 관한 명확한 기준이 더는 존재하지 않는다. 이는 독점금지법을 집행하는 법원에 큰 부담을 주며, 경제에서의 정부의 적절한 역할에 대한 정책 입안자들 사이의 경제적 근거보다는 정치적 입장에 따른 의견 불일치를 강화한다.

토론 문제

1. 독점과 관련된 비효율의 원인을 설명하라.

2. 독점금지는 소비자 잉여를 증가시켜 소비자를 돕지만, 이윤을 줄임으로써 독점 기업에 피해를 준다. 칼도-힉스(Kaldor-Hicks) 의미에서 독점금지가 반드시 효율적이라고 할 수 있는가? 당신은 이를 어떻게 알 수 있는가?

3. 접근이 제한된 고속도로에 있는 패스트푸드 매장은 번화한 상업 지역에 있는 패스트푸드 매장에 비해 독점력을 가진다. 이것이 왜 고속도로에 있는 패스트푸드 매장이 더 높은 가격을 부과할 수 있는지를 설명한다. 그러나 높은 가격이 고속도로 매장의 독점 이윤으로 전환되지는 않는다. 이유를 설명하라. 누가 그 이윤을 가져간다고 생각하는가?

4. 쿠르노와 베르트랑의 과점 모형이 독점금지 정책에 미치는 함의가 어떻게 다른지 설명하라.

5. 독점에 대한 대응 방식 중 하나는 독점 기업을 서로 경쟁할 여러 개의 소규모 기업으로 분할하는 것이다. 이 방식은 왜 자연독점에 대한 좋은 해결책이 될 수 없는가?

6. 왜 공해 산업이 경쟁 산업보다는 독점 산업으로 더 효율적으로 조직될 수 있는지 설명하라.

단원 문제

1. 수요탄력성은 $e = \left|\frac{\Delta Q}{\Delta P}\right|\left(\frac{P}{Q}\right)$로 정의되며, 여기서 $\frac{\Delta Q}{\Delta P}$는 수요곡선의 기울기이다(공식에서 절댓값을 사용한 것은 음의 기울기를 고려하여 e를 양수로 만들기 위해서이다). 한계수입은 $MR = P[1-\frac{1}{e}]$로 쓸 수 있다. 독점 기업의 최적점에서 $MR = MC$라는 사실을 이용하여 가격과 한계비용의 차이인 $P-MC$와 e를 관련짓는 공식을 도출하라. 이 공식을 사용하여 e가 증가함에 따라(즉, 수요곡선의 탄력성이 높아짐에 따라) 독점 기업의 시장지배력(가격과 한계비용의 차이로 측정된)이 감소함을 보여라. 이 결과에 대한 직관적인 설명을 제시하라.

2. 동일한 두 기업이 시장을 나누어 점유하고 있는 산업이 있다. 각 기업은 많은 산출량과 적은 산출량 중에서 하나를 선택한다. 그 결과로 얻는 이윤은 다음과 같다. 두 기업 모두 적은 산출량을 선택하면 각각 16달러를 얻는다. 두 기업 모두 많은 산출량을 선택하면 각각 12달러를 얻는다. 한 기업이 많은 산출량, 다른 기업이 적은 산출량을 선택하면 각각 20달러와 4달러를 얻는다. 서로에 대해 구속력 있는 약속을 할 수 없다고 가정하면 각 기업의 균형에서의 선택은 무엇인가? 기업의 공동 이윤을 극대화하는 선택은 무엇인가? 이 두 선택이 다르다면 그 이유를 설명하라.

3. 특정 산업의 수요곡선이 $P = 100 - Q$이고, 시장에 $MC = AC = 40$인 두 기업이 있다고 가정하자.
   (a) 독립적으로 행동하는 두 기업이 경쟁적으로 행동하여 $P = MC$로 설정한다고 가정하자. 이 산업의 균형 가격과 총산출량은 얼마인가?
   (b) 이제 두 기업이 합병하여 독점을 형성하고 규모의 경제로 인해 비용이 절감된다고 가정하자. 구체적으로, 합병하면 AC곡선이 아래로 30만큼 이동한다고 가정한다($MC = AC$는 계속 성립한다). 독점 기업의 한계수입이 $MR = 100 - 2Q$라고 할 때, 이윤 극대화 가격과 산출량을 계산하라.
   (c) 독점 기업의 생산량 수준에서 합병으로 인한 비용 절감을 계산하라. 합병 전과 비교하여 줄어든 산출량으로 인한 사중손실을 계산하라. 이 두 가지를 비교하고 합병의 결과로 사회적 후생이 증가하는지 감소하는지를 결정하라.

4. 수입을 얻기 위해 정부가 세금을 부과하는 경쟁 산업(예를 들면, 주류 판매)이 있다고 하자. 이 산업에서 단위당 일정액의 세금 부과를 통해 발생하는 조세 수입이 산업을 국

가가 운영하는 독점 산업으로 재편하고 독점 이윤을 정부 수입으로 사용함으로써 똑같이 달성될 수 있음을 그래프로 보여라.

5. 총비용함수가 $C = 100Q + 7{,}600$인 독점 기업이 있다.
   (a) AC 및 MC 함수를 도출하고 그래프로 표시하라.
   (b) 산업의 수요함수가 $P = 500 - Q$라고 하자. 효율적인 산출량 수준을 찾아라(힌트: $P = MC$로 설정하고 Q에 대해 풀어라).
   (c) 규제자가 효율적인 결과에 상응하는 가격을 책정한다고 가정하자. 기업의 이윤을 계산하라. 이 상황은 지속 가능한가?
   (d) 규제자가 가격을 120달러로 설정한다고 가정하자. 이때의 시장수요, 기업의 평균비용 및 이윤을 계산하라. 이 상황은 지속 가능한가?

연습 문제 해답

연습 문제 1.1

목장 주인이 책임을 진다고 가정하자. 세 마리부터 시작한다. 울타리 설치의 연간 비용이 9달러이므로, 목장 주인이 울타리를 세우면서 네 번째 소를 추가하면, 한계비용은 이제 3달러(울타리 설치비용에서 세 마리의 소가 발생시키는 피해 6달러를 뺀 값)이다. 이는 한계편익 3.50보다 작다. 따라서 네 번째 소를 추가하는 것이 효율적이다. 따라서 목장 주인이 농작물 피해에 책임을 진다면 소의 수를 네 마리로 늘리고 자신이 책임지는 비용을 최소화하기 위하여 울타리를 설치할 것이다. 이제 목장 주인이 책임을 지지 않는다고 가정하자. 세 마리부터 시작하자. 이 경우, 농부는 울타리를 9달러에 설치할 수 있으므로 목장 주인이 네 번째 소를 추가하지 않는 대가로 3달러(울타리 설치비용에서 세 마리의 소가 발생시키는 피해 6달러를 뺀 값)까지 제시할 수 있다. 그러나 목장주는 네 번째 소의 가치를 3.50달러로 평가하기 때문에 이 제안을 거부할 것이다. 따라서 목장주는 소의 수를 네 마리로 늘릴 것이며, 농부는 10달러의 피해를 보기보다는 9달러의 비용으로 자신의 땅에 울타리를 세울 것이다.

연습 문제 2.1

(a) 24시간 동안 선원을 배치하는 비용은 94달러이며, 한계편익은 예상되는 사고비용의 감소 $(0.25)\times(400)=100$달러이다. 94달러 $<$ 100달러이므로, 피고는 선원을 배치하지 않으면 과실이 있다고 판단될 것이다.

(b) 낮 동안 선원을 배치하는 비용은 50달러이며, 예상되는 사고비용의 감소는 $(0.25-0.10)\times(400)=60$달러이다. 50달러 $<$ 60달러이므로 피고는 낮 동안 선원을 배치하지 않으면 과실이 있다고 판단될 것이다.

(c) 이 경우 원고의 주장은 피고가 낮 동안이 아니라 24시간 선원을 배치하지 않으면 과실이 있다고 판단되어야 한다는 것이다. 선원의 배치 시간을 추가하는 데 드는 한계비용은 $94-50=44$달러이고 기대피해의 한계 감소는 $(0.10)\times(400)=40$달러이다. 44달러 $>$ 40달러이므로, 바지선 소유자는 선원의 배치시간을 24시간으로 늘리지 않

아도 과실이라고 판단되지 않을 것이다.

(d) 세 가지 방법의 총기대사고비용 $B+PL$은 다음과 같다.

선원 배치 안함	0+(0.25)×(400)=100달러
낮에만 선원 배치	50+(0.10)×(400)=90달러
24시간 선원 배치	94+(0)×(400)=94달러

따라서 낮에만 선원이 배치될 때 총비용이 최소화된다. (a)-(c)는 세 가지 방법을 두 개씩 비교하면 한계 핸드 원칙이 비용을 최소화하는 결과를 끌어낸다는 것을 보여 준다. 구체적으로, '24시간 선원 배치'가 '선원 배치 안 함'보다 비용이 적게 들지만, '낮에만 선원 배치'가 비용이 더 적게 든다는 결과가 도출된다.

연습 문제 2.2

(x^*, y^*)가 내쉬 균형임을 증명하기 위해, 우리는 가해자는 피해자가 y^*를 선택할 것으로 예상하면 x^*를 선택하는 것이 최선이고, 그 반대도 마찬가지임을 입증해야 한다. 먼저 가해자가 피해자가 y^*를 선택할 것으로 예상한다고 가정하자. 순수 비교과실 원칙의 정의에 따라, 가해자의 손해 부담 비율 s는 가해자가 $x < x^*$를 선택하면 1이고 $x \geq x^*$를 선택하면 0이다. 따라서 가해자의 결정은 단순 과실책임 원칙에서와 같다. 즉, 책임을 지지 않기 위해 $x = x^*$를 선택한다. 이제 피해자가 가해자가 x^*를 선택할 것으로 예상한다고 가정하자. 이 경우 피해자는 모든 손해를 부담하므로$(s = 0)$, $y + p(x^*, y)D(x^*, y)$를 최소화하는 y를 선택할 것이며, 따라서 y^*를 선택한다. 결과는 단순 과실책임 원칙에서의 결과와 같다. 이 균형 상태에서 손해는 배분되지 않으며 피해자가 전체 손해를 부담한다.

연습 문제 2.3

(a) 가해자는 3건 중 1건만 책임을 진다. 따라서 $\alpha = 1/3$이다. 그러므로 징벌적 배상 승수는 $(2/3)/(1/3) = 2$이다.

(b) 보상적 손해는 피해자의 실제 손실 500,000달러이다. (2.11)의 공식과 (a)의 결과를 사용하면, 징벌적 손해는 (2)×(500,000) = 1,000,000달러이다. 따라서 가해자의 총손해배상액은 1,500,000달러이다.

연습 문제 3.1

먼저 무책임 원칙($s = 0$)을 생각해 보자. 이 경우 기대손해를 뺀 소비자의 수요는 $20 - q - (0.01)\times(1{,}000) = 10 - q$이다. 이것을 한계비용 5달러와 같다고 놓고 q에 관해서 풀면 $q^{**} = 5$이다. 가격은 $P_0 = c = 5$이다. 이제 엄격책임 원칙($s = 1$)을 생각해 보자. 소비자의 수요는 $20 - q$, 전체 한계비용은 $5 + (0.01)\times(1{,}000) = 15$이다. 수요와 전체 한계비용을 같다고 놓고 q에 관해서 풀면 $q^{**} = 5$가 된다. 가격은 $P_1 = c - pD = 15$이다.

연습 문제 3.2

(a) 소비자가 사고 위험을 0.012로 과대평가하면, 수요는 $20 - q - (0.012)\times(1{,}000) = 8 - q$이다. 이를 한계비용 5와 같다고 놓고 q에 관해서 풀면 $q = 3$이다.

(b) 소비자가 위험을 0.008로 과소평가하면, 수요는 $20 - q - (0.008)\times(1{,}000) = 12 - q$이다. 이를 한계비용 5와 같다고 놓고 q에 관해서 풀면 $q = 7$이다.

연습 문제 4.1

(a) 토지에 광물이 매장되어 있다는 정보는 토지의 가치를 10,000달러에서 500,000달러로 증가시키므로 사회적으로 가치가 있다.

(b) 이 사례에서 정보는 우연히 획득되었다. 구매자는 토지에 광물이 매장되어 있는지를 알아내려고 노력하지 않았다. 구매자는 토지 개발을 준비하면서 광물이 매장되어 있다는 사실을 우연히 발견하였다.

(c) 정보가 우연히 획득되었기 때문에, 계약이 무효라는 법원의 결정은 광물 발견을 감소시키지 않을 것이다. 그러나 토지의 가치에 광물이 우연히 발견될 가능성에 대한

작은 프리미엄이 포함되어 있다면 토지 개발이 약간 줄어들 것이라고 주장할 수도 있다.

(d) (b)와 (c)에 대한 답변이 바뀔 것이다. 이 새로운 시나리오에서 정보는 우연히 발견된 것이 아니라 의도적으로 획득되었다. 따라서 계약이 무효라는 법원의 결정은 구매자가 광물 매장 가능성 있는 위치를 식별하기 위한 투자를 위축시키므로 광물 발견에 확실히 부정적 영향을 미칠 것이다.

연습 문제 5.1

(a) 이행이익의 배상액 = $V - P$ = 100,000 − 75,000 = 25,000달러. 신뢰이익의 배상액 = R = 5,000달러.

(b) $C > V$이면 계약을 파기하는 것이 효율적이다. 이 사례에서 건축가는 $C >$ 100,000일 때 계약을 파기해야 한다.

(c) 건축업자는 $C > P + D$이면 실제로 계약을 파기한다. 따라서 이행이익의 배상에서 건축업자는 $C >$ 75,000 + 25,000, 즉 $C >$ 100,000일 때 계약을 파기한다. 이는 효율적인 범위이다. 신뢰이익의 배상에서 건축가는 $C >$ 75,000 + 5,000, 즉 $C >$ 80,000일 때 계약을 파기한다. 너무 많은 계약 파기가 발생한다. 마지막으로 0의 손해배상에서는 건축가는 $C >$ 75,000일 때 계약을 파기한다. 너무 많은 계약 파기가 발생한다.

연습 문제 5.2

계약 가격이 이행과 동시에 지급된다고 가정하면, 건축업자는 계약을 파기하기 위해 50,000달러(이행할 때의 손실)보다 적은 금액을 제시할 것이고, 구매자는 25,000달러(이행할 때의 순이익)보다 큰 금액을 받아들일 것이다. 따라서 상호 수용 가능한 계약 파기 가격이 존재하며, 계약은 이행되지 않을 것이다.

연습 문제 6.1

소작 계약을 통해, 자산이 제한된 농부가 임대인에게 수확량을 일부를 넘겨준다는 약속의 대가로 임대인으로부터 토지를 '빌릴'(borrow) 수 있다(우리는 제9장에서 변호사 성공보수의 근거 중 하나로 비슷한 주장을 할 것이다). 임차인의 담보물은 자신의 노동 서비스이며, 임차인은 농작물을 생산하기 위해 노동을 토지와 결합한다. 임차인이 수확량의 일정 부분을 보유하므로, 노동을 제공하겠다는 임차인의 약속은 신뢰할 수 있다(물론 임차인은 노동을 사회적으로 효율적 수준보다 과소공급한다).

연습 문제 6.2

(a) 독점 기업의 이윤 극대화 산출량, 가격 및 이윤은 각각 $q_M = 50$, $p_M = 100$달러, $Y = 2{,}500$달러이다.

(b) 먼저 지출한 발명비용이 2,000달러라고 하면, 기업의 순이익은 $Y - K = 500$달러이다. 이 값이 0보다 크기 때문에 기업은 투자할 것이다.

(c) 제품이 개발되면, 사회적 후생은 $X + Y - K = 1{,}250 + 500 = 1{,}750$달러이다. 따라서 특허는 사회적 편익을 준다(수요곡선의 기울기가 −1이므로 소비자 잉여 X는 Y의 절반이다).

연습 문제 7.1

이 경우 효율적인 결과는 목장주가 소를 방목하여 120달러의 피해를 주는 것이 아니라, 목장주가 100달러의 비용으로 울타리를 치는 것이다.

(a) 재산 원칙에서는 당사자들은 협상을 통해 외부효과를 해결한다. 이 경우, 목장주는 방목하기 위해(즉, 울타리를 치지 않기 위해) 농부에게 100달러까지 지급할 것이고, 농부는 120달러 이상의 금액을 받으려고 할 것이다. 목장주의 최대 제안이 농부가 받아들일 수 있는 최저 가격보다 낮아서 거래가 발생하지 않는다. 따라서 농부는 목장주가 울타리를 치도록 하는 법원의 금지 명령을 얻을 것이고, 목장주는 울타리를 칠 것이다.

(b) 손해배상액이 120달러(농장주의 실제 손해)로 설정된 손해배상 원칙에서, 목장주는 소를 방목하고 손해배상을 하는 것보다 100달러의 비용으로 울타리를 치는 것이 비용이 적게 든다. 따라서 목장주는 울타리를 설치할 것이다.

(c) 이 경우, 목장주는 소를 방목하고 80달러의 손해배상을 하는 것을 선호할 것이다. 이 결과는 비효율적이다. 그러나 당사자들이 협상할 수 있다면 이 결과가 최종 결과는 아니다. 농부는 목장주가 울타리를 설치하도록 최대 40달러까지 지급할 것이다. 목장주는 울타리 설치비용(100달러)과 법원이 부과한 손해배상액(80달러)의 차이인 20달러 이상의 금액이 제시되면 울타리를 설치할 것이다. 농부가 목장주가 받아들일 수 있는 최저 가격 이상을 제시하려고 하므로 울타리를 세우는 계약이 체결될 것이다.

연습 문제 7.2

이 경우 금지명령의 집행을 막기 위해 Atlantic이 지급하려고 하는 최대 금액은 주거 지역에서의 공장의 가치와 대체 용지에서의 공장의 가치 사이의 차이인 1백만 달러이다. 공장을 주거 지역에 짓는 것이 효율적이지만, 협상의 범위는 매우 좁다(183,000 - 1백만 달러). 이 상황과 실제 *Boomer* 사건의 차이점은 여기서는 Atlantic이 주거 지역과 거의 같은 가치가 있는 대체 용지를 가지고 있어 협상에서 거주자보다 유리한 위치에 있다는 것이다.

연습 문제 7.3

이 사건에서, 영상의 높은 가치는 합법적 행위의 결과이다. 또한, 이 영상은 역사적 기록과 범죄 수사에 사용되는 증거라는 가치를 모두 가지고 있다. 따라서 이 같은 기록의 제작을 장려하기 위해, 제작자(또는 그 상속인)는 영상의 시장 가치를 전부 보상받아야 한다. 그러나 사회적으로 바람직하지 않거나 유해한 행위는 다르다. 유해한 행위는 억제되어야 하며, 따라서 범죄자 또는 그 상속인의 이득은 박탈되어야 한다.

연습 문제 7.4

$\bar{C}$를 고정된 보상 금액이라고 하자. (7.3)에서, 토지 소유자의 문제는 다음을 만족시키는 x를 선택하는 것이다.

$$\max p\bar{C} + (1-p)V(x) - x.$$

$\bar{C}$는 x와 독립이므로, $p\bar{C}$는 목적 함수를 극대화하는 x값에 영향을 미치지 않으며, 목적 함수의 높이에만 영향을 미친다. 따라서 임의의 $\bar{C}$값에 대해 목적 함수를 극대화하는 x값은 $(1-p)V(x) - x$를 극대화하는 값과 같으며, 따라서 정의상 효율적인 값인 x^*이다.

연습 문제 7.5

(a) 무보상 원칙에 따른 판매 가격은 다음과 같다.

$$0.9 \times 10{,}000 + 0.1 \times 100{,}000 = 19{,}000\text{달러}.$$

이는 90%의 규제 확률(이 경우 토지의 가치는 10,000달러)과 10%의 비규제 확률(이 경우 토지의 가치는 100,000달러)을 반영한 것이다. 규제의 위협이 발생하기 전에 토지가 100,000달러의 가치가 있었기 때문에 최초 소유자의 손실은 100,000 − 19,000 = 81,000달러이다.

(b) 완전 보상 금액은 100,000 − 10,000 = 90,000달러이다.

(c) 완전 보상의 원칙에 따른 토지의 판매 가격은 다음과 같다.

$$0.9 \times (10{,}000 + 90{,}000) + 0.1 \times 100{,}000 = 100{,}000\text{달러}.$$

이 경우 토지 소유자는 손실을 보지 않는다.

연습 문제 7.6

이 예에서, 울타리의 설치비용이 방목한 소로 인한 피해를 초과하므로 소를 방목하는 것이 효율적이다. 따라서 이때의 순자산은 200 + 200 − 120 = 280달러이다. 이 결과는 다음과 같이 네 가지 경우 모두에서 달성된다.

I. 목장주가 소를 방목할 권리를 재산 원칙에 의해 보호받는다. 농부는 목장주에 돈을 주고 울타리를 세우도록 해야만 방목한 소를 막을 수 있지만, 이 비용이 최소 140달러이므로, 농작물 피해를 감수하는 것을 선호한다. 두 당사자의 부는

농부:	200 − 120 = 80달러
목장주:	200달러
합계:	280달러

II. 농부가 피해를 받지 않을 권리를 재산 원칙에 의해 보호받는다. 이 경우, 목장주는 140달러의 비용으로 울타리를 세우거나 농부로부터 소를 방목할 권리를 구매할 수 있다. 농부는 120달러 이상의 금액을 받으면 권리를 팔 것이다. 그들이 잉여를 균등하게 분배한다고 가정하면, 목장주는 130달러에 이 권리를 매수한다. 두 당사자의 부는

농부:	200 − 120 + 130 = 210달러
목장주:	200 − 130 = 70달러
합계:	280달러

III. 목장주가 소를 방목할 권리를 손해배상 원칙에 의해 브호받는다. 이 경우 농부는 목장주에게 140달러를 목장주에 주고 울타리를 치게 하거나, 120달러의 농작물 피해를 감수한다. 농부는 피해를 감수할 것이다. 두 당사자의 부는

농부:	200 − 120 = 80달러
목장주:	200달러
합계:	280달러

IV. 농부가 농작물이 피해를 받지 않을 권리를 손해배상 원칙에 의해 보호받는다. 따라서 목장주는 140달러의 울타리를 설치하거나 120달러의 손해배상을 지급한다. 목장주는 손해배상을 선택한다. 두 당사자의 부는

농부:	200 − 120 + 120 = 200달러
목장주:	200 − 120 = 80달러
합계:	280달러

본문의 예와 같이 결과는 네 가지 경우 모두에서 효율적이며, 부의 분배는 초기 권리 배분에 따라 달라진다.

연습 문제 8.1

(a) 두 범죄자 모두 100달러의 피해보다 큰 이득을 얻지 않기 때문에 범죄를 저지르는 것은 비효율적이다.

(b) 체포 확률이 0.5이므로, 기대벌금(expected fine)은 (0.5) × (100) = 50달러와 같다. 따라서 40달러의 이익을 얻은 범죄자는 억지되지만, 80달러의 이익을 받는 범죄자는 억지되지 않는다. 완전한 억지를 달성하지 못하기 때문에 이 결과는 비효율적이다.

(c) 최적의 피해에 기반한 벌금 f^*는 $h/p = 100/0.5 = 200$달러이다. 이 경우 기대벌금은 $pf^* = 100$달러이며, 이는 두 범죄자 모두 억지될 것이다.

(d) 최적의 이익에 기반한 벌금 f_g^*은 첫 번째 범죄자에게는 $g/p = 40/0.5 = 80$달러이며, 두 번째 범죄자에게는 $g/h = 80/0.5 = 160$달러이다. 이에 따른 기대벌금은 벌금은 $(0.5) \times (80) = 40$달러 및 $(0.5) \times (160) = 80$달러이며, 이 벌금들은 두 범죄자를 저지하기에 충분하다.

연습 문제 8.2

최적 억지를 달성하기 위해서는 범죄자들이 4,000달러에 기대처벌에 직면해야 한다. 따라서 (8.1)로부터

$$g^* = p(f + ct) = 4{,}000\text{달러}.$$

$p = 0.5$이면, $f + ct = 8{,}000$달러이다. 8,000달러가 범죄자의 자산을 초과하기 때문에 벌금은 자산과 같아야 한다. 따라서 방정식에 $f = 2{,}000$달러를 대입하면 $ct = 6{,}000$달러가 된다. 마지막으로, $c = 500$달러로 설정하고 풀면 $t = 12$개월이 된다. 따라서 2,000달러의 자산을 가진 범죄자에 대한 최적의 처벌 방법은 벌금 2,000달러와 12개월의 수감이다.

연습 문제 8.3

(a) 90마일로 운전할 때의 기대벌금은 $(0.01) \times (10{,}000) = 100$달러이다. 바람직한 수준의 한계 억지를 달성하려면 75마일로 운전할 때의 기대벌금은 이 금액보다 90마일 운전의 효율적 임계치인 50달러만큼 작아야 한다. 따라서

$$100 - (0.01) \times (f_{75}) = 50\text{달러}.$$

그러므로 $f_{75} = 50/0.01 = 5{,}000$달러이다.

(b) 벌금보다는 체포 확률을 조정하여 한계 억지를 달성할 수도 있다. 따라서 두 속도 위반에 대해 벌금을 모두 10,000달러로 설정하고 75마일로 운전할 때의 적발 확률은 계속 0.01이라고 가정하자. (a)에서와 같이 기대벌금은 50달러가 되어야 한다. 따라서 90마일로 운전할 때의 최적 체포 확률은 다음 식으로부터 도출할 수 있다.

$$(p_{90}) \times (10{,}000) - (0.01) \times (10{,}000) = 50\text{달러}.$$

이를 풀면, $p_{90} = 0.015$이다.

연습 문제 9.1

가해자(피고)는 자신의 기대손실을 $(0.4) \times (50{,}000) = 20{,}000$달러로 계산한다. 따라서 피고의 총기대비용은 $20{,}000 + 10{,}000 = 30{,}000$달러이며, 이는 피고가 합의 금액으로 제시할 최대 금액이다. 피해자(원고)는 재판에서 $(0.9) \times (50{,}000) = 45{,}000$달러를 회복한다고 예상한다. 따라서 원고가 합의하고자 수락할 수 있는 최소 금액은 $45{,}000 - 10{,}000 = 35{,}000$달러이다. 이 금액이 피고의 최대 제안액보다 크므로 합의는 불가능하다.

연습 문제 9.2

(a) 원고의 재판의 기대가치는 다음과 같다.

$$P_p J - C_p = 0.7 \times 1{,}000 - 200 = 500\text{달러(미국 원칙)}$$

$$P_p J - (1 - P_p)(C_p + C_d) = 0.7 \times 1{,}000 - 0.3 \times 400 = 580\text{달러(영국 원칙)}$$

피고의 재판의 기대비용은 다음과 같다.

$$P_d J + C_d = 0.4 \times 1{,}000 + 200 = 600\text{달러(미국 원칙)}$$

$$P_d(J + C_p + C_d) = 0.4 \times (1{,}000 + 200 + 200) = 560\text{달러(영국 원칙)}$$

따라서 미국 원칙에서는 피고의 재판의 기대비용이 원고의 재판의 기대가치보다 크다(600달러 > 500달러). 영국 원칙에서는 피고의 재판의 기대비용이 원고의 재판의 기대가치보다 작다(560달러 < 580달러). 따라서 미국 원칙에서는 합의가 가능하지만, 영국 원칙에서는 합의가 불가능하다.

(b) $P_p = 0.7$일 때, 영국 원칙으로의 전환은 원고의 재판의 기대가치를 500달러에서 580달러로 높인다. 그러나 $P_p = 0.45$라면 영국 원칙으로의 전환은 원고의 기대가치가 250달러에서 230달러로 낮춘다. 효과가 다른 이유는 $C_d/(C_p + C_d) = 0.5$가 주어졌을 때 다음이 성립하기 때문이다.

$$0.7 > \frac{C_d}{C_p + C_d} > 0.45.$$

따라서 [그림 9.3]과 같이 영국 원칙은 확률이 높은 소송의 가치를 높이고 확률이 낮은 소송의 가치를 낮춘다.

연습 문제 9.3

(a) 제시된 수치를 (9.26)에 대입하면 9달러 < 10.5달러이다. 따라서 피해자의 소송 제기는 사회적으로 바람직하다. 210달러 > 200달러이므로 피해자의 소송 제기는 사적으로도 바람직하다.

(b) 이때에도 (9.26)이 9달러 < 9.5달러가 되므로 소송 제기는 여전히 사회적으로 바람직하다. 그러나 190달러 < 200달러이므로 이제 소송 제기는 사적으로 바람직하지 않다.

(c) (9.26)이 $D = 210$달러이면 9달러 > 4.2달러, $D = 190$달러이면 9달러 > 3.8달러이므로,

이제 소송 제기는 두 D 값에서 모두 사회적으로 바람직하지 않다. 그러나 p_n의 변화는 $D = 210$이면 소송을 제기하고, $D = 190$이면 소송을 제기하지 않는 원고의 사적 결정에는 영향을 미치지 않는다. 이 예는 소송비용이 존재하는 법 제도에서 소송의 사적 조건과 사회적 조건이 관련되어 있지 않음을 보여 준다.

연습 문제 9.4

(a) 판사를 완벽하게 신뢰할 수 있다면 두 유형의 오류의 확률은 0이다. 즉, $r = 1$이고 $w = 0$이다. 따라서 r/w는 무한대로 수렴하며, 이 경우 (9.31)은 절대 성립할 수 없다.

(b) 변화하는 환경은 p가 크고 $(1 - p)/p$가 작음을 의미한다. 동시에, 판사의 신뢰성이 낮다는 것은 r/w 역시 작음을 의미한다. 따라서 C_{II}/C_I이 고정되어 있다면, 두 비율의 관련성이 (9.31)의 조건에 미치는 전반적 영향은 모호하다.

연습 문제 10.1

(a) $MR = MC$로 놓고 Q에 관해서 풀면 $Q_m = 25$달러이다. 이 값을 수요함수에 대입하면 $P_m = 35$이다.

(b) 독점 기업의 이윤은 $(35 - 10) \times 25 = 625$달러이다. 사중손실은 이 금액의 절반, 즉 312.50달러이다.

(c) 집행이 확실하고 비용이 들지 않을 때 최적의 벌금은 이윤과 사중손실의 합, 즉 937.50달러이다.

(d) 이 경우 최적의 벌금은 $(D + T)/p + C = (937.50)/0.25 + 100 = 3{,}850$달러이다. 손해가 $D + T$로 설정되는 3배 배상에서 벌금은 $3(D + T) + C = 2{,}912.50$달러이다. 이는 최적 벌금보다 적다. 따라서 과소억지한다($p = 0.25 < 1/3$이다). 손해가 T로 제한되는 3배 배상에서 벌금은 $3T + C = 1{,}975$달러이다. 이는 최적 벌금보다 적다. 따라서 이 경우도 과소억지한다($p = 0.25 < 1/2$이다).

연습 문제 10.2

(a) 이 경우 $AC = MC + F/Q = 10 + 400/Q$. 평균비용은 Q가 증가하면 감소한다.

(b) 수요함수를 한계비용과 같게 놓으면(즉, $P = MC$로 설정하면) $Q^* = 50$, $P^* = 10$달러이다. 이때 기업의 이윤은 $(P^* - AC)Q^* = -F = -400$달러이다.

(c) 평균비용과 같게 가격을 설정할 때의 산출량을 도출하기 위해 수요함수와 (a)에서 도출한 평균비용을 같게 놓으면 $60 - Q = 10 + 400/Q$이다. 양변에 Q를 곱하고 정리하면 2차 방정식 $Q^2 - 50Q + 400 = 0$을 얻는다. 인수분해하면 $(Q - 40)(Q - 10) = 0$이고, 40과 10의 두 개의 근이 있다. 산출량은 두 개 중 큰 것이다. 이 값이 0의 이윤을 얻으면서도 사중손실을 최소화하기 때문이다. 마지막으로, $Q_{AC} = 40$를 수요함수에 대입하면 $P_{AC} = 20$달러가 도출된다.

(d) 독점 기업의 최적 산출량과 가격은 고정비용에 영향받지 않는다. 따라서 연습 문제 10.1에서처럼 먼저 MR과 MC를 같게 놓으면 $Q_m = 25$가 도출되고, 이를 수요함수에 대입하면 $P_m = 35$달러가 도출된다(이 경우 독점 기업의 이익은 $625 - 400 = 225$달러이다). 이 결과를 다른 결과와 비교해 보자. 가격은 $P_{MC} = 10$달러, $P_{AC} = 20$달러, $P_m = 35$달러이다. 산출량은 $Q_{MC} = 50$, $Q_{AC} = 40$, $Q_m = 25$이다.

참고문헌

Adelstein, Richard. 1974. Just Compensation and the Assassin' s Bequest A Utilitarian Approach. *University of Pennsylvania Law Review* 122: 1012-32.

______. 1979a. Informational Paradox and the Pricing of Crime: Capital Sentencing Standards in Economic Perspective. *Journal of Criminal Law and Criminology* 70: 281-98.

______. 1979b. The Moral Costs of Crime: Prices, Information, and Organization. In The Costs of Crime, ed. C. Gray. Beverly Hills, Calif.: Sage.

______. 1981. Institutional Function and Evolution in the Criminal Process. *Northwestern University Law Review* 76: 1-99.

______. 1998. Plea Bargaining: A Comparative Approach. In *The New Palgrave Dictionary of Economics and the Law*, ed. P. Newman. New York: Stockton Press.

Adelstein, Richard, and Thomas Miceli. 2001. Toward a Comparative Economics of Plea Bargaining. European Journal of Law and Economics 11: 47-67.

Adelstein, Richard, and Steven Peretz. 1985. The Competition of Technologies in Markets for Ideas: Copyright and Fair Use in Evolutionary Perspective. *International Review of Law and Economics* 5: 209-38.

Aghion, Philippe, and Patrick Bolton. 1987. Contracts as Barriers to Entry. *American Economic Review* 77: 388-410.

Aivazian, Varouj, Michael Trebilcock, and Michael Penny. 1984. The Law of Contract Modifications: The Uncertain Quest for a Benchmark of Enforceability. *Osgoode Hall Law Journal* 22: 173-212.

Akerlof, George. 1970. The Market for 'Lemons' : Quality Uncertainty and the Market Mechanism. *Quarterly Journal of Economics* 84: 488-500.

Allen, Douglas. 1991. Homesteading and Property Rights; or, "How the West Was Really Won." *Journal of Law and Economics* 34: 1-23.

______. 1998. Cropshare Contracts. In *The New Palgrave Dictionary of Economics and the Law*, ed. P. Newman. New York: Stockton Press.

Allen, Douglas, and Dean Lueck. 1995. Risk Preferences and the Economics of Contracts. *American Economic Review* 85: 447-51.

Alston, Lee, Gary Libecap, and Robert Schneider. 1996. The Determinants and Impact of Property Rights: Land Title on the Brazilian Frontier. *Journal of Law, Economics and Organization* 12: 25-61.

Anderson, David. 1999. The Aggregate Burden of Crime. *Journal of Law and Economics* 42: 611-42.

______. 2002. The Deterrence Hypothesis and Picking Pockets at the Pickpocket' s Hanging. *American Law and Economics Review* 4: 295-313.

Anderson, James, Jeffrey Kling, and Kate Smith. 1999. Measuring Interjudge Sentencing Disparity: Before and After the Federal Sentencing Guidelines. *Journal of Law and Economics* 42: 271-307.

Andreoni, James. 1991. Reasonable Doubt and the Optimal Magnitude of Fines. *RAND Journal of Economics* 22: 385-95.

Avio, Kenneth. 1998. Capital Punishment. In *The New Palgrave Dictionary of Economics and the Law*, ed. P. Newman. New York: Stockton Press.

Ayres, Ian, and John Donahue. 1999. Nondiscretionary Concealed Weapons Laws: A Case Study of Statistics, Standards of Proof, and Public Policy. *American Law and Economics Review* 1: 436-70.

Ayres, Ian, and Joel Waldfogel. 1994. A Market Test for Race Discrimination in Bail Setting. *Stanford Law Review* 46: 987-1047.

Babcock, Linda, and George Loewenstein. 2000. Explaining Bargaining Impasse: The Role of Self-Serving Biases. In *Behavioral Law and Economics*, ed. Cass Sunstein. Cambridge: Cambridge University Press.

Bailey, Martin. 1992. Approximate Optimality of Aboriginal Property Rights. *Journal of Legal Studies* 35: 183-98.

Baird, Douglas, Robert Gertner, and Randal Picker. 1994. *Game Theory and the Law.* Cambridge, Mass.: Harvard University Press.

Baird, Douglas, and Thomas Jackson. 1984. Information, Uncertainty, and the Transfer of Property. *Journal of Legal Studies* 13: 299-320.

Baker, Matthew, and Thomas Miceli. 2000. Statutes of Limitations for Accident Cases: Theory and Evidence. *Research in Law and Economics* 19: 47-67.

______. 2005. Land Inheritance Rules: Theory and Cross-Cultural Analysis. *Journal of Economic Behavior and Organization* 56: 77-102.

Baker, Matthew, Thomas Miceli, C. F. Sirmans, and Geoffrey Turnbull. 2001. Property Rights by Squatting: Land Ownership Risk and Adverse Possession Statutes. *Land Economics* 77: 360-70.

______. 2002. Optimal Title Search. *Journal of Legal Studies* 31: 139-58.

Barzel, Yoram. 1989. *Economic Analysis of Property Rights.* Cambridge: Cambridge University Press.

Baumol, William, John Panzar, and Robert Willig. 1982. *Contestable Markets and the Theory of Industrial Structure.* San Diego: Harcourt Brace Jovanovich.

Beard, T. Randolph. 1990. Bankruptcy and Care Choice. *RAND Journal of Economics* 21: 626-34.

Bebchuk, Lucian. 1984. Litigation and Settlement Under Imperfect Information. *RAND Journal of Economics* 15: 404-15.

______. 1988. Suing Solely to Extract a Settlement Offer. *Journal of Legal Studies* 17: 437-50.

______. 1996. A New Theory Concerning the Credibility and Success of Threats to Sue. *Journal of Legal Studies* 25: 1-25.

Bebchuk, Lucian, and I. P. L. Png. 1999. Damage Measures for Inadvertant Breach of Contract. *International Review of Law and Economics* 19: 319-31.

Bebchuk, Lucian, and Steven Shavell. 1991. Information and the Scope of Liability for Breach of Contract: The Rule of *Hadley v. Baxendale*. *Journal of Law, Economics and Organization* 7: 284-312.

Becker, Gary. 1968. Crime and Punishment: An Economic Approach. *Journal of Political Economy* 76: 169-217.

Becker, Gary, and George Stigler. 1974. Law Enforcement, Malfeasance and Compensation of Enforcers. *Journal of Legal Studies* 3: 1-18.

Berkowitz, Daniel, and Karen Clay. 2006. The Effect of Judicial Independence on Courts: Evidence from the American States. *Journal of Legal Studies* 35: 399-440.

Besley, Timothy. 1995. Property Rights and Investment Incentives: Theory and Evidence from Ghana. *Journal of Political Economy* 103: 903-37.

Blair, Roger, and Thomas Cotter. 2005. *Intellectual Property*. Cambridge: Cambridge University Press.

Blair, Roger, James Fesmire, and Richard Romano. 2000. Applying the Rule of Reason to Maximum Resale Price Fixing: *Albrecht* Overruled. In *Industrial Organization: Advances in Applied Microeconomics*, Vol. 9, ed. Michael R. Baye. New York: JAI Press.

Blume, Lawrence, and Daniel Rubinfeld. 1982. The Dynamics of the Legal Process. *Journal of Legal Studies* 11: 405-19.

______. 1984. Compensation for Takings: An Economic Analysis. *California Law Review* 73: 569-628.

Blume, Lawrence, Daniel Rubinfeld, and Perry Shapiro. 1984. The Taking of Land: When Should Compensation Be Paid? *Quarterly Journal of Economics* 99: 71-92.

Boldrin, Michele, and David Levine. 2008. *Against Intellectual Monopoly*. New York: Cambridge University Press.

Bostick, C. Dent. 1987. Land Title Registration: An English Solution to an American Problem. *Indiana Law Journal* 63: 55-111.

Brooks, Richard. 2002. Liability and Organizational Choice. *Journal of Law and Economics* 45: 91-125.

Brown, John. 1973. Toward an Economic Theory of Liability. *Journal of Legal Studies* 2: 323-49.

Buchanan, James. 1983. Rent Seeking, Noncompensated Transfers, and Laws of Succession. *Journal of Law and Economics* 26: 71-85.

Buchanan, James, and Gordon Tullock. 1962. *The Calculus of Consent: Logical Foundations of Constitutional Democracy*. Ann Arbor: University of Michigan Press.

Calabresi, Guido, and A. Douglas Melamed. 1972. Property Rules, Liability Rules, and Inalienability: One View of the Cathedral. *Harvard Law Review* 85: 1089-1128.

Canaday, Roger. 1994. Condominium Covenants: Cats Yes; Dogs No. *Journal of Urban Economics* 35: 71-82.

Casad, Robert. 1968. The Mistaken Improver-A Comparative Study. *Hastings Law Journal* 19: 1039-70.

Chang, Yun-Chien. 2013. *Private Property and Takings Compensation: Theoretical Framework and Empirical*

Analysis. Northampton, Mass.: Edward Elgar.

Cheung, Steven. 1969. *The Theory of Share Tenancy.* Chicago: University of Chicago Press.

Chu, C. Y. Cyrus, Sheng-cheng Hu, and Ting-yuan Huang. 2000. Punishing Repeat Offenders More Severely. *International Review of Law and Economics* 20: 127-40.

Chung, Tai-Yeong. 1996. Settlement of Litigation Under Rule 68: An Economic Analysis. *Journal of Legal Studies* 25: 261-86.

Coase, Ronald. 1937. The Nature of the Firm. *Economica* 4: 386-405.

______. 1960. The Problem of Social Cost. *Journal of Law and Economics* 3: 1-44.

Cohen, Lloyd. 1991. Holdouts and Free Riders. *Journal of Legal Studies* 20: 351-62.

Cohen, Mark. 1991. Explaining Judicial Behavior, or What's Constitutional About the Sentencing Commission? *Journal of Law, Economics and Organization* 7: 183-99.

Coleman, Jules. 1982. The Economic Analysis of Law. In *NOMOS XXIV: Ethics, Economics, and the Law*, ed. J. Roland Pennock and John Chapman. New York: New York University Press.

______. 1988. *Markets, Morals, and the Law.* Cambridge: Cambridge University Press.

Colwell, Peter, and Henry Munneke. 1999. Land Prices and Land Assembly in the CBD. *Journal of Real Estate Finance and Economics* 18: 163-80.

Cook, Philip, and James Leitzel. 1998. Gun Control. In *The New Palgrave Dictionary of Economics and the Law*, ed. P. Newman. New York: Stockton Press.

Cook, Philip, and Gary Zarkin. 1985. Crime and the Business Cycle. *Journal of Legal Studies* 14: 115-28.

Cooper, Russell, and Thomas Ross. 1985. Product Warranties and Double Moral Hazard. *RAND Journal of Economics* 16: 103-33.

Cooter, Robert. 1983. The Objectives of Private and Public Judges. Public Choice 41: 107-32.

______. 1984. Prices and Sanctions. *Columbia Law Review* 84: 1523-60.

______. 1985. Unity in Tort, Contract, and Property: The Model of Precaution. *California Law Review* 73: 1-51.

______. 1987a. Torts as the Union of Liberty and Efficiency: An Essay on Causation. *Chicago-Kent Law Review* 73: 1-51.

______. 1987b. Why Litigants Disagree: A Comment on George Priest' s "Measuring Legal Change." *Journal of Law, Economics and Organization* 3: 227-34.

______. 1989. Punitive Damages for Deterrence: When and How Much? *Alabama Law Review* 40: 1143-96.

______. 1998. Liability Rights as Contingent Claims. In *The New Palgrave Dictionary of Economics and the Law*, ed. P. Newman. New York: Stockton Press.

______. 2000. *The Strategic Constitution.* Princeton, N.J.: Princeton University Press.

Cooter, Robert, Stephen Marks, and Robert Mnookin. 1982. Bargaining in the Shadow of the Law: A Testable Model of Strategic Behavior. *Journal of Legal Studies* 11: 225-51.

Cooter, Robert, and Daniel Rubinfeld. 1989. An Economic Analysis of Legal Disputes and Their Resolution.

Journal of Economic Literature 27: 1067-97.

______. 1994. An Economic Model of Legal Discovery. *Journal of Legal Studies* 23: 435-63.

Cooter, Robert, and Thomas Ulen. 1986. An Economic Case for Comparative Negligence. *New York University Law Review* 61: 1067-1110.

______. 1988. *Law and Economics*. Glenview, Ill.: Scott, Foresman.

Cosgel, Metin, Thomas Miceli, and John Murray. 1997. Organization and Distributional Equality in a Network of Communes: The Shakers. *American Journal of Economics and Sociology* 56: 129-44.

Coursey, Don, and Linda Stanley. 1988. Pretrial Bargaining Behavior Within the Shadow of the Law: Theory and Experimental Evidence. *International Review of Law and Economics* 8: 161-79.

Craswell, Richard. 1989. Performance, Reliance, and One-Sided Information. *Journal of Legal Studies* 18: 365-401.

Craswell, Richard, and Alan Schwartz, eds. 1994. *Foundations of Contract Law*. New York: Oxford University Press.

Cribbet, John. 1975. *Principles of the Law of Property*. 2d ed. Mineola, N.Y.: Foundation Press.

Danzon, Patricia. 1983. Contingent Fees for Personal Injury Litigation. *Bell Journal of Economics* 14: 213-24.

______. 1991. Liability for Medical Malpractice. *Journal of Economic Perspectives* 5: 51-69.

______. 1998. Medical Malpractice. In *The New Palgrave Dictionary of Economics and the Law*, ed. P. Newman. New York: Stockton Press.

Dawson, Robert. 1969. *Sentencing: The Decision as to Type, Length, and Conditions of Sentence*. Boston: Little, Brown.

De Geest, Garret. 1992. The Provision of Public Goods in Apartment Buildings. *International Review of Law and Economics* 12: 299-315.

Demsetz, Harold. 1967. Toward a Theory of Property Rights. *American Economic Review* 57: 347-59.

______. 1972. When Does the Rule of Liability Matter? *Journal of Legal Studies* 1: 13-28.

De Soto, Hernando. 2000. *The Mystery of Capital*. New York: Basic Books.

Dewees, Donald. 1998. Occupational Disease and the Tort System The Case of Asbestos. In *The New Palgrave Dictionary of Economics and the Law*, ed. P. Newman. New York: Stockton Press.

Dezhbakhsh, Hashem, Paul Rubin, and Joanna Shepherd. 2003. Does Capital Punishment Have a Deterrent Effect? New Evidence from Postmoratorium Panel Data. *American Law and Economics Review* 5: 344-76.

Dharmapala, Dhammika, and Rohan Pitchford. 2002. An Economic Analysis of "Riding to Hounds": *Pierson v. Post Revisited*. *Journal of Law, Economics and Organization* 18: 39-66.

Dick, Andrew. 1998. Cartels and Tacit Collusion. In *The New Palgrave Dictionary of Economics and the Law*, ed. P. Newman. New York: Stockton Press.

Dickinson, Kelvin. 1985. Mistaken Improvers of Real Estate. *North Carolina Law Review* 64: 37-75.

Donahue, John. 1991a. The Effects of Fee Shifting on the Settlement Rate: Theoretical Observations on Costs, Conflicts, and Contingency Fees. *Law and Contemporary Problems* 54: 195-222.

______. 1991b. Opting for the British Rule, or If Posner and Shavell Can' t Remember the Coase Theorem, Who Will? *Harvard Law Review* 104: 1093-1119.

Donahue, John, and J. Wolfers. 2005. Uses and Abuses of Empirical Evidence in the Death Penalty Debate. *Stanford Law Review* 58: 791-846.

Doyle, Sir Arthur Conan. 1986. *Sherlock Holmes: The Complete Novels and Stories*. 2 vols. New York: Bantam Books.

Drago, Francesco, Roberto Galbiati, and Pietro Vertova. 2009. The Deterrent Effect of Prison: Evidence From a Natural Experiment. *Journal of Political Economy* 117: 257-80.

Drahozal, Christopher. 1986. The Impact of Free Agency on the Distribution of Playing Talent in Major League Baseball. *Journal of Economics and Business* 38: 113-22.

Dungworth, Terence, and Nicholas Pace. 1990. *Statistical Overview of Civil Litigation in the Federal Courts*, R-3885-ICJ. Santa Monica, Calif.: RAND.

Easterbrook, Frank. 1983. Criminal Procedure as a Market System. *Journal of Legal Studies* 12: 289-332.

Ehrlich, Isaac. 1975. The Deterrent Effect of Capital Punishment: A Question of Life and Death. *American Economic Review* 65: 397-417.

______. 1977. Capital Punishment and Deterrence: Some Further Thoughts and Additional Evidence. *Journal of Political Economy* 85: 741-88.

Eide, Erling (with J. Aasness and T. Skjerpen). 1994. *Economics of Crime: Deterrence and the Rational Offender*. Amsterdam: North-Holland.

Eisenberg, Theodore, John Goerdt, Brian Ostrom, David Rottman, and Martin T. Wells. 1997. The Predictability of Punitive Damages. *Journal of Legal Studies* 26: 623-61.

Ellickson, Robert. 1973. Alternatives to Zoning: Covenants, Nuisance Rules, and Fines as Land Use Controls. *University of Chicago Law Review* 40: 681-782.

______. 1986. Adverse Possession and Perpetuities Law: Two Dents in the Libertarian Model of Property Rights. *Washington University Law Quarterly* 64: 723-37.

______. 1991. *Order Without Law: How Neighbors Settle Disputes*. Cambridge, Mass.: Harvard University Press.

______. 1993. Property in Land. *Yale Law Journal* 102: 1315-1400.

Epstein, Richard. 1975. Unconscionability: A Critical Reappraisal. *Journal of Law and Economics* 18: 293-315.

______. 1979. Possession as the Root of Title. *Georgia Law Review* 85: 970-90.

______. 1980. *Modern Products Liability Law*. Westport, Conn.: Quorum Books.

______. 1985. *Takings: Private Property and the Power of Eminent Domain*. Cambridge, Mass.: Harvard

University Press.

_______. 1986. Past and Future: The Temporal Dimension in the Law of Property. *Washington University Law Quarterly* 64: 667-722.

_______. 1992. The Path to The *T. J. Hooper*: The Theory and History of Custom in the Law of Torts. *Journal of Legal Studies* 21: 1-38.

Eswaran, Mukesh, and Ashok Kotwol. 1985. A Theory of Contractual Structure. *American Economic Review* 75: 162-77.

Fenn, Paul, Alastair Gray, and Neil Rickman. 2007. Liability, Insurance and Medical Practice. *Journal of Health Economics*, 26: 1057-70.

Field, Barry. 1989. The Evolution of Property Rights. *Kyklos* 42: 319-45.

Fischel, William. 1985. *The Economics of Zoning Laws: A Property Rights Approach to American Land Use Controls*. Baltimore: Johns Hopkins University Press.

_______. 1995a. The Offer/Ask Disparity and Just Compensation for Takings: A Constitutional Choice Perspective. *International Review of Law and Economics* 15: 187-203.

_______. 1995b. *Regulatory Takings: Law, Economics, and Politics*. Cambridge, Mass.: Harvard University Press.

_______. 1996. The Political Economy of Just Compensation: Lessons from the Military Draft for the Takings Issue. *Harvard Journal of Law and Public Policy* 20: 23-63.

Fischel, William, and Perry Shapiro. 1988. Takings, Insurance, and Michelman: Comments on Economic Interpretations of "Just Compensation" Law. *Journal of Legal Studies* 17: 269-93.

_______. 1989. A Constitutional Choice Model of Compensation for Takings. *International Review of Law and Economics* 9: 115-28.

Flath, David. 1980. The Economics of Short-Term Leasing. *Economic Inquiry* 18: 247-59.

Forst, Brian, and Kathleen Brosi. 1977. A Theoretical and Empirical Analysis of the Prosecutor. *Journal of Legal Studies* 6: 177-91.

Friedman, David. 2000. *Law's Order: What Economics Has to Do with the Law and Why It Matters*. Princeton, N.J.: Princeton University Press.

Friedman, Lawrence. 1985. *A History of American Law*. 2d ed. New York: Touchstone.

_______. 1986. A Search for Seizure: *Pennsylvania Coal Co. v. Mahon in Context*. *Law and History Review* 4: 1-22.

Friedman, Milton. 1990. *Friedman on Leases*. 3d ed. New York: Practicing Law Institute.

Friedmann, Daniel. 1989. The Efficient Breach Fallacy. *Journal of Legal Studies* 18: 1-24.

Friehe, Tim, and Thomas J. Miceli. 2014. Marginal Deterrence When Offenders Act Sequentially. *Economics Letters* 124: 523-25.

Gallini, Nancy. 1992. Patent Protection and Costly Imitation. *RAND Journal of Economics* 23: 52-63.

Gennaioli, Nicola, and Andrei Shleifer. 2007a. The Evolution of Common Law. *Journal of Political Economy* 115: 43-68.

______. 2007b. Overruling and the Instability of Law. *Journal of Comparative Economics* 35: 309-28.

Gerard, David. 2001. Transaction Costs and the Value of Mining Claims. *Land Economics* 77: 371-84.

Gilbert, Richard, and Oliver Williamson. 1998. Antitrust Policy. In *The New Palgrave Dictionary of Economics and the Law*, ed. P. Newman. New York: Stockton Press.

Gilles, Stephen. 1992. Rule-Based Negligence and the Regulation of Activity Levels. *Journal of Legal Studies* 21: 319-63.

Goetz, Charles, and Robert Scott. 1983. The Mitigation Principle: Toward a General Theory of Contractual Obligation. *Virginia Law Review* 69: 967-1025.

Goldberg, Victor. 1976. Regulation and Administered Contracts. *Bell Journal of Economics* 7: 426-48.

______. 1985. Relational Exchange, Contract Law, and the Boomer Problem. *Journal of Institutional and Theoretical Economics* 141: 570-75.

______. 1988. Impossibility and Related Excuses. *Journal of Institutional and Theoretical Economics* 144: 100-116.

Goodman, John. 1978. An Economic Analysis of the Evolution of the Common Law. *Journal of Legal Studies* 7: 393-406.

Gordon, Wendy. 1982. Fair Use as Market Failure: A Structural and Economic Analysis of the *Betamax* Case and Its Predecessors. *Columbia Law Review* 82: 1600-57.

Gould, John. 1973. The Economics of Legal Conflicts. *Journal of Legal Studies* 2: 279-300.

Gould, Stephen Jay. 2002. *The Structure of Evolutionary Theory*. Cambridge, Mass.: Belknap Press.

Grady, Mark. 1983. A New Positive Economic Theory of Negligence. *Yale Law Journal* 92: 799-829.

______. 1988. Common Law Control of Strategic Behavior: Railroad Sparks and the Farmer. *Journal of Legal Studies* 17: 15-42.

______. 1989. Untaken Precautions. *Journal of Legal Studies* 18: 139-56.

Gravelle, Hugh. 1998. Conditional Fees in Britain. In *The New Palgrave Dictionary of Law and Economics*, ed. P. Newman. New York: Stockton Press.

Greenberg, Paul, and James Haley. 1986. The Role of the Compensation Structure in Enhancing Judicial Quality. *Journal of Legal Studies* 15: 417-26.

Grossman, Gene, and Michael Katz. 1983. Plea Bargaining and Social Welfare. *American Economic Review* 73: 749-57.

Hansmann, Henry. Condominium and Cooperative Housing: Transactional Efficiency, Tax Subsidies, and Tenure Choice. *Journal of Legal Studies* 20: 25-71.

Hanssen, F. Andrew. 2004. Is There a Political Optimal Level of Judicial Independence? *American Economic Review* 94: 712-29.

Hardin, Garrett. 1968. The Tragedy of the Commons. Science 162: 1243-48.

Harris, John. 1970. On the Economics of Law and Order. *Journal of Political Economy* 78: 165-74.

Hart, H. L. A. 1961. *The Concept of Law*. London: Oxford University Press

_______. 1982. *Punishment and Responsibility: Essays in the Philosophy of Law*. Oxford: Clarendon Press.

Hause, John. 1989. Indemnity, Settlement, and Litigation, or I'll Be Suing You. *Journal of Legal Studies* 18: 157-79.

Hay, Bruce. 1997. Allocating the Burden of Proof. *Indiana Law Journal* 72: 651-79.

Heiner, Ronald. 1986. Imperfect Decisions and the Law: On the Evolution of Legal Precedent. *Journal of Legal Studies* 15: 227-61.

Heller, Michael. 2008. *Gridlock Economy: How Too Much Ownership Wrecks Markets, Stops Innovation, and Costs Lives*. New York: Basic Books.

Helland, Eric, and Mark Showalter. 2009. The Impact of Liability on the Physician Labor Market. *Journal of Law and Economics* 52: 635-63.

Helland, Eric, and Alexander Tabarrok. 1998. The Tragedy of the Anti-Commons: Property in Transition from Marx to Markets. *Harvard Law Review* 111: 621-88.

_______. 2007. Does Three Strikes Deter? A Non-Parametric Estimation. *Journal of Human Resources* 42: 309-30.

Helmholz, R. H. 1983. Adverse Possession and Subjective Intent. *Washington University Law Quarterly* 61: 331-58.

Henderson, Vernon, and Yannis Ioannides. 1983. A Model of Housing Tenure Choice. *American Economic Review* 73: 98-113.

Hensler, Deborah, et al. 1991. *Compensation for Accidental Injuries in the United States*, R-3999-HHS/ICJ. Santa Monica, Calif.: RAND.

Hermalin, Benjamin. 1995. An Economic Analysis of Takings. *Journal of Law, Economics and Organization* 11: 64-86.

Hersch, Joni. 2006. Demand for a Jury Trial and the Selection of Cases for Trial. *Journal of Legal Studies* 35: 119-42.

Higgins, Richard, and Paul Rubin. 1980. Judicial Discretion. *Journal of Legal Studies* 9: 129-38.

Hirshleifer, Jack. 1971. The Private and Social Value of Information and the Reward to Inventive Activity. *American Economic Review* 61: 561-74.

Hjalmarsson, Randi. 2009. Does Capital Punishment Have a "Local" Deterrent Effect on Homicides? *American Law and Economics Review* 11: 310-34.

Hoffman, Elizabeth, and Matthew Spitzer. 1982. The Coase Theorem: Some Experimental Tests. *Journal of Law and Economics* 25: 73-98.

Holmes, Oliver Wendell. 1881. *The Common Law*. Boston: Little, Brown.

______. 1897. The Path of the Law. *Harvard Law Review* 10: 457-78.

Horwitz, Morton. 1977. *The Transformation of American Law*, 1780-1860. Cambridge, Mass.: Harvard University Press.

Howard, Philip. 1994. *The Death of Common Sense*. New York: Random House.

Hughes, James, and Edward Snyder. 1995. Litigation and Settlement Under the English and American Rules: Theory and Evidence. *Journal of Law and Economics* 38: 225-50.

Hughes, William, and Geoffrey Turnbull. 1996. Restrictive Land Covenants. *Journal of Real Estate Finance and Economics* 12: 9-21.

Hylton, Keith. 1990. The Influence of Litigation Costs on Deterrence Under Strict Liability and Under Negligence. *International Review of Law and Economics* 10: 161-71.

______. 1993. Asymmetric Information and the Selection of Disputes for Litigation. *Journal of Legal Studies* 22: 187-210.

______. 1996. Optimal Law Enforcement and Victim Precaution. *RAND Journal of Economics* 27: 197-206.

______. 2003. *Antitrust Law: Economic Theory and Common Law Evolution*. Cambridge: Cambridge University Press.

______. 2005. The Theory of Criminal Penalties and the Economics of Criminal Law. *Review of Law and Economics* 1: 175-201.

Iizuka, Toshiaki. 2013. Does Higher Malpractice Pressure Reduce Medical Errors? *Journal of Law and Economics* 56: 161-88.

Janczyk, Joseph. 1977. An Economic Analysis of the Land Title Systems for Transferring Real Property. *Journal of Legal Studies* 6: 213-33.

Johnson, D. Bruce. 1986. The Formation and Protection of Property Rights Among the Southern Kwakiutl Indians. *Journal of Legal Studies* 15: 41-67.

Jolls, Christine. 2000. Behavioral Economic Analysis of Redistributive Legal Rules. In *Behavioral Law and Economics*, ed. Cass Sunstein. Cambridge: Cambridge University Press.

Kahan, Dan, and Eric Posner. 1999. Shaming White Collar Criminals: A Proposal for the Reform of the Federal Sentencing Guidelines. *Journal of Law and Economics* 42: 365-91.

Kahan, Marcel. 1989. Causation and Incentives to Take Care Under the Negligence Rule. *Journal of Legal Studies* 18: 427-47.

Kahneman, Daniel, Jack Knetsch, and Richard Thaler. 2000. Experimental Tests of the Endowment Effect and the Coase Theorem. In *Behavioral Law and Economics*, ed. Cass Sunstein. Cambridge: Cambridge University Press.

Kakalik, J. S., et al. 1996. *An Evaluation of Mediation and Early Neutral Evaluation Under the Civil Justice Reform Act*, MR-803-ICJ. Santa Monica, Calif.: RAND.

Kakalik, J. S., and R. L. Ross. 1983. *Cost of the Civil Justice System: Court Expenditures for Various Types of*

Civil Cases, R-2985-ICJ. Santa Monica, Calif.: RAND.

Kaplow, Louis, and Steven Shavell. 1996. Property Rules Versus Liability Rules. *Harvard Law Review* 109: 713-90.

_______. 2002. *Fairness Versus Welfare*. Cambridge, Mass.: Harvard University Press.

Katz, Avery. 1990. The Effect of Frivolous Litigation on the Settlement of Legal Disputes. *International Review of Law and Economics* 10: 3-27.

Katz, Lawrence, Steven Levitt, and Ellen Shustorovich. 2003. Prison Conditions, Capital Punishment, and Deterrence. *American Law and Economics Review* 5: 318-43.

Katz, Leo. 1987. *Bad Acts and Guilty Minds: Conundrums of the Criminal Law*. Chicago: University of Chicago Press.

Keeton, W. Page, Dan Dobbs, Robert Keeton, and David Owen. 1984. *Prosser and Keeton* on Torts. 5th ed. St. Paul, Minn.: West.

Kelly, Daniel. 2006. The "Public Use" Requirement in Eminent Domain Law: A Rationale Based on Secret Purchases and Private Influence. *Cornell Law Review* 92: 1-65.

Kessler, Daniel. 1996. Institutional Causes of Delay in the Settlement of Legal Disputes. *Journal of Law, Economics and Organization* 12: 432-60.

_______. 2011. Evaluating the Medical Malpractice System and Options for Reform. *Journal of Economic Perspectives* 25: 93-110.

Kessler, Daniel, and Steven Levitt. 1999. Using Sentence Enhancements to Distinguish Between Deterrence and Incapacitation. *Journal of Law and Economics* 42: 343-64.

Kitch, Edmund. 1977. The Nature and Function of the Patent System. *Journal of Law and Economics* 20: 265-90.

Klein, Benjamin, Robert Crawford, and Armen Alchian. 1978. Vertical Integration, Appropriable Rents and the Competitive Contracting Process. *Journal of Law and Economics* 21: 297-326.

Klein, Benjamin, and Keith Leffler. 1981. The Role of Market Forces in Assuring Contractual Performance. *Journal of Political Economy* 84: 615-41.

Klein, Benjamin, Andres Lerner, and Kevin Murphy. 2002. The Economics of Copyright "Fair Use" in a Networked World. *American Economic Review: Papers and Proceedings* 92: 205-8.

Klemperer, Paul. 1990. How Broad Should the Scope of Patent Protection Be? *RAND Journal of Economics* 21: 113-30.

Klerman, Daniel, and Yoon-Ho Alex Lee. 2016. Inferences from Litigated Cases. *Journal of Legal Studies* 43: 209-48.

Klevorick, Alvin. 1985. On the Economic Theory of Crime. In *NOMOS XXVII: Criminal Justice*, ed. J. Roland Pennock and John Chapman. New York: New York University Press.

Knetsch, Jack, and Thomas Borcherding. 1979. Expropriation of Private Property and the Basis for

Compensation. *University of Toronto Law Journal* 29: 237-52.

Komesar, Neil. 1994. *Imperfect Alternatives: Choosing Institutions in Law*, Economics, and Public Policy. Chicago: University of Chicago Press.

Kornhauser, Lewis. 1989. An Economic Perspective on Stare Decisis. *Chicago-Kent Law Review* 65: 63-113.

Kronman, Anthony. 1978. Mistake, Disclosure, Information, and the Law of Contracts. *Journal of Legal Studies* 7: 1-34.

Kull, Andrew. 1992. Unilateral Mistake: The Baseball Card Case. *Washington University Law Quarterly* 70: 57-84.

LaCasse, Chantale, and A. Abigail Payne. 1999. Federal Sentencing Guidelines and Mandatory Minimum Sentences: Do Defendants Bargain in the Shadow of the Judge? *Journal of Law and Economics* 42: 245-69.

Landes, William. 1971. An Economic Analysis of the Courts. *Journal of Law and Economics* 14: 61-107.

______. 1973. The Bail System: An Economic Approach. *Journal of Legal Studies* 2: 79-105.

Landes, William, and Richard Posner. 1975. The Private Enforcement of Law. *Journal of Legal Studies* 4: 1-46.

______. 1976. Legal Precedent: A Theoretical and Empirical Analysis. *Journal of Law and Economics* 19: 249-307.

______. 1979. Adjudication as a Private Good. *Journal of Legal Studies* 8: 235-84.

______. 1985. A Positive Economic Theory of Products Liability. *Journal of Legal Studies* 14: 535-67.

______. 1987. *The Economic Structure of Tort Law*. Cambridge, Mass.: Harvard University Press.

______. 1989. An Economic Analysis of Copyright Law. *Journal of Legal Studies* 18: 325-63.

______. 2003. *The Economic Structure of Intellectual Property Law*. Cambridge, Mass.: Belknap Press.

Langbein, John. 1979. Land Without Plea Bargaining: How the Germans Do It. *Michigan Law Review* 78: 204-25.

Lazear, Edward. 1979. Why Is There Mandatory Retirement? *Journal of Political Economy* 87: 1261-84.

Leiter, Richard. 1999. *National Survey of State Laws*. 3d ed. Detroit, Mich.: Gale Research.

Leland, Hayne. 1979. Quacks, Lemons, and Licensing: A Theory of Minimum Quality Standards. *Journal of Political Economy* 87: 1328-46.

Levitt, Steven. 1997a. Incentive Compatibility Constraints as an Explanation for the Use of Prison Sentences Instead of Fines. *International Review of Law and Economics* 17: 179-92.

______. 1997b. Using Electoral Cycles in Police Hiring to Estimate the Effect of Police on Crime. *American Economic Review* 87: 270-90.

Lewin, Jeff, and William Trumbull. 1990. The Social Value of Crime? *International Review of Law and Economics* 10: 271-84.

Lin, Ming-Jen. 2009. More Police, Less Crime: Evidence from U.S. State Data. *International Review of Law and Economics* 29: 73-80.

Lott, John. 1987. Should the Wealthy Be Able to "Buy Justice"? *Journal of Political Economy* 95: 1307-16.

_______. 1998. *More Guns, Less Crime*. Chicago: University of Chicago Press.

Lott, John, and David Mustard. 1997. Crime, Deterrence, and Right-to-Carry Concealed Handguns. *Journal of Legal Studies* 26: 1-68.

Loury, Glenn. 1979. Market Structure and Innovation. *Quarterly Journal of Economics* 93: 395-410.

Lueck, Dean. 1989. The Economic Nature of Wildlife Law. *Journal of Legal Studies* 18: 291-323.

_______. 1995. The Rule of First Possession and the Design of the Law. *Journal of Law and Economics* 38: 393-436.

Lueck, Dean, and Jeffrey Michael. 2003. Preemptive Habitat Destruction Under the Endangered Species Act. *Journal of Law and Economics* 46: 27-61.

Lundberg, Alexander. 2016. Sentencing Discretion and Burdens of Proof. *International Review of Law and Economics* 46: 34-42.

Macauley, Stewart. 1963. Non-Contractual Relations in Business: A Preliminary Study. *American Sociological Review* 28: 55-61.

Macey, Jonathan. 1989. Internal and External Costs and Benefits of Stare Decisis. *Chicago-Kent Law Review* 65: 91-113.

Malik, Arun. 1990. Avoidance, Screening and Optimum Enforcement. *RAND Journal of Economics* 21: 341-53.

Manning, Richard. 1994. Changing Rules in Tort Law and the Market for Childhood Vaccines. *Journal of Law and Economics* 37: 247-75.

_______. 1997. Products Liability and Prescription Drug Prices in Canada and the United States. *Journal of Law and Economics* 40: 203-43.

Marvell, Thomas, and Carlisle Moody. 2001. The Lethal Effects of Three-Strike Laws. *Journal of Legal Studies* 30: 89-106.

Menell, Peter. 1991. The Limitations of Legal Institutions for Addressing Environmental Risks. *Journal of Economic Perspectives* 5: 93-113.

Mercuro, Nicholas, and Steven Medema. 1997. *Economics and the Law: From Posner to Post-Modernism*. Princeton, N.J.: Princeton University Press.

Mermin, Samuel. 1982. *Law and the Legal System: An Introduction*. 2d ed. Boston: Little, Brown.

Merrill, Thomas. 1985a. Property Rules, Liability Rules, and Adverse Possession. *Northwestern University Law Review* 79: 1122-54.

_______. 1985b. Trespass, Nuisance, and the Cost of Determining Property Rights. *Journal of Legal Studies* 14: 13-48.

_______. 1986. The Economics of Public Use. *Cornell Law Review* 72: 61-116.

_______. 1998. Trespass and Nuisance. In *The New Palgrave Dictionary of Law and Economics*, ed. P.

Newman. New York: Stockton Press.

Miceli, Thomas. 1990. Optimal Prosecution of Defendants Whose Guilt Is Uncertain. *Journal of Law, Economics and Organization* 6: 189-201.

______. 1991a. Compensation for the Taking of Land Under Eminent Domain. *Journal of Institutional and Theoretical Economics* 147: 354-63.

______. 1991b. Optimal Criminal Procedure: Fairness and Deterrence. *International Review of Law and Economics* 11: 3-10.

______. 1993. Optimal Deterrence of Nuisance Suits by Repeat Defendants. *International Review of Law and Economics* 13: 135-44.

______. 1994a. Do Contingent Fees Promote Excessive Litigation? *Journal of Legal Studies* 23: 211-24.

______. 1994b. Prison and Parole: Minimizing the Cost of Non-Monetary Sanctions as Deterrents. *Research in Law and Economics* 16: 197-211.

______. 1996a. Cause-in-Fact, Proximate Cause, and the Hand Rule: Extending Grady' s Positive Economic Theory of Negligence. *International Review of Law and Economics* 16: 473-82.

______. 1996b. Plea Bargaining and Deterrence: An Institutional Approach. *European Journal of Law and Economics* 3: 249-64.

______. 1997. *Economics of the Law: Torts, Contracts, Property, Litigation*. New York: Oxford University Press.

______. 1998. Settlement Strategies. *Journal of Legal Studies* 27: 473-81.

______. 1999. Settlement Delay as a Sorting Device. *International Review of Law and Economics* 19: 265-74.

______. 2000. Deterrence, Litigation Costs, and the Statute of Limitations for Tort Suits. *International Review of Law and Economics* 20: 383-94.

______. 2004. A Principal-Agent Model of Contracting in Major League Baseball. *Journal of Sports Economics* 5: 213-20.

______. 2007. Criminal Sentencing Guidelines and Judicial Discretion. *Contemporary Economic Policy* 26: 207-15.

______. 2009. Legal Change: Selective Litigation, Judicial Bias, and Precedent. *Journal of Legal Studies* 38: 157-68.

______. 2010. A Model of Criminal Sanctions That Incorporate Both Deterrence and Incapacitation. *Economics Letters* 107: 205-07.

______. 2011. The Real Puzzle of Blackmail. *Information Economics and Policy* 23: 182-88.

Miceli, Thomas, and Richard Adelstein. 2006. An Economic Model of Fair Use. *Information Economics and Policy* 18: 359-73.

Miceli, Thomas, and Metin Cosgel. 1994. Reputation and Judicial Decision-Making. *Journal of Economic Behavior and Organization* 23: 31-51.

Miceli, Thomas, and Derek Johnson. 2015. Asset Forfeiture as a Law Enforcement Tool. Contemporary *Economic Policy* 34: 119-26.

Miceli, Thomas, and Joseph Kieyah. 2003. The Economics of Land Title Reform. *Journal of Comparative Economics* 31: 246-56.

Miceli, Thomas, Henry Munneke, C. F. Sirmans, and Geoffrey Turnbull. 2002. Title Systems and Land Values. *Journal of Law and Economics* 45: 565-82.

Miceli, Thomas, and Kathleen Segerson. 1994. Regulatory Takings: When Should Compensation Be Paid? *Journal of Legal Studies* 23: 749-76.

_______. 1996. *Compensation for Regulatory Takings: An Economic Analysis with Applications*. Greenwich, Conn.: JAI Press.

_______. 2005. Do Exposure Suits Produce a Race to File? An Economic Analysis of a Tort for Risk. *RAND Journal of Economics* 36: 613-27.

_______. 2007. Punishing the Innocent Along with the Guilty: The Economics of Individual Versus Group Punishment. *Journal of Legal Studies* 36: 81-106.

_______. 2012. Land Assembly and the Holdout Problem Under Sequential Bargaining. *American Law and Economics Review* 14: 372-90.

Miceli, Thomas, and C. F. Sirmans. 1995a. The Economics of Land Transfer and Title Insurance. *Journal of Real Estate Finance and Economics* 10: 81-88.

_______. 1995b. An Economic Theory of Adverse Possession. *International Review of Law and Economics* 15: 161-73.

_______. 1999. The Mistaken Improver Problem. *Journal of Urban Economics* 45: 143-55.

_______. 2000. Partition of Real Estate; or, Breaking Up Is (Not) Hard to Do. *Journal of Legal Studies* 29: 783-96.

_______. 2005. Time-Limited Property Rights and Investment Incentives. *Journal of Real Estate Finance and Economics* 31: 405-12.

Miceli, Thomas, C. F. Sirmans, and Joseph Kieyah. 2001. The Demand for Land Title Registration: Theory with Evidence from Kenya. *American Law and Economics Review* 3: 275-87.

Miceli, Thomas, C. F. Sirmans, and Geoffrey Turnbull. 2001. The Property-Contract Boundary: An Economic Analysis of Leases. *American Law and Economics Review* 3: 165-85.

Miceli, Thomas, and Michael Stone. 2013. The Determinants of State-Level Punitive Damage Caps: Theory and Evidence. *Contemporary Economic Policy* 31: 110-125.

Michelman, Frank. 1967. Property, Utility, and Fairness: Comments on the Ethical Foundations of "Just Compensation" Law. *Harvard Law Review* 80: 1165-258.

Miller, Geoffrey. 1986. An Economic Analysis of Rule 68. *Journal of Legal Studies* 15: 93-125.

_______. 1987. Some Agency Problems in Settlement. *Journal of Legal Studies* 16: 189-215.

Mnookin, Robert. 1998. Alternative Dispute Resolution. In *The New Palgrave Dictionary of Economics and the Law*, ed. P. Newman. New York: Stockton Press.

Mocan, H. Naci, and Erdal Tekin. 2006. Guns and Juvenile Crime. *Journal of Law and Economics* 49: 507-31.

Mortensen, Dale. 1982. Property Rights and Efficiency in Mating, Racing, and Related Games. *American Economic Review* 72: 968-79.

Munch, Patricia. 1976. An Economic Analysis of Eminent Domain. *Journal of Political Economy* 84: 473-97.

Muris, Timothy. 1983. The Cost of Completion or Diminution of Market Value: The Relevance of Subjective Value. *Journal of Legal Studies* 12: 379-400.

Mustard, David. 2001. Racial, Ethnic, and Gender Disparities in Sentencing: Evidence from the U.S. Federal Courts. *Journal of Law and Economics* 44: 285-314.

Nalebuff, Barry. 1987. Credible Pretrial Negotiation. *RAND Journal of Economics* 18: 198-210.

Netter, Jeffry, Philip Hersch, and William Manson. 1986. An Economic Analysis of Adverse Possession Statutes. *International Review of Law and Economics* 6: 217-27.

Nordhaus, William. 1969. *Invention, Growth, and Welfare: A Theoretical Treatment of Technological Change*. Cambridge, Mass.: MIT Press.

Nosal, Ed. 2001. The Taking of Land: Market Value Compensation Should Be Paid. *Journal of Public Economics* 82: 431-43.

Nozick, Robert. 1974. *Anarchy, State, and Utopia*. New York: Basic Books.

Olson, Walter. 1991. *The Litigation Explosion*. New York: Penguin.

Ordover, Janusz. 1978. Costly Litigation in the Model of Single Activity Accidents. *Journal of Legal Studies* 7: 243-61.

Ostrom, Elinor. 1990. *Governing the Commons: The Evolution of Institutions for Collective Action*. New York: Cambridge University Press.

Png, I. P. L. 1986. Optimal Subsidies and Damages in the Presence of Legal Error. *International Review of Law and Economics* 6: 101-5.

Polinsky, A. Mitchell. 1980a. On the Choice Between Property Rules and Liability Rules. *Economic Inquiry* 18: 233-46.

_______. 1980b. Private Versus Public Enforcement of Fines. *Journal of Legal Studies* 9: 105-27.

_______. 1983. Risk Sharing Through Breach of Contract Remedies. *Journal of Legal Studies* 12: 427-44.

_______. 2015. Deterrence and the Optimality of Rewarding Prisoners for Good Behavior. *International Review of Law and Economics* 44: 1-7.

Polinsky, A. Mitchell, and Y. K. Che. 1991. Decoupling Liability: Optimal Incentives for Care and Litigation. *RAND Journal of Economics* 22: 562-70.

Polinsky, A. Mitchell, and William Rogerson. 1983. Products Liability, Consumer Misperceptions, and Market Power. *Bell Journal of Economics* 14: 581-89.

Polinsky, A. Mitchell, and Daniel Rubinfeld. 1988. The Deterrent Effects of Settlements and Trials. *International Review of Law and Economics* 8: 109-16.

_______. 1991. A Model of Optimal Fines for Repeat Offenders. *Journal of Public Economics* 46: 291-306.

_______. 1993. Sanctioning Frivolous Suits: An Economic Analysis. *Georgetown Law Review* 82: 397-435.

Polinsky, A. Mitchell, and Steven Shavell. 1979. The Optimal Tradeoff Between the Probability and Magnitude of Fines. *American Economic Review* 69: 880-91.

_______. 1984. The Optimal Use of Fines and Imprisonment. *Journal of Public Economics* 24: 89-99.

_______. 1994. Should Liability Be Based on the Harm to the Victim or the Gain to the Injurer? *Journal of Law, Economics and Organization* 10: 427-37.

_______. 1998. Punitive Damages: An Economic Analysis. *Harvard Law Review* 111: 869-962.

_______. 2000. The Economic Theory of Public Enforcement of Law. *Journal of Economic Literature* 38: 45-76.

_______. 2001. Corruption and Optimal Law Enforcement. *Journal of Public Economics* 81: 1-24.

Posner, Richard. 1977. Gratuitous Promises in the Law. *Journal of Legal Studies* 6: 411-26.

_______. 1980. Retribution and Related Concepts of Punishment. *Journal of Legal Studies* 9: 71-92.

_______. 1983. *The Economics of Justice*. Cambridge, Mass.: Harvard University Press.

_______. 1995. *Overcoming Law*. Cambridge, Mass.: Harvard University Press.

_______. 1996. *Law and Legal Theory in the UK and USA*. Oxford: Oxford University Press.

_______. 1998a. *Economic Analysis of Law*. 5th ed. New York: Aspen Law and Business.

_______. 1998b. Privacy. In *The New Palgrave Dictionary of Economics and the Law*, ed. P. Newman. New York: Stockton Press.

_______. 2001. *Frontiers of Legal Theory*. Cambridge, Mass.: Harvard University Press.

_______. 2003. *Economic Analysis of Law*. 6th ed. New York: Aspen Law and Business.

Posner, Richard, and Andrew Rosenfield. 1977. Impossibility and Related Doctrines in Contract Law: An Economic Analysis. *Journal of Legal Studies* 6: 83-118.

Poundstone, William. 1992. *Prisoner's Dilemma: John von Neumann, Game Theory, and the Puzzle of the Bomb*. New York: Doubleday.

Priest, George. 1977. The Common Law Process and the Selection of Efficient Rules. *Journal of Legal Studies* 6: 65-82.

_______. 1987. Measuring Legal Change. *Journal of Law, Economics and Organization* 3: 193-225.

_______. 1988. Products Liability Law and the Accident Rate. In *Liability: Perspectives and Policy*, ed. R. Litan and C. Winston. Washington, D.C.: Brookings Institution.

Priest, George, and Benjamin Klein. 1984. The Selection of Disputes for Litigation. *Journal of Legal Studies* 13: 1-55.

Quirk, James, and Rodney Fort. 1992. *Pay Dirt: The Business of Professional Team Sports*. Princeton, N.J.: Princeton University Press.

Rabin, Edward. 1984. The Revolution in Residential Landlord-Tenant Law: Causes and Consequences. *Cornell Law Review* 69: 517-84.

Raphael, Steven, and Rudolf Winter-Ebmer. 2001. Identifying the Effect of Unemployment on Crime. *Journal of Law and Economics* 44: 259-83.

Rasmusen, Eric. 1996. Stigma and Self-Fulfilling Expectations of Criminality. *Journal of Law and Economics* 39: 519-43.

______. 1998a. The Economics of Desecration: Flag Burning and Related Activities. *Journal of Legal Studies* 27: 245-69.

______. 1998b. Nuisance Suits. In *The New Palgrave Dictionary of Economics and the Law*, ed. P. Newman. New York: Stockton Press.

Rasmusen, Eric, and Ian Ayres. 1993. Mutual and Unilateral Mistake in Contract Law. *Journal of Legal Studies* 22: 309-43.

Rea, Samuel. 1984. Efficiency Implications of Penalties and Liquidated Damages. *Journal of Legal Studies* 13: 147-67.

______. 1987. The Economics of Comparative Negligence. *International Review of Law and Economics* 7: 149-62.

______. 1998. Penalty Doctrine in Contract Law. In *The New Palgrave Dictionary of Law and Economics*, ed. P. Newman. New York: Stockton Press.

Reinganum, Jennifer. 1988. Plea Bargaining and Prosecutorial Discretion. *American Economic Review* 78: 713-28.

______. 1993. The Law Enforcement Process and Criminal Choice. *International Review of Law and Economics* 13: 115-34.

Ringleb, Al, and Steven Wiggins. 1990. Liability and Large-Scale, Long-Term Hazards. *Journal of Political Economy* 98: 574-95.

Rizzo, Mario. 1987. Rules Versus Cost-Benefit Analysis in the Common Law. In *Economic Liberties and the Judiciary*, ed. J. Dorn and H. Manne. Fairfax, Va.: George Mason University Press.

Robinson, Glen. 1985. Probabilistic Causation and Compensation for Tortious Risk. *Journal of Legal Studies* 14: 779-98.

Rogerson, William. 1984. Efficient Reliance and Damage Measures for Breach of Contract. *RAND Journal of Economics* 15: 39-53.

Rose-Ackerman, Susan. 1989. Dams, Dikes, and Vicious Hogs: Entitlement and Efficiency in Tort Law. *Journal of Legal Studies* 18: 25-50.

Rosen, Sherwin. 1992. The Market for Lawyers. *Journal of Law and Economics* 35: 215-46.

Rosenberg, David, and Steven Shavell. 1985. A Model in Which Suits Are Brought for Their Nuisance Value. *International Review of Law and Economics* 5: 3-13.

Ross, H. Laurence. 1970. *Settled Out of Court: The Social Process of Insurance Claims Adjustments*. Chicago: Aldine.

Rottenberg, Simon. 1956. The Baseball Players' Labor Market. *Journal of Political Economy* 64: 242-58.

Rubin, Paul. 1977. Why Is the Common Law Efficient? *Journal of Legal Studies* 6: 51-63.

_______. 2001. The State of Nature and the Evolution of Political Preferences. *American Law and Economics Review* 3: 50-81.

Rubinfeld, Daniel. 1987. The Efficiency of Comparative Negligence. *Journal of Legal Studies* 16: 375-94.

Rubinfeld, Daniel, and Suzanne Scotchmer. 1998. Contingent Fees. In *The New Palgrave Dictionary of Economics and the Law*, ed. P. Newman. New York: Stockton Press.

Sanchez, Nicolas, and Jeffrey Nugent. 2000. Fence Laws Versus Herd Laws: A Nineteenth-Century Kansas Paradox. *Land Economics* 76: 518-33.

Schell, Jonathan. 1982. *The Fate of the Earth*. New York: Knopf.

Schelling, Thomas. 1985. Enforcing Rules on Oneself. *Journal of Law, Economics and Organization* 1: 357-74.

Scheppele, Kim. 1988. *Legal Secrets: Equality and Efficiency in the Common Law*. Chicago: University of Chicago Press.

Schmalensee, Richard, Paul Joskow, A. Denny Ellerman, Juan Pablo Montero, and Elizabeth Bailey. 1998. An Interim Evaluation of Sulphur Dioxide Emissions Trading. *Journal of Economic Perspectives* 12: 53-68.

Segerson, Kathleen. 1993. Liability Transfers: An Economic Assessment of Buyer and Lender Liability. *Journal of Environmental Economics and Management* 25: S46-S63.

_______. 1997. Legal Liability as an Environmental Policy Tool: Some Implications for Land Markets. *Journal of Real Estate Finance and Economics* 15: 143-59.

Seidmann, Daniel, and Alex Stein. 2000. The Right to Silence Helps the Innocent: A Game-Theoretic Analysis of the Fifth Amendment Privilege. *Harvard Law Review* 114: 430-510.

Shanley, Michael. 1991. The Distribution of Post-Trial Jury Awards. *Journal of Legal Studies* 20: 463-81.

Shavell, Steven. 1979. On Moral Hazard and Insurance. *Quarterly Journal of Economics* 93: 541-62.

_______. 1980a. An Analysis of Causation and the Scope of Liability in the Law of Torts. *Journal of Legal Studies* 9: 463-516.

_______. 1980b. Damage Measures for Breach of Contract. *Bell Journal of Economics* 11: 466-90.

_______. 1980c. Strict Liability Versus Negligence. *Journal of Legal Studies* 9: 1-25.

_______. 1982a. The Social Versus Private Incentive to Bring Suit in a Costly Legal System. *Journal of Legal Studies* 11: 333-39.

_______. 1982b. Suit, Settlement, and Trial: A Theoretical Analysis Under Alternative Methods for the Allocation of Legal Costs. *Journal of Legal Studies* 11: 55-81.

______. 1983. Torts in Which Victim and Injurer Act Sequentially. *Journal of Law and Economics* 26: 589-612.

______. 1984. A Model of the Optimal Use of Liability and Safety Regulation. *RAND Journal of Economics* 15: 271-80.

______. 1985. Uncertainty over Causation and the Determination of Civil Liability. *Journal of Law and Economics* 28: 587-609.

______. 1986. The Judgment Proof Problem. *International Review of Law and Economics* 6: 45-58.

______. 1987. *Economic Analysis of Accident Law*. Cambridge, Mass.: Harvard University Press.

______. 1989. Sharing Information Prior to Settlement or Litigation. *RAND Journal of Economics* 20: 183-95.

______. 1991. Individual Precautions to Prevent Theft: Private Versus Socially Optimal Behavior. *International Review of Law and Economics* 11: 123-32.

______. 1993a. An Economic Analysis of Threats and Their Illegality: Blackmail, Extortion, and Robbery. *University of Pennsylvania Law Review* 141: 1877-903.

______. 1993b. The Optimal Structure of Law Enforcement. *Journal of Law and Economics* 36: 255-87.

______. 1993c. Suit Versus Settlement When Parties Seek Non-Monetary Judgments. *Journal of Legal Studies* 22: 1-13.

______. 1994. Acquisition and Disclosure of Information Prior to Sale. *RAND Journal of Economics* 25: 20-36.

______. 1995a. Alternative Dispute Resolution: An Economic Analysis. *Journal of Legal Studies* 24: 1-28.

______. 1995b. The Appeals Process as a Means of Error Correction. *Journal of Legal Studies* 24: 379-426.

______. 1996. Any Frequency of Plaintiff Victory Is Possible. *Journal of Legal Studies* 25: 493-501.

______. 2004. *Foundations of Economic Analysis of Law*. Cambridge, Mass.: Belknap Press.

______. 2015. A Simple Model of Optimal Deterrence and Incapacitation. *International Review of Law and Economics* 42: 13-19.

Shavell, Steven, and Tanguy Van Ypersele. 2001. Rewards Versus Intellectual Property Rights. *Journal of Law and Economics* 44: 525-47.

Shepherd, Joanna. 2002. Fear of the First Strike: The Full Deterrence Effect of California' s Two- and Three-Strikes Legislation. *Journal of Legal Studies* 31: 159-201.

______. 2004. Murders of Passion, Execution Delays, and the Deterrence of Capital Punishment. *Journal of Legal Studies* 33: 283-321.

______. 2007. *Blakely's* Silver Lining: Sentencing Guidelines, Judicial Discretion, and Crime. *Hastings Law Journal* 58: 533-89.

Shick, Blair, and Irving Plotkin. 1978. *Torrens in the United States: A Legal and Economic History of American Land-Registration Systems*. Lexington, Mass.: Lexington Books.

Smith, Janet, and Richard Smith. 1990. Contract Law, Mutual Mistake, and Incentives to Produce and Disclose Information. *Journal of Legal Studies* 19: 467-88.

Snyder, Edward. 1990. The Effect of Higher Criminal Penalties on Antitrust Enforcement. *Journal of Law and Economics* 33: 439-62.

Snyder, Edward, and James Hughes. 1990. The English Rule for Allocating Legal Costs: Evidence Confronts Theory. *Journal of Law, Economics and Organization* 6: 345-80.

Sorensen, Todd, Supriya Sarnikar, and Ronald Oaxaca. 2012. Race and Gender Differences Under Federal Sentencing Guidelines. *American Economic Review: Papers and Proceedings* 102: 256-60.

Spence, A. Michael. 1977. Consumer Misperceptions, Product Failure and Producer Liability. *Review of Economic Studies* 44: 561-72.

Spier, Kathryn. 1992. The Dynamics of Pretrial Negotiation. *Review of Economic Studies* 59: 93-108.

_______. 1994. Pretrial Bargaining and the Design of Fee-Shifting Rules. *RAND Journal of Economics* 25: 197-214.

Spitzer, Matthew. 1998. Freedom of Expression. In *The New Palgrave Dictionary of Economics and the Law*, ed. P. Newman. New York: Stockton Press.

Stake, Jeffrey. 1998. Inheritance Law. In *The New Palgrave Dictionary of Economics and the Law*, ed. P. Newman. New York: Stockton Press.

Starr, Sonja, and M. Marit Rehavi. 2013. Mandatory Sentencing and Racial Disparity: Assessing the Role of Prosecutors and the Effects of *Booker*. *Yale Law Journal* 123: 2-80.

Stevenson, Daryl. 2004. Entrapment and the Problem of Deterring Police Misconduct. *Connecticut Law Review* 37: 67-153.

Stigler, George. 1970. The Optimum Enforcement of Laws. *Journal of Political Economy* 78: 526-36.

Stiglitz, Joseph. 1974. Incentives and Risk Sharing in Sharecropping. *Review of Economic Studies* 79: 578-95.

Sunstein, Cass, ed. 2000. Behavioral Law and Economics. Cambridge: Cambridge University Press.

Sunstein, Cass, Daniel Kahneman, and David Schkade. 2000. Assessing Punitive Damages (with Notes on Cognition and Valuation in Law). In *Behavioral Law and Economics*, ed. Cass Sunstein. Cambridge: Cambridge University Press.

Sunstein, Cass, and Edna Ullmann-Marglit. 2000. Second-Order Decisions. In *Behavioral Law and Economics*, ed. Cass Sunstein. Cambridge: Cambridge University Press.

Sykes, Alan. 1990. The Doctrine of Commercial Impracticability in a Second-Best World. *Journal of Legal Studies* 19: 43-94.

Telser, Lester. 1980. A Theory of Self-Enforcing Agreements. *Journal of Business* 53: 27-44.

Tietenberg, Thomas. 1985. *Emissions Trading: An Exercise in Reforming Pollution Policy*. Washington, D.C.: Resources for the Future.

Toshiaki, Iiuka. 2013. Does Higher Malpractice Pressure Deter Medical Errors? *Journal of Law and Economics* 56: 161-88.

Tullock, Gordon. 1967. The Welfare Costs of Tariffs, Monopolies, and Theft. *Western Economic Journal* 5:

224-32.

Ulen, Thomas. 1984. The Efficiency of Specific Performance: Toward a Unified Theory of Contract Remedies. *Michigan Law Review* 83: 341-403.

_______. 1992. The Public Use of Private Property: A Dual Constraint Theory of Efficient Government Takings. In *Taking Property and Just Compensation: Law and Economics Perspectives of the Takings Issue*, ed. N. Mercuro. Boston: Kluwer Academic.

Umbeck, John. 1981. *A Theory of Property Rights with Application to the California Gold Rush*. Ames: Iowa State University Press.

Viscusi, W. Kip. 1986. The Impact of Occupational Safety and Health Regulation, 1973-1983. *RAND Journal of Economics* 17: 567-80.

_______. 1988. Liability for Occupational Accidents and Illnesses. In *Liability: Perspectives and Policy*, ed. R. Litan and C. Winston. Washington, D.C.: Brookings Institution.

_______. 1991. *Reforming Products Liability*. Cambridge, Mass.: Harvard University Press.

_______. 1998. Valuing Life and Risks to Life. In *The New Palgrave Dictionary of Economics and the Law*, ed. P. Newman. New York: Stockton Press.

Viscusi, W. Kip, Joseph Harrington, and John Vernon. 2005. *Economics of Regulation and Antitrust*. 4th ed. Cambridge, Mass.: MIT Press.

Waldfogel, Joel. 1993. Criminal Sentences as Endogenous Taxes: Are They "Just" or "Efficient"? *Journal of Law and Economics* 36: 139-51.

_______. 1998. Selection of Cases for Trial. In *The New Palgrave Dictionary of Law and Economics*, ed. P. Newman. New York: Stockton Press.

_______. 2012. Copyright Protection, Technological Change, and the Quality of New Products: Evidence from Recorded Music Since Napster. *Journal of Law and Economics* 55: 715-40.

White, Michelle. 1975. Fiscal Zoning in Fragmented Metropolitan Areas. In *Fiscal Zoning and Land Use Controls*, ed. E. Mills. Lexington, MA: Lexington Books.

_______. 1988. Contract Breach and Contract Discharge Due to Impossibility: A Unified Theory. *Journal of Legal Studies* 17: 353-76.

_______. 1989. An Empirical Test of the Comparative and Contributory Negligence Rules in Accident Law. *RAND Journal of Economics* 20: 308-30.

_______. 2006. Asbestos Litigation: Procedural Innovations and Forum Shopping. *Journal of Legal Studies* 35: 365-98.

Wiggins, Steven, and Gary Libecap. 1985. Oil Field Unitization: Contractual Failure in the Presence of Imperfect Information. *American Economics Review* 75: 368-85.

Williamson, Oliver. 1968. Economies as an Antitrust Defense: The Welfare Tradeoffs. *American Economic Review* 58: 18-36.

______. 1983. Credible Commitments: Using Hostages to Support Exchange. *American Economic Review* 73: 519-40.

______. 1985. *The Economic Institutions of Capitalism*. New York: Free Press.

Wittman, Donald. 1974. Punishment as Retribution. *Theory and Decision* 4: 209-37.

______. 1980. First Come, First Served: An Economic Analysis of "Coming to the Nuisance." *Journal of Legal Studies* 9: 557-68.

______. 1981. Optimal Pricing of Sequential Inputs: Last Clear Chance, Mitigation of Damages, and Related Doctrines in the Law. *Journal of Legal Studies* 10: 65-91.

______. 1984. Liability for Harm or Restitution for Benefit? *Journal of Legal Studies* 13: 5-80.

Woodruff, Christopher. 2001. Review of de Soto's *The Mystery of Capital*. *Journal of Economic Literature* 39: 1215-23.

Wright, Brian. 1983. The Economics of Invention Incentives: Patents, Prizes, and Research Contracts. *American Economic Review* 83: 691-707.

찾아보기

[ㅇ]

[ㅈ]

판례 찾아보기